永生与现世：

罗二虎美术考古论文集

罗二虎 著

科学出版社
北京

内 容 简 介

本书是罗二虎先生关于美术考古方面研究的论文集。论文主要集中在汉代美术方面，涉及画像石墓、画像砖墓、画像崖墓、画像石棺、画像石阙、钱树、早期佛像等。对于画像墓的墓葬年代、类型、发展演变、墓葬制度、墓主身份，图像的内容、分类、主题、艺术风格、雕刻技法、丧葬观念与升仙信仰等都进行了探讨。此外，还涉及世界旧石器时代美术考古新发现、古代龙形象的演变、宋代装饰石室墓方面的问题。

本书适合考古学、美术学、历史学研究的专家学者及相关爱好者参考、阅读。

图书在版编目（CIP）数据

永生与现世：罗二虎美术考古论文集 / 罗二虎著 . —北京：科学出版社，2024.6　－－ ISBN 978-7-03-079060-6

Ⅰ. K879.04-53

中国国家版本馆 CIP 数据核字第 2024Q8T846 号

责任编辑：柴丽丽 / 责任校对：邹慧卿
责任印制：肖　兴 / 封面设计：张　放

科学出版社 出版
北京东黄城根北街 16 号
邮政编码：100717
http://www.sciencep.com
北京汇瑞嘉合文化发展有限公司印刷
科学出版社发行　各地新华书店经销
*
2024 年 6 月第　一　版　开本：787×1092　1/16
2024 年 6 月第一次印刷　印张：28 3/4　插页：1
字数：675 000
定价：238.00 元
（如有印装质量问题，我社负责调换）

自 序

"美术考古"作为学术用语源于西方,直到20世纪20年代末这一词汇才在中国开始出现。在中国最先使用这一词汇的是郭沫若,见于他1929年出版的从日文翻译过来的《美术考古发现史》这一著作[①]。

"美术考古"一词的最初出现,源自德国学者阿道夫·米海里司(Adolf Michaelis)于1906年成书的一部著作。这部著作最初的书名为《十九世纪考古学的发现》(*Die Archaälogischen Entdeckungen des Neunzehnten Jahrhunderts*),1908年再版时改为《美术考古学发现一世纪》。1927年,日文学者滨田耕作在翻译时将其改为《米海里司美术考古学发现史》[②]。1948年,该书的中文译本再版时译者郭沫若将书名改译为《美术考古一世纪》[③]。这部著作并非是一部美术考古方面的专著,但作者米海里司在再版时将书名由"考古学发现"更改为"美术考古学发现",可以充分说明他心目中的考古发现重心所在,也可以说明美术考古在考古学中的重要性。

一

西方对古代美术的研究出现很早,并对近代考古学的出现产生了很大的影响。但是,美术考古发展至今在西方并未成为一门独立的学科,只是隐含于古物学、考古学和美术史学的发展中。

"Art"一词源自古罗马拉丁文的Ars,中世纪以前Ars意指Scienta。在文艺复兴(the Renaissance)时期,艺术被指为"具有人类普世真理与永恒价值的巨大成就",雕刻和绘画作为"技术成就"被纳入Art,并出现对古希腊罗马艺术品收藏、研究的热潮。

在西方,美术史与考古学这两门学科是同源同体的。被誉为考古学与艺术史学之父的德国学者温克尔曼(Johann Joachim Winckelmann)于1764年写作了《古代造型艺术史》(*Geschichte der Kunst des Altertums*)一书。这是一部具有划时代意义的近代考古

[①] 郭沫若译:《美术考古发现史》,上海乐群书店,1929年。
[②] 〔日〕滨田耕作译:《ミハエリス氏美術考古学発見史》,岩波書店,1927年。
[③] 郭沫若译:《美术考古一世纪》,上海群益出版社,1948年。1998年上海书店出版社再版。

学和艺术史学萌芽的著作，也是两门学科同源的见证。

进入19世纪以后，科学革命导致了广泛的学科分野，也导致了此后考古学与艺术史学的渐行渐远。在19世纪中叶考古学确定为一门近代科学之初，史前考古学与历史考古学存在较大差异。"史前考古学"更多是研究人的来源与发展，基础是进化论、体质人类学、地质学，倾向于自然科学。"历史考古学"又称"古典考古学"，基础是文献学、历史学、艺术史、宗教学，倾向于人文学科。在古典考古学中，对艺术的研究仍然是最重要的内容之一。米海里司的《美术考古学发现一世纪》（1908年）就是以考古发现为主线，重点分析了古代各时期艺术与文明的产生与发展。

在近代科学视域下对中国古代艺术进行审视研究，始于西方人。英国人斯蒂芬·布舍尔（Stephen W. Bushell）从1868年开始在北京居住30年，潜心研究中国古物，成为中国古器物方面的专家。1881年，他将武梁祠汉代画像拓本带回欧洲在柏林东方协会展出，从此以画像为代表的汉代美术开始进入西方人的视野。1905年他出版了《中国美术》（全两册）一书[1]，介绍并阐述了雕塑、画像、建筑、青铜、竹木牙角雕刻、漆器、玉器、陶器、瓷器、珐琅器等12类器物，首次对中国艺术品进行分类，为以后西方研究中国美术分类奠定了基础。这是英国学者早期研究中国古代美术的必读经典。这本书在1907～1924年间6次重版，1925年也出版了中文译本[2]。

对中国古代美术品进行实地考察研究，较之以田野发掘为基础的中国近代考古开始的年代还早一些[3]。约从19世纪末至20世纪初开始，西方的各种探险队、考察队大量进入中国，主要有英、法、瑞典、日、德、俄，代表人物有英国的斯坦因，瑞典的斯文·赫定，法国的沙畹、伯希和、谢阁兰（旧译"色伽兰"），日本的大谷光瑞等。他们考察的区域几乎遍及全中国，但更多的是在中国西部活动，尤其是在新疆的和田、尼雅、楼兰、吐鲁番，甘肃的敦煌等地发现了大量的古代美术品。以下几位是具有代表性的西方学者。

法国学者埃玛纽埃尔-爱德华·沙畹（Emmanuel-èdouard Chavannes，1865～1918），被学术界公认是19世纪末20世纪初世界上最有成就的中国学大师。他1891年考察了山东嘉祥武氏墓地和长清孝堂山石祠，1893年出版了巨著《中国汉代石刻》[4]，最早引起西方艺术史学界对汉代美术的强烈关注。1911年出版了《华北考古记》一书，书中共有448幅图片，主要用照片形式记录了汉代画像石、唐陵石刻和历代佛教石窟等。

---

[1] Stephen W. Bushell, *Chinese Art*, Vol 1, London: Board of Education, 1905.

[2] 斯蒂芬·布舍尔（Stephen W. Bushell）著，戴岳译，蔡元培校：《中国美术》，上海：商务印书馆，1925年。

[3] 严文明：《美术考古学导论》序言，山东大学出版社，1995年。

[4] Emmanuel-èdouard Chavannes, *La Sculpture sur Pierre en Chine au temps des deux Dynasties Han*, Paris, Ernest Leroux, 1893.

日本的建筑史家、美术史家、考古学家关野贞（1868~1935），于1906年到中国陕西关中考察汉唐陵墓，并绘制了《唐太宗昭陵陪冢配置图》。1908年，他根据在山东考察时收购的民间所藏画像石，发表《后汉画像石说》一文。这应该是日本关于汉代画像石研究的开山之作，并很快被介绍回中国并对学术界产生了影响[①]。1916年他发表《中国山东汉代墓葬的装饰》一文，这是最早在近代学术视野下对汉代墓葬装饰艺术进行的专题研究。

瑞典考古学家安特生（Johan Gunnar Andersson，1874~1960），于1921年在河南渑池仰韶遗址领导的发掘取得了巨大成功，发现了大量精美的彩陶。其后他于20世纪二三十年代在中国北方更是进行了一系列的考古发掘和研究，对包括史前彩陶研究在内的中国早期史前考古学做出了突出的贡献，并开启了中国史前美术考古研究的先河。

二

中国对上古美术品的关注最初隐含在金石学中。"金石学"是中国传统的关于古物收藏、研究的一门学问，形成于宋代而鼎盛于清代，它的研究对象主要是铜器和石刻碑碣，尤其关注的是文字部分。金石学运用"考据"的方法，其目的是为了"证经补史"和研究历史上的典章制度。但是，在关注文字的同时又不可避免地要涉及作为文字载体的青铜器和石刻碑碣。清末民初的金石学代表人物罗振玉在当时西学东渐的影响下，扩大了传统金石学对古物的收藏、研究对象，将收藏研究范围扩大至明器、瓦当、古砖、符牌、壁画等古代美术品。

20世纪二三十年代以后，中国学者的研究都在不同程度上受到了西方近代人文科学的影响。1949年中华人民共和国成立后，随着大规模经济建设的开展，中国的田野考古发掘工作有了长足进展，大量经过科学发掘的美术考古资料出土，大大扩展了美术考古研究的广度和深度。

在中国本土，从近代学术视角出发的美术考古研究开展得很早，但是普遍将其视为一门学科或分支学科却是比较晚近的事情。1941年，岑家梧发表《中国艺术考古学之进展》一文，这是中国第一次将"艺术考古学"，即"美术考古学"作为一门学科提出来，并进行了相关理论探索。其后数十年，关于美术考古学的讨论悄然沉寂，直到20世纪80年代，美术考古学作为一种专门分支学科的性质才开始得到认可。20世纪80年代后期至90年代初期出版的《中国大百科全书·考古学》、《中国大百科全书·美术》中都明确了美术考古学的学科性质。90年代中期以来，美术考古学的学科性质更是得到了广泛认可，已有不少学者开始全面讨论其学科属性和学科建设问题。

---

① 《东方杂志》第5年10期（1908年11月）就刊载了姚振华译的《后汉画像石说》（译自日本《时事新报·文艺周刊》）。

在1986年出版的《中国大百科全书·考古学》序言中，夏鼐、王仲殊认为："考古学和古代美术史，往往有共同的资料。……作为考古学的一个分支，美术考古学是从历史科学的立场出发，把各种美术品作为实物标本，研究目标在于复原古代的社会文化。这与美术史学者从作为意识形态的审美观念出发以研究各种美术品相比，有着原则性的差别。"他们还认为，美术考古学既属于史前考古学的范围，也属于历史考古学的范围，同时也与田野考古学的关系相当密切[1]。此后，这种观点得到了学界较普遍的赞同。但是，也有学者认为美术考古学应该是美术学的分支，或认为美术考古学应该是介于考古学与美术史学之间的一门具有跨学科性质的交叉学科。

这些不同观点和不同理论取向之间的讨论与碰撞，也势必将人们的思考和认识引向深入。

三

我认为，美术考古的研究对象是古代人类遗留下来的、以物化方式存在并包含造型艺术因素的人工作品，其中主要的研究对象是古代艺术品。

我们研究古代所有包含造型艺术因素的人工作品及其发展变化，以及其蕴涵的精神文化内涵与体现出来的时代精神，其目标是通过探讨人类精神文化的发展规律来最终认识人类社会的发展规律。

人类文化可以分为物质文化、精神文化和制度文化三个层面。美术考古学研究的对象虽然总体上属于精神文化范畴，但也需要研究精神文化与物质文化、制度文化的关系。美术考古学研究的对象是以物化方式存在的实物。这些实物属于物质文化的范畴，并反映出当时社会的物质文化发展水平。但是，物质文化并非是美术考古学研究的重点和目的。美术考古学研究的对象也蕴涵着制度文化的内涵，因此其研究也必然会涉及这方面的内容，但制度文化也并非是美术考古学研究的重点和目的。

精神文化是人类文化的重要组成部分，因此美术考古学研究对于全面研究人类文化具有重要、积极的意义。精神文化主要包括思想哲学、文学、艺术、宗教信仰、道德等方面。因此，中国美术考古学研究对于中国古代以上诸方面的研究，尤其是艺术与宗教信仰方面的研究具有重要的意义。

美术考古学可以促进对于艺术的起源、艺术的发展与发展规律的研究，为美术史乃至艺术史研究提供新的资料、注入新的活力。尤其是对于史前艺术和古代艺术而言，美术考古研究是美术史研究的重要组成部分。

美术考古学研究对于宗教起源、宗教的发展与发展规律等问题的研究具有重要的

---

[1] 中国大百科全书总编辑委员会《考古学》编辑委员会、中国大百科全书出版社编辑部编：《中国大百科全书·考古学》前言，中国大百科全书出版社，1986年，第17页。

意义，可以为宗教史研究提供新资料、注入新活力。同时，宗教美术考古研究也是宗教研究的重要组成部分，对古代宗教，尤其是史前宗教和上古宗教的研究更为重要。

此外，美术考古还有一个基本任务，就是对出土的古代包含造型艺术因素的人工作品，尤其是古代艺术品的年代、文化内涵与文化性质、与其他出土遗存的关联性等问题进行的基础性研究。

四

"文化大革命"期间，我学习了数年的绘画，并在剧团中从事了两年的舞台美术工作。"文化大革命"结束恢复高考招生制度后，我于1978年参加高考并填报志愿为考古学，顺利进入四川大学历史系考古专业学习。虽然没有进入艺术学科学习，但心中的艺术情结始终无法割舍。于是，在大学本科和研究生学习期间，以及在其后的学术生活中，我总是希望相关研究能与我的艺术情结相关联。大学本科的学年论文以及毕业论文的选题，我都选择了美术考古方向。大学本科学年论文的题目是《中国古代墓砖纹饰》，本科毕业论文的题目是《古代墓葬中龙形象的演变》。1985年研究生毕业以后，美术考古始终是我的一个重要的研究方向。

本论文集是我历年来在美术考古方向发表的部分论文的一个合集，共计22篇。根据内容涉及的领域，可以将这些论文大体分为四个部分。第一部分是关于汉代画像方面的研究，涉及画像的内容分类和内容组合、画像石棺、画像砖墓、画像崖墓、画像石阙，以及墓砖纹饰等。第二部分是关于汉代画像的综合研究，主要涉及汉代画像与豪族的关系、汉代画像中所见的民间道教，以及对于某种图像题材的专题研究。第三部分主要是对汉代中国早期佛教艺术中所见佛像的研究。当时在西南地区汉墓中流行的一种与墓主期望升仙相关的明器——钱树，是这些佛像最重要的载体，由此也可以反映出当时佛像与升仙信仰的密切关系。第四部分是其他相关研究，内容涉及近年来世界旧石器时代美术考古的新发现、中国古代墓葬中龙形象的演变、宋代装饰石室墓等。

这些论文发表的时间从1986年至2020年，约经历了三十五年的岁月。这大体上能够反映我这些年来在美术考古方向的研究旨趣和研究历程。

目 录

自序

一

中国西南汉代画像内容分类 ………………………………………………… 3
中国西南汉代画像内容组合 ………………………………………………… 21
汉代画像石棺研究 …………………………………………………………… 31
升仙图卷——长顺坡汉代石棺画像 ………………………………………… 70
川渝地区汉代画像砖墓研究 ………………………………………………… 85
墓砖的年代学研究——以淅川泉眼沟汉墓为例 …………………………… 113
东汉画像崖墓研究 …………………………………………………………… 128
长宁七个洞崖墓群汉画像研究 ……………………………………………… 169
渠县汉代石阙画像研究 ……………………………………………………… 199
重庆忠县汉代乌杨阙再研究 ………………………………………………… 216
重庆忠县邓家沱汉代石阙再讨论 …………………………………………… 233

二

中国西南地区汉代画像墓与豪族 …………………………………………… 249
东汉画像中所见的早期民间道教 …………………………………………… 279
东汉墓"仙人半开门"图像解析 …………………………………………… 294
"弋射收获"画像考 ………………………………………………………… 309

三

论中国西南地区早期佛像 …………………………………………………… 323
陕西城固出土的钱树佛像及其与四川地区的关系 ………………………… 333
略论贵州清镇汉墓出土的早期佛像 ………………………………………… 343

中国早期佛像的重要发现——论重庆新发现的纪年钱树佛像 ·················· 350

四

近年世界旧石器时代美术考古新发现的意义 ························· 365

试论古代墓葬中龙形象的演变 ································· 388

泸县宋代装饰石室墓研究——以石刻图像为中心 ······················ 403

后记 ································· 449

一

中国西南汉代画像内容分类

中国西南地区的汉代画像墓主要分布在包括四川省东部和重庆市在内的四川盆地中，此外在四川西南部的凉山彝族自治州、四川盆地南面的贵州省北部和云南省东北部的昭通地区也有发现。其中，尤以四川盆地中西部（汉代巴蜀地区的核心地区）画像墓的数量为多。这些画像墓的年代基本为东汉时期，少量的为蜀汉时期，个别还延续到西晋时期，以东汉中晚期最为盛行。

西南地区的汉代画像墓不仅数量众多、分布广阔，而且形式种类也特别丰富，计有画像砖室墓、画像石室墓、画像砖石室墓、画像崖墓、画像石阙墓、画像石棺墓等。其中，画像崖墓和画像石棺墓为其他地区所不见。此外，川西地区流行的一种较特殊的方形和长方形画像砖室墓，也是其他地区极少见到的[①]。

截至2000年，西南地区已发现画像墓的总数近400座，其中画像崖墓的数量最多，约占一半以上；其次为画像石棺墓，有90座以上；然后依次是画像砖室墓、画像石阙墓、画像砖石室墓和画像石室墓。

一、画像内容的分类原则与分类

汉代墓葬中画像的内容十分丰富，涉及的方面广，因此画像的分类历来是画像研究者一个十分重视的领域。以往的研究者在分类时，多着眼于对汉代社会的研究，将其大体分为社会现实生活与生产、历史人物故事、祥瑞神话、自然景物、装饰图案等类[②]。虽然每个研究者的分类可能都有一些差异，各有增减，但大体都不出上述范围。笔者认为，墓葬中出现的画像，其本身就是当时人们丧葬行为的产物，而画像的内容也应与当时人们的丧葬观念有关。那么，这些丰富的内容究竟反映了什么样的丧葬观念，墓主人及其家属的主观愿望又是什么，这就是笔者进行分类的着眼点，也是笔者与以往多数研究者的分类标准的主要不同之处。

---

① 相对一般的花纹砖墓和画像空心砖墓，特指一种在墓内壁面上嵌方形或长方形画像砖的墓。
② 刘志远、余德章、刘文杰：《四川汉代画像砖与汉代社会》，文物出版社，1983年；李发林：《山东汉画像石研究》，齐鲁书社，1982年。

画像在墓葬中的出现位置有一定的规律，并且在哪些位置出现哪些内容的画像也有一定规律。这些安排都取决于当时流行的丧葬观念和墓主人的个人愿望。一般来说，墓葬中普遍出现的画像内容应是当时流行的丧葬观念的反映，而很少出现的、较为特殊的画像内容则常常可能是表达了墓主人个人的愿望，体现出墓主人的人生观和价值观。这种个人的愿望，从某种意义上讲也就是反映了他个人的丧葬观念。我们在对画像内容进行分类和研究时，这也是一个应该考虑的因素。依据上述原则，笔者将西南汉代画像的内容分为如下几类。

（1）神仙仙境与升仙。

附：墓主生活（社会生活）、历史人物故事、生殖崇拜。

（2）驱鬼镇墓。

（3）吉祥。

在汉代画像的分类中，有一点值得十分注意：画像从形象上讲具有确定性，但从含义上讲，却具有一定的模糊性，一种画像有时可以同时具有几种不同的含义，可以进行多种解释，由此也经常造成研究者在解释上的分歧。

下面，笔者便对西南汉代画像内容的几种类型进行具体的讨论。

二、神仙仙境与升仙

属于这一类的画像内容主要有西王母仙境形象系统（梯几、龙虎座、山形座、灵芝、三足乌、九尾狐、玉兔、蟾蜍、仙人、嘉禾、瑞云、方士等）、柱铢、白雉、离利、日月神、仙人、谷仓、鳌山、扶桑树、嘉瓜、云纹、山形纹、柿蒂纹、佛像、阙（天门）、大司、凤鸟、龙虎衔璧图、联璧纹、菱形纹、绳索纹、宝鼎（鼎人、升鼎）、鸟鱼图、钱币纹等。下面依次叙述讨论。

在西南汉代的"神仙仙境与升仙"这类画像中，表现西王母仙境形象系统的画像是最为重要的。西王母为汉代人们崇拜、祀奉的一位神通广大的神，从某种意义上讲是汉代人们崇奉的诸神中最重要的一位。在四川成都昭觉寺汉墓、新都新繁清白乡（现清白街村）汉墓中，西王母画像砖居内壁正中，并高于其他的画像砖。由此也可窥见西王母在汉代人们心目中的地位。

关于西王母的传说，前人早已进行过各种考证和研究。汉代人们如此崇拜西王母，是因为当时的人们认为西王母手中掌管着不死之药，而神仙的最主要特征就是长生不死。显然，西王母掌握凡人能否成为神仙的大权。因此，人们在墓中描绘、崇奉西王母，其目的就是让死者能抵达长生不死的神仙世界。

在西南汉代画像中，关于西王母的形象有多种配置，较常见而又较完整的配置当属在成都等地画像砖墓中出土的方形西王母仙境画像砖[①]。画像中的西王母端坐于龙虎座上，前有为西王母置手的几案，座下方为山形几何纹。西王母身后为一壶形装饰。周围有三足乌、九尾狐、蟾蜍立舞、玉兔持灵芝、一持棨戟的裸体仙人、一跪拜于西王母前面的道士，还有席地而坐的墓主夫妻。此画像两侧常有日神、月神砖各一块。这三块砖在墓内单独置于墓室的内壁上，从形式上和内容上均形成一个完整的配置。

在西王母仙境中，常常与西王母相随出现的物象有梯几、龙虎座、山形座、灵芝、三足乌、九尾狐、蟾蜍、玉兔、仙人、嘉禾、瑞云等。下面，我们逐一进行讨论。

（1）梯几：亦称"几案"，在画像中常放于西王母前面，供放手之用。《山海经·海内北经》记载"西王母梯几而戴胜杖"[②]。关于梯几，西晋葛洪的《西京杂记》卷一曰："汉制天子玉几，冬则加绨锦其上，谓之'绨几'。"[③]可见，梯几在人间为皇帝、王所专用。西王母使用梯几，这与她在神界的重要地位也是相符的。

（2）龙虎座：汉代画像中西王母的标志之一就是坐在龙虎座上。商周时人们认为龙、虎等兽可沟通天地。战国以来，随着升仙思想的盛行，人们不但认为龙、虎可来往于天地之间，还可帮助人们升仙。西汉贾谊在《惜誓》中描写升天时说："飞朱鸟使先驱兮，驾太一之象舆。苍龙蚴虬于左骖兮，白虎骋而为右騑。"[④]西汉焦延寿在《易林·临之第十九》中说"驾龙骑虎，周遍天下，为神人使，西见王母，不忧危殆"[⑤]。可见，龙虎座实际上是西王母等神仙乘坐的交通工具，并成为其拥有超人神力的一种标志。

（3）山形座：位于西王母龙虎座的下面，呈锯齿状的山形。在这里，山形已经图案化了。据《山海经》等记载，西王母居昆仑山之上。昆仑山位于中国西部，终年白雪皑皑，故亦称玉山，为当时人们心目中的神山，可通天地、升仙。图像中西王母居山之上，可见这也是西王母拥有超人神力和所居方位的一种标志。

（4）三足乌：亦称三青乌。《山海经·海内北经》记载："（西王母）其南有三青乌，为西王母取食。"[⑥]而《史记·司马相如列传正义》云："三足乌，青乌也。主为王母取

---

① 刘志远遗作：《成都昭觉寺汉画像砖墓》，《考古》1984年第1期；四川省文物管理委员会：《四川新繁清白乡东汉画像砖墓清理简报》，《文物参考资料》1956年第6期；重庆市博物馆编：《重庆市博物馆藏四川汉画像砖选集》，文物出版社，1957年，第83页；高文编：《四川汉代画像砖》，上海人民美术出版社，1987年，第94～99页。

② 袁珂校注：《山海经校注》，巴蜀书社，1993年，第358页。

③ （晋）葛洪：《西京杂记》，中华书局，1985年，第1页。

④ （汉）贾谊：《惜誓》，《全上古三代秦汉三国六朝文·全汉文》，中华书局，1958年，第209页。

⑤ （汉）焦延寿：《易林》，《景印文渊阁四库全书·子部一一四》第808册，台湾商务印书馆，1983年，第317页。

⑥ 袁珂校注：《山海经校注》，巴蜀书社，1993年，第358页。

食，在昆墟之北。"①

（5）九尾狐：九尾狐的出现有一定的特定条件，如《孝经·援神契》记载："德至鸟兽，则狐九尾。"②可见，将九尾狐配置在西王母身边，是以颂扬其德不仅可以至于人，还可至鸟兽。有时九尾狐还具有双翼，以示能随众神升飞。

（6）蟾蜍：在中国古代神话中，有关蟾蜍的故事广为流传。《初学记》卷一《淮南子》佚文记载："羿请不死之药于西王母，羿妻姮娥窃之奔月，托身于月，是为蟾蜍，而为月精。"③神界中的蟾蜍是希望不死而服了西王母的不死之药变成月精，所以它成为长寿的象征。例如，《抱朴子·内篇·对俗》中就说"蟾蜍寿三千岁"④。显然，蟾蜍在汉代受到人们的普遍尊崇。汉代画像中蟾蜍在西王母身边出现时，主要有两种情况，一是捣药形象，显然是在为西王母捣不死之药；二是舞蹈形象，因为蟾蜍是女性所变，善舞，所以为西王母舞蹈欢娱。

（7）玉兔：汉代以前似乎已有兔出于月的观念，这是因为月中的阴影略似兔形。汉代的神仙思想和人们幻想长生不老的欲望，又使玉兔与西王母联系起来。在西南汉代画像中，玉兔出现在西王母身边有两种形象：一为玉兔持灵芝作跪拜奉侍状，如成都昭觉寺和新都新繁清白乡画像砖墓所出的西王母仙境画像砖⑤；二为玉兔一手持杵一手持臼，作捣药状。

（8）灵芝：亦名"三株树""芝草"，是一种较为罕见的菌类植物。在汉代人的观念中灵芝是一种具有神力的药物和瑞草，食则可以延年益寿，长生不老，仙人也要栽种它。古人还认为灵芝是圣德的产物，即"德至于草木，则芝草生"⑥。灵芝在西南汉代画像中的形象为伞盖形，下有曲形长柄，常为三个一株。而其出现有几种情况：一为在西王母身后伸出至头顶上，成为一种华盖的形式，如四川成都郫都新胜2号石棺一侧画像⑦；二为玉兔掌持，如成都昭觉寺和新都新繁清白乡画像砖墓出土的西王母仙境

---

① （汉）司马迁：《史记》，中华书局，1959年，第3062页。
② 〔日〕安居香山、中村璋八辑：《纬书集成·孝经·援神契》，河北人民出版社，1994年，第978页。
③ （唐）徐坚等：《初学记》，《景印文渊阁四库全书·子部一九六》第890册，台湾商务印书馆，1983年，第17页。
④ （晋）葛洪：《抱朴子》，《诸子集成》第8册，中华书局，1954年，第9页。
⑤ 刘志远遗作：《成都昭觉寺汉画像砖墓》，《考古》1984年第1期；四川省文物管理委员会：《四川新繁清白乡东汉画像砖墓清理简报》，《文物参考资料》1956年第6期；重庆市博物馆编：《重庆市博物馆藏四川汉画像砖选集》，文物出版社，1957年；高文编：《四川汉代画像砖》，上海人民美术出版社，1987年，第95、96页。
⑥ 〔日〕安居香山、中村璋八辑：《纬书集成·孝经·援神契》，河北人民出版社，1994年，第975页。
⑦ 四川省博物馆、郫县文化馆：《四川郫县东汉砖墓的石棺画象》，《考古》1979年第6期。

画像砖[①]；三为仙人手握三灵芝。

（9）嘉禾：传说生长于昆仑山上，《山海经·海内西经》记载："昆仑之虚，方八百里，高万仞。上有木禾，长五寻，大五围。"[②] 由于它生长于昆仑山上，与西王母有关，故随着神仙思想和西王母崇拜的盛行，也逐步演化成"德至地，则嘉禾生"[③]的祥瑞。在重庆合川皇坟堡石室墓的画像中[④]，即有仙人持嘉禾。四川彭山江口951-3号崖墓墓门右侧也有嘉禾[⑤]，并作为仙境的象征。

（10）柱铢：明确为柱铢的仅见于四川简阳鬼头山崖墓3号石棺左侧画像上[⑥]，树干短细，分三枝，叶呈柳叶形，有榜题为"柱铢"。此树当与同一画像内的其他物象一样，为天国仙境之物。有学者认为它可能就是《山海经》中所言昆仑山上的"珠树"[⑦]。

（11）白雉：也仅见于四川简阳鬼头山崖墓3号石棺右侧画像上，整个形象犹如白娴鸡，榜题为"白稚"（同"雉"）。《山海经·西山经·西次四经》记载：孟山"其鸟多白雉"[⑧]。可见白雉也同处西方，接近昆仑仙山，因此古人也认为白雉是一种天国仙境的神鸟。

（12）离利：也仅见于四川简阳鬼头山崖墓3号石棺左侧画像上，其形体似牛亦似鹿，一角，上有榜题"离利"。"离利"一词未见记载，但《说文解字》解释"离"为"山神，兽也，……欧阳乔曰：'离，猛兽也'"[⑨]。由此可知离是一种兽形的山神。"利"在古代的语汇中即有"顺利、吉利"的含义。有学者认为，离利即为"离"[⑩]。

（13）日、月神：在中国古人的观念中，天上的物象均为神灵，日、月更不例外。他们认为日、月的运行，是由大鸟托载而行的缘故。西南汉代画像上的日、月神，形

[①] 刘志远遗作：《成都昭觉寺汉画像砖墓》，《考古》1984年第1期；四川省文物管理委员会：《四川新繁清白乡东汉画像砖墓清理简报》，《文物参考资料》1956年第6期；重庆市博物馆编：《重庆市博物馆藏四川汉画像砖选集》，文物出版社，1957年，第83页；高文编：《四川汉代画像砖》，上海人民美术出版社，1987年，第95、96页。

[②] 袁珂校注：《山海经校注》，巴蜀书社，1993年，第344、345页。

[③] （汉）班固：《白虎通德论·封禅》卷五，《四部丛刊》（初编）第74册，上海书店，1989年，第2页。

[④] 重庆市博物馆、合川县文化馆：《合川东汉画象石墓》，《文物》1977年第2期。

[⑤] 资料为笔者20世纪90年代在四川彭山县考察时所获。

[⑥] 内江市文管所、简阳市文化馆：《四川简阳县鬼头山东汉崖墓》，《文物》1991年第3期。

[⑦] 赵殿增、袁曙光：《"天门"考——兼论四川汉画像砖（石）的组合与主题》，《四川文物》1990年第6期。

[⑧] 袁珂校注：《山海经校注》，巴蜀书社，1993年，第71页。

[⑨] （汉）许慎：《说文解字》，中华书局，1963年，第308页。

[⑩] 赵殿增、袁曙光：《"天门"考——兼论四川汉画像砖（石）的组合与主题》，《四川文物》1990年第6期。

象地再现了古人的这种观念。例如，四川邛崃花牌坊墓出土的画像砖[①]，画像上的日、月神均是人首鸟身形象，头戴冠，腹部有一圆轮，即为日、月。轮中分别有金乌和蟾蜍、桂树。关于日中之鸟，西汉以前仅言是鸟，然而到了东汉时，人们又将日中之鸟与西王母联系在一起，如东汉王充在《论衡·说日篇》中言："日中有三足乌。"[②]关于月中蟾蜍，前面已述，即由偷吃了西王母的不死药的嫦娥所变。它们都是西王母身边的使者。

（14）仙人：在西南汉代画像中，仙人的形象很多，他们通常具备以下特征的一种或数种：生双翼者、裸体者、生长耳者、山形冠（或羽冠）、双环髻、燕尾袍。根据其出现场所的不同，主要可分如下几种：①侍奉西王母者。例如，成都市郊出土的西王母仙境方砖[③]，其仙人裸体，蓬发，双手持棨戟站立。再如四川彭山双河崖墓出土的石棺[④]，其画面有一蟾蜍持巾而舞，右上方有两个裸体仙人在吹箫、抚琴伴奏，以娱乐西王母。下方一穿燕尾袍、双手捧不死之药而立者，应是为西王母保管不死药的仙人。②自娱仙人。例如，仙人博弈、抚琴等，这是两种常见的有关仙人自娱的画面。再如仙人歌舞杂技，这种画像则少见，典型的有四川长宁七个洞崖墓群2号墓、5号墓的墓门外右侧画像[⑤]。这些画面有一个共同特点，就是多无观赏者，也无宴饮场面，都属自娱的性质，显然是为了着意刻画人们理想中的天国仙境无忧无虑的气氛。③仙人半开门。这也是西南汉代画像中常见的场面，画面中的门，一扇关闭，另一扇半开，有一仙人站立门内，仅露出半个身体。在较完整的画面中可见到门内有西王母端坐，如四川荥经陶家拐墓石棺一侧的画像[⑥]。有的门外还有人求见，如四川雅安高颐阙右阙楼部正面画像[⑦]。④持物仙人。多为持灵芝或持不死药的仙人，如重庆合川皇坟堡石室墓画像等[⑧]。

（15）谷仓：其数量较多，主要象征天国之仓。它直接表现了人们理想的天国中

---

① 高文编：《四川汉代画像砖》，上海人民美术出版社，1987年，第101、104页。
② （汉）王充：《论衡》，《诸子集成》第7册，中华书局，1954年，第111页。
③ 刘志远遗作：《成都昭觉寺汉画像砖墓》，《考古》1984年第1期；四川省文物管理委员会：《四川新繁清白乡东汉画像砖墓清理简报》，《文物参考资料》1956年第6期；重庆市博物馆编：《重庆市博物馆藏四川汉画像砖选集》，文物出版社，1957年，第83页；高文编：《四川汉代画像砖》，上海人民美术出版社，1987年，第95页。
④ 高文编：《四川汉代画像石》，巴蜀书社，1987年，第70页。
⑤ 四川大学考古专业七八级实习队、长宁县文化馆：《四川长宁"七个洞"东汉纪年画像崖墓》，《考古与文物》1985年第5期。
⑥ 李晓鸥：《四川荥经发现东汉石棺画像》，《考古与文物》1988年第2期。
⑦ 重庆市文化局、重庆市博物馆，徐文彬、谭遥、龚廷万、王新南编著：《四川汉代石阙》，文物出版社，1992年，第57页。
⑧ 重庆市博物馆、合川县文化馆：《合川东汉画象石墓》，《文物》1977年第2期。

生活富足。例如，四川简阳鬼头山崖墓3号棺一侧的画像[①]，中间为天门，右边即有一座干柱式高大粮仓，榜题为"大苍"，即"大仓"。《汉书·高帝纪》中称国家粮仓为"大仓"或"太仓"[②]。这里将天国的粮仓喻为国家的大仓，主要是寓意仓廪充实，规模浩大。

（16）鳌山：仅见一幅，即四川成都郫都新胜2号砖室墓1号棺右侧的画像[③]。在中国的神话中，有巨鳌托五神山的传说。《列子·汤问》卷五："渤海之东……有五山焉，一曰岱舆，二曰员峤，三曰方壶，四曰瀛州，五曰蓬莱。……所居之人，皆仙圣之种，一日一夕飞相往来者，不可数焉。而五山之根，无所连箸，常随潮波上下往还，不得暂峙焉。仙圣毒之，诉之于帝。帝恐流于西极，失群圣之居，乃命禺彊使巨鳌十五举首而戴之，迭为三番，六万岁一交焉，五山始峙。"[④]这一画面的左侧正是表现巨鳌载神山的情景，当为东方的海中神仙世界，与西方的昆仑仙境相异。

（17）扶桑树：目前仅见2~3幅可能是这种画像的。其树的特点是，枝叶均呈凤凰的尾羽状。其中有两幅是树上有鸟，下有人射之，一幅仅以树作为仙人博弈的环境背景，均见于为四川成都新津崖墓中的崖棺上[⑤]。《山海经·海外东经》记载："汤谷上有扶桑，十日所浴，在黑齿北。居水中，有大木，九日居下枝，一日居上枝。"[⑥]《海内十洲记》记载："扶桑，在碧海之中，地方万里。……树两两同根偶生，更相依倚，是以名为扶桑。"[⑦]这里主要表现的是东方海中的仙境。

（18）嘉瓜：为崖墓中常见的画像石刻，一般成对置于墓门外门楣上方，均为半立雕或高浮雕。《史记·封禅书》记载："安期生食巨枣，大如瓜。安期生仙者，通蓬莱中，合则见人，不合则隐。"[⑧]仙人食枣之说在汉代十分流行，在汉镜上最常见的铭文内容之一就是"上有仙人不知老，渴饮玉泉饥食枣……"这种嘉瓜也许就是大如瓜的巨枣[⑨]。在这里用以象征天国仙境。

（19）云纹：这类云的特征是"若烟非烟，若云非云，郁郁纷纷，萧索轮囷"[⑩]，因

---

① 内江市文管所、简阳市文化馆：《四川简阳市鬼头山东汉崖墓》，《文物》1991年第3期。
② （汉）班固撰，（唐）颜师古注：《汉书》，中华书局，1962年，第64页。
③ 四川省博物馆、郫县文化馆：《四川郫县东汉砖墓的石棺画象》，《考古》1979年第6期。
④ （战国）列御寇：《列子·汤问》，《诸子集成》第3册，中华书局，1954年，第52页。
⑤ 高文编：《四川汉代画像石》，巴蜀书社，1987年，第80页。
⑥ 袁珂校注：《山海经校注》，巴蜀书社，1993年，第308页。
⑦ （汉）东方朔：《海内十洲记》，《景印文渊阁四库全书·子部三四八》第1042册，台湾商务印书馆，1983年，第278页。
⑧ （汉）司马迁：《史记》，中华书局，1959年，第1385页。
⑨ 唐长寿：《乐山崖墓和彭山崖墓》，电子科技大学出版社，1994年，第69页。
⑩ （汉）司马迁：《史记》，《艺文类聚》卷九十八引《景印文渊阁四库全书·子部一九四》第888册，台湾商务印书馆，1983年，946页。

此，我们又将它称之为"云气"。在画像中有两种云纹，即云气纹和卷云纹，它常常缭绕飘泛在西王母周围，如成都昭觉寺出土的西王母仙境画像方砖[1]。但更多的是在各种画像的画面周围，象征画面内的各种物象均在仙气缭绕的天国仙境之中。

（20）山形纹：前面我们已对西王母的山形座进行过讨论，认为它象征着西王母居于昆仑山上。这种山形座的形象特征是呈锯齿状。这种山形还单独出现在其他画像中，如四川长宁七个洞崖墓群1号墓墓门框右上方[2]，即有这种山形纹。

（21）柿蒂纹：在西南汉代画像中数量很多，主要见于画像石棺的棺盖顶面和崖墓的墓门上方。显然，这种纹样也应与它在一起出现的其他纹样的含义一样，是一种天国仙境的象征，而这种纹样应是一种植物茎叶的变形，可能与沟通天地的建木有关。

（22）佛像：这种图像不多，目前仅见于四川乐山麻浩1号崖墓[3]和柿子湾1号崖墓[4]，共3尊，在前堂内的墓穴门外门楣上方（即前堂内壁），以此来象征天国仙境。

（23）阙（天门）：在西南汉代画像中，阙是出现频率最高的内容之一。有"阙"的画像大多出现在距墓门最近的地方，基本均为双阙。在四川简阳鬼头山崖墓出土的3号石棺上，在双阙旁有"天门"的榜题[5]，为"阙"在墓中的性质、名称提供了确凿的证据。已有学者指出，在墓中出现的"阙"，既非墓主人生前地位和官阶的象征，也非墓主生前所立阙观在墓中的再现，而是象征墓主死后将通过天门进入天国仙境[6]。

（24）大司：过去依据史书和北方地区汉墓中出土的榜题，通常将这种人物称为"亭长"或"卫卒"。但1988年四川简阳鬼头山崖墓出土石棺上的榜题[7]，为解释西南汉代画像上的这一人物身份提供了确凿的证据。此人站在天门之中，戴高冠着长袍，为汉代吏人形象，在天门左侧有"大司"二字，为此人的榜题。大司应为主守天门者，其性质和司职，与《楚辞》中所言的"大司命"有相同之处[8]。由于大司的司职性质与

---

[1] 刘志远遗作：《成都昭觉寺汉画像砖墓》，《考古》1984年第1期；四川省文物管理委员会：《四川新繁清白乡东汉画像砖墓清理简报》，《文物参考资料》1956年第6期；重庆市博物馆编：《重庆市博物馆藏四川汉画像砖选集》，文物出版社，1957年，第83页；高文编：《四川汉代画像砖》，上海人民美术出版社，1987年，第95页。

[2] 四川大学考古专业七八级实习队、长宁县文化馆：《四川长宁"七个洞"东汉纪年画像崖墓》，《考古与文物》1985年第5期。

[3] 乐山市文化局：《四川乐山麻浩一号崖墓》，《考古》1990年第2期。

[4] 资料为笔者20世纪80年代在乐山市考察时所获。

[5] 内江市文管所、简阳市文化馆：《四川简阳县鬼头山东汉崖墓》，《文物》1991年第3期。

[6] 赵殿增、袁曙光：《"天门"考——兼论四川汉画像砖（石）的组合与主题》，《四川文物》1990年第6期。

[7] 内江市文管所、简阳市文化馆：《四川简阳县鬼头山东汉崖墓》，《文物》1991年第3期。

[8] 赵殿增、袁曙光：《"天门"考——兼论四川汉画像砖（石）的组合与主题》，《四川文物》1990年第6期。

人间的亭长、门卒较为相似，因此其装束和手持之物均模仿亭长、门卒，但二者分别代表了天国和人间的吏人。

（25）凤鸟：亦称凤凰、凤皇、鸾鸟。在汉代画像中大量出现。从形象上看，又与朱雀很难分辨，其性质也有相同之处。《说文解字》曰："凤，神鸟也。……出于东方君子之国，翱翔四海之外，过昆仑，饮砥柱，濯羽弱水，莫宿风穴，见则天下大安宁。"① 此为一种祥瑞神鸟，出于神仙仙境，在画像中出现则是作为天国仙境的象征。依据其与周围的环境配置，又可分为如下几类：①多站立阙顶，强调此非人间之阙，而是天国之门，以此指示引导人们进入天门升天；②站立于扶桑等树上，也象征着仙境，此种场景画像较少；如四川成都新津堡子山②崖墓2号石棺画像③；③凤鸟在墓主的骑乘前，直接引导墓主进入天门，如四川长宁七个洞7号崖墓崖棺一侧的画像④，此种画像很少；④单独的凤鸟，此种画像很多，也用以象征仙境。

（26）龙虎衔璧图：这种图多为龙虎左右相向而对，中间为玉璧，璧上有绶带系绕，龙虎用嘴衔或用爪系住绶带。通过前面的讨论，我们知道龙虎可以帮助普通的人们升仙。在这种图像中，有的龙虎身上还长有双翼，以彰显其升天的功能。璧在中国古代也是用于祭天的，璧的圆形也寓意天圆之形。因此，龙虎衔璧图寓意墓主以璧礼天，而龙虎载之升天，其意图是祈求让墓主顺利升入天界仙境。

（27）联璧纹：这种纹样的含义与龙虎衔璧图大体相同，而单纯用联璧的形式组成图案，更强调以璧联系天地，以璧象征天国。

（28）菱形纹：为联璧纹的一种变体形式，使之更为图案化、抽象化、符号化，但它仍具有与联璧纹大体同类的含义。

（29）绳索纹：也是一种常见的纹样，尤其是在画像石棺中。其造型变化大，在画像中作为一种装饰。可能由龙虎衔璧等的绶带演变而来。

（30）宝鼎（鼎人、升鼎）：在西南汉代画像中出现较多。过去的解释主要有三种：泗水系鼎、乌获扛鼎、武帝得鼎。这些故事分别见于《史记·孝武本纪》、《西京赋》、《文选》（卷二）等，但故事情节显然与这些画像内容不符。因此，我们只能从画面本身和鼎的功能进行分析。鼎在西南汉代画像中出现主要有三种情况：其一是作为供奉西王母的器具，显然也应具有神性；其二是作升鼎状或衔鼎状，但是升鼎者或衔鼎者分别是人、虎与凤鸟、双凤鸟等，可见二者寓意帮助墓主人升天；其三是鼎旁站

---

① （汉）许慎：《说文解字》，中华书局，1963年，第79页。
② 在已发表的资料中，该地点的名称有"宝资山""宝子山""堡子山"几种提法，本书采用"堡子山"。
③ 高文编：《四川汉代画像石》，巴蜀书社，1987年，第83页。
④ 四川大学考古专业七八级实习队、长宁县文化馆：《四川长宁"七个洞"东汉纪年画像崖墓》，《考古与文物》1985年第5期。

立持节杖道士等,汉代人认为道士用鼎炼丹可帮助人们成仙升天。综上所述,可以认为这类画像总的意图都是祈求让墓主顺利升入天国仙境。

(31)鸟鱼图:为西南汉代画像中很常见的一种图像,可分为两类:其一,鸟、鱼与白虎或者青龙相伴,主体为龙虎。如四川泸州洞宾亭崖墓石棺左侧[①],其画面中心为一特大的白虎,虎首前方和尾后各一飞鸟、尾下一条鱼,四种动物均在向同一方向行走,应为引导墓主升天。这类图像可上溯至战国时期,如湖南长沙市战国中期楚墓中出土的人物御龙帛画[②],为一男子驾驭一条巨龙,龙尾上部站立一鹤,龙身下方一条鱼在行进,更完整地表现了墓主人乘龙并在鸟、鱼的簇拥导引下升天的场景。其二,仅为鸟、鱼而不见龙、虎等,这类画面的主体形象即为鸟、鱼,并且多为鸟食鱼的姿态。这类图像的寓意也应是表现动物引导墓主升天。

(32)钱币纹:也是一种比较常见的纹样,尤其是在花纹砖上出现较多。毫无疑问,这直接反映了汉代社会盛行的金钱崇拜观念,也表达了墓主人祈求富贵的愿望。有关钱纹的画像大体可以分为以下三种类型:其一是龙虎衔钱,如四川乐山严龙崖墓[③],这种画像应是由龙虎衔璧演变而来。其二是联钱纹,有的钱币还与璧相互串联共存,应是从联璧纹演变而来。其三是单纯的钱币纹,置于崖墓门楣上方或置于石棺一侧的画像上方,这也应为龙虎衔璧图的省略变体形式。这种钱币纹与璧纹为什么在画像中可以共存或互换呢?古代中国的宇宙观是天圆地方,璧是外圆内圆,故象征天,钱币则是外圆内方,外天内地,沟通天地并融天地为一体。在汉代人的观念中,丧葬本身就是一种沟通天地的活动,从这个意义上讲,汉代人将钱与璧互换是可以理解的。

三、墓 主 生 活

在西南汉代画像中,尤其是在画像砖中,反映墓主生活(即现实社会生活)的画面很多,所反映的方面也很广,如生产劳动、起居出行、宴饮行酒、乐舞百戏、田猎习射、走犬斗兽、博弈抚琴、讲学诵经、养老借贷、宅第庭院、山林盐场、田池庄园等。这些都与墓主生前的生活有关,因此我们又将这些题材统称为墓主生活。过去,人们对于这些画像的内容及所反映的当时社会情况做过大量研究。但是,对于这些画像为什么会在墓葬这一特殊的环境中出现,墓葬建造者的意图等问题却涉猎较少。

汉代社会崇尚富贵,因此墓主在画像中也大肆渲染他们生前的富贵生活。汉代人桓宽在《盐铁论》中曾对当时贵人之家的生活和社会的奢侈颓靡之风有过具体的描述。其贵人之家是"临渊钓鱼,放犬走兔,隆豺鼎力,蹴鞠斗鸡,中山素女,抚流征于堂

---

① 资料为笔者20世纪90年代考察时所获,该石棺陈列于泸州市博物馆内。
② 湖南省博物馆:《新发现的长沙战国楚墓帛画》,《文物》1973年第7期,图版一。
③ 资料为笔者20世纪90年代考察时所获资料。

上,鸣鼓巴俞,作于堂下。妇女被罗纨、婢妾曳绨纻。子孙连车列骑,田猎出入,毕弋捷健"①。社会上也流行"今富者井干增梁,雕文槛,修垩忧壁饰。……百兽、马戏、斗虎,唐锑追人。……今富者连车列骑,骖贰辎軿。……椎牛击鼓,戏倡舞像。……鼓瑟吹笙。……钟鼓五乐,歌儿数曹。……鸣竽调瑟,郑舞赵讴。"②《华阳国志·蜀志》也对当时四川地区的情况有具体的描述,"家有盐铜之利,户专山川之材,居给人足,以富相尚。故工商致结驷连骑,豪族服王侯美衣,娶嫁设太牢之厨膳,归女有百两之车,送葬必高坟瓦椁,祭奠而羊豕夕牲,赠襚兼加,赠赙过礼,……若卓王孙家僮千数,程郑八百人,而郄公从禽,巷无行人,箫鼓歌吹,击钟肆悬,富侔公室,豪过田文,汉家食货,以为称首"③。画像中反映现实生活的内容与这些记载是相吻合的。

诚然,这些内容的出现有夸耀墓主生前富贵生活的含义,但其目的还不仅仅于此。它们在墓葬中出现,与人们的丧葬观念有直接的联系,具体地说即墓主祈望能将其生前的财富和荣华富贵的生活带入另一个世界——仙境,而他们理想中的仙境生活,即如同自己生前的现实生活一样。为了便于分析,我们将这些反映现实生活的内容大体分为五类:墓主出行;墓主生活场面;墓主的财富资产;墓主生前经历和身份;墓主人格。

(1)墓主出行:主要是各种车马出行图,这是西南汉代画像中常见的内容之一。这些出行行列都是朝着门阙(天门)的方向行进,显然这一幅幅出行图应该是表现墓主升天的④。也就是说,这种出行图与"天门"图的内容合起来才形成一个完整的主题,表达墓主升仙的意境,而这种主题的画像应统称为"墓主升仙图"或"车马临天门图"。根据画面内容还可将这种"墓主升仙图"分为两类:第一类为完全再现现实生活中出行的场面;第二类为模仿现实生活中车马出行的场面,但加入了一些非现实的幻想成分,如四川长宁七个洞7号墓崖棺侧面的"墓主升仙图"⑤。图中墓主在凤鸟的引导下,骑马步入天门。

(2)墓主生活场面:这里特指直接体现与墓主本人生前生活相关的画面,其主要内容有宴饮乐舞百戏、博弈饮酒、抚琴、田猎等。这些内容构成了当时人们所崇尚的生活方式。如前所述,我们可以发现汉代人们想象中的仙人生活,主要也就是这些内容。此外,如果我们再仔细辨认,还不难发现有时在这些画像中也直接出现了凤鸟、

---

① (汉)桓宽:《盐铁论·刺权》,《诸子集成》第7册,中华书局,1954年,第10页。
② (汉)桓宽:《盐铁论·散不足》,《诸子集成》第7册,中华书局,1954年,第33、34页。
③ (晋)常璩撰,刘琳校注:《华阳国志校注》,巴蜀书社,1984年,第225页。
④ 赵殿增、袁曙光:《"天门"考——兼论四川汉画像砖(石)的组合与主题》,《四川文物》1990年第6期。
⑤ 四川大学考古专业七八级实习队、长宁县文化馆:《四川长宁"七个洞"东汉纪年画像崖墓》,《考古与文物》1985年第5期。

白鹤之类寓意仙境的瑞鸟，如四川成都新都马家墓出土的宴饮画像砖[①]、成都金牛曾家包2号墓出土的博弈饮酒画像砖等[②]。这些画像已提示我们，此为仙境而非人间。由此可知，墓葬中出现这些内容的画像，表达了墓主希望死后能升仙和享受仙境生活的强烈愿望，而这种仙境生活实际上就是墓主生前现实生活的延伸和继续。

（3）墓主的财富资产：这类画像的内容主要有山林盐场、弋射收获、莲池、耪秧、播种、采芋、家畜家禽、桐桑林、收租、借贷、粮仓、养老、庭院、楼阙、武库、厨房、庖厨、庄园等。它广泛地反映出墓主生前拥有的各种财富资产情况，从山林田池、宅第高楼、家畜家禽到侍仆使役、依附农民，无所不有。将这些内容汇总起来便可构成一幅完整的庄园经济图，也是墓主所想过的前述那种生活方式的物质基础。同样，作为一种崇尚财富的观念也被移植到人们想象的仙境之中。显然，人们期望自己能在仙境中也拥有众多的财富，而这些表现墓主生前财富资产的画像，正是这种观念的具体体现。此外，在这些画像中我们仍然也可以经常发现，有凤鸟、白鹤等瑞鸟的身影和灵芝的出现，它的用意也应是告诉人们：此为仙境。

（4）墓主生前经历和身份：这类画像的内容有考绩、寺门击鼓、讲学、市井、市集以及前面提到的车马出行图等。主要是为表现墓主生前的仕宦经历，表明墓主生前的尊贵地位。例如，车马出行图，都是根据墓主生前的身份刻画出与墓主身份、地位相符的出行行列规模，故通过这些画像可以得知墓主生前是否做过官或官秩的高低。通过前面对仙境内容的分析，我们知道，人们想象中所谓的仙境与现实社会一样，存在着等级差异，有尊贵的神祇西王母，也有供其差使的裸体持戟仙人，为其抚琴奏乐、表演舞蹈的蟾蜍、仙人等，而道士等只能跪着拜谒西王母。在墓中着意刻画表现自己的仕宦经历和尊贵身份，可能是希望墓主升仙以后，在仙境中也能受到礼遇并获得尊贵的地位。这种推测还可以从仙境画像图中得到印证。例如，在仙境中出现的墓主形象，有的作为宾客坐在西王母前面表情欣欣然地与西王母一起欣赏蟾蜍的表演，有的高冠博衣，在他人的引导下在仙境中漫步，而乘车马临天门的墓主也都是受到天门前大司的躬身迎候。这些也都是这种愿望的具体体现。

（5）墓主人格：这类的画像主要有养老、借贷、讲学等。养老、借贷等内容，除了显示墓主的富有之外，更还可以体现出墓主的德与仁义。讲学之类的画像则标榜墓主重视对自身文化和修养的陶冶。

综上所述，这些与墓主生前生活相关的画面，主要是表现墓主升仙的情景和希望在仙境过的理想生活的蓝图。

---

① 四川省博物馆：《四川新都县发现一批画像砖》，《文物》1980年第2期。
② 成都市文物管理处：《四川成都曾家包东汉画像砖石墓》，《文物》1981年第10期。

四、历史人物故事

这些历史人物及相关的典型事例在画像中出现，是为了表现标榜墓主的道德伦理观念，同时也标榜墓主与他们是同类人。例如《后汉书·赵岐传》载："(赵岐)先自为寿藏，图季札、子产、晏婴、叔向四像居宾位，又自画其像居主位，皆为赞颂。"[①] 可见其主要目的是表现墓主的"德"。

这些有历史人物故事的画像主要是出现在为数不多的大型墓葬中和石阙画像上，其墓主的身份较高。这也说明这一阶层的人似乎更注重人格的体现和对自我道德的标榜。

这类的画像内容主要有荆轲刺秦王图、季札赠剑图、董永侍父图、孝孙元觉图等，前两种画像主要是为了表现"义"或"仁义"，后两种画像主要是为了表现"孝"。汉代社会提倡的社会道德伦理观念的核心是"忠"和"孝"，刺客死士为之效命是"忠"，而子敬父老为"孝"，而这些都可以用"仁义"来概括。西南地区，尤其是四川盆地汉代社会所崇尚的历史典范可能就是荆轲、董永等人物，画像中较多地刻画这些历史人物故事，应正是这种社会现象的反映。

此外，还有一点值得注意，就是这些历史人物在画像中出现的环境和他们的装束。在这种题材的画面中，历史人物常与其他的仙人或仙境中的鸟兽，或与升仙相关的人物场景一起出现，如重庆合川皇坟堡画像石墓中，"荆轲刺秦王"这一组人物画像便与持袋仙人、三足乌、九尾狐等同时出现[②]；四川乐山柿子湾1号崖墓前堂左侧壁的画像中，"董永侍父"人物和仙人、翼兽也安排在同一画面中[③]；在四川江安桂花村1号石室墓1号石棺左侧画像中，"荆轲刺秦王"人物也与奔龙人物在同一画面中，在这一画面周围的边框上布满了云气纹，在这一画面的两端还各有一个西王母仙境的"胜"纹[④]。在有的画面中这些历史人物本身就以仙人的形象出现，如重庆合川皇坟堡石室墓画像中的荆轲，即戴山形冠，着燕尾袍，同墓另一幅画像"完璧归赵"中4个人物均戴山形冠，着燕尾袍[⑤]。显然，在当时人们的心目中，这些人物不仅是值得崇尚的，而且也已升入仙境，已成为仙人世界的一员。这些画像在墓中出现，除了墓主对他们的景仰和表现标榜自身的"德"之外，还希望自己升仙以后，能与他们为友，成为其中的一员。

---

① (宋)范晔撰，(唐)李贤等注：《后汉书》，中华书局，1965年，第2124页。
② 重庆市博物馆、合川县文化馆：《合川东汉画象石墓》，《文物》1977年第2期。
③ 资料为笔者20世纪80年代在乐山市考察时所获。
④ 崔陈：《江安县黄龙乡魏晋石室墓》，《四川文物》1989年第1期。
⑤ 重庆市博物馆、合川县文化馆：《合川东汉画象石墓》，《文物》1977年第2期。

五、生殖崇拜

在西南汉代画像中，有许多突出表现人物、动物生殖器的内容，以及寓意生殖的动物、男女欢娱、直接性交的内容出现。这些内容所表达的含义是生命的延续，但在墓葬这一特殊的环境中出现，当有其特殊的含义：即祈求人的生命长存、死而复生，并用性行为、生殖的方式加以表现。这是一种古老的巫术观念、巫术行为的表现，这种巫术性的转生媒介方式在古代世界各地都曾存在过，如在河南汝州洪山庙仰韶文化墓地中出土大量的绘男性生殖器的陶瓮葬具[①]，云南江川李家山滇文化墓地也出土过一件男女裸抱性交的铜饰[②]。

西南汉代这类画像内容主要有伏羲、女娲、鱼、熊、野合、男女戏图等，分述如下。

（1）伏羲、女娲：这是数量较多的画像内容之一。伏羲、女娲是中国古代神话传说中的古帝王和始祖神、生殖神。由于他们能再造生命，因而受到了渴望长生不死的汉代人的特别尊崇。传说中的伏羲、女娲为龙蛇之躯，这早在汉代就有记载。东汉人王延寿在《鲁灵光殿赋》中描述道："上纪开辟，遂古之初，……伏羲鳞身，女娲蛇躯。"[③] 这些记载与汉画像中伏羲、女娲的形象吻合。在西南汉代画像中，伏羲、女娲都是双双出现，各举日、月，既象征是在天上，也暗示阴阳相合。值得注意的是，凡是伏羲、女娲在同一画面相邻出现的话，绝大多数是两尾交叉重叠或者欲合。我们知道龙蛇交尾暗示着交媾。如果说这种交尾还显得比较隐晦的话，那么有的画像上伏羲、女娲接吻就比较明确地告诉我们这种含义了，如成都郫都新胜1号砖室墓出土的画像石棺上，两人一手各举日、月，一手相互拥抱而接吻[④]。此外，还有更直接将这种画像的含义昭示于人的，那就是重庆璧山新民蛮洞坡崖墓出土1号石棺上的伏羲、女娲画像[⑤]，两神均为人首人身，但人身下有两条蛇交尾，其蛇首分别对准两人的下身，交媾的寓意明确无误。这些都表达了墓主希望让自己的生命得以延续和再生的愿望。

（2）鱼：我们前面已经论证过，鱼可象征升天，此外，鱼还可寓意生殖和子孙繁盛。在中国的语言中，尤其是在民歌中，"鱼"可以用来作替代"匹偶""情侣"的隐语。这可以上溯至中国先秦时期的文献中[⑥]。

---

① 河南省文物考古研究所：《汝州洪山庙》，中州古籍出版社，1995年，第76页。
② 云南省博物馆：《云南江川李家山古墓群发掘报告》，《考古学报》1975年第2期。
③ （汉）王延寿：《鲁灵光殿赋》，《全上古三代秦汉三国六朝文·全后汉文》卷五十八，中华书局，1958年，第790页。
④ 李复华、郭子游：《郫县出土东汉画象石棺图象略说》，《文物》1975年第8期。
⑤ 资料于20世纪90年代由璧山县文物管理所提供。
⑥ 闻一多：《说鱼》，《闻一多全集·甲集》，开明书店，1948年，第117页。

（3）熊：也是具有多种含义的动物，它除了辟邪驱鬼的功能之外，还有生殖的寓意。《诗经·小雅·斯干》："吉梦维何，维熊维罴，……维熊维罴，男子之祥。"[①] 这里是把梦见熊作为生男子的祥瑞。《三国志·魏书·高柔传》："陛下聪达，穷理尽性，而顷皇子连多夭逝，熊罴之祥又未感应。"[②] 其含义同上。四川彭山江口951-3号崖墓的墓门上方正中的"蹲熊"画像[③]，其雄性生殖器部分着意刻画，大而突出，当是强调生殖能力的一种夸张性艺术表现手法。

（4）野合：目前发现两种野合图，均是在四川成都新都的画像砖墓中出土[④]。其画面突出男女性行为和男性生殖器，显然与生殖崇拜有关。

（5）男女戏图：这类画像的数量较多，可分为欢戏和秘戏两种。何为秘戏？《汉书·周仁传》："仁为人阴重不泄，……以是得幸，入卧内。（帝）于后宫秘戏，仁常在旁，终无所言。"[⑤] 由此可知，汉代将在室内的此类行为称为"秘戏"。根据画面内容可以细分为三种类型：其一是接吻，如四川荥经陶家拐汉代砖室墓石棺一侧上的画像，中间为仙人半开门，其左侧为一男一女跪坐室内，相对而吻[⑥]。其二是拥抱抚摸，如四川彭山寨子山550号墓门楣上方的画像，为一男一女裸体并坐相抱，男性右手从女性肩部伸出下摸其乳房，女性右手搭在男性肩上，相对而吻，其状快乐[⑦]。其三是交媾，如四川旌阳黄许镇出土画像砖，为帷幔之下一男一女正在床席上交媾[⑧]。战国以来，在仙术中即有"房中术"一派，他们认为男女交媾可达到延年益寿的目的，甚至还可以此术升仙。

六、驱鬼镇墓

属于这类的画像内容主要有四神、猛虎、饕餮（铺首）、蹲熊、镇墓神、门卒、魌头（面具）、守犬、驱鬼图等。分述如下。

（1）四神：所谓"四神"是指青龙、白虎、朱雀、玄武，为中国古代的方位神，分别象征东、西、南、北四方。它们的作用主要是作为武力、猛勇的象征而出现的，如《礼记·曲礼上》孔颖达疏曰："如鸟之翔，如蛇之毒，龙腾虎奋，无能敌此四

---

① （清）阮元：《校刻十三经注疏·毛诗正义》，中华书局，1980年，第437页。
② （晋）陈寿撰，（宋）裴松之注：《三国志》，中华书局，2011年，第572页。
③ 资料为笔者20世纪90年代在彭山县考察时所获。
④ 资料于20世纪90年代由新都县文物管理所提供。
⑤ （汉）班固撰，（唐）颜师古注：《汉书》，中华书局，1962年，第2203页。
⑥ 李晓鸥：《四川荥经发现东汉石棺画像》，《考古与文物》1988年第2期。
⑦ 南京博物馆编：《四川彭山汉代崖墓》，文物出版社，1991年，第16页。
⑧ 资料于20世纪90年代由重庆市博物馆提供。

物。"① 因此，四神在墓中的出现，主要是起镇墓驱邪作用。但是在四神之中，它们各自的作用还有所不同，青龙、白虎似乎更偏重武力、勇猛从而辟邪，而朱雀、玄武则更偏重于顺阴阳以辟不祥。东汉王充在《论衡·解除篇》中曰："龙虎猛神，天之正鬼也。飞尸流凶，不敢妄集"②。在汉镜上也可见到"左龙右虎辟不详（祥）"③，或"青龙白虎掌四方，朱雀玄武顺阴阳"④的铭文。因此，有时四神以简略的形式出现，即仅有青龙、白虎，其作用仍是镇墓驱鬼。

（2）猛虎：前面已经谈及，虎具有帮助墓主人升天的功能。此外，虎还有驱鬼御凶的能力，《风俗通义·祀典》也说："虎者，阳物，百兽之长也，能执搏挫锐，噬食鬼魅"⑤。《续汉书·礼仪志》刘昭注曰："画虎于门，当食鬼也。"⑥ 画虎于墓葬中，显然是希望用以驱邪食鬼，与文献记载相符。

（3）饕餮（铺首）：此种画像数量较多，多位于石阙、墓门、崖墓门楣上方等位置。这是一种中国传统的凶恶神兽，在先秦的铜器上便多著其形以为饰。《吕氏春秋·先识览》："周鼎著饕餮，有首无身，食人未咽，害及其身，以言报更也。"⑦ 因为这种神兽凶恶、贪婪，所以一般让其衔环，作为铺首置于大门上，用以驱邪。

（4）蹲熊：在画像中不多见。其除了寓意生殖之外，还有驱邪之意。《周礼·夏官·方相氏》中记载驱邪除鬼的"方相氏掌蒙熊皮，黄金四目"⑧。在山东武梁祠汉代石室画像神瑞图中有"赤罴，仁，奸息"的题刻，内蒙古呼和浩特和林格尔汉代壁画墓祥瑞图中有"赤罴"⑨。《宋书·符瑞志》："赤熊，佞人远，奸猾息，则人国。"⑩ 由此看来熊（罴）是一种具有辟邪驱鬼功能的神瑞之物。

（5）镇墓神：主要见于崖墓画像。其形象奇特，人身怪首，头上长角，大耳，鼓眼，獠牙外露，长舌下垂，一手持兵器（多为斧），另一手操蛇，如四川乐山柿子湾1、2号崖墓⑪。置于门侧，显然其作用是驱鬼辟邪。从形象观察，其与洛阳西汉卜千秋墓

---

① （清）阮元：《校刻十三经注疏·礼记》，中华书局，1980年，第1250页。
② 王充：《论衡》，《诸子集成》第7册，中华书局，1954年，第245页。
③ 容庚：《金文续编》，上海书店出版社，2000年，第59页。
④ 孔祥星、刘一曼：《中国铜镜图典》，文物出版社，1992年，第266页。
⑤ （汉）应劭撰，王利器校注：《风俗通义校注》，中华书局，1981年，第368页。
⑥ （宋）范晔撰，（唐）李贤等注：《后汉书》，中华书局，1965年，第3129页。
⑦ （战国）吕不韦著，（汉）高诱注：《吕氏春秋·先识览》，《诸子集成》第6册，中华书局，1954年，第180页。
⑧ （清）阮元：《校刻十三经注疏·周礼》，中华书局，1980年，第851页。
⑨ 内蒙古文物工作队、内蒙古博物馆：《和林格尔发现一座重要的东汉壁画墓》，《文物》1974年第1期。
⑩ （梁）沈约：《宋书》，中华书局，1974年，第803页。
⑪ 资料为笔者20世纪80年代在乐山考察时所获。

内壁画中的猪头镇墓神[1]、战国时期楚墓中的鹿角长舌镇墓兽都有相似之处，但又都不相同。它应是一种反映汉代巴蜀地区地方文化特色的镇墓神。

（6）门卒：主要见于墓门两侧，多为家丁、部曲形象，反映出墓主生前用依附农民和家内仆侍作为庄园守卫的情况。

（7）魌头（面具）：主要见于崖墓，数量较多，均为人头面具。其形象可分两种：一种面目狰狞，鼓眼獠牙，或有双角；另一种面目稍善，鼓眼，但不见獠牙双角。魌头在战国时已出现，如《周礼·夏官·方相氏》郑玄注曰："冒熊皮者，以惊驱疫厉之鬼，如今魌头也。"[2] 已有学者指出它在墓葬中出现是用于镇墓驱鬼[3]。

（8）守犬：数量较多。除了作为现实生活中普通的家畜出现之外，还常在墓（穴）门侧或墓内近于墓门的地方出现，并当有其特殊寓意。我们知道，人们在家中饲养狗主要是作为守门御凶之用。《山海经·西山经·西次三经》载：阴山"有兽焉，……名曰天狗，其音如榴榴，可以御凶"[4]。在四川乐山柿子湾53号墓门楣的"魌头与守犬驱鬼图"中，两外侧为两犬，正在对鬼狂吠欲扑，协助魌头驱鬼[5]。

（9）驱鬼图：可分为两种：其一是魌头与守犬驱鬼；其二是人物驱鬼，如四川成都新津堡子山崖墓5、6号崖棺[6]，该两图可能表现的是当时流行的一种驱鬼仪式（傩），其目的是保护墓主不受侵扰。

七、吉　　祥

属于这类的画像内容主要有羊、凤鸟、鱼等。分述如下。

（1）羊：此种画像常见。它多出现在花纹砖上和崖墓门楣上。羊在古代被认为是一种吉祥的动物，"羊"与"祥"相通。《说文解字》也说："羊，祥也。"[7] 羊的形象在墓中出现，直接表达了造墓者祈求吉祥的愿望。

（2）凤鸟：此种画像很多。在前面我们已论述过，凤鸟可作为天国的象征。此外，它作为一种神鸟，其出现可以给天下带来安宁。《山海经·南山经·南次三经》：丹穴之山"有鸟焉，其状如鸡，五采而文，名曰凤皇，……见则天下安宁"[8]。《说文解字》也

---

[1] 洛阳博物馆：《洛阳西汉卜千秋壁画墓发掘简报》，《文物》1977年第6期。
[2] （清）阮元：《校刻十三经注疏·周礼》，中华书局，1980年，第851页。
[3] 唐长寿：《乐山崖墓和彭山崖墓》，电子科技大学出版社，1994年，第71页。
[4] 袁珂校注：《山海经校注》，巴蜀书社，1993年，第63页。
[5] 资料为笔者20世纪90年代在乐山市考察时所获。
[6] 高文编：《四川汉代画像石》，巴蜀书社，1993年，第79页。
[7] （汉）许慎：《说文解字》，中华书局，1963年，第78页。
[8] 袁珂校注：《山海经校注》，巴蜀书社，1993年，第19页。

说:"凤,神鸟也。……见则天下安宁。"① 将这种神瑞之鸟置于墓中,有祈求吉祥的意图,如四川宜宾汉代砖室墓中出土的凤鸟花纹砖,在凤鸟的尾后面,即有一"善"字铭文②。《说文解字》:"善,吉也。……此与义美同意。"③ 它突出地表达了造墓者祈求吉祥的愿望。

（3）鱼：是一种具有多重含义的图像。在前面已论证过,鱼可象征升天,也可寓意生殖和子孙繁盛。在中国古代语言文字中,音相通者常可互换,故其字义也可借用。"鱼"与"余"字同音,因而"鱼"则包含"余"的含义,"吉庆有余""富足有余""年年有余",这都是中国民间常用的吉语,并且常用形象的方式,即用鱼来表现这种有余的含义,这在现在的民间年画中仍可常见。在画像中体现这层含义的鱼,如钱鱼图等。其数量较多,画面常有各种钱币,双鱼置于钱币之间,表现"钱财有余"。

此外,前面论述的许多祥禽瑞兽在画像中的出现,既可作为天国仙境的象征,又可表达造墓者祈求吉祥的愿望。

综上所述,在西南汉代画像中有一个突出的特点,就是表现以西王母为首的昆仑山神仙仙境与升仙的内容为主,其数量也占绝大多数。从各类画像的题材种类上看,表现神仙仙境（尤其是以西王母为首的昆仑仙境）与升仙类的题材也特别丰富,并远多于其他各类题材。而且,从各类画像内容的相互内在联系和造墓者在墓中放置这些画像的目的来看,也均是以让死者能够升仙而进入昆仑仙境为最终目的。因此,我们可以认为西南汉代画像的主题即是墓主升仙。也正因为其目的是能让墓主升仙,所以才在画像中以众多的数量和丰富的题材来表现神仙、仙境和升仙的内容。

［原载《四川大学学报》（哲学社会科学版）2002年第1期］

---

① （汉）许慎:《说文解字》,中华书局,1963年,第79页。
② 高文编:《四川汉代画像砖》,上海人民美术出版社,1987年,第131页,图一七五。
③ （汉）许慎:《说文解字》,中华书局,1963年,第58页。

中国西南汉代画像内容组合

中国西南地区的汉代画像墓主要分布在包括四川省东部和重庆市在内的四川盆地中，此外在四川西南部的凉山彝族自治州、四川盆地南面的贵州省北部和云南省东北部的昭通地区也有发现。其中，尤以四川盆地中西部（汉代巴蜀地区的核心地区）画像墓的数量为多。这些画像墓的年代基本为东汉时期，少量的为蜀汉时期，其中以东汉中晚期最为盛行。

西南地区的汉代画像墓不仅分布广，而且数量也众多，截至2000年发现的总数已近400座。此外，形式种类也特别丰富，计有画像砖室墓、画像石室墓、画像砖石室墓、画像崖墓、画像石阙墓、画像石棺墓等。其中，画像崖墓和画像石棺为其他地区所不见；川西地区流行的一种较特殊的方形和长方形画像砖室墓，也是其他地区极少见到的。

一、画像内容的分类

汉代画像的内容十分丰富，涉及的方面很广，因此画像历来是考古学及历史学、民俗学、宗教史、美术史的研究者十分重视的领域。不过，以往的研究者在对画像内容进行分类时，多着眼于对汉代社会的研究，将其大体分为社会现实生活与生产、历史人物故事、祥瑞神话、自然景物、装饰图案等类[1]。虽然每个研究者的分类可能都有一些差异，各有增减，但都大体不出上述范围。

笔者认为，墓葬中出现的画像，其本身就是当时人们丧葬行为的产物，而画像的内容也应与当时人们的丧葬观念有关。那么，这些丰富的内容究竟反映了什么样的丧葬观念，墓主人及其家属的主观愿望又是什么，这就是笔者进行分类的着眼点，也是笔者与以往多数研究者的分类标准的主要不同之处。

画像在墓葬中的出现位置有一定的规律，并且在哪些位置出现哪些内容的画像也有一定规律。这些安排都取决于当时流行的丧葬观念和墓主个人的主观愿望。一般来说，墓葬中普遍出现的画像内容应是当时流行的丧葬观念的反映，而很少出现的、较

---

[1] 刘志远、余德章、刘文杰：《四川汉代画像砖与汉代社会》，文物出版社，1983年；李发林：《山东汉画像石研究》，齐鲁书社，1982年。

为特殊的画像内容则常常可能是表达了墓主人个人的愿望，体现出墓主人的人生观和价值观。这种个人的愿望，从某种意义上讲也是反映了他个人的丧葬观念。我们在对画像内容进行分类和研究时，这也是一个应该考虑的因素。

依据上述原则，笔者将西南地区汉代画像的内容分为如下几大类。

（1）神仙仙境与升仙。

附：墓主生活（仙境生活）、历史人物故事、生殖崇拜。

（2）驱鬼镇墓。

（3）吉祥。

各类画像的主要内容如下：

神仙仙境与升仙。属于这一类的画像内容主要有西王母仙境形象系统（梯儿、龙虎座、山形座、灵芝、三足乌、九尾狐、玉兔、蟾蜍、仙人、嘉禾、瑞云、方士等）、柱铢、白雉、离利、日月神、仙人、谷仓、鳌山、扶桑树、嘉瓜、云纹、山形纹、柿蒂纹、佛像、莲花、阙（天门）、大司、凤鸟、龙虎衔璧图、联璧纹、菱形纹、绳索纹、宝鼎（鼎人、升鼎）、鸟鱼图、钱币纹等。

墓主生活。这类画像的具体内容很多。这些画像实际上是用反映现实生活的内容来反映墓主的仙境生活。具体还可再细分为以下五小类：墓主出行；墓主生活场面；墓主的财富资产；墓主生前经历和身份；墓主人格。

历史人物故事。这类的画像内容主要有荆轲刺秦王图、季札赠剑图、董永侍父图、孝孙元觉图等。当时的人们认为这些历史人物已经进入仙境，并成为仙境中的成员。

生殖崇拜。这类画像的内容主要有伏羲、女娲、熊、野合、男女戏图等，都是表达再生与永生的愿望。

驱鬼镇墓。属于这类的画像内容主要有四神、猛虎、饕餮（铺首）、蹲熊、镇墓神、门卒、魁头（面具）、守犬、驱鬼图等。

吉祥。属于这类的画像内容主要有羊、凤鸟、鱼等。

下面，我们根据这些画像内容的分类，来分析各类画像在墓葬中的具体组合情况。

二、坟丘墓的画像内容组合

西南地区的东汉墓葬除了崖墓之外，一般在地表均有封土堆。这种有封土堆的墓葬我们就称为"坟丘墓"。在坟丘墓中有画像的主要为画像砖墓、画像石室墓或画像砖石室墓等。

（一）画像砖墓

画像砖墓基本都集中分布在川西平原。截至 2000 年，在已出土的画像砖墓中，有

8座保存较好，另有七八座虽保存不完整但大致可看出其基本组合或部分组合情况。下面列举2座较为典型的墓，可大致看出其具体组合情况。

（1）方形画像砖墓的典型组合。方形画像砖主要是指画像砖为方形，例如成都市区昭觉寺墓[①]。该墓共有画像砖23块，其中墓内两侧壁上各嵌10块，内壁上嵌3块。左壁10块画像砖的内容均为表现墓主车马出行的仪仗行列向天门（门阙）行进。右壁的画像砖前3块为天门（门阙），第4块为轺车骑吏步从，为左壁墓主出行行列的继续，表明出行行列已进入天门。已有学者论证，这种车马出行内容的画像是表现墓主升仙的[②]。右壁的第5块为施舍，显示墓主的富有与人格；第6~8块为宴饮和乐舞百戏场面，表现墓主生活；第9、10块为弋射收获、山林盐场，表现墓主的资财。内壁的3块高于其他画像砖的位置，中间为西王母仙境，两侧分别为日、月神，表明仙境在天上。

（2）长方形画像砖墓的大体组合。长方形画像砖主要指画像砖为长方形的，如四川彭州南方院墓[③]。该墓的画像砖总数不详，由于发现时已被破坏，仅征集到10块，可分为3组。第1组有2块画像砖，一块为轺车，另一块为骑鹿见仙人，内容表现墓主升仙；第2组有2块画像砖，一块为仙人博弈，另一块为龙拉云车，内容表现仙境；第3组为6块画像砖，分别为市集、酒肆、庖厨、驱雀、渔事、桐桑林，前两块内容可能与墓主生前做过市集、酒业管理官吏身份的经历有关，庖厨为表现墓主生前生活，后三块的内容主要表现墓主的资财。

总括以上各墓，可看出其完整的组合总的为神仙仙境与升仙、墓主（仙境）生活等两大类，具体还可以细分为升仙、仙境天国、墓主仙境生活、墓主财富、墓主地位身份、墓主人格等六小类。此外，在画像砖中还有反映生殖崇拜的内容，但仅为零星征集，在墓内的情况不详。

（二）石室墓与砖石室墓

这类墓葬中有画像的数量很少。还可以分为画像砖石室墓和画像石室墓。

（1）画像砖石室墓的组合。以四川成都金牛曾家包1号墓为例[④]。该墓中有画像石和条形画像砖，其中画像石分布在墓门和后室内壁上。内容主要有四类：一为凤鸟图以象征仙境，还有仙人半开门图等象征墓主升仙；二为双羊嘉禾图，象征吉祥；三为

---

① 刘志远遗作：《成都昭觉寺汉画像砖墓》，《考古》1984年第1期。

② 赵殿增、袁曙光：《"天门"考——兼论四川汉画像砖（石）的组合与主题》，《四川文物》1990年第6期。

③ 四川省文物管理委员会：《四川彭县义和公社出土汉代画像砖简介》，《考古》1983年第10期。

④ 成都市文物管理处：《四川成都曾家包东汉画像砖石墓》，《文物》1981年第10期。

庄园、庄园百业和山林射猎图等内容表现墓主资财；四为庄园图中的养老，表现墓主的高尚人格和善行。除了墓门和后室内壁之外，墓室均由条形画像砖砌筑。这种条形画像砖由于画面多图案化，因此也常被称为"花纹砖"（见下文）。

（2）画像石室墓的组合。以重庆合川皇坟堡墓为例[1]。画像均分布在墓室内，内容可分为四组：一为持嘉禾和持物仙人、吹箫人物、龙虎衔璧、凤鸟、三足乌、九尾狐等象征仙境；二为铺首衔环等，用以驱鬼镇墓；三为荆轲刺秦王、完璧归赵等历史人物故事，从画面观察，这些人物已成为天国仙境中的成员；四为伏羲女娲等与生殖崇拜相关的内容。

（三）花纹砖与画像

在画像砖室墓和画像砖石室墓中，花纹砖（也称为"条形画像砖"）的纹饰图案是一个重要的装饰内容。因此，在讨论画像墓的画像内容时，花纹砖纹饰也是一个不可忽视的组成部分。

西南地区的砖室墓在东汉时期以后，一般多用花纹砖砌筑，其砖有纹饰图案的一侧均面向墓室内，因此整个墓内均可见这种花纹，装饰效果极强，画像砖墓和画像砖石室墓的情况也是一样，除了用画像砖和画像石的地方之外，墓室均用花纹砖砌筑。

现在已知画像砖墓或砖石室墓的花纹砖内容组合有四川成都扬子山1号墓[2]、扬子山23号墓[3]，成都青杠包3号墓[4]，成都昭觉寺墓，成都曾家包1、2号墓，成都新都新繁清白乡墓[5]、新都马家墓[6]、新都胡家墩墓[7]等。在这些墓葬中，最常见的花纹砖组合为联璧纹、菱形纹和云纹，其他的内容还有双凤纹和钱币纹等。

关于花纹砖在画像砖室墓和砖石室墓中的排列情况，可以成都曾家包1、2号墓的情况为例。两墓侧壁的花纹砖基本上为联璧纹，仅夹杂着个别的菱形纹，墓室顶部券拱部分则为云气纹[8]。此外，成都扬子山1号墓、青杠包墓、昭觉寺墓、新都清白乡墓的画像砖四周均饰联璧纹，并夹杂着个别的菱形纹。由此看来，在两侧壁的画像砖周围饰联璧纹为通常的组合方式，云纹则可能多饰于墓室的顶部。

---

[1] 重庆市博物馆、合川县文化馆：《合川东汉画象石墓》，《文物》1977年第2期。
[2] 于豪亮：《记成都扬子山一号墓》，《文物参考资料》1955年第9期。
[3] 沈仲常：《成都扬子山的晋代砖墓》，《文物参考资料》1955年第7期。
[4] 徐鹏章：《成都站东乡汉墓清理记》，《考古通讯》1956年第1期。
[5] 四川省文物管理委员会：《四川新繁清白乡东汉画像砖墓清理简报》，《文物参考资料》1956年第6期。
[6] 四川省博物馆：《四川新都县发现一批画像砖》，《文物》1980年第2期。
[7] 张德全：《新都县发现汉代纪年砖画像砖墓》，《四川文物》1988年第4期。
[8] 这部分资料为笔者20世纪90年代在该墓实地考察时所获。

根据前面的画像内容分类可知，联璧纹、菱形纹、云气纹等均可以象征天国仙境。因此，用这些纹饰的花纹砖砌在画像砖的周围并装饰墓室，无疑是象征画像砖中的人物、情景和墓室即在天国仙境之中。

三、崖墓的画像石刻内容组合

与画像砖墓相比而言，崖墓的画像石刻保存较好，因此现在能见到的完整画像内容组合也较多。下面分别叙述各类崖墓的画像内容组合情况。

（一）大型崖墓

其完整的内容组合有神仙仙境与升仙、墓主生活、生殖崇拜、历史人物故事、驱鬼镇墓、吉祥等六类。下面列举两座较典型的墓，可大致看出其画像内容的具体组合情况。

（1）前堂后穴墓。例如，四川乐山麻浩1号墓[①]。该墓的画像内容组合完整，六大类均有，并均在墓门外和前堂内。具体内容如下。仙境（或象征仙境）与升仙类：如神山、凤鸟、坐佛、捣药玉兔、捧物蟾蜍、灵禽瑞兽、嘉瓜、挽马、持节道士等。墓主生活（与资财）类：如舞蹈人物、博弈人物、垂钓、房屋等。生殖崇拜类：男女交吻等。历史人物故事类：荆轲刺秦王等。驱鬼镇墓类：门卒、铺首等。吉祥类：卧羊等。

（2）前中后三室墓。例如，四川三台郪江松林嘴1号墓[②]。该墓的画像内容组合为仙境与升仙、墓主生活与财富、驱鬼镇墓等类，均在墓室内。其中象征仙境与升仙的有天门（门阙）、花卉、仙人半开门等；象征墓主生活和财富类的有房屋、兵器架等；表现驱鬼镇墓内容的有魌头（面具）。

（二）中型墓

一般一座墓的画像内容仅由三四类组合而成，该类墓的画像中均未见历史人物故事类。下面列举两座较典型的墓，可大致看出其画像内容的具体组合情况。

（1）前堂后穴墓。例如，四川乐山柿子湾2号墓[③]。该墓的画像均在墓门外和前堂内，内容有仙境、墓主生活与财富、驱鬼镇墓、生殖崇拜等四类。其中，表现仙境类的有双阙、瑞兽灵禽、嘉瓜等；墓主生活与财富类的有宴饮和房屋等；驱鬼镇墓类的有镇墓神和门卒等；生殖崇拜类的有男女拥抱、接吻等。

（2）单室墓。例如，四川彭山江口951-3号墓[④]。该墓的画像均在墓门外和墓室内，

---

① 乐山市文化局：《四川乐山麻浩一号崖墓》，《考古》1990年第2期。
② 罗二虎：《三台县郪江崖墓初探》，《四川文物》1988年第4期。
③ 资料为笔者20世纪90年代在乐山市考察崖墓时所获。
④ 资料为笔者20世纪90年代在彭山县考察崖墓时所获。

内容有仙境、生殖崇拜、驱鬼镇墓、吉祥等类。其中表现仙境类的有"胜"纹、柿蒂纹、嘉禾和花卉等；生殖崇拜的内容为突出雄性生殖器的蹲熊；驱鬼镇墓类的有守犬、门卒等；吉祥类的有双羊。

(三) 小型墓

一般一座墓的画像内容仅由三四类组合而成。该类墓的画像中均未见历史人物故事类。下面列举一座较典型的墓，可大致看出其内容的具体组合情况。四川长宁七个洞5号墓①，该墓的画像均在墓门外，内容有仙境（仙境生活）与升仙、墓主生活与财富、墓主生前经历、驱鬼镇墓等四类。其中表现仙境（仙境生活）与升仙类的有"胜"纹、云纹、柿蒂纹、菱形纹、联璧纹、阙、楼、凤鸟、马车、马、迎谒人物、持丹丸人物等；墓主生活与财富类的有舞蹈百戏人物、串钱纹等；战斗图可能与墓主生前的特殊经历有关；驱鬼镇墓类的有"双结龙"符号、青龙白虎等。

四、石棺的画像内容组合

石棺中画像保存完好的很多，其画像中神仙仙境与升仙、墓主生活、生殖崇拜、历史人物故事、驱鬼镇墓、吉祥等六大类均有，并可以看得出各种石棺画像的内容组合情况②。下面分别叙述。

(1) 较完整的组合。以四川简阳鬼头山崖墓出土的3号石棺③为例。此为一具非常珍贵的画像石棺，其内容丰富，每个画像旁边基本上均有石刻题记，可以帮助我们准确地判明画像的内容和当时人们对此的称呼。其内容组合有仙境与升仙、仙境生活与财富、生殖崇拜与长寿观念、驱鬼镇墓等类。其中表现仙境与升仙类的有天门（双阙）、日月神、凤鸟、白雉、离利、柱铢、马车、大司、龙与鱼等；仙境生活与财富类的有仙人博弈、仙人骑兽、太仓等；生殖崇拜与长寿类的有伏羲女娲、鸠鸟、玄武等；驱鬼镇墓类的有四神等。

(2) 较完整地体现西王母仙境的组合。例如，四川彭山双河崖墓出土的石棺④。该棺仅两侧有画像，一侧为西王母仙境，西王母居中坐于龙虎座上，旁有三足鸟、九尾狐、起舞蟾蜍、抚琴吹箫仙人、捧不死药仙人等；另一侧为大司（门亭长）在阙前迎谒，仙境中有凤鸟、天禄、翼兽等，墓主已进入仙境并在仙境中漫游，旁有饲马人正

---

① 四川大学考古专业七八级实习队、长宁县文化馆：《四川长宁"七个洞"东汉纪年画像崖墓》，《考古与文物》1985年第5期。
② 罗二虎：《汉代画像石棺研究》，《考古学报》2000年第1期。
③ 内江市文管所、简阳市文化馆：《四川简阳县鬼头山东汉崖墓》，《文物》1991年第3期。
④ 20世纪90年代，该棺陈列于彭山县汉代艺术陈列馆。

在饲马。再如四川郫都新胜 2、3 号砖室墓出土的 2 号石棺[①]。该棺一侧为西王母居中而端坐于龙虎座上，后有三灵芝华盖，旁有三足乌、九尾狐、起舞蟾蜍、捣药蟾蜍、博弈仙人等，另一侧为双阙和太仓；前端为凤鸟；后端为伏羲女娲。

（3）较完整地体现升仙过程的组合。例如，四川南溪长顺坡砖室墓出土的 3 号石棺[②]。该棺仅右侧和两端有画像，其右侧下方为升仙图，有 4 个场面，分别为夫妻惜别、乘鹿升仙、仙人半开门与跪拜方士、墓主拜谒西王母，较完整地体现了升仙过程。另外其右侧为仙境，有叙谈人物、博弈仙人、蟾蜍嬉戏、"胜"纹、云气纹、倒山形纹等；前端为天门（双阙）；后端为凤鸟。

（4）较完整地体现出行与到达仙境的组合。例如，重庆沙坪坝市一中石室墓出土的石棺[③]。该棺的画像一侧为墓主车马出行行列；另一侧为墓主到达仙境的场面，上方还有仙人半开门、双鸟衔珠、柿蒂纹、联璧纹等；前端为天门（双阙）；后端为伏羲女娲。

（5）突出象征仙境与寓意升仙的组合。例如，四川泸州大驿坝 2 号墓出土的石棺[④]。该棺的画像一侧为虎和凤鸟衔鼎，另一侧为鸟鱼图，此外两侧均有"胜"纹、柿蒂纹、云气纹、绳索纹等；前端为凤鸟；后端为伏羲女娲。

（6）突出驱鬼镇墓与升仙的组合。例如，四川芦山王晖墓出土的石棺[⑤]。该棺的画像，升仙类为棺身前端的仙人半开门；驱鬼镇墓类为棺盖前端的铺首衔环、棺身左右两侧的青龙白虎和后端的玄武。

（7）较完整地体现驱鬼情况的组合。例如四川成都新津发现的 5、6 号崖棺[⑥]。这两具棺的一侧均为驱鬼图，表现了当时的人们为保护墓主而以剑刺鬼和用篓装鬼的驱鬼过程。

此外，在石棺画像的四周常常有菱形纹和云气纹等图案装饰。这些装饰图案的作用与画像砖墓中的花纹砖同类图案装饰的作用是相同的。

五、墓阙的画像内容组合

墓阙画像的内容有神仙仙境与升仙、墓主生活、生殖崇拜、历史人物故事、驱鬼镇墓、吉祥等，六类均有。

---

① 四川省博物馆、郫县文化馆：《四川郫县东汉砖墓的石棺画象》，《考古》1979 年第 6 期。
② 崔陈：《宜宾地区出土汉代画像石棺》，《考古与文物》1991 年第 1 期。
③ 20 世纪 90 年代，该棺陈列于重庆市博物馆。
④ 20 世纪 90 年代，该棺陈列于泸州市博物馆。
⑤ 任乃强：《芦山新出汉石图考》，《康导月刊》第 4 卷 6、7 期，1942 年。
⑥ 闻宥：《四川汉代画象选集》，群联出版社，1955 年，第三十二图。

墓阙画像内容的地区差异比较明显，可以分为川西、川东重庆两个地区。川西地区墓阙画像的内容组合可以雅安高颐阙为代表[①]。在该阙的画像内容中，表现仙境类的有卷云（卷草）纹和灵禽瑞兽、三足乌、九尾狐、三叶植物（三灵芝）、蟾蜍等；表现墓主升仙类的有车骑出行、仙人半开门和谒见图等；表现墓主（仙境）生活类内容的有抚琴与听琴人物、行猎等；表现生殖崇拜类内容的为突出其生殖器的角神、鱼等；表现历史人物故事类的有季札赠剑等；表现驱鬼镇墓类的有铺首衔鱼、铺首衔蛇、角神等；表现吉祥类的有羊等。

川东重庆地区则以四川渠县沈氏阙为代表[②]。该阙的画像内容组合与高颐阙有相同之处，但在具体内容上却有一些差异。两地区最明显的差异就是川东重庆地区基本上不见车马出行这类重要的升仙类题材，而川西地区则基本不见龙虎衔璧这类重要的象征升仙类题材。

六、画像组合反映的丧葬观念

通过上述讨论，我们可以发现西南汉代画像墓的画像内容组合均有一个共同的特点，这就是以表现神仙仙境与升仙的内容（包括墓主仙境生活）为主，其数量占绝大多数。从各类画像的题材种类上看，表现神仙仙境与升仙类的题材也特别丰富，并远多于其他各类题材。而且，从各类画像内容的内在联系和造墓者在墓中放置这些画像的目的来看，均是以升仙为目的，而驱鬼镇墓只是为了保护好墓主的尸体不受鬼魅魍魉的侵扰，以达到让墓主升仙的目的。因此，我们可以认为西南汉代画像的主题即是墓主升仙。正因为其目的是能让墓主升仙，所以才在画像中以众多的数量和丰富的题材来表现神仙、仙境的内容，希望通过巫术的手法来达到升仙的目的。

画像中的另一类重要题材就是驱鬼镇墓。其驱鬼镇墓的直接目的就是保护好死者的尸体。在汉代，人们将保护好尸体视为升仙的一种手段。西晋著名的道士葛洪在《抱朴子·内篇·论仙》卷二中曾引《仙经》说升仙有几种方式："上士举形升虚，谓之天仙；中士游于名山，谓之地仙；下士先死后蜕，谓之尸解仙。"[③]所谓"尸解"成仙，就是要待人死后，再从尸体中蜕解出来以升仙。由此可见当时人们认为保护好死者尸体与升仙有直接的关系。因此，保护好尸体不受鬼魅魍魉的侵扰伤害，其目的就是要让墓主尸解以升仙。

---

① 重庆市文化局、重庆市博物馆，徐文彬、谭遥、龚廷万、王新南编著：《四川汉代石阙》，文物出版社，1992年，第31～33页。

② 重庆市文化局、重庆市博物馆，徐文彬、谭遥、龚廷万、王新南编著：《四川汉代石阙》，文物出版社，1992年，第40、41页。

③ （晋）葛洪：《抱朴子》，《诸子集成》第8册，中华书局，1954年，第6页。

画像中还有一类题材为吉祥。"吉祥"是一种抽象的概念，在汉代画像中人们以"羊"作为一种形象化的象征。"羊"和"祥"通假可互换，"祥"即是"善"，也就是美好的意思。上述两大类画像题材的目的是驱鬼以升仙，其内容都是表现了一种美好的愿望。因此从某种意义上可以说，"吉祥"是所有画像内容的一种概括，以及汉代人对待丧葬的一种基本态度。

在汉代人的丧葬观念中，这几类内容的画像不但对于死者而且对于生者（即死者的后代子孙）也有实际的意义。建造一座规模宏大而堂皇的墓室，再装饰以画像，不但对死者是一件吉祥、美好的事情，对于生者也同样如此。中国自古以来盛行的一种宗教观念就是祖先崇拜。传统的宗教观念认为死去的祖先具有超人的能力，他们虽然生活在另一个世界，却可以对现实的世界产生影响，既可以帮助、保护子孙，也可以惩罚、加罪于子孙。也就是说，祖先可以降祸福于子孙。因此，建造这种吉墓并装饰画像，对于死者去另一个世界来说是一件美好的事情，反过来这也对于死者的子孙后代有利。

上述的这种观念还可以在画像墓本身的题刻铭文中得到直接的证明。例如，四川长宁七个洞1号崖墓题记"熹平元年十月廿□（五）□（日）作此冢宜子孙"[①]。又如，七个洞3号墓题记"延光□年□月十一日作□（冢）用宜子孙万世恩"[②]。再如，四川出土的铭文花纹砖上"富贵"与菱形钱璧纹砖、"子孙高千（迁）"与联璧车轮纹砖、"利后子孙"与联璧纹砖、"善"与凤鸟砖[③]，均体现了这一观念。

七、结　　语

我们认为西南汉代各种形式的画像均是以表现神仙仙境与升仙的内容为主，但在各类墓葬的画像组合中，仍存在着一定的差异。例如，在画像砖墓中，绝大多数的画像内容都是通过再现墓主生前的生活来表现仙境与升仙，少有表现生殖崇拜的内容，不见直接表现吉祥和历史人物的内容，总体给人的感觉是画像表现的内容比较理性。在画像崖墓中，多数的画像内容都是通过象征性的方法来表现仙境与升仙，此外表现生殖崇拜、历史人物和吉祥类的内容相对较多。在画像石棺中，以直接表现仙境和以人们想象中的方式来表现墓主升仙，以及以象征性的方式来表现仙境与升仙的内容较多，此外表现生殖崇拜和吉祥类的内容也相对较多。后两种类型墓葬的画像给人的感

[①] 四川大学考古专业七八级实习队、长宁县文化馆：《四川长宁"七个洞"东汉纪年画像崖墓》，《考古与文物》1985年第5期。

[②] 四川大学考古专业七八级实习队、长宁县文化馆：《四川长宁"七个洞"东汉纪年画像崖墓》，《考古与文物》1985年第5期。

[③] 高文编：《四川汉代画像砖》，上海人民美术出版社，1987页，第131、154、155页。

觉是更多地体现神话背景和民间巫术的成分。这些差异的存在，可能与使用这些墓葬的社会阶层和墓主生前身份等的差异有关。

（原载《社会科学研究》2002年第1期）

汉代画像石棺研究

本文研究的对象是汉代的画像石棺（个别的画像石棺为三国时期）。无论是汉代的石棺或汉代的画像石棺，都集中分布在中国的西南地区，尤其集中地分布在四川盆地内。画像石棺的数量众多，为研究当时的丧葬习俗、思想意识、社会经济、美术和这一区域的历史等提供了很有价值的实物资料。

有关汉代石棺的记载，最早见于洪适的《隶释》卷十三[①]。他收录的武阳（今四川眉山市彭山区）彭邙山汉代张氏家族崖墓的题记铭文中就提到"崖棺"。1877年，英国学者巴伯（E. Colborne Baber）在四川考察时，便对犍为等地的石棺进行了描述，并认为是"水柜"[②]。1908年，英国学者陶然士（T. Torrance）在四川也发现了较多的石棺[③]。1914年，法国学者色伽兰（Vitor Segalen）在四川考察时更对彭山境内的画像石棺进行了研究[④]。20世纪三四十年代，不少中国学者如罗希成[⑤]、常任侠[⑥]、商承祚[⑦]、杨枝高[⑧]、郑德坤[⑨]等都对画像石棺进行过研究。中华人民共和国成立以来，西南地区又陆续发现了大量经过科学调查发掘的画像石棺，并且有不少学者对这些画像的内容进行了考证研究。这些都为画像石棺的系统研究奠定了坚实的基础。本文正是在前人研究的基础上，对汉代的画像石棺做一次初步的系统研究。

[①] （宋）洪适：《隶释》卷十三《张宾公妻穿中二柱文》，中华书局，1985年，第148、149页。

[②] E. Colborne Baber, *Travels and Research in the Lrterior of China*, 转引自郑德坤：《四川古代文化史》，华西大学博物馆，1946年，第138页。

[③] 陶然士：《四川之墓葬》，《亚洲文会会志》第41卷，1910年。

[④] 色伽兰著，冯承钧译：《中国西部考古记》，商务印书馆，1932年，第37、38页。

[⑤] 罗希成：《蜀新津堡字山石窟内之石棺》，《美术生活》39期，1937年。

[⑥] 常任侠：《巴县沙坪坝出土之石棺画像研究》，《金陵学报》第8卷第12期，1938年。

[⑦] 商承祚：《四川新津等地汉崖墓砖墓考略》，《金陵学报》第10卷第1、2期，1940年。

[⑧] 杨枝高：《四川崖墓略考》，《华文月刊》第1卷6期，1942年。

[⑨] 郑德坤：《四川古代文化史》（华西大学博物馆专刊之一），华西大学博物馆，1946年，第135、136、153～157页。

一、结构与类型

汉代石棺的石质均为砂岩,主要为红砂岩和青砂岩。从结构和开凿方式上讲,汉代石棺可以分为普通的石棺和崖棺两大类。普通的石棺根据使用石材的差异,还可分为整石石棺和拼合石棺两种。崖棺根据形制结构的差异,还可分为柜形石棺和龛形石棺两种。这两类四种石棺中都有一部分是画像石棺,其画像主要分布在棺身外的周壁上,有的在棺盖的顶上和棺盖的两端也有画像。下面分别加以叙述。

1. 整石石棺

其棺身和棺盖分别用整块石材凿成。石棺棺身的形制简单,均为长方形,中空。棺身侧壁和端壁的厚度基本相同,常为0.1米左右,而底壁较厚,常为0.15～0.2米。棺身的上口内侧有一个凸起1～1.5厘米的沿,为扣合棺盖之用。棺盖的形式较为多样,总的来说可分为两种:一种是模仿木棺,另一种是模仿生人的房屋居室。

(1)仿木石棺。数量最多,占已发现画像石棺数量的大多数。棺盖顶部厚度为0.1～0.15米。棺盖周壁比棺身稍薄,以便能扣合在棺身上面。棺盖为弧形顶,有一种是两端与棺身齐平(图一);另外,也有两端或一端向外斜出,盖顶比棺身略长的(图二)。

图一 整石仿木石棺(四川泸州麻柳湾崖墓)   图二 整石仿木石棺(四川南溪长顺坡砖室墓)

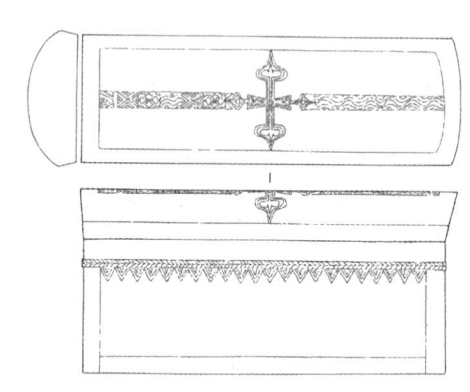

图三 整石房形石棺(四川芦山王晖砖室墓)

(2)房形石棺。数量较少。有的棺盖为瓦棱形的弧形顶,似乎是模仿房屋的顶瓦形式(图三)。此外,还有一种是庑殿式房顶形的棺盖,其棺身也雕刻仿居室墙体的框栏装饰,宛如一座房屋建筑(图四),其数量极少。

2. 拼合石棺

其棺身和棺盖分别由数块石料拼合而成,体积大于一般的整石石棺。也正是因为这种石棺的体积特别大，所以才用多块石料拼合而成。拼合石棺的数量很少，其中有画像的目前仅发现数具。也可分为两种：一种是模仿木棺，另一种是模仿生人的房屋居室。

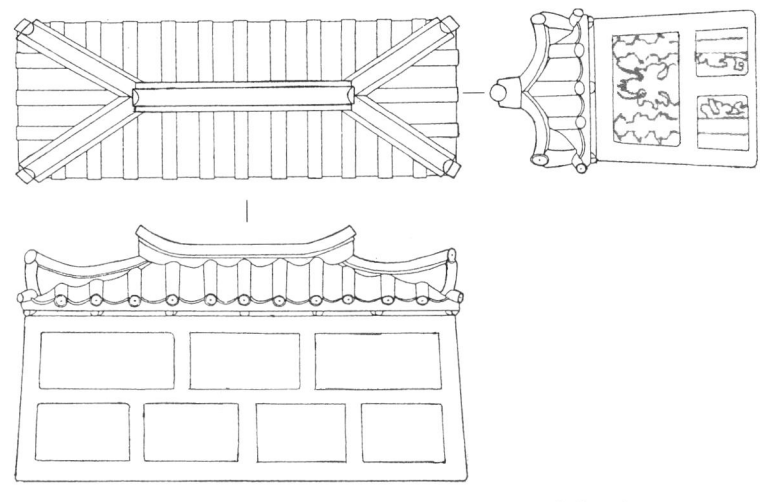

图四　整石房形石棺（四川乐山市沱沟嘴崖墓）

（1）仿木石棺。形制与整石的仿木石棺基本相同，只是石棺更为宽大（图五）。

（2）房形石棺。如四川内江红缨1号崖墓的画像石棺①（图六），系用13块砂岩石板、石条镶成。棺身下部还有底座。棺身前端有双扇门，门楣上有三尊半立雕的力士。棺盖呈庑殿顶形，内侧呈拱形顶，并有藻井等仿木结构建筑装饰。

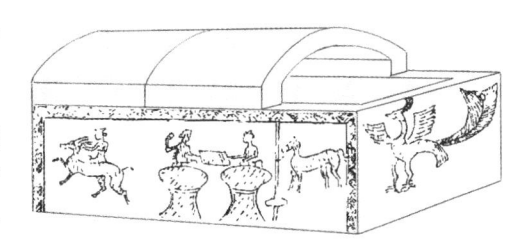

图五　拼合仿木石棺
（四川彭山高家沟282号崖墓）

3. 柜形崖棺

崖棺都在崖墓内，其特点是石棺直接利用山岩开凿，并且还有一部分仍与山岩相连。柜形崖棺的棺身形制结构、大小与整石的仿木石棺大体相同，但棺底部基本都有与山岩连成一体的仿垫棺枋，棺的一个侧面或者还有一个端面也仍与山岩连成一体。棺盖的形式主要有两种：一种是与普通石棺基本相同的弧形顶仿木石棺盖，另一种是用若干块特殊的弧形砖拼合而成的砖棺盖（图七）。这种柜形崖棺虽然在崖墓中的数量很多，但其中有画像的数量却不多。其画像多在崖棺的一侧，或一侧和一端，或一侧和两端。

---

① 雷建金、曾健：《内江市中区红缨东汉崖墓》，《四川文物》1989年第4期。

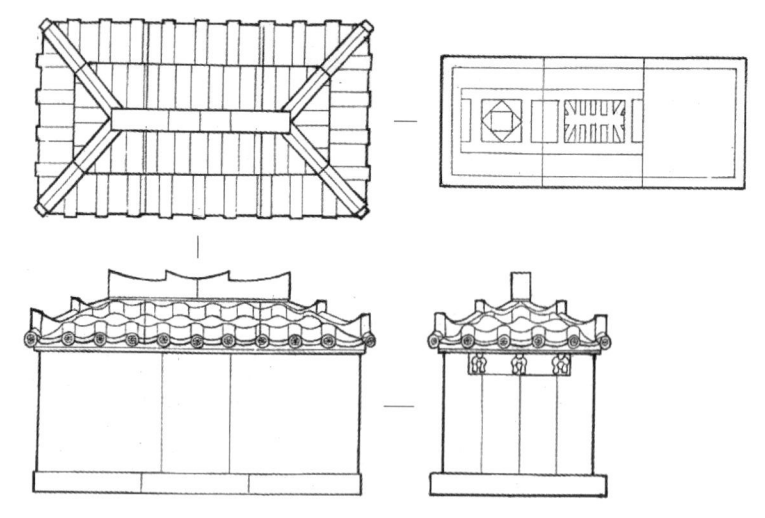

图六 拼合房形石棺（四川内江红缨 1 号崖墓）

4. 龛形崖棺

这种石棺的特点是棺身大部分仍然在山岩的岩壁内，石棺的形状如长方形壁龛，口部用砖封闭或半封闭。有画像的龛形崖棺目前仅见四川彭山江口 951-2 号崖墓一例（图八、图九）。

图七 柜形崖棺与砖棺盖示意图

图八 龛形画像崖棺（四川彭山江口 951-2 号崖墓）

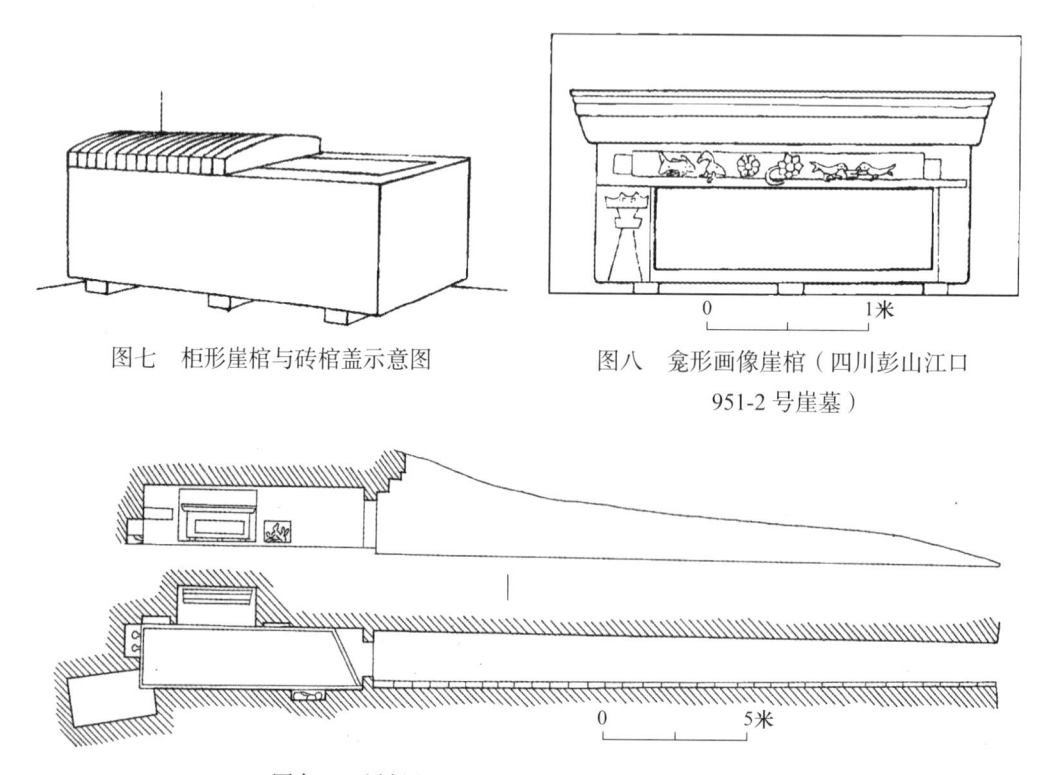

图九 四川彭山江口 951-2 号崖墓及龛形画像崖棺

二、画像内容分类

关于画像内容的分类，以往的研究者多着眼于对汉代社会的研究，因此大体将其分为社会现实生活与生产、历史人物故事、祥瑞神话、自然景物、装饰图案等类。虽然每个研究者的分类可能有一些差异，但都不出上述范围。笔者认为，墓葬中出现的画像，其本身就是当时人们丧葬行为的产物，而画像的内容也应与当时人们的丧葬观念有关。那么，这些丰富的内容究竟反映了什么样的丧葬观念？墓主人及其家属的主观愿望又是什么？这是笔者进行分类的着眼点，也是笔者与以往多数研究者分类标准的不同之处。

画像在墓葬中的出现位置有一定的规律，并且哪些位置出现哪些内容的画像也有一定规律。这些安排都取决于当时流行的丧葬观念和墓主个人的主观愿望。一般来说，墓葬中普遍出现的画像内容应是当时流行的丧葬观念的反映，而很少出现的、较为特殊的画像内容则可能是表达了墓主人个人的愿望，体现出墓主人的人生观、价值观和墓主生前的经历、资财、地位等。这种个人的愿望从某种意义上讲也就是反映了他个人的丧葬观念。在对画像内容进行研究和分类时，这也是一个应该考虑的因素。

依据上述原则，可以将汉代石棺的画像内容分为仙境与升仙（附：历史人物故事、生殖崇拜）和驱鬼镇墓两大类。

应当注意的是，汉代画像从形象上讲具有确定性，但从含义上讲有的却具有一定的模糊性，一种画像有时可以具有几种不同的含义，可以进行多种解释，由此也经常造成研究者在解释上的分歧。

（一）仙境与升仙

1. 神仙仙境

石棺画像中所描绘的仙境基本上表现的都是以西王母为首的仙境。在同一画面中常与西王母一起出现的有灵芝、三足乌、九尾狐、玉兔、蟾蜍、仙人及方士和棺主人等。

西王母为汉代人崇拜祀奉的神通广大的神，从某种意义上讲是当时人们崇奉的诸神中最重要的一位。在四川成都市郊昭觉寺画像墓[1]、新都清白乡（现清白街村）画像墓[2]中，西王母画像砖居内壁正中，并高于其他的画像砖。由此也可窥见西王母在汉代人们心目中的地位。西王母的传说在汉代广为流传，官府还将其列为专祀的对象。

---

[1] 刘志远遗作：《成都昭觉寺汉画像砖墓》，《考古》1984年第1期。
[2] 四川省文物管理委员会：《四川新繁清白乡东汉画像砖墓清理简报》，《文物参考资料》1956年第6期。

《太平御览·礼仪部》引《汉旧仪》说："祭西王母于石室，皆在所二千石、令、长奉祠。"[1] 人们如此崇拜西王母的原因是汉代人认为西王母手中掌管着不死之药，而神仙的最主要特征就是长生不老，不会死亡。显然，西王母掌握凡人能否成为神仙的大权。人们在墓中描绘西王母，其目的是让死者也能超生而抵达神仙世界。

除此之外，表现仙境的主要还有天门（阙）、大司、凤鸟、日月神、仙人、谷仓（太仓）、鳌山、扶桑树、云纹、山形纹、柿蒂纹、莲花、柱铢、白雉、离利等。

（1）天门（阙）与大司。汉代石棺画像中，阙是出现频率最高的内容之一。阙大多置于棺的前端，过去通常将站在阙前的人物称为"亭长"或"卫卒"，但根据四川简阳鬼头山崖墓3号石棺的题榜等可知应分别为"天门"和"大司"[2]。大司作为天吏，主守天门，既可将来人拒之天国之外，也迎接升天的来客。

（2）凤鸟。称凤凰、鸾鸟。在汉石棺画像中大量出现。从形象上看，与朱雀很难分辨，其性质也有相同之处。作为一种神仙仙境的神鸟，用以象征天国仙境。在画像中出现主要有以下几种情况：站立天门（阙）顶上；站立于扶桑等树上；在墓主的骑乘前，引导墓主进入天门；大量单独出现，常在棺身一端，而另一端多为天门。

（3）日、月神。古人认为天上的物象均为神灵，而日、月的运行是由大鸟托载而行的缘故。《山海经·大荒东经》："汤谷上有扶木。一日方至，一日方出，皆载于鸟。"[3] 所以石棺画像上的日、月神是人首鸟身，头戴冠，腹部有一圆轮。它们的出现即寓意天国。

（4）仙人。数量很多，从形象观察，主要有以下几种特征：生双翼；裸体；生长耳；戴山形冠（或羽冠）；双环髻，这种发型除了在女性仙人头上之外，还有时在女娲头上出现；着燕尾袍者。仙人出现的情况有如下几种：侍奉西王母；自娱仙人，如仙人博弈、抚琴、骑马（骑兽）、歌舞杂技等，着意刻画人们理想中的天国仙境无忧无虑的气氛；仙人半开门；保管不死之药仙人。

（5）谷仓（太仓）。为天国粮仓，直接寓意人们理想中的天国生活富足，仓廪充实且规模浩大。

（6）柿蒂纹。不但在汉代石棺画像中大量出现，而且还广见于汉代的各种物品的装饰中。然而，关于它的象征与含义却几乎无人谈及。这种纹样的出现，也应是天国仙境的一种象征。

（7）莲花。目前仅发现一二例。这种莲花并非莲池中的普通植物，而是作为仙境

---

[1] （宋）李昉等：《太平御览·礼仪部》，中华书局，1960年，第2388页。
[2] 赵殿增、袁曙光："天门"考——兼论四川汉画像砖（石）的组合与主题，《四川文物》1990年第6期。
[3] 袁珂校注：《山海经校注》，巴蜀书社，1993年，第408页。

天国的珍草灵木，象征天国仙境。莲花在佛教中有特殊含义，它的出现与佛教的传播有关。

（8）柱铢与白雉。均为天国仙境之物，柱铢可能就是《山海经·海内西经》所载昆仑山上的"珠树"[①]。据《山海经·西山经·西次四经》记载："孟山……其鸟多白雉。"[②] 可见白雉也同处西方，接近昆仑仙山，因此古人也认为白雉是一种天国仙境的神鸟。

（9）离利（离）。《广雅·释天》："山神谓之离。"[③]《说文解字》卷十四下："离，山神，兽也。……欧阳乔曰：'离，猛兽也'。"[④] "利"有顺利、吉利的含义。可见古人认为离是一种吉祥的山神。

2. 升仙与墓主仙境生活

表现墓主升仙的主要有直接表现墓主升仙与象征升仙两类。直接表现墓主升仙的内容主要是各种车马、骑马出行图，这是石棺画像中常见的内容之一，以汉代人生活中乘车骑马的出行场面为蓝本。可是，为什么要在如此众多的墓葬中着意刻画墓主出行的场面呢？通过仔细观察我们可以发现，这些出行行列都是朝着一个固定的方向，即朝着天门（阙）的方向行进，显然这一幅幅出行图都是表现墓主升天的。关于这一点，近年来已有学者指出[⑤]。也就是说，这种出行图与"天门"图的内容合起来才形成一个完整的主题，表达墓主升仙的意境，而这种主题的画像应统称为"（墓主）升仙图"或"车马临天门图"。根据画面内容还可将这种"（墓主）升仙图"分为两类，第一类是完全再现现实生活中出行的场面；第二类是模仿现实生活中的出行场面，但加入了一些非现实的幻想成分，如四川长宁七个洞7号墓崖棺侧面的"升仙图"即是[⑥]。图中墓主骑马在凤鸟的引导下，正在步入天门。此外还有墓主骑鹿、骑天禄等升仙的画面。

反映墓主仙境生活的画面基本上都是以墓主生前生活场面和墓主生前财富资产来表现。墓主生活场面是指直接体现与墓主本人生前生活相关的画面，其主要内容有宴饮、乐舞百戏、博弈、抚琴、田猎等。这些内容构成了当时人们所崇尚的生活方式。墓主的财富资产类画像内容主要有粮仓、楼阙、武库、厨房、庖厨、仆侍、部曲等。它反映出墓主生前拥有各种财富资产的情况，将这些内容汇总便可构成当时庄园经济

---

① 袁珂校注：《山海经校注》，巴蜀书社，1993年，第350页。
② 袁珂校注：《山海经校注》，巴蜀书社，1993年，第71页。
③ （清）王念孙著，钟宇讯点校：《广雅疏证》，中华书局，1983年，第284页。
④ （汉）许慎：《说文解字》，中华书局，1963年，第308页。
⑤ 赵殿增、袁曙光：《"天门"考——兼论四川汉画像砖（石）的组合与主题》，《四川文物》1990年第6期。
⑥ 四川大学考古专业七八级实习队、长宁县文化馆：《四川长宁"七个洞"东汉纪年画像崖墓》，《考古与文物》1985年第5期。

的主要内容，也是墓主所想过的上述这种生活方式的物质基础。作为一种崇尚财富的观念它也被移植到人们想象的仙境之中。过去，人们对于这些画像内容所反映的当时社会情况做过大量研究，但对于这些画像为什么会在墓葬这一特殊的环境中出现，墓葬建造者的意图等问题却涉猎较少。

诚然，汉代社会崇尚富贵，如《易·系辞上》就说"崇高莫大乎富贵"[①]，因此这些内容的出现有夸耀墓主生前富贵生活的含义，但其目的还不仅在于此。它们在墓葬中出现，与人们的丧葬观念有直接的联系，具体地说即墓主祈望能将其生前的财富和荣华富贵的生活带入另一个世界——仙境，而他们理想中的仙境生活，即如同自己生前的生活一样。我们可以发现，汉代人们想象中的和画像中所表现出来的仙人生活，主要也就是这些内容。此外，如果我们再仔细辨认，还不难发现有时在这些画像中也直接出现了凤鸟、白鹤之类寓意仙境的瑞鸟。这就提示我们：此为仙境而非人间。由此可知，墓葬中出现这些内容的画像，表达了墓主希望死后能升仙和享受仙境生活的强烈愿望，而这种仙境生活实际上就是墓主生前现实生活的延伸和继续。

象征升仙的画像内容主要有龙、虎、龙虎衔璧、联璧纹、菱形纹、鼎、鸟鱼、钱纹等内容。

（1）龙虎衔璧图。龙虎是传说中西王母乘坐的交通工具，且龙虎还可帮助人们升仙，如《史记·封禅书》载黄帝及群臣乘龙升天。璧被人们用于祭天，其形状寓意天圆。因此，龙虎衔璧图寓意墓主以璧礼天，璧象征天国，而龙虎载之升天，其意图是祈求墓主能顺利升入天界仙境。

（2）鼎。出现较多，主要有三种情况：其一是置于西王母前面；其二是人物升鼎或鸟兽衔鼎；其三是方士用鼎炼丹。鼎作为供奉西王母的器具，显然也应具有神性，所以炼丹要用鼎。鸟兽衔鼎与龙虎衔璧的画像含义相同，其意图都是让墓主顺利升入天国仙境。

（3）鸟鱼图。为很常见的图像，可细分为两类：其一，鸟、鱼与白虎或者青龙相伴，而主体为龙虎。这种类型的图像可以上溯至战国时期，如湖南长沙战国中期楚墓中出土的人物御龙帛画[②]，为一男子直立驾驭着一条巨龙，龙尾上部站立一鹤，龙身下方一条鱼在行进，更完整地表现了墓主人乘龙并在鸟、鱼的簇拥导引下升天的场景。其二，仅为鸟、鱼，为前一种类型的省略形式，也表现引导墓主升天。

（4）钱纹。毫无疑问，这直接反映了金钱崇拜观念，也表达了墓主人祈求富贵的愿望。大体可分为两种类型：其一是龙虎衔钱，这种画像应是由龙虎衔璧演变而来。其二是钱纹，有单纯的钱币，有钱币与璧共存。中国古代人的宇宙观是天圆地方，璧

---

① （清）阮元：《校刻十三经注疏·周易正义》，中华书局，1980年，第82页。
② 湖南省博物馆：《新发现的长沙战国楚墓帛画》，《文物》1973年第7期，图版一。

是外圆内圆，故象征天，钱币则是外圆内方，外天内地，沟通天地并容天地为一体。在汉代人的观念中，丧葬本身就是一种沟通天地的活动，从这个意义上讲，汉代人将钱与璧互换是可理解的。

3. 历史人物故事

历史人物在画像中出现是为了标榜墓主崇尚的道德伦理观念，同时也标榜墓主与他们是同类人。例如，《后汉书·赵岐传》载："（岐）先自为寿藏，图季札、子产、晏婴、叔向四像居宾位，又自画其像居主位，皆为赞颂。"[①] 可见其主要目的是表现墓主的"德"。这类画像发现不多，典型的是四川江安桂花村1号石室墓石棺的荆轲刺秦王图[②]。有一点值得注意，"荆轲刺秦王"画像中的人物与奔龙人物在同一画面中，周围的边框上布满了云气纹，两端还各有一个胜纹。可见，在当时人们的心目中，荆轲不但值得崇尚，而且也已升入仙境，已成为仙人世界的一员。这些画像在墓中出现，除了墓主对他们的景仰和标榜自身的"德"之外，还希望自己升仙以后，能与他们为友，成为其中的一员。

4. 生殖崇拜

伏羲、女娲，这是数量较多的画像内容之一。伏羲、女娲是中国古代神话中两位非常著名的神，也是传说时代的古帝王。在传说中他们都具有多种功能，伏羲发明渔猎工具，发明八卦，女娲更是神通广大，既补天，又造人。他们又是始祖神、生殖神。由于他们能再造生命，因而受到了渴望长生不死的汉代人的特别尊崇。在石棺画像中，伏羲、女娲同时出现时，常常各举日、月，以象征是在天国仙境。此外又大多是两尾交叉重叠或者欲合。我们知道龙蛇等交尾暗示着交媾。如果说这种交尾还显得比较隐晦的话，那么有的画像上伏羲、女娲接吻就比较明确地告诉我们这种含义了。不过，还有更直接将这种画像的含义昭示于人的，那就是重庆璧山新民村崖墓出土1号石棺上的伏羲、女娲画像，两神身下有两条蛇交尾，其蛇首分别对准两人的下身，交媾的寓意明确无误。这些都表达了墓主希望让自己的生命得以延续和再生的愿望。

在汉代石棺画像中，除了伏羲、女娲之外，还有许多突出表现人物、动物的生殖器的内容，以及寓意性行为生殖的动物、男女欢娱密戏的内容出现。这些内容所表达的含义是生命的延续，但在墓葬这一特殊的环境中出现，当有其特殊的含义：即祈求人的生命长存、死而复生，并用性行为、生殖的方式加以表现。这是一种古老的巫术观念、巫术行为的表现，而这种巫术性的转生媒介方式在古代世界各地都曾存在过，如河南汝州洪山庙仰韶文化墓地中出土大量绘男性生殖器的瓮棺[③]，云南江川李家山滇

---

① （宋）范晔撰，（唐）李贤等注：《后汉书》，中华书局，1965年，第2124页。
② 崔陈：《江安县黄龙乡魏晋石室墓》，《四川文物》1989年第1期。
③ 河南省文物考古研究所：《汝州洪山庙》，中州古籍出版社，1995年，第76页。

文化墓地也出土过一件男女裸抱性交的铜饰①。

(二) 驱鬼镇墓

在汉代，人们将保护好尸体视为升仙的一种手段。西晋著名的道士葛洪曾在《抱朴子·内篇·论仙》中引《仙经》说升仙有几种方式："上士举形升虚，谓之天仙；中士游于名山，谓之地仙；下士先死后蜕，谓之尸解仙"②。所谓"尸解"成仙，就是要待人死后，再从尸体中蜕解出来以成仙。由此可见当时的人们认为保护好死者的尸体与升仙也有直接的关系。因此，保护好尸体不受鬼魅魍魉的侵扰伤害，是一件重要的事情。属于这类的画像内容有四神、驱鬼图、铺首、魌头等。

三、画像组合与主题

画像保存完好的石棺很多，下面介绍几具比较典型的，从中可看出各种画像的组合情况。

(1) 各类题材大体均有。以四川简阳鬼头山崖墓3号石棺为例③，此为一具非常珍贵的画像石棺，棺身画像内容丰富，每个画像旁边基本上均有题记，可以帮助我们准确地判明画像的内容和当时人们对此的称呼。其组合有仙境、仙境生活与财富、升仙、生殖崇拜与长寿观念、驱鬼镇墓等类。棺身前端为凤鸟（朱雀）；后端为伏羲、女娲、玄武和鸠鸟；左侧为天门图，中间为天门，大司站在门内，两侧分别为太仓和白虎；右侧为仙境图，有日月神、白雉、离利、柱铢、仙人骑鹿、仙人博弈、青龙和鱼等，上部正中有辆马车，象征墓主已乘车到达仙境（图一〇）。

再如四川郫都新胜2、3号砖室墓1号石棺④。其组合有西王母仙境、仙境、升仙、生殖崇拜、驱鬼镇墓等类。棺盖顶部为龙虎衔璧与牛郎织女，前端为卧鹿，后端为铺首。棺身前端为西王母端坐于龙虎座上，后有三灵芝华盖，前有杯、钵等器皿等；后端为伏羲、女娲托日、月和羽人；右侧为车马临鳌山仙境，仙境中还有博弈仙人、九尾狐、三足乌、鹿、凤鸟、白雉、鳌、马等；左侧为车马临仙境，仙境中有天门（凤阙）、屋宇和人物等（图一一）。

(2) 突出西王母仙境和墓主在仙境。例如，四川彭山双河崖墓石棺⑤，仅棺身两侧有画像。一侧为西王母仙境图（图一二，1），西王母居中坐于龙虎座上，旁有三足乌、

---

① 云南省博物馆：《云南江川李家山古墓群发掘报告》，《考古学报》1975年第2期。
② （晋）葛洪：《抱朴子》，《诸子集成》第8册，中华书局，1954年，第6页。
③ 内江市文管所、简阳市文化馆：《四川简阳县鬼头山东汉崖墓》，《文物》1991年第3期。
④ 四川省博物馆、郫县文化馆：《四川郫县东汉砖墓的石棺画象》，《考古》1979年第6期。
⑤ 高文编：《四川汉代画像石》，巴蜀书社，1987年，第70、71页。

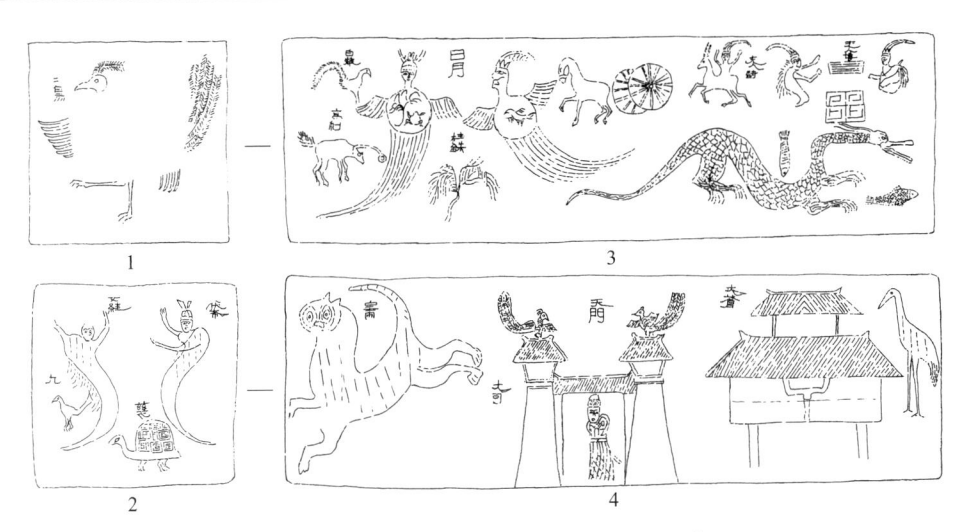

图一〇 四川简阳鬼头山崖墓3号石棺画像

1. 凤鸟（棺身前端） 2. 伏羲、女娲、玄武（棺身后端） 3. 仙境（棺身右侧） 4. 天门（棺身左侧）

图一一 四川郫都新胜2、3号砖室墓1号石棺画像

1. 龙虎衔璧与牛郎织女（石棺盖顶） 2. 车马临鳌山仙境（棺身右侧） 3. 车马临仙境（棺身左侧）
4. 铺首（棺身后端） 5. 卧鹿（棺盖前端） 6. 西王母（棺身前端） 7. 伏羲、女娲、羽人（棺身后端）

图一二　四川彭山双河崖墓石棺画像拓本
1. 西王母仙境（棺身一侧）　2. 仙境（棺身一侧）

九尾狐、起舞蟾蜍、抚琴吹箫仙人、捧不死药仙人等。另一侧为仙境图（图一二，2），表现墓主已升入仙境的场面，为大司（门亭长）在阙前迎谒，仙境中有凤鸟、天禄、翼兽等，墓主已进入仙境并在他人的陪伴下在仙境中漫步，旁有人正在饲马，此当为送墓主到达仙境的马匹。

（3）突出墓主升仙并到达西王母仙境的过程。例如，四川南溪长顺坡砖室墓3号石棺[①]，该棺盖顶为柿蒂纹。棺身仅右侧和两端有画像，前端为天门，后端为凤鸟，右侧为升仙与西王母仙境，分为上下两幅（图一三）。下方为升仙图，有四个场面，从右至左分别为夫妻惜别、乘鹿升仙、仙人半开门与跪拜方士（体现了方士在送墓主升仙方面的作用）、墓主到达仙境并拜谒西王母，较完整地体现了升仙过程。右侧上方为仙境图，有叙谈人物、博弈仙人、蟾蜍嬉戏、胜纹、云气纹、倒山形纹等。

（4）突出出行与到达仙境。例如，重庆沙坪坝市一中石室墓石棺，棺身前端为天门；后端为伏羲、女娲；左侧为车骑出行，象征墓主升仙；右侧为楼前迎宾，表达墓主到达仙境的场面，上方还有仙人半开门、双鸟衔珠、柿蒂纹、联璧纹等[②]（图一四）。

---

① 崔陈：《宜宾地区出土汉代画像石棺》，《考古与文物》1991年第1期。
② 20世纪90年代，该石棺陈列于重庆市博物馆。

图一三 四川南溪长顺坡砖室墓 3 号石棺画像
1. 天门（棺身前端） 2. 凤鸟（棺身后端） 3. 柿蒂纹（石棺盖顶） 4. 升仙与西王母仙境（棺身右侧）

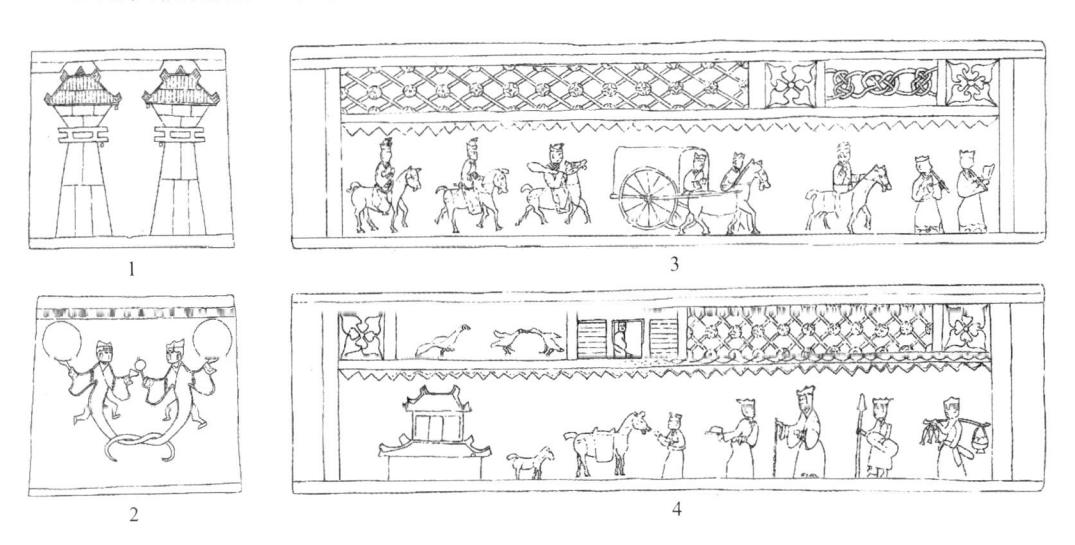

图一四 重庆沙坪坝市一中石室墓石棺画像
1. 双阙（棺身前端） 2. 伏羲、女娲（棺前后端） 3. 车骑出行（棺身左侧） 4. 楼前迎宾仙人半开门（棺身右侧）

（5）突出寓意升仙。例如，泸州市大驿坝 2 号墓石棺①，棺身前端为天门；后端为凤鸟衔珠；左侧为虎鸟衔鼎，周围饰云气纹、菱形纹和胜纹；右侧为鸟鱼图，周围饰菱形联璧纹和胜纹等（图一五）。棺身两侧画像的内容均是寓意升仙。

---

① 高文：《绚丽多彩的画像石——四川解放后出土的五个汉代石棺椁》，《四川文物》1985 年第 1 期。

（6）突出炼丹与服丹升仙。例如，四川泸州大驿坝1号墓石棺[①]，棺盖顶为柿蒂纹。棺身前端为天门；后端为女娲；左侧为表面饰云气纹的鼎与持节道士，表现炼丹以求升仙的内容；右侧为仙人天禄与持丹人物，天禄为可载人升仙的神兽，右侧的人物所持圆珠当为鼎中所炼仙丹，寓意棺主服仙丹后乘天禄升仙（图一六）。

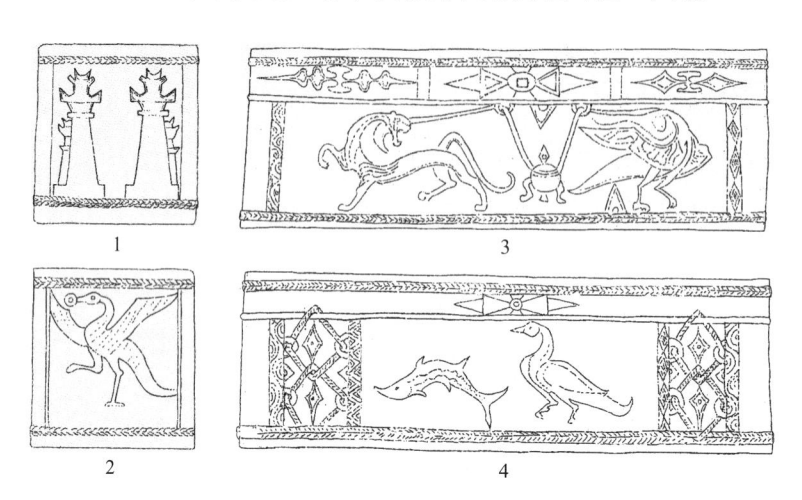

图一五　四川泸州大驿坝2号墓石棺画像
1. 双阙（棺身前端）　2. 衔珠凤鸟（棺身后端）　3. 虎鸟衔鼎（棺身左侧）　4. 鸟鱼（棺身右侧）

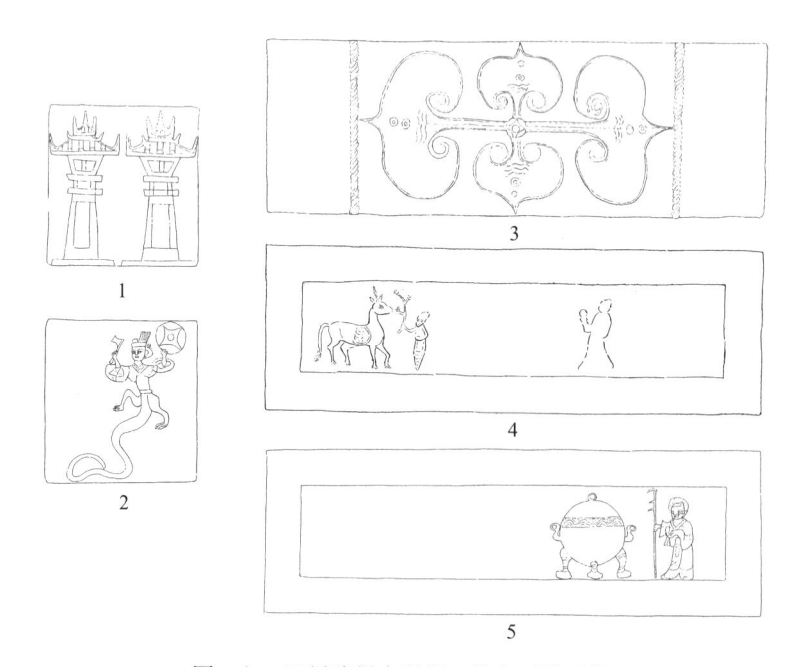

图一六　四川泸州大驿坝1号墓石棺画像
1. 双阙（棺身前端）　2. 女娲（棺身后端）　3. 柿蒂纹（石棺盖顶）
4. 仙人天禄与持丹人物（棺身右侧）　5. 鼎与方士（棺身左侧）

---

① 20世纪90年代，该石棺陈列于泸州市博物馆。

（7）突出驱邪镇墓与升仙。例如，四川芦山王晖墓石棺[①]盖前端为铺首衔环，为驱邪并保卫棺内的棺主。棺身前端为仙人半开门，以示升仙，棺身左右两侧分别为青龙、白虎，棺身后端为玄武，均为驱鬼镇墓类（图一七）。

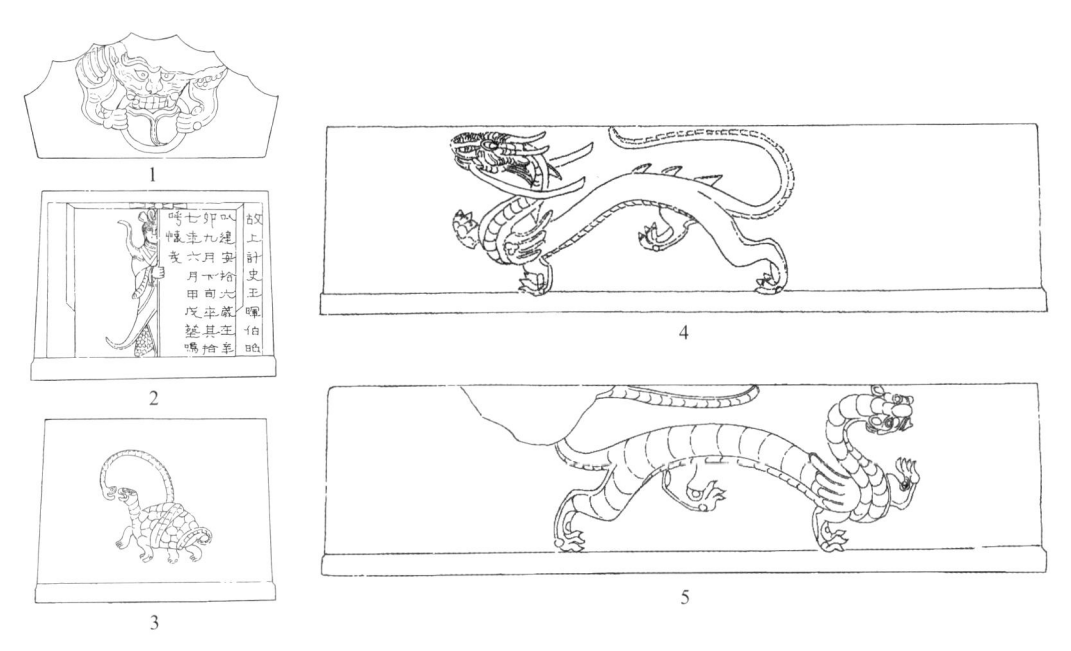

图一七　四川芦山王晖砖室墓石棺画像
1. 铺首衔环（棺盖前端）　2. 仙人半开门（棺身前端）　3. 玄武（棺身后端）
4. 青龙（棺身左侧）　5. 白虎（棺身右侧）

（8）表现墓主仙境生活与历史人物故事。例如，四川江安桂花村1号石室墓1号石棺[②]。棺盖顶为柿蒂云气纹，棺身前端为天门，后端为伏羲、女娲，右侧为宴饮百戏，左侧为荆轲刺秦王与奔龙人物。两图周围均饰云气、胜纹等，象征仙境（图一八）。

（9）较完整地直接体现驱鬼镇墓。例如，四川成都新津5号崖棺[③]，崖棺的一侧为驱鬼图（图一九，1），再现了当时的人们为保护棺主而进行的驱鬼仪式过程。

在已经发现的所有画像石棺中（附表），以表现仙境与升仙的画像占绝大多数。从各类画像的题材种类上看，表现仙境与升仙类的题材也特别丰富，并远多于其他题材。而且，从各类画像内容的相互内在联系和造墓者在墓中放置这些画像的目的来看，均是以期望墓主升仙和进入仙境以求永生为目的，其他画像如驱鬼镇墓等只是为了达到这一目的而采用的一种手段。因此，我们可以认为石棺画像的主题即是墓主升仙。止

[①] 任乃强：《芦山新出汉石图考》，《康导月刊》第4卷第6、7期，1942年。
[②] 崔陈：《江安县黄龙乡魏晋石室墓》，《四川文物》1989年第1期。
[③] 闻宥：《四川汉代画象选集》，群联出版社，1955年，第三十二图。

图一八 四川江安桂花村1号石室墓1号石棺画像
1. 凤阙（棺身前端） 2. 伏羲、女娲（棺身后端） 3. 柿蒂云气纹（石棺盖顶）
4. 宴饮百戏（棺身右侧） 5. 荆轲刺秦王与奔龙人物（棺身左侧）

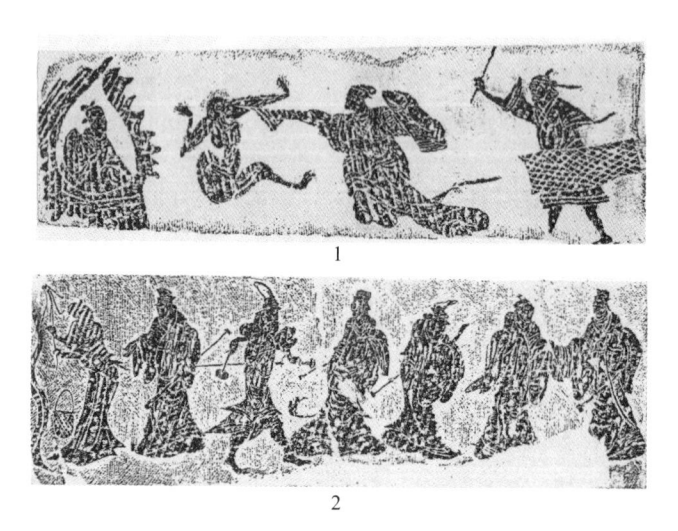

图一九 四川成都新津崖墓石棺画像拓本
1. 驱鬼（5号崖棺棺身一侧） 2. 鲁秋胡等人物（2号石棺一侧）

因为其目的是让墓主升仙，所以才在画像中以众多的数量和丰富的题材来表现神仙、仙境和升仙的内容。

四、石棺制作与雕刻技法

普通画像石棺的制作通常有以下程序：先开采棺身、棺盖用材所需的整块毛坯石料；再将毛坯石料加工成石棺；然后在棺的表面雕刻画像；有的最后还在画像表面着色（朱色）[①]。

关于石棺画像的制作情况无明确的文字记载。在山东东阿芗他君祠堂中石柱上有一段关于画像石制作的铭文："取石南山，更逾二年，这（迄）今成已。使师操义、山阳瑕丘荣保，画师高平代盛、邵强生等十余人。价钱二万五千。"[②] 由此可知，画像石制作总的步骤是先由画师在打制好的石面上绘出底稿，然后再由工匠加以雕镂。这虽是指祠堂的画像石刻，但我们推测石棺画像的情况也大体如此。不过，有的石棺画像可能是由艺术造诣较高的专门画师绘出底稿或雕刻出轮廓，再由工匠雕刻完工，故其画像的艺术水平较高，而有的则可能是普通的民间画师和工匠操作，故水平参差不齐，有的画像显得幼稚。

雕刻石棺画像的具体步骤是，如果石棺需要仿木结构建筑装饰，则先雕刻这一部分，再在仿木结构的框格内用阴线刻出物象的轮廓线（也可能先绘出底稿再刻轮廓线），然后再将轮廓线外的背景部分减地，最后再对物象进行细部刻画、加工。这也可从一些未完工而仅刻出阴线轮廓的石棺画像上观察到。

画像崖棺的制作程序也大体相同，只是直接利用墓室内的崖壁作为石材，而将棺的一部分仍与崖壁相连而已。

由于每具画像石棺都是专门设计制作的，因此每具棺的画像内容和形象都不会完全相同。

崖棺的制作时间与崖墓墓室的开凿基本上是同时进行的，而石棺的情况则较为复杂。画像石棺的制作需要一定时间，因而估计有一部分画像石棺的制作可能是在入葬者生前就开始准备。根据文献记载，东汉时已有生前就准备好入葬所用的墓中画像的习惯，如前引《后汉书·赵岐传》载赵岐图之事，但此为墓中画像，而非石棺画像。根据对画像石棺的观察，可知有一部分画像石棺在同一石棺上有的画像雕刻较精致，而另一部分较潦草，似为仓促完工，有的画像其中一部分仅刻出轮廓线而未完工，有的甚至有一两个棺的侧面还未刻出画像，显然与原设计不符。可见，这一部分石棺在雕刻画像时未有充分的时间使其从容完工。由此可以推测，至少有一部分画像石棺是在入葬者死后才开始雕刻，若是在夏日伏天，天气炎热，死者尸体不能久放且急需短期

---

① 成都市博物馆考古队：《双流县中和乡应龙村东汉岩墓群发掘简报》，《成都文物》1989年第2期。

② 罗福颐：《芗他君石祠堂题字解释》，《故宫博物院院刊》总2期，1960年。

内入葬，故雕刻匆忙，甚至不能完工。

在进行毛坯开凿和由毛坯加工成石棺或崖棺时，所使用的工具是较为大型的尖头铁凿，至今在相当一部分画像石棺上仍可见到使用这种铁凿时留下的凿痕。在刻画画像的物象和背景空白部分剔地时，使用的是小型尖头和平头铁凿，尤其是小型尖凿的使用非常广泛。因此在很多画像石棺上都是只能见到尖凿的痕迹，而见不到平凿进行最后表面加工、平整的痕迹，有的画像石棺即使最后使用平凿对表面进行了平整，但也只是粗略的，在物象表面仍可见到许多使用尖凿的遗痕，因而形成了画像石棺在雕刻工艺上和成像效果上的一种特点（图一九）。

汉代石棺画像的雕刻技法主要有以下几类：

（1）阴线刻。亦称"平面阴线刻"，其物象与石面均在同一平面上，数量极少。阴线刻多在物象的细部刻画时使用。

（2）剔地平面浅浮雕。可略称"平面浅浮雕"，其中有一部分是剔地隐起浅浮雕。画面物象一般凸起高0.5～1厘米。

（3）剔地弧面浅浮雕。可略称"弧面浅浮雕"或"浅浮雕"。数量很少，其凸起高度因画面的大小而各有差异，从直观感觉上讲，轮廓线内的物象仅稍呈凸起的弧面。

（4）高浮雕。数量很少。物象凸起可高5厘米以上。

（5）半立雕。亦称"半圆雕"，即把物象的一部分或大部分部位立体地雕刻出来，使其接近于立体的圆雕，但仍有一部分与背景连接在一起。其凸起部分可高10～20厘米。数量很少。

总的来说，在上述的几种雕刻技法中，以剔地平面浅浮雕局部结合阴线刻最为常见，其他的都很少。

五、画像艺术风格

画像的创作者基本上是遵循现实主义的创作原则，对汉代的社会生活、风俗习惯和宗教信仰等都做了如实的描述，从各个方面形象地再现了汉代社会。

1. 内容处理

在石棺画像广泛的题材中，除了一部分直接反映墓主人生前的生活之外，更多的是与宗教信仰、神话传说相关的，然而在具体内容的处理上，却基本是以现实生活为蓝本，使画面充满了人间世界的气息，洋溢着现实生活的艺术风格。例如，西王母本是汉代人特别崇奉的一位重要神仙，然而在画面上我们见到的却是一位神态安详、恬静、容貌美丽的人间女子，她的装束服饰除了那顶胜冠之外，其他均为汉代普通女性常见的穿戴。而且同为西王母，装束也依创作者各自的生活经历和想象不尽相同。又如墓主升仙图，虽然表现墓主死后通过天门进入天国仙境这一宗教性主题，却多是以人间社会中的某些礼仪制度和生活场景为蓝本来表现，图中车骑行列的规模大小是依据墓主生前的身份和地位而定，实际上是再现墓主生前驾车乘马出行时的场面，而墓主升仙图中的天国门神大司在天门前迎接墓主升仙的场面，也正是照搬汉代官吏巡视出行时各地门亭长等基层官吏应在门亭前迎接的场面。再如鸟鱼图，其本意为鸟、鱼护送墓主升仙的具有宗教寓意的主题，但经过汉代艺术家的处理，我们看见的却是现实生活中能见到的鸟啄鱼、衔鱼等情景，充满了生活情趣。画面中的鸟有的似鹤、鹭鸶，有的似饲养的鱼鹰。鱼的形象也因地区有所不同，在成都附近多为鲤鱼、草鱼，在长江沿岸却多是长江中特有的中华鲟鱼形象。当然，在画像中也有部分关于神仙和仙境的作品，是借用作者丰富的想象力和浪漫夸张的手法来表现的。

2. 画面构图

石棺画像的特点之一是一般在一幅画像里画面的构成比较简单，即使是内容较为复杂、场面较大的题材，也是将其作简化处理，许多可有可无的东西已去掉，从而使画面构图单纯、疏朗，并且还可通过背景空间的大面积留白来突出主要物象。

3. 造型特点

（1）强调动感。凡人物、动物多取动态，有时甚至用稍许夸张的手法强调其动感。例如，车马出行图多是取马、人物在奔驰、行走的瞬间动作，宴饮、乐舞百戏、博弈等画面也都强调动态的瞬间，使画面显得生动。

（2）动静结合，相互对比。例如，西王母常为拱手端坐于龙虎座上，显得文静雍容，而龙虎座的龙、虎形象却常常是张口伸爪，富有动感，与西王母的静态形成强烈对比。

（3）浑厚古朴。在有的画面的处理上注重对物体外轮廓的整体刻画而不太强调物象的局部，这样又形成了一种雄浑古朴的艺术风格。

此外，在具体形象的刻画方面，擅长对人物鸟兽的动态处理，而不擅长对人物五官的刻画。除了很少数的画像之外，绝大部分的人物面部刻画为透视，显得幼稚而不合比例，当然更谈不上人物表情的细微刻画，这与生动的人物动态形成比较鲜明的对比，更与四川地区汉代陶俑人物那比例均匀、五官形象以及表情生动入微的面部形成了鲜明对比。这说明了当时的艺术家们尚未熟练掌握平面塑造人物面部的技巧。

石棺画像的人物身份、地位常常是通过某些道具、装束、人物比例的不同来表现、区别，并已形成了一种模式。例如，西王母的形象是依靠其头上戴的胜或乘坐的龙虎座来辨认；戴山字冠的均是仙境、神话中的诸神或仙人；仙人形象的表现又常常是通过其半裸枯瘦的上身、高耸双耳等特征来区别；方士的手中经常持节杖。地位高的主人和地位低的仆人、随从的区别，除了其装束之外，人物比例的大小也是一个重要的特征。

4. 雕刻风格

石棺画像雕刻的又一特点，是在对画面各种形象的雕刻塑造时常常有意不进行最后一道工序，即不对各种物象的表面用平凿进行平整处理，有时即使处理也仅做少许加工，有意留下一部分大型尖凿和小型尖凿的加工痕迹，或者是仅用小型尖凿进行表面处理。这种雕刻刀法明快的风格，使艺术形象显得粗犷、豪放和古朴，画面生动。

六、分布与分区

汉代画像石棺发现的区域广泛，主要分布在四川、重庆和云南的部分地区，已发现画像石棺的地区有四川省泸州市的江阳区、合江县、泸县，宜宾市的叙州区、南溪区、江安县、长宁县、高县，乐山市市中区，眉山市彭山区，成都市的金牛区、新津区、郫都区、双流区、大邑区、金堂县，都江堰市，简阳市，德阳市旌阳区，内江市，自贡市的富顺县，雅安市的芦山县、荥经县；重庆市的沙坪坝区、巴南区、璧山区、永川区及云南省昭通市昭阳区。已发现画像崖棺的地区有四川省的眉山市彭山区，成都市的新津区，宜宾市的长宁县，泸州市的泸县、纳溪区；重庆市大足区等。集中分布在四川盆地从成都平原沿岷江、沱江流域而下，再沿长江沿岸地区至重庆一带。

由于画像石棺的分布地域广泛，因此各地区间在画像内容、形式和艺术风格等方面都存在一定的差异，大体上可分为两个区。

1. 岷江区

分布范围主要是川西平原及邻近的部分岷江中游地区，与汉代蜀郡、广汉郡、犍为郡等当时称为"三蜀"的中心地区大体相当。青衣江流域的石棺也与岷江区的风格比较接近。其特点是石棺的规模普遍较大，有少量的庑殿式仿木建筑石棺和龛形崖棺。画像四周多有边框。在画像的艺术特点方面，总的来说普遍刻工更为精美，造型更为生动，构图更为完整，艺术成就相对较高。在内容方面，表现现实生活的场面较多，西王母出现频率较高。画像内容较为丰富，即便是同一题材，其画面的具体内容通常也要比其他地区丰富一些。

2. 沱江区

分布范围包括简阳市以下的沱江中下游流域，大体相当于汉代犍为郡的汉安县、牛鞞县和资中县的范围。画像石棺基本上均发现于崖墓之中，有少量的庑殿式仿木建筑石棺。石棺的画面基本上不见边框。在画像内容方面，基本上不见西王母、胜纹和柿蒂纹等内容。雕刻显得较为粗糙。

3. 长江区

分布范围为宜宾市至重庆市的长江沿岸和以南地区，大体相当于汉代巴郡的中心地区和犍为郡的僰道、江阳县和符节县的范围。画像石棺数量特多。石棺画像四周多以云气纹、绳索纹、山形纹等作为边框，并将画面分割成两个以上的画面。在内容方面，西王母、胜纹、柿蒂纹出现频率较高，棺盖顶上常有柿蒂纹等装饰。

七、年代与分期

虽然目前发现的画像石棺数量不少，但相关的纪年材料却极少。根据笔者掌握的资料，有纪年的画像石棺和相关纪年材料的画像石棺仅有5具。在5具石棺中，年代最早的是四川成都大邑同乐村砖室墓画像石棺[1]，该墓出土东汉和帝永元十五年（103年）纪年铭文砖。其次是重庆沙坪坝前中大坟丘墓两具画像石棺[2]，出土东汉和帝元兴元年（105年）纪年铜镜和其他随葬品。年代较晚的是四川成都金牛天回山3号崖墓画像石棺[3]，出土东汉灵帝光和七年（184年）错金铁刀。年代最晚的是画像石棺本身镌刻东汉末期献帝"建安十七年"（212年）铭文的王晖石棺[4]。从无纪年的画像石棺情况看，上限与此大体相同或稍早，但下限要稍晚于纪年材料所示，约为三国蜀汉时期。

应该指出，在以往的画像石棺断代中，绝大部分都笼统地定为东汉时期，太显粗略。本文虽对所有画像石棺的年代重新审定，并结合墓葬形制和出土随葬品的情况对其中大部分画像石棺重新断代，但仍有一部分石棺由于墓葬情况和随葬品等相关物不详，无法进一步断代。

根据石棺形制和画像的内容、技法、艺术风格等，可将画像石棺分为三个时期。

第一期：约东汉中期和帝至质帝时期（89～146年）。能够确认为本期的画像石棺数量不多，种类主要为整石的普通石棺和柜形崖棺。画像石棺多出于中小型墓中，形制有仿木棺形和仿房屋建筑形两种。

本期总的特点是画像构图不太完整，画面多显得较为杂乱，或大面积空白，或构图紧密而绝少空白。风格多样，有的与山东、河南南阳的画像石风格接近，各幅画像之间的布局一般也缺乏整体性。雕刻技法有浅浮雕、平面浅浮雕、阴线刻等。内容有神仙仙境与升仙、墓主生活（社会生活）、生殖崇拜、驱鬼镇墓等类，但各类题材的种类都不多。典型石棺为四川大邑同乐村砖室墓石棺[5]和重庆沙坪坝前中大坟丘墓石棺[6]。此外，四川乐山沱沟嘴崖墓石棺[7]的画像无论是技法、构图和艺术风格，均与山东汉代

---

[1] 高文、高成刚编著：《中国画像石棺艺术》，山西人民出版社，1996年，第91页。

[2] 常任侠：《重庆沙坪坝出土之石棺画像研究》，《常任侠艺术考古论文选集》，文物出版社，1984年，第1页。

[3] 刘志远：《成都天回山崖墓清理记》，《考古学报》1958年第1期。

[4] 任乃强：《芦山新出汉石图考》，《康导月刊》第4卷6、7期，1942年。

[5] 高文、高成刚编著：《中国画像石棺艺术》，山西人民出版社，1996年，第91页。

[6] 常任侠：《重庆沙坪坝出土之石棺画像研究》，《常任侠艺术考古论文选集》，文物出版社，1984年，第1页。

[7] 乐山市崖墓博物馆：《四川乐山市沱沟嘴东汉崖墓清理简报》，《文物》1993年第1期。

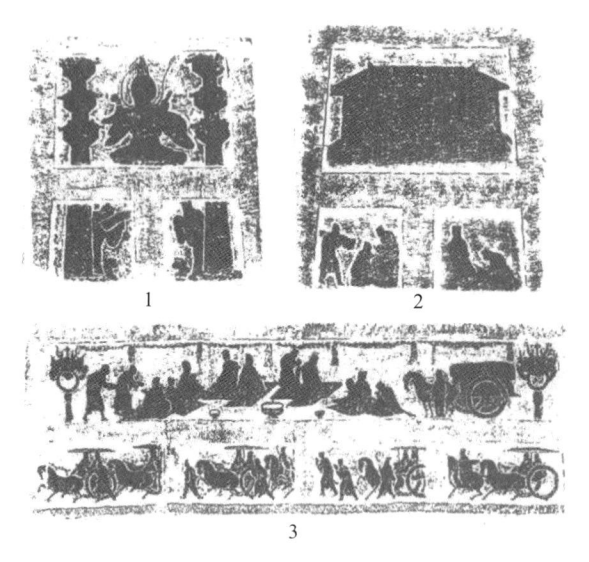

图二〇　四川乐山市中区沱沟嘴崖墓石棺画像拓本
1. 阙前迎谒（棺身前端）　2. 高楼跪拜人物（棺身后端）
3. 宴饮、车骑出行（棺身左侧）

画像石接近（图二〇）。本期石棺在画像内容上有一个特点：即有的伏羲、女娲各在一具石棺的一端，组合而成，有伏羲画像的可能为男棺，有女娲的可能为女棺，并可能为一对夫妻的双棺。

第二期：东汉晚期的桓帝至灵帝时期（147~189年）。本期总的特点是数量大增，出现拼合石棺。画像造型生动。由于本期画像石棺分布广泛，画像的内容和位置布局已经明显地看出地区差异。其题材丰富，几乎包括了画像石棺的所有题材。本期画像布局的统一性和整体性很强。画像的内容和布局都已有逐渐格式化的倾向。例如，棺身两端的内容多为天门（双阙）和凤鸟或天门和伏羲女娲或凤鸟和伏羲女娲等，棺身两侧多为西王母和仙人等，棺盖顶多为柿蒂纹和龙虎衔璧等。典型的有四川简阳鬼头山崖墓3号石棺[①]、成都郫都新胜1号砖室墓石棺[②]等。

第三期：东汉末期至三国蜀汉时期（190~263年）。出现棺身连棺台及在棺身一端开门的石棺。画像大体同前，但有的造型更为生动，达到了汉代石棺画像艺术的顶峰。雕刻技法新出现高浮雕、半立雕，实际上这种半立雕的雕刻已脱离了画像的范畴而成为真正的雕刻艺术了。画像内容新出现的有历史人物类。典型的有四川芦山王晖石棺[③]、四川江安桂花村1号石室墓1号石棺[④]等。

综观画像石棺可以看出，第三期时画像石棺本身并无明显的衰败迹象。因此，我们可以认为，汉代画像石棺的衰败和消亡的主要原因，并非是画像这种艺术形式本身已走到尽头或被其他的艺术形式取代而衰微，而是由于其他的原因使画像石棺由繁盛而突然衰退终止。

八、葬　俗

在四川、重庆等地区，画像的形式多样，除了画像石棺之外，还有画像砖墓、画

---

① 内江市文管所、简阳市文化馆：《四川简阳县鬼头山东汉崖墓》，《文物》1991年第3期。
② 李复华、郭子游：《郫县出土东汉画象石棺图象略说》，《文物》1975年第8期。
③ 任乃强：《芦山新出汉石图考》，《康导月刊》第4卷6、7期，1942年。
④ 崔陈：《江安县黄龙乡魏晋石室墓》，《四川文物》1989年第1期。

像石墓、画像崖墓等。那么画像石棺与其他画像墓之间关系如何呢？从画像的内容方面看，石棺画像与墓葬画像都是以表现仙境与升仙为主的内容，其目的都是希望死者升入天国仙境，它们所反映的丧葬观念都是一致的。我们发现，在画像砖室墓和画像石室墓中完全不见画像石棺，画像崖墓中也很少发现画像石棺。可见由于二者所起的总体作用是相同的，因此在墓葬中如果有了画像一般就不再需要在棺上装饰画像了。不过，二者之间存在着一定的差异，画像墓中画像的作用是希望该墓的所有入葬者都能升入仙境天国，而画像石棺则更偏重于让画像石棺的入葬者能升入仙境天国，从中也可以看出画像石棺的入葬者生前在家族中的地位是比较特殊的。此外，在墓中镌刻画像比在石棺上镌刻画像更气派、堂皇，当然也需要耗费更多的钱财，这也许在某种程度上可以反映出画像墓和画像石棺的主人在社会地位和资财方面存在一定的差异。

四川等地区汉代砖室墓和石室墓的葬具主要为木棺、瓦棺和石棺，而崖墓除了这三种棺之外，还流行崖棺和砖棺。在中原地区，瓦棺和砖棺的使用主要见于一些小墓中，其墓主的身份为少有资产的平民，而且也不是普遍使用。四川等地区的瓦棺，在大、中、小型墓和画像墓中均广为流行。关于瓦棺，《华阳国志·蜀志》曾记载当时蜀地是"居给人足，以富相尚。故工商致结驷连骑，豪族服王侯美衣，娶嫁设太牢之厨膳，归女有百两之车，送葬必高坟瓦椁，祭奠而羊豕夕牲"。[①] 显然，当时这一地区使用瓦棺是一种厚葬的象征。砖棺在大中型崖墓中也可见到，富有资产的阶层也使用这种棺。

石棺在汉代无疑也是一种厚葬的葬具。石棺的制作费工，发现的数量也远少于木、瓦、崖棺，使用者的社会地位和经济地位显然较高，并在家族中可能是较为特殊者。在四川省成都新都清白乡新益村东汉砖室墓中出土的一具石棺的棺身口沿上有一处题记："永元八年（96年）四月廿日造此金棺"[②]。可得知汉代人把石棺也称"金棺"，足见当时人们视这种棺为富贵之物。四川等地东汉墓中所见的葬具主要为瓦棺、木棺和崖棺，石棺所占的比例很小，而画像石棺又仅为石棺中的一部分，崖棺中有画像者也仅是极少数，可见画像石棺（包括画像崖棺）是一种较特殊的葬具，并非任何人都能使用的。

崖棺是石棺中的一种特殊的形式。在一部分中小型崖墓中，现仍可见尸骨直接陈放于龛形崖棺中，口部用小砖封闭或半封闭。例如，四川成都新都马家山4号崖墓，其墓室两侧均有较宽大的龛形崖棺，每棺中各置两具仰身直肢尸骨，经鉴定均为一男一女合葬。龛形崖棺底铺砂，尸骨置于砂上，崖棺口用三层花纹砖平砌，仅封堵了一半[③]。这种崖棺的普遍使用，可能包含丧葬观念方面的某些特殊含义。

---

① （晋）常璩撰，刘琳校注：《华阳国志校注》，巴蜀书社，1984年，第225页。
② 20世纪90年代，石棺陈列于新都县文物管理所。
③ 四川省博物馆、新都县文化馆：《新都县马家山崖墓发掘简报》，《文物资料丛刊》第9辑，文物出版社，1985年，第93、96页。

画像石棺在墓葬中出现,主要有两种情况:其一是夫妻合葬墓,夫妻的双棺都是画像石棺,如重庆沙坪坝前中大坟丘墓[①]、四川合江县草山砖室墓[②](图二一),各出两具画像石棺;再如四川长宁七个洞6号崖墓(图二二),两具均为画像崖棺[③]。其二是家族合葬墓,画像石棺只是各种葬具中的一种,

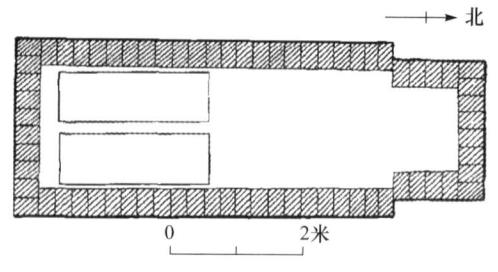

图二一 四川合江草山砖室墓及画像石棺

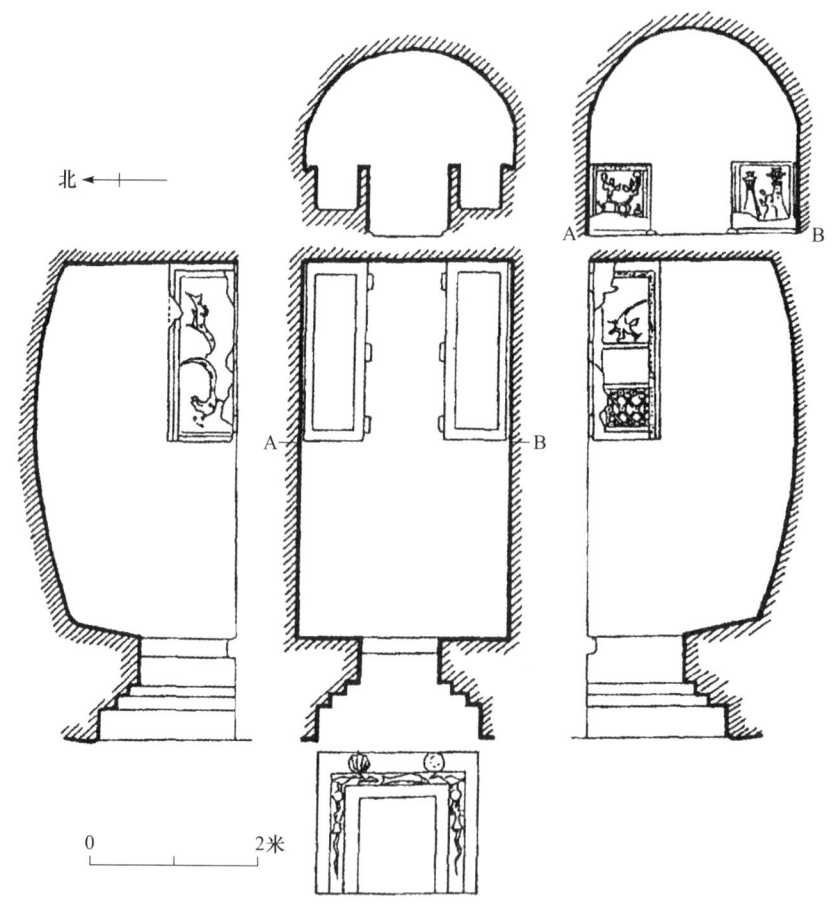

图二二 长宁七个洞6号崖墓及棺形画像崖棺

---

① 常任侠:《重庆沙坪坝出土之石棺画像研究》,《常任侠艺术考古论文选集》,文物出版社,1984年,第1页。
② 谢荔、徐利红:《四川合江县东汉砖室墓清理简报》,《文物》1992年第4期。
③ 四川大学考古专业七八级实习队、长宁县文化馆:《四川长宁"七个洞"东汉纪年画像崖墓》,《考古与文物》1985年第5期。

如四川成都金牛天回山3号崖墓①（图二三），共有14具棺，其中瓦棺11具、砖棺1具、崖棺1具，而画像石棺仅1具。其中有10具棺是成对地分别置于各个侧室内，显然应是5对夫妻。另有3具单置一处，有可能是一夫和他的前后妻子。其中南二室有2具棺，一具为瓦棺，另一具为画像石棺，应为一对夫妻。在画像石棺中还出土一把广汉工官制作的精美错金铁刀②，可见这具画像石棺的使用者在家族中的特殊地位。

这种在葬具使用上与中原地区的不同之处，反映了两地在葬俗方面存在的差异。

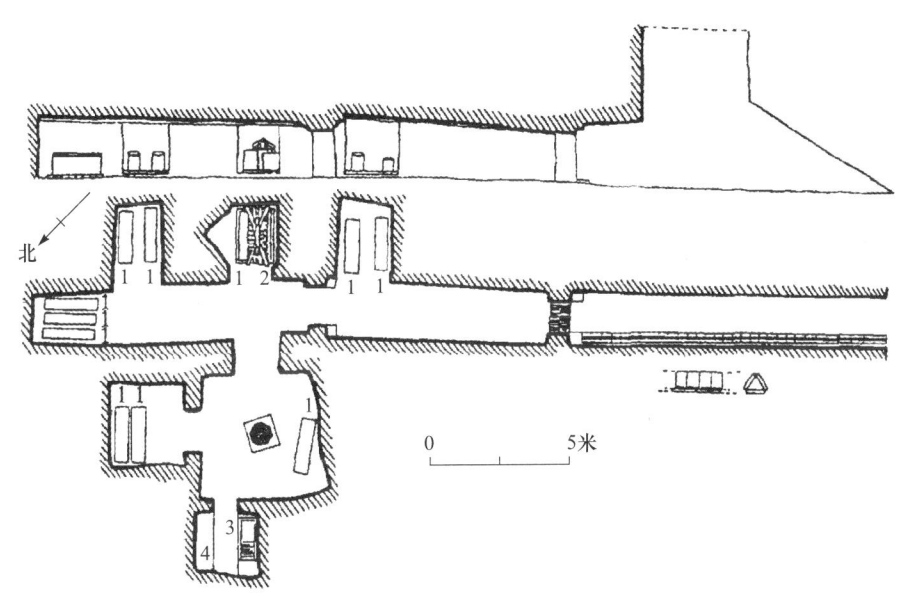

图二三　成都市天回山3号崖墓
1. 瓦棺　2. 房形画像石棺　3. 崖棺　4. 砖棺

九、葬者身份

汉代画像石棺发现的数量虽很多，但墓葬或石棺上明确镌刻着墓主身份铭文的却为数很少。在画像石棺上有棺主身份的有两具：一是四川芦山王晖石棺，棺主王晖，曾任上计史③；二是四川长宁七个洞6号崖墓左侧崖棺，棺主石□氏④。在崖墓石刻铭文中发现有关墓主身份的墓葬有：长宁七个洞4号墓，墓主赵□（氏）⑤；长宁七个洞7号

---

① 刘志远：《成都天回山崖墓清理记》，《考古学报》1958年第1期。
② 刘志远：《成都天回山崖墓清理记》，《考古学报》1958年第1期。
③ 任乃强：《芦山新出汉石图考》，《康导月刊》第4卷第6、7期，1942年。
④ 四川大学考古专业七八级实习队、长宁县文化馆：《四川长宁"七个洞"东汉纪年画像崖墓》，《考古与文物》1985年第5期。
⑤ 四川大学考古专业七八级实习队、长宁县文化馆：《四川长宁"七个洞"东汉纪年画像崖墓》，《考古与文物》1985年第5期。

墓，墓主黄氏[①]；四川乐山市中区沱沟嘴墓，墓主张君，可能为县令长之类的官吏[②]。根据汉人的习惯，凡称"君"者多是曾做过一定级别的官吏，如甘肃武威雷台汉墓出土的车马上即铭刻"守张掖长张君"铭文即可证明[③]。可见，在画像石棺中入葬者的身份有县令、县长等中级官吏，又有州县属吏等低级官吏，还有墓主姓名前后均未加上任何官职和尊称的无官秩平民。

画像的主题虽是表达墓主祈求升仙和在仙境中继续享受荣华富贵的生活，但其中有一部分画像却是以再现墓主生前各种场景的方式表现出来，因此也可以反映出墓主生前的身份。

1. 出行图

汉代社会是一个等级制的社会，每个人都必须根据自己的身份在社会生活中遵循一定的等级制度规定。在画像中，出行图可能是最为常见的、最能体现墓主等级身份的画面了。根据画像中出行图的规模、车骑数量，并参照《续汉书·舆服志》中车骑出行制度，大体可将汉代画像石棺的出行图分为以下三类。

第一类：官秩六百石至千石的县令等。主车为軿车四帷，驾1～3马，导从车2～5辆，其中应包括功曹、贼曹、督盗贼、主簿、主记诸车或其中的一部分。导从骑2～4名，伍伯2～6名。大体可归入本类的有四川成都郫都新胜2、3号砖室墓的5号棺[④]、四川乐山市中区沱沟嘴崖墓石棺[⑤]。例如，成都郫都新胜2、3号砖室墓5号石棺[⑥]，主车驾2～3马（图像不太清楚），有导从车4辆，伍伯2名，其主车已在棺的一端，其主车后面还应有部分行列。再如乐山市中区沱沟嘴崖墓的出行图，主车为軿车，驾1马，属车在画面上有4辆，后面还应有车辆，导从骑有3名，伍伯可见2名，行列前面还应有2名，此外还有步从4名，也与该墓铭文中所示的墓主身份相符。

第二类：官秩三四百石的县长至二百石以下的小官吏等。主车四帷，县长等有导从车，导从骑2～4名，伍伯2名，而小官吏仅有伍伯2名或无。大体可归入本类的有四川成都新津城南砖室墓[⑦]、新津石厂湾崖墓[⑧]、郫都新胜2、3号砖室墓的4号

[①] 四川大学考古专业七八级实习队、长宁县文化馆：《四川长宁"七个洞"东汉纪年画像崖墓》，《考古与文物》1985年第5期。
[②] 乐山市崖墓博物馆：《四川乐山市沱沟嘴东汉崖墓清理简报》，《文物》1993年第1期。
[③] 甘博文：《甘肃武威雷台东汉墓清理简报》，《文物》1972年第2期。
[④] 四川省博物馆、郫县文化馆：《四川郫县东汉砖墓的石棺画象》，《考古》1979年第6期。
[⑤] 乐山市崖墓博物馆：《四川乐山市沱沟嘴东汉崖墓清理简报》，《文物》1993年第1期。
[⑥] 四川省博物馆、郫县文化馆：《四川郫县东汉砖墓的石棺画象》，《考古》1979年第6期。
[⑦] 郑伟：《汉代画像石棺墓清理记》，《成都文物》1994年第2期。
[⑧] 李中华：《新津区东汉崖墓的画像石棺》，《成都文物》1988年第1期。

棺[①]、彭山江口 496 号崖墓[②]等。例如，成都新津城南墓 1 号棺，其出行图主车四帷，驾 1 马，有导从骑 2 名，伍伯 2 名。再如彭山江口 496 号墓，其主车四帷，驾 1 马，导车 1 辆，骑从 2 名。

第三类：无官秩的平民。出行时墓主或乘无盖的马车或骑马，常有侍从跟随和导引。属于此类的石棺特多，其中较重要的墓有四川叙州公子山墓[③]、简阳鬼头山墓 3 号棺[④]、长宁七个洞 7 号墓[⑤]、彭山高家沟 282 号墓[⑥]、彭山双河墓[⑦]等。例如，公子山墓 3 具石棺上的出行图均是墓主骑马，并有佩刀、持棍的侍从跟随。再如简阳鬼头山墓 3 号棺，其有一马车停在仙境中，象征墓主出行已到达仙境，其马车无盖，驾 1 马。

根据上述对出行制度分析可知，画像石棺的入葬者中除了很少量的为中下层官吏之外，大多为平民。这一分析结果与上面根据铭文的分析结果是一致的。

此外，还有一类特殊的出行图，即妇女出行图。汉代妇女乘坐的车有辎、軿、辇车，这几种车多为妇人所乘，而且一般都是其地位较高的妇女乘坐。例如，《汉书·张敞传》说："礼，君母出门则乘辎軿。"[⑧]在考古发现中，武威雷台汉墓的三辆铜辇车上均有铭文，明确说明是"守张掖长张君"夫人所乘[⑨]。山东沂南北寨画像石墓墓主夫人出行行列中也有辎车[⑩]。

汉代画像石棺中目前所见的有这种妇女出行图石棺为：重庆沙坪坝市一中墓石棺，四川成都郫都新胜 2、3 号墓的 1、3 号棺[⑪]，泸州长江边墓石棺，合江县城西郊墓石棺等。妇女出行虽无严格的制度规定，但从画面也可以看一些差异。例如，重庆沙坪坝市一中墓的为辎车出行，这一行列有二伍伯、一导骑、三骑从，骑从均高冠，其中一人持吾，显然这略似于县长一级的车骑行列。其他几墓的妇女出行图虽然没见出行行列，但参照上述几墓可知，其身份也应较高。

---

① 四川省博物馆、郫县文化馆：《四川郫县东汉砖墓的石棺画象》，《考古》1979 年第 6 期。
② 石棺 20 世纪 90 年代陈列于彭山县汉代艺术博物馆。
③ 兰峰：《四川宜宾县崖墓画像石棺》，《文物》1982 年第 7 期。
④ 内江市文管所、简阳市文化馆：《四川简阳县鬼头山东汉崖墓》，《文物》1991 年第 3 期。
⑤ 四川大学考古专业七八级实习队、长宁县文化馆：《四川长宁"七个洞"东汉纪年画像崖墓》，《考古与文物》1985 年第 5 期。
⑥ 高文编：《四川汉代画像石》，巴蜀书社，1987 年，第 71 页。
⑦ 高文编：《四川汉代画像石》，巴蜀书社，1987 年，第 71 页。
⑧ （汉）班固撰，（唐）颜师古注：《汉书》，中华书局，1962 年，第 3220 页。
⑨ 甘博文：《甘肃武威雷台东汉墓清理简报》，《文物》1972 年第 2 期。
⑩ 南京博物院、山东省文物管理处：《沂南古画像石墓发掘报告》，文化部文物管理局，1956 年，拓片第 37 幅。
⑪ 四川省博物馆、郫县文化馆：《四川郫县东汉砖墓的石棺画象》，《考古》1979 年第 6 期。

2. 墓主生活与财富资产

除了出行图之外，还有许多画像的内容可以显示出其墓主的身份，下面我们仅以反映墓主生活与财富资产类的画像内容加以分析。这类画像的主要内容有宴饮庖厨、乐舞百戏、田猎、粮仓、楼阙、武库、仆侍、部曲等。它反映出墓主生前拥有各种财富资产的情况，将这些内容总汇起来便可构成一幅庄园经济的主要内容。东汉时期经济的一个突出特点就是庄园经济，许多豪族大姓都拥有规模不等的庄园和较强的经济实力，雄踞一方。墓葬中反映庄园内容的画像，正是墓主作为拥有田宅山林和众多财富的豪族或入仕官吏的豪族身份的反映。

此外，有一部分出画像石棺的墓葬在当地众多的同时代墓葬中规模较大，建筑精美，其平面形式多仿生人居室宅院，其中尤以一些大型崖墓的仿造为逼真。这本身就反映出墓主人生前拥有众多财富、广宅深院，其社会地位和经济地位高于普通平民的情况。

综上所述，可以认为画像石棺的棺主在当地都属于富裕阶层，其中有相当一部分可能是当地的豪族，拥有相当的经济实力。从政治方面看，棺主的身份也存在着一定的差异，除了大量的平民之外，还有一定数量的中下级官吏。而这些官吏的身份基本上又都是豪族。

十、渊源与兴衰

1. 渊源

中原地区的横穴墓，无论是西汉晚期还是东汉，在墓穴中都流行各种装饰，如空心砖纹样、壁画、小砖花纹、画像石画像等，这些墓都可以通称为装饰墓。当中原地区的横穴墓传到四川、重庆和云南等地区时，这种在墓内装饰的习俗也就一起传入了。因此，可以认为四川、重庆和云南地区包括画像石棺在内的墓内装饰习俗总体上都来源于中原地区。

这一地区画像石出现的时间较晚，约在东汉的早中期之际，然而其雕刻技法在画像石出现的初期阶段就表现得较为成熟，阴线刻、平面浅浮雕等在初期均有，且风格多样化。因此画像石的雕刻技法和艺术风格可能都是受到中原地区的影响而发展起来的。

我们认为这些地区，尤其是这一地区的画像石棺渊源于中原地区的汉代画像，其部分画像内容也源于中原地区，但是这一地区的石棺画像却并非单纯是中原地区画像墓在地域上的直接延伸，因为二者在形式方面存在较大差异。例如，这一地区有画像崖墓、画像砖墓、画像石棺、画像石室墓及画像砖石室墓，而中原地区的画像墓却基本为画像石室墓和画像砖石室墓两种形式。此外，在内容方面，画像石棺也有一些不同于中原地区的区域性文化特色。显然，本地区这些独特的画像形式和内容是中原地区的画像传来之后，与本地文化传统结合而产生的。

2. 盛行原因

汉代画像石棺的出现，来源于中原地区的画像墓。但是画像墓在中原地区出现以后，也并非能够在中原乃至全国所有的地区内盛行。在当时的汉王朝境内，有的地区始终未出现或即使出现却未能盛行。这是因为画像墓在一个地区内能否盛行，除了文化方面的因素之外，还要受制于其他诸种因素，而汉代的巴蜀地区却具备了画像墓盛行的诸种条件。

（1）神仙巫术信仰盛行

神仙信仰在汉代炽盛，并波及汉代社会生活的各个方面。从全国范围讲，从西汉时出现的画像墓，其画像主题多是表现仙境与升仙。在墓葬的画像中表现仙境与升仙实际是汉代风靡的升仙信仰与巫术信仰在葬俗方面的表现方式。这种表现方式在汉代除了民间盛行之外，宫廷内也很流行，如汉武帝、桓帝、淮南王等都是信奉神仙的帝王。《史记·封禅书》记载：汉武帝笃信神仙方术，为了能与神通，在宫中画云气车，"画天、地、太一诸鬼神，而置祭具以致天神"[①]。这就是汉武帝希望升仙与通神而采取的一种模拟巫术行为，与画像石棺的棺主希望升仙而在石棺上装饰神仙仙境与升仙内容的画像是同一行为方式。巴蜀地区古代巫术十分盛行，《山海经》中记载了许多与巴蜀有关的巫觋与天地相通的神话。四川地区也是早期西王母信仰产生与流行的核心区域之一，升仙信仰广为流行，在观念上容易接受这种行为表现方式。

（2）奢侈与厚葬之风

汉代画像墓的出现与流行，是西汉时期奢侈和厚葬之风的具体表现。西汉初期，由于社会经济凋敝，统治者多提倡节俭和薄葬，但到了西汉中期武帝时期，随着社会经济的恢复和社会财富的积累，帝王贵族、达官巨富便开始炫耀财富、奢侈挥霍，大兴厚葬之风。此外，汉武帝以后将举孝廉和举贤良方正制度化，成为做官进仕的重要途径，许多人为了表现自己的孝道，博得美名，不惜倾家荡产，以厚葬双亲。东汉时，其社会风气更是"以厚葬为德，薄终为鄙"[②]。巴蜀地区的社会风气也是如此，《华阳国志·蜀志》记载蜀地的情况是："家有盐铜之利，户专山川之材，居给人足，以富相尚。故工商致结驷连骑，豪族服王侯美衣，娶嫁设太牢之厨膳，归女有百两之车，送葬必高坟瓦椁，祭奠而羊豕夕牲，赠襚兼加，赠赙过礼。……盖亦地沃土丰，奢侈不期而至也。"[③] 这正是汉代四川地区奢侈之风的真实写照。

---

① （汉）司马迁：《史记》，中华书局，1959年，第1388页。
② （宋）范晔撰，（唐）李贤等注：《后汉书·光武本纪》，中华书局，1965年，第51页。
③ （晋）常璩撰，刘琳校注：《华阳国志校注》，巴蜀书社，1984年，第225页。

（3）经济的发达

画像墓是奢侈厚葬的表现。但奢侈厚葬需要以一定的经济为基础，纵观汉代画像墓盛行的几个地区，如山东苏北、河南南阳等，无不是当时经济的发达地区。四川盆地的情况也是如此。《华阳国志·蜀志》记载秦蜀郡太守李冰率民整治岷江、兴修水利，"于是蜀沃野千里，……水旱从人，不知饥馑，时无荒年，天下谓之'天府'也"[①]。除了农业之外，其物产丰富，工商业也十分发达。成都是汉代西南区域的中心，也是当时的全国六大都市之一。

汉代巴蜀经济最发达的地区即成都平原至彭山、乐山一带，正好是今天发现画像石棺数最多、规模最大、画像精美的地区。而经济次发达的沱江流域和长江沿岸地区，其画像石棺的数量虽多，但石棺规模和画像精美程度等则不及前者。当时经济发达的程度与画像石棺盛行的程度基本上成正比。

（4）特殊的自然资源

画像石棺的盛行还需要具备一些特殊的条件，即较普遍存在的、硬度和质地适宜的石料可供开采。从全国的范围内讲，画像石墓是画像墓的主要形式，而画像石墓却主要集中地分布在几个互不相连的地区。之所以会出现这种分布状况，是否有大量可供开采的石材无疑是一个十分重要的原因。我们知道，在辽阔的冲积平原上，一般是见不到大量岩石的，而有大量岩石存在的地区也并非每种石质都可利用，这就极大地限制了画像墓在许多地区的盛行。一般而言，古代人们在雕刻较为细致、精美的石刻画像时所选用的石质均为砂岩。在这一地区画像石棺能够盛行，这是因为具备适宜于画像石盛行的自然地理条件[②]。

（5）铁工具的普及

巴蜀地区铁质工具的出现始于战国中期秦灭巴蜀前后，西汉时期蜀地的冶铁业已相当发达。《史记·货殖列传》记载汉时全国闻名的富豪"蜀卓氏之先，赵人也，用铁冶富。秦破赵，迁卓氏。……致之临邛，大喜。即铁山鼓铸，运筹策，倾滇蜀之民，富至僮千人，田池射猎之乐，拟于人君"。又载"程郑，山东迁虏也，亦冶铸，贾椎髻之民，富埒卓氏，俱居临邛"[③]。司马迁将他们列在全国富商榜首，可见其冶铁贾铁规模之大。在巴蜀地区汉墓中，铁质工具也是常见的随葬品。

3. 衰落原因

根据前文的分析可知，汉代画像石棺最盛于东汉晚期，在汉代末年仍盛行，直到蜀汉以后才开始衰落。而中原地区画像墓的最盛时期是在东汉中期前后，到东汉晚期

---

① （晋）常璩撰，刘琳校注：《华阳国志校注》，巴蜀书社，1984年，第202页。
② 罗二虎：《四川崖墓的初步研究》，《考学学报》1988年第2期。
③ （汉）司马迁：《史记》，中华书局，1959年，第3277页。

的黄巾军起义前后已开始衰落，在黄巾军起义以后则基本上绝迹，两者前后相差数十年。巴蜀地区画像石棺的出现受到了中原地区画像墓的影响，然而其衰落却并非因中原地区画像墓的衰落所致。

由于画像石棺的棺主中豪族较多，因此画像墓的兴衰与豪族的发展也是密切相关的。当东汉时这些豪族在巴蜀地区拥有较大的发展时，出于各种动机，他们便大造家墓炫耀自己。例如，《华阳国志·蜀志》中便记载过郫县豪族大姓杨伯侯过于奢侈，大造家营的情况。上行下效，他们的做法必然会对巴蜀社会产生影响，这又会促进画像石棺的盛行。画像石棺的兴起、盛行与衰落与巴蜀豪族大姓的兴起、发展与衰落大体上是同步的，其原因也在于此。

画像石棺在三国蜀汉时期迅速衰落与消失，与当时巴蜀社会的剧烈动荡变化有密切的关系。画像石棺的流行与厚葬的盛行有一定的关系，而一个时期厚葬是否盛行又与当时社会稳定、经济繁荣有直接关系。东汉时，巴蜀地区的经济发达，东汉末中原战乱不息，这一地区相对安定，刘备入蜀时尚觉蜀中殷富。蜀汉政权成立后，不断打击本地豪族大姓，并反对厚葬。随后，蜀与魏吴多次征战，屡遭败绩，元气大伤，蜀汉末期，民多残破。蜀亡后，魏迁蜀近臣并劝蜀人三万家内迁，使蜀中经济、社会横遭空前破坏。画像石棺正是在这种历史背景下迅速衰败消失的。

附记：笔者20世纪90年代在各地考察、摹绘画像石棺的过程中，得到了四川省文物局的大力支持与帮助，并得到四川省文物考古研究所、四川省博物馆、重庆市博物馆、成都市文物考古研究所、成都市文物考古工作队、乐山市文化局、乐山崖墓博物馆、泸州市博物馆、宜宾市博物馆、内江市市中区文物管理所、彭山县文物管理所、芦山县博物馆、璧山县文物管理所、新津县文物管理所、富顺县文物管理所、合江县文物管理所、江安县文化馆、南溪县文化馆等单位的大力支持与协助，在这里特表谢意！

附表　画像石棺（崖棺）一览表

墓葬与石棺	所在地	画像技法	画像内容	年代	备注
天回山3号崖墓石棺	四川成都市金牛区天回镇	浅浮雕	宾主相见、庖厨人物、狗、双阙、屋形、伏羲女娲、凤鸟与鱼、人物	东汉晚末期	①
石厂崖墓石棺	成都市新津区永商镇	浅浮雕	凤鸟、嘉禾、鱼、乌啄鱼、伏羲女娲、车马出行、迎宾	东汉中晚期	②*

---

① 刘志远：《成都天回山崖墓清理记》，《考古学报》1958年第1期。
② 李中华：《新津区东汉崖墓的画像石棺》，《成都文物》1988年第1期。

续表

墓葬与石棺	所在地	画像技法	画像内容	年代	备注
城南砖室墓1号棺	成都市新津区南郊	浅浮雕	双阙、双凤鸟衔灵芝、车马出行、仙境（灵芝、凤鸟、玄武、翼龙、仙人骑兽、仙人）	东汉晚期	①*
城南砖室墓2号棺		浅浮雕	凤鸟踏怪兽、翼马、龙虎衔璧、车马出行与仙人六博、玄武		
龙王山8号崖墓石棺	成都市金堂县白果街道	浅浮雕	双阙、建筑（亭？）	东汉中期	②
步云村崖墓石棺	成都市金堂县杨柳乡	浅浮雕	西王母、伏羲女娲、鸟鱼	东汉晚期	③
同乐村砖室墓石棺	成都市大邑县三岔镇	浅浮雕	车马临阙	永元十五年（103年）	④
五桂墓石棺	成都市都江堰市青城山镇五桂村	浅浮雕	门前迎宾	东汉	⑤
新胜1号砖室墓石棺	成都市郫都区唐昌镇	浅浮雕	双阙、伏羲女娲、宴舞百戏、曼衍角抵和水戏	东汉晚期	⑥*
新胜2、3号砖室墓1号石棺		浅浮雕	龙虎衔璧、牛郎织女、西王母、伏羲女娲、凤阙迎宾图、车临鳖山仙境	东汉晚末期	⑦*
新胜2、3号砖室墓2号石棺		浅浮雕	凤鸟、伏羲女娲、双阙太仓、西王母仙境		
新胜2、3号砖室墓3号石棺		浅浮雕	龙虎衔璧、伏羲女娲、门前迎宾		
新胜2、3号砖室墓4号石棺		浅浮雕	西王母仙境、伏羲女娲、门前迎宾、太仓、宴舞百戏与水戏		
新胜2、3号砖室墓5号石棺		浅浮雕	西王母仙境、车马临阙、车马出行、莲池、兽与人物、宴舞百戏		
应龙村1号崖墓石棺	成都市双流区中和镇	阴线刻	二凤鸟、鱼	东汉中期	⑧

① 郑伟：《汉代画像石棺墓清理记》，《成都文物》1994年第2期。
② 高文、高成刚编著：《中国画像石棺艺术》，山西人民出版社，1996年，第64页。
③ 高文、高成刚编著：《中国画像石棺艺术》，山西人民出版社，1996年，第65页。
④ 高文、高成刚编著：《中国画像石棺艺术》，山西人民出版社，1996年，第91页。
⑤ 高文、高成刚：《中国画像石棺艺术》，山西人民出版社，1996年，第72页。
⑥ 李复华、郭子游：《郫县出土东汉画象石棺图象略说》，《文物》1975年第8期。
⑦ 四川省博物馆、郫县文化馆：《四川郫县东汉砖墓的石棺画象》，《考古》1979年第6期。
⑧ 成都市博物馆考古队：《双流县中和乡应龙村东汉岩墓群发掘简报》，《成都文物》1989年第2期。

续表

墓葬与石棺	所在地	画像技法	画像内容	年代	备注
新津崖墓1号石棺	成都市新津区堡子山	浅浮雕	门前迎谒、伏羲女娲、仙境博弈抚琴、车马临门	东汉	①
新津崖墓2号石（崖）棺	成都市新津区	浅浮雕	门前迎谒、凤凰栖树、鲁秋胡等人物	东汉	②
新津崖墓3号崖（石）棺	成都市新津区	浅浮雕	仙境弋射	东汉	③
新津崖墓4号石（崖）棺	成都市新津区	浅浮雕	阙前迎谒，伏羲女娲、孔子问礼等人物	东汉	④
新津崖墓5号崖（石）棺	成都市新津区	浅浮雕	驱鬼	东汉	⑤
新津崖墓6号崖（石）棺	成都市新津区	浅浮雕	驱鬼	东汉	⑥
黄许砖室墓石棺	德阳市旌阳区黄许镇（原黄浒镇）	高浮雕	嘉瓜等	东汉晚期	
王晖砖室墓石棺	雅安市芦山县芦阳街道先锋社区	浅浮雕 高浮雕	兽面铺首衔环、仙人半开门、青龙、白虎、玄武	东汉建安十七年（212年）	⑦
陶家拐砖室墓石棺	雅安市荥经县严道街道新南村	浅浮雕	双阙、凤鸟、饮马、仙人半开门、西王母、秘戏	东汉晚期	⑧
鬼头山崖墓2号石棺	成都市简阳市董家埂镇深洞村	浅浮雕	凤踏双阙（大门）、太仓	东汉晚期	⑨

---

① 闻宥：《四川汉代画象选集》，群联出版社，1955年，第64~68页。
② 闻宥：《四川汉代画象选集》，群联出版社，1955年，第92~96页。
③ 闻宥：《四川汉代画象选集》，群联出版社，1955年，第74页。
④ 闻宥：《四川汉代画象选集》，群联出版社，1955年，第98~102页。
⑤ 闻宥：《四川汉代画象选集》，群联出版社，1955年，第78页。
⑥ 闻宥：《四川汉代画象选集》，群联出版社，1955年，第104页。
⑦ 任乃强：《芦山新出汉石图考》，《康导月刊》第4卷6、7期，1942年。
⑧ 李晓鸥：《四川荥经发现东汉石棺画像》，《考古与文物》1988年第2期。
⑨ 内江市文管所、简阳市文化馆：《四川简阳市鬼头山东汉崖墓》，《文物》1991年第3期。

续表

墓葬与石棺	所在地	画像技法	画像内容	年代	备注
鬼头山崖墓3号石棺	成都市简阳市董家埂镇深洞村	浅浮雕	凤鸟、伏羲女娲、玄武、鸠鸟、天门（凤阙）、大司、太仓、鹤、白虎、青龙、双鱼、马车、白雉、离利、柱株、日月神、先人骑、先人博弈	东汉晚期	
鬼头山崖墓4号石棺		浅浮雕	龙、鹤、鱼、奔鹿、月神？		
鬼头山崖墓5号石棺		浅浮雕	凤鸟、日神、鱼鹰、双阙、太仓		
关升店崖墓石棺	内江市市中区白马镇司马桥社区	浅浮雕	双阙、宅第、伏羲女娲、鸟啄鱼、负罐鸟、鸟、拴马	东汉中晚期	①*
红缨1号崖墓1号石棺	内江市市中区东兴街红缨村	半立雕阴线刻	建筑装饰、力士	东汉末期	②
潞澜洞崖墓	内江市市中区东郊	浅浮雕	伏羲女娲、虎与阙	东汉中晚期	③
大梁山4号崖墓左侧崖棺	内江市市中区南郊大梁山	浅浮雕	执笏门吏、凤鸟虎含珠	东汉中晚期	④
大梁山4号崖墓右侧崖棺		浅浮雕	凤鸟		
市中区砖室墓1号石棺	内江市市中区	浅浮雕	阙、楼房、舞伎、二人对饮、鱼、凤鸟、鸟、兽、山、树	东汉	⑤
市中区砖室墓2号石棺		浅浮雕	兽、凤鸟、宴饮、博弈、骑马人物		
邓井关1号崖墓石棺	自贡市富顺县邓井关镇富顺化肥厂	浅浮雕	双阙、伏羲女娲、玄武、青龙、白虎、乐舞人物、持锸人物、象人、持镰人物、联璧纹	东汉晚期	⑥
邓井关2号崖墓1号石棺		浅浮雕	双阙、伏羲女娲、龙虎衔璧、凤鸟、天禄、三足乌、仙人博弈图		⑦
邓井关2号崖墓2号石棺		浅浮雕	双阙、伏羲女娲、龙虎衔璧、仙人博弈、凤鸟、天禄		*

---

① 雷建金：《内江市关升店东汉崖墓画像石棺》，《四川文物》1992年第3期。
② 雷建金、曾健：《内江市中区红缨东汉崖墓》，《四川文物》1989年第4期。
③ 雷建金、付成金：《内江市发现东汉岩墓画像》，《四川文物》1987年第4期。
④ 雷建金、付成金：《内江市发现东汉岩墓画像》，《四川文物》1987年第4期。
⑤ 陆德良：《四川内江市发现东汉砖墓》（简讯），《考古通讯》1957年第2期。
⑥ 高文、高成英：《四川出土的十一具汉代画像石棺图释》，《四川文物》1988年第3期。
⑦ 本人于1994年在富顺县文管所考察所获资料。又见罗二虎：《汉代画像石棺》，巴蜀书社，2002年，第19~83页。

续表

墓葬与石棺	所在地	画像技法	画像内容	年代	备注
沱沟嘴崖墓石棺	乐山市市中区青农镇	浅浮雕	阙前迎谒、西王母、高楼、跪拜人物、车马出行、宴饮、铺首	东汉晚期	①
鞍山崖墓石棺	乐山市市中区大佛街道	浅浮雕	双阙、凤鸟、车马临门、青龙、白虎、鱼、鸟	东汉中晚期	②*
江口951-2号崖墓崖棺	眉山市彭山区江口街道	浅浮雕	阙、双鸟啄鱼、鸟衔鱼、莲花、花卉	东汉晚末期	③*
高家沟282号崖墓	眉山市彭山区江口街道	浅浮雕	双阙、凤鸟、仙人博弈、仙人骑鹿、马	东汉中晚期	④
双河崖墓石棺	眉山市彭山区江口街道	浅浮雕	西王母仙境、阙前迎谒、凤鸟、翼兽、迎宾、饮马	东汉晚期	⑤*
江口496号崖墓石棺	眉山市彭山区江口街道	浅浮雕	双阙、翼马神山、神山仙人博弈与听琴、车马出行	东汉晚期	*
宜宾运动场砖室墓石棺	宜宾市翠屏区	浅浮雕	两人形物（可能为伏羲女娲）	东汉末期	⑥
宜宾市内石室墓石棺	宜宾市翠屏区	浅浮雕	鱼	东汉晚期	⑦
翠屏村砖室墓1、2号墓	宜宾市翠屏区翠屏村	浅浮雕	青龙、白虎、白鹤、渔人、杂技、双阙、伏羲女娲	东汉晚期	⑧
翠屏村7号石室墓石棺	宜宾市翠屏区翠屏村	浅浮雕	双阙、伏羲女娲、青龙白虎、杂技人物、佩刀人物、双鸟衔鱼、云气纹、柿蒂纹	东汉中期	⑨
公子山崖墓1号棺	宜宾市叙州区北	浅浮雕	双阙、伏羲女娲、迎宾图、鸟衔鱼图、龙虎衔鼎璧、绳索纹、倒三角形	东汉晚期	⑩*
公子山崖墓2、3号棺	宜宾市叙州区北	浅浮雕	双阙、伏羲女娲、迎宾图、杂技人物、庖厨图、杂技、猴	东汉晚期	⑩*

① 乐山市崖墓博物馆：《四川乐山市沱沟嘴东汉崖墓清理简报》，《文物》1993年第1期。
② 唐长寿：《乐山崖墓和彭山崖墓》，电子科技大学出版社，1994年，第96页。
③ 唐长寿：《乐山崖墓和彭山崖墓》，电子科技大学出版社，1994年，第97页。
④ 色伽兰著，冯承钧译：《中国西部考古记》，中华书局，1955年，第29、30页。
⑤ 高文编：《四川汉代画像石》，巴蜀书社，1987年，第70、71页。
⑥ 葛维汉：《叙府发掘报告》，《华西边疆研究学会会志》第8卷；转引自郑德坤：《四川古代文化史》，华西大学博物馆，1946年，第30页。
⑦ 吴仲实、胡秀庐：《四川宜宾发现汉墓》（文物工作报道），《文物参考资料》1954年第9期。
⑧ 匡远滢：《四川宜宾市翠屏村汉墓清理简报》，《考古通讯》1957年第3期。
⑨ 匡远滢：《四川宜宾市翠屏村汉墓清理简报》，《考古通讯》1957年第3期。
⑩ 兰峰：《四川宜宾县崖墓画像石棺》，《文物》1982年第7期。

续表

墓葬与石棺	所在地	画像技法	画像内容	年代	备注
七个洞4号崖墓崖棺	宜宾市长宁县古河镇	浅浮雕	阙、乐舞人物、武士	东汉中晚期	①
七个洞6号崖墓左侧崖棺	宜宾市长宁县古河镇	浅浮雕	双阙、串钱纹、凤鸟、卷云纹	东汉中期	②
七个洞6号崖墓右侧崖棺	宜宾市长宁县古河镇	浅浮雕	伏羲女娲、人物、鱼鸟图、云气纹	东汉中期	③
七个洞7号崖墓左侧崖棺	宜宾市长宁县古河镇	浅浮雕	凤阙前迎谒、骑马临门、杂技人物、仙人半开门	东汉末期	④
七个洞7号崖墓右侧崖棺		浅浮雕	骑马临门？		已残
晋王坟1号石室墓1号石棺	宜宾市长宁县古河镇	浅浮雕	仙人、灵芝、联璧纹、胜纹、柿蒂纹、山形纹、双阙、云气	东汉末期	⑤
晋王坟1号石室墓2号石棺		浅浮雕	仙人博弈、持灵芝仙人、人物、连理树、持节人物、鹿、鸟、联璧纹、胜纹、山形纹、鸟鱼纹、杂技、庖厨、宴饮、垂幔、叙谈人物		
晋王坟2号石室墓1号石棺	宜宾市长宁县古河镇	浅浮雕	仙人、灵芝、凤鸟、鸟、鱼、联璧纹、胜纹	东汉晚期	⑥
晋王坟2号石室墓2号石棺		浅浮雕	柿蒂纹、联璧纹、双鱼、鸟鱼、鼎		
孔明田土坑墓石棺	高县曲州	浅浮雕	联璧纹、龙虎衔璧、倒"山"形纹	东汉中期	⑦
长顺坡砖室墓1号石棺	宜宾市南溪区仙源街道川主社区	浅浮雕	翼虎、"胜"纹、柿蒂纹、联璧纹、绳索纹、山形纹、星宿、双阙、凤鸟、鸟、双鱼	东汉晚末期	⑧*

---

① 四川大学考古专业七八级实习队、长宁县文化馆：《四川长宁"七个洞"东汉纪年画像崖墓》，《考古与文物》1985年第5期。

② 四川大学考古专业七八级实习队、长宁县文化馆：《四川长宁"七个洞"东汉纪年画像崖墓》，《考古与文物》1985年第5期。

③ 四川大学考古专业七八级实习队、长宁县文化馆：《四川长宁"七个洞"东汉纪年画像崖墓》，《考古与文物》1985年第5期。

④ 四川大学考古专业七八级实习队、长宁县文化馆：《四川长宁"七个洞"东汉纪年画像崖墓》，《考古与文物》1985年第5期。

⑤ 高文、高成刚编著：《中国画像石棺艺术》，山西人民出版社，1996年，第25~29页。

⑥ 高文、高成刚编著：《中国画像石棺艺术》，山西人民出版社，1996年，第30~32页。

⑦ 高文、高成刚编著：《中国画像石棺艺术》，山西人民出版社，1996年，第70页。

⑧ 崔陈：《宜宾地区出土汉代画像石棺》，《考古与文物》1991年第1期。

续表

墓葬与石棺	所在地	画像技法	画像内容	年代	备注
长顺坡砖室墓2号石棺	宜宾市南溪区仙源街道川主社区	浅浮雕	阙、伏羲女娲、"胜"纹、菱形纹、柿蒂纹、云气纹、绳索纹、山形纹	东汉晚末期	
长顺坡砖室墓3号石棺		浅浮雕	啄鱼、裸人、嬉戏蟾蜍、叙谈人物、告别人物、仙人半开门、西王母、仙人博弈、"胜"纹、璧纹、菱形纹、云气纹、柿蒂纹、星宿		
长顺坡砖室墓4号石棺		浅浮雕	双阙、凤鸟、拜谒西王母、裸体仙人、"胜"纹、柿蒂纹、山形纹		
桂花村1号石室墓1号石棺	宜宾市江安县仁和镇	浅浮雕	双阙、凤鸟、张弓人物、"胜"纹、云气纹、山形纹、荆轲刺秦王、人物龙鱼、宴舞百戏、鱼、四蒂纹	三国蜀汉时期	①*
桂花村1号石室墓2号石棺		浅浮雕	双阙、"胜"纹、云气纹、圆形物、柿蒂纹、阙前迎宾、双鸟衔鱼、凤鸟、莲花、宴饮百戏、仙境瑞兽灵禽、山形纹		
桂花村2号石室墓3号石棺	宜宾市江安县仁和镇	浅浮雕	双阙、伏羲女娲、百戏人物、乐舞图	三国蜀汉时期	②
桂花村2号石室墓4号石棺		浅浮雕	双阙、伏羲女娲、宴饮、乐舞图、串钱纹		
团子山墓1号石棺	宜宾市江安县留耕镇人民村	浅浮雕	人物、联璧、胜纹、云气纹、宴饮、吹箫人物、抛剑、跳丸人物、菱形纹、双阙、伏羲女娲	东汉晚期	③
团子山墓2号石棺		浅浮雕	人物（墓主）、持便面人物、持物人物、云气纹		
洞宾亭崖墓1号石棺	泸州市郊洞宾亭	浅浮雕	青龙、白虎、双雀、伏羲女娲、双阙、凤鸟踏璧、玄武、西王母、东王公（？）	东汉中期	*
市二中1号崖墓2号石棺	泸州市郊二中内	浅浮雕	青龙、白虎、圆形物（璧?）	东汉中晚期	*
大驿坝1号墓4号石棺	泸州市龙马潭区红星街道	浅浮雕	虎雀（凤）衔鼎、"胜"纹、柿蒂纹、菱形纹、云气纹、绳索纹、联璧纹、鸟鱼、双阙、凤鸟衔珠	东汉晚末期	④*

① 崔陈:《江安县黄龙乡魏晋石室墓》,《四川文物》1989年第1期。
② 崔陈:《江安县黄龙乡魏晋石室墓》,《四川文物》1989年第1期。
③ 高文、高成刚编著:《中国画像石棺艺术》,山西人民出版社,1996年,第33~35页。
④ 高文:《绚丽多彩的画像石——四川解放后出土的五个汉代石棺椁》,《四川文物》1985年第1期。

续表

墓葬与石棺	所在地	画像技法	画像内容	年代	备注
杜家街墓5号石棺	泸州市龙马潭区小市街道	浅浮雕	双阙、伏羲女娲、柿蒂纹	东汉	*
大驿坝2号墓6号石棺	泸州市龙马潭区红星街道	浅浮雕	双阙、女娲、鼎、持节杖道士、持珠（丹）人、天禄（鹿）、人物（仙人）、柿蒂纹	东汉中期	①*
麻柳湾崖墓9号石棺	泸州市江阳区大山坪街道	浅浮雕	双阙、凤鸟、柿蒂纹、双凤衔鼎和联璧、操蛇巫人、持铃巫人、碰杯人物、鸟衔鱼	东汉晚期	②*
泸州长江边砖室墓1号石棺	泸州市江阳区	浅浮雕	阙前迎遏、凤鸟衔珠、双鸟衔鱼、云气纹、菱形纹、绳索纹、树下二人、双阙、双鸟、凤鸟	东汉晚末期	*
市二中2号崖墓10号石棺	泸州市江阳区市二中内	浅浮雕	双阙、双鸟、凤鸟	东汉	残*
沙洞子3号崖墓1号石棺	泸县石寨镇久桥村	浅浮雕	连理树、到达仙境云气纹	东汉晚末期	③
蒲灏子崖墓崖棺	泸州市江阳区方山镇	浅浮雕	百戏、建筑	东汉中晚期	④
张家沟崖墓石棺	泸州市合江县城区	浅浮雕	龙虎衔璧、西王母、仙人持珠、双阙、伏羲女娲	东汉中晚期	*
草山砖室墓1号石棺	泸州市合江县符阳街道莱坝社区	浅浮雕	双阙、伏羲女娲、"胜"纹、柿蒂纹、蟾蜍、西王母、夫妻交手、鸟衔鱼	东汉晚期	⑤*
草山砖室墓2号石棺		浅浮雕	双阙、伏羲女娲、"胜"纹、联璧纹、云气纹、门前迎遏、犬、碓、人物、乐舞人物		
城西郊崖墓石棺	泸州市合江县城郊	浅浮雕	双阙、伏羲女娲、车马临门、西王母、"胜"纹、比目鱼（一首三身鱼）与鸟、三足鸟、九尾狐、蟾蜍舞蹈、玉兔吹箫	东汉晚期	*
前中大砖室墓1号石棺	重庆市沙坪坝区	浅浮雕	兽面铺首衔环、伏羲、双阙	东汉中期	⑥
前中大砖室墓2号石棺		浅浮雕	兽面铺首衔环、女娲、蟾蜍捣药、仙人持不死树、仙人捧物		

① 张遐龄、陈鑫明：《泸州出土汉画像石棺鱼雀图考》，《四川文物》1991年第1期。

② 高文：《绚丽多彩的画像石——四川解放后出土的五个汉代石棺椁》，《四川文物》1985年第1期。

③ 高文、高成刚编著：《中国画像石棺艺术》，山西人民出版社，1996年，第124页。

④ 高文、高成刚编著：《中国画像石棺艺术》，山西人民出版社，1996年，第123页。

⑤ 谢荔、徐利红：《四川合江县东汉砖室墓清理简报》，《文物》1992年第4期。

⑥ 常任侠：《重庆沙坪坝出土之石棺画像研究》，《常任侠艺术考古论文选集》，文物出版社，1984年，第1页。

续表

墓葬与石棺	所在地	画像技法	画像内容	年代	备注
市一中砖室墓	重庆市沙坪坝区	浅浮雕	双阙、伏羲女娲、柿蒂纹、联璧纹、山形纹、"双结龙"符号、车马出行、楼前迎宾、仙人半开门、双鸟衔珠、鸟	东汉末期至蜀汉	①*
蛮洞坡崖墓1号石棺	重庆市璧山区	浅浮雕	双阙、伏羲女娲、"胜"纹、凤鸟、串钱纹、柿蒂纹、联璧纹、舞蹈杂技人物、持便面人物	东汉中晚期	*
璧山汉墓2号石棺	重庆市璧山区广普镇新民村	浅浮雕	凤阙、凤鸟、伏羲女娲、担壶（"胜"）人物、二持"胜"人物、墓主、迎宾图	东汉晚末期	*
璧山汉墓3号石棺	重庆市璧山区	浅浮雕	双阙、凤鸟、伏羲女娲、械斗图、墓主、持笏人物、吹箫人物、持戟人物、持便面人物	东汉中晚期	*
璧山汉墓4号石棺	重庆市璧山区	浅浮雕	双阙、凤鸟、伏羲女娲、持矛人物、持便面人物、持金吾人物、墓主	东汉晚末期	*
璧山汉墓5号石棺	重庆市璧山区	浅浮雕	双阙、凤鸟、伏羲女娲	东汉中晚期	*
璧山石室墓6号石棺	重庆市璧山区	浅浮雕	双阙、伏羲女娲	东汉	*
璧山石室墓7号石棺		浅浮雕	双阙、凤鸟		
冰槽村崖墓石棺	重庆市永川区西北乡	浅浮雕	凤阙、伏羲女娲、百戏、持便面人物、出行图	东汉中晚期	②
白泥井3号砖室墓石棺	云南昭通市昭阳区白泥井	浅浮雕	柿蒂纹、四凤图、虎、蛇尾人物、鱼、双阙、伏羲女娲、青龙白虎、西王母、持节二人物、凤鸟	东汉	③

* 为笔者考察时所获或补充完善的资料

（原载《考古学报》2000年第1期）

---

① 董其祥：《伏羲女娲图象新释》，《巴渝文化》，重庆出版社，1991年，第1页。
② 高文、高成刚编著：《中国画像石棺艺术》，山西人民出版社，1996年，第89、90页。
③ 孙太初：《两年来云南古遗址及墓葬的发现与清理》，《文物参考资料》1955年第6期。

升 仙 图 卷
——长顺坡汉代石棺画像

  1986年，在四川省的全国第一次文物普查中，宜宾地区的文物工作者在四川盆地南部边缘的南溪县城郊乡长顺坡发现了2座砖室墓。这两座墓在发现时均已残，由墓道、墓门和单墓室组成。墓室均呈长方形，长约3、宽2米，整个墓穴都用花纹砖平砌而成。在花纹砖的一侧装饰各种纹饰，如云气纹、菱形纹、柿蒂纹、五铢钱纹、斜线纹、叶脉纹等，此外还有"八十""市"等文字砖[1]。每墓各出土画像石棺2具，按其排列编号为1~4号棺。

  这四具石棺出土后，已有学者进行了简略的报道，并对其中部分画像的内容进行过考释。例如，1988年，高文、高成英在《四川出土的十一具汉代画像石棺图释》一文中，对1号石棺和2号石棺的部分画像做过简单的介绍和考释[2]。1991年，崔陈在《宜宾地区出土汉代画像石棺》一文中，也对这2座砖室墓出土的1~4号石棺的画像进行了简略介绍，并发表了这四具石棺的部分画像拓本[3]。1996年，高文、高成刚在《中国画像石棺艺术》一书中，又收录了1~3号石棺的部分画像拓本[4]。

  20世纪90年代，这四具画像石棺分别陈列于宜宾市博物馆和收藏于南溪县文化馆。笔者于1994年在宜宾市博物馆和南溪县文化馆的协助下对这4具棺进行了全面的考察与测绘[5]。本文准备在全面掌握这4具石棺画像资料的前提下，在前人研究的基础上对这4具石棺画像进行全面的研究。

  这四具石棺的棺盖和棺身均分别由整石凿成，石质均为青砂岩。其石材取于当地。石棺的整个形制为仿木棺的造型。棺身为长方形，中间凿空，四面周壁的厚度均约10厘米，仅底部较厚，有15~20厘米。棺盖为弧形顶，棺盖的底部与棺身的大小相同，但棺盖的顶部前后两端或四面均略向外凸出，因此棺盖的顶部略大于棺身。这与汉代木棺的情况大体是相同的。

---

[1] 崔陈：《宜宾地区出土汉代画像石棺》，《考古与文物》1991年第1期。
[2] 高文、高成英：《四川出土的十一具汉代画像石棺图释》，《四川文物》1988年第3期。
[3] 崔陈：《宜宾地区出土汉代画像石棺》，《考古与文物》1991年第1期。
[4] 高文、高成刚编著：《中国画像石棺艺术》，山西人民出版社，1996年，第36~39页。
[5] 棺的数据均为笔者测量。

这4具石棺均有画像。画像分布在棺盖顶面上和棺身四壁。下面首先对这4具石棺的画像内容分别进行考释。

一、1号石棺画像

该棺的棺身长2.03、宽0.61～0.68、高0.61～0.67米。棺盖长2.2、宽0.63～0.68、最高处0.23米，棺盖顶为弧形顶，前后两端向外凸出（图一）。

棺盖顶：柿蒂纹双鱼图（图二），正中刻变形柿蒂纹，两端各刻一鱼。柿蒂纹在汉代非常盛行，是一种象征仙境天国的图案[1]。古人认为鱼也能够帮助人们升天，这种观念在中国古代出现很早，如湖南长沙战国中期楚墓中出土的人物御龙升仙帛画就清楚地显示了这一点[2]。这幅帛画的画面为一男子直立驾驭着一条巨龙，龙尾上部站立一鹤，龙身下方一条鱼在行进，更完整地表现了墓主人乘龙并在鸟、鱼的簇拥导引下升天的场景。

图一　1号石棺

图二　柿蒂纹双鱼图（1号石棺盖顶）

棺身前端：天门（双阙）图（图三），刻单檐的独立双阙，在双阙间还有星宿，阙上方有倒置山形纹、圆璧图案。在汉代画像中出现的双阙，应该是象征着天门，这在四川简阳鬼头山崖墓出土的3号石棺画像[3]、四川长宁七个洞4号崖墓画像[4]和重庆巫山出土的铜棺饰画像[5]的文字题榜上均已清楚地说明。已有不少学者都对画像中的双阙为

---

① 具体的研究笔者另在专文里讨论。
② 湖南省博物馆：《新发现的长沙战国楚墓帛画》，《文物》1973年第7期，图版一。
③ 内江市文管所、简阳市文化馆：《四川简阳市鬼头山东汉崖墓》，《文物》1991年第3期。
④ 罗二虎：《长宁七个洞崖墓群汉画像研究》，《考古学报》2005年第3期；四川大学考古专业七八级实习队、长宁县文化馆：《四川长宁"七个洞"东汉纪年画像崖墓》，《考古与文物》1985年第5期。
⑤ 重庆巫山县文物管理所、中国社会科学院考古研究所三峡工作队：《重庆巫山县东汉鎏金铜牌饰的发现与研究》，《考古》1998年第12期。

天门这一问题进行了论证①。在此石棺前端画像中的双阙周围还出现了星宿形象,以此来明确地象征这种双阙是在天上,这又为"天门说"增添了新的证据。

棺身后端:凤鸟图(图四),刻一凤鸟。此前学者在考证这种图案中出现的神鸟时常将其称之为"朱雀",但笔者认为此棺后端这幅画像中的神鸟应是凤鸟,而非朱雀。朱雀和凤鸟在汉代画像中都常见,两者在形象上也没有太大的差别,但在性质和作用上却有较明显的差异。朱雀在中国古代主要是作为方位神,用于镇守四方;凤鸟亦称凤凰(皇鸟)、鸾鸟,如在《山海经·大荒西经》就记载有一种神鸟,名曰"五采鸟",其有三名,"一曰皇鸟、一曰鸾鸟、一曰凤鸟"②。古人认为这种凤鸟主要是作为一种祥瑞神鸟,如《山海经·南山经·南次三经》记载:丹穴之山"有鸟焉,其状如鸡,五采而文,名曰凤皇,首文曰德,翼文曰义,背文曰礼,膺文曰仁,腹文曰信。是鸟也,饮食自然,自歌自舞,见则天下安宁。"③《说文解字》卷四也记载:"凤,神鸟也。……出于东方君子之国,翱翔四海之外,过昆仑,饮砥柱,濯羽弱水,莫宿风穴,见则天下大安宁。"④在《尚书·益稷》卷五中也记载:"箫韶九成,凤皇来仪。"孔颖达疏:"雄曰凤,雌曰皇,灵鸟也。"⑤由于这种瑞鸟出于神仙仙境,因此在汉代石棺画像中,常常出现在石棺的一端,与另一端出现的天门相互呼应,都作为天国仙境的象征。

图三　天门(双阙)画像石
(1号石棺前端)

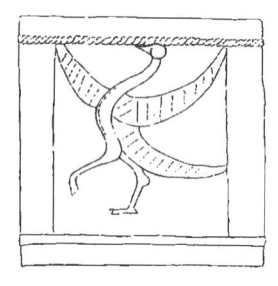

图四　凤鸟画像石
(1号石棺后端)

棺身左侧:翼虎图(图五),用框栏将画面分为四部分,其中间的主体图案为一带翼的虎,左边的图案为菱形带和联璧纹,右边的图案为变形柿蒂纹,上方的图案为菱形联璧纹、倒置山形纹和绳索纹等。虎在这里出现的主要含义不应是作为镇守西方的方位神——白虎,而应当是作为一种神兽,帮助墓主升仙,虎身上的双翼具有飞升的

---

① 最先对这一问题进行论证的是赵殿增、袁曙光。见赵殿增、袁曙光:《"天门"考——兼论四川汉画像砖(石)的组合与主题》,《四川文物》1990年第6期。
② 袁珂校注:《山海经校注》,巴蜀书社,1993年,第453页。
③ 袁珂校注:《山海经校注》,巴蜀书社,1993年,第19页。
④ (汉)许慎:《说文解字》,中华书局,1963年,第79页。
⑤ (清)阮元校刻:《十三经注疏》,中华书局,1980年,第144页。

图五 翼虎画像石（1号石棺左侧）

作用。此外，画面周围的变形柿蒂纹、菱形联璧纹、倒置山形纹和绳索纹等也都有象征升天的含义。

棺身右侧：鸟鱼龟图（图六、图七），中间的主体画面从右至左刻三只动态各异、翔舞其间的大鸟，应为凤鸟。在画面右上方还有一只小鸟，似燕。在画面中部左侧两对舞的大鸟之间从上至下有一鱼一小鸟一龟。在所有的鸟、鱼、龟之间有繁星簇拥，如同天上。在边栏上方有倒置的山形纹和繁星。这幅画像中鸟、鱼、龟等的含义与前述湖南长沙战国中期楚墓出土的人物御龙升仙帛画中的鸟、鱼含义相同，这些神兽的具体功能都是用于引导和帮助人们升仙的。而神兽间的繁星簇拥是象征墓主和它们已到达了天国仙境。神兽尤其是凤鸟有帮助和引导人们升仙的功能，这还可以通过其他的一些汉代画像得以证明。例如，四川长宁七个洞7号崖墓左右两侧崖棺的棺侧画像，这种含义就表现得更为明确，其画面为墓主骑马正向着天门的方向行进，一只凤鸟在墓主的前面行进，直接引导墓主进入大门[①]。

图六 鸟鱼龟画像石（1号石棺右侧）

---

① 罗二虎：《长宁七个洞崖墓群汉画像研究》，《考古学报》2005年第3期；四川大学考古专业七八级实习队、长宁县文化馆：《四川长宁"七个洞"东汉纪年画像崖墓》，《考古与文物》1985年第5期。

图七　1号石棺右侧画像（局部）

二、2号石棺画像

该棺的棺身为长方形，长 2.2、宽 0.73~0.76、高 0.8 米。棺盖长 2.3、宽 0.79、高 0.3 米。盖顶为弧形顶，四周均略向外凸出。

棺盖顶：柿蒂云气纹图（图八、图九），中部饰一变形柿蒂纹，两侧各有一由云气纹、柿蒂纹、菱形纹等图案组成的宽带。棺身两侧：仅饰绳索纹和倒山形纹（图八）。如前所述，这些图案都有象征仙境天国的含义。

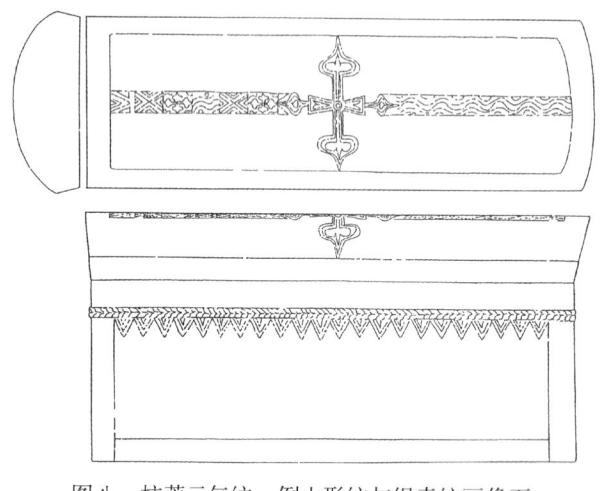

图八　柿蒂云气纹、倒山形纹与绳索纹画像石
（2号石棺盖顶和棺侧）

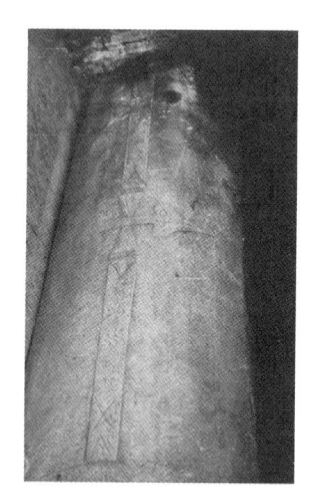

图九　2号石棺盖顶画像
（局部）

棺身前端：凤鸟戴（践）蛇（凤鸟踏双山）图（图一〇）。这种内容的画像目前仅发现这一幅，其画面刻一凤鸟，凤鸟身上缠一蛇，双脚踏于两山之上，两山相对如阙，在阙顶上还各有一个圆珠。这种戴蛇践蛇的凤鸟在《山海经·海内西经》中有记载："昆仑之虚，方八百里，高万仞。……面有九门，门有开明兽守之，百神之所在。……

开明西有凤皇、鸾鸟，皆戴蛇践蛇，膺有赤蛇。"①画面中的两山相对如阙，也许就是蜀人传统神话中所说的"天彭门"。在战国秦汉时期的巴蜀地区，尤其是在蜀人中，存在着人死后魂归岷山的信仰。据《太平寰宇记》卷七十三引《蜀王本纪》记载："李冰以秦时为蜀守，谓汶山（即岷山）为天彭阙，号曰天彭门，云亡者悉过其中，鬼神精灵数见。"②这里所说的岷山应当是昆仑山。因此我们可以认为，从某种意义上讲，汉代西南地区画像中所表现的昆仑山与冥界有密切的关系，甚至就是一种特殊的冥界。

棺身后端：天门（单阙）伏羲女娲图（图一一）。阙在中间，右面为伏羲，左面为女娲，皆人首兽足蛇尾，尾下垂，二神均一手持日、月，一手持规、矩。画面上部为绳索纹，绳索纹的上面为变形"胜"纹，"胜"纹中部为一变形钱纹。伏羲、女娲画像是汉代数量较多的画像之一。伏羲、女娲是中国古代神话中两位非常著名的神，也是传说中的古代帝王。在神话传说中他们都具有多种功能，伏羲发明渔猎工具和八卦，女娲更是神通广大，既补天，又造人。他们又是始祖神、生殖神。由于他们能再造生命，因而受到了渴望长生不死的汉代人的特别尊崇。例如，《世本·作篇》（茆泮林辑本）中记载："伏羲制以俪皮嫁娶之礼。"③汉代应劭的《风俗通义·佚文》也记载："女娲祷祠神祈而为女媒，因置昏姻，行媒始行明矣。"④关于伏羲、女娲的形象，汉代人曾有描述。东汉人王延寿在《鲁灵光殿赋》中描述道："上纪开辟，遂古之初，……伏羲鳞身，女娲蛇躯。"⑤《列子·黄帝》也说："庖牺（伏羲）氏、女娲氏，……蛇身人面。"⑥这些记载与这幅画像中伏羲、女娲的形象吻合。伏羲、女娲双双出现，其一只手各举日、月，既象征是在天上，也暗示着一阴一阳；另一只手各持规、矩，则代表传

图一〇　凤鸟踏双山画像石
（2号石棺前端）

图一一　天门（单阙）伏羲女娲画像石
（2号石棺后端）

① 袁珂校注：《山海经校注》，巴蜀书社，1993年，第344~350页。
② （清）严可均校辑：《全上古三代秦汉三国六朝文·全汉文》卷五十三，中华书局，1958年，第415页。
③ 王云五主编：《丛书集成初编》第3700册，商务印书馆，1937年，第105页。
④ （汉）应劭撰，王利器校：《风俗通义校注》，中华书局，1981年，第599页。
⑤ （汉）王延寿：《鲁灵光殿赋》，《全上古三代秦汉三国六朝文·全后汉文》卷五十八，中华书局，1958年，第790页。
⑥ （战国）列御寇：《列子·黄帝》，《诸子集成》第3册，中华书局，1954年，第27页。

说中伏羲、女娲用规、矩来"矩天""矩地"以定方圆[1]，这暗示着造物主的身份。值得注意的是，在汉代画像中凡是伏羲女娲在同一画面紧邻出现，其绝大多数都是两尾交叉重叠或者欲合。我们知道龙蛇等交尾暗示着交媾。如果说此棺后端画像中的这种交尾还显得比较隐晦的话，那么有的画像上伏羲女娲接吻的形象就比较明确地告诉我们这种画像的含义了，如四川成都郫都新胜1号砖室墓出土的石棺一端画像[2]，其画面上伏羲、女娲两人一手各举日、月，一手相互拥抱而接吻。此外，还有更直接将这种画像的含义昭示于人的，那就是重庆璧山蛮洞坡崖墓出土1号石棺上的伏羲、女娲画像[3]，两神均为人首人身，但人身下有两条蛇交尾，其蛇首分别对准两人的下身，交媾的寓意明确无误。这些都表达了墓主希望将自己的生命得以延续和再生的愿望。

三、3号石棺画像

该棺的棺身为长方形，长2.07、上宽0.68、下宽0.74、高0.74米。棺盖为顶，长2.29、宽0.79、高0.3米。棺盖顶部的四周略向外凸出。

棺盖顶：柿蒂纹图（图一二）。棺身前端：天门（双阙）图（图一三），刻重檐独立双阙。上方有倒置的山形纹。棺身后端：凤鸟图（图一四、图一五），刻一凤鸟。如

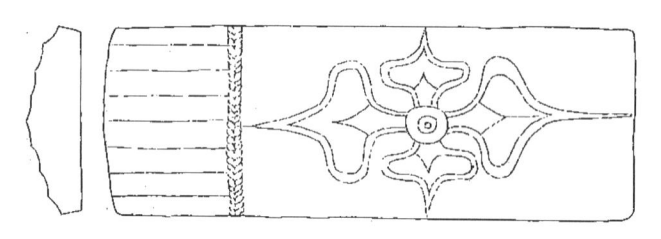

图一二　柿蒂纹画像石（3号石棺盖顶）

图一三　天门（双阙）画像石　　图一四　凤鸟画像石
　　（3号石棺前端）　　　　　　　（3号石棺后端）

---

[1]（晋）王嘉《拾遗记·春皇庖牺》卷一："规天为图，矩地取法。"见《景印文渊阁四库全书·子部三四八·小说家类》第1042册，台湾商务印书馆，1983年，第313页。

[2] 李复华、郭子游：《郫县出土东汉画象石棺图象略说》，《文物》1975年第8期。

[3] 资料为20世纪90年代重庆市璧山县文物管理所提供。

升仙图卷——长顺坡汉代石棺画像

前所述,这些图案物象都是天国仙境的象征。

棺身右侧:升仙与西王母仙境图(图一六~图一八),画像分上下两栏。下栏分三组,右侧一组四人,中间两人高大,一男一女,戴冠高髻,伸手相握,似为告别,当为墓主夫妻。两人身后各站立一侍者,手抱长条形物。在四人的左边停立一神兽和一飞鸟。神兽备有鞍,准备将墓主送往仙境,飞鸟即为引导。中部一组为仙人半开门图,有一门半开半掩,一仙人探身外望。在门前有一跪拜人物,似为道士,一手持节杖,另一手前伸,似在为墓主求拜,以期墓主能升入仙境。左边一组为拜谒西王母图,表现的是墓主已升入仙境后的情况,画

图一五　3号石棺后端画像

面中西王母在左边,端坐于龙虎座上,女性墓主正欲拜谒。这三组画像构成了一个完整的升仙过程,这在汉代画像中是极为罕见的。上栏为仙境图,中部一"胜"纹图案,右侧有五只蟾蜍,一只躺卧,另外四只两两相对,跪或半跪,似在嬉戏。上栏左侧有七人,边上为二裸体仙人,跪坐博弈。其右边三人跽坐,正中者端坐,双手放胸前,

图一六　升仙与西王母仙境画像石(3号石棺右侧)

图一七　3号石棺右侧画像(右边局部) 　　图一八　3号石棺右侧画像(左边局部)

腹部微凸，侧旁二人梳髻着袍，一人端坐，另一人左手前举。靠中部的二人为一男一女相对，伸手相握，似刚相聚，正在诉说。此图似为墓主夫妻在仙境相聚的情景。棺身左侧无画像。

"胜"纹是一种特殊的图案，在汉代画像中大量出现。在传说中，"胜"为西王母头上所戴。《山海经·西山经·西次三经》：记载"西王母其状如人，豹尾虎齿而善啸，蓬发戴胜。是司天之厉及五残。"[①] 又有《山海经·大荒西经》记载："西海之南，流沙之滨，赤水之后，黑水之前，有大山，名曰昆仑之丘。有神——人面虎身，有文有尾，皆白——处之。其下有弱水之渊环之，其外有炎火之山，投物辄然。有人，戴胜，虎齿，有豹尾，穴处，名曰西王母。"[②] 再有《山海经·海内北经》记载："西王母梯几而戴胜杖，其南有三青鸟，为西王母取食。在昆仑虚北。"[③] 在这里"胜"作为一种图案单独出现，主要是作为西王母和西王母所代表的昆仑仙境的象征。

四、4号石棺画像

该棺的棺身为长方形，长2.07、宽0.66、高0.68米。棺盖已无。

棺身前端：为天门（双阙）图（图一九）。棺身后端：凤鸟图（图二〇）。如前所述，这些都是作为天国仙境的象征。

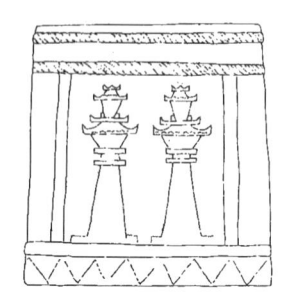

图一九　天门（双阙）画像石　　　　图二〇　凤鸟画像石
（4号石棺前端）　　　　　　　　　（4号石棺后端）

棺身左侧：鸟鱼图（图二一），二鸟相对而舞，一鱼腾跃在中，周围繁星簇拥，右下角有一很小的人物，裸体高髻，似为女性。左侧有一变形柿蒂纹。上边栏的下方为菱形纹和倒置的山形纹。如前所述，变形柿蒂纹、菱形纹和倒置的山形纹都是象征仙境天国的，而神兽的作用是帮助人们升仙的。这种鸟鱼与前述的湖南长沙市战国中期楚墓中出土的人物御龙升仙帛画中的鸟鱼相同，只是这幅画像中没有直接出现墓主乘龙的形象。

---

① 袁珂校注：《山海经校注》，巴蜀书社，1993年，第59页。
② 袁珂校注：《山海经校注》，巴蜀书社，1993年，第466页。
③ 袁珂校注：《山海经校注》，巴蜀书社，1993年，第358页。

棺身右侧：拜谒西王母图（图二二），中栏为西王母端坐于龙虎座上，身后有二人，左为侍者，右为裸女，西王母左侧一高髻裸女。二裸女均为仙人。其右侧还有一戴冠者，似为墓主正欲拜谒西王母，后有一神兽（马？）停立，似将戴冠者刚送至此。右栏为一变形柿蒂纹图案，左栏为一变形"胜"纹图案。在边栏上方有一"胜"纹图案，边栏下方有十六个山形纹。

图二 鸟鱼画像石（4号石棺左侧）

图二二 拜谒西王母画像石（4号石棺右侧）

五、画像石棺年代

出土石棺的这两座砖室墓的地点相距不远①，而且这四具石棺的大小和形制基本一致，画像风格也基本一致，此外画像内容和布局也十分相近。因此，笔者认为这两座墓葬和四具石棺的年代也都应该是大体相同的。

这四具石棺画像在形式方面有一个突出的特点，就是均有仿木结构建筑的框栏将画面分隔成数个独立的空间。具有这种形式的画像石棺在川南地区和重庆的长江沿岸地区大量发现，年代早的可以到东汉中期晚段，如四川乐山市中区沱沟嘴崖墓出土的画像石棺②，而年代晚的则可以晚到蜀汉时期，如四川江安桂花村石室墓出土的画像石

---

① 承南溪县文物管理所告之。
② 乐山市崖墓博物馆：《四川乐山市沱沟嘴东汉崖墓清理简报》，《文物》1993年第1期。

棺①。乐山市中区沱沟嘴崖墓的画像石棺虽有框栏，但未见框栏外有柿蒂纹、绳索纹、璧纹、倒山形纹等图案，而南溪出土的四具石棺均大量用阴线刻画细部，造型轻松而富于动感，地纹中凿痕清晰，与乐山市中区沱沟嘴崖墓出土的石棺画像不刻画细部，造型厚重肃穆，无地纹的风格差异很大，因此两者的年代有差异。从画像的艺术风格方面观察，南溪出土的这四具石棺与江安桂花村出土画像石棺比较接近，但在图案配置方面却存在一定差异，如桂花村墓出土的石棺框栏上均饰有云气纹、石棺四角饰柿蒂纹等装饰风格不见于南溪出土的石棺，而南溪墓出土石棺上的绳索纹、璧纹、菱形纹等装饰又不见于桂花村墓出土的石棺。因此两者的年代也有差异。再对比其他四川、重庆地区东汉晚期出土的画像石棺，大体可以断定南溪这两座墓出土的石棺年代均约为东汉晚期，其下限也可能会晚到东汉末年。

六、画像雕刻技法与制作程序

根据笔者的观察，这四具石棺画像的雕刻技法可以分为以下三类。

（1）剔地弧面浅浮雕，可略称弧面浅浮雕或浅浮雕。这是四具石棺画像使用最多的一种雕刻技法，几乎所有的画像都以这种技法为主（图一、图七）。这种弧面浅浮雕物象的凸起高度因画面的大小而各有差异，一般为0.5～1厘米。从直观感觉上讲，轮廓线内的物象仅稍呈凸起的弧面。

（2）阴线刻。其物象与石面均在同一平面上，物象的外轮廓和细部刻画均使用阴线条，如画像的局部刻画绝大部分都使用了这种技法（图一、图七、图九、图一五、图一七、图一八）。

（3）剔地平面浅浮雕，可略称平面浅浮雕，其中有一部分是剔地隐起浅浮雕。画面物象一般凸起高达0.5～1厘米，如2号石棺盖顶画像等（图九）。

关于画像石的制作方法，在整个西南地区都没有直接的汉代资料说明，但是在山东省东阿县芗他君祠堂的石柱铭文中却有一段重要的叙述："取石南山，更逾二年，迄（迄）今成已。使师操义、山阳瑕丘荣保，画师高平代盛、邵强生等十余人。价钱二万五千。"②

由此可知，山东地区汉代画像石制作总的步骤是先在打制好的石面上绘出底稿，然后再加以雕镂。西南汉代画像石制作的情况也应大体如此，比较典型的是重庆合川皇坟堡石室墓的中室门侧上未完工的凤鸟画像，即在未完工的部分保留朱色的轮廓

---

① 崔陈：《江安县黄龙乡魏晋石室墓》，《四川文物》1989年第1期；崔陈：《宜宾地区出土汉代画像石棺》，《考古与文物》1991年第1期。

② 罗福颐：《芗他君石祠堂题字解释》，《故宫博物院院刊》总二期，1960年。

线①。因此，笔者推测南溪出土的这四具石棺画像的制作也是采用这种方法。

关于画像石的制作者，有的画像石是专门的画师来先绘出底稿，而有的则可能是普通的民间工匠，故画像的艺术水平参差不齐。但是长顺坡汉墓出土的这四具石棺的画像艺术水平较高，笔者推测其制作者应是有较好素养的专业画师和工匠。

七、画像艺术特点

笔者推测，长顺坡这四具石棺画像的创作者可能是来自民间的艺术家和职业工匠，他们基本上是遵循现实主义的创作原则，从视觉艺术的角度形象地部分再现了汉代四川南部地区的社会与社会生活。

1. 形象处理

在长顺坡汉墓石棺画像的题材中，基本都是与宗教信仰、神话传说相关，然而在具体内容的处理上，却较多是以现实生活为蓝本，使画面较多地洋溢着人间世界的气息和现实生活的情趣。

例如，3号石棺棺身右侧和4号石棺棺身右侧的画像中都有西王母的形象。西王母本是汉代人特别崇奉的一位重要的神仙，关于她的形象在早期文献《山海经·西山经·西次三经》中有记载："西王母其状如人，豹尾虎齿而善啸，蓬发戴胜。是司天之厉及五残。"②又《山海经·大荒西经》："有神——人面虎身，有文有尾，皆白——处之。其下有弱水之渊环之，其外有炎火之山，投物辄然。有人，戴胜，虎齿，有豹尾，穴处，名曰西王母。"③然而，我们在这些画面上所见到的却是一位神态安详、恬静、容貌美丽的人间女子。她的装束服饰却为普通汉代女性常见的穿戴。再如1号棺、4号棺的各种鸟鱼图，其初始本意为象征鸟、鱼护送墓主升仙的具有宗教寓意的主题，但是经过汉代民间艺术家的处理后，我们看见的却是现实生活中能见到鸟翔、鱼跃等情景，充满了生活情趣。画面中的鸟有的似现实生活中的鹤、鹭鸶、鱼鹰等。南溪地处长江边，因此鱼的形象也似长江中特有的中华鲟鱼。又如，石棺前端的天门画像，其天门的造型都是模仿人间的门阙形象。

当然，在画像中也有部分关于神仙和仙境的作品，是借用作者丰富的想象力和浪漫夸张的手法来表现的。

2. 画面组合

长顺坡汉墓画像在画面的组合方面比较复杂，主要有以下几种情况。

（1）一个画面为一个完整的构成，表达了一个主题。这是常见的一种方式，如

---

① 重庆市博物馆、合川县文化馆：《合川东汉画象石墓》，《文物》1977年第2期。
② 袁珂校注：《山海经校注》，巴蜀书社，1993年，第59页。
③ 袁珂校注：《山海经校注》，巴蜀书社，1993年，第466页。

4号石棺右侧的拜谒西王母图。

（2）几个画面组合在一起表达一个主题。每一个画面又各自具备相对完整的构图，但是只有当几个画面的内容组合在一起时，才能表达一个完整的主题。例如，3号石棺右侧下部的三幅画像合在一起构成完整的墓主升仙图（升仙与西王母仙境画像）。

（3）一个画面分成几格表达一个主题或两个主题。例如，3号石棺右侧画像，上下画面被分格，构成两个单元，每一格中的画面均各自形成一个较为完整的构图，下面的画像共同构成墓主升仙图。上面的画像表现仙境，左边为仙人博弈等，右边为蟾蜍嬉戏，共同构成了神仙世界。

3. 画面构图

南溪石棺画像的特点之一，是在一幅画像中画面采用比较简单的构成，即使是内容较为复杂、场面较大的题材，也是将其简化处理。例如，3号石棺右侧画像的墓主升仙图，就是将整个的升仙过程分为三个相对独立的画面来处理，并将许多可有可无的东西全部去掉，这样每一个画面的构图就显得单纯、疏朗，并且还通过背景空间的大面积留白来突出主要的物象。在构图上，西南汉代画像的作者也具有在一幅画面中处理复杂场面的能力。例如，3号石棺右侧的画像，本是一个较复杂的棺主升仙过程，但通过汉代艺术家的处理，其构图仍显得疏朗并富有节奏感。这种画面构图中大面积留白的虚实对比、互相衬托手法，为后世在纸上作画的中国画所继承，形成中国画的一种艺术特色。

4. 造型特点

（1）强调动感：凡是人物、动物等物象，在塑造时多取其动态，有时甚至用稍许夸张的手法强调其动感。例如，鸟、鱼、虎等均取其在跳跃、展翅欲飞的瞬间动作，这样使画面显得生动。

（2）动静结合、相互对比：如西王母画像，西王母为拱手端坐于龙虎座上，显得文静而雍容尔雅，而龙虎座的龙、虎形象，却常常是张口伸爪，所谓"龙腾虎啸"之势，富有动感，与西王母的静态形成强烈的对比。

（3）浑厚古朴：在画面的处理，尤其是浅、高浮雕画面的处理上，主要注重对物体外轮廓的整体刻画而不太强调物象的局部，这样又形成了一种雄浑古朴的艺术风格。

（4）线条表现：在造型上的另一个特点是，较多运用线条对画面的各种物象进行塑造，尤其运用得广泛的是对人物的衣纹、鸟兽的轮廓，以及阙等建筑、纹样图案的细部刻画等。运用线条塑造艺术形象，也为后世用纸笔作画的中国画所继承，形成中国画所具有的另一个特色。

此外，在具体的形象处理方面，也有一些特点并形成了一些较为固定的格式，即所谓的模式化。南溪石棺画像擅长的是对人物、鸟、兽等的动态处理，而不擅长于对人物五官等细部的刻画。对人物五官的刻画，除了很少数的画像之外，绝大部分的人物面部刻画都显得幼稚而不合比例、透视，当然更谈不上人物表情的细微刻画，这与生动的人物动态形成比较鲜明的对比，更与四川汉代陶俑人物那比例均匀的五官形象和表情生动入微的面部形成了鲜明的对比。这可能与在这种几乎是平面上进行雕刻的艺术形式的限制有关。同时也说明了当时的艺术家们尚未熟练掌握在近乎平面上进行人物面部塑造的技巧。

这些画像的人物身份、地位常常是通过某些道具、人物比例的不同来表现、区别，并已形成了一种模式。例如，西王母的形象是依靠其乘坐的龙虎座来辨认；仙人形象的表现又是通过其半裸枯瘦的上身、高耸双耳等特征来区别；道士（方士）的手中则持节杖；地位高的主人和地位低的仆人、随从区别的重要特征，是人物的比例大小。

在艺术风格上，南溪石棺画像还有一个特点，即在对画面的背景进行剔地处理时，用小型的尖凿有意加工留下清晰的、犹如编织纹一样的凿痕。这种雕刻刀法明快的风格，使整个画面显得更为粗犷、豪放而生动。

八、画 像 主 题

最后，我们可以将这四具石棺画像的题材进行一个简略的归纳：

1号石棺：棺盖顶为"柿蒂纹双鱼图"，棺身前端为"天门（双阙）图"，棺身后端为"凤鸟图"，棺身左侧为"翼虎图"，棺身右侧为"鸟鱼龟图"。

2号石棺：棺盖顶为"柿蒂云气纹图"，棺身前端为"凤鸟戴（践）蛇（凤鸟踏双山）图"，棺身后端为"天门（单阙）伏羲女娲图"，棺身两侧仅饰绳索纹和倒山形纹。

3号石棺：棺盖顶为"柿蒂纹图"，棺身前端为"天门（双阙）图"，棺身后端为"凤鸟图"，棺身右侧为"升仙与西王母仙境图"，棺身左侧未凿刻画像。

4号石棺：棺盖已无，棺身前端为"天门（双阙）图"，棺身后端为"凤鸟图"，棺身左侧为"鸟鱼图"，棺身右侧为"拜谒西王母图"。

通过上述对这四具石棺画像的考释，可以发现其画像内容和组合均有一个共同的特点，这就是都表现神仙仙境与墓主升仙的内容。而且，从各类画像内容的相互内在联系和造墓者在墓中石棺上布置这些画像的目的来看，均是以升仙为目的。

因此，我们可以认为这四具石棺画像的主题都是墓主升仙，并将这类画像统称为"升仙图"。正因为其目的是能让墓主升仙，所以才在石棺画像中以众多的数量和丰富的题材来表现神仙、仙境和升仙的内容。

此外，南溪长顺坡砖室墓3号石棺右侧画像中的升仙图，分别以夫妻惜别、乘鹿升仙、仙人半开门与跪拜方士、墓主拜谒西王母等四个情节和场面，较完整地体现了当时人们想象中的升仙过程。这是一幅非常珍贵的画像，透过这幅画像我们可以了解到当时人们所设想的墓主升仙的过程，因此对于我们研究汉代的升仙思想和相关的行为方式都具有重要的意义。

（原载《中国美术研究》2009年第2期）

川渝地区汉代画像砖墓研究

四川和重庆地区的汉代画像砖墓，在自然地理区划上主要是四川盆地，时代主要是东汉时期，下限可晚到蜀汉时期。该地区是东汉时期画像砖墓分布最为集中、数量最多的地区，因此对于整个汉代画像砖墓的研究具有十分重要的意义。

这一地区汉代画像砖墓的发现可追溯到19世纪晚期[1]，但科学的考古发掘却始于20世纪50年代，当时在成渝铁路和各地的建设施工中陆续发现画像砖墓，其中部分是科学考古发掘的。1961年，冯汉骥对川西地区的装饰画像砖及装饰画像砖墓进行了初步分析[2]。20世纪60年代起，在该地区内出土大量画像砖墓和零散的画像砖。20世纪80年代以来，该地区汉代画像砖的研究有一些新进展，如刘志远、余德章、刘文杰[3]、魏学峰[4]、袁曙光[5]，从不同角度对本地区汉代画像砖进行了研究。但应指出，这些研究的对象仅限于汉代的装饰画像砖。近30年来，这一地区汉代的崖墓、砖石室墓及全国范围内汉代画像墓的研究都取得了新进展[6]。这些研究加深了对于画像砖和画像砖墓的认识。本文在此基础上，对川渝地区的汉代画像砖墓进行初步的综合研究。

一、结构与类型

川渝地区画像砖墓的结构与该地区同时代普通砖室墓的结构相同[7]。其地上部分仅

---

[1] 中共成都市新都区委党史研究室、成都市新都区地方志编纂委员会办公室整理重印：《新繁县志》，成都市新都华兴印务有限公司，2015年，第88~90页。
[2] 冯汉骥：《四川的画像砖墓及画像砖》，《文物》1961年第11期。
[3] 刘志远、余德章、刘文杰：《四川汉代画像砖与汉代社会》，文物出版社，1983年。
[4] 魏学峰：《四川汉代画像砖的艺术价值论》，《四川文物》2002年第4期。
[5] 袁曙光：《四川汉画像砖的分区与分期》，《四川文物》2002年第4期。
[6] 信立祥：《汉画像石的分区与分期研究》，《考古类型学的理论与实践》，文物出版社，1989年，第234~299页；罗二虎：《四川崖墓的初步研究》，《考古学报》1988年第2期；罗二虎：《四川汉代砖石室墓的初步研究》，《考古学报》2001年第4期；罗二虎：《中国西南汉代画像内容分类》，《四川大学学报》（哲学社会科学版）2002年第1期；杨爱国：《汉代画像砖墓》，《中国考古学·秦汉卷》，中国社会科学出版社，2010年，第536~543页。
[7] 罗二虎：《四川汉代砖石室墓的初步研究》，《考古学报》2001年第4期。

存少量圆形或近圆形的坟丘，坟丘下有一至数座墓。例如，成都曾家包画像砖墓在发掘前坟丘高出地面 8、直径约 50 米，坟丘内有两座墓葬并列[①]（图一）。墓穴有墓道、墓门、甬道、墓室等，如成都昭觉寺画像砖墓[②]（图二）。此外，有的墓有侧室、耳室及砾石、散水、排水沟等附属设施。主要用长方形砖平砌封门，也有少数先用双扇石门封闭，再用长方形砖封闭。

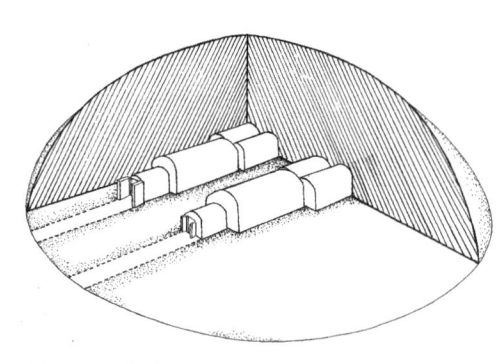

图一　画像砖墓坟丘结构图（成都曾家包墓）

根据画像砖在墓葬中的功能差异，可分两类。

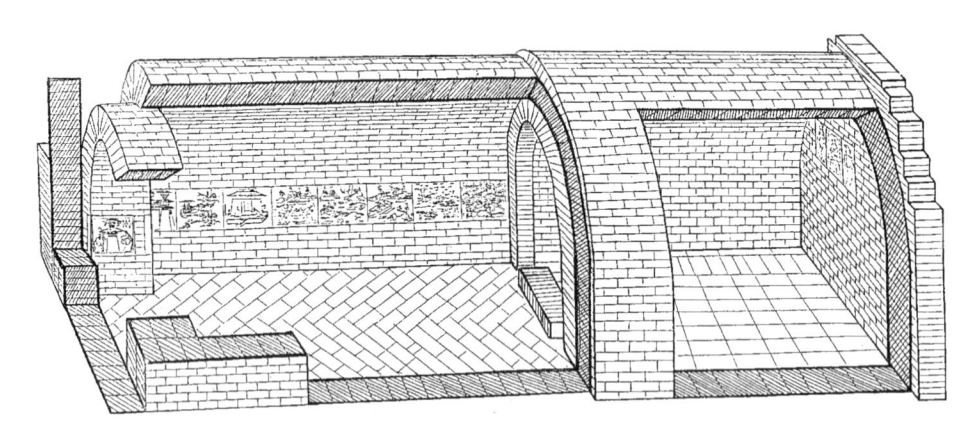

图二　画像砖墓结构图（成都昭觉寺墓）

第一类：建筑画像砖墓。数量多，分布广泛。画像砖除了具有装饰功能外，还作为建筑材料构筑墓室。图像纹饰位于砖的侧面和端面，图像相同的砖常上下左右连续排列，具有浓郁的装饰效果。墓砖图像既有绘画性强的，也有图案性强的，后者由各种几何形纹样构成图案，常被称为花纹砖。但绘画性和图案性的界限有时难以清晰界定，本文将花纹砖构筑的墓葬纳入画像砖墓的范畴。

根据墓室的差异，可分四型。

A 型　单室。根据画像砖在墓内的位置和筑墓材料的差异，可分三式。

Ⅰ式：无甬道。画像砖仅用于拱券，素面砖用于墙体，或者仅用画像砖镶嵌边框。如成都青羊博瑞都市花园 15 号墓[③]（图三）。

---

① 成都市文物管理处：《四川成都曾家包东汉画像砖石墓》，《文物》1981 年第 10 期。
② 刘志远遗作：《成都昭觉寺汉画像砖墓》，《考古》1984 年第 1 期。
③ 成都市文物考古工作队：《成都博瑞"都市花园"汉、宋墓葬发掘报告》，《成都考古发现》（2001），科学出版社，2003 年。

Ⅱ式：无甬道或有甬道。墓室顺列或横列，除铺地砖外，整个墓室用画像砖砌筑。如重庆江北相国寺墓①（图四）。

Ⅲ式：墓室建筑材料既有画像砖，又有画像石或普通石材。如重庆万州钟嘴3号墓，用石材铺地②（图五）。

B型 前后双室，有的后室为双室并列。根据画像砖在墓内的位置和筑墓材料的差异，可分二式。

图三 成都青羊博瑞都市花园15号墓平面、剖视图

图四 重庆江北相国寺墓平面、剖视图

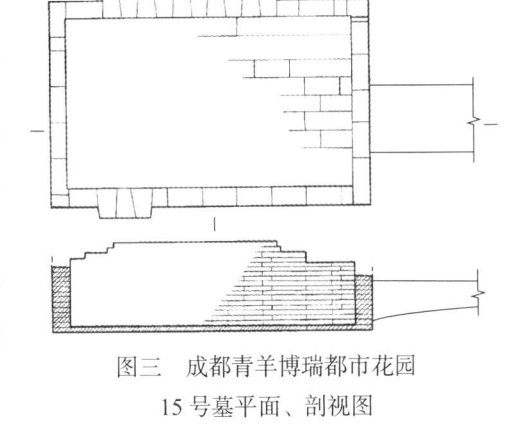

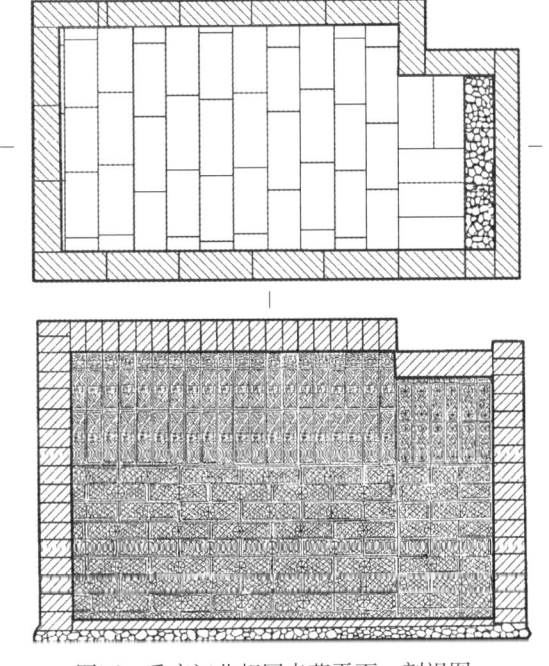

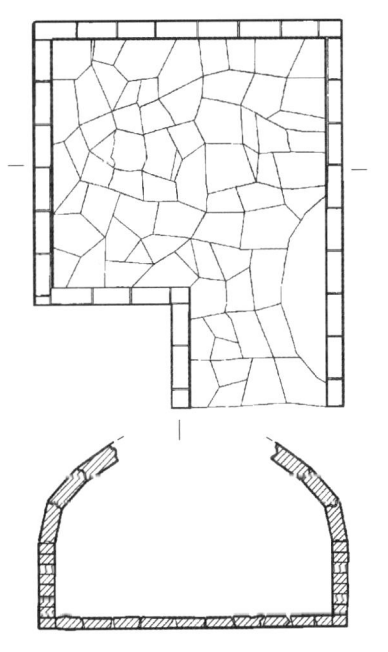

图五 重庆万州钟嘴3号墓平、剖面图

Ⅰ式：部分用砖构筑。除了铺地砖外都用画像砖砌筑墓室。如四川宝兴旦地美地光和六年（183年）1号墓③（图六）。

Ⅱ式：构筑材料既有画像砖，又有画像石或普通石材。如成都曾家包1号墓④，墓门

---

① 沈仲常：《重庆江北相国寺的东汉砖墓》，《文物参考资料》1955年第3期。
② 山东省博物馆、重庆市文物考古所、重庆市文物局、重庆市万州区文物管理所：《万州钟嘴墓群发掘简报》，《重庆库区考古报告集·2000卷下》，科学出版社，2007年，第761页。
③ 四川省文物考古研究院、雅安市文物管理所、宝兴县文物管理所：《宝兴硗碛旦地美地汉代砖室墓及硗丰崖墓发掘简报》，《四川文物》2006年第4期。
④ 成都市文物管理处：《四川成都曾家包东汉画像砖石墓》，《文物》1981年第10期。

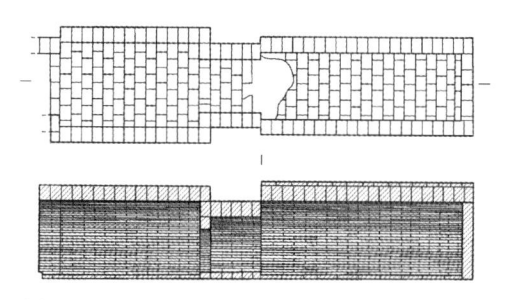

图六 四川宝兴旦地美地1号墓平面、剖视图

和后室内壁为石质（图七）。

C型 前、中、后室。除了铺地砖外，用画像砖砌筑墓室。如成都武侯611所2号墓①（图八）。

D型 空心画像砖墓。墓葬主要分布在重庆巫山一带。多是先开凿一个土洞墓室，在其内用空心画像砖砌成长方形砖室，原顶部应是用木板做盖，这种墓葬称砖木椁墓更合适。如重庆巫山土城坡ⅨM4②（图九）。

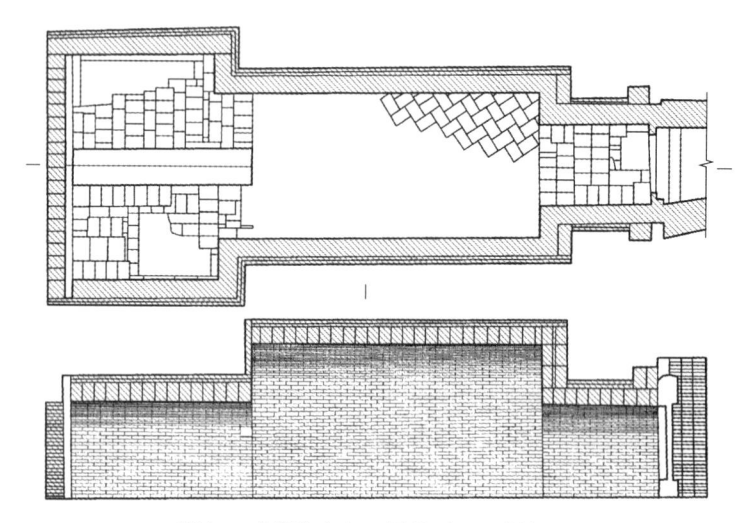

图七 成都曾家包1号墓平面、剖视图

第二类：装饰画像砖墓。装饰画像砖在墓内不作为建筑材料使用，而是嵌在墓壁上，作为装饰，因此画像均位于砖的正面，画面近方形或长方形。

画像砖通常对称嵌在墓葬的甬道和墓室两侧壁，有的墓少量地嵌在墓室内壁上。在墓壁距地面高30～50厘米处，先将壁砖内收5～7.5厘米，留出相当于画像砖的厚度，再将画像砖嵌砌其中，故画像砖在墓壁上与其他壁砖齐平，构成墓壁的墙面。

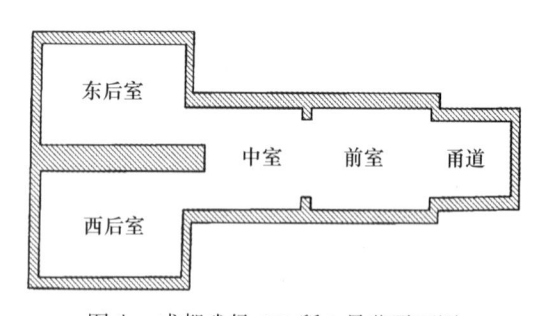

图八 成都武侯611所2号墓平面图

---

① 市文物考古工作队：《一九九四年成都市田野考古工作概况》，《成都文物》1995年第2期。
② 武汉市考古研究所、巫山县文物管理所：《重庆巫山土城坡墓地2006年度发掘简报》，《四川文物》2008年第3期。

根据墓室数量的差异，可分三型。

A型　单室，中型墓。根据装饰画像砖在墓内排列的差异，可分二式。

Ⅰ式：装饰画像砖均位于墓室和甬道两侧壁上，分为上下两三行排列。两行排列的如四川新都胡家墩墓[①]，三行排列的如重庆九龙坡大竹林墓[②]（图一〇）。

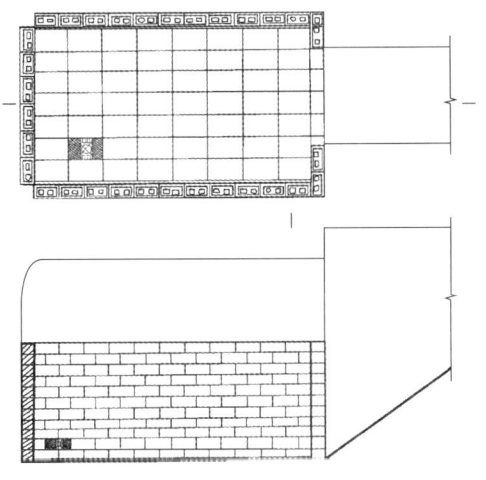

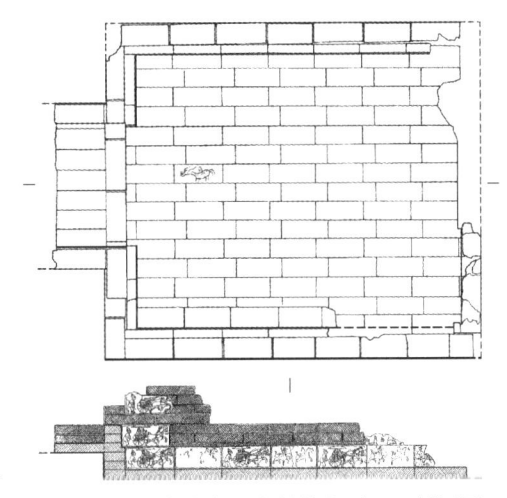

图九　重庆巫山上城坡Ⅸ M4 平面、剖视图　　图一〇　重庆九龙坡大竹林墓平面、剖视图

Ⅱ式：装饰画像砖均位于墓室和甬道两侧壁上，仅为一行排列。如成都青杠包3号墓[③]，装饰画像砖分别嵌在墓室前部的两侧壁上（图一一）。

B型　前后双室，大中型墓。根据装饰画像砖在墓内排列方式和筑墓用材的差异，可分三式。

Ⅰ式：装饰画像砖位于前室和甬道两侧壁上，呈一行排列，如成都扬子山10号墓[④]，装饰画像砖对称地排列在两侧壁上（图一二）。

Ⅱ式：装饰画像砖除了位于前室和甬道两侧壁呈一行排列之外，还在后室内壁上，位置明显高于其他画像砖。如成都昭觉寺墓[⑤]，长8.52米，墓内的装饰画像砖多位于甬道和前室的两侧壁上，仅三块嵌在后室的后壁较高处（图一三）。

Ⅲ式：墓葬内既有装饰画像砖，又有画像石。两者的图像内容共同构成完整的组合。如成都曾家包2号墓[⑥]，由甬道、前室和双后室组成。装饰画像砖置于甬道和前室

---

① 张德全：《新都县发现汉代纪年砖画像墓》，《四川文物》1988年第4期。
② 重庆市文物考古所：《重庆九龙坡陶家大竹林画像砖墓发掘简报》，《四川文物》2007年第2期。
③ 徐鹏章：《成都站东乡汉墓清理记》，《考古通讯》1956年第1期。
④ 冯汉骥：《四川的画像砖墓及画像砖》，《文物》1961年第11期。
⑤ 刘志远遗作：《成都昭觉寺汉画像砖墓》，《考古》1984年第1期。
⑥ 成都市文物管理处：《四川成都曾家包东汉画像砖石墓》，《文物》1981年第10期。

两侧壁。画像石共七幅画像，分别置于门楣、门枋和门扇，全长约 13.7 米（图一四）。

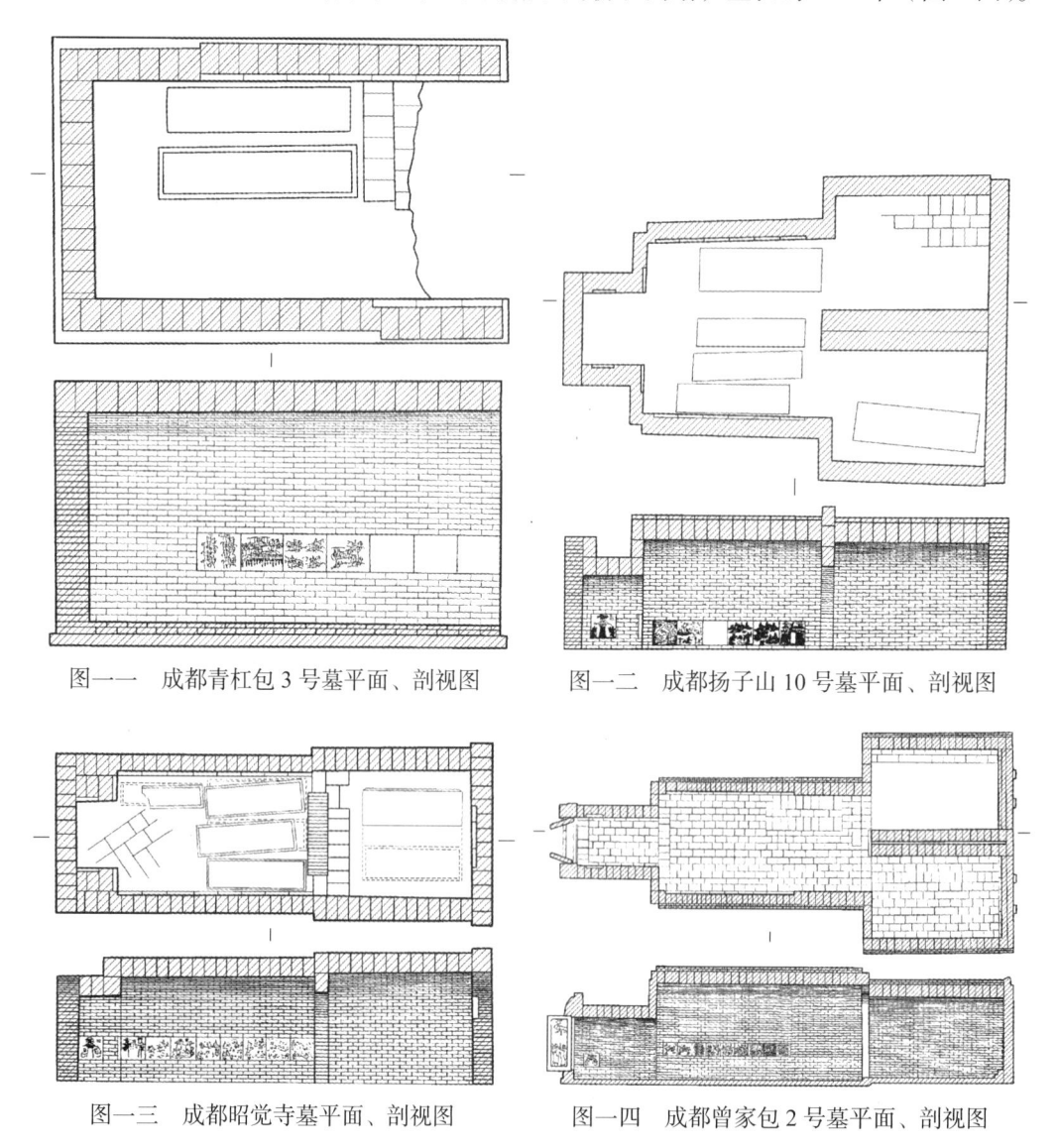

图一一　成都青杠包 3 号墓平面、剖视图

图一二　成都扬子山 10 号墓平面、剖视图

图一三　成都昭觉寺墓平面、剖视图

图一四　成都曾家包 2 号墓平面、剖视图

C 型　前、中、后室，大型墓。装饰画像砖位于多室墓的墓室和侧室的墓壁上，这些画像砖分别形成几套内容相同或相近的组合。如新都新繁清白乡（现清白街村）画像砖墓[①]，全长 12.72、宽 10.24 米。装饰画像砖 54 块，从内容和其在墓内的嵌置位置观察，可分五组，其中东前室、西前室、东中后室、中中后室、西中后室等的装饰画像砖各为一组（图一五）。

---

① 四川省文物管理委员会：《四川新繁清白乡东汉画像砖墓清理简报》，《文物参考资料》1956 年第 6 期。

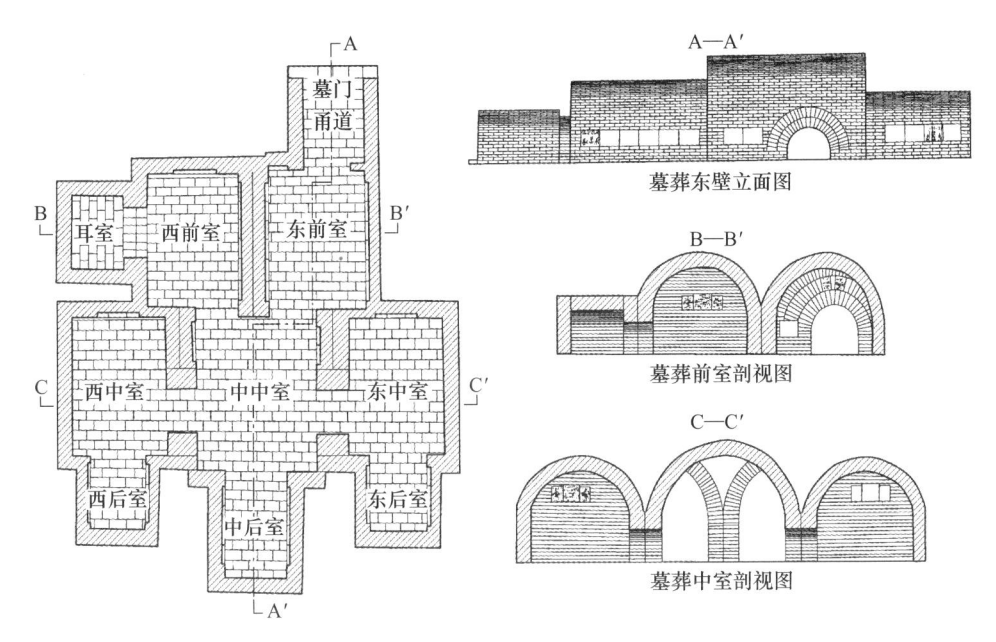

图一五　新都新繁清白乡墓平面、立面、剖视图

二、画像砖与画像内容分类

（一）画像砖分类

根据功能的差异，可分两类。

第一类：建筑画像砖。有装饰和建筑材料的功能。有长方形、近方形和长方楔形、长方扇形，分别用于砌墙、铺地和券顶。根据砖的形制和在建筑上具体功能的差异，可分四型。

A型　长方形。主要是作墙砖使用，有时作为地砖。长31～47、宽17～26、厚6～11厘米。图像是位于砖的侧面或端面，因此画面都呈长条形。

B型　扇形。作券顶砖使用。扇形砖中有横长扇形和纵长扇形砖。横长扇形砖上长34～44、下长27～38、宽18～21、厚7～11.5厘米。纵长扇形砖长28.5～34、上宽25～31、下宽18～24、厚7～10厘米。楔形砖长35～37、宽18～27、上厚7～10、下厚4～5厘米。横长扇形砖和楔形砖的图像都装饰在砖的侧面，纵长扇形砖的图像都装饰在砖的端面，但是这些砖的画面都呈长条形。

C型　近方形。作地砖使用。长29～35、宽18～27、厚3～9厘米。这种砖的画像多装饰在正面，因此画面呈方形或较宽的长方形。

D型　空心砖。长24～28、宽12～15、厚10～12厘米。

第二类：装饰画像砖。根据这种砖本身的形制差异，可分三型。

A型　近方形。宽45.5～49、高38.5～43、厚5～7厘米。

B 型　横长方形。宽 38.5~45、高 24~26、厚 6~7.5 厘米。

C 型　纵长方形。宽 24~28.5、高 38~42、厚 5~6.5 厘米。墓中与方形砖组合在一起出现。

（二）画像内容分类

笔者对汉代画像研究时曾确立了自己的分类标准[①]，墓葬中普遍出现的画像内容应反映了当时流行的丧葬观念，而特定的画像内容则反映了墓主或家属特定的丧葬观念，是分类和研究时应该考虑的因素。依据川渝地区画像砖的内容，可分四类。

第一类：仙境与升仙。有神仙仙境、墓主升仙与仙境生活。

（1）神仙仙境。有西王母仙境、日月西王母仙境、西王母双阙、日、月、凤阙（天门）、亭前迎谒（天门）、连接双阙、宫阙灵芝、伏羲、女娲、仙人博弈等画像砖，表现西王母仙境中的各种神仙、仙物等。在西王母仙境中，常与西王母相随出现的物像有灵芝、三足乌、九尾狐、玉兔、蟾蜍、仙人、道士（方士）及墓主等。在成都昭觉寺画像墓、新都新繁清白乡画像墓中，西王母画像砖居内壁正中，并高于其他画像砖。由此也可见西王母在汉代人心目中的崇高地位。汉代人认为西王母手中掌管着不死之药，因此掌握着凡人能否成为神仙的大权。在墓中描绘西王母，其目的是让死者也能抵达神仙世界。

（2）墓主升仙与仙境生活。画面多与墓主生前的生活有关。汉代社会崇尚富贵，"崇高莫大乎富贵"[②]。画面有夸耀墓主生前富贵生活和显赫地位的含义，墓主祈望能将其生前的财富和荣华富贵的生活带入仙境，而他们理想中的仙境生活，即如同自己生前的生活一样。为了便于分析，细分为升仙、墓主生活、墓主财富、墓主身份、墓主人格。

升仙。以墓主生前乘车马出行并到达门阙前的现实生活场面为蓝本的墓主升仙图，在装饰画像砖中通常是以多块砖合成一个完整的内容。就每块画像砖内容而言，有亭前迎谒、凤阙、辎车过桥、车马过桥、辎车骖驾、轺车、轺车骖驾、轩车骖驾、辇车、辇车独轮车、小车、辎车、六骑吹、持棨戟四骑吏、持棨戟四骑吏、持幢二骑吏、轺车骑从、轺车骑吏步从、轺车伍伯、轺车卫从、跪迎轺车、轺车胡人、斧车、斧车步从、斧车伍伯、胡人双骑、骆驼建鼓、三骑吹、二骑吏、四伍伯、六伍伯、持弩二伍伯、持棨戟二伍伯等（图一六、图一七）。另外，还有骑鹿升仙、仙人迎宾、龙驾云车、鼎人、车骑临仙境等以虚构题材来表现的升仙画像砖。在建筑画像砖中，除了上述墓主升仙图之外还有大量的装饰性图像象征墓主升仙，如联璧纹、菱形纹、车轮纹、网格纹、柿蒂纹、云气纹、凤鸟纹等。

---

① 罗二虎：《中国西南汉代画像内容分类》，《四川大学学报》（哲学社会科学版）2002 年第 1 期。
② （清）阮元：《校刻十三经注疏·周易正义》，中华书局，1980 年，第 82 页。

图一六　成都昭觉寺墓装饰画像砖组合排列图
1. 前室右壁墓门　2. 前室左壁墓门　3. 后室内壁　4. 左侧壁　5. 右侧壁

图一七　新都新繁清白乡墓装饰画像砖组合排列推测图
1. 墓室一端壁　2. 墓室侧壁

墓主生活。有宴集、宴舞百戏、宴饮起舞、六博、博弈饮酒、三人宴饮、三人叙谈、三人杂技、鼓舞反弓、欢戏、习射、三人舞蹈、庭居宴乐、燕居、尹元郎博时、莲池弋射、投壶饮酒、莲池泛舟等装饰画像砖（图一六、图一八），墓葬中出现这些内容的画像，表达了墓主希望死后能升仙和享受仙境生活的强烈愿望，而这种仙境生活实际上就是墓主生前现实生活的延伸和继续。

墓主财富。有弋射收获、山林盐场、庭院、武库、莲池、耩秧、庖厨、桐桑林、驱雀、渔事、收租、播种、谷物加工、酿酒、借贷、府第等装饰画像砖（图一六、图一八）。反映出墓主生前拥有的各种财富资产情况，将这些内容总汇起来可构成东汉庄园经济的主要内容，也是墓主所想过的前述那种生活方式的物质基础。同样，作为一种崇尚财富的观念这也被移植到人们想象的仙境之中。在这些画像中不时出现凤鸟、白鹤等瑞鸟形象，其用意应是告诉人们此为仙境。在建筑画像砖中，还有联钱纹、五铢钱纹等表现墓主财富的内容。

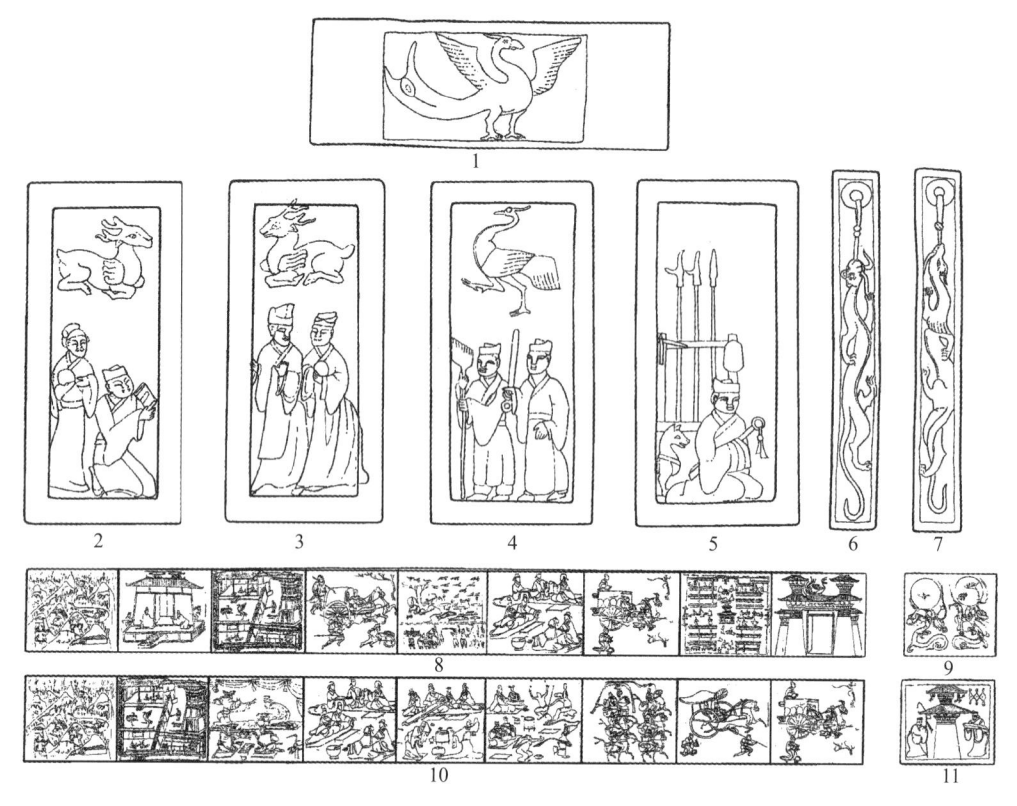

图一八　成都曾家包2号墓画像石、装饰画像砖组合排列图
1. 门楣外侧　2. 墓门右扉正面　3. 墓门左扉正面　4. 墓门右扉背面　5. 墓门左扉背面
6. 西侧门枋　7. 东侧门枋　8、10. 画像砖　9、11. 墓侧门

墓主身份。有市井、市集、东市、考绩、讲学等装饰画像砖。目的应是希望将墓主生前拥有的显赫地位带入仙境。

墓主人格。具体有借贷、讲学、养老、三人讲学等装饰画像砖。

第二类：生殖崇拜。人们祈求逝者死而复生，并用性行为、生殖的方式加以表现。这是一种古老的巫术的体现，在中国和世界的许多地区都曾存在过。与这类内容有关的具体有伏羲、女娲、野合、密戏等装饰画像砖。伏羲、女娲是中国古代神话中的始祖神、生殖神。他们能再造生命，因而受到了渴望长生不死的汉代人的特别尊崇。在画像砖中伏羲、女娲同时出现，各举日、月以象征是在天国仙境。男女野合、密戏等画像砖出现在墓葬这一特殊的环境中，当与生殖崇拜信仰有关。

第三类：驱鬼镇墓。如大邑董场墓出土方相氏装饰画像砖[①]。《周礼·夏官·方相氏》明确记载方相氏可驱鬼辟邪。另外，还有虎和驱鬼图等内容的建筑画像砖。

---

① 大邑县文化局：《大邑县董场乡三国画像砖墓》，《四川考古报告集》，文物出版社，1998年，第394页。

第四类：吉祥。主要见于建筑画像砖，有凤鸟、鱼等画像砖。在宜宾市区汉代砖室墓中出土的凤鸟砖上，凤鸟的尾后面有一"善"字铭[①]。《说文解字》卷三上："善，吉也。"它突出地表达了造墓者祈求吉祥的愿望。鱼除了可象征升天之外，"鱼"与"余"同音，也包含"吉庆有余"之义。

三、画像组合与主题

（一）装饰画像砖墓的画像组合

装饰画像砖墓中保存较好的有8座，另有约10座虽保存不完整，但可看出基本组合或部分组合情况。下面列举几座较为典型的墓。

（1）成都昭觉寺墓，23块。其中墓门内两侧壁各有10块，内壁有3块（图一六）。左壁第一块为阙前迎谒，第二块开始均为墓主出行仪仗行列，表现墓主升仙。右壁前三块为阙；第四块为轺车骑吏步从，为左壁墓主出行行列的继续，表明出行行列已进入天门；第五块为借贷，显示墓主的富有与人格；第六至八块为宴饮和乐舞百戏场面，表现墓主生活；第九、十块为弋射收获、山林盐场，表现墓主的资财。内壁的三块位置高于其他画像砖，中间为西王母仙境，两侧分别为日、月神，表明仙境在天上。整个墓室均为建筑画像砖砌筑，其中墙砖为联璧纹、菱形纹，券顶砖为卷云纹。

（2）新都新繁清白乡墓，54块。装饰画像砖。从分布上可分为内容相同或相近的五组。各组内容可分两部分（图一七）。一部分为墓室两侧壁上的阙、轺车骑从和轺车骖驾等画像砖，象征墓主升仙的出行行列在向天门行进。一部分为墓室一端壁上的西王母仙境和日、月神画像砖，位置高于两侧壁的画像砖，象征天国仙境（图一五）。

（3）成都曾家包2号墓，20块16种。内容有举日月的伏羲女娲，象征天国仙境与生殖崇拜；有凤阙、轺车、辇车独轮车、小车、六骑吹等，为墓主出行升仙的行列；宴集、宴饮起舞、宴舞百戏、博弈饮酒等墓主生活；庭院、山林盐场、弋射收获等表现墓主的资财；市井，与墓主生前做过市集的管理官吏有关；借贷，则显示墓主的富有与德。整个画像砖在排列上显得比较零乱。画像石分布在墓门的门楣、门枋和门扇上。内容主要有凤鸟等象征仙境，龙虎衔璧和长双翼的卧鹿等象征升仙，男女侍仆等象征墓主富有尊贵，门卒武库守犬等有守门镇墓之意。画像砖和画像石的内容互为补充（图一八）。

关于建筑画像砖在装饰画像砖墓中的排列情况，可以曾家包2号墓的情况为例。墓侧壁的建筑画像砖为联璧纹，夹杂个别的菱形纹和钱币纹，拱券部分为云气纹。此外，成都扬子山1号墓、青杠包3号墓、昭觉寺墓、新都清白乡墓的装饰画像砖四周

---

① 高文编：《四川汉代画像砖》，上海人民美术出版社，1987年，图一七五。

的建筑画像砖均有联璧纹图像，夹杂着个别的菱形纹图像。新都胡家墩墓的装饰画像砖周围的建筑画像砖均有联璧纹、双凤衔钱纹图像（图一九）。重庆大竹林墓装饰画像砖周围的建筑画像砖饰菱形纹、网格纹，顶砖为羽人图像。在两侧壁的装饰画像砖周围的建筑画像砖中联璧纹和菱形纹图像为常见的组合方式，而云纹图像则可能多饰于墓室顶部的建筑画像砖上。

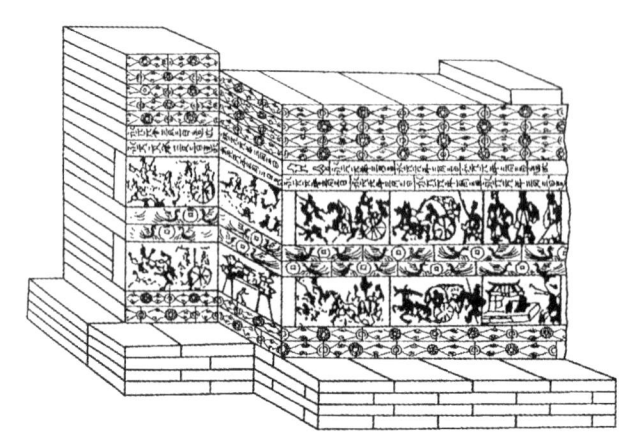

图一九 装饰画像砖与建筑画像砖排列图（新都胡家墩墓）

菱形纹和钱币纹均为联璧纹的变体形式，而联璧纹和菱形纹既可象征升仙，又可象征天国仙境，云气纹则可以象征天国仙境。将建筑画像砖嵌在装饰画像砖的周围并装饰墓室，是象征装饰画像砖中的人物、情景和墓室即在天国仙境之中。联璧纹、菱形纹和云气纹的花纹砖装饰与石棺画像周围的同类图案装饰的作用是相同的[①]。

（二）建筑画像砖墓的画像组合

画像组合较简单，基本表现象征墓主升仙的内容，此外稍微复杂一些的组合还有象征仙境或墓主财富等的内容。如宝兴旦地美地1号墓，墙砖为纪年文字、变形柿蒂菱形纹，顶砖为太阳菱形纹、鸟衔鱼、凤鸟等画像砖（图六）。再如成都金堂光明墓，墙砖为轺车仙人骑马、仙境采桑、虎璧、虎与仙境、乐舞宴饮，墓顶为伏羲、女娲、仙人舞[②]（图二〇）。

---

① 罗二虎：《汉代画像石棺研究》，《考古学报》2000年第1期。
② 成都市文物管理处李思雄：《成都市出土东汉画像砖》，《考古与文物》1982年第1期。

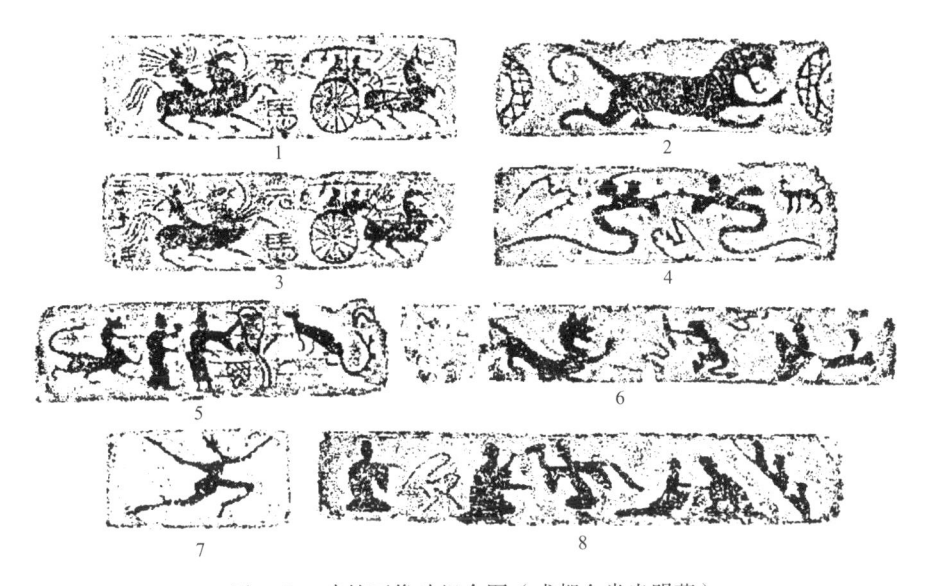

图二〇　建筑画像砖组合图（成都金堂光明墓）
1. 轺车元马砖　2. 猛虎砖　3. 轺车元马王子冯砖　4. 伏羲、女娲砖　5. 仙人采摘砖
6. 戏虎砖　7. 仙人舞剑砖　8. 乐舞宴饮砖

（三）画像主题

无论是画像砖的内容还是画像砖的组合，基本上都是表现神仙仙境与升仙的内容。从各种画像内容的内在联系和造墓者在墓中放置这些画像的目的来看，均体现了墓主人的升仙愿望。因此，可以认为川渝地区汉代画像砖的主题即是墓主升仙。因目的是让墓主升仙，所以才在画像砖中以众多的数量和丰富的题材来表现神仙、仙境和升仙的内容。

四、画像砖制作与流通

（一）画像砖制作

有模制和线刻两类，其中模制占多数。

1. 模制

由于画像砖的画像基本都是模制而成，所以在不同的墓葬或相邻的不同地区有时可以发现同模制造的画像砖。如弋射收获画像砖，先后出土的数量达 10 块以上，除了成都市郊出土较多之外，在新津、大邑等地也有出土，当为同一生产地的产品。但也有题材、画面相同而印模相异的情况。如西王母仙境方形画像砖，一种出土于成都昭觉寺墓和新都新繁清白乡墓，另一种出土于成都扬子山 2 号墓，两种仅有很细微的差别（图二一）。如轺车骑吏步从方形画像砖，成都昭觉寺墓出土的与成都扬子山 10 号墓、青杠包 3 号墓出土的，仅是前者的骑吏持幢而后者的骑吏不持幢这一细微的差别。这种情况的出现，可能是由于同一生产地在原有的印模遭到损伤后，又模仿原有印模制造了新模，所以留下了细微的差异。还有一种情况，即题材一样，但画面构图等却有差异，故不同模。例如，邛崃花牌坊墓中出土的盐场画像砖相同[①]，其画面内容、场景与成都市郊和新津、崇州出土的山林盐场画像砖相同（图二二），但构图略有不同，前者更集中地反映盐场的情景。这种情况的出现，可能是由于不同生产地之间相互模仿的结果。

图二一　不同模西王母仙境装饰画像砖图
1. 成都昭觉寺墓、新都新繁清白乡墓　2. 成都扬子山 2 号墓

图二二　不同模盐井装饰画像砖图
1. 成都、新津、崇州等地出土　2. 邛崃出土

关于画像砖的具体模制方法，推测可能是先在厚木板上凿刻成画像的阴模，再用砖泥翻模成画像砖坯，待略为阴干后将砖坯放入窑内烧制成砖。之所以推测是使用木

---

① 高文编：《四川汉代画像砖》，上海人民美术出版社，1987 年，图一四。

模，这是因为在有的画面上偶尔有修补木模的细腰痕迹[①]，此外，画像上出现的线条均为凸出的阳线，而非画像石上的阴线，这也是阴刻木模的特点。再者，有的阴刻木模可能是用两块木板模拼合为一块砖的完整画面，故有时在砖上有两板接合处的隙痕。

由于画像砖是在木模上雕刻，然后再翻模成砖，因此其雕刻技法与成像效果是对立的。从画面成像效果观察，画像砖的塑造技法可分以下几种。

（1）平面浅浮雕。高出背景平面0.5～1厘米，轮廓线内的物象均处于同一平面上。例如，四川广汉大堆子墓出土的鼓舞反弓画像砖[②]，彭山大土堆墓出土的三人舞蹈[③]、灵芝宫阙等画像砖。这种造型技法仅出现在长方形画像砖中，在方形画像砖中尚未发现。

（2）弧面浅浮雕。相对高浮雕而言常略称为浅浮雕。其特点是物象高出画面背景，在物象的轮廓线内，用弧面来强调突出物象的立体感。弧面浅浮雕还可以分为单层弧面浅浮雕和多层弧面浅浮雕两种，前者的物象表面大体上处于同一平面，而后者在不同的局部以不同的起伏高下相区别，可形成几个层次。物象一般凸出背景0.5～1.5厘米。如西王母仙境长方形砖、斧车步从长方形砖等即为此类。

（3）高浮雕。物象呈弧面并明显凸出于背景平面，立体感很强，常凸出背景2～3厘米。并非整个画面的物象都用高浮雕塑造，而仅是一两个局部，如马身等地方常用这种技法。

（4）阳线条。用阳线表现物象的外轮廓或局部的轮廓。这种技法在方形画像砖中使用较为普遍，如成都市郊出土的辎车、斧车方形画像砖等。

上述四类技法中，弧面浅浮雕在装饰画像砖中使用得最为广泛。此外，应指出的是，在许多画面中均是两种甚至三种技法同时使用，这主要是指后三种技法。在建筑画像砖中基本都是用阳线条表现。

2. 刻画

使用这种制作法的画像极少，目前仅见于重庆九龙坡大竹林墓中的部分装饰画像砖上[④]。根据实物观察，可知其具体制作是先将砖坯制好，在入窑烧制前的半干砖坯上刻画图像，最后入窑烧制而成。

装饰画像砖在制作完成之后，可能大多还要在画像表面着色。从出土时部分砖上所残存的颜色看，可断定有红、朱、黑、绿、褐、橙黄、白色等，除了着朱色的画像砖为单彩之外，一般来说一幅画面上常着两三种颜色。着色的方法和着色的部位因地

---

① 冯汉骥：《四川的画像砖墓及画像砖》，《文物》1961年第11期。
② 敖天照：《广汉县出土一批汉画像砖》，《四川文物》1985年第4期。
③ 帅希彭：《彭山近年出土的汉代画像砖》，《四川文物》1991年第2期；四川省彭山县文管所：《四川彭山出土的汉代画像砖》，《考古与文物》1989年第3期。
④ 重庆市文物考古所：《重庆九龙坡陶家大竹林画像砖墓发掘简报》，《四川文物》2007年第2期。

区而有差异。在成都市郊，着色时常先将画面满涂白色作为陶衣，然后再着其他颜色，这样使画面的色彩更鲜艳美观。其他颜色是仅着画面的物象还是整个砖上着满尚不清楚，应是只着图像部分。在新都等地区的长方形画像砖中，未见施白色底彩（陶衣）的情况，而是直接着色于画面的物象和背景上。将这种彩绘的画像砖嵌在周围均用花纹砖组成图案的墓室壁上，富丽堂皇，增加美感，同时具有强烈的装饰效果。关于着色的颜料，由于未做过成分分析，其成分不明，但从有的砖上残存的颜料观察，其施彩较厚，色彩历经一千七八百年仍鲜艳饱和而不褪色，有可能用的是中国漆或矿物颜料。

（二）画像砖的流通

根据画像砖的制造、流行情况分析，推测当时不同地区应存在着专门制作烧造画像砖的作坊，不同地区间作坊的产品各自覆盖着一定的区域。有学者推测当时已有专门出售画像砖的处所，类似于后世专门销售明器的店铺，建墓时人们可以根据需要购置内容不同的画像砖[①]。但是目前尚缺乏直接的证据。

从目前出土画像砖墓的情况推测，当时的人们可以根据死者生前的特殊经历、社会地位或喜好而定制特殊内容的画像砖。例如，表现市井内容的画像砖就很少有同模砖在不同的墓中出现的，其墓主可能是生前做过管理市井的官吏，需在墓中表现他的特殊经历。另一种情况即当现有画像砖的内容不足以完全体现墓主的社会地位或拥有财富情况的时候，便先定购部分常见画像砖，然后再凿刻特殊内容的画像石以体现墓主的身份和财富。如成都扬子山1号墓[②]，除了前室、墓道内嵌内容常见的画像砖10方之外，还在中室壁上嵌表现浩浩荡荡车骑出行场面和规模宏大的宴饮场面的画像石，以符合墓主人的社会地位和特殊身份。

五、画像艺术风格

笔者曾对汉代石棺画像的艺术风格进行过论述[③]，而这一地区汉代画像砖的艺术风格无论是在内容处理方面，还是在造型特点方面都与其有许多相似之处。不过，由于画像砖特有的空间限制，因此在画面的构成与组合方面又形成了自己的独特风格。

装饰画像砖在画面构成和画面组合方面比较复杂，主要有以下几种情况。

第一，一块砖上有一个完整的画面，并表达了一个主题，是常见的方式。例如，川西地区画像砖墓内壁上常见的西王母仙境画像砖（图一六、图一七）。

---

① 冯汉骥：《四川的画像砖墓及画像砖》，《文物》1961年第11期。
② 于豪亮：《记成都扬子山一号墓》，《文物参考资料》1955年第9期。
③ 罗二虎：《汉代画像石棺研究》，《考古学报》2000年第1期。

第二，多块砖的独立画面组合在一起表达一个主题。即每块砖上都有一个完整的画面，但没有表达一个完整的主题，只有当几个画面的内容组合在一起时，才能表达一个完整的主题。这也是一种很常见的表现方式。例如，成都昭觉寺墓的甬道北壁和前室北壁共有10块装饰画像砖，在同一高度排成一排，从墓门侧依次为亭前迎谒、棨车、軺车骑吏步从、斧车步从、軺车骑吏步从、軺车骑吏步从、六骑吹、持棨戟四骑吏、辎车过桥、軺车骑吏步从等画像砖，每块砖面都是一个独立的完整画面，但是只有将这十块砖排列在一起，才能表达出一个完整的主题，即"墓主升仙图"（图一六）。

第三，在一块砖上有不同的画面分格，各分格组合在一起表达一个主题。例如，四川彭山出土的车骑临仙境砖，在一块砖上分为四格，每格中的画面均各自形成一个独立并较为完整的构图，左边两格分别为骑马者和軺车，共同构成墓主升仙图中的车马出行行列。而右边的两格上为西王母，下为仙人博弈、玉兔捣药、九尾狐、三足乌，共同构成以西王母为首的神仙世界。而车马出行行列正是向这一神仙世界驰来，将四个格中的画面合在一起，共同构成墓主升仙这一完整主题（图二三）。

图二三　车骑临仙境画像砖图（彭山出土）

六、分布与分区

（一）分布

川渝地区汉代画像砖墓在四川盆地内的丘陵、平原地区，以及中山以下的河流两岸高地上常有发现，分布范围很广，与汉代砖室墓分布范围基本相同。截至2008年，已确切发现有画像砖墓的县市区为四川成都市区、新都、郫都（原郫县）、双流、金堂、彭州（原彭县）、温江、崇州（原崇庆）、邛崃、大邑、新津、彭山、仁寿、广汉、德阳、什邡、芦山、天全、雅安、荥经、汉源、西昌、会理、德昌、冕宁、昭觉、美姑、达州（原达县）、旺苍、南充、梓潼、平武、剑阁、广元、阆中、绵阳、三台、宜宾、合江、渠县、宣汉、乐山、峨眉山、宝兴、理县、重庆市区、开州（原开县）、涪陵、丰都、忠县、万州（原万县）、云阳、巫山、黔江等。

其中，装饰画像砖墓主要分布在川西平原及边缘地区，目前已发现的县市区有四川成都市区、新都、德阳、彭州、广汉、崇州、邛崃、大邑、新津、郫都、双流、彭山、什邡等，以及重庆市区的九龙坡。

（二）分区

由于川渝地区所做考古工作的画像砖墓空间分布总量不均，许多地区的资料很少甚至尚属空白，已发表的考古发掘资料主要集中在川西地区和重庆三峡库区。这两个地区的画像砖墓依据各自的特点，可分两区。

1. 川西区

以川西平原为中心，包括周边地区。此外，川西区以西和以北地区的建筑画像砖墓与该区的较为接近。

该区画像砖墓的规模较大，画像砖墓和画像砖的形式多样，几乎包括了所有的画像砖墓和画像砖类型。该区最突出的特点就是有大量的装饰画像砖墓，画像砖与画像石同出现在一座墓内的现象也为其他地区所不见。在建筑画像砖中，其绘画性较强的画像也相对较多。

在本区内，由于各个小区域在画像的形式和艺术风格方面也都存在着一定的差异，可分三亚区。

（1）川西平原中部。以成都市郊为中心，并包括郫都、大邑、崇州、新津、邛崃以及新都南部等地区。其特点是装饰画像砖的形式基本都为方形，一块砖构成一个完整的画面。画像砖墓中有一定比例的画像石。

（2）川西平原北部。以广汉、新都、彭州、德阳为中心的地区。其特点是装饰画像砖的形式基本为横长方形，也是一块砖构成一个完整的画面。

（3）川西平原南部。以彭山为中心。其特点是画像砖的形式以长方形为主，既有横长，也有竖长，既有一块砖构成一个完整的画面，又有数块砖构成一个完整的画面，还有一块砖上分格构成两个以上的画面。在画像砖墓中也发现有画像石。

这三个地区的分布范围分别与汉代蜀郡、广汉郡、犍为郡等当时被称为三蜀的核心地区相当，也分别是三郡的郡治所在地。画像砖墓这三个亚区的形成，有着深刻的文化和历史的背景，而当时的行政建制等因素对于文化的发展也产生了一定的影响。

2. 重庆区

主要指重庆市区以东的长江及其支流沿岸地区，基本上包括了整个重庆的北部地区。汉代这一地区都位于巴郡的范围内。重庆以西直至四川宜宾的长江沿岸一带的画像砖墓与重庆区较为接近。

该区除了重庆市区有一座装饰画像砖墓之外，其余均为建筑画像砖墓。画像砖墓的规模普遍略小于川西区，形制也较为单一，主要都是 A 型单室墓。虽然有少量画像石墓，但却未出现川西区那种画像砖与画像石混筑的墓。

本区内的画像砖画面多是由装饰性较强的几何纹样构成，绘画性强的画像很少，其艺术造诣也普遍不及川西区的高。其装饰画像砖在艺术表现手法方面也有自身的特点，就是都用线条来表现，而未见川西区普遍盛行的浮雕式的表现手法。其线条表现也分为模制的阳线和手工刻画的阴线刻两种，其中阴线刻的艺术手法也不见于川西区。

七、年代与分期

（一）年代

汉代画像砖墓也流行家族多人合葬，因此在断代上有一点值得注意。由于多次入葬，使用往往会持续一段时间，有时可达几代人之久，所以墓葬的建造年代和使用的下限年代即墓葬的上下限年代有时相差较远。然而，画像砖的使用与墓穴的建造是同时的，所以画像砖的年代与墓葬的上限年代基本同时。

就目前所知，所有出土纪年铭文砖的砖室墓都用画像砖建造。就笔者掌握的资料而言，已发现蜀汉时期以前的纪年墓约有53处，其中有18处确知其出土地点和墓葬形制、画像砖的大致情况，另有35处仅知纪年铭文墓砖而墓葬情况不详，其中除了极少数可能出土于崖墓之外，均应为砖室墓所出。在上述18处墓葬中，年代最早的为东汉早期永平七年（64年），最晚的为蜀汉建兴五年（227年）。在其他纪年墓砖中，最早的为东汉初期建武十四年（38年），年代最晚的为蜀汉景耀四年（261年）。从无纪年画像砖墓的情况看，下限基本相同，上限则比纪年画像砖墓的年代稍早，约为新莽时期（表一）。

表一　川渝地区纪年画像砖墓与纪年画像砖分期表

时代	纪年（公元）	地点、墓号	纪年出处	备注
东汉时期	建武十四年（38年）	峨眉山市	纪年铭文砖	画二一六图
	建武十九年（43年）	峨眉山市	纪年铭文砖	画二一七图
	永平七年（64年）	成都市双流区绿水康城小区M1	纪年铭文砖	成2003
	永平八年（65年）	四川省（具体地点不详）	纪年铭文砖	画二一八图
	永平十年（67年）	雅安市芦山县	纪年铭文砖	画二一九图
	永平十三年（70年）	邛崃市	纪年铭文砖	画二二〇图
	永平十八年（75年）	成都市郊区	纪年铭文砖	画二二一图
	永平十八年（75年）	雅安市芦山县	纪年铭文砖	画二二二图
	建初二年（77年）	雅安市芦山县	纪年铭文砖	画二二三图
	建初三年（78年）	四川省（地点不详）	纪年铭文砖	画二二四图
	建初五年（80年）	四川省（地点不详）	纪年铭文砖	画二二五图
	建初六年（81年）	重庆市巫山县瓦岗槽M12	纪年铭文砖	重1998
	建初八年（83年）	雅安市芦山县	纪年铭文砖	画二二六图
	建初九年（84年）	四川省（地点不详）	纪年铭文砖	画二二七图
	元和元年（84年）	重庆市忠县老鸹冲AM5	纪年铭文砖	重2000
	元和三年（86年）	雅安市芦山县	纪年铭文砖	画二二八图

续表

时代	纪年（公元）	地点、墓号	纪年出处	备注
东汉时期	永元元年（89年）	成都市新都区胡家墩画像砖墓	纪年铭文砖	四1988.4
	永元三年（91年）	重庆市巫山县	纪年铭文砖	画二二九图
	永元三年（91年）	雅安市芦山县	纪年铭文砖	画二三〇图
	永元五年（93年）	宜宾市	纪年铭文砖	画二三一图
	永元六年（94年）	宜宾市翠屏区翠屏村3号砖室墓	纪年铭文砖	考1957.3
	永元八年（96年）	广汉市黑将军砖室墓	纪年铭文砖	艺29图版
	永元八年（96年）	雅安市芦山县	纪年铭文砖	画二三二图
	永元十一年（99年）	邛崃市土地坡M2	纪年铭文砖	成2006
	永元十二年（100年）	宜宾市	纪年铭文砖	画二三三图
	永元十三年（101年）	重庆市巫山县秀峰一中M14	纪年铭文砖	重2000
	元兴元年（105年）	重庆市巫山县秀峰一中M12	纪年铭文砖	重2000
	元兴元年（105年）	雅安市芦山县	纪年铭文砖	画二三五图
	永初三年（109年）	成都市扬子山59号砖室墓	纪年铭文砖	文1961.11
	永初五年（111年）	重庆市巫山县琵琶洲M4	纪年铭文砖	重1998
	元初三年（116年）	雅安市芦山县	纪年铭文砖	画二三六图
	元初五年（118年）	重庆市巫山县	纪年铭文砖	画二三七图
	元初七年（120年）	雅安市芦山县	纪年铭文砖	画二三八图
	建光元年（121年）	四川省（地点不详）	纪年铭文砖	画二三九图
	建光元年（121年）	宜宾市翠屏区翠屏村5号砖室墓	纪年铭文砖	考1957.3
	延光四年（125年）	重庆市江北区培善桥5号砖室墓	纪年铭文砖	文化125页
	永建元年（126年）	重庆市丰都县汇南DM17	纪年铭文砖	四2012.2
	永建四年（129年）	雅安市芦山县	纪年铭文砖	画二四〇图
	永建五年（130年）	雅安市宝兴县硗碛乡砖室墓	纪年铭文砖	文1976.11
	永和二年（137年）	雅安市芦山县	纪年铭文砖	画二四一图
	永兴二年（154年）	成都市武侯区611所1号砖室墓	纪年铭文砖	成都1995.2
	永兴二年（154年）	成都市武侯区611所2号砖室墓	纪年铭文砖	成都1995.2
	永兴二年（154年）	成都市武侯区611所3号砖室墓	纪年铭文砖	成都1995.2
	延熹五年（162年）	眉山市彭山区葛藤山砖室墓	纪年铭文砖	乐山155页
	延熹七年（164年）	成都市温江区火星墓	墓门石刻题记	四1994.3

续表

时代	纪年（公元）	地点、墓号	纪年出处	备注
东汉时期	熹平三年（174年）	雅安市芦山县	纪年铭文砖	画二四三图
	光和六年（183年）	雅安市宝兴县旦地美地M1	纪年铭文砖	四2006.4
	中平四年（187年）	成都市武侯区燃灯寺砖室墓	墓门石刻题记	晚报1983.5.21
	中平五年（188年）	成都市四川省供销机械厂砖室墓	纪年铭文铜洗	日报1978.10.19
	建安元年（196年）	成都市大邑县马王坟1号砖室墓	纪年铭文砖	考1980.3
	建安十六年（211年）	雅安市芦山县王晖砖室墓	石棺石刻题记	康4卷6、7期
蜀汉时期	建兴五年（227年）	凉山州西昌市南坛501号砖室墓	纪年铭文砖	考1990.5
	景耀四年（261年）	成都市郫都区太平村砖室墓	纪年铭文弩机	文考

注：资料截至2012年4月。"画"为《四川汉代画像砖》（上海人民美术出版社，1987年）。"成"为《成都考古发现》（科学出版社）。"重"为《重庆库区考古报告集》（科学出版社）。"四"为《四川文物》。"考"为《考古》。"艺"为《四川汉代画像砖艺术》（中国古典艺术出版社，1958年）。"文"为《文物》。"文化"为《四川古代文化史》（华西大学博物馆，1946年）。"成都"为《成都文物》。"乐山"为《乐山崖墓和彭山崖墓》（电子科技大学出版社，1994年）。"晚报"为《成都晚报》。"日报"为《成都日报》。"康"为《康导月刊》。"文考"为《文物考古工作三十年》（文物出版社，1979年）

（二）分期

根据现有资料可将川渝地区汉代画像砖墓的发展演变分五个时期，即新莽时期、东汉早期、东汉中期、东汉晚期、蜀汉时期（表二、表三）。

表二 川渝地区汉代建筑画像砖墓分期表

分期	地点和墓号	类型	画像砖内容	备注
新莽时期	成都博瑞"都市花园"M1、M4、M15	A型I式	菱形纹、云气纹	成2001
	雅安市芦山县芦阳墓	A型I式	菱形纹	四1993.4
	重庆市巫山县秀峰村M2	D型	回字菱形纹、柿蒂方格纹（地砖）	考2004.10
	重庆市巫山县土城坡ⅨM2、ⅨM4、ⅨM5	D型	网格半回字纹、网格变形柿蒂纹、网格方格纹	四2008.3
	重庆市巫山县水田湾ⅠM5	D型	网格纹	重2000
	重庆市巫山县瓦岗槽M5、M17	D型	车轮回字网格纹、网格菱形纹（地砖）、博局网格纹、回字菱形纹	重1998

续表

分期	地点和墓号	类型	画像砖内容	备注
东汉早期	成都市青羊区博瑞"都市花园"M22	A型Ⅰ式	凤鸟仙人	成2001
	成都市青羊区博瑞"都市花园"M5、M6、M19、M20、M29、M32~M34	A型Ⅱ式	菱形纹、联璧纹	成2001
	成都市双流区绿水康城小区M1、M15、M24、M30、M38〔M1为永平七年（64年）〕	A型Ⅱ式	菱形纹、蟠螭菱形纹、联璧纹、纪年砖	成2003
	什邡市磨盘山墓	A型Ⅱ式	菱形纹	四2006.4
	重庆市丰都县汇南DM13	A型Ⅱ式	菱形纹	四2012.2
	重庆市巫山县秀峰村M1	D型	菱形纹、网格纹、变形联璧纹	考2004.10
	重庆市巫山县水田湾ⅠM2	A型Ⅱ式	菱形纹、几何纹	重2000
东汉中期	宜宾市翠屏区翠屏村M1~M5、M9〔M3为永元六年（94年），M5为建光元年（121年）〕	A型Ⅱ式	几何纹、凤鸟、鸟衔鱼、凤鸟纪年砖	考1957.3
	邛崃市土地坡M2〔永元十一年（99年）〕	A型Ⅱ式	网格纹、网格柿蒂纹、网格回字、纪年砖	成2006
	邛崃市土地坡M3	A型Ⅱ式	网格菱形纹、网格博局菱形纹	成2006
	成都市金牛区天回山M1	A型Ⅱ式	菱形纹、变形柿蒂菱形纹	成2003
	成都市双流区绿水康城小区M3	A型Ⅱ式	菱形纹、联璧纹	成2003
	成都市武侯区勤俭村M2	A型Ⅱ式	联璧纹	成2001
	广元市剑阁县青树村M1、M2	A型Ⅱ式	圆弧连环菱形纹（地砖）、绳纹（地砖）、菱形纹	四1989.5
	雅安市宝兴县硗碛永建五年（130年）墓	A型Ⅱ式	菱形纹、纪年铭文砖	文1976.11
	凉山州西昌市杨家山M1	A型Ⅱ式	直线圆点菱形纹	考2007.5
	重庆市江北区相国寺墓	A型Ⅱ式	菱形纹、车轮网格纹	文1955.3
	重庆市涪陵区太平村M6、M21	A型Ⅱ式	车轮菱形纹、钱纹网格菱形纹、"富贵"钱纹、钱纹菱形纹、车马出行	重2000
	重庆市万州区包上M1、M9	A型Ⅱ式	菱形纹、方格乳钉菱形纹、十字菱形纹、绳纹	考2008.1
	重庆市丰都县汇南DM17〔永建元年（126年）〕	A型Ⅱ式	"回"形叶脉菱形纹	四2012.2
	重庆市忠县老鸹冲AM5〔元和元年（84年）〕、AM6	A型Ⅱ式	菱形纹	重2000
	重庆市巫山县水田湾ⅢM5	A型Ⅱ式	网格纹（地砖）、方格联璧纹（地砖）、菱形纹、网格纹	重2000
	重庆市万州区钟嘴M1、M2	A型Ⅱ式	车轮菱形纹、博局菱形纹、菱形纹	重2000

续表

分期	地点和墓号	类型	画像砖内容	备注
东汉中期	重庆市巫山县秀峰一中M12［元兴元年（105年）］、M14［永元十三年（101年）］	A型Ⅱ式	变形胜纹菱形纹、菱形纹、叶脉纹	重2000
	重庆市巫山县琵琶洲M1、M3、M4［永初二年（108年）、永初五年（111年）］	A型Ⅱ式	菱形纹、网格菱形纹	重1998
	重庆市巫山县瓦岗槽M12［建初六年（81年）］	B型Ⅰ式	菱形纹、吉语砖、纪年砖	重1998
东汉晚期	成都市武侯区成都611所M1~M3［永兴二年（154年）］	C型	50余种	成都1995.2
	成都市金牛区曾家包M1	B型Ⅱ式	联璧纹、钱纹、云气纹、菱形纹，画像石侍仆门卒凤鸟、庄园百业、山林射猎、庄园双羊嘉禾	文1981.10
	雅安市雨城区沙溪村墓	B型Ⅱ式	几何纹、五铢钱纹、吉语砖，石门画像不详	文1954.5
	成都市武侯区勤俭村M2	A型Ⅱ式	联璧纹	成2001
	成都市青白江区跃进村M4	A型Ⅱ式	凤鸟衔钱、联璧纹	文1999.8
	成都市金堂县光明墓	A型Ⅲ式	輧车仙人骑马、仙境采桑、虎璧、伏羲女娲、仙人舞、虎与仙境、乐舞宴饮	考文1982.1
	雅安市芦山县王晖墓［建安十六年（211年）］	A型Ⅱ式	菱形纹、圆形纹、联璧纹、钱纹、叶脉纹、铭文砖	康4卷6、/期
	峨眉山市同尖村墓	A型Ⅱ式	双凤纹、菱形纹、联璧纹	考1994.6
	泸州市合江县草山	A型Ⅱ式	五铢钱纹、马、人形纹、舞蹈	文1991.4
	凉山州西昌市经久，M1~M5、M7~M15，丧坡M101	A型Ⅱ式、B型Ⅱ式	菱形纹、车轮菱形纹、云气纹、双鱼、鹿鹤、凤鸟	考1990.5
	雅安市宝兴县旦地美地M1［光和六年（183年）］	B型Ⅰ式	变形柿蒂菱形纹、太阳菱形纹、鸟衔鱼、凤鸟	四2006.4
	阿坝州理县关口墓	A型Ⅱ式	菱形纹	文1976.11
	重庆市渝中区枣子岚垭M1、M2	A型Ⅱ式	菱形纹	四1991.2
	重庆市涪陵区太平村M4、M12~M16、M20	A型Ⅱ式	菱形纹、圆圈十字菱形纹	重2000
	重庆市丰都县汇南M6	A型Ⅱ式	车轮马折线纹、车轮双圆结网格纹、菱形纹	重1997
	重庆市忠县崖脚DM48	B型Ⅰ式	富贵菱形纹、车轮钱文网格纹	重2000
	重庆市万州区大周溪	A型Ⅱ式	菱形纹、双车轮纹	考文2002增
	重庆市万州区钟嘴M3	A型Ⅲ式	十字菱形纹、菱形纹	重2000

续表

分期	地点和墓号	类型	画像砖内容	备注
东汉晚期	重庆市万州区安全M26、M27	A型Ⅱ式	菱形纹、车轮菱形纹	重1998
东汉晚期	重庆市巫山县水田湾ⅢM8	A型Ⅱ式	连续半圆纹	重2000
蜀汉时期	凉山州西昌市南坛M501［建兴五年（227年）］	A型Ⅱ式	菱形纹、折线半圆纹、平行斜线纹	考1990.5
蜀汉时期	重庆市丰都县汇南M10	A型Ⅱ式	吉语菱形纹	重1997

注：资料截至2012年4月。"考文"为《考古与文物》。其他同表一

表三　川渝地区汉代装饰画像砖墓分期表

分期	地点、墓号	类型	画像种类	画像砖内容	备注
东汉中期	重庆市九龙坡区大竹林墓	A型Ⅰ式	装饰砖	屠猪、牵马人物与拴马、骑马、人物谷仓、妇人携子、相扑、百戏、宴舞2、轺车出行6、二骑吏3、双阙迎谒、佩剑人物、日神、拜谒2等30块	四2007.2
东汉中期	重庆市九龙坡区大竹林墓	A型Ⅰ式	建筑砖	菱形纹、网格纹	四2007.2
东汉中期	成都市新都区胡家墩永元元年墓（89年）	A型Ⅰ式	装饰砖	轺车伍伯2、辇车卫从、斧车伍伯、阙前迎谒、养老、西王母仙境、三人叙谈	四1988.4
东汉中期	成都市新都区胡家墩永元元年墓（89年）	A型Ⅰ式	建筑砖	双凤衔钱、联璧纹	四1988.4
东汉中期	成都市成华区青杠包M3	A型Ⅱ式	装饰砖	亭前迎谒、轺车骑吏步从2、持戟四骑吏、辎车过桥、六骑吹、斧车步从2、讲学、宴集	考1956.1
东汉中期	成都市成华区青杠包M3	A型Ⅱ式	建筑砖	联璧纹、菱形纹	考1956.1
东汉晚期	成都市成华区扬子山M1	B型Ⅲ式	装饰砖	轺车骖驾、小车、持戟幢四骑吏2、弋射收获、六骑吹、亭前迎谒2、山林盐场（另有一块内容不详）	文1955.9
东汉晚期	成都市成华区扬子山M1	B型Ⅲ式	画像石	车马出行、宴舞百戏、家居	文1955.9
东汉晚期	成都市成华区扬子山M1	B型Ⅲ式	建筑砖	联璧纹、菱形纹、"五铢"钱菱形纹、双凤纹、变形云气纹	文1955.9
东汉晚期	成都市成华区扬子山M2	B型Ⅲ式	装饰砖	亭前迎谒、凤阙、辎车、辇车独轮车、辎车过桥2、宴集、宴舞百戏、庭院、借贷、讲学、弋射收获、山林盐场、西王母仙境、伏羲（还应有女娲砖1块）	重博
东汉晚期	成都市成华区扬子山M2	B型Ⅲ式	建筑砖	不详	重博
东汉晚期	成都市成华区扬子山M10	B型Ⅰ式	装饰砖	亭前迎谒2、持戟四骑吏、荣车过桥、轺车骑从、山林盐场、弋射收获、宴饮起舞、宴集、凤阙、轺车骑吏步从、斧车步从、六骑吹、持戟幢四骑吏、借贷	重博；文1961.11
东汉晚期	成都市成华区扬子山M10	B型Ⅰ式	建筑砖	不详	重博；文1961.11
东汉晚期	成都市成华区昭觉寺墓	B型Ⅱ式	装饰砖	轺车骑吏步从、亭前迎谒、荣车、轺车骑吏步从5、斧车步从、六骑吹、持戟四骑吏、辎车过桥、凤阙2、借贷、宴饮起舞、宴舞百戏、宴集、弋射收获、山林盐场、西王母仙境、日神、月神	考1984.1
东汉晚期	成都市成华区昭觉寺墓	B型Ⅱ式	建筑砖	联璧纹、菱形纹、卷云纹	考1984.1

续表

分期	地点、墓号	类型	画像种类	画像砖内容	备注
东汉晚期	成都市金牛区曾家包M2	B型Ⅲ式	画像石	侍仆、翼鹿、门卒凤鸟、持刀人物武库、凤鸟、青龙衔璧、白虎衔璧	文1981.10
			装饰砖	亭前迎谒、伏羲女娲、凤阙、市井、弋射收获、辇车独轮车2、借贷、庭院、山林盐场2、小车、六骑吹、宴舞百戏、宴饮起舞、博弈饮酒、宴集2、辎车	
			建筑砖	联璧纹、钱纹、云气纹、菱形纹、田字纹、回字纹	
	成都西门外墓	不详	装饰砖	门前迎谒、軺车骑从、宴饮起舞、宴舞百戏、山林盐场、弋射收获、日月西王母仙境、日神等（还应有月神）	画选
	成都市新都区新繁清白乡墓	C型	装饰砖	西王母仙境4、日神5、月神5、亭前迎谒、軺车骑从、軺车骖驾（54块）	文1956.6
			建筑砖	联璧纹、卷云纹、菱形纹	
	成都市新都区马家墓	不详	装饰砖	亭前迎谒2、胡人双骑2、骆驼建鼓3、三骑吹2、轩车骖驾、武库、三人宴饮、莲池泛舟、耦秧等（另有2块内容不详）	文1980.2
			建筑砖	联璧纹、菱形纹	
	眉山市彭山区大土堆墓	不详	画像石	凤鸟踏铺首	四1991.2；考文1989.3
			装饰砖	持弩二伍伯、持棨戟二伍伯、四伍伯、二骑吏、軺车5、辎车、连接双阙、宫阙灵芝、三人舞蹈、庭居宴乐、燕居、迎谒等（共征集22块）	
蜀汉时期	成都市成华区青龙包M8	B型Ⅰ式	装饰砖	亭前迎谒、凤阙、軺车骑从、辎车过桥、軺车骑吏步从、斧车步从、西王母仙境等	成都1990.2；成都1991.1
	成都市大邑县董场墓	B型Ⅰ式	装饰砖	仙人骑马、六博乐舞、西王母仙境、伏羲女娲与祭祀舞蹈、軺车出行与龙、迎谒与食仓、阙前迎谒与日神伏羲女娲、方相（镇墓神）等28块	四考
			建筑砖	车轮柿蒂菱形纹、菱形纹	
未能纳入分期	成都市新津区铁溪墓	不详	装饰砖	亭前迎谒2、凤阙2、借贷、山林盐场、弋射收获、宴集、宴饮起舞、宴舞百戏、斧车步从、博弈饮酒等	新津县文物管理所提供
	彭州市南方院墓	不详	装饰砖	跪迎軺车、仙人迎宾、龙驾云车、仙人博弈、庖厨、市集、酒肆、桐桑林、驱雀、渔事等	考1983.10
	广汉市大堆子墓	不详	装饰砖	軺车胡人、軺车卫从、辇车3、二骑吏、六伍伯、三人杂技、鼓舞反弓、燕集、收租、渔事2	四1985.4
	德阳市旌阳区柏隆墓	不详	装饰砖	四伍伯、持棨戟四骑吏2、二骑吏、斧车3、軺车7、軺车卫从、阙前迎谒、西王母仙境、庖厨、欢戏、习射2、三人讲学、播种等（2块内容不详）	文1956.7
	眉山市彭山区采泥场墓	不详	装饰砖	尹元郎博时2、凤阙2、軺车伍伯、斧车伍伯9块	考文1989.3

注：资料截至2012年4月。"重博"为《重庆市博物馆藏四川汉画像砖选集》（文物出版社，1957年）。"画选"为《四川汉代画象选集》（群联出版社，1955年）。"四考"为《四川考古报告集》（文物出版社，1998年）。其他同表一、表二

笔者曾对川渝地区的汉代砖室墓进行分期研究[①]，各期墓葬形制和随葬品演变的主要特点对同期的画像砖墓也适用，因此本文的分期关注的是与画像砖相关部分的发展演变。

1. 新莽时期至东汉初年[②]（6～39年）

建筑画像砖墓有A型Ⅰ式和D型墓，为中小型墓。画像墓的数量较少，画像砖与素面砖或木质材料混合使用，其中，小型空心画像砖的使用较有特点，此外还有画像地砖。画像的塑造手法为阳线条，图案性强，内容和构成较简单，以菱形纹和网格纹为主，另有柿蒂纹、博局纹和车轮纹等。一座墓内的画像砖图像种类通常仅有两种。

2. 东汉早期（40～75年）

建筑画像砖墓有A型Ⅰ式、A型Ⅱ式和D型墓，主要为中小型墓。画像墓的数量比前期多，盛行除了铺地砖之外整个墓室都用画像砖砌筑，画像的塑造手法都是阳线条。图像特点是图案性强，但开始出现少量绘画性强的，新出现联璧纹、钱币纹、凤鸟、仙人等内容。一座墓内的画像砖种类也很少，通常仅有两三种。

3. 东汉中期（76～146年）

画像砖墓广为盛行，并出现了装饰画像砖墓。多为中型墓。建筑画像砖墓有A型Ⅱ式和B型Ⅰ式，A型Ⅰ式墓消失，A型Ⅱ式墓盛行。基本上除了铺地砖外墓室都用画像砖砌筑。画像的塑造手法为阳线条。新出现车马出行、鸟衔鱼等内容。部分墓内的画像砖图像种类增多，多的有4～6种。

装饰画像砖墓有A型Ⅰ式、A型Ⅱ式。画像手法有阴线刻、阳线条、浮雕等。装饰画像砖均镶嵌在墓室和甬道两侧壁上，有上下2～3行排列的，如两行的新都胡家墩墓、三行的重庆九龙坡大竹林墓。也有不对称一行排列的，如成都青杠包3号墓。装饰画像砖的内容排列组合规律性不强。

4. 东汉晚期（147～220年）

画像砖墓数量多，有一定数量的大型墓，墓室部分有十几米。两类画像砖墓中都出现用画像砖和画像石或普通石材共同构筑墓葬的现象。

建筑画像砖墓的型式有A型Ⅱ式、A型Ⅲ式、B型Ⅰ式、B型Ⅱ式和C型。画像的塑造手法除了阳线条外，出现少量的浅浮雕。绘画性强的画像砖本期最多，新出现轺车仙人骑马、仙境采桑、虎、伏羲、女娲、仙人舞、虎与仙境图、乐舞宴饮、鱼纹、鹿、鹤等内容。部分墓葬内的画像砖图像种类多，最多的可达8种。

装饰画像砖墓的型式有B型Ⅰ式、B型Ⅱ式、B型Ⅲ式和C型等，均为大中型的

[①] 罗二虎：《四川汉代砖石室墓的初步研究》，《考古学报》2001年第4期。

[②] 东汉初年是指光武帝建武元年至建武十五年（25～39年）。建武十六年（40年）开始重铸五铢钱。

双重室墓和三重室墓。部分装饰画像砖墓保存完整，因此可确知画像砖在墓内的完整分布情况。装饰画像砖的内容丰富。装饰画像砖均呈一排镶嵌在墓壁上，后室内壁也出现装饰画像砖，内容排列有一定的规律，如甬道内距墓门最近的位置多为对称的双阙；西王母画像常排列在后室内壁，并高于其他画像砖，两侧分别为日、月神画像砖；前室两侧壁的装饰画像砖对称地嵌在侧壁上，一侧多为墓主出行图，另一侧多为通过再现墓主生前生活来表现墓主的仙境生活。

5. 蜀汉时期（221～263年）

蜀汉时期的墓葬与东汉晚期的墓葬不易明确区分，因此可确定为本期的墓葬较少。

两类画像砖墓都与前期无明显差异，如建筑画像砖墓多为A型Ⅱ式，画像砖图像基本相同。装饰画像砖墓定为此期的有B型Ⅰ式成都市青龙包M8[①]，仅因出土有蜀汉时期钱币。该墓为东汉晚期常见的双后室，包括西王母仙境砖在内的装饰画像砖都呈一排嵌在甬道和前室的两侧壁上，内容和形式与成都地区东汉晚期的相同，因此不排除墓葬为东汉晚期建造，沿用至蜀汉时期的可能。另一座为B型Ⅰ式的大邑董场墓，装饰画像砖的画像内容和用阳线条表现的艺术风格都较为特殊，发掘者根据出土钱币等认为年代为三国时期，但实际上其对钱币的判断是错误的，因此该墓年代问题仍有讨论的余地。

八、渊　　源

川渝地区画像砖墓的出现应是受到中原地区画像砖墓的影响。中原地区画像砖的最初形式是空心画像砖，约出现于战国晚期，用于构筑空心画像砖椁，西汉早中期又相继出现了空心砖室墓和小砖室墓，西汉晚期时又出现石室墓。

小砖的出现是筑墓材料上的一大进步，与空心砖相比体积小，既便于烧造，又更适于构筑各种不同形制的墓室。它的出现为砖室墓的进一步发展和普及奠定了物质基础。西汉中期以后，埋葬习俗也发生了一系列变化，夫妻合葬尤其是夫妻同穴合葬开始盛行，西汉末期家族葬也开始盛行。夫妻、家族成员除特殊情况外，一般不会同时死去，所以埋葬必定分有先后。传统的竖穴土坑墓已不能适应这种新兴葬俗的要求，相反砖室墓的构造其墓门宜于多次启开，便于两次或多次入葬。因此，这种新兴葬俗的盛行又在客观上对砖室墓的发展起到了推动作用。西汉晚期以后，砖室墓迅速向全国发展，东汉中期已几乎遍及汉王朝的所有统治区域，并取代了传统的竖穴土坑墓。

川渝地区丧葬习俗的改变，需要一种新的墓制适应新的葬俗，于是在中原地区的影响下，这种新型的墓葬形式取代传统的竖穴土坑墓便成为一种趋势。根据现有的考

---

① 成都市博物馆考古队：《成都市1990年田野考古工作纪要》，《成都文物》1991年第1期；尔太：《我市发现三国时期画像砖墓》，《成都文物》1990年第2期。

古资料，川渝地区在西汉晚期至新莽时期已经出现砖室墓[①]，到东汉早期，竖穴土坑墓近于消失。

西汉时期中原地区无论是砖室墓还是石室墓，其墓内均流行各种装饰，当中原地区的这种新兴墓制传到川渝地区时，其墓内装饰的习俗也一起传入了。因此，可以认为川渝地区包括画像砖墓在内的墓内装饰习俗总体都是源于中原地区，新莽时期在川渝地区出现的画像空心砖墓就是一个明证。

川渝地区画像砖墓的形式源于中原地区，画像内容也多源于中原，但并非中原地区的画像砖室墓在地域上的延伸，因此二者在墓葬和画像的形式方面存在着差异。此外，川渝地区除了中原地区所见的画像砖墓和画像石室墓外，还有中原不见的画像崖墓、画像石棺等，在画像内容方面也有不同于中原地区的文化特色。显然，本地区这些独特的画像砖墓形式和画像内容是中原地区的画像砖墓传来之后与本地的文化传统相结合而产生的。

附记：笔者在摹绘画像砖和收集资料的过程中，曾得到四川省文物局及当时的四川博物院、重庆中国三峡博物馆、成都文物考古研究所、成都博物院、广汉市文物管理所、成都市新都区文物管理所、眉山市彭山区文物保护管理所、成都市新津区文物管理所等单位，以及李复华、余德章、王友鹏等先生的支持和帮助，余德章先生提供了成都昭觉寺墓的部分墓葬插图，在此特表谢意！

（原载《考古学报》2017年第3期）

---

① 四川省博物馆编：《四川船棺葬发掘报告》，文物出版社，1960年，第84页；南充地区文化局、重庆市博物馆编：《嘉陵江南充地区河段考古调查纪实》，重庆市博物馆，1979年。

墓砖的年代学研究
——以淅川泉眼沟汉墓为例

一、引 言

砖作为建筑材料在中国具有悠久的历史，根据考古资料可知早在西周时期已经出现，战国以后开始流行。文献中对于砖的记载也是从战国后期开始出现。汉代以前将砖称为"瓴甓""瓴甋""甓"等。

墓砖是指用以修筑墓室的建筑材料。在墓砖的表面常模印纹样、画像或文字。最初的墓砖主要是大型的空心砖，从战国后期至西汉时期在中原地区流行。约在西汉中期前后小型的实心墓砖开始在中原地区出现，到东汉时期已完全取代空心砖并在当时汉王朝的疆域内广泛分布。墓砖在汉代以后不但在全国范围内广为流行，而且墓砖的形制和大小规格，尤其是纹样的内容题材和形式风格、文字的字体和内容等都随时代不同而不断变化。因此，墓砖可以作为判定墓葬年代的依据之一。

以往关于墓砖的研究主要集中于画像砖和空心砖，对普通小砖的研究相对较少。在对小砖进行的研究中，主要是关于某一地区墓砖的综合性介绍或研究[1]，此外也涉及纹样内容与题材[2]，尤其是对某种特定墓砖纹样进行研究[3]，还有涉及砖作技术与工艺等方面的研究[4]。关于墓砖的年代学研究，除了利用文字砖上的纪年铭文对墓葬进行断代分析之外，其他研究涉猎很少，几乎没有专文讨论。可以认为，关于墓砖在墓葬年代学研究中的意义并没有得到足够的重视。

---

[1] 安金槐：《河南省收集的古代花纹小砖和文字砖》，《文物》1965年第5期；李伟卿：《梁堆的墓砖纹饰》，《云南民族学院学报》（哲学社会科学版）1989年第2期；侯灿：《吐鲁番出土墓砖及其研究概述》，《西域研究》1992年第3期；潘表惠：《浙江省新昌出土的历代墓砖》，《东南文化》1992年第6期；石磊、高嵘：《渝东地区东汉墓砖考释》，《中国国家博物馆馆刊》2010年第3期。

[2] 刘慧中：《墓砖上的图像世界——以江西汉代墓纹砖为例》，《南方文物》2013年第3期。

[3] 郑君雷：《峡江地区汉晋南朝花纹砖上的车轮纹饰》，《江汉考古》2006年第3期；于秋伟：《花纹砖装饰之车轮纹演变的初步研究——以重庆地区墓葬发现为例》，《东方考古》（第9集），科学出版社，2012年，第469～479页。

[4] 李敏锋、程建军：《浅析岭南砖墓砖作技术》，《华中建筑》2013年第5期。

笔者认为，墓砖的年代学研究可分为不同层次，但最基础的研究应该是从单个墓地开始。因此，本文希望通过对一个墓地——河南淅川泉眼沟汉墓的研究实例，来进一步探讨墓砖在墓葬年代学研究中的价值。

二、泉眼沟墓地概况

泉眼沟墓地位于丹江口水库东岸的河南淅川县境内，2010~2011年发掘，共清理墓葬93座[①]，其中竖穴土坑墓57座、砖室墓35座、砖棺墓1座。该墓地是一处公共墓地，根据墓葬规模、随葬品的种类和数量推测，墓主身份应都是平民。

这批墓葬相互间无打破关系，因此分期和年代判定主要是依靠对墓葬形制、陶器的组合与形制、铜钱类型、墓砖类型等的特征来进行类型学和年代学分析。发掘报告将其分为六期，并确定了各期的大致年代，其中第一期为西汉早期，第二期为西汉中期，第三期为西汉晚期至新莽时期，第四期为东汉早期，第五期为东汉中期，第六期为东汉晚期。这批墓葬的年代从西汉早期至东汉晚期，基本囊括了整个两汉时期。

砖室墓在第三期开始出现时与土坑墓并存，第四期以后随着土坑墓的逐渐消失，除了个别为砖棺墓之外，均为砖室墓。笔者在墓地发掘中，曾专门留意对每座墓的墓砖信息尽可能进行系统、全面收集。该墓地的所有墓砖均为青灰色，由于烧造时火候较低，其质量普遍较差，有的表面还呈现褐色等杂色。绝大部分墓砖都装饰有纹样，个别墓砖还有文字。墓砖的所有纹样和铭文均为模制的浅浮雕，多以阳线的形式表现。每座墓的墓砖形制通常2~3种，纹样一般为1~2种，多的3~4种。该墓地出土墓砖的年代学意义主要体现在砖的形制和表面纹样两方面，此外还有文字砖。下面分别进行分析。

三、墓砖形制分类

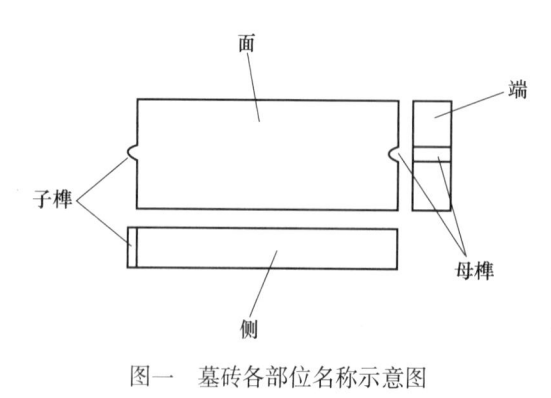

为了描述的便利，对砖的各部分名称做了统一（图一）。

根据出土墓砖的总体形制差异可分三类。

1. 长方砖

用于砌墙、铺地和封门。根据有无子母榫可分二型。

A型　砖的两端有子母榫。根据砖的

图一　墓砖各部位名称示意图

[①] 四川大学历史文化学院考古系、上海大学艺术研究院美术考古研究中心、河南省文物局、南阳市文物局、淅川县文物局：《河南淅川泉眼沟汉代墓葬发掘报告》，《考古学报》2014年第3期。

厚薄和子母榫大小还可细分四式。

Ⅰ式：带大子母榫的厚型长方砖。砖长46~48、宽15~16.5、厚8.5~8.8厘米。子母榫都很大，宽度约4.5厘米。一侧均饰双层菱形纹。使用这种砖的墓有2座（M23、M62）。如M23，砖长47~48、宽15~16、厚8.5~8.8厘米（图二，1）。

Ⅱ式：带小子母榫的厚型长方砖。砖长43~47、宽15.5~19、厚7~8厘米。子母榫宽度2~2.5厘米。一侧均饰双层或单层菱形纹，有的单面饰粗绳纹。使用这种砖的墓有3座（M16、M73、M85）。如M73，砖长47、宽16~16.5、厚7.5~8厘米，一侧饰双层菱形纹（图二，2）。

Ⅲ式：带小子母榫的较厚型长方砖。使用这种砖的墓葬有4座（M39、M47、M75、M87）。砖长41~47、宽14.5~19、厚6.5~7厘米。如M75，砖长43~44、宽16~17、厚6.5~7厘米（图二，5）。又如M87，砖长46~47、宽19、厚6.5~7厘米（图二，4）。

Ⅳ式：带小子母榫的薄型长方砖。以下简称普通长方砖。砖长37.5~47、宽14.5~19、厚4.5~6.4厘米。子母榫宽度2~2.5厘米。单面饰粗绳纹，一侧饰单层菱形纹。使用这种砖的墓葬有8座（M11、M12、M41、M66~M68、M74、M87）。如M41，砖长43~44、宽17.5~18.5、厚6厘米（图二，3）。又如M68，仅封门用这种砖，砖长44、宽16.5、厚6~6.4厘米（图二，6）。

B型　无子母榫的普通长方砖。根据砖的大小还可分二亚型。

Ba型　普通长方砖。砖长37~47、宽16~21.5、厚5~7厘米。均是单面饰粗绳纹，一侧多饰有纹样。使用这种砖的墓葬有20座（M12、M39、M48、M56、M61、M67~M72、M76~M84）。如M12，砖长38.5、宽18.3、厚6.5厘米，均单面饰粗绳纹（图二，7）。再如M39，砖长41.5~42、宽20.5~21.5、厚6.5厘米，均是单面饰粗绳纹，一侧饰纹样（图二，8）。又如M79，砖长37~38.5、宽16~17.5、厚5.5厘米，单面饰粗绳纹，一侧和一端饰纹样，另一端为模印文字（图二，9）。

Bb型　小型长方砖。砖长30~33、宽14.5~16、厚4~5厘米，均为单面饰粗绳纹，其他无任何纹饰。使用这种砖的墓葬有3座（M46、M55、M86）。如M46，砖长30、宽14.5、厚4厘米（图二，10）。

2. 楔形长方砖

用于券顶，个别墓亦用于封门。根据有无子母榫可分二型。

A型　有子母榫的楔形长方砖。砖长38~47、宽14.5~19、厚4.5~6.5厘米。均是单面饰粗绳纹，薄边一侧饰纹样。使用这种砖的墓葬有6座。如M75，砖长42、宽16~16.5、厚侧6.5、薄侧5.5厘米（图二，13）。又如M74，砖长38、宽15~15.5、厚边5.5、薄边4.5厘米（图二，12）。

B型　无子母榫的楔形长方形。根据砖的大小还可分二亚型。

Ba型　较小型。砖长30~32.8、宽15~16、厚3.5~6厘米。均为单面饰粗绳纹，其他再无任何纹饰。使用这种砖的墓葬有 3 座。如 M68，砖长 30.5、宽 15～15.5、厚侧 5.5～6、薄侧 4.5 厘米（图二，11）。又如 M46，砖长 30.5～31、宽 15、厚侧 4.8、薄侧 3.5～3.8 厘米（图二，14）。

Bb 型　较大型。砖长 30～47、宽 14.5～21.5、厚 3.8～6.5 厘米。均是单面饰粗绳纹，薄侧饰纹样。使用这种砖的墓葬有 3 座。如 M39，砖长 39、宽 19～20、厚侧 5.5、薄侧 4.3 厘米（图二，15）。

3. 方砖

用于铺砌地面。根据平面形制还可分二型。

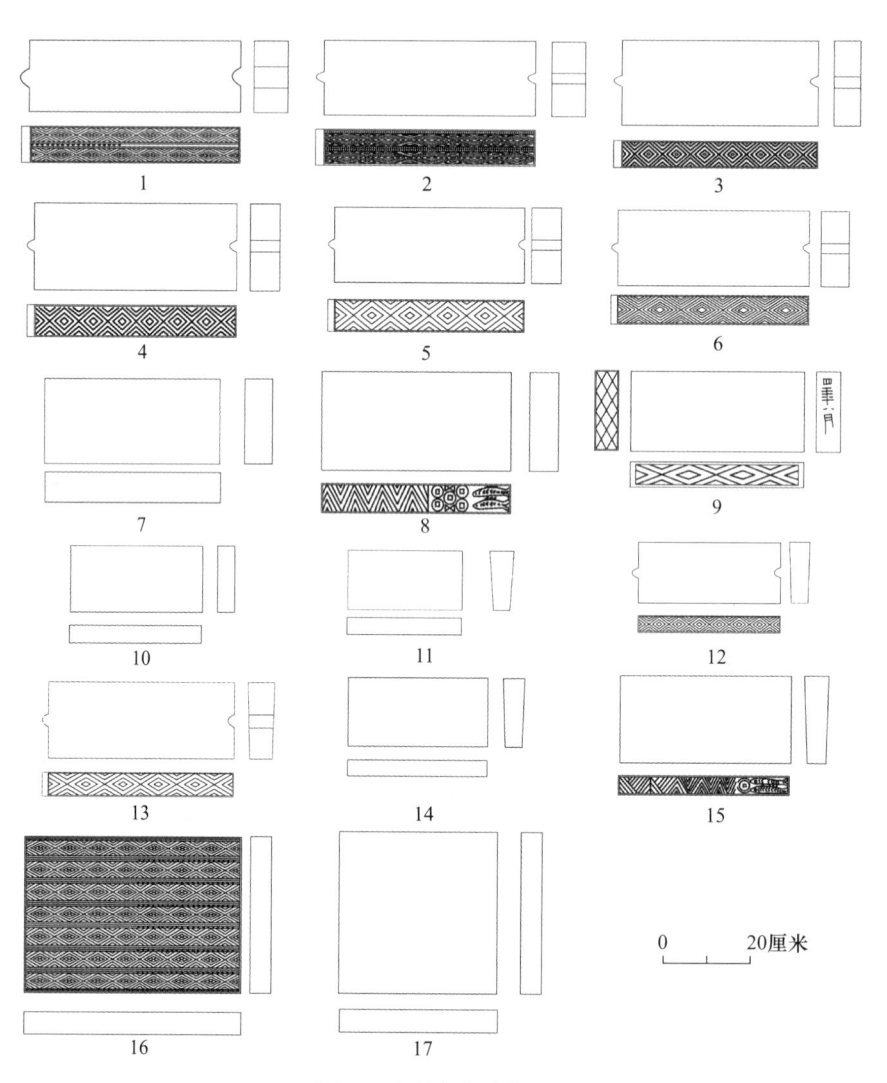

图二　泉眼沟墓砖类型

1. A 型 I 式长方砖（M23）2. A 型 II 式长方砖（M73）3、6. A 型 IV 式长方砖（M41、M68）4、5. A 型 III 式长方砖（M87、M75）7～9. Ba 型长方砖（M12、M39、M79）10. Bb 型长方砖（M46）11、14. Ba 型楔形砖（M68、M46）12、13. A 型楔形砖（M74、M75）15. Bb 型楔形砖（M39）16. A 型方砖（M23）17. B 型方砖（M73）

A 型　近方形。砖长 48～48.5、宽 34.5～36.5、厚 5 厘米。单面有装饰纹样。使用这种砖的墓葬有 3 座。如 M23，砖长 48.5、宽 34.5、厚 5 厘米，单面饰菱形纹（图二，16）。

B 型　方形。仅 M73，砖边长 34～35、厚 4.5～5 厘米，无纹饰（图二，17）。

四、墓砖纹样分类

根据纹样的内容题材差异可分为菱形纹、平行折线纹、菱形卷草纹、网格纹、鱼纹、钱纹和"胜"纹等七类。此外还有少量的铭文砖。

1. 菱形纹

数量最多。菱形图案每层均为二方连续排列。根据排列层数多寡或组合差异可分四类。

（1）多层菱形纹：仅见于 A 型方砖。①为七层平行排列的二方连续菱形纹，每层有 7 个半菱形，菱形由三重套合中心加"田"字，如 M23（图三，1）。②菱形卷草纹，推测复原后为 11 层，每层的菱形也呈二方连续排列，卷草图案对称位于菱形内，因残缺而每层的菱形数量不详，如 M11（图三，2）。

（2）双层菱形纹：仅见于 A 型长方砖。根据每层中菱形排列数量差异还可分以下四种形式。

8 个菱形，仅见于 A 型 I 式长方砖，菱形由三重套合中心加"田"字，如 M62（图四，1）。

6 个半菱形，仅见于 A 型 I 式长方砖，菱形由三重套合中心加"田"字，如 M23（图四，2）。

5 个菱形，仅见于 A 型 II 式长方砖，菱形由四重套合，如 M73（图四，3）。

4 个半菱形，仅见于 A 型 II 式长方砖，菱形由三重套合，如 M85（图四，4）。

（3）单层菱形纹：见于长方砖和楔形砖。根据菱形排列数量差异还可分以下五种形式。

6 个半菱形，见于 A 型 III 式、A 型 IV 式长方砖和 A 型楔形砖，菱形分别由三重、四重（图五，9）套合。

5 个半菱形，见于 Ba 型长方砖和 A 型楔形砖，菱形分别由三重（图五，10）、四重套合。

4 个半菱形，见于 A 型 II 式、A 型 III 式 III 式、A IV 式长方砖和 A 型楔形砖，菱形分别由二重（图五，2）、三重（图五，5、6）、四重、五重（图五，7）套合。

3 个半菱形，见于 A 型 III 式、Ba 型长方砖，菱形分别由三重（图五，4）、四重（图五，3）套合。

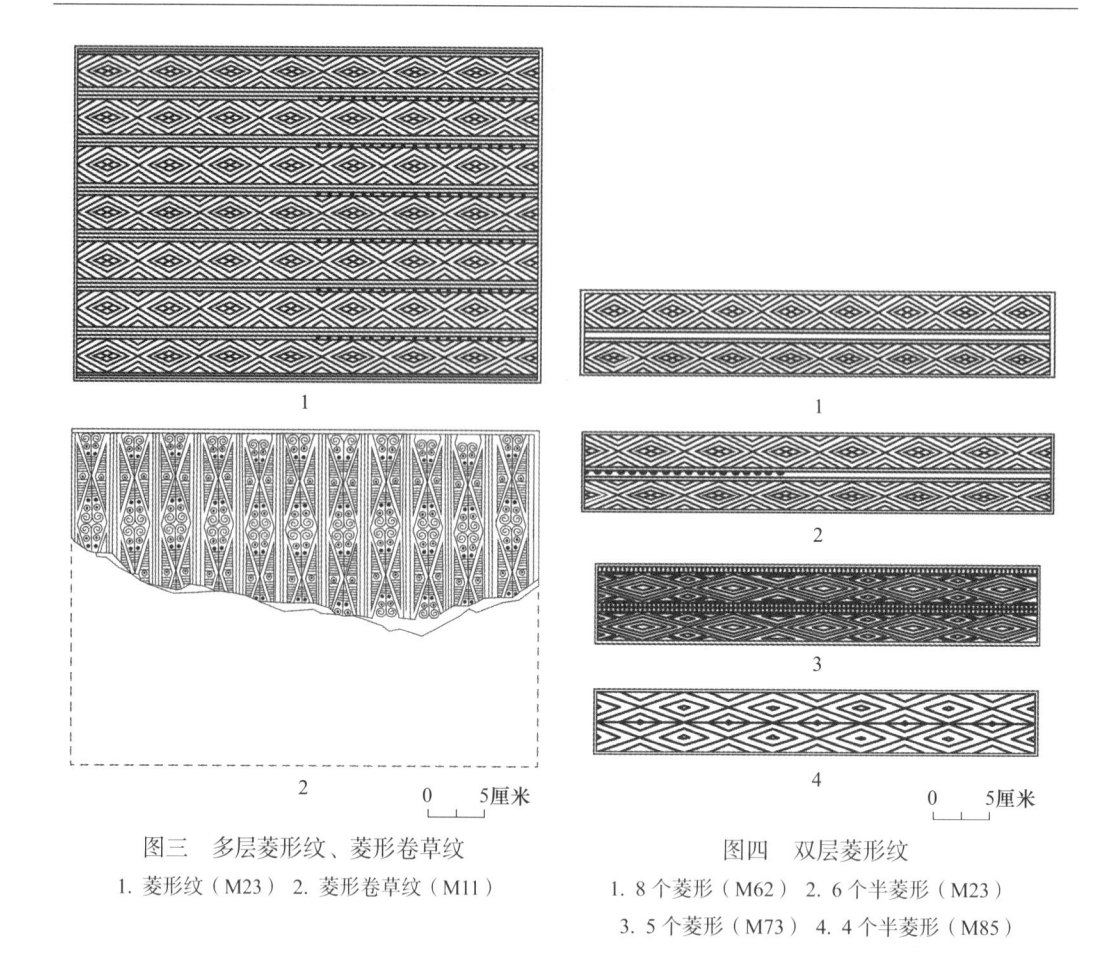

图三　多层菱形纹、菱形卷草纹
1. 菱形纹（M23）　2. 菱形卷草纹（M11）

图四　双层菱形纹
1. 8个菱形（M62）　2. 6个半菱形（M23）
3. 5个菱形（M73）　4. 4个半菱形（M85）

2个半菱形，分栏排列，仅见于Ba型长方砖，菱形为三重套合（图五，1）。

（4）单层菱形纹与其他纹样、铭文组合：仅见于Ba型长方砖，可分两种形式。

一种是砖一侧为2个半菱形排列，一端为网格纹，另一端为铭文（图五，8）。另一种是砖一侧为3个半菱形排列，一端为菱形纹，另一端为铭文（图五，11）。

2. 平行折线纹

数量多。根据图案造型差异还可分为三角形平行折线纹和波浪形平行折线纹二型，此外，还有三角形平行折线纹与其他图案组合等。

（1）三角形平行折线纹：仅见于Ba型长方砖。根据三角形的二方连续排列数量多少还可为七种形式。

6个半三角形，由3道平行折线组成（图六，9）。

6个三角形，还可细分为由4道平行折线组成（图六，8）、由5道平行折线组成（图六，7）。

5个三角形，由7道平行折线组成（图六，6）。

4个半三角形，还可细分为由5道平行折线组成、由7道平行折线组成（图六，5）。

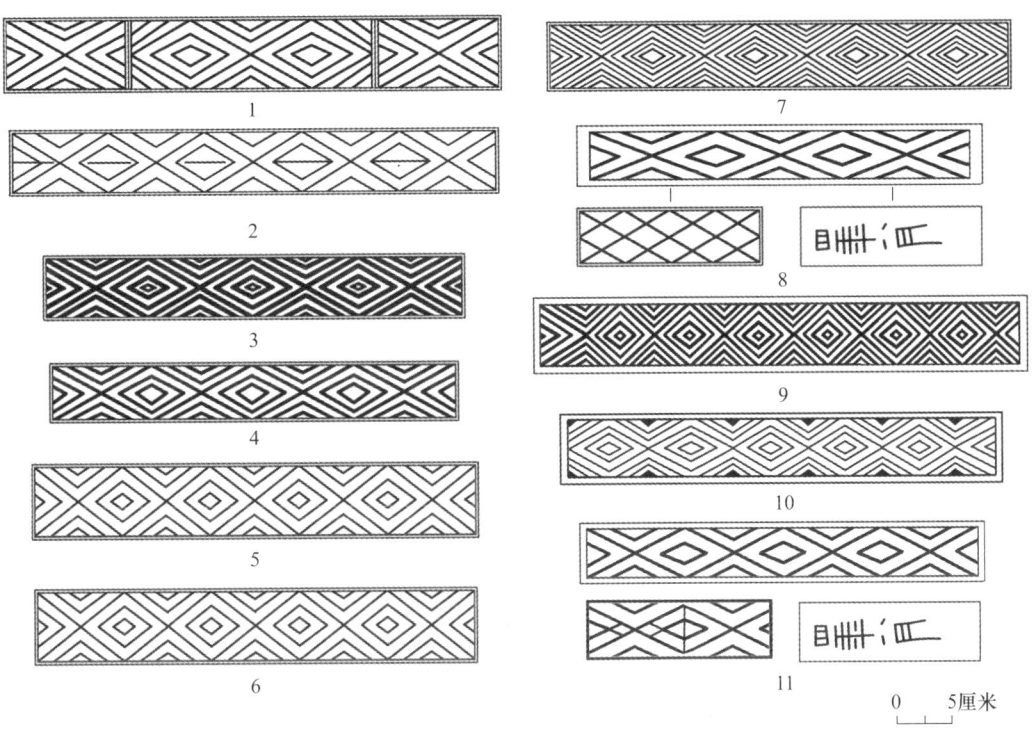

图五　单层菱形纹（网格纹）

1. 2个半分栏菱形（M83）　2、5～7. 4个半菱形（M67、M75、M85、M68）　3、4. 3个半菱形（M47、M84）
8、11. 组合菱形纹（M79、M80）　9. 6个半菱形（M87）　10. 5个半菱形（M39）

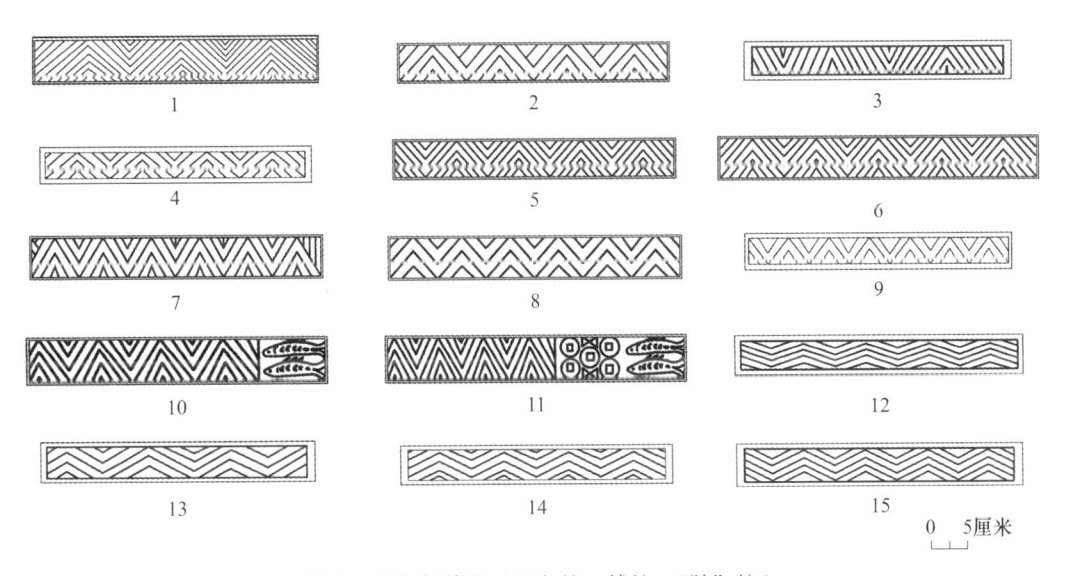

图六　平行折线纹（双鱼纹、钱纹、"胜"纹）

1. 3个三角形（M67）　2、4. 4个三角形（M79、M80）　3. 2个半三角形（M76）　5. 4个半三角形（M69）
6. 5个三角形（M83）　7、8. 6个三角形（M84、M83）　9. 6个半三角形（M80）　10. 4个三角形与双鱼纹组合（M84）　11. 4个三角形与双鱼纹、钱纹与"胜"纹组合（M39）　12、15. 4个半波浪形（M79、M61）
13. 3个半波浪形（M82）　14. 4个波浪形（M76）

4个三角形，由5道平行折线组成（图六，4），也有由变形的4～5道平行折线组成（图六，2）。

3个三角形，由10～12道平行折线组成（图六，1）。

2个半三角形，略有变形，由7～9道平行折线组成（图六，3）。

（2）三角形平行折线纹与其他图案组合：见于Ba型长方砖和A型楔形砖。根据与其他图案组合不同分三种形式。

与双鱼纹组合，见于Ba型长方砖。是4个三角形，由7道平行折线组成（图六，10）。

与钱纹、"胜"纹和双鱼纹组合，见于Ba型长方砖。是4个三角形，由7道平行折线组成（图六，11）。

与钱纹、双鱼纹组合，见于A型楔形砖。是4个半不规则三角形，由7～8道平行折线组成。

（3）波浪形平行折线纹：仅见于Ba型长方砖。根据波浪形的二方连续排列数量多少还可为三种形式。

3个半波浪形，由4～5道平行折线组成（图六，13）。

4个波浪形，由6道平行折线组成（图六，14）。

4个半波浪形，还可分由5道平行折线组成（图六，12、15）、由6道平行折线组成。

3. 菱形卷草纹

数量很少，仅见于方砖。有11层，每层的菱形卷草也呈二方连续排列，卷草对称位于菱形内。因墓砖残缺每层的菱形数量不详（图三，2）。

4. 网格纹

数量很少，仅见于Ba型长方砖。为菱形网格（图五，8）。

5. 鱼纹

数量很少，见于Ba型长方砖和A型楔形砖。为双鱼并列，均是与三角形平行折线纹、钱纹、"胜"纹等纹饰组合出现（图六，10、11）。

6. 钱纹

数量很少，见于Ba型长方砖和A型楔形砖。为方孔圆钱，均是与三角形平行折线纹、鱼纹、"胜"纹等纹饰组合出现（图六，11）。

7. "胜"纹

数量很少，见于Ba型长方砖。与三角形平行折线纹、鱼纹、钱纹等纹饰组合出现（图六，11）。

8. 铭文砖

数量很少，仅见于Ba型长方砖，文字内容有"熹平""四年八月"两种（图五，8、11；图七）。

图七　泉眼沟 M79 出土铭文墓砖拓本

五、各期墓砖特征

发掘报告的分期和年代判定主要是依据墓葬形制、陶器的器形与组合、钱币类型等。在整个墓地统一划分的六期中，砖室墓出现于第二至六期。本文以发掘报告的分期为基础，讨论各期墓砖的特征（图八、图九）。

1. 第三期（西汉晚期至新莽时期）

本期有墓葬 16 座，其中砖室墓 5 座。

长方砖、楔形砖和方砖等三类砖均有，所有的长方砖和楔形砖均带子母榫，长方砖都较厚且大。墓砖类型有 A 型Ⅰ式、A 型Ⅱ式、A 型Ⅲ式长方砖，A 型楔形砖，A 型、B 型方砖。除 M75 之外，所见铺地砖均为方砖。

本期除 B 型方砖之外几乎所有墓砖的表面都装饰有纹样，特点是以二方连续的菱形纹为基本构成。A 型方砖纹样在砖的正面，为多层菱形纹和菱形卷草纹，其中菱形纹每层为 7 个半菱形组成的二方连续图案。长方砖大多为双层菱形纹，仅个别为单层菱形纹。双层菱形纹每层分别有 8 个、6 个半、5 个半菱形组成的二方连续图案，单层菱形纹为 4 个半菱形组成的二方连续图案。A 型楔形砖的纹样在砖的窄侧，为 4 个半单层菱形纹组成的二方连续图案。

所有菱形都是多重套合构成，其中主要是四重套合、三重套合，最内层为"田"字。

本期墓砖的双层菱形纹、多层菱形纹的纹样风格明显有空心砖纹饰图案特点，这在秦至西汉时期的菱形纹砖上常见。例如，绥中黑山头遗址出土的西汉初年至西汉中期空心砖均为四方连续的四重套合菱形纹[①]；再如，陕西咸阳秦三号宫殿出土的空心砖

---

① 辽宁省文物考古研究所：《辽宁绥中县"姜女坟"秦汉建筑遗址发掘简报》，《文物》1986 年第 8 期，图二四。

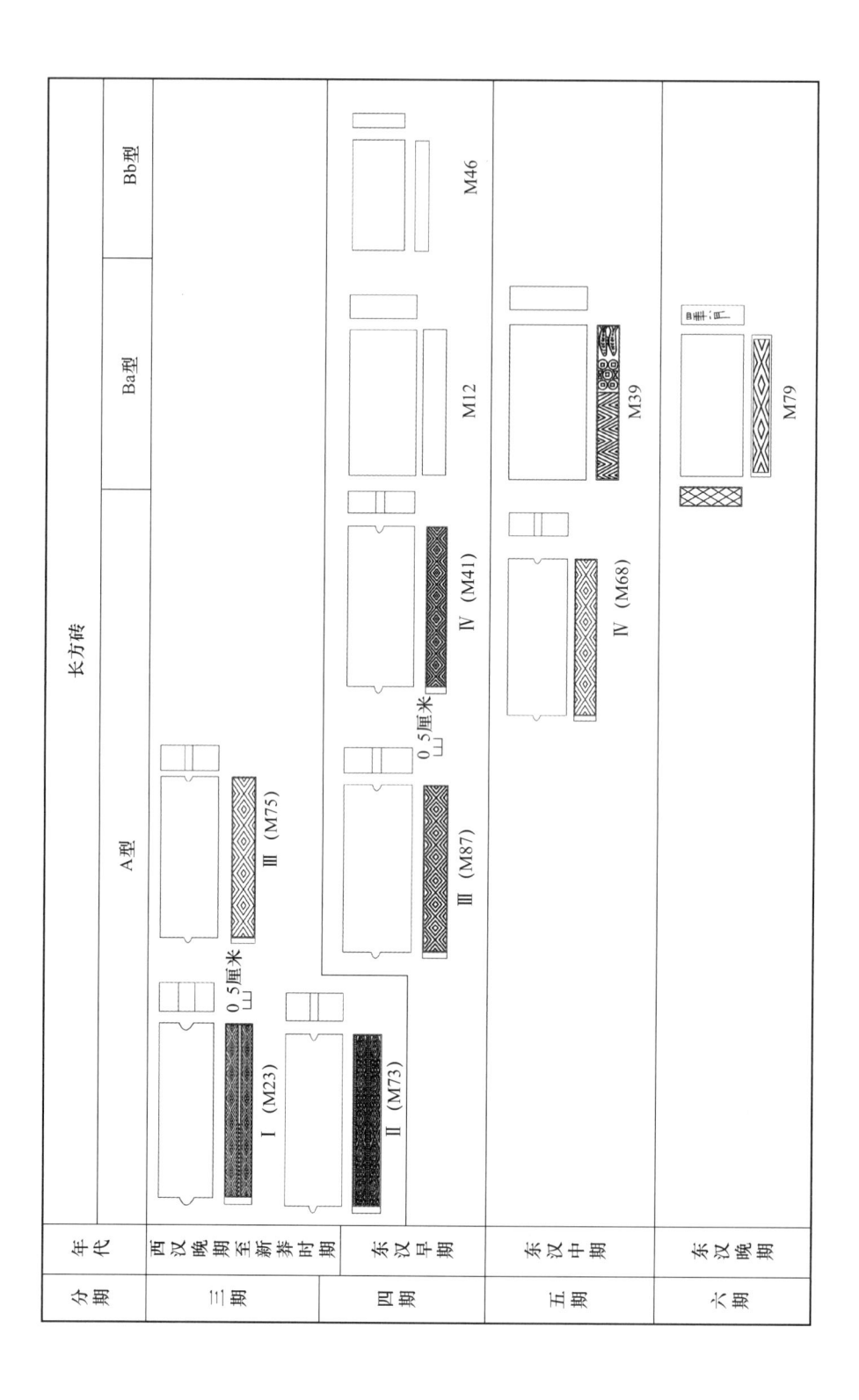

分期	年代	长方砖 A型		Ba型	Bb型
三期	西汉晚期至新莽时期	Ⅰ (M23)	Ⅱ (M73)		
四期	东汉早期	Ⅲ (M75)	Ⅲ (M87)	Ⅳ (M41) M12	M46
五期	东汉中期			Ⅳ (M68) M39	
六期	东汉晚期			M79	

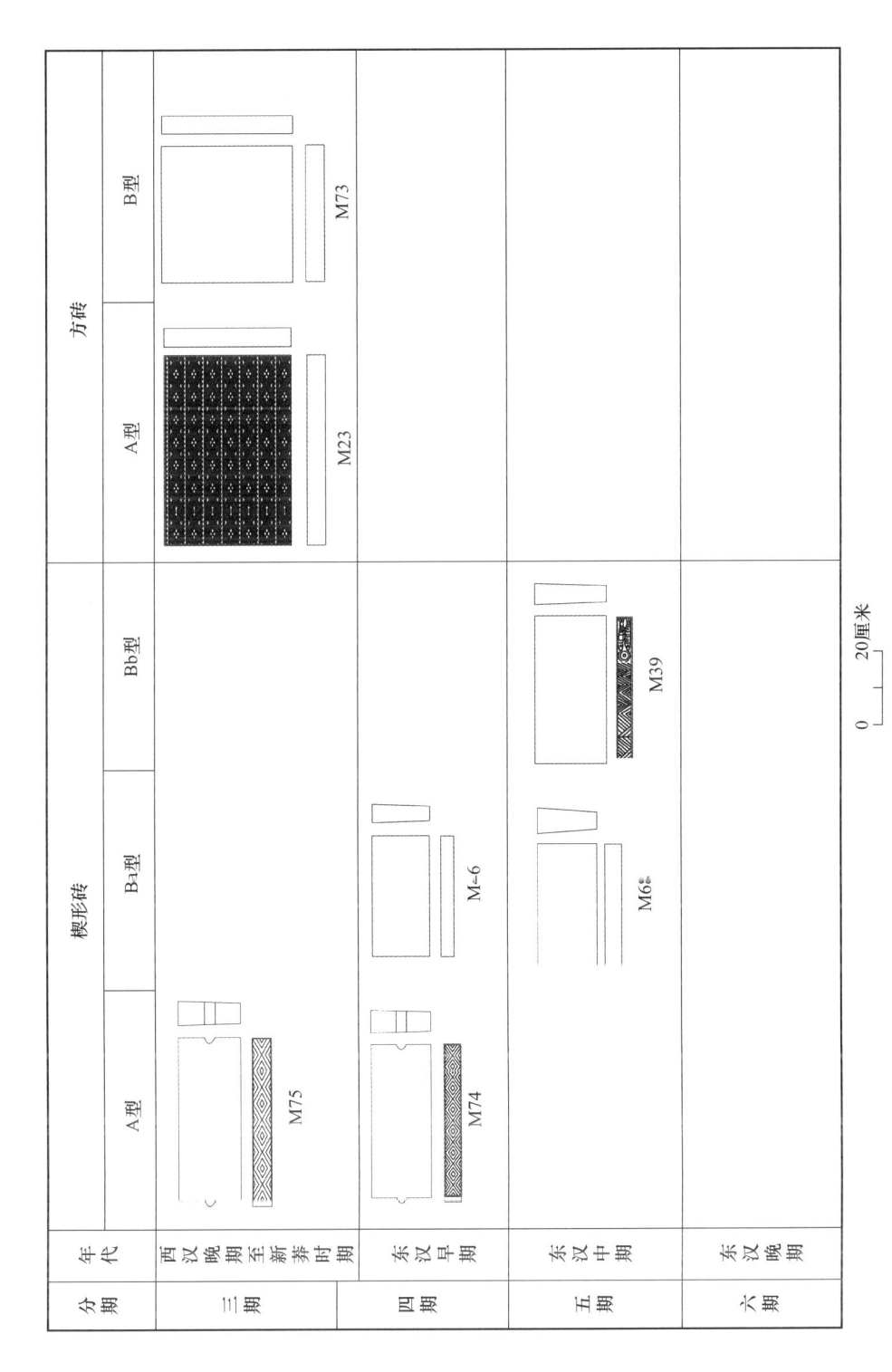

图八 泉眼沟墓砖形制演变图

（XYNⅢT22③：30）上有三重、四重套合的四方连续菱形纹[①]。类似的这种菱形纹图案空心砖在咸阳西汉中后期的36号空心砖墓[②]、在洛阳烧沟西汉中期至西汉末年的空心砖墓都有出土[③]。此外，辽宁绥中石碑地遗址出土的秦至西汉初年的实心小砖为双层排列的两重套合菱形纹[④]。这些都说明两者的年代比较接近。这也可以作为判定本期墓砖年代的依据之一。

2. 第四期（东汉早期）

本期墓葬有14座，其中砖室墓13座，砖棺墓1座。

已不见方砖，铺地用长方砖。长方砖和楔形砖既有带子母榫的，又有无子母榫的，但子母榫均为小型。墓砖类型有A型Ⅲ式、A型Ⅳ式、Ba型、Bb型长方砖，A型、Ba型楔形砖。

本期墓砖纹样的突出特点是均为菱形纹，类型和风格与前期基本相同，只是不见多层菱形纹。长方砖的纹样仍在墓砖一侧，大多为单层菱形纹，个别的为双层菱形纹。双层菱形纹每层分别有6个半和4个半菱形组成的二方连续图案，单层菱形纹为6个半、4个半和3个半菱形组成的二方连续图案。楔形砖也都是单层菱形纹，为6个半和4个半组成的二方连续图案。

所有菱形多为四重套合、三重套合，仅有少量为五重套合。

本期除了个别墓还有带空心砖纹饰风格的双层菱形纹之外，基本都是典型的小砖纹饰风格。

3. 第五期（东汉中期）

本期墓葬有10座，均为砖室墓。

墓砖的特点是无论砌筑墓壁、券顶还是铺地，所用墓砖都无子母榫，仅个别墓葬封门还使用带子母榫的长方砖（可能为旧砖）。墓砖的类型有A型Ⅳ式、Ba型长方砖，Ba型、Bb型楔形砖。

墓砖纹样的突出特点是出现了一个画面中既有二方连续的图案，又有带绘画风格的纹样。此外，纹样题材丰富，有菱形纹、平行折线纹、鱼纹、钱纹和"胜"纹，其中以菱形纹和平行折线纹为主。

双层菱形纹消失，单层菱形纹可分为5个半、4个半、3个半和2个半分栏菱形等

---

① 陕西省考古研究所：《秦都咸阳考古报告》，科学出版社，2004年，第453页。
② 咸阳市文管会、咸阳市博物馆：《咸阳市空心砖汉墓清理简报》，《考古》1982年第3期，图九。
③ 洛阳区考古发掘队：《洛阳烧沟汉墓》，科学出版社，1959年，第88、90页；图四六，3～6；图四八，1。
④ 辽宁省文物考古研究所：《辽宁绥中县"姜女坟"秦汉建筑遗址发掘简报》，《文物》1986年第8期，图八，8。

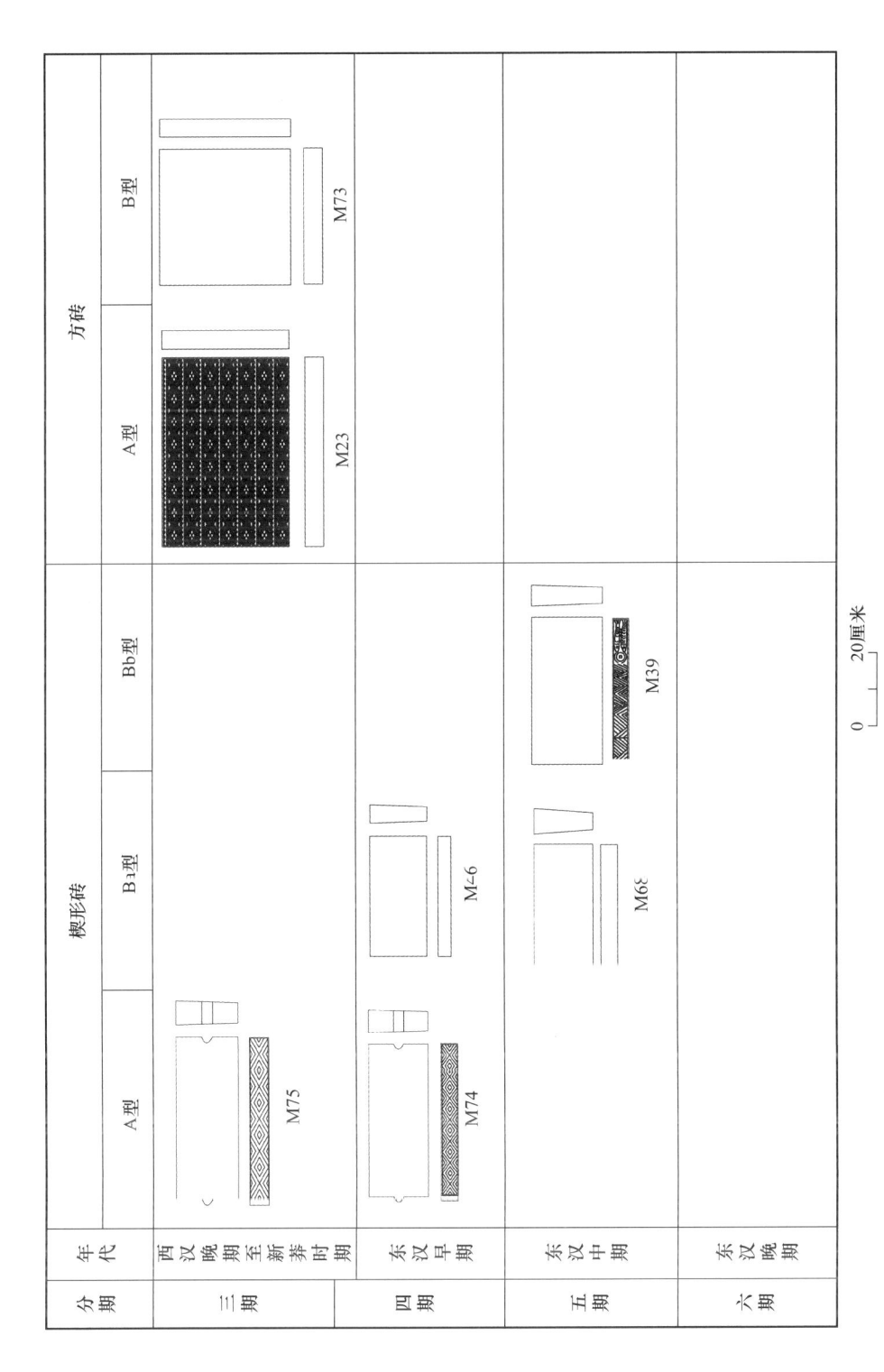

图八 泉眼沟墓砖形制演变图

（XYNⅢT22③：30）上有三重、四重套合的四方连续菱形纹[1]。类似的这种菱形纹图案空心砖在咸阳西汉中后期的36号空心砖墓[2]、在洛阳烧沟西汉中期至西汉末年的空心砖墓都有出土[3]。此外，辽宁绥中石碑地遗址出土的秦至西汉初年的实心小砖为双层排列的两重套合菱形纹[4]。这些都说明两者的年代比较接近。这也可以作为判定本期墓砖年代的依据之一。

2. 第四期（东汉早期）

本期墓葬有14座，其中砖室墓13座，砖棺墓1座。

已不见方砖，铺地用长方砖。长方砖和楔形砖既有带子母榫的，又有无子母榫的，但子母榫均为小型。墓砖类型有A型Ⅲ式、A型Ⅳ式、Ba型、Bb型长方砖，A型、Ba型楔形砖。

本期墓砖纹样的突出特点是均为菱形纹，类型和风格与前期基本相同，只是不见多层菱形纹。长方砖的纹样仍在墓砖一侧，大多为单层菱形纹，个别的为双层菱形纹。双层菱形纹每层分别有6个半和4个半菱形组成的二方连续图案，单层菱形纹为6个半、4个半和3个半菱形组成的二方连续图案。楔形砖也都是单层菱形纹，为6个半和4个半组成的二方连续图案。

所有菱形多为四重套合、三重套合，仅有少量为五重套合。

本期除了个别墓还有带空心砖纹饰风格的双层菱形纹之外，基本都是典型的小砖纹饰风格。

3. 第五期（东汉中期）

本期墓葬有10座，均为砖室墓。

墓砖的特点是无论砌筑墓壁、券顶还是铺地，所用墓砖都无子母榫，仅个别墓葬封门还使用带子母榫的长方砖（可能为旧砖）。墓砖的类型有A型Ⅳ式、Ba型长方砖，Ba型、Bb型楔形砖。

墓砖纹样的突出特点是出现了一个画面中既有二方连续的图案，又有带绘画风格的纹样。此外，纹样题材丰富，有菱形纹、平行折线纹、鱼纹、钱纹和"胜"纹，其中以菱形纹和平行折线纹为主。

双层菱形纹消失，单层菱形纹可分为5个半、4个半、3个半和2个半分栏菱形等

---

[1] 陕西省考古研究所：《秦都咸阳考古报告》，科学出版社，2004年，第453页。
[2] 咸阳市文管会、咸阳市博物馆：《咸阳市空心砖汉墓清理简报》，《考古》1982年第3期，图九。
[3] 洛阳区考古发掘队：《洛阳烧沟汉墓》，科学出版社，1959年，第88、90页；图四六，3~6；图四八，1。
[4] 辽宁省文物考古研究所：《辽宁绥中县"姜女坟"秦汉建筑遗址发掘简报》，《文物》1986年第8期，图八，8。

组成的二方连续图案，其中以4个半的为多。菱形多为三重套合，另有少量为五重、四重和两重套合。

平行折线纹中的波浪形平行折线纹数量很少，而三角形平行折线纹则数量多、图案种类变化多样，分别有6个、5个、4个半、4个、3个三角形等构成的二方连续图案，还有三角形平行折线纹与钱纹、"胜"纹和鱼纹组合，三角形平行折线纹与钱纹和鱼纹组合，以及三角形平行折线纹与鱼纹组合等图案。本期折线以七条平行为主，另有很少量的为十二条、五条和四条平行的。

4. 第六期（东汉晚期）

属于本期的墓葬有7座，均为砖室墓。

本期墓砖形制统一，墙砖和地砖都是无子母榫的Ba型长方砖，由于墓葬被破坏严重，券顶砖的情况不详，但推测应还是用无子母榫楔形砖。

墓砖装饰最大的变化是除了在一侧有纹样之外，也出现在墓砖两端有纹样或文字的。纹样以平行折线纹为主，菱形纹仅见于M79和M80这两座相连的墓。除了这两类之外，新出现了网格纹。

菱形纹墓砖的一侧都是以3个半或2个半的二方连续的单层菱形纹，一端为单层菱形纹或网格纹，另一端为阳线的铭文。菱形都是两重套合。

平行折线纹仍分为三角形和波浪形两型，但后者的数量大增。本期的三角形平行折线纹有6个半、4个半、4个三角形构成的二方连续图案和变形三角形图案。波浪形平行折线纹有4个半、4个、3个单层波浪形构成的二方连续图案。折线以五条平行为主，另有少量的为八条、六条、四条、三条平行。

本期有"熹平""四年八月"等两种铭文砖（见图七）。这两种铭文内容应该都与纪年有关，合在一起释读即为"熹平四年八月"，熹平四年即公元175年。纪年砖的出现可以为本期墓砖的年代判断提供更为直接的证据。

六、墓砖的发展演变

根据以上对各期墓砖特征的讨论结果，可从形制和纹样两方面来总结泉眼沟墓地的墓砖发展演变特点。

1. 墓砖形制演变

总体演变趋势是从形制种类较多到形制种类相对较少，即从第三期有方砖、长方砖和楔形砖三类到第四期以后仅有长方砖和楔形砖两类。

长方砖的演变趋势是从厚变薄、从带子母榫到无子母榫，其中第三期均为厚型（A型Ⅰ式）和较厚型（A型Ⅱ式、A型Ⅲ式）带子母榫砖，到第四期厚型带子母榫砖已消失，新出现了薄型（A型Ⅳ式）带子母榫砖和无子母榫砖，第五期砌筑墓室均用无子母榫砖，薄型（A型Ⅳ式）带子母榫砖（可能使用旧砖）仅在个别墓中用于封门，第六期仅为无子母榫砖。

楔形砖的演变趋势也是从带子母榫到无子母榫，其中第三期仅见带子母榫的，第四期多数为带子母榫的，少量为无子母榫的，第五期则均为无子母榫的，第六期情况不详。

2. 墓砖纹样演变

可从以下几方面进行归纳。

位置：第三期除了方砖纹样装饰在砖正面之外，其他都装饰在砖的一侧；到第四、五期由于方砖的消失而所有纹样均在砖的一侧；到第六期除延续前期之外，新出现在长方砖三面有纹样，即除了在一侧之外，两端也装饰纹样。

题材：第三期以菱形纹为主，仅有很少的菱形卷草纹；第四期均为菱形纹；第五期较为丰富多样，除了菱形纹之外，新出现了平行折线纹、鱼纹、钱纹和"胜"纹；第六期平行折线纹最为盛行，菱形纹大为减少，新出现网格纹和文字砖。

构成：第三期的主要特点是均为二方连续图案，并且是多层、双层和单层并存。第四期仍然均为二方连续图案，但多层消失，双层也很少。第五期主要特点是纹样均为单层，除了单纯的二方连续图案之外，新出现了图案性纹样与各种图画性纹样共出在同一画面，变化也较为多样。第六期延续前期，但未见图案性与图画性装饰共出在同一画面。

菱形纹：这是该墓地最重要的纹样，不但构成变化丰富，数量最多，延续时间也最长。每层菱形的数量和每个菱形套合数量演变的总体趋势都是从多到逐渐减少。第三期的图案多为双层，少量为多层和单层，每层由 8 个至 4 个半菱形组成。每个菱形多为四重套合、三重内加田字形套合，少量为三重套合。第四期图案以单层为主，个别为双层，多层消失；每层为 6 个半至 3 个半菱形组成；每个菱形多为三重套合，少量四重、五重套合。第五期图案仅为单层；由 5 个半至 2 个半菱形组成；每个菱形套合情况同前，只是出现少量两重套合。第六期仍仅为单层，菱形纹由 3 个半至 2 个半组成；每个菱形仅为两重套合；新出现菱形纹与网格纹和铭文出现在同一块砖的不同部位上。

风格：总体上都是以图案性装饰为主，其中第三、四期都为图案性装饰，第五期新出现少量图画性装饰，第六期又新出现铭文装饰。装饰风格总体演变趋势是从繁复逐渐简约，具体体现在二方连续排列图案的菱形纹层数、每层的排列数量、每个菱形套合数量，以及平行折线纹的每组平行线数量等随着年代的推移都在逐渐减少。

七、结　　语

以上是以年代学研究为视角，从形制和装饰纹样等两方面对淅川泉眼沟墓地的墓砖进行分析，并归纳其发展演变特征。可以看出，无论是墓砖的形制，还是墓砖装饰的位置、题材、构成、风格及某些重要纹饰，其发展演变都表现出较强的规律性。墓砖发展演变的这种规律性反过来也对报告中墓葬分期结论的可靠性是一种检验。

笔者认为，正是由于墓砖自身发展演变表现出来的这种规律性的存在，才可将其作为砖室墓年代学研究时的一种依据。其次，如果要将墓砖作为墓葬年代学研究的依据，那么首先需要对单个墓地中的墓砖进行系统研究，然后才是在此基础上对某一区域范围及不同时代的墓砖进行系统研究。系统研究的前提，是需要在田野考古工作中对每座墓的墓砖信息进行系统、全面地收集。应该指出，目前无论是对墓砖的年代学研究，还是在田野考古中对有关墓砖信息的全面收集，其重视程度都是不够的。

附记：在本论文集中，将《江汉考古》发表时删减压缩的部分内容又再次加入该文中，因此与原《江汉考古》发表的论文内容略有差异。

（与吴闽莹合作，原载《江汉考古》2019年第2期）

东汉画像崖墓研究

一、引　言

　　本文所指的崖墓画像是一种广义的画像（除了一般意义上所讲的画像之外），其中也包括单体的石刻雕像，它们的共同特点均是利用山岩雕刻，并与崖墓连为一体。画像崖棺虽然也是利用山岩开凿并与崖墓连为一体，但是由于其功能上的特殊性和具有相对独立的空间，笔者将画像崖棺与可移动的画像石棺视为同类，并已撰文进行了研究[①]，本文不再重复。

　　无论是东汉的画像崖墓还是普通崖墓都分布在西南地区，尤其集中在四川盆地内，成为这一地区一种颇具地方特点的墓葬。崖墓数量极多，仅四川地区保存至今的就有数万座，画像崖墓仅在其中占很小的比例。

　　画像崖墓为现代学术界所注意，始于1903年日本学者鸟居龙藏对岷江沿岸崖墓的考察。此后，1908～1950年，英国学者陶然士（T. Torrance）[②]，法国学者法占（Gilbert de Voisins）、色伽兰（Victor Segalen）[③]，美国学者葛维汉（David C. Graham）、艾瑞兹（Erez），中国学者杨枝高[④]、商承祚[⑤]、郑德坤[⑥]等都对画像崖墓进行过考察研究。考察区域主要集中在川西地区的新津至乐山一带岷江沿岸，著名的乐山麻浩一号崖墓即为当时所发现。1941年，川康古迹考察团对四川彭山江口一带的汉代崖墓进行了大规模

[①] 罗二虎：《汉代画像石棺研究》，《考古学报》2000年第1期。

[②] Torrance Thomas, Burial customs in Sz-chuen, *Journal of the North-China Branch of the Royal Asiatic Society*, Vol.XL, 1910. 见上海图书馆整理：《皇家亚洲文会北华支会会刊》（1858—1948）第21册，上海科学技术文献出版社，2013年，第507～547页。

[③] 冯承钧曾根据色伽兰著的初步报告译为《中国西部考古记》（尚志学会丛书），于1930年由商务印书馆出版。1935年色伽兰的正式报告《汉代墓葬艺术》在巴黎出版（*L'art Funéraire e L'époque des Han*, Mission archéologique en Chine 1914, Paris, 1935）。

[④] 杨枝高：《四川崖墓略考》，《华文月刊》1卷第6期，1942年。

[⑤] 商承祚：《四川新津等地汉崖墓砖墓考略》，《金陵学报》第10卷第1、2期，1940年。

[⑥] 郑德坤：《四川古代文化史》，华西大学博物馆，1946年。

发掘，其中有部分为画像崖墓[①]。

20世纪50年代以来，随着大规模考古工作的开展，陆续发表了许多经科学调查和发掘的画像崖墓资料，整个汉代的画像和崖墓的研究也都有很大进展。这为汉代画像崖墓的研究奠定了较好的基础。但目前为止尚未有人对整个东汉画像崖墓的资料进行系统的整理和综合性研究。本文在前人研究和对已知汉代画像崖墓进行系统整理的基础上，对画像崖墓进行初步的综合研究。由于画像崖墓涉及的问题广泛，本文将重点放在基础研究方面。

二、类型与画像位置

东汉画像崖墓与同时期普通崖墓的形制结构、规模基本相同。崖墓的平面形式多样，有繁有简。笔者根据正室数量多寡和所在位置不同曾将其分为六型[②]，现根据新的崖墓资料可增加一型——五重室墓。所有画像崖墓也都全部可纳入这一分类系统中。主要特点和画像出现位置分述如下。

A型　单室墓。多为小型墓，少量中型墓。数量多，形式多样。在主轴线上仅有一个正室。画像主要出现在墓室内、墓门框外侧和墓外崖壁上。如长宁七个洞5号墓，小型墓，长方形单室，画像主要分布在墓外崖壁上，另有少量在墓门框外侧[③]（图一）。又如彭山豆芽坊176号墓，中型墓，狭长方形单室，还有两棺室和壁龛、灶台案龛等。画像石刻和仿木建筑雕刻装饰均分布在墓外侧门楣上[④]（图二）。

B型　双重室墓。多为中型墓，少数大型墓，数量多。在中轴线上有两个正室。画像多出现在墓穴内。如宜宾叙州黄伞11号墓，中型墓，前室长方形纵列，后室长方形横列，后室两侧各有一崖棺。画像出现在后室内壁，在后室门前方有仿木建筑雕刻装饰[⑤]（图三）。

C型　三重室墓。为大、中型墓。在中轴线上有三个正室。画像多出现在墓穴内。如三台郪江松林嘴1号墓，大型墓，正室均为长方形纵列，两侧还有一至数个侧室和耳室，画像和仿木建筑雕刻装饰分布在墓室侧壁、内壁和顶部[⑥]（图四）。

[①]　南京博物院编：《四川彭山汉代崖墓》，文物出版社，1991年。
[②]　罗二虎：《四川崖墓的初步研究》，《考古学报》1988年第2期。
[③]　罗二虎：《长宁七个洞崖墓群汉画像研究》，《考古学报》2005年第3期。
[④]　南京博物院编：《四川彭山汉代崖墓》，文物出版社，1991年，第12页。
[⑤]　四川大学历史系七八级考古实习队、宜宾县文化馆：《四川宜宾县黄伞崖墓群调查及清理简报》，《考古与文物》1984年第6期。
[⑥]　四川省文物考古研究院、绵阳市博物馆、三台县文物管理所：《三台郪江崖墓》，文物出版社，2007年，第146～153页。

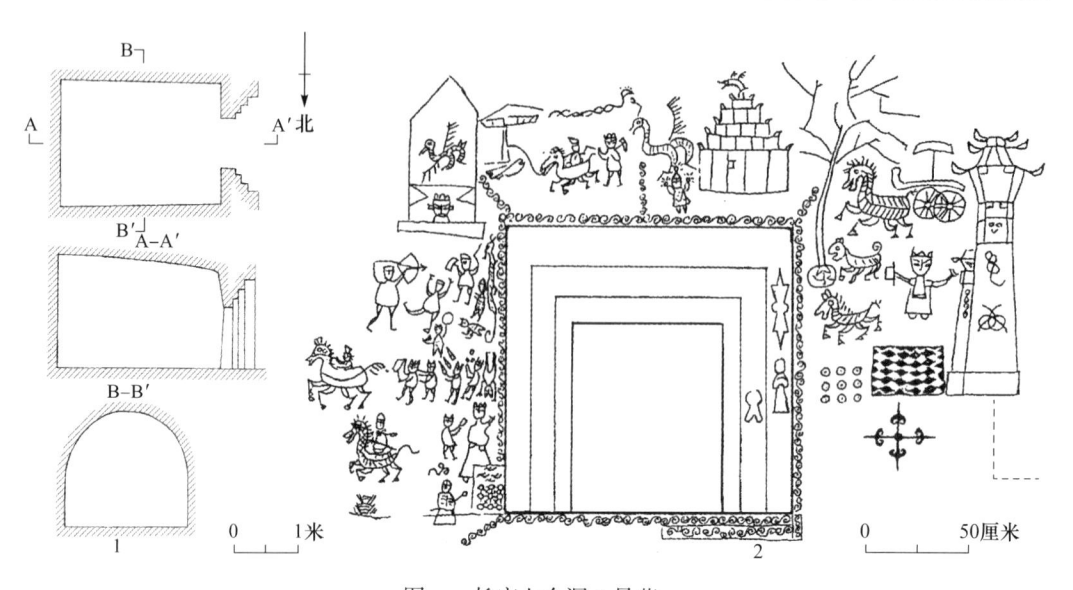

图一　长宁七个洞 5 号墓
1. 平面、剖视图　2. 墓门及门外崖壁画像

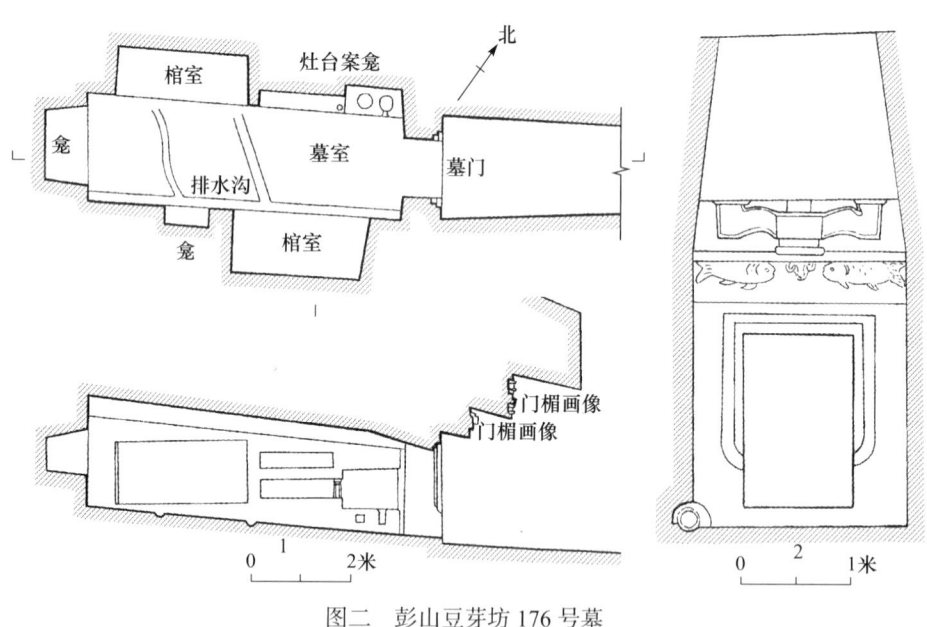

图二　彭山豆芽坊 176 号墓
1. 平面、剖视图　2. 墓门外侧画像石刻

D 型　四重室墓。为大、中型墓，数量很少，在中轴线上有四个正室。如中江塔梁子 6 号墓，正室均略呈前窄后宽的梯形，一侧或两侧有侧室、壁龛、房形崖棺和龛形崖棺等，画像和仿木建筑雕刻装饰分布在甬道和侧室内的壁面和顶部[①]（图五）。

---

① 四川省文物考古研究院、德阳市文物考古研究所、中江县文物保护管理所：《中江塔梁子崖墓》，文物出版社，2008 年，第 41～47 页。

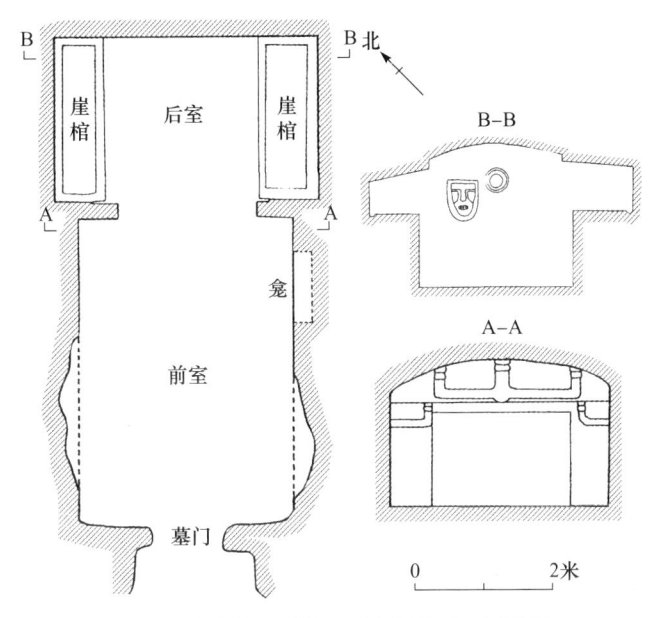

图二 宜宾叙州黄伞 11 号墓平面、剖视图

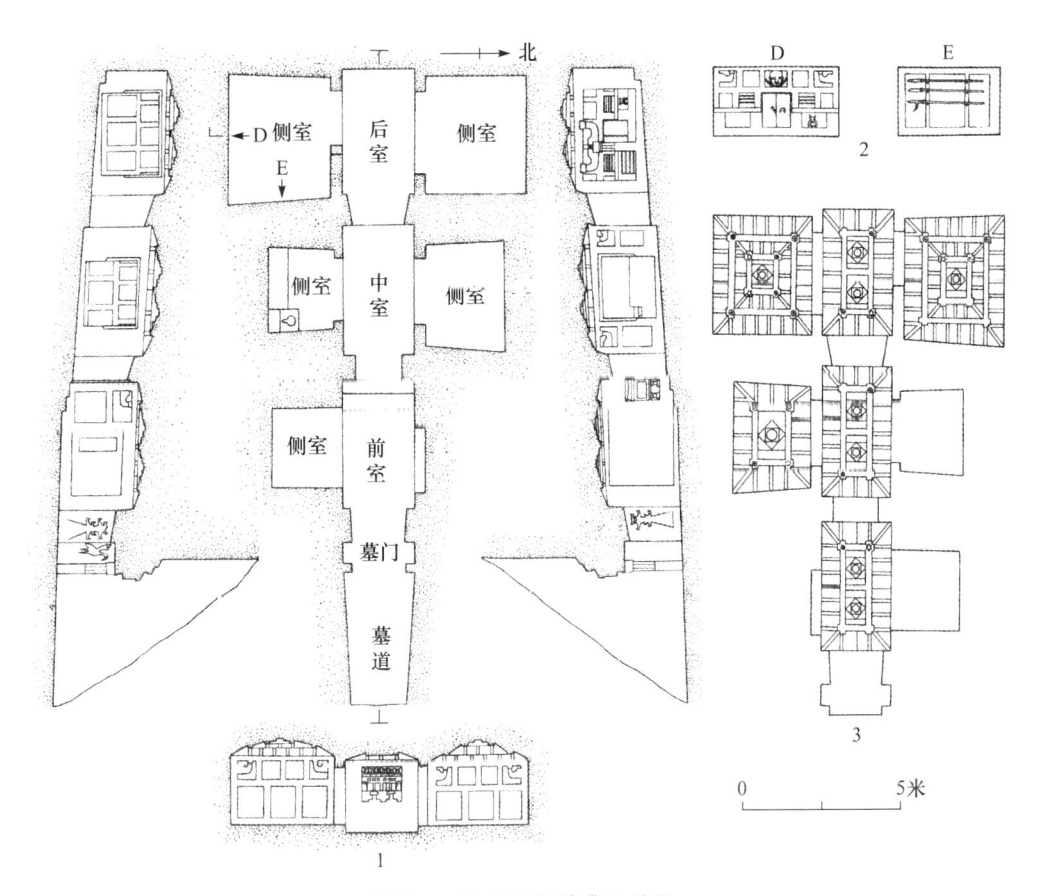

图四 三台郪江松林嘴 1 号墓
1. 墓室平面、剖视图 2. 侧室立面图 3. 墓室顶面图

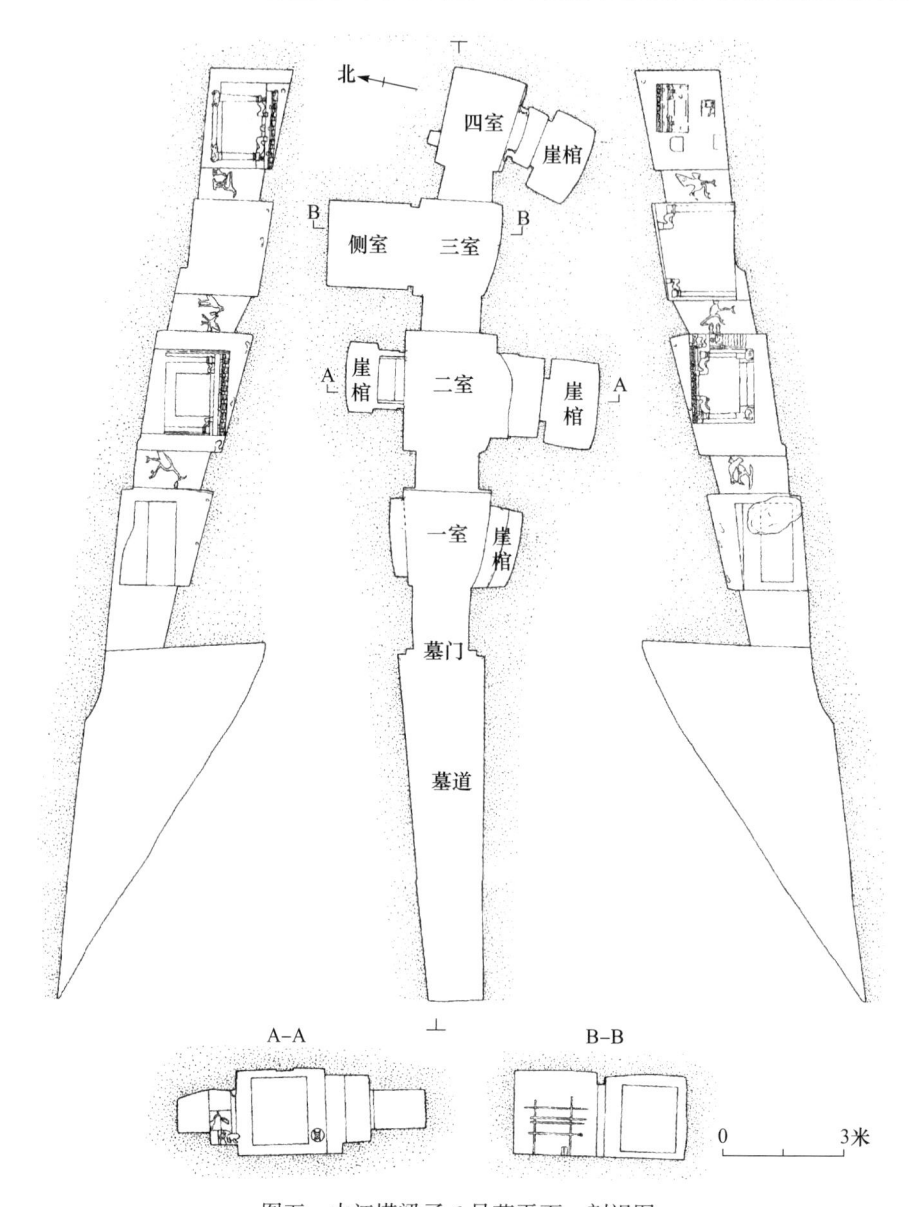

图五 中江塔梁子6号墓平面、剖视图

E型 五重室墓。大型墓,目前仅发现一座,在中轴线上有五个正室。中江塔梁子3号墓,墓室长21.95米,总长33.25米,正室均长方形纵列,两侧有多个侧室、房形崖棺、灶台案凳等。画像和仿木建筑雕刻装饰分布在正室的室门前方和侧壁、侧室的壁面和顶部,在墓门外两侧还各有一个半立雕的石羊,此外还有壁画和墨书题记[1](图六、图七)。

---

[1] 四川省文物考古研究院、德阳市文物考古研究所、中江县文物保护管理所:《中江塔梁子崖墓》,文物出版社,2008年,第19~33、57~64页。

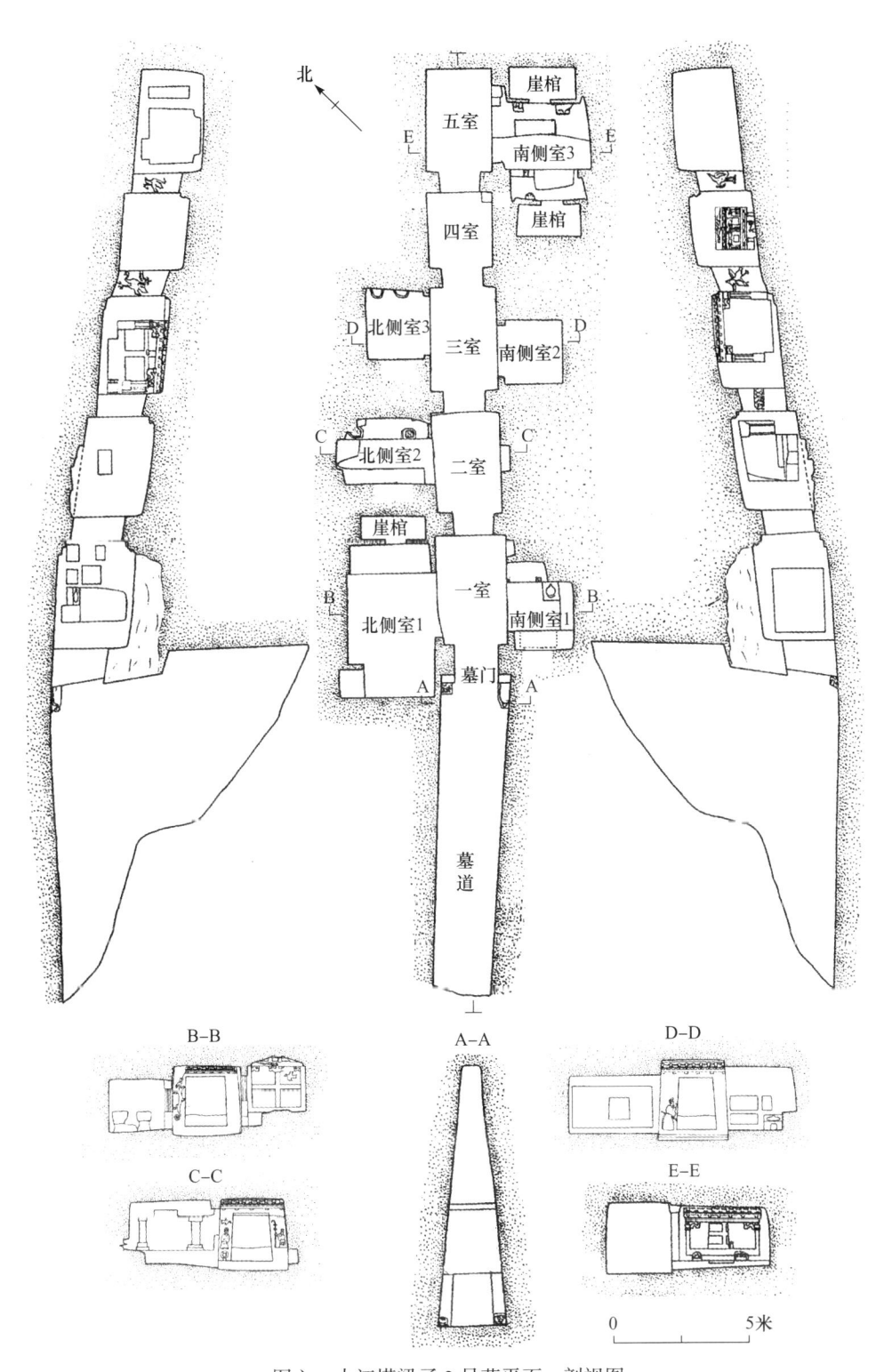

图六 中江塔梁子3号墓平面、剖视图

F型　侧堂墓。为大、中型墓。侧堂为此墓的主室，正室的数量为一两个。画像很少，出现在墓门的门楣上和墓室内。如彭山王家沱460号墓，中型墓，有一狭长方形正室，侧堂近方形，内有崖棺和灶台案凳，画像石刻和仿木建筑雕刻装饰分布在墓门外门楣上方，在侧堂入口处有一立雕的立柱斗拱建筑装饰[①]（图八）。

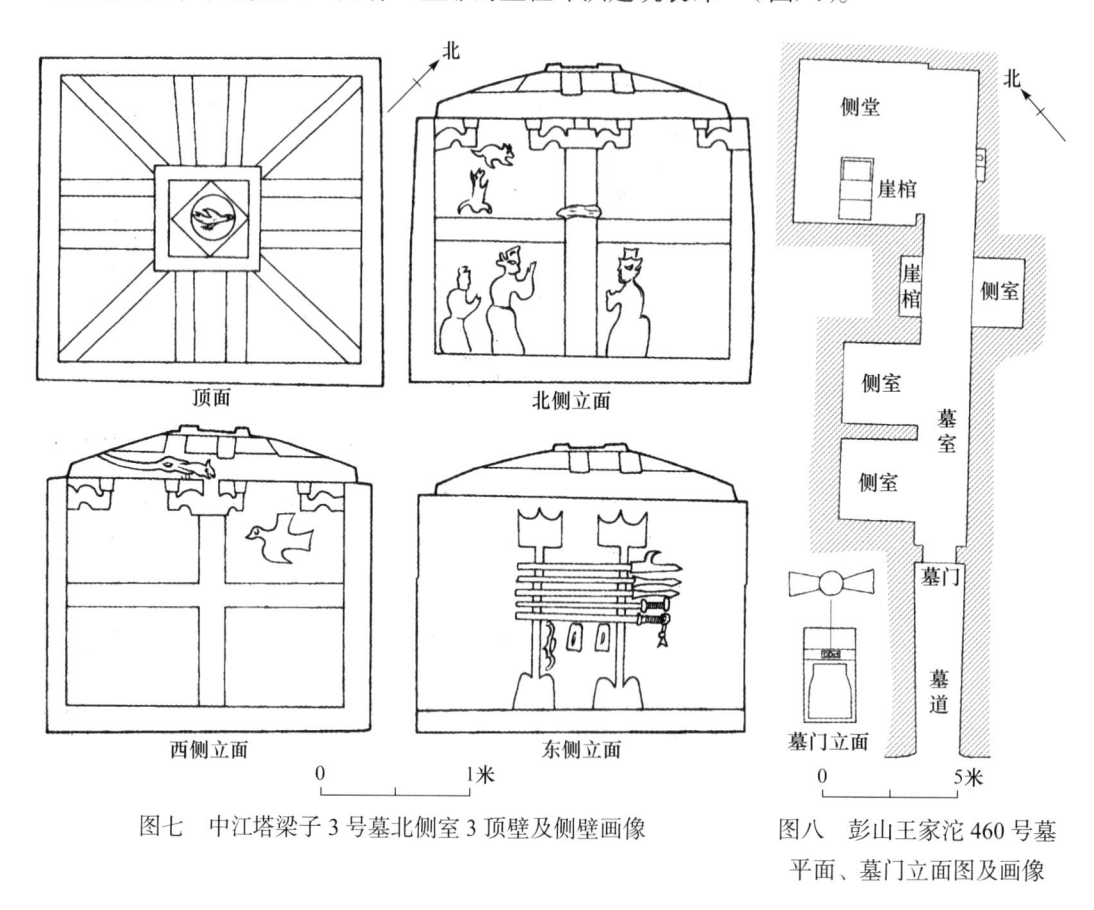

图七　中江塔梁子3号墓北侧室3顶壁及侧壁画像

图八　彭山王家沱460号墓平面、墓门立面图及画像

G型　前堂后穴墓。多为大型墓，少量中型墓。墓穴前有一个前堂，前堂内壁开凿的墓穴有1~7个。几乎每墓都有画像或建筑装饰，并都分布在前堂内和前堂门外。如乐山麻浩一号墓，在前堂内壁上开凿三个墓穴，每个墓穴都为双重墓室。每个墓穴的后室两侧均有侧室、崖棺、壁龛和灶台案凳等。在前堂内和前堂门外都有画像石刻和建筑装饰雕刻[②]（图九~图一一）。

应该指出的是，画像崖墓基本都属于本地区或本墓地内墓葬规模较大、制作较精美者。在画像崖墓内还普遍同时雕刻仿木结构的建筑装饰。

[①]　南京博物院编：《四川彭山汉代崖墓》，文物出版社，1991年，第6页。
[②]　乐山市文化局：《四川乐山麻浩一号崖墓》，《考古》1990年第2期。

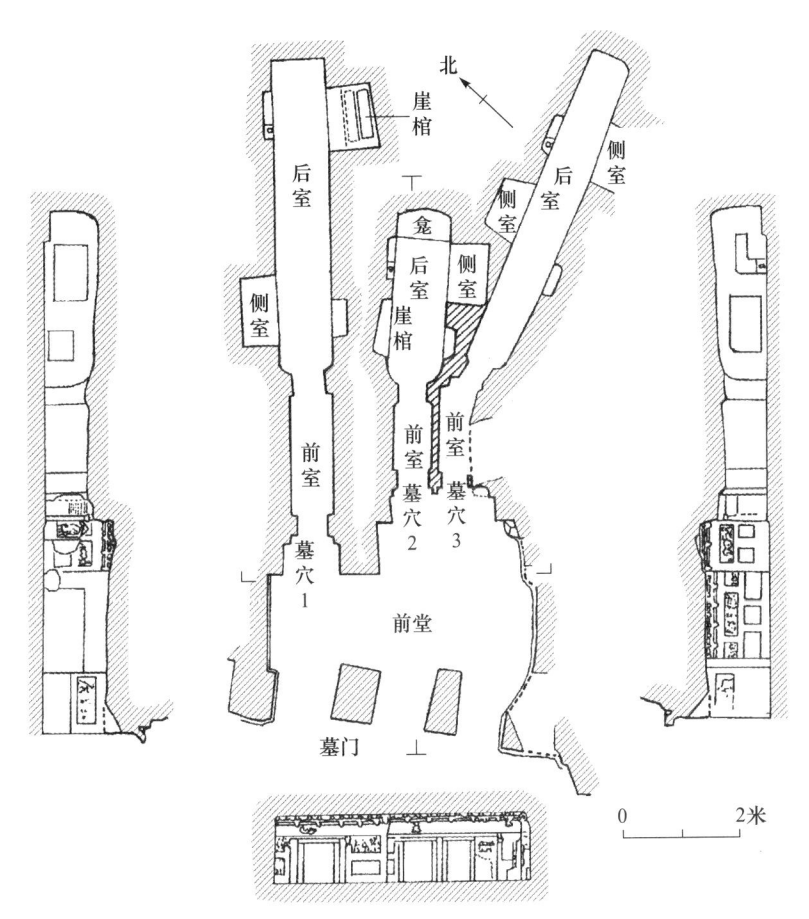

图九　乐山麻浩一号墓平面、剖视图

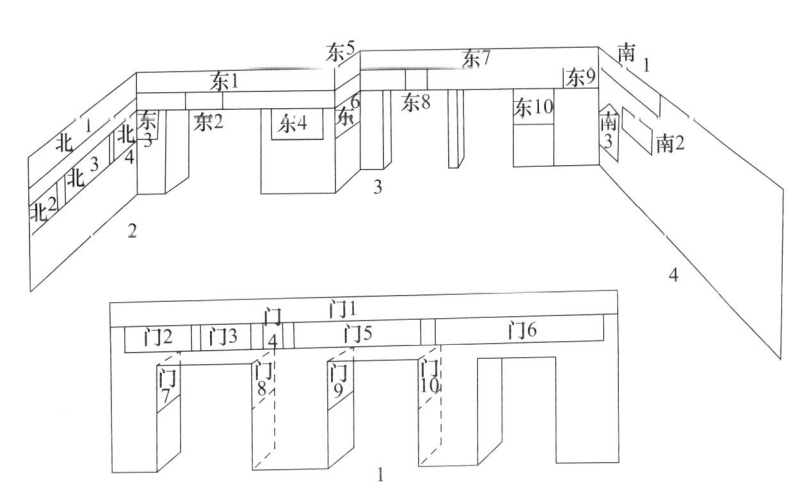

图一〇　乐山麻浩一号墓墓门、前堂画像位置示意图（附编号）
1. 墓门　2. 前堂北壁　3. 前堂东壁　4. 前堂南壁

图一一　乐山麻浩一号墓前堂、前堂门外部分画像石刻
1. 荆轲刺秦王画像（北2～4）　2. 挽马图（东6）　3. 鱼（南1）　4. 铺首、瓦当画像石刻（东7）
5. 接吻、跪羊、乐人、兽、斗拱画像石刻（门6）

三、画像内容分类

关于汉代画像内容分类，以往研究者多着眼于对汉代社会的研究，将其大体分为社会现实生活与生产、历史人物故事、祥瑞神话、自然景物、装饰图案等类。虽然每位研究者的分类各有差异，但大都不出上述范围。

笔者认为，墓葬中出现的画像，其本身就是丧葬行为的产物，而画像的内容也与当时的丧葬观念有关。画像在墓葬中出现的位置有一定规律，哪些位置出现哪些内容的画像也有一定规律。这些安排都取决于当时流行的丧葬观念和墓主个人的主观愿望。

一般来说，墓葬中普遍出现的画像内容应是当时流行的丧葬观念的反映，而很少出现的、较为特殊的画像内容则常常可能表达墓主个人的愿望，体现墓主的人生观和价值观。这种个人愿望在某种意义上反映了个人的丧葬观念。依据上述原则，可将东汉崖墓画像的内容分为如下四类：仙境与升仙、生殖崇拜、驱鬼镇墓、吉祥（附表一）。

应该指出，汉代画像从形象上讲具有确定性，但在含义上却具有一定的模糊性，一种画像有时具有几种不同的含义，可以进行多种解释。由此也造成了研究者解释的分歧。

第一类：仙境与升仙。可再分仙境情景、墓主升仙、生前生活和历史人物四小类。

（1）仙境。表现仙境内情景或象征仙境的图像很多。

"胜"纹。为西王母头上所戴之物。《山海经·西山经·西次三经》载："西王母其状如人，豹尾虎齿而善啸，蓬发戴胜。"① 因此"胜"纹可象征西王母或西王母仙境。

蟾蜍。《初学记》卷一引《淮南子》佚文载："羿请不死之药于西王母，羿妻姮娥窃之奔月，托身于月，是为蟾蜍，而为月精。"② 由于蟾蜍是希望不死而服了西王母的不死之药变成月精，所以它也成为祈求不死者的偶像和长寿的象征。在汉代画像中，蟾蜍常在西王母身边出现，因此其单独出现也可象征仙境。

玉兔。汉代以前似乎已有兔出于月的观念。汉代的神仙思想和人们幻想长生不老的愿望，又使玉兔与西王母结合起来，因此玉兔的出现可象征仙境。

嘉禾。《山海经·海内西经》载："昆仑之虚，方八百里，高万仞。上有木禾，长五寻，大五围。"③ 由于它生于昆仑山上，与西王母有关，故随着西王母崇拜的盛行，也演化成"德至地，则嘉禾生"④ 的祥瑞。

莲花。作为生长于仙境天国的珍草来象征天国仙境。莲花在佛教中是有特殊含义的重要植物，佛座多为莲花形。莲花在汉画像中出现，当与佛教传播有关。

神树（柱铢）。为天国仙境之物。简阳鬼头山崖墓3号石棺右侧画像的神树上方有榜题"柱铢"。有学者认为此树可能就是《山海经》中所言的"珠树"⑤。

嘉瓜。多置于墓门外或墓室门外的门楣上方，均为半立雕或高浮雕，应为某种植物果实。《史记·封禅书》载：仙者"安期生食巨枣，大如瓜。"仙人食枣之说在汉代十

---

① 袁珂校注：《山海经校注》，巴蜀书社，1993年，第59页。
② （唐）徐坚等：《初学记》，《景印文渊阁四库全书·子部一九六》第890册，台湾商务印书馆，1983年，第17页。
③ 袁珂校注：《山海经校注》，巴蜀书社，1993年，第344、345页。
④ （汉）班固：《白虎通德论·封禅》卷五，《四部丛刊》（初编）第74册，上海书店，1989年，第2页。
⑤ 赵殿增、袁曙光：《"天门"考——兼论四川汉画像砖（石）的组合与主题》，《四川文物》1990年第6期。

分流行，汉镜上也有"上有仙人不知老，渴饮玉泉饥食枣"的铭文。这种嘉瓜也许就是大如瓜的巨枣。从其出现的位置看，也应是仙境中的祥瑞植物，用以象征天国仙境。

太阳（金乌）。出现在墓室顶部，象征天国仙境。

云纹。其特征是"若烟非烟，若云非云，郁郁纷纷，萧索轮困"[1]，因此又称"云气"。作为一种具有特殊含义的符号，常在墓门或画面周围，象征墓穴或画面内各种物象均在仙气缭绕的天国仙境之中。

山形纹。西王母有时居山形座上。其特征呈锯齿状，常在门楣上方，已成为一种抽象符号，象征昆仑山仙境。

柿蒂纹。常在门楣上方，有时与"胜"纹一起出现，也是一种天国仙境的象征。

凤鸟。《山海经·大荒西经》载："有五采鸟三名，一曰皇鸟、一曰鸾鸟、一曰凤鸟。"[2]此为祥瑞神鸟，出于西方神山，常出现在墓门楣上或画像中的天门上以象征天国仙境。

天禄、辟邪。长有双翼。《汉书·西域传》载乌弋山离国"有桃拔、师子、犀牛"。师古《注》："孟康曰：桃拔一名符拔，似鹿，长尾。一角者或为天鹿，两角者或为辟邪"[3]。

阙（天门）。出现频率较高的内容之一，仅乐山一地就有75处[4]，均在墓门外或墓室门外两侧。过去视为"阙"或"亭"，象征墓主的地位和官阶[5]。但在简阳鬼头山崖墓3号石棺上有榜题"天门"的双阙画像[6]，在长宁七个洞4号墓门外单阙画像旁也发现有"赵是（氏）天门"榜题[7]。可知阙在墓中出现是象征墓主死后将通过天门进入天国。

门人（大司）。多位于墓门或甬道侧，过去依据史书和北方汉墓中所见榜题将其称为"亭长"或"卫卒"，但根据简阳鬼头山崖墓3号石棺上的题榜，可知站在天门（双阙）之中戴高冠着长袍的吏人应为主守天门的"大司"。

仙人。在形象上有各种不同的特征，并多为博弈、抚琴、乐舞杂技。不过这些画

---

[1] 《艺文类聚》卷九十八引《史记》，《景印文渊阁四库全书·子部一九四》第888册，台湾商务印书馆，1983年，第946页。

[2] 袁珂校注：《山海经校注》，巴蜀书社，1993年，第453页。

[3] （汉）班固撰，（唐）颜师古注：《汉书》，中华书局，1962年，第3889页。

[4] 唐长寿：《乐山崖墓和彭山崖墓》，电子科技大学出版社，1994年，第45页。

[5] 陈明达：《汉代的石阙》，《文物》1961年第12期；罗伟先：《"社稷亭"画像砖试探》，成都市博物馆编：《成都汉代画像砖（石）资料选集》（内部资料），1990年，第85~94页；张肖马：《四川汉代石阙与"阙"画像砖浅论》，成都市博物馆编：《成都汉代画像砖（石）资料选集》（内部资料），1990年，第95~103页。

[6] 内江市文管所、简阳县文化馆：《四川简阳县鬼头山东汉崖墓》，《文物》1991年第3期。

[7] 罗二虎：《长宁七个洞崖墓群汉画像研究》，《考古学报》2005年第3期。

面有一个共同特点，就是为自娱性质的活动，多无观赏者，应是为了着意刻画人们理想中天国仙境无忧无虑的欢愉气氛。此外，还有"仙人半开门"画像。

佛像。均施无畏印，位于墓穴外门楣上方，佛作为仙境中的一员来象征天国仙境。

谷仓（太仓）。为天国粮仓，直接寓意人们理想中的天国生活富裕，仓廪充实且规模浩大。

（2）升仙。这些图像出现的作用，主要是帮助墓主升仙并到达仙境。

龙虎衔璧（绶带）图。传说中龙虎是西王母乘坐的交通工具，还可助人升仙，如《史记·封禅书》记载黄帝及群臣乘龙升天[①]。《汉书·礼乐志》师古《注》引应邵曰："《易》曰：'时乘六龙以御天'。武帝愿乘六龙，仙而升天。"[②]璧是用于祭天或象征天的，因此龙虎衔璧图寓意墓主以璧礼天，而龙虎载之升天。

联璧纹。含义与龙虎衔璧图大体相同，而单纯用联璧的形式组成图案，更强调以璧联系天地，以璧象征天国。

菱形纹。为联璧纹的一种变体形式，使之更为图案化、抽象化、符号化，但它仍具有与联璧纹大体相同的含义。

鸟鱼图。数量很多。这种图像可上溯至战国中期楚墓中出土的人物御龙帛画[③]，为一男子直立驾驭着一条巨龙，龙尾上部站立一鹤，龙身下方一条鱼在行进，更完整地表现了墓主乘龙并在鸟、鱼的簇拥导引下升天的场景。由此可知，这是一种省略的画面，仅有鸟、鱼以象征墓主升仙。

钱币纹。除了表达墓主祈求富贵的愿望之外，中国古人的宇宙观是天圆地方，璧圆以象征天，而钱币则是外圆内方，外天内地，可沟通天地并容天地为一体。在汉代人的观念中，丧葬本身就是一种沟通天地的活动，从这个意义上讲，汉代人将钱与璧互换是可以理解的。

道士（方士）。行神仙方术者称自己能够通神，并助人长寿升仙。在两汉交替之际，社会上对"方士"的称呼逐渐改为"道士"，两者都有尊敬的含义。道士在画像中出现，也与帮助墓主升仙有关。

（3）墓主生前生活。有墓主出行、生活场面和财富资产。

《易·系辞上》记载"崇高莫大乎富贵"[④]。汉代社会也崇尚富贵，因此墓主在画像中也大肆渲染和夸耀生前的富贵生活，但其目的还不仅仅于此。它们在墓葬中出现，与人们的丧葬观念有直接的联系，具体地说即墓主祈望能将其生前的财富和富贵生活

---

① （汉）司马迁：《史记》，中华书局，1959年，第1394页。
② （汉）班固撰，（唐）颜师古注：《汉书》，中华书局，1962年，第1060页。
③ 湖南省博物馆：《新发现的长沙战国楚墓帛画》，《文物》1973年7期，图版一。
④ （清）阮元：《校刻十三经注疏·周易正义》，中华书局，1980年，第82页。

带入另一个世界——仙境，而他们理想中的仙境生活，即如同自己生前的现实生活一般。为了便于分析，我们将这些反映生前生活的内容大体划分为三类。

墓主出行。主要是车马出行图。已有学者指出这是表现墓主升仙[①]。这种出行图与"天门"图的内容合起来才构成一个完整的主题，表达墓主升仙的意境，而这种主题的画像应统称为"（墓主）升仙图"或"车马临天门图"。

墓主生活场面。指直接体现与墓主本人生前生活相关的画面，其主要内容有宴饮乐舞百戏、博弈饮酒、抚琴、田猎等。这些内容构成了汉代人们所崇尚的生活方式，也是当时人们想象中的和画像中所表现出来的仙人生活。墓葬中出现这些内容的画像，表达了墓主希望死后能升仙和享受仙境生活的强烈愿望，而这种仙境生活实际上就是墓主生前现实生活的延伸和继续。

墓主的财富资产。这类画像的内容主要有楼阙、武库、庖厨等。它反映出墓主生前拥有的财富资产情况，这也作为一种崇尚财富的观念被移植到人们理想中的仙境之中。

综上所述，这些与墓主生前生活相关的画面，表现的是墓主希望升仙后的情景和仙境理想生活的蓝图。

（4）历史人物。为表现墓主的道德伦理观念，同时也标榜墓主与他们是同类人。例如，《后汉书·赵岐传》载："（赵岐）先自为寿藏，图季札、子产、晏婴、叔向四像居宾位，又自画其像居主位，皆为赞颂。"[②]可见其主要目的是表现墓主的"德"。

这些有历史人物的画像主要出现于为数不多的大型画像崖墓中，其墓主身份和社会地位较高。这也说明这一阶层的人似乎更注重人格的体现和对自我道德的标榜。

这类图像主要有荆轲刺秦王、董永侍父、孝孙元觉等。汉代社会提倡的社会道德伦理观念的核心是忠和孝，而"刺客死士为之效命"为忠，父为子纲而子敬父老谓之孝，这些又都可以用"仁义"来概括。汉代巴蜀社会所崇尚的历史典范可能就是荆轲、董永等人物。崖墓画像中较多地刻画这两个历史人物故事，应是这种社会现象的反映。

此外还有一点值得注意，就是这些历史人物在画像中出现的环境。例如，乐山柿子湾 1 号崖墓前堂左侧壁的画像中，董永侍父场景与仙人、翼兽安排在同一画面[③]，说明在当时人们的心目中，这些人物不仅值得崇尚，而且也已升入仙境成为神仙世界的一员。这些画像在墓中出现，除了墓主对他们的景仰和标榜自身的德之外，还希望自己升仙后能与他们为友，如在简阳逍遥洞崖墓中曾发现"汉安元年四月十八日会仙友"

[①] 赵殿增、袁曙光：《"天门"考——兼论四川汉画像砖（石）的组合与主题》，《四川文物》1990 年第 6 期。

[②] （宋）范晔撰，（唐）李贤等注：《后汉书》，中华书局，1965 年，第 2124 页。

[③] 四川省文物考古研究院、乐山大佛风景名胜区管理委员会：《四川乐山市柿子湾崖墓 B 区 M1 调查简报》，《四川文物》2016 年第 5 期。

的铭刻①，即是这种思想存在的旁证。

第二类：生殖崇拜。有动物生殖器、寓意生殖的动物、男女欢娱的内容。

这类图像本意是表达生命的延续，但在墓葬这一特殊的环境中出现，当有其特殊的含义，即祈求人的生命长存、死而复生，并用性行为、生殖的方式加以表现。这是一种古老的巫术观念和巫术行为的表现，这种巫术性的转生媒介方式在古代中国和世界许多地区都曾存在。

伏羲、女娲，是数量较多的画像内容之一。伏羲和女娲是中国古代神话中的始祖神、生殖神。他们能再造生命，因而受到了渴望长生不死的汉代人的特别尊崇。

鱼。除了可象征升天之外，鱼还具有生殖和子孙繁盛的寓意。在中国的语言中，尤其是在民歌中，鱼可以用作"匹偶""情侣"的隐语。这可以上溯至中国先秦时期的文献中②。

熊。古人认为熊的出现具有生殖寓意③。彭山江口951-3号崖墓的墓门上方正中的"蹲熊"画像④，其雄性生殖器部分着意刻画，大而突出，是强调生殖能力的一种夸张性艺术表现手法。

男女戏图。可分为欢戏和秘戏两种。例如，彭山寨子山550号墓门楣上方的画像⑤，为一男一女裸体并坐相抱而吻。战国时代以来，在仙术中即有"房中术"一派，认为男女的欢戏交媾可达到延年益寿的目的，甚至还可以此术升仙。

第三类：驱鬼镇墓。有镇墓神和镇墓兽。

在汉代，人们将保护好尸体视为升仙的一种手段，葛洪《抱朴子·内篇·论仙》引《仙经》说升仙有几种方式："上士举形升虚，谓之天仙；中士游于名山，谓之地仙；下士先死后蜕，谓之尸解仙。"⑥所谓尸解成仙，就是要待人死后，再从尸体中蜕解出来以成仙。由此可见，当时的人们认为完整的尸体有助于升仙。因此，保护好尸体不受鬼魅魍魉的侵扰伤害，是一件重要的事情。

四神。指青龙、白虎、朱雀、玄武，在中国古代尊为方位神，此外还可象征武力、猛勇，如《礼记·曲礼上》孔颖达疏："如鸟之翔，如蛇之毒，龙腾虎奋，无能敌此四

---

① 王状弘：《增补校碑随笔·会仙友题字》，上海书画出版社，1981年，第54页。

② 闻一多：《说鱼》，《闻一多全集》甲集，开明书店，1948年，第117页。

③ 《诗经·小雅·斯干》卷十一："吉梦维何，维熊维罴，……维熊维罴，男子之祥。"（清）阮元：《校刻十二经注疏·毛诗正义》，中华书局，1998年，第437页。《三国志·魏书·高柔传》卷二十四："陛下聪达，穷理尽性，而顷皇子连多夭逝，熊罴之祥又未感应。"（晋）陈寿撰，（宋）裴松之注：《三国志》，中华书局，2011年，第572页。

④ 唐长寿：《乐山崖墓和彭山崖墓》，电子科技大学出版社，1994年，第70页。

⑤ 南京博物院编：《四川彭山汉代崖墓》，文物出版社，1991年，第16页，图版12。

⑥ （晋）葛洪：《抱朴子》，《诸子集成》第8册，中华书局，1954年，第6页。

物。"① 因此，四神在墓中的出现可能起镇墓作用，即镇守四方、驱邪除鬼和保卫墓主。

猛虎。其单独出现时，有驱鬼御凶的作用。《风俗通义·祀典》载："虎者，阳物，百兽之长，能执搏挫锐，噬食鬼魅。"②《续汉书·礼仪志》刘昭注曰："画虎于门，当食鬼也。"③ 此种虎多出现在墓穴门外，希望用以驱邪食鬼，与文献记载相符。

铺首（饕餮）。位于墓门楣上方等位置。这是一种中国传统的凶恶神兽，在先秦的铜器上便多著其形以为饰。因为这种神兽凶恶、贪婪，所以一般让其衔环，作为铺首置于大门上，用以驱邪。

蹲熊。位于墓门楣上方等位置。《周礼·夏官·方相氏》中记载驱邪除鬼的"方相氏掌蒙熊皮，黄金四目"④。由此看来，熊还具有辟邪驱鬼的功能。

镇墓神。主要见于墓门侧，如乐山柿子湾 1、2 号崖墓⑤。其形象奇特，人身怪首，头上长角，大耳，鼓眼，獠牙外露，长舌下垂，一手持兵器（多为斧），另一手操蛇。作用是驱鬼辟邪。

门卒。主要见于墓门两侧，多为家丁、部曲形象，反映出墓主生前用依附农民和家内仆侍作为庄园守卫的情况。在墓葬中出现可能有保卫墓主人的作用。

魌头。数量较多，常在墓门上或墓室内壁、前壁等位置。《周礼·夏官·方相氏》郑玄注曰："冒熊皮者，以惊驱疫厉之鬼，如今魌头也。"⑥ 可知汉代时魌头也是常见之物，与方相氏作用相同，用以驱除疫厉之恶鬼。

守犬。数量较多。常在墓门侧或近墓门处，当有其特殊的寓意。人们在家中养狗主要是守门御凶。《山海经·西山经·西次三经》载：阴山"有兽焉，其状如狸而白首，名曰天狗，其音如榴榴，可以御凶。"⑦ 在乐山柿子湾 53 号墓门楣上的"魌头与守犬驱鬼图"中，两外侧为两犬，正在对鬼狂吠欲扑，协助魌头驱鬼⑧。

第四类：吉祥。既可作为天国仙境的象征，又可表达造墓者祈求吉祥的愿望。例如，将凤鸟置于墓中，既象征天国仙境，又可祈求吉祥。《说文解字》卷四上："凤，神鸟也。……见则天下安宁。"⑨ 在宜宾市汉代砖室墓出土的花纹砖上，在凤鸟尾后有一

---

① （清）阮元：《校刻十三经注疏·礼记》，中华书局，1980 年，第 1250 页。
② （东汉）应劭撰，王利器校注：《风俗通义校注》，中华书局，1981 年，第 368 页。
③ （宋）范晔撰，（唐）李贤等注：《后汉书》，中华书局，1965 年，第 3129 页。
④ （清）阮元：《校刻十三经注疏·周礼》，中华书局，1980 年，第 851 页。
⑤ 资料为 20 世纪 90 年代本人实地考察所获。
⑥ （清）阮元：《校刻十三经注疏·周礼》，中华书局，1980 年，第 851 页。
⑦ 袁珂校注：《山海经校注》，巴蜀书社，1993 年，第 63 页。
⑧ 罗二虎著，渡部武译：《中国漢代の画像と画像墓》，日本東京慶友社，2002 年，第 44 页、拓本 91。
⑨ （汉）许慎：《说文解字》，中华书局，1963 年，第 79 页。

"善"字[①]。《说文解字》卷三上曰:"善,吉也。……此与义美同意。"[②]突出地表达了造墓者祈求吉祥的愿望。

羊。多出现在崖墓门楣的上方。羊一向被认为是吉祥的动物,"羊"与"祥"相通,《说文解字》载:"羊,祥也。"[③]羊的形象在墓中出现,直接表达了造墓者祈求吉祥的愿望。

四、画像组合与主题

(一)画像组合

由于崖墓是在崖壁上凿刻画像,因此相对画像砖墓而言保存较好,现能见到的完整组合也较多。其各类墓的画像石刻组合情况如下。

第一类:大型崖墓。其完整的组合为仙境、墓主升仙、墓主生前生活、历史人物、生殖崇拜、驱鬼镇墓、吉祥等,其四大类、七小类均有。下面列举两座较典型的崖墓。

(1)前堂后穴墓。乐山麻浩一号墓[④]。其组合完整,四大类七小类画像均有,并均在墓门外和前堂内。仙境类如神山、凤鸟、坐佛、捣药玉兔、捧物蟾蜍、灵禽瑞兽、嘉瓜等;升仙类如挽马、持节方士(道士)等;墓主生前生活类如舞蹈人物、博弈人物、垂钓、房屋等;历史人物类有荆轲刺秦王等;生殖崇拜类有接吻等;驱鬼镇墓类有门卒、铺首等;吉祥类有卧羊等(图一一)。

(2)三室墓。三台郪江松林嘴1号墓[⑤]。画像组合为仙境、升仙、墓主生活与财富、驱鬼镇墓等两大类四小类,均在墓室内。象征仙境类的有阙(天门)、花卉等;升仙类的有"仙人半开门"等;墓主生前生活类有房屋、兵器架等;驱鬼镇墓类的有魌头。

第二类:中型墓。一般一墓画像的组合仅有三四类,其整个画像中均未见历史人物类。下面列举两座较典型的崖墓。

(1)前堂后穴墓。乐山柿子湾27号墓[⑥]。画像均在墓门外和前堂内,有仙境、墓主生前生活、驱鬼镇墓等,有两大类三小类。仙境类有双阙(天门)、瑞兽灵禽、嘉瓜等;墓主生前生活类有宴饮和房屋等;驱鬼镇墓类有镇墓神和门卒等。

---

① 高文编:《四川汉代画像砖》,上海人民美术出版社,1987年,第131页,第一七五图。
② (汉)许慎:《说文解字》,中华书局,1963年,第58页。
③ (汉)许慎:《说文解字》,中华书局,1963年,第78页。
④ 乐山市文化局:《四川乐山麻浩一号崖墓》,《考古》1990年第2期。
⑤ 四川省文物考古研究院、绵阳市博物馆、三台县文物管理所:《三台郪江崖墓》,文物出版社,2007年,第146~153页。
⑥ 唐长寿:《乐山崖墓和彭山崖墓》,电子科技大学出版社,1994年,第138页。

（2）单室墓。彭山江口 951-3 号墓①。画像均在墓门外和墓室内，有仙境、生殖崇拜、驱鬼镇墓、吉祥等四大类。仙境类有"胜"纹、柿蒂纹、嘉禾和花卉等；生殖崇拜类为突出雄性生殖器的蹲熊；驱鬼镇墓类有守犬、门卒等；吉祥类有双羊。

第三类：小型墓。一般一墓画像的组合仅有三四类，其整个画像中均未见历史人物类。下面列举两座较典型的崖墓。

单室墓。长宁七个洞 5 号墓②。画像均在墓门外，有仙境、墓主升仙、墓主生前生活（生前经历）、驱鬼镇墓等两大类四小类。仙境类的有"胜"纹、云纹、柿蒂纹、菱形纹、联璧纹、阙、楼、凤鸟等；升仙类有马车、马、迎谒人物、持丹丸人物等；墓主生前生活类有舞蹈百戏人物、串钱纹等，战斗图可能与墓主生前的经历有关；驱鬼镇墓类有"双结龙"符号、青龙白虎等。贵州习水桐半丘 5 号墓③，画像均在墓门崖壁外，有仙境与升仙一大类两小类。仙境类的双阙（天门），升仙类的船、鸟、鱼等。

（二）画像主题

上述几类形式的画像组合有一个共同的特点，就是以表现仙境与升仙的内容为主，其数量占绝大多数。从各类画像的题材种类上看，表现仙境与升仙类的题材也特别丰富，并远多于其他各类题材。而且从各类画像内容的相互内在联系和造墓者在墓中营造这些画像的目的均为升仙来看，东汉崖墓画像的主题即是墓主升仙。

虽然画像崖墓是以表现仙境与升仙的内容为主，但在各类题材的具体组合中，与同处西南地区的其他形式画像墓相比仍存在一定的差异。例如，画像崖墓在表现仙境的画像石刻中，不见西王母的形象直接出现，而其他形式的画像墓都可见到西王母的形象。又如，在画像砖墓中，绝大多数的画像内容都是通过再现墓主生前生活来表现仙境与升仙，少有表现生殖崇拜的内容，不见直接表现吉祥和历史人物的内容。在画像崖墓中，多数的画像内容都是通过象征性的方法来表现仙境与升仙，表现生殖崇拜、历史人物和吉祥类的内容也相对较多。这些特征可能与画像形式以及墓主生前身份等的差异有关。

五、画像雕刻技法与制作

（一）画像雕刻技法

东汉崖墓画像石刻也属于画像石的一种，因此其雕刻技法与汉代其他画像石的雕

---

① 唐长寿：《乐山崖墓和彭山崖墓》，电子科技大学出版社，1994 年，第 152 页。
② 罗二虎：《长宁七个洞崖墓群汉画像研究》，《考古学报》2005 年第 3 期。
③ 黄泗亭：《贵州习水县发现的蜀汉岩墓和摩崖题记及岩画》，《四川文物》1986 年第 1 期。

刻技法大体相同，但同时也具有一些自己的特点。可分为以下几类。

（1）阴线刻。亦称"平面阴线刻"，其物象与石面均在同一平面上，物象的外轮廓和细部刻画均使用阴线条，如长宁七个洞崖墓群，其墓室外崖壁画像绝大部分都是这种技法[①]。

（2）凹面刻。物象的轮廓线内大部或全部剔减内凹，如中江县玉桂村1号崖墓墓壁的兵器画像[②]。

（3）剔地平面浅浮雕。亦可称"平面浅浮雕"，画面的背景部分或全部剔地，因此物象部分凸起，如三台郪江的崖墓画像多采用这种技法[③]。此外，还有很少量的剔地隐起浅浮雕，即仅对物象轮廓外的少量背景进行剔地，如长宁七个洞崖墓群。

（4）剔地弧面浅浮雕。可略称"弧面浅浮雕"或"浅浮雕"，其中有一部分是剔地隐起浅浮雕，例如乐山麻浩一号墓前堂侧壁的大幅画像等[④]。

（5）高浮雕。其物象凸出的高度与画面的大小相关，不能从绝对高度上截然划断，如乐山麻浩一号墓墓门外上方的雕刻。

（6）局部透雕。物象部分采用镂空雕刻法。这种技法多在高浮雕或半立雕的某些局部使用，如宜宾叙州黄伞1号崖墓前堂墓门外上方的羊[⑤]、彭山江口951-3崖墓墓室内的守犬等[⑥]。

（7）半立雕。亦称"半圆雕"。即物象的部分立体地雕刻出来，但仍有部分与背景连接在一起。如彭山江口951-3号崖墓墓门外上方的蹲熊等。

（8）立雕。亦称"圆雕"。即基本为全立体雕塑，仅底部或背上有部分仍与山岩连接而不能移动，如三台郪江金钟山Ⅰ区4号墓的辟邪[⑦]。

总的来说，在上述几种雕刻技法中，以弧面浅浮雕和高浮雕最为常见，次为平面浅浮雕和阴线刻，其他则很少见。在有的画像中，阴线刻又常与浮雕技法结合使用，浮雕刻画物象的外轮廓，阴线刻画细部。

---

① 罗二虎：《长宁七个洞崖墓群汉画像研究》，《考古学报》2005年第3期。
② 王启鹏、王孔智：《中江县玉桂乡东汉崖墓调查简报》，《四川文物》1989年第5期。
③ 四川省文物考古研究院、绵阳市博物馆、三台县文物管理所：《三台郪江崖墓》，文物出版社，2007年。
④ 乐山市文化局：《四川乐山麻浩一号崖墓》，《考古》1990年第2期。
⑤ 四川大学历史系七八级考古实习队、宜宾县文化馆：《四川宜宾县黄伞崖墓群调查及清理简报》，《考古与文物》1984年第6期。
⑥ 唐长寿：《乐山崖墓和彭山崖墓》，电子科技大学出版社，1994年，第75页。
⑦ 四川省文物考古研究院、绵阳市博物馆、三台县文物管理所：《三台郪江崖墓》，文物出版社，2007年，第24~31页。

（二）画像的制作

笔者曾提出开凿崖墓时普遍采用的是简单机械作业的"冲击式顿钻法"[1]。通过对画像石刻表面凿痕的观察，可以认为至少有部分崖墓在其墓门外壁和前堂周壁的画像（主要指高浮雕、半圆雕等）的制作时，也使用了包括这种方法在内的数种方法。推测其施工步骤是，在开凿崖墓时，根据事先的统一规划，用"冲击式顿钻法"将墓穴内外的仿木结构建筑装饰和高浮雕画像的毛坯同时凿出，然后再用小型的尖凿雕刻成形，最后再用平凿精修表面，使其平整和美观。使用这种方法制作的画像石刻不但在物象的减地背景空白部分会留下"冲击式顿钻法"的特殊凿痕，在有的物象表面也可见到这种特殊凿痕。如宜宾叙州黄伞1号崖墓墓门上方的画像[2]。

浅浮雕的凿刻步骤通常是，在开凿崖墓时根据规划留出画面的平面空间，然后用小型尖凿减地刻出物象外轮廓，最后用尖凿和平凿完成浮雕画像。这样在画面减地的背景部分常留下规整而细致的小型尖凿痕。

关于崖墓画像的具体制作方法，无直接材料可说明，但参考山东东阿芗他君画像祠堂的石柱铭文记述[3]，可知山东地区汉代画像石制作的步骤是先由画师在石面上绘出底稿，然后刻工再加以雕镂。西南汉代画像石制作的情况也应大体如此，如在重庆合川皇坟堡石室墓的中室门侧留未完工的凤鸟画像，也可见在未完工部分保留事前描绘好的朱色轮廓线[4]。

关于崖墓画像的制作者，推测有的画像是专业画师先绘出底稿，而有的可能仅是普通民间工匠制作，故艺术水平参差不齐。如长宁七个洞崖墓群，其墓门门框和墓内崖棺上的画像艺术水平较高，技法多为浅浮雕、高浮雕和半立雕，制作者应是有良好素养的专业画师和工匠，而墓门外崖壁上的画像是在墓葬完工后陆续雕刻的，制作者可能就是当地一般的民间工匠，故画像造型较为简单，技法也多采用阴线刻。

还应指出的是，崖墓画像石刻的制作与崖墓的开凿一般都是同时进行、同时完成的。但也有部分画像，尤其是墓门外崖壁上的画像，其雕刻的年代有时会晚于墓葬开凿的时间，如长宁七个洞崖墓外崖壁上的画像，大多是崖墓开凿完成后陆续雕刻上去的[5]。

---

[1] 罗二虎：《四川崖墓开凿技术探索》，《四川文物》1987年第2期。

[2] 四川大学历史系七八级考古实习队、宜宾县文化馆：《四川宜宾县黄伞崖墓群调查及清理简报》，《考古与文物》1984年第6期。

[3] 芗他君画像祠堂的石柱铭文记述："取石南山，更逾二年，这（迄）今成已。使师操义、山阳瑕丘荣保，画师高平代盛、邵强生等十余人。价钱二万五千。"罗福颐：《芗他君石祠堂题字解释》，《故宫博物院院刊》总2期，1960年。

[4] 重庆市博物馆、合川县文化馆：《合川东汉画象石墓》，《文物》1977年第2期。

[5] 罗二虎：《长宁七个洞崖墓群汉画像研究》，《考古学报》2005年第3期。

六、画像艺术风格

画像的创作者都是来自民间的艺术家和工匠，他们基本上是遵循现实主义的创作原则，从视觉艺术的角度对汉代的社会生活、风俗习惯和宗教信仰等作如实的描述，从各个方面形象地再现了东汉西南地区的社会生活。

（一）内容处理

画像崖墓的题材虽多与宗教信仰、神灵世界相关，但在具体内容的处理上却基本是以现实生活为蓝本，画面洋溢着人间世界的气息。例如，墓主升仙图在画面内容处理上是再现墓主生前或驾车或乘马的出行场面，而天国的门吏——大司在天门前迎接墓主升仙的场面，也是再现汉代官吏出行时门亭长等基层官吏在门亭前迎接的场面。再如鸟鱼图，其表达的是鸟、鱼护送墓主升仙这一具有宗教寓意的主题，但我们看见的却是现实中鸟啄鱼、衔鱼的觅食情景。

（二）画面构图

在画像崖墓内普遍雕刻仿木结构的建筑装饰，画像和一些单体石刻大多分布在这些建筑装饰之中（图一一，1、4），形成东汉崖墓画像的一种特色。

画面构成比较简单，即使内容较复杂，场面较大，也是将其简化处理。例如，乐山麻浩一号墓的荆轲刺秦王画像，就是将许多可有可无的东西全部去掉，这样每个画面的构图就显得单纯、疏朗，并通过背景大面积留白来突出主要物象。这种虚实对比、互相衬托手法，为后世中国画所继承，形成中国画的一种传统艺术特色。

（三）画面组合

崖墓画像在画面组合方面比较复杂，主要有以下几种情况。第一，一个画面为一个完整构成，并表达一个主题。这是最常见的方式。第二，几个画面组合在一起表达一个主题，即每幅画面各自具备完整的构图，但只有当几个画面的内容组合在一起时，才能表达一个完整的主题。例如，乐山麻浩一号崖墓画像中荆轲刺秦王图则是由穿插在仿木结构框栏中的三个画面构成（图一一，1）。第三，多个主题合成一个画面，即由两个以上的主题（有的有一定关联）组合成一个完整的画面，但有的从画面的构成形式上很难辨别这是两个主题，如乐山柿子湾1号崖墓画像中的董永侍父等人物图和孝孙元觉等人物图等。有的却比较容易分辨为两个主题，如彭山江口951-3号崖墓门外第2层的羊、熊图等。

（四）造型艺术特点

第一，强调动感。有时甚至用稍许夸张的手法强调其动感，使画面生动。例如，乐山麻浩一号墓前堂内的挽马图（图一一，2），取其骏马不愿受羁而扬蹄摆尾欲向前奔驰和马夫奋力后蹬挽马这一瞬间的动态，构成一幅极富有力度动感之美的画面。再如同墓的荆轲刺秦王图，取荆轲扬臂猛扑而卫士奋力抱住，秦王弃冠断袖拼命奔逃，侍臣惊惶倒地，秦舞阳恐惧万分而跪伏于地的瞬间，即以动态、夸张的手法塑造人物和构筑情节，使画面显得惊心动魄，以达到强烈的艺术效果。

第二，不擅长人物面部刻画。绝大部分的人物面部刻画都显得过于简单且不合比例透视，当然更谈不上人物表情的细微刻画，这说明当时的工匠尚未熟练掌握人物面部塑造的技巧。

第三，古朴、豪放的风格。注重对物体外轮廓的刻画而不强调局部，形成一种雄浑古朴的艺术风格。对各种形象进行雕刻时，常不进行最后一道表面平整工序，有意留下部分大型和小型尖凿的加工痕迹，艺术风格粗犷豪放。

第四，雕刻与彩绘结合。在部分现存的平面浅浮雕画像上，可见先凿刻出物象的外轮廓，然后用色彩描绘其形象，仿木建筑装饰也是在凿刻好的建筑结构部分涂彩。这样整个画像和建筑装饰都更显华美。

第五，造型模式化。人物的身份、地位常常是通过某些道具、装束、人物比例的不同来表现，并已形成一种较固定的模式。例如，诸神和仙人用戴山字冠、高耸双耳、双环髻等特征来区别；道士（方士）通过持节杖表明身份；主仆、随从之间通过人物大小比例来区分。

七、分布与分区

（一）分布

东汉画像崖墓分布区域广泛，大约分布在四川盆地和贵州北部的约20万平方千米的范围内。截至2016年，已发现画像崖墓的市县有：四川省成都市的龙泉驿区、双流区、新津区，眉山市彭山区，德阳市中江县，绵阳市三台县，资阳市雁江区，内江市市中区、资中县，自贡市盐滩区，南充市，乐山市市中区、夹江县、犍为县，眉山市青神县，宜宾市叙州区、长宁县，泸州市叙永县，重庆市江北区、江津区、綦江区、南川区、大足区，贵州省遵义市习水县、赤水市等。主要分布在岷江中下游地区、涪江支流的郪江流域、宜宾至重庆的长江沿岸地区和沱江中下游地区。从整个东汉崖墓的分布区域观察，画像崖墓主要分布在其中心区域内，周边的川北、陕南、三峡鄂西、滇东北等崖墓分布区基本都没有发现画像崖墓。

（二）分区

由于分布地域广，因此各个地区间的画像石刻存在一定的差异。根据画像的形式、内容和艺术风格，再参考墓葬的规模和形制结构方面的差异，可将其分为四个亚区。

（1）岷江中游区。以彭山、新津两地为中心，并包括从眉山市至成都市郊等地的岷江中游地区。这一带在汉代时是犍为郡和蜀郡的中心地区。其崖墓画像主要在墓门外上方，个别在墓室内。多为浅浮雕和高浮雕，也有半立雕。墓内的建筑装饰雕刻不多。在墓葬形式方面，盛行F型的侧堂墓，规模大。另外，在画像崖墓内还出土画像砖。

（2）岷江下游区。以乐山市中区为中心，包括夹江、青神、峨眉山及宜宾叙州的岷江下游沿岸地区，大体相当于汉代犍为郡的南安县范围，但南边已达僰道。这是画像崖墓盛行的地区，如在乐山市区就约10个墓地有画像崖墓，总数50座以上。画像主要集中在前堂内和墓门外上方。多高浮雕。画幅大，数量多，内容丰富。墓门外上方和前堂内盛行建筑雕刻装饰。在墓葬形式方面，盛行G型的前堂后穴墓，规模最大。

（3）川中区。包括涪江支流的郪江和沱江中下游地区在内的四川盆地中部地区。大体相当于汉代犍为郡的汉安县、牛鞞县、资中县和广汉郡的郪县的范围。画像多在墓穴内，画幅较小，但有的一墓的画像数量较多。多为浮雕，墓内盛行建筑雕刻装饰，在画像石刻上再施彩绘的情况较为流行。B型双重室墓和C型三重室墓较多，另有很少量的D型四重室墓、E型五重室墓，规模很大。

（4）长江区。从宜宾到重庆市区的长江沿岸及长江以南，直到贵州北部地区。大体相当于汉代巴郡的中心地区和犍为郡的僰道、江阳县和符节县的范围。画像多分布在墓门外的崖壁上，除了浅浮雕之外，阴线刻也盛行，画幅小。A型单穴墓多，规模小。

八、年代与分期

（一）年代

画像崖墓的断代有两个问题值得注意。其一，东汉时期流行家族葬并多次入葬，因此崖墓使用的上下限年代有时会相差较远。然而，画像雕刻一般是与墓穴开凿同时完成的，所以画像年代与墓葬上限年代基本同时。其二，崖墓中的G型前堂后穴墓，如纪年题记仅镌刻在某一墓穴门上，那么它仅代表这一墓穴的年代，而不能代表这一墓内所有墓穴的年代，因为同一前堂内各墓穴的开凿有时不是一次进行的。

历年发现的画像崖墓数量虽多，但有关的纪年材料却不多。根据笔者掌握的资料，纪年画像崖墓共有16处（附表二）。

在所有纪年材料中，年代最早的画像崖墓是东汉建初元年（76年），在东汉中期前段。年代最晚的画像为建安七年（202年），为东汉末年。从无纪年墓的情况看，上限可能要略早于纪年墓的年代，约在东汉早中期之际，下限也要晚于纪年墓的年代，可到蜀汉时期。

（二）分期

根据画像的内容、技法、艺术风格、墓内位置、墓中画幅数量等方面的差异，可将其划分为发生发展、鼎盛、衰落三个时期。

第一期：发生发展期。年代约为东汉中期章帝至质帝时期（76~146年），其上限大概在东汉早中期之际。本期特点是画像崖墓数量不多，且多见于中小型墓，有A、B、C、F、G型墓。除个别墓外，墓内画像数量也较少，仅一幅或数幅。内容有神仙仙境与升仙、驱鬼镇墓、墓主生活、生殖崇拜等类，但各类题材种类都不多。画幅小、构图不完整，风格多样化，有的与山东、河南南阳的画像石风格接近。各幅画像之间的布局也缺乏整体性。雕刻技法有浅浮雕、高浮雕、平面浅浮雕、阴线刻等，其中以前两种为多。此外还出现在石刻画像上再加彩绘。

本期典型的崖墓有青神蛮坟坝墓、长宁七个洞3号墓、乐山麻浩99号墓等。画像多位于墓门、前堂内、墓穴门和墓穴内，内容有门吏、龙虎衔璧、瑞鸟、神符、嘉瓜、圆钱、凤鸟、铺首、伏羲女娲、虎、阙和建筑装饰等，内容较单调，尤其是本期的前段更是如此。

第二期：鼎盛期。年代约为东汉晚期的桓帝至献帝时期（147~220年）。特点是画像崖墓的数量多，有100座以上。墓葬多为大、中型墓，包括所有墓葬类型。其中有一部分画像墓规模很大，画像的数量也很多，有的一墓就可达27幅。画像内容极为丰富，几乎包括了崖墓画像的所有题材。本期画像的位置分布广泛，有的画幅很大，布局的统一性和整体性很强，并出现了格式化的倾向。画像的造型生动，达到了崖墓画像艺术的顶峰。技法中新出现了半立雕、局部透雕，有的柱础石兽已基本近于立雕，实际上这些石刻已脱离了画像的范畴而成为真正的雕刻了。在雕刻技法中还有一个特点，就是在同一画像石刻上多种技法同时使用，增强了画像的表现力和艺术效果。此外，除了有在石刻画像上再加彩绘之外，甚至还直接在画像崖墓内出现壁画。本期画像分布广泛，并在画像的内容和位置布局上出现了不同地区间的差异。

画像多集中分布在墓门外、前堂内和墓室内等处，有的墓室中整个均为仿木结构建筑装饰。典型的大型墓有乐山麻浩一号墓、柿子湾1号墓和中江塔梁子3号墓等，一墓中画像的数量多，分布在墓门外、门柱、前堂墓穴门上等位置，内容十分广泛，基本包括了所有崖墓画像题材。在位置布局上，多为前堂门（或墓穴门）外为双阙，象征天门，前堂门外上方多为建筑装饰、吉祥类、象征仙境类内容；前堂侧壁有历史人物等内容；墓穴门上方（前堂内壁）多为象征仙境类的内容；墓穴门两侧（前堂内壁）则常见驱鬼镇墓类的内容。前堂后穴墓的墓穴内基本无画像。有的墓室内不但有画像，还有多幅壁画。典型的中型墓有彭山江口951-2号和951-3号墓等，画像内容除了没有历史人物类的之外，其他基本均有。墓门两侧多双阙（天门），门楣上常见象征仙境和吉祥类内容，墓室内则有驱鬼镇墓类和墓主生活类。典型的小型墓有长宁七个洞1号和2号墓等，画像主要集中在墓门，多为象征升仙类和驱鬼镇墓类的内容。

第三期：衰落期。年代约为蜀汉时期（约221~263年）。蜀汉时期的墓葬与东汉晚期的墓葬不易明确区分，在已能确切断定为蜀汉时期的40余座崖墓中，仅在贵州发现的4座为画像崖墓，均为A型小型墓。尚未发现确切属于西晋时期的画像崖墓。从这几例画像墓可看出，此期数量骤减，画像阴线刻比例稍大，也有浮雕和半立雕，但其内容、形式、风格等与东汉晚期的大体相同，就画像本身而言并无明显的衰败迹象。因此我们可以认为，东汉画像崖墓的衰败和消亡，并非是由于画像这种艺术形式本身已走到尽头或因被其他艺术形式取代而衰微，而是另有原因。

综观这三期画像的总体演变趋势，可以归纳出五点认识：

第一，画像的内容，发生发展期有仙境与升仙、墓主生活、生殖崇拜、驱鬼镇墓等类，但各类中的题材种类都不多。鼎盛期出现了吉祥和历史人物类，题材极为丰富，几乎包括了崖墓画像的所有题材，其中以表现仙境与升仙内容的占大多数。衰落期种类大大减少。

第二，画像的数量，发生发展期的前半段为崖墓画像始出阶段，其总体数量和一墓中画像的数量均较少。后半段为发展阶段，数量增多。鼎盛期数量最多，目前发现的画像约80%属于这一阶段，一墓中画像的数量也大增，有20~30幅。而进入衰落期后迅速减少，以至消失。

第三，画像的技法，发生发展期的雕刻技法有浅浮雕、高浮雕、平面浅浮雕、阴线刻等，其中以前两种为多。鼎盛期又出现半立雕、局部透雕等，有时多种技法在同一画像上使用，但仍以浅浮雕和高浮雕为主，高浮雕的比例比前期增大。衰落期阴线刻的比例增大。

第四，画像的布局，发生发展期的布局多较为杂乱而无规律；鼎盛期较有规律，并出现了格式化的趋势；衰落期主要在分布于墓门外崖壁上。

第五，画像的构图与造型，尤其是发生发展期的前段，画幅小，构成简单，构图也不太完整，造型较为简单，艺术性略差。鼎盛期构图普遍较为完整，造型生动，富于变化。有的画幅很大，场面很大，但排列有序，疏密相间，动态变化多样而生动，达到东汉崖墓画像艺术的顶峰。衰落期画像造型较生动，但画幅小且构图简单。

九、墓 主 身 份

可以根据铭文题记和画像内容等两方面考察画像崖墓的墓主身份。

（一）铭文中所见墓主身份

目前在画像崖墓的石刻铭文中发现墓主姓名的共有以下 17 座（表一）。

表一　墓主身份表

墓葬编号	墓主
四川长宁七个洞 4 号墓	赵□（氏）[①]
四川长宁七个洞 7 号墓	黄氏[②]
四川青神大芸坳 76 号墓	扬得采[③]
四川乐山肖坝周代墓	周代[④]
四川乐山肖坝佐氏墓	佐孟机之子[⑤]
四川乐山肖坝王升墓	王升[⑥]
四川乐山肖坝陈买德墓	陈买德[⑦]
四川乐山麻浩Ⅲ区 99 号墓	该墓共有 4 个墓穴，墓主姓名分别为武阳赵国羊（1 号墓穴），邓景达（2 号墓穴），王遂妣（3 号墓穴），王景信、王凤、王景、王□（4 号墓穴）[⑧]
四川乐山麻浩尹武孙墓	尹武孙[⑨]
四川乐山柿子湾Ⅱ区 26 号墓	吴升、吴遂[⑩]
四川乐山车子 1 号墓	王倩[⑪]
四川乐山双塘Ⅲ区 8 号墓	范世玉[⑫]
四川三台郪江柏林坡 1 号墓	齐公[⑬]

---

① 罗二虎：《长宁七个洞崖墓群汉画像研究》，《考古学报》2005 年第 3 期。
② 罗二虎：《长宁七个洞崖墓群汉画像研究》，《考古学报》2005 年第 3 期。
③ 唐长寿：《乐山崖墓和彭山崖墓》，电子科技大学出版社，1994 年，第 150、151 页。
④ 唐长寿：《乐山崖墓和彭山崖墓》，电子科技大学出版社，1994 年，第 80 页。
⑤ 唐长寿：《乐山崖墓和彭山崖墓》，电子科技大学出版社，1994 年，第 80 页。
⑥ 唐长寿：《乐山崖墓和彭山崖墓》，电子科技大学出版社，1994 年，第 82、141 页。
⑦ 唐长寿：《乐山崖墓和彭山崖墓》，电子科技大学出版社，1994 年，第 140 页。
⑧ 唐长寿：《乐山崖墓和彭山崖墓》，电子科技大学出版社，1994 年，第 81 页。
⑨ 唐长寿：《乐山崖墓和彭山崖墓》，电子科技大学出版社，1994 年，第 136 页。
⑩ 唐长寿：《乐山崖墓和彭山崖墓》，电子科技大学出版社，1994 年，第 138、139 页。
⑪ 唐长寿：《乐山崖墓和彭山崖墓》，电子科技大学出版社，1994 年，第 146 页。
⑫ 唐长寿：《乐山崖墓和彭山崖墓》，电子科技大学出版社，1994 年，第 148 页。
⑬ 四川省文物考古研究院、绵阳市博物馆、三台县文物管理所：《三台郪江崖墓》，文物出版社，2007 年，第 154～180 页。

续表

墓葬编号	墓主
四川中江塔梁子3号墓	荆子元、荆子安等，最高官位至广汉守丞，秩六百石，也有郡县属吏等下层官吏，还有平民。其先祖曾为汉大鸿胪[①]。该墓内还有罕见的壁画
四川乐山沱沟嘴墓	张君[②]，可能为县长之类的官吏。根据汉代人的习惯，凡称"君"者多是曾做过一定级别的官吏，如甘肃武威雷台汉墓出土的车马上铭"守张掖长张君"即可证明[③]
重庆江津长沟3号墓	谢王四[④]
四川新津赵氏墓	赵实，字末定；赵实之子赵掾，字元公；赵掾妻，字义文[⑤]

除了乐山沱沟嘴墓墓主张氏和中江塔梁子3号墓主荆氏曾担任过一定级别的官职之外，其他的墓主姓名前后均未加上任何官职和尊称，这些墓的墓主身份可能都为无官的平民。

（二）画像中所见的墓主身份

汉代是一个等级社会，每个人都必须根据自己的身份在社会生活中遵循一定的等级规定。画像中有部分表现墓主生前的各种生活场景，可反映出墓主生前的身份。

1. 出行图

在画像中，出行图可能是最为常见且最能体现墓主等级身份的画面。根据画像中出行图的规模、车骑数量，并参照《续汉书·舆服志》的记载，大体可将崖墓画像中的出行图分为以下三类。

第一类：官秩六百石至千石的县令等。主车为辒车四帷，驾一至三匹马，导从车二至五辆，或有斧车，其中应包括功曹、贼曹、督盗贼、主簿、主记诸车或其中的一部分。导从骑二至四名。伍伯二至六名。大体可归入本类的有乐山沱沟嘴崖墓。其墓内出土画像石棺上的出行图，主车为辒车驾一马，属车在画面上有四辆，后面还应有车辆，导从骑有三名，伍伯可见两名，行列前面还应有两名，此外还有步从四名，也与铭文中所示的墓主身份相符。

第二类：官秩二百石以下的小官吏。其主车四帷驾马。二百石前的伍伯两名，无其他导从。百石主车四帷，驾一马，无导从。可大体纳入此类的有长宁七个洞5号墓、

---

① 四川省文物考古研究院、德阳市文物考古研究所、中江县文物保护管理所：《中江塔梁子崖墓》，文物出版社，2008年，第19～33、57～64页。
② 乐山市崖墓博物馆：《四川乐山市沱沟嘴东汉崖墓清理简报》，《文物》1993年第1期。
③ 甘博文：《甘肃武威雷台东汉墓清理简报》，《文物》1972年第2期。
④ 黄中幼、张荣华：《江津沙河发现东汉纪年崖墓》，《四川文物》1994年第4期。
⑤ 闻宥：《四川汉代画象选集》，群联出版社，1955年，第53～55页。

乐山张公桥 1 号墓等[1]，为主车四帷，驾一马。

第三类：无官秩的平民。出行时墓主或乘无盖的马车或骑马，常有侍从跟随和导引。属于此类的墓葬多，其中较重要的墓有江津长沟 3 号墓和长宁七个洞 1、2、7 号墓[2]。

在上述三类中，第一类仅一座，第二类数量略为增多，第三类数量最多。

此外，还有一类特殊的出行图，即妇女出行图。汉代妇女乘坐的车有辎车、軿车、辇车，而且一般都是地位较高的妇女乘坐。例如，《汉书·张敞传》说："礼，君母出门则乘辎軿。"[3] 汉刘向《列女传·齐孝孟姬传》记载："妃后逾阈，必乘安车辎軿。"[4] 在考古发现中，甘肃武威雷台汉墓的三辆铜辇车上均有铭文，明确说明是"守张掖长张君"夫人所乘[5]。山东沂南北寨画像石墓墓主夫人出行行列中也有辎车[6]。崖墓画像中目前所见有这种妇女出行图的墓仅为乐山麻浩一号墓。

2. 墓主生活与财富

除了出行图之外，还有许多画像的内容可以显示墓主的身份，下面我们仅选几种加以分析。

门吏、门卒图：有这两种画像的墓不少，这些内容是墓主生前生活的再现，前者主要是显示墓主的高贵身份，而后者则有守卫墓葬不受侵扰的含义。如中江塔梁子 3 号墓，其墓内的门人或佩长剑或持棨戟。剑在早期为短剑，作为格斗之用，到汉代以后剑身加长，多为长剑，并主要作为一种有护身作用的礼仪用品，佩带长剑者主要显示身份尊贵。通过这种画像可知墓主是有较高社会地位的，这与墓葬中题记内容所示墓主身份也相吻合。门卒图一般均在墓门附近出现，用于保卫墓葬，其形象可分两种：一种是着帻、长袍、束腰、手持环首刀等，为家丁的形象，在现实生活中主要是为守护主人的安全；另一种是着帻、短袍、束腰、裤腿挽起，为农民的形象，手中持有兵器，或持兵器和农具，或持农具，这应是部曲的形象。在现实生活中他们是依附于豪族大姓的农民，除了耕田种地之外，在社会动荡的时候，也作为豪族大姓的私人武装保卫其庄园。通过这些画像可以推测墓主的身份是拥有私人武装的豪族大姓。有这种门卒画像的墓有乐山柿子湾 1、26 号墓[7]，乐山麻浩一号墓，彭山江口 951-3 号墓等。

此外，画像崖墓本身还有一个特点，就是在当地众多的同时代墓葬中规模大，仿

---

[1] 唐长寿：《乐山崖墓和彭山崖墓》，电子科技大学出版社，1994 年，第 144、145 页。
[2] 罗二虎：《长宁七个洞崖墓群汉画像研究》，《考古学报》2005 年第 3 期。
[3] （汉）班固撰，（唐）颜师古注：《汉书》，中华书局，1962 年，第 3220 页。
[4] （汉）刘向撰，张涛译注：《列女传译注》，山东大学出版社，1990 年，第 140-141 页。
[5] 甘博文：《甘肃武威雷台东汉墓清理简报》，《文物》1972 年第 2 期。
[6] 南京博物院、山东省文物管理处：《沂南古画像石墓发掘报告》，文化部文物管理局，1956 年，拓本第 37 幅。
[7] 唐长寿：《乐山崖墓和彭山崖墓》，电子科技大学出版社，1994 年，第 138、139 页。

木结构建筑装饰精美,其平面形式也多仿生人居室宅院,尤以一些大型崖墓的仿造逼真。这本身就反映出墓主生前拥有较多财富、广宅深院,其社会地位和经济地位高于普通平民的情况。

综上所述,可以认为画像崖墓的墓主在当地都属于富裕阶层,其中有部分可能是当地的豪族,拥有相当的经济实力。从政治方面看,墓主的身份也存在一定的差异,从官秩较高的官吏至普通平民均有。官秩最高者可能是三四百石至千石的县令、长和郡丞等,也有下层官吏,但绝大多数都是平民。

十、渊源与兴衰

(一)渊源

中原地区汉代墓葬流行在墓穴中进行各种装饰,如壁画、画像石、画像砖、花纹砖等,当中原地区的墓葬形制传到巴蜀地区时,这种在墓内装饰的习俗也就一起传入了。因此,可认为西南地区包括画像崖墓在内的墓内装饰习俗总体上都渊源于中原地区。

这一地区的崖墓虽然在新莽时期前后已经开始出现,但崖墓画像出现的时间却较晚,约在东汉早中期之际。然而,其雕刻技法在画像出现之初就表现得较为成熟,阴线刻、平面浅浮雕和高浮雕等均有,且艺术风格多样化。因此可以认为,其画像石雕刻技法和艺术风格可能都是在中原地区的影响下发展起来的。但是这一地区的崖墓画像却并非单纯是中原地区的画像墓在地域上的直接延伸,因为二者在形式和内容方面都存在较大差异。显然,本地区这些独特的画像形式和内容都是中原地区的画像传来后与本地的文化传统相结合的产物。

(二)兴衰

画像墓在中原地区出现以后,非但没能在汉王朝的所有地区盛行,甚至也未能在中原地区内的其他地方盛行。这是因为画像墓在一个地区内能否盛行,除了文化方面的因素之外,还要受制于其他多种因素,汉代巴蜀地区恰好具备了画像墓盛行的条件。

画像崖墓的盛行,首先需要的就是适宜的地理环境,即普遍存在的、硬度和质地适宜的山岩可供凿墓。从全国范围内讲,画像石墓是画像墓的主要形式,而画像石墓却主要集中分布在几个互不相连的地区。之所以会出现这种分布状况,是否有大量可供开采的石材无疑是一个重要因素,这极大地限制了画像石在许多地区的盛行。而画像崖墓的开凿对山岩的要求更高,四川盆地内普遍裸露的红色砂岩正好可以满足崖墓的开凿。

此外,秦汉以来蜀地发达的经济和冶铁业都为画像崖墓的盛行奠定了良好的物质基础。汉代巴蜀经济最发达的地区即今以成都平原为中心的川西地区,正好是发现汉代画像崖墓数量多、规模最大、画像精美的地区。而经济次发达的川中区，其画像石棺的数量虽多，但崖墓规模和画像精美程度等则不及前者。在经济较为落后的长江区，画像崖墓不但数量少，规模也最小。其当时经济发达的程度与画像石棺盛行的程度基本上成正比。

此外，画像崖墓的兴衰也与当地豪族的发展关系密切，当东汉豪族在巴蜀地区得到较大发展时，他们便大造冢墓，炫耀自己。他们的做法必然会对巴蜀社会产生影响，并促进画像崖墓的盛行。画像崖墓的兴起、盛行与衰落与巴蜀豪族大姓的兴起、发展与衰落大体上是同步的，其原因也在于此。

汉王朝疆域辽阔，各区域有相对的独立性，尤其在远离汉王朝中心的边远地区。东汉晚期的中原地区社会动荡不安，画像墓已呈减少趋势，而汉灵帝中平年间黄巾军起义后，中原大地更是征战连年，经济凋敝，人口锐减，盗墓之风炽盛，导致了中原地区画像墓基本消失。反观巴蜀地区，东汉晚期社会相对稳定，画像崖墓也达到最盛，中平年间虽有小规模黄巾起义，但很快被平息，大量外来人口的流入更促进了经济的持续繁荣。在这种社会环境下，汉末的巴蜀地区奢侈厚葬之风仍盛。如《三国志·蜀书·董和传》记载，汉末"蜀土富实，时俗奢侈，货殖之家，侯服玉食，婚姻葬送，倾家竭产。"[1]正是在这种情况下，画像崖墓在东汉末年得以继续盛行，直到蜀汉以后才开始衰落。两地区画像墓的盛衰前后相差数十年。因此，巴蜀地区画像崖墓的衰落却并非因中原地区画像墓的衰落所致。

巴蜀地区画像崖墓衰落的主要背景是，三国蜀汉时刘氏政权对内打击本地的豪强大姓，对外与魏吴连年征战，元气大伤，蜀汉末年川中又遭兵祸，民多残破。蜀汉灭亡后魏迁蜀近臣并迁蜀人三万家内徙，这些才是导致画像崖墓衰败的重要原因。

附记：笔者在各地考察、摹绘画像崖墓的过程中，得到了四川省文物局的大力支持，四川省文物考古研究院、四川博物院、重庆中国三峡博物馆、成都文物考古研究院、乐山市文化广播电视和旅游局、乐山大佛风景名胜区管理委员会、眉山市彭山区文物保护管理所、三台县文物管理所等单位大力协助，在此特表谢意！

附表一　东汉普通画像崖墓一览表

地点和墓号	墓葬类型（规模）	画像位置与内容	画像技法	年代	资料来源
成都市龙泉驿区汤家河3号墓	A（小型）	墓室：庖厨人物、屋形、力士、乐舞人物、棒形物	浮雕	东汉晚期	《成都文物》1989.3

---

[1] （晋）陈寿撰，（宋）裴松之注：《三国志》，中华书局，2011年，第815页。

续表

地点和墓号	墓葬类型（规模）	画像位置与内容	画像技法	年代	资料来源
成都市龙泉驿区汤家河4号墓	B（中型）	墓室：庖厨人物、屋形、棒形物	浮雕	东汉晚期	《成都文物》1989.3
德阳市中江县塔梁子2号墓	B（中型）	前室甬道：鹤	浮雕	东汉中期	《中江塔梁子崖墓》，第16~19页
		前室、后室甬道门外：羊头、方柱斗拱	高浮雕		
德阳市中江县塔梁子3号墓	E（大型）	墓门外：羊、蟾蜍	半圆雕	东汉晚期	《中江塔梁子崖墓》，第19~33页
		各室甬道侧壁和门外：佩剑门吏、胡人舞蹈、持棨戟吹奏人物、飞鸟、门人、狗、龙衔绶带、子母鹅、朱雀、仙禽衔鱼；门框和檐枋等建筑装饰	浅浮雕、高浮雕涂红		
		侧室门和壁面：力士、站立人物、飞鸟、兵器架、鼠逐鱼鱼、鱼鱼逐鱼、舂米图、虎头、侍者、怪兽；方柱斗拱、框栏等建筑装饰	浅浮雕、高浮雕、半圆雕涂红		
		墓室顶部：太阳金乌、蛇食鼠；藻井等屋顶建筑装饰	浅浮雕、高浮雕壁画		
		三室左侧室：宴饮图（共八幅）			
德阳市中江县塔梁子4号墓	B（中型）	前室甬道：单阙	减地浅浮雕	东汉晚期	《中江塔梁子崖墓》，第34~38页
		前室、后室和侧室：鱼、干栏式建筑、方柱斗拱建筑装饰等	浮雕、高浮雕		
德阳市中江县塔梁子5号墓	D（中型）	后室外门楣上方：鹤、羊头	高浮雕	东汉中期	《中江塔梁子崖墓》，第38~41页
德阳市中江县塔梁子6号墓	D（中型）	墓室甬道：仙禽衔鱼、雀鸟交配、鸟衔双鱼、展翅鸟、双鸟衔鱼	浮雕	东汉晚期	《中江塔梁子崖墓》，第41~47页
		侧室门、墙面：仙禽衔鱼、蟾蜍、花朵、兵器架、舂米图、立人、吹箫人物、檐枋、百叶窗、方柱斗拱建筑装饰等	浮雕、半圆雕		
		墓室顶部：藻井、太阳	浮雕		
德阳市中江县塔梁子7号墓	B（中型）	后室侧室：檐枋、方柱斗拱等建筑装饰	浮雕、高浮雕	东汉晚期	《中江塔梁子崖墓》，第47~51页
德阳市中江县塔梁子8号墓	B（中型）	前室侧壁：干栏式建筑、井	浮雕、高浮雕	东汉晚期	《中江塔梁子崖墓》，第52~55页
		后室甬道门外：方柱斗拱等建筑装饰			

续表

地点和墓号	墓葬类型（规模）	画像位置与内容	画像技法	年代	资料来源
德阳市中江县天平梁子1号墓	不详（大型）	墓门两侧：双阙	阴线刻	东汉晚期	《四川文物》1989.5
		墓室：天禄、三足鸟、仙人博弈图、车马出行、凤鸟、舂米人物、双羊、门吏、吹箫人物、女子与猪、持刀搏兽人物、兰锜、牵马人物、女娲、蟾蜍、蹲熊、屋形、嘉瓜；建筑装饰	浅浮雕、高浮雕、半圆雕		
绵阳市三台县郪江镇松林嘴1号墓	C（大型）	前室甬道：双阙、鹤	减地平面雕	东汉晚期	《三台郪江崖墓》，第146~153页
		墓室：仙人半开门、魌头、卧狗、兵兰、仓廪；建筑装饰	高浮雕		
		顶部：龟、嘉瓜、鳖、花朵；建筑装饰	高浮雕		
绵阳市三台县郪江镇金钟山I1号墓	C（中型）	中室甬道：门吏	减地平面浮雕	东汉晚期	《三台郪江崖墓》，第14~17页
		中室门楣：羊头	高浮雕		
		前室：蹲猴吃食、狗咬耗子、鹤；立柱斗拱、框栏等建筑装饰	浅浮雕		
		前右侧室：二力士	减地平面浮雕加阴线刻		
		墓室顶部：藻井建筑装饰	高浮雕		
绵阳市三台县郪江镇金钟山I3号墓	B（中型）	前室侧壁：仓廪；立柱斗拱等建筑装饰	浮雕	东汉晚期	《三台郪江崖墓》，第20~24页
绵阳市三台县郪江镇金钟山I4号墓	C（大型）	后室中央：辟邪；建筑装饰	圆雕	东汉晚期	《三台郪江崖墓》，第24~31页
		前左侧室顶部：鳖、花朵、嘉瓜、鱼；建筑装饰	高浮雕		
绵阳市三台县郪江镇金钟山II1号墓	B（中型）	后室甬道：拴狗、立鸟、啄木鸟和树、门吏	减地平面雕	东汉晚期	《三台郪江崖墓》，第31~37页
		后室侧壁：神树、习武、龟、跽坐人物、吹箫人物、博局人物、三鱼、渔归、人物飞鸟；建筑装饰	减地平面雕		
		后室内壁：仙人半开门（男子半开门）	高浮雕		

续表

地点和墓号	墓葬类型（规模）	画像位置与内容	画像技法	年代	资料来源
绵阳市三台县郪江镇金钟山Ⅱ5号墓	B（中型）	前室甬道：鹤、门吏	阴线刻、减地平面雕	东汉晚期	《三台郪江崖墓》，第55~60页
		前室：蹲猴、卧狗；建筑装饰	减地平面雕、半立雕		
绵阳市三台县郪江镇天台山1号墓	B（中型）	前室甬道、前室：仓廪；建筑装饰	减地平面雕、高浮雕	东汉晚期	《三台郪江崖墓》，第60~64页
		后侧室：卧狗、蟾蜍	半立雕		
绵阳市三台县郪江镇紫荆湾1号墓	C（大型）	前室甬道：人物、鹤	浅浮雕	东汉晚期	《三台郪江崖墓》，第67~73页
		前室：猴、魌头、鸟、白虎、龟、鳖、鼠、猪、嘉瓜、花朵、仓廪、建筑装饰	浅浮雕、高浮雕		
		中室：青龙、马、朱雀、龟、舂米人物	浅浮雕、高浮雕		
绵阳市三台县郪江镇紫荆湾3号墓	C（大型）	中室甬道：鹤	浅浮雕	东汉晚期	《三台郪江崖墓》，第80~92页
		后室甬道：凤阙	浅浮雕		
		前、中、后室：飞鸟、卧狗、兰锜、群鸟、龟、鳖、嘉瓜、花朵；建筑装饰	阴线刻、浅浮雕、高浮雕、半立雕		
绵阳市三台县郪江镇紫荆湾7号墓	B（中型）	前室甬道：门吏、奔马、鱼、禽鸟	阴线刻	东汉晚期	《三台郪江崖墓》，第108~116页
		前室：水井	减地平面雕加阴线刻、半立雕		
绵阳市三台县郪江镇紫荆湾8号墓	C（中型）	墓室：蟾蜍	半立雕	东汉晚期	《三台郪江崖墓》，第117~120页
绵阳市三台县郪江镇柏林坡5号墓	C（大型）	墓室：水井、力士、卧羊、飞鸟；建筑装饰	阴线刻、浅浮雕、高浮雕、半立雕	东汉晚期	《三台郪江崖墓》，第237~249页

续表

地点和墓号	墓葬类型（规模）	画像位置与内容	画像技法	年代	资料来源
绵阳市三台县郪江镇坟台嘴1号墓	D（大型）	前室甬道：门吏、部曲	减地平面雕加阴线刻	东汉晚期	《三台郪江崖墓》，第250~264页
		墓室：鹤、胡坐人像、耕作人物、兵兰、蹶张士、三鱼、龟、鳖、嘉瓜；建筑装饰	浅浮雕、高浮雕		
绵阳市三台县郪江镇胡家湾1号墓	B（中型）	前室：凤鸟；建筑装饰	减地平面雕	东汉早中期	《三台郪江崖墓》，第259~263页
		后室门楣：羊头	高浮雕		
绵阳市三台县郪江镇黄明月1号墓	C（大型）	前室：蹶张士、擘张士、猎犬、惊鹿、跳跃人物、蹲坐人物、仓廪；建筑装饰	减地平面雕加阴线刻、浅浮雕	东汉晚期	《三台郪江崖墓》，第274~279页
绵阳市三台县郪江镇洞子排1号墓	B（中型）	前侧室：凤阙（天门）	减地平面雕加阴线刻	东汉晚期	《三台郪江崖墓》，第279~284页
绵阳市三台县元宝山1号墓	C（中型）	墓室：鹤（朱雀）、嘉瓜、蹲猴、单阙、鸟（蝙蝠）；建筑装饰	浅浮雕加红黑彩绘	东汉中晚期	《四川文物》1997.1
绵阳市三台县书房梁6号墓	A（小型）	墓室：魌头、嘉瓜、日、月	阴线刻、高浮雕、浅浮雕	东汉末至蜀汉	《四川文物》1997.1
绵阳市三台县明月村1号墓	C（大型）	前室：蹶张士、挽弓人物、守犬、鹿、跳跃人物、蹲坐人物	弧面浅浮雕加朱色彩	东汉	《四川文物》1997.5
内江市市中区岩边山墓	A（中型）	墓室：乐舞百戏、马车、羽人、日神	浮雕	东汉中晚期	《四川文物》1987.4
		墓门：双阙（阙上饰龙）	浮雕		
内江市市中区大梁山3号墓	A（中型）	墓室：驯马、鹤、猴群与大树	浮雕	东汉中晚期	《四川文物》1987.4
内江市市中区大梁山4号墓	A（中型）	墓门外壁：吹箫人物、蹶张士；建筑装饰	浅浮雕、高浮雕	东汉中晚期	《四川文物》1987.4
		墓室：驱狗猎鹿、射猎人物、持笏门吏、龙虎含珠	浮雕		
自贡市沿滩区黄泥土山1号墓	B（中型）	墓门外门楣："胜"纹	浮雕	东汉晚期	《四川文物》2009.1
		前室侧壁：单阙、殿堂类建筑	阴线刻		
		后室内壁：猪；建筑装饰	半立雕、高浮雕		

续表

地点和墓号	墓葬类型（规模）	画像位置与内容	画像技法	年代	资料来源
自贡市盐滩区黄泥土山3号墓	A（小型）	墓室内壁：龟、蛇；建筑装饰	半立雕、高浮雕	东汉晚期	《四川文物》2009.1
乐山市市中区麻浩一号墓	G（大型）	墓门：瑞鸟、双兽、兽首、鸟鱼、嘉瓜、蹲兽、瑞鸟、鼠啮瓜、卧羊、舞蹈人物、乐人、接吻人物、山、河梁送别、董永侍父、迎谒人物、凯凤图；建筑装饰	高浮雕、浅浮雕	东汉晚期	《考古》1990.2
		前堂：兔、荆轲刺秦王、凤鸟、持节方士、仙境图（博弈人物、吹箫人物、玉兔捣药、蟾蜍等）、"胜"纹、旋涡纹、挽马、璧纹、卷云纹、花瓣纹、铺首、佛像、垂钓、步辇、门卒、房屋、鱼、网格纹；建筑装饰	高浮雕、浅浮雕		
乐山市市中区麻浩尹武孙墓	G（中型）	前室：蹶张士、鹰衔蛇	高浮雕	东汉晚期	《乐山崖墓和彭山崖墓》，第136页
乐山市市中区麻浩26号墓	A（中型）	墓门楣：跪羊；建筑斗拱	高浮雕	东汉晚期	《乐山崖墓和彭山崖墓》，第137页
乐山市市中区麻浩40号墓	G（中型）	前室：荆轲刺秦王、董永侍父、博弈；建筑装饰	浮雕	东汉晚期	《乐山崖墓和彭山崖墓》，第136、137页
乐山市市中区柿子湾B区1号墓	G（大型）	前堂：佛像、嘉瓜、羊、鱼、兽首、瑞鸟、镇墓神、门卒、击锤人物、侧卧人物、合抱跨步人物、扬臂人物、圆圈形纹、迎谒人物（骑从）、董永侍父、仙人宴饮、仙人半开门、步辇、孝孙元觉、翼兽、牛车、告别出行；建筑装饰	高浮雕、浅浮雕	东汉晚期	《四川文物》2016.5
乐山市市中区柿子湾26号墓	G（中型）	墓门、前堂：嘉瓜、鱼、兽首、鸟衔鱼、宴饮欢戏、阙、镇墓神、门卒、宅第、人物；建筑装饰	高浮雕、浅浮雕	东汉晚期	《乐山崖墓和彭山崖墓》，第138、139页
乐山市市中区柿子湾52号墓	G（大型）	前堂、墓穴门：力士、翼虎、犬、仙人半开门、魌头、猴、蟾蜍、龙虎衔璧、蛇、双阙；建筑装饰	高浮雕	东汉晚期	《乐山崖墓和彭山崖墓》，第139页
乐山市市中区柿子湾27号墓	G（中型）	墓门：单阙、跪羊、乐舞百戏	高浮雕、浅浮雕	东汉晚期	《乐山崖墓和彭山崖墓》，第138页

续表

地点和墓号	墓葬类型（规模）	画像位置与内容	画像技法	年代	资料来源
乐山市市中区柿子湾30号墓	G（大型）	前堂：鼠啃瓜；建筑装饰	高浮雕	东汉	《乐山崖墓和彭山崖墓》，第139页
乐山市市中区柿子湾53号墓	G（中型）	墓门楣：魌头与守犬驱鬼、跪羊、建筑斗拱	高浮雕	东汉晚期	《乐山崖墓和彭山崖墓》，第139页
乐山市市中区肖坝王升墓	G（大型）	前堂："胜"纹；建筑装饰	浮雕	东汉晚期	《乐山崖墓和彭山崖墓》，第141页
乐山市市中区沱沟嘴墓	G（大型）	前堂："胜"纹；仙人半开门、直棂窗	浮雕	东汉中期	《文物》1993.1
		石棺：亭前迎谒、高楼跪拜人物、宴饮、车骑出行；建筑装饰	平面浅浮雕		
乐山市市中区大湾嘴4号墓	A（中型）	墓室：魌头（面具）	高浮雕	东汉晚期	《考古》1991.1
乐山市市中区张公桥1号墓	A（中型）	墓门：力士、门卒	高浮雕	东汉晚期	《乐山崖墓和彭山崖墓》，第144、145页
		甬道：伏羲、女娲	高浮雕		
		墓室：车马（轺车）出行	高浮雕		
乐山市市中区张公桥2号墓	A（中型）	墓室：持箕锸农人、骑马出行、托灯侍女	高浮雕	东汉晚期	《乐山崖墓和彭山崖墓》，第145页
乐山市市中区车子Ⅲ1号墓	G（中型）	前堂：侍者	浮雕	东汉	《乐山崖墓和彭山崖墓》，第146页
乐山市市中区车子Ⅳ2号墓	G（中型）	墓门：双卧兽托双阙、建筑斗拱	高浮雕	东汉晚期	《乐山崖墓和彭山崖墓》，第146页
乐山市市中区车子Ⅰ25号墓	G（大型）	前堂：双阙	半立雕	东汉晚期	《乐山崖墓和彭山崖墓》，第146页
乐山市市中区车子Ⅰ28号墓	G（大型）	前堂：兽首、菱形纹、联璧纹、裸体力士、舞蹈人物、双阙、花卉、三鱼	高浮雕、半立雕	东汉晚期	《乐山崖墓和彭山崖墓》，第146页
乐山市市中区车子Ⅳ50号墓	G（大型）	墓门：双阙、建筑斗拱	半立雕、高浮雕	东汉晚期	《乐山崖墓和彭山崖墓》，第147页

续表

地点和墓号	墓葬类型（规模）	画像位置与内容	画像技法	年代	资料来源
乐山市夹江县棉花坡124号墓	A（中型）	墓门门楣：戴斗笠坐者、鱼	高浮雕	东汉	《乐山崖墓和彭山崖墓》，第149、150页
乐山市夹江县棉花坡125号墓	G（大型）	墓门门楣：吹箫人物、瑞鸟、鹰衔蛇、鱼、人骑羊、建筑斗拱	浮雕、高浮雕	东汉	《乐山崖墓和彭山崖墓》，第149页
		前堂：建筑装饰			
乐山市夹江县棉花坡126号墓	A（中型）	墓门门楣：吹箫人物、瑞鸟、鹰衔蛇、人物、跪羊；建筑装饰	高浮雕	东汉	《乐山崖墓和彭山崖墓》，第149页
眉山市青神县大芸坳1号墓	G（中型）	前堂：双马；建筑装饰	浮雕	东汉	《乐山崖墓和彭山崖墓》，第150页
眉山市青神县大芸坳2号墓	G（大型）	前堂：兽首；建筑装饰	高浮雕	东汉	《乐山崖墓和彭山崖墓》，第150、151页
眉山市彭山区江口街道951-2号墓	A（中型）	墓门："胜"纹、舞伎、吹箫伎、嘉瓜、莲花	高浮雕	东汉晚期	《乐山崖墓和彭山崖墓》，第152页
		墓室：獒犬、夫妻庖厨；建筑装饰	高浮雕、半立雕		
		崖棺：阙、双鸟啄食、鸟衔鱼、莲花、花卉	浅浮雕		
眉山市彭山区江口街道951-3号墓	A（中型）	墓门：双羊、蹲熊、嘉禾、花卉、"胜"纹、柿蒂纹	高浮雕、半立雕	东汉晚期	《乐山崖墓和彭山崖墓》，第152页
		墓室：屋形（小龛）、獒犬、门卒			
眉山市彭山区江口街道寨子山530号墓	F（中型）	主侧室："胜"纹、鱼、圆圈形图案；建筑装饰	浅浮雕、高浮雕	东汉晚期	《四川彭山汉代崖墓》，第9~11页
眉山市彭山区江口街道寨子山550号墓	F（中型）	墓门门楣：凤鸟、花卉、秘戏	高浮雕	东汉中晚期	《四川彭山汉代崖墓》，第14~16页
眉山市彭山区江口街道豆芽坊164号墓	A（小型）	墓门门楣：双羊	高浮雕	东汉中晚期	《四川彭山汉代崖墓》，第17页

续表

地点和墓号	墓葬类型（规模）	画像位置与内容	画像技法	年代	资料来源
眉山市彭山区江口街道豆芽坊166号墓	A（不详）	墓门门楣：吹箫伎、双熊；建筑装饰	高浮雕	东汉中晚期	《四川彭山汉代崖墓》，第17页
眉山市彭山区江口街道豆芽坊168号墓	F（中型）	墓门门楣："胜"纹、双羊；建筑装饰	浅浮雕、高浮雕	东汉中晚期	《四川彭山汉代崖墓》，第17页
眉山市彭山区江口街道豆芽坊169号墓	F（中型）	墓门门楣："胜"纹、双羊、蹲熊；建筑装饰	浅浮雕、高浮雕	东汉中晚期	《四川彭山汉代崖墓》，第17页
眉山市彭山区江口街道豆芽坊176号墓	A（中型）	墓门门楣：双鱼、羊头；建筑装饰	浅浮雕、高浮雕	东汉中晚期	《四川彭山汉代崖墓》，第12~14页
眉山市彭山区江口街道石龙沟45号墓	不详	墓门门楣："胜"纹；建筑装饰	浅浮雕、高浮雕	东汉中晚期	《四川彭山汉代崖墓》，第16页
眉山市彭山区江口街道陈家堧930号墓		墓室：镇墓神	浅浮雕	东汉中晚期	《四川彭山汉代崖墓》，第19页
眉山市彭山区江口街道王家沱460号墓	F（中型）	墓门门楣：蹲熊、双羊；建筑装饰	高浮雕	东汉中晚期	《四川彭山汉代崖墓》，第6页
宜宾市叙州区黄伞11号墓	B（中型）	后室：魌头（面具头像）、圆圈图形	浅浮雕	东汉中晚期	《考古与文物》1984.6
宜宾市叙州区黄伞1号墓	G（大型）	墓门门楣：双阙、欢戏舞乐图（乐舞伎、二人搂抱）、卧羊、吹箫伎、力士、仙人半开门、摸生殖器裸人、戴冠人物、大鹏鸟；建筑装饰	高浮雕	东汉晚期	《考古与文物》1984.6

续表

地点和墓号	墓葬类型（规模）	画像位置与内容	画像技法	年代	资料来源
宜宾市长宁县七个洞4号墓	A（小型）	墓门：人物、楼阙、着袍人物	浅浮雕、阴线刻	东汉中期	《考古学报》2005.3
		墓外崖壁：伏羲女娲、阙、着袍人物、玄武符号	阴线刻		
		崖棺：阙、乐舞图、武士图	浅浮雕		
宜宾市长宁县七个洞5号墓	A（小型）	墓门："胜"纹、迎谒人物	浅浮雕	东汉晚期	《考古学报》2005.3
		墓外崖壁：阙、楼、树、卷云纹、柿蒂纹、菱形纹、联璧纹、"玄武"符号、双结龙纹、飞鸟串钱纹、龙、虎、马车、马、骑马人物、持便面人物、张弓人物、械斗人物、舞蹈百戏、持宝珠人物、凤鸟、蛇、凤鸟踏楼、人物	阴线刻、浅浮雕		
宜宾市长宁县七个洞6号墓	A（小型）	墓门：伏羲女娲、嘉瓜、鸟衔鱼	浅浮雕	东汉中期	《考古学报》2005.3
		墓外崖壁：虎托阙、欢戏人物	阴线刻		
		墓室后壁：拜谒图（迎宾图）	浅浮雕		
		左侧崖棺：阙前迎谒、凤鸟联璧（钱）、卷云纹、云气纹	浅浮雕		
		右侧崖棺：伏羲女娲、裸体人物、鸟鱼图、云气纹	浅浮雕		
宜宾市长宁县七个洞7号墓	A（小型）	墓门："胜"纹、伏羲女娲、双鱼、人推嘉瓜、鸟衔鱼、力士（蹶张士）	浅浮雕、高浮雕	东汉中期	《考古学报》2005.3
		墓外崖壁：鱼、持刀盾人物、道士、舞蹈人物	阴线刻		
		墓室左侧：夫妻相见图	浅浮雕		
		左侧崖棺：阙前迎谒、骑马临门、杂技人物、仙人半开门、凤鸟	浅浮雕		
		右侧崖棺：骑马临门、凤鸟	浅浮雕		
重庆市綦江区七孔子6、7号墓	A（小型）	墓门外：阙、人物	阴线刻	东汉中期	《巴渝文化》（第一辑）
重庆市綦江区七拱嘴7号墓	A（小型）	墓门外：阙、龙、鸟、兽	阴线刻、浅浮雕	东汉晚期	《巴渝文化》（第一辑）
重庆市綦江区鸳鸯村墓	A（小型）	墓室：马	阴线刻	东汉中期	《巴渝文化》（第一辑）

续表

地点和墓号	墓葬类型（规模）	画像位置与内容	画像技法	年代	资料来源
重庆市綦江区二磴岩1号墓(左墓)	A（小型）	墓室：群舞人物、吹箫人物	浅浮雕	东汉	《四川文物》1996.2
重庆市綦江区二磴岩2号墓(右墓)	A（小型）	墓室：群舞人物、吹箫人物	浅浮雕	东汉	《四川文物》1996.2
贵州遵义市习水县桐半丘4号墓	A（小型）	墓室：鱼	浅浮雕	三国蜀汉时期	《四川文物》1988.1
贵州遵义市习水县桐半丘5号墓	A（小型）	墓外崖壁：双阙、鸟鱼船	阴线刻	三国蜀汉时期	《四川文物》1986.1
贵州遵义市赤水市马鞍山10号墓	A（小型）	墓外门楣：羊头、双嘉瓜	半立雕	三国蜀汉至西晋	《考古》2005.9
贵州遵义市赤水市马鞍山21号墓	A（小型）	墓外门楣：中部已不清、双嘉瓜	半立雕	三国蜀汉至西晋	《考古》2005.9

附表二　东汉纪年画像崖墓一览表

地点和墓号	墓葬类型（规模）	画像位置与内容	画像技法	铭文载体	年代	资料来源
眉山市青神县大芸坳76号墓	A（中型）	墓室：建筑斗拱、手形纹、日月人的合体文	高浮雕、阴线刻	石刻题记	建初元年至元初五年（76～118年）	《乐山崖墓和彭山崖墓》，第32、150、151页
绵阳市三台县郪江镇柏林坡1号墓	C（大型）	墓门、前室甬道：力士、蟾蜍、龟、卧狗、龟鼓座	浅浮雕	朱书题记	元初四年（117年）	《三台郪江崖墓》，第154～180页
		后室甬道：立鸟架	减地平面雕加彩绘			
		墓室：宴饮图、升仙图等七幅彩绘、鹤、马、鸟、朱雀、青龙、白虎、龟、猴、狗、双兽、兔、秘戏图、女侍；建筑装饰	壁画、减地平面雕加彩绘			

续表

地点和墓号	墓葬类型（规模）	画像位置与内容	画像技法	铭文载体	年代	资料来源
宜宾市长宁县七个洞3号墓	A（小型）	墓室内壁：女娲、蛇形龙	浅浮雕	石刻题记	延光□年（122~125年）	《考古学报》2005.3
		墓外崖壁：伏羲女娲、阙、虎	浅浮雕			
乐山市市中区麻浩99号墓	G（大型）	前堂：龙虎衔璧、枭；建筑装饰	高浮雕、浅浮雕	石刻题记	阳嘉三年（134年）	《乐山崖墓和彭山崖墓》，第137页
乐山市市中区肖坝陈买德墓	G（大型）	墓门、前堂：建筑装饰	高浮雕	石刻题记	永和元年（136年）	《乐山崖墓和彭山崖墓》，第140页
成都市双流区牧马山12号墓	F（中型）	墓门：凤鸟、铺首衔环	浮雕	石刻题记	永和二年（137年）	《考古》1959.8（四川博物院又提供了该墓的详细资料）
绵阳市三台县元宝山永和四年墓	C（中型）	前室：凤鸟	阴线刻	石刻题记	永和四年（139年）	《四川文物》1997.1
乐山市市中区肖坝周代墓	G（大型）	墓门、前堂："胜"纹、双结龙纹；建筑装饰	高浮雕、浅浮雕、阴线刻	石刻题记	建和三年（149年）	《乐山崖墓和彭山崖墓》，第141页
乐山市市中区柿子湾26号墓	G（大型）	墓门、前堂：双阙、方士、门卒、持戟门吏、花卉；建筑装饰	高浮雕、浅浮雕	石刻题记	延熹元年（158年）	《乐山崖墓和彭山崖墓》，第138、139页
乐山市市中区肖坝佐氏墓	G（大型）	墓门、前堂：跪羊；建筑装饰	高浮雕	石刻题记	延熹二年（159年）	《乐山崖墓和彭山崖墓》，第140页
重庆市江津区长沟3号墓	A（小型）	墓外崖壁：双阙、楼、羊头、柿蒂纹、马	阴线刻、浅浮雕	石刻题记	延熹二年（159年）	《四川文物》1994.4
		墓室内壁：鱼				
乐山市市中区肖坝10号墓	G（中型）	墓门门楣：瑞鸟、神兽、嘉瓜；建筑装饰	高浮雕	石刻题记	延熹九年（166年）	《乐山崖墓和彭山崖墓》，第140页
宜宾市长宁县七个洞1号墓	A（小型）	墓门："胜"纹、山形纹、串钱纹、伏羲女娲、双结龙、云气纹	浅浮雕、阴线刻	石刻题记	熹平元年（172年）	《考古学报》2005.3
		墓外崖壁：联璧纹、"玄武"符号、龙衔璧（神玉）、阙、马、卷云纹、"胜"纹				

续表

地点和墓号	墓葬类型（规模）	画像位置与内容	画像技法	铭文载体	年代	资料来源
重庆市江北区盘溪光和元年墓	A（小型）	墓外崖壁：龙	阴线刻	石刻题记	光和元年（178年）	《考古学报》1988.2
宜宾市长宁区七个洞2号墓	A（小型）	墓门："胜"纹	浅浮雕	石刻题记	熹平十年（光和四年）（181年）	《考古学报》2005.3
		墓外崖壁：马、鸟、杂技人物、持便面人物、张弩人物、阙、龙、卷云纹、鱼、挑壶人物、云气纹、楼阁、戴冠人物	阴线刻			
乐山市市中区双塘38号墓	G（大型）	墓门：神兽、跪羊、瑞鸟、猴 前堂：建筑斗拱	高浮雕	石刻题记	建安七年（202年）	《乐山崖墓和彭山崖墓》，第148页

（与宋丹合作，原载《考古学报》2020年第4期）

长宁七个洞崖墓群汉画像研究

墓群位于四川盆地南缘的长宁县古河镇（原飞泉乡）保民村，共 7 座，分布在一片不着风雨的高约 20 米的红砂岩崖厦峭壁上，1981 年发现[①]，后被列为四川省重点文物保护单位[②]。1981、1994 年，笔者两次前往该地考察，对该崖墓群，尤其是画像进行了详细测绘。本文首先在原简报基础上补充完善这批崖墓和画像的基本资料，然后对画像内容及相关问题做进一步探讨。

一、崖墓画像

7 座墓的墓向都是南偏西 90°，分上下四排。1 号墓位置最低，距坡地现地面 2.6 米；6 号墓和 7 号墓位置较高，距坡地现地面 8.42 米（图一）。墓内现均空无遗物，原封门方式不详。每座墓的画像都可分为墓内画像和墓外崖壁画像两部分，简报对崖壁画像具体属于哪座墓未进行划分，不利于对这批画像进行具体分析。笔者尝试着对崖壁画像进行划分，简述如下。

（一）1 号崖墓画像

墓由墓门和墓室组成（图二）。墓门有三层门框，外层宽 1.32、高 1.32 米，中层宽 1.12、高 1.18 米，内层宽 0.88、高 1.03 米，墓门宽 0.68、高 0.89、厚 0.28 米，墓室长 2.35、前宽 1.58、后宽 1.75、前高 1.29、后高 1.63 米，拱形顶。墓外左侧崖壁有"熹平元年十月廿□作此冢……"纪年题记，故此墓开凿年代为汉灵帝熹平元年（172 年），属东汉晚期。

（1）墓门框画像（图三、图四）。均为浅浮雕。外层门框正中有一变形"胜"纹图案，表面饰云气纹；其左侧为串钱纹，右侧为"山"形纹。中层门框上方为双结龙，有角而无足翼；门框两侧为伏羲、女娲，人首人身蛇尾，举日、月。墓门内左侧有一斗拱。

[①] 四川大学考古专业七八级实习队、长宁县文化馆：《四川长宁"七个洞"东汉纪年画像崖墓》，《考古与文物》1985 年第 5 期。

[②] 2013 年，被中华人民共和国国务院公布为第七批全国重点文物保护单位。

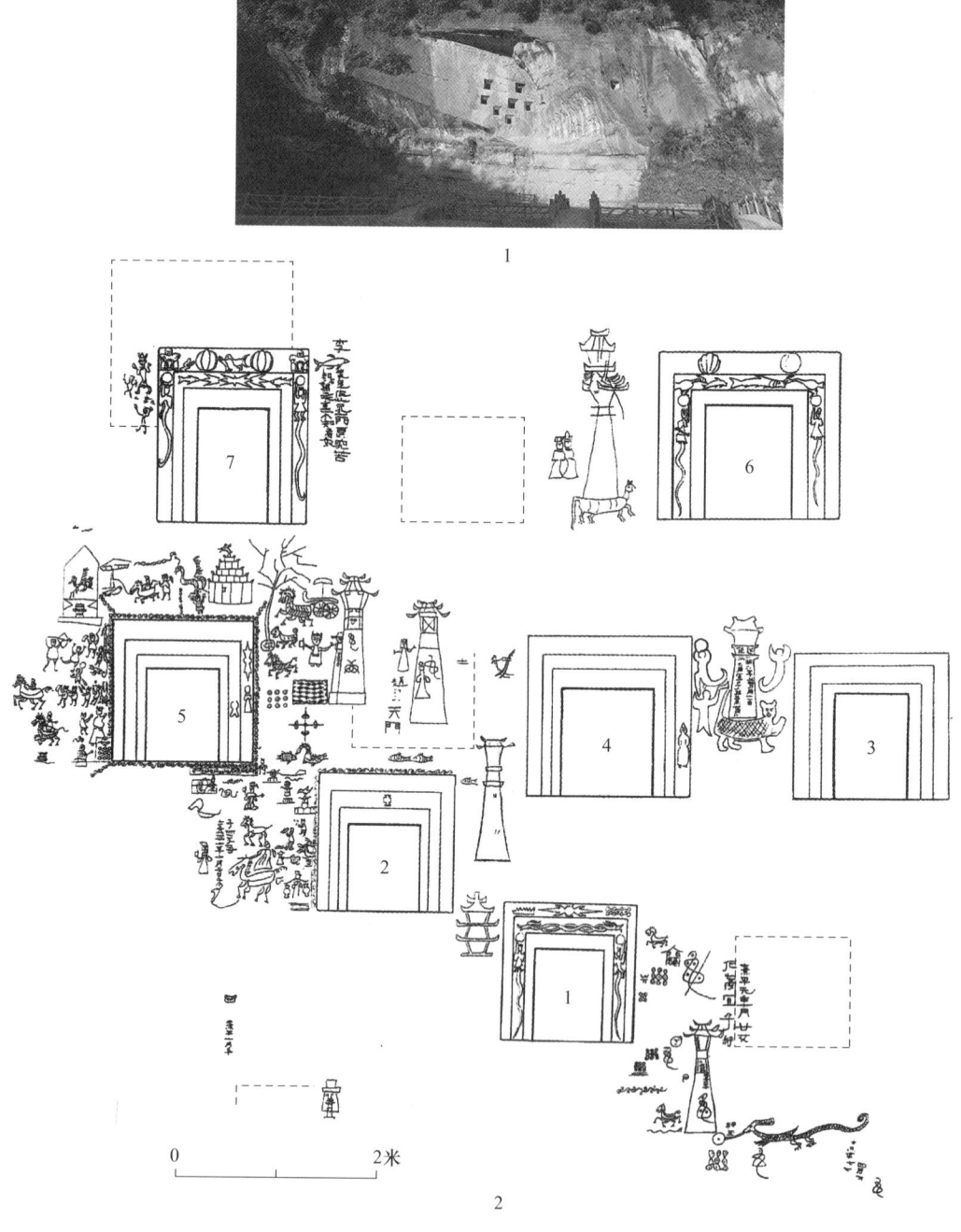

图一　七个洞崖墓群及墓门外崖壁画像分布图
1. 七个洞崖墓群全景　2. 墓门外崖壁画像分布

（2）墓外崖壁画像（图三）。均为阴线刻。右侧崖壁仅一楼阙。左侧崖壁画像、符号和题记丰富，可分三组。第一组从上至下依次为一作奔腾状的马、道符、玄武符号、联璧纹符号、"⚍"符号、联璧纹、"熹平元年十月廿□作此冢宜子孙"题记。第二组

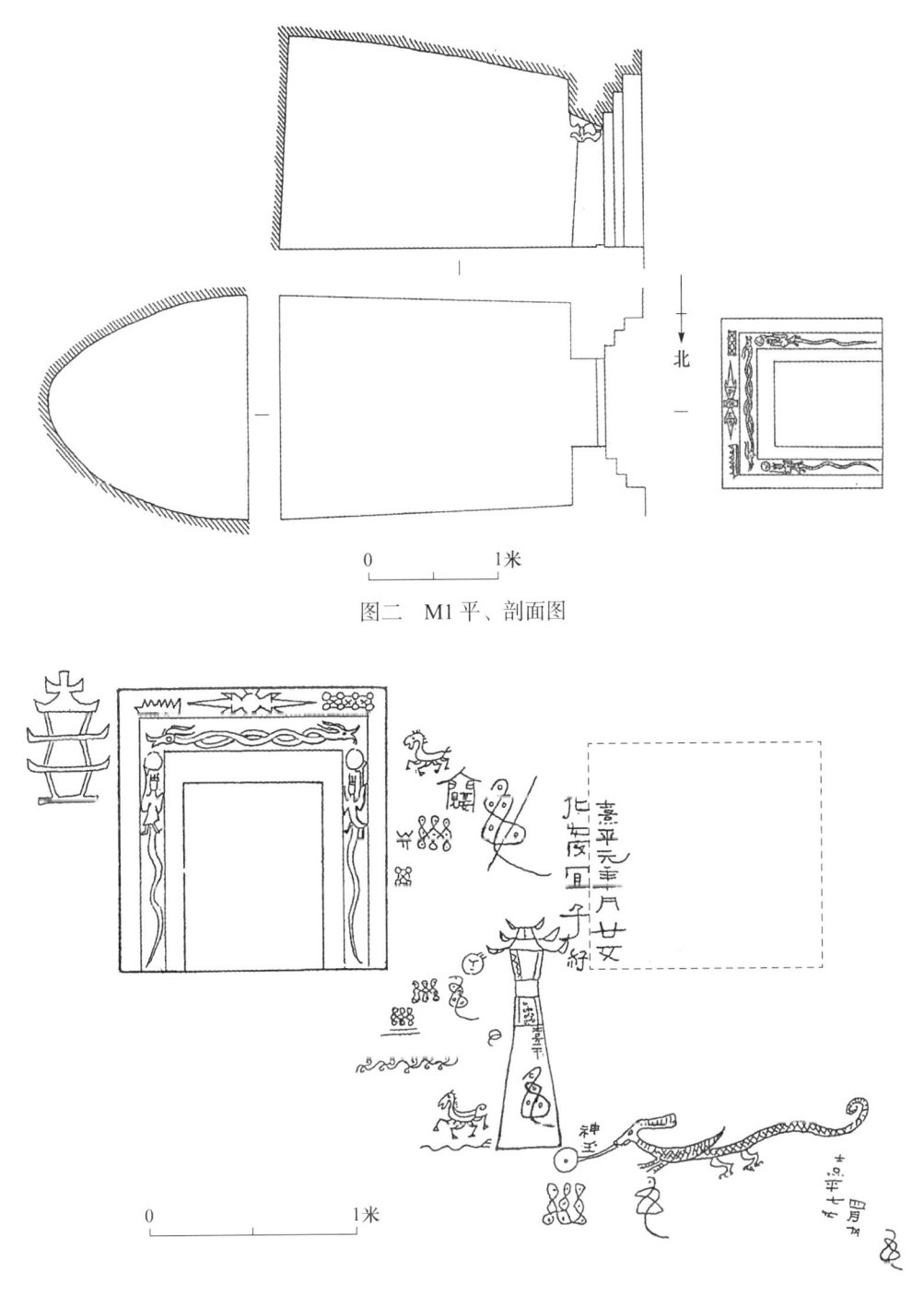

图二 M1平、剖面图

图三 M1门框及墓外画像

从上至下依次有单阙（天门），阙身有云气纹、联璧纹、玄武符号和"熹平"二字；圆形纹，外有光芒；玄武符号；联璧纹符号及下方的二道横线；"ᛞ"符；卷云纹；一作奔腾状的马及下方的一道似云气纹。第三组上方为龙衔璧图，龙有角有翼，用嘴衔住系璧的绶带，璧上方有"神玉"二字，说明此璧为神玉；其下依次有联璧纹符号、玄武符号、"熹平七年四月□"题记、玄武符号。崖壁右侧和左侧第一组的画像、符号和题记等应大体与墓同时或稍晚，而左侧第二组则可能为熹平元年至熹平七年之间陆续刻画，第三组大体为熹平七年刻画。

图四 M1 门框画像

（二）2 号崖墓画像

墓由墓门、墓室组成（图五）。墓门有三层门框，外层宽 1.35、高 1.32 米，中层宽 1.11、高 1.15 米，内层宽 0.9、高 0.99 米，墓门宽 0.72、高 0.84、厚 0.3 米，墓室长 2.67、宽 1.66、高 1.65 米，拱形顶。墓室右侧有一崖棺。墓外右侧崖壁有"熹平七年十月二日易"题记。此墓开凿年代为灵帝熹平七年（178 年）以前，属东汉晚期。

（1）墓门框画像。仅中层门框上方有一变形"胜"纹，为浅浮雕（图六）。

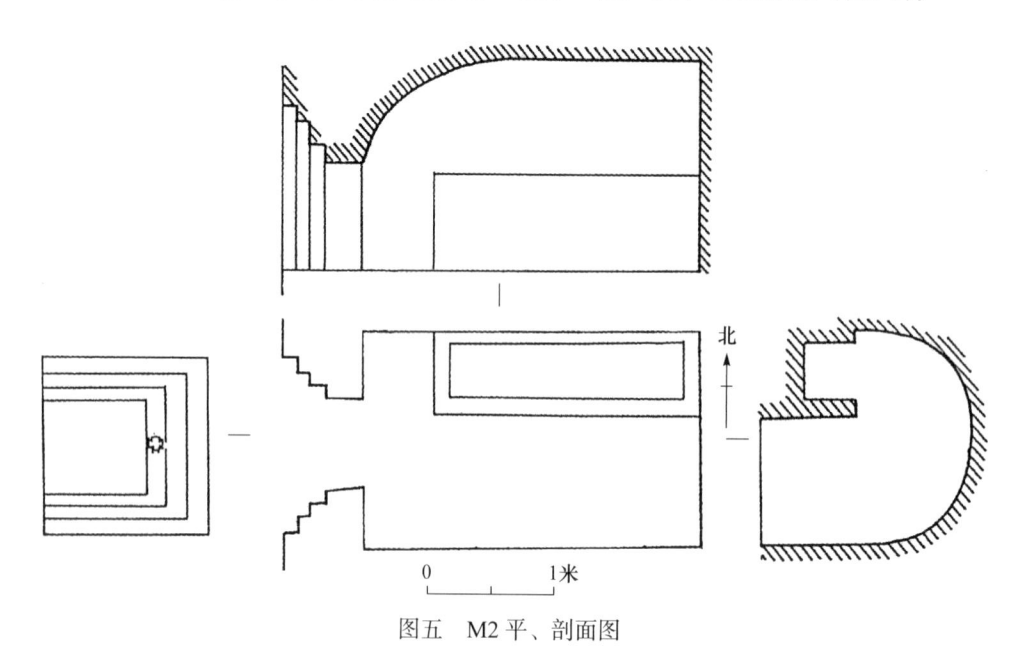

图五 M2 平、剖面图

图六　M2门框及墓外画像

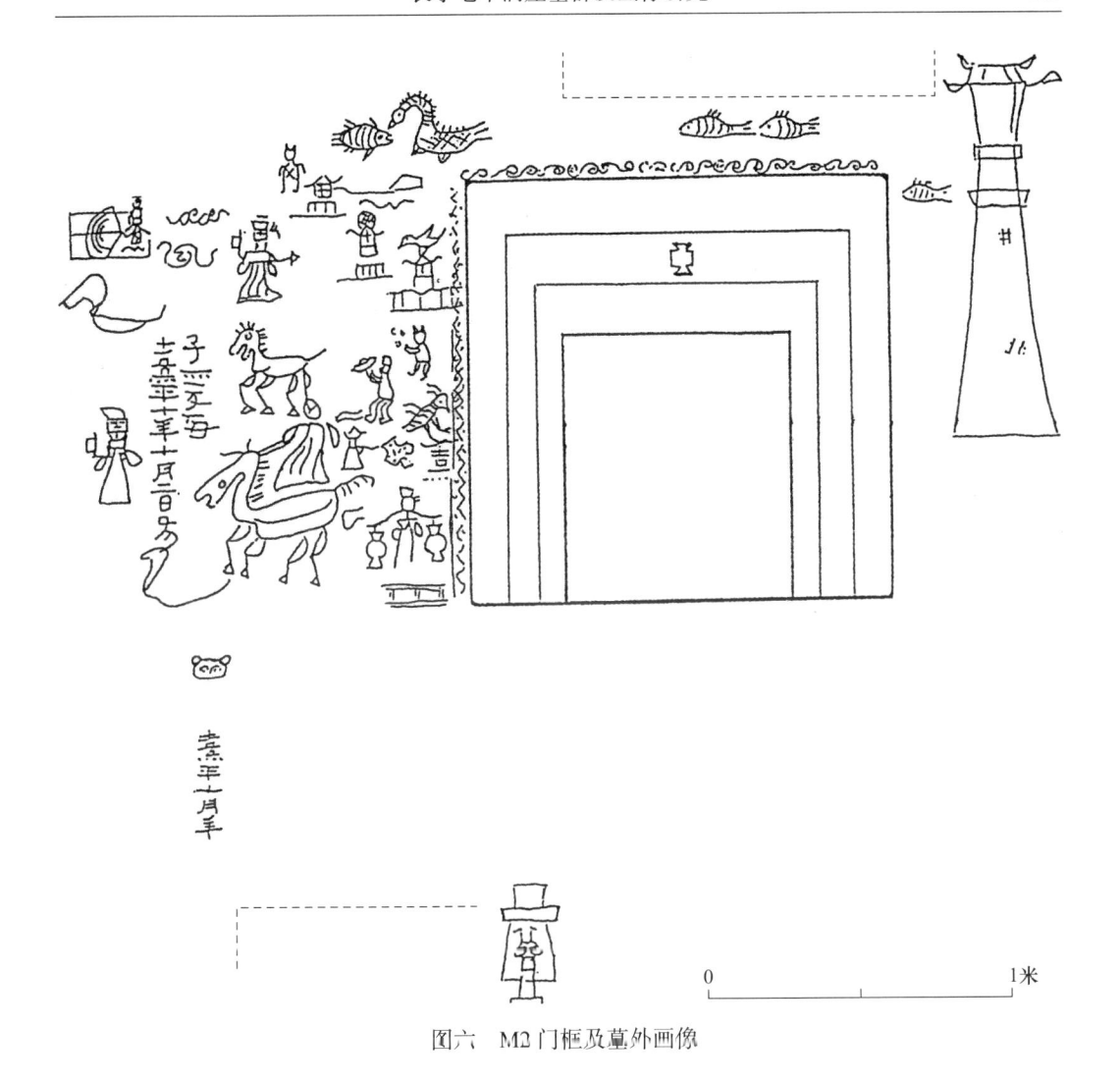

（2）墓外崖壁画像。画像和题记丰富，均为阴线刻。在墓门外左、右、上三方崖壁上，大致可分以下四组（图六）。

第一组：门外上方和右侧饰卷云纹。

第二组：门外左侧崖壁有一单阙（天门），阙身有一"井"符号。

第三组：门外上方和左侧。正上方为双鱼图案，两鱼排成一行，头朝右；左侧上部也为一鱼图案，头也朝右；右上方为一鸟啄一鱼，鸟头与鱼头相对。

第四组：均在门外右侧。从上至下依次为一人站立，戴"山"形冠；其左下侧有三层楼，底层三开间；此楼左侧似为两道云气纹；其左下侧又为四层楼，底层四开间，楼顶似为一壁，表面施菱形网格纹；其左下侧紧邻墓门还有三层楼，底层四开间，顶上站一凤鸟。楼右侧有二人物，下一人着长裙，一手持便面，另一手持尖头状物，可能为侍者；其右侧有两个图案，上面为卷云纹，下面似为双结龙符号；再右侧为一长方形框内站立一持弓或弩人物；其下方为一大头鸟（鹈鹕?），已符号化；鸟左下方为"熹平七年十月二日易"题记，左侧还有几字，仅头一"子"字可识，余皆漫漶不清；题记右侧有一着长裙侍者，一手持便面；题记下方有一似龙蛇的符号化图案；题记左侧有二马，头均朝右，下一马背站有一人，着长裙，手持缰绳，可能为墓主；墓主后有一人担两"胜"纹（或为壶）；其下有图案"Ⅲ"；马左侧上方有二百戏人物，均着裤，其中一人戴"山"形冠，抛三丸，另一人双手耍一物；百戏人物下有一凤鸟；鸟下有一"熹"字；"熹"字右侧有一人持一物，漶漫不识。在墓门下2米偏右处还有一题记和二画像，但似与2号墓无直接关系。题记为"熹平十月年"；其上有一虎形兽头；铭文左下侧有两座未刻完的阙相重叠，下为小阙，上阙仅刻阙身，下半部与小阙重叠。

（三）3号崖墓画像

墓由墓门、墓室组成（图七）。墓门有三层门框，外层宽1.53、高1.4米，中层宽1.23、高1.29米，内层宽0.96、高1.11米，墓门宽0.72、高1.02、厚0.15～0.36米。墓室平面为不规则长方形，前宽2.58、后宽2.73、长3.63米，顶略呈攒尖形，最高处2.07米。墓外右侧有"延光□年□月十一日作□（冢）……"题记，故此墓开凿年代为延光年间（122～125年），属东汉中期。

（1）墓室画像。均为浅浮雕。内壁左侧有一女娲，人首蛇身，头梳双髻，双手举月。下有一蛇形兽（图七）。

（2）墓外崖壁画像。仅右侧有一组大型浅浮雕画像（图八），中心为一单阙（天

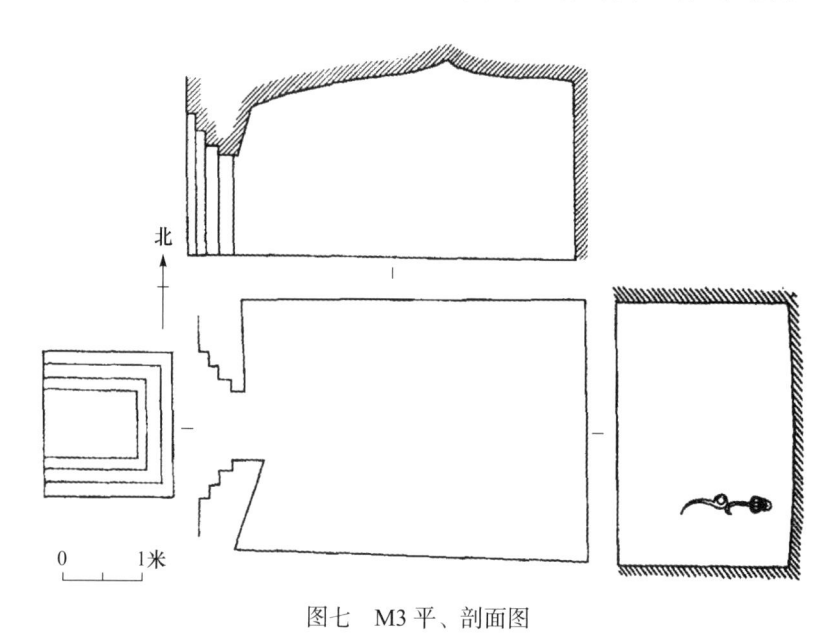

图七 M3平、剖面图

图八　M3门外画像

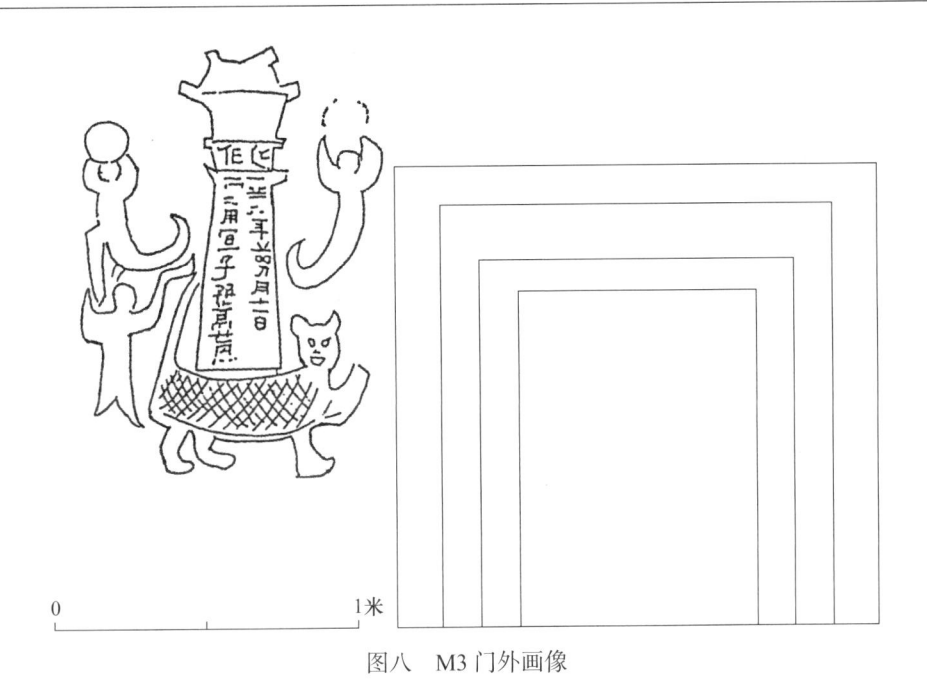

门），阙上刻"延光□年□月十一日作□（冢）用宜子孙万世恩"题记。下为一虎托阙，虎身饰网格斑纹，略带人面形。虎右侧有一人，可能为大司，举双臂，左手持物，已模糊不清。阙上部两侧为伏羲、女娲，已模糊，仅可辨其人首蛇躯之轮廓，各举日、月。

（四）4号崖墓画像

墓由墓门、甬道和墓室组成（图九）。墓门有三层门框，外层宽1.6、高1.54米，

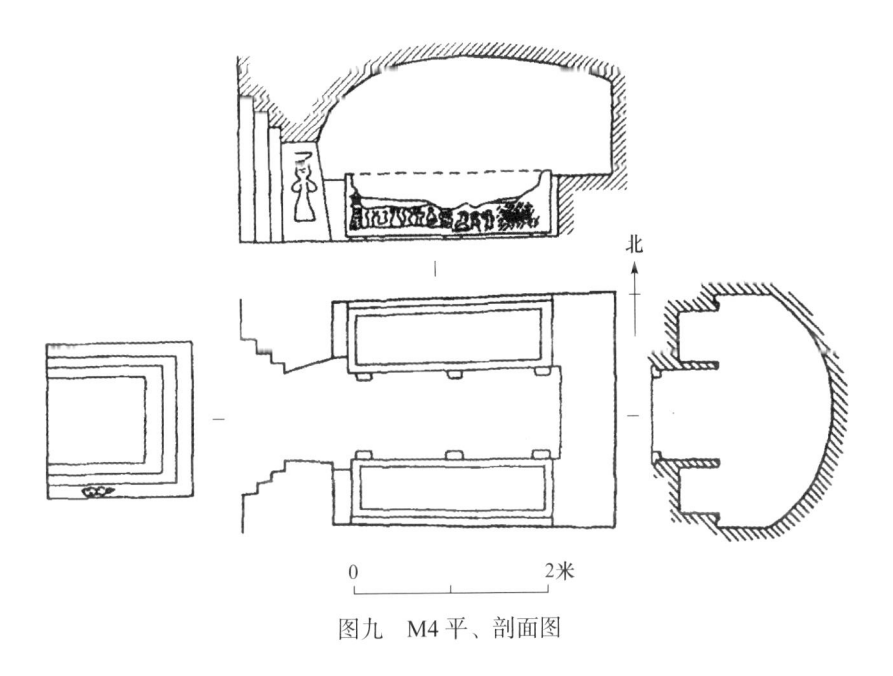

图九　M4平、剖面图

中层宽1.32、高1.36米，内层宽1.12、高1.22米，墓门宽0.9、高1.04米，甬道长0.48、宽0.9～1.04、高1.04米，墓室长2.94、宽2.32～2.46米。顶略呈穹隆形，最高处1.9米。墓室两侧各有一崖棺，内侧有一平台。据墓葬形制和画像风格，推测此墓为东汉晚期，尤与5号墓年代接近。

（1）墓门与甬道画像。门外框左侧有一浅浮雕人像，风化较严重，戴尖顶帽着长袍（图一〇）。甬道画像均为阴线刻，左侧壁有三层楼阙，尖顶（图一一）；右侧壁有人物，可能为大司，着长袍，制作草率。

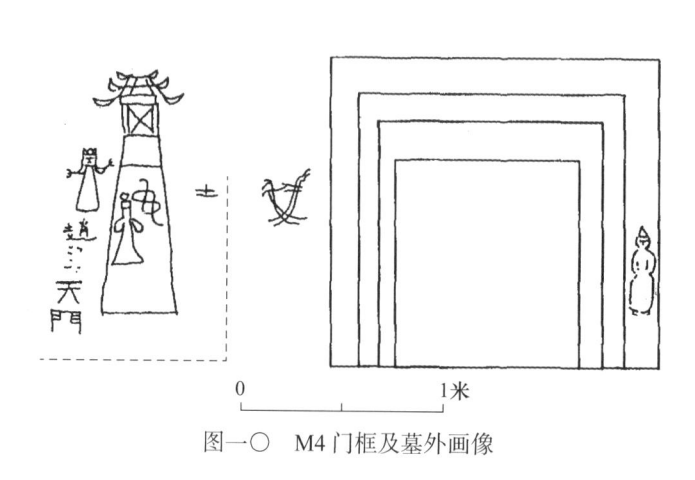

图一〇　M4门框及墓外画像

图一一　天门（阙）画像（4号甬道左侧）

（2）墓外崖壁画像（图一〇）。均为阴线刻。紧邻墓门右侧为一处未完工画像，似是伏羲女娲交尾的部分；往右为一未完工的题记，仅刻一"土"，可能为"熹"字的上面部分；再右为一单阙（天门），九脊重檐顶，内有一玄武符号和一着长裙人物。阙旁一人戴"山"形冠着长裙，可能为大司。此人下面有"赵是（氏）天门"题记。

（3）右侧崖棺画像。棺外长2.12、宽0.68、高0.7、棺壁厚约0.1米。棺身下有三根象征性的垫棺枋，棺盖已无。画像均为浅浮雕，背景为菱形网格纹。棺外壁上部已残，有单阙（天门）、乐舞图、武士图（图一二），周围用宽边框分格。乐舞图共7人，其中二乐伎，一人抚琴，另一人似敲击乐器；另五人着长裙而舞。武士图共三武士，皆着裙，左一人持长矛握剑；中一人右手举半月形物，左手握剑；右一人左手举半月形物。单阙（天门）靠墓门一侧，阙身饰网格纹（图一三）。

图一二　乐舞、武士画像（M4右侧崖棺外侧）

左侧崖棺已残，现已无画像。

（五）5号崖墓画像

墓由墓门、甬道、墓室组成（图一四）。墓门有三层门框，外层宽1.41、高1.32米，中层宽1.17、高1.17米，内层宽0.91、高1.02米，墓门宽0.75、高0.9米，甬道长0.24、宽0.75、高0.9米。墓室略呈梯形，长2.94、前宽1.83、后宽1.92、前高1.44、后高1.71米。根据墓葬形制分析此墓约为东汉晚期，画像内容和风格又与2号墓基本相同，因而该墓年代约与2号墓大体同时，可能为东汉晚期熹平时期前后。

（1）墓门框画像（图一五）。均为浅浮雕。外层门框左侧有一变形"胜"纹；下站立一人，双手拱于胸前作躬迎状。中层门框左侧似有人，已残。

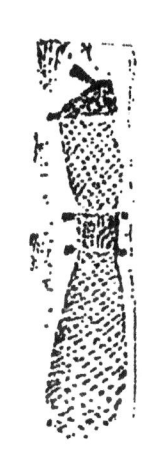

图一三 天门（阙）画像（M4右侧崖棺前端）

此墓外崖壁上的画像最多（图一五），绝大部分为阴线刻。

（2）墓门外边缘画像。为一周卷云纹，其中上面两角和下面的右边等三个角还向外斜出，下左角则为双层。

（3）墓外左侧崖壁画像。可分二组。上面一组最左边为一子母阙，主阙为九脊重檐顶，上有玄武符号、双结龙符号，子阙饰卷云纹。阙右侧站一戴"山"形冠着袍者，手持便面，此人当为大司。其上方有一轺车，车上无人。车前有一棵大树。树根旁有一白虎，应与墓门右侧的青龙相对。虎下有一马。马下有九个圆璧，均分为三排。璧旁为菱形纹图案。菱形纹下为柿蒂纹。其中璧、菱形纹、柿蒂纹均为减地隐起浅浮雕。

（4）墓外上方崖壁画像。左起依次为五层高楼，一、二层为五开间，三至五层依次为四、三、一开间。此楼形制特殊，楼顶还站一凤鸟。楼右侧一戴"胜"的大凤鸟，

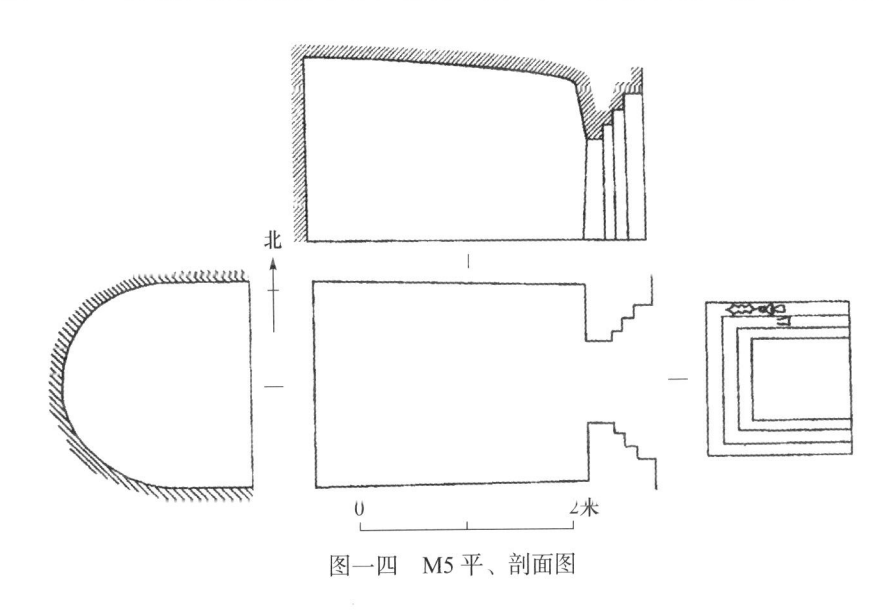

图一四 M5平、剖面图

图一五　M5门框及墓外画像

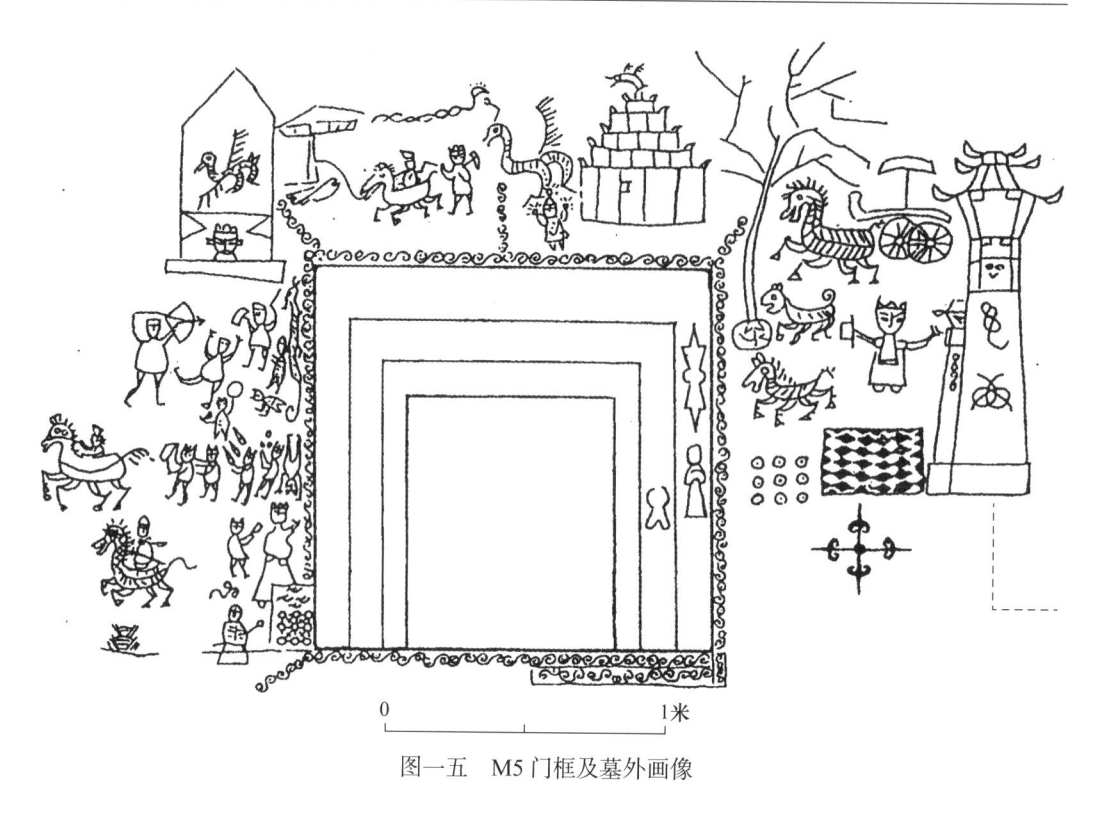

鸟下一人戴尖顶帽,双手各持一珠,帽上亦顶一珠,三珠均光芒四射,此珠可能为道士所炼金丹,为不死药。右上方为单首双结龙,右下方为墓主乘马和一随从,墓主戴冠,持鞭握辔,马拴于一有篷顶的柱上;随从戴"山"形冠,所扛之物不详。拴马柱右侧有二层的尖顶建筑,上层内有凤鸟,下层内有戴"山"形冠人物胸像。

（5）墓外右侧崖壁画像。从上至下可分五组。第一组,战斗人物四人,均短服着裤。右侧一人持弓箭欲射,中间一人作欲倒下状,左侧一人持盾举剑作战斗状,另有一人站立。第二组,青龙,头向上,与墓门外左侧的白虎相对应。第三组,百戏人物七人,均戴"山"形冠,穿短服着裤。上面二人表演冲狭,一人举圈,另一人正欲从圈中跃过;下面五人,左起一人反弓（倒立）,一人跳三丸,一人抛三剑,另二人并列而舞。第四组,五人,左边三人作躬迎状,一人腰佩环首长剑,一人手持便面,一人手持一物,后二人均戴"山"形冠;另二人乘马,上面一人戴冠持辔,可能为墓主;下面一人腰间佩刀,似为骑从。马下有一图案,内容不详。第五组在墓门外右下侧的一长方形框内,上为四飞鸟,下为一组串钱纹,均为减地隐起浅浮雕（图一六）。

图一六　飞鸟联钱画像（M5门外右侧）

（六）6号崖墓画像

墓由墓门、甬道、墓室组成（图一七）。墓门有三层门框，外层宽1.8、高1.6米，中层宽1.5、高1.38米，内层宽1.17、高1.24米，墓门宽0.72、高1.1米，甬道长0.51、宽0.72、高1.1米。墓室长方形，长4.2、宽2.3米。顶略呈穹隆形，最高处2.3米。墓室后部两侧各有一具崖棺。根据墓葬形制和画像内容、风格，并参照3号墓的年代，推测该墓的年代为东汉中期。

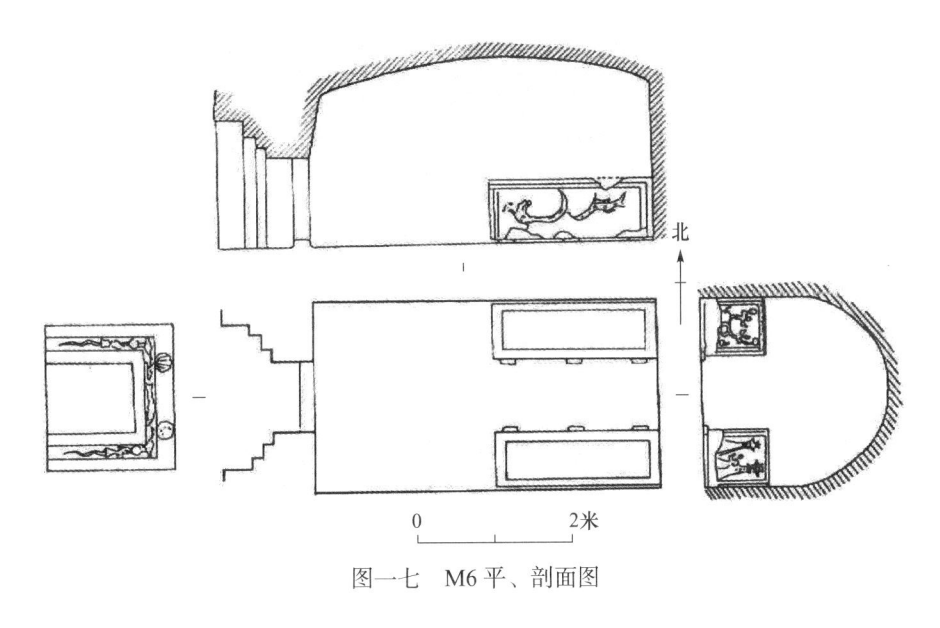

图一七 M6平、剖面图

（1）墓室内壁画像。仅中间有二人物（图一八），均戴进贤冠，长袍束腰。右一人俯身躬腰，左手举带，右手平抬胸前，带上四字漫漶。左一人作受带状，表情欣悦有礼。为减地隐起浅浮雕。

（2）左侧崖棺画像。棺身长2、宽0.72、高0.81、棺壁厚约0.12米。棺盖无存，棺身下有三个象征性的垫棺枋。棺身外侧为凤鸟联璧图（图一九），分为三格，左为联璧纹，共12个璧以绶带连起；右边一凤鸟；中间无画像，边框饰卷云纹。棺身前端为门（阙）前迎谒图（图二〇），阙为五脊顶，阙上饰云气纹，阙前一人戴冠持笏作躬迎状，宽袖长袍。左阙刻有"石□氏"三字。四周边框饰卷云纹。

图一八 拜谒画像（M6内壁）

（3）右侧崖棺画像。棺身的大小、形制与左侧崖棺相同。棺身外侧为鸟鱼图（图二一），一凤鸟在前展翅行进，后一大鱼摇尾疾游，边框和鱼身饰云气纹。棺身前端为伏羲女娲图（图二二），皆人首蛇躯，尾部相交。伏羲在右戴"山"形冠，一手举日，另一手与女娲相牵。女娲在左戴花冠，一手托月。女娲下可能为一猴倒置。伏羲下有一仙人，裸体双手托盘，可能盛不死药，其下部已残。边框和伏羲女娲的蛇躯上饰云气纹。

墓门及门外壁均有画像（图二三）。

（4）墓门框画像。外框上方有两个高浮雕的嘉瓜，其余画像均为浅浮雕。中层（图二四）上方为二鸟衔二鱼，鸟头相对，左右侧分别为女娲、伏羲，为人身蛇尾，各举日月，女娲高髻长裙，伏羲戴"山"形冠着长裙，腰间佩剑。上面二鸟站于日、月上。

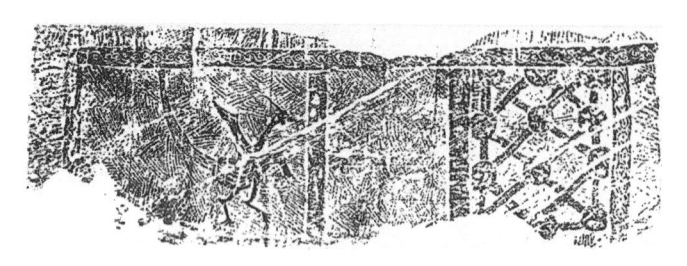

图一九　凤鸟联璧画像（M6左侧崖棺外侧）

图二○　门（阙）前迎谒画像（M6左侧崖棺前端）

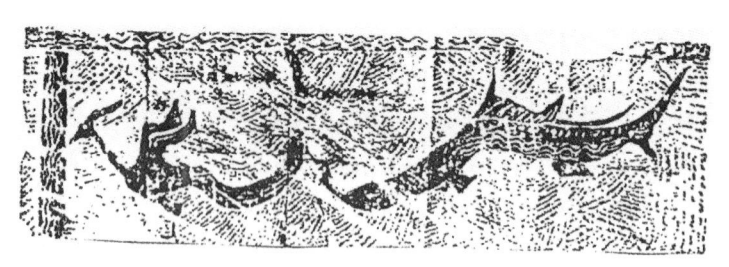

图二一　鸟鱼画像（M6右侧崖棺外侧）

图二二　伏羲女娲画像（M6右侧崖棺前端）

图二三　M6墓门及墓外画像

图二四 伏羲女娲鸟鱼画像石刻（M6门框中层）

（5）墓外右侧崖壁画像。均阴线刻。上刻单阙（天门），为两次作成。上面为一阙的上半部，下又刻一阙，顶部似未完工。阙下有一虎托阙。虎身长头小，身上数道斑纹。阙右有二人相偎而立，右一人戴冠着长袍，左一人高髻着长裙，腰肢纤细，可能描绘了墓主夫妻。

（七）7号崖墓画像

墓由墓门、甬道、墓室组成（图二五），全长4.68米。墓门有三层门框，外层宽1.48、高1.66米，中层宽1.2、高1.44米，内层宽0.96、高1.3米。在内层两侧上下各

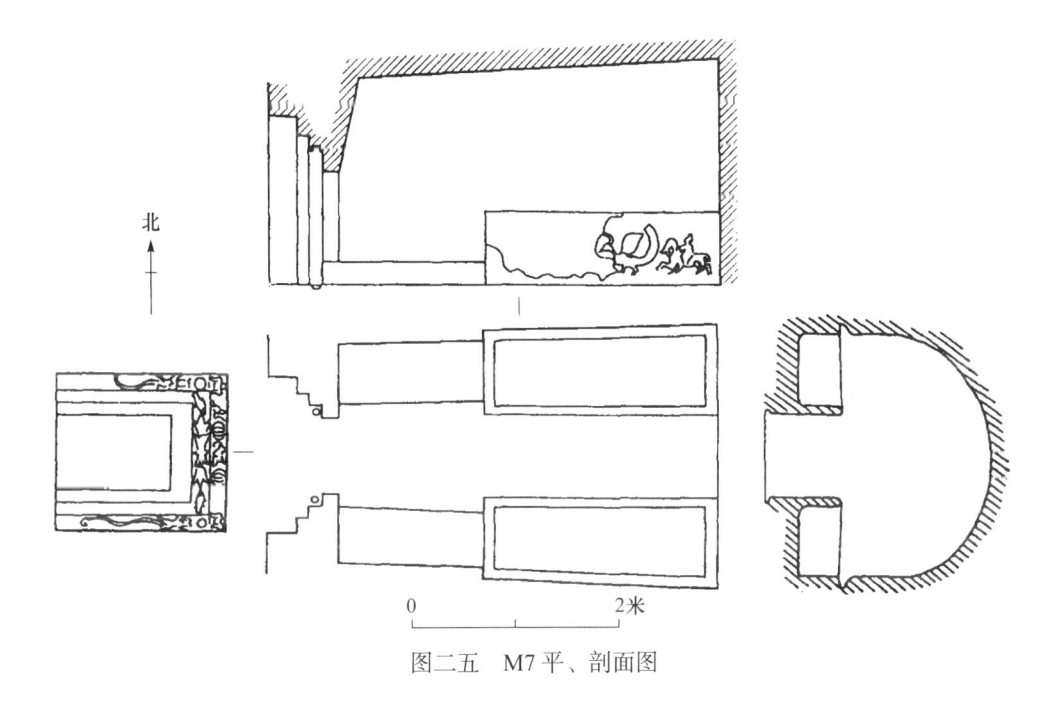

图二五 M7平、剖面图

有一对称的门轴孔眼。墓门宽0.72、高1.1米。甬道长0.16、宽0.72、高1.1米。墓室略呈梯形，长3.6、前宽2.1、后宽2.32、前高1.9、后高2.17米，拱形顶。墓室后部两侧各有一崖棺，棺前面为一平台。根据墓葬形制，并参照3号墓、6号墓的年代，推测该墓的年代为东汉中期。

（1）墓室内左壁画像。为浅浮雕。墓主夫妻图（图二六），有三人，中间一人戴缁布冠着袍，作躬请之状；左侧一着长裙女性，右手举杯欲饮；右方一人矮小，束帻佩剑，斜背一长形物，应为侍从。此画为表现夫妻重逢或离别的情形。

（2）左侧崖棺画像。棺身长2.2、宽0.82、高0.72、壁厚0.1米。棺盖无存，棺身下有三根象征性的垫棺枋。画像为浅浮雕。棺身外侧为骑马临门图（图二七），一人骑马持棨而行，戴冠着袍，马前一戴"胜"凤鸟引路，均向左边楼阙（天门）方向行进。此楼阙中层有门半开，一人露半身，应为"仙人半开门"图。门楼内有二伎人表演百戏，一人舞三短剑，一人跳三丸。棺身前端为门（阙）前迎谒图（图二八），右边一阙重檐九脊顶，飞檐前立一凤鸟，右边一人戴冠着袍，拱手拥戟作躬迎状，腰间挂环首刀。

（3）右侧崖棺画像。棺身长2.2、宽0.84、高0.72、壁厚0.1米。棺盖无，棺身下有三根象征性的垫棺枋。棺前端已残。画像为浅浮雕。棺身外侧已残，仅存半边画像（图二九），为一人骑马，马前一凤鸟引导，也应与左棺外侧同为骑马临门图。

（4）墓门框画像（图三〇）。多为浅浮雕。外层门楣正中为鸟鱼图，一鸟啄一鱼。两侧各有一嘉瓜，为高浮雕。嘉瓜右侧有一小型人物正奋力推瓜，两角各有一蹶张士，

图二六　墓主夫妻画像
（M7室内左壁）

图二七　骑马临门画像（M7左侧崖棺外侧）

图二八　门（阙）前迎谒画像
（M7左侧崖棺前端）

图二九　骑马临门画像
（M7右侧崖棺外侧）

正半蹲张弩，为高浮雕。两侧为伏羲女娲，人身蛇尾，伏羲戴"山"形冠举日、女娲戴花形冠举月。中层门框正中为一变形"胜"纹，两侧各有一鱼衔"胜"。

（5）墓外崖壁画像（图三○、图三一）。右侧有三人，均阴线刻。上边一人戴尖顶帽，两侧帽翅翘起，长袍束腰，袍上有纵横二道云气纹，右手执一椭圆形带柄物。右下一人光头，右手持一短棍。二人下方刻绘两组不规则的斜线，斜线中间刻一"李"字。下方一人光头，左手持物，右手高举。墓外左侧为"黄是（氏）作此冢一门□究苦知者谓我直（值）不知者奴"题记。题记上方为一鱼、鱼上方刻一"李"字。

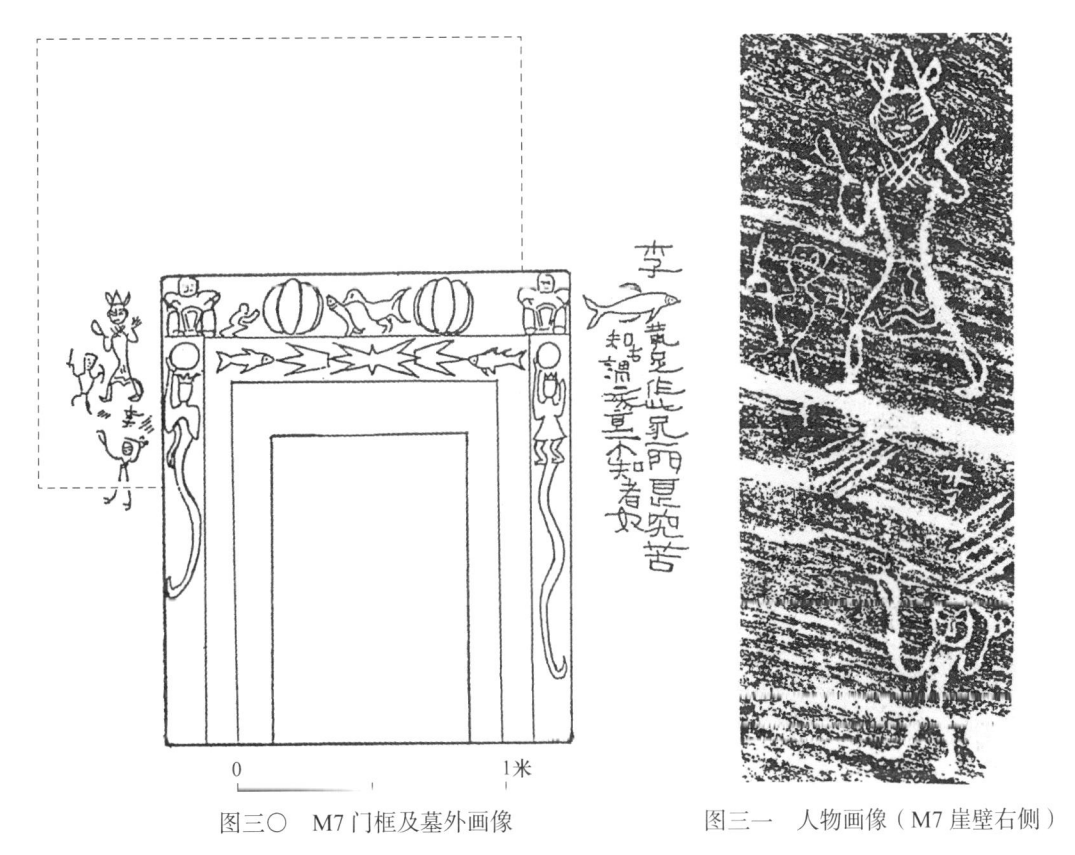

图三○　M7门框及墓外画像　　　　图三一　人物画像（M7崖壁右侧）

二、画像内容考释

应该指出，汉代的画像从形象上讲具有确定性，但从含义上讲却具有一定的模糊性，一种物象有时可同时具有几种不同含义，可进行多种解释，由此也经常造成研究者在解释上的分歧。下面对七个洞崖墓群的各种画像分类考释。

（一）仙境与升仙

1. 神仙仙境

下面分"胜"纹、大树（柱铢）、天门（阙）、大司、虎（开明兽）、"山"形纹、仙人、仙人半开门、凤鸟、嘉瓜、云纹、柿蒂纹等12项介绍。

（1）"胜"纹。见于1号墓外层门框正中、2号墓中层门框正中、5号墓外层门框左侧和7号墓中层门框正中。汉代画像中所见的"胜"纹通常是"∞"，而七个洞画像中的这四处都属变形"胜"纹。文献记载"胜"是西王母的佩戴之物，而西王母又居于昆仑山[①]。"胜"纹在这里单独出现，其含义应是象征西王母所在的昆仑仙境。

（2）大树（柱铢）。见于5号墓门外壁左侧。树左侧一辆马车正向其驶来，显然，树在这里应与天国仙境有关。这种单独的大树在汉代画像中出现极少，除此之外还见于四川简阳鬼头山崖墓3号石棺右侧的仙境图[②]，旁有题榜"柱铢"。此树与同一画像内其他物象一样，都为天国仙境之物。有学者认为，此树可能是《山海经》所言的"珠树"[③]。

（3）天门（阙）。7座崖墓均有，为出现较多的画像之一，见于1号墓门外壁左下侧，2号墓门外壁左侧，3号墓门外壁右侧，4号墓门外壁右侧、甬道左侧、右侧石棺前端，5号墓门外壁左侧，6号墓门外壁右侧、左侧崖棺前端，7号墓左侧崖棺前端等。其中4号墓门外壁右侧的阙旁有一题榜，原简报释为"赵□云门"[④]。笔者认为应释为"赵是（氏）天门"，汉隶中的"云"字均从"雨"，而此字无。

汉画像中"阙"出现频率很高，过去一般认为象征墓主人的地位和官阶，墓主身份多为二千石以上。也有学者将其中一部分"阙"释为"亭"[⑤]。简阳鬼头山崖墓3号石棺有"天门"题榜的双阙画像[⑥]，重庆巫山汉墓出有原置于木棺上的画像铜牌饰，其上有"天门"题榜的双阙画像[⑦]，这些都为"阙"在墓中的性质、名称提供了确凿的证据。而七个洞4号墓"赵是（氏）天门"题榜的确认，又为认定墓葬中阙的性质、名称

---

① 《山海经·西山经》："西王母其状如人，豹尾虎齿而善啸，蓬发戴胜。"《山海经·大荒西经》：昆仑之丘"有人，戴胜，虎齿，有豹尾，穴处，名曰西王母"。《山海经·海内北经》："西王母梯几而戴胜杖……在昆仑虚北"。见袁珂校注：《山海经校注》，巴蜀书社，1993年，第59、466、358页。

② 内江市文管所、简阳县文化馆：《四川简阳县鬼头山东汉崖墓》，《文物》1991年第3期。

③ 赵殿增、袁曙光：《"天门"考——兼论四川汉画像砖（石）的组合与主题》，《四川文物》1990年第6期。

④ 四川大学考古专业七八级实习队、长宁县文化馆：《四川长宁"七个洞"东汉纪年画像崖墓》，《考古与文物》1985年第5期。

⑤ 罗伟先：《"社稷亭"画像砖试探》，成都市博物馆编：《成都汉代画像砖（石）资料选集》，1990年，第85~94页；张肖马：《四川汉代石阙与"阙"画像砖浅论》，成都市博物馆编：《成都汉代画像砖（石）资料选集》，1990年，第95~103页。

⑥ 内江市文管所、简阳县文化馆：《四川简阳县鬼头山东汉崖墓》，《文物》1991年第3期。

⑦ 重庆巫山县文物管理所、中国社会科学院考古研究所三峡工作队：《重庆巫山县东汉鎏金铜牌饰的发现与研究》，《考古》1998年第12期。

提供了新证据。已有学者指出，墓中出现的"阙"是为象征墓主死后将通过天门进入天国[①]。

"天门"的概念，战国时已出现。《楚辞·九歌·大司命》："广开兮天门。"[②]汉代"天门"才明确与昆仑仙境联系起来[③]。关于天门的形象，《淮南子·天文训》："天阿（门）者，群神之阙也。"高诱注云："阙，犹门也。"[④]《神异经·西北荒经》曰："……西北入两阙中，名曰天门。"[⑤]由此可知，天门的形象与人间的阙相同，只不过天门为群神的阙而已。这与一般画像中天门的形象一致，也与七个洞墓内画像中天门的形象一致。但是，七个洞墓外崖壁画像中的天门均为单阙，显示出其独特性。

（4）大司。见于3号墓门外右侧的天门旁，4号墓外层门框左侧、墓门外右侧天门旁和天门中，5号墓门框外层左侧、墓门外左侧天门旁，6号墓左侧崖棺的前端等。过去依据北方地区汉画像壁画墓出土的题榜，通常将站在天门前或天门中的人称为"亭长"或"卫卒"，但简阳鬼头山崖墓石棺榜题为解释西南汉代画像中的这一人物身份提供了确凿证据。此人站在天门中，高冠着袍，为汉代吏人形象，榜题为"大司"[⑥]。《鬼谷子·捭阖篇》："司，主守也。"[⑦]大司在这里应为主守天门者，他既可将来人拒之天门外，也负责迎接希望升天的来客。有学者认为，其性质和司职与《楚辞》中所言的"大司命"有相同之处[⑧]。

（5）虎（开明兽）。见于3号墓和6号墓的墓门外右侧。两处虎有一个共同特点，即均在天门下，用背托住天门。这种虎显然与那种能帮助墓主人升仙（论述见后）和

---

① 赵殿增、袁曙光：《"天门"考——兼论四川汉画像砖（石）的组合与主题》，《四川文物》1990年第6期。

② （宋）洪兴祖撰，白化文等点校：《楚辞补注》，中华书局，1983年，第68页。

③ 《淮南子·原道训》："昔者冯夷大丙之御也，乘云车，入云霓，游微雾，骛怳忽，历远弥高以极往。经霜雪而无迹，照日光而无景（影）。扶摇抮抱羊角而上。经纪山川，蹈腾昆仑，排阊阖，沦天门。"（汉）刘安撰，高诱注：《淮南子·原道训》，《诸子集成》第7册，中华书局，1954年，第2~3页。《论衡·道虚篇》："如天之门在西北，升天之人，宜从昆仑上。"见（汉）王充：《论衡·道虚篇》，《诸子集成》第7册，中华书局，1954年，第69页。

④ （汉）刘安撰，高诱注：《淮南子·天文训》，《诸子集成》第7册，中华书局，1954年，第39页。

⑤ （汉）东方朔撰，（晋）张华注，（明）朱谋㙔校：《神异经》，王根林等校点：《汉魏六朝笔记小说大观》，上海古籍出版社，1999年，第56页。

⑥ 内江市文管所、简阳县文化馆：《四川简阳县鬼头山东汉崖墓》，《文物》1991年第3期。

⑦ （梁）陶宏景注，（清）秦恩复校正：《鬼谷子·捭阖篇》，上海古籍出版社，1996年，第2页。

⑧ 赵殿增、袁曙光：《"天门"考——兼论四川汉画像砖（石）的组合与主题》，《四川文物》1990年第6期。

镇墓御凶的虎的性质有所不同①。《山海经·海内西经》记载："昆仑之虚，方八百里，高万仞……面有九门，门有开明兽守之。"其形象是"身大类虎而九首，皆人面，东向立昆仑上"②。这两处画像中的神虎，可能与守昆仑天门的开明兽有关。

（6）"山"形纹。见于1号墓门框上方"胜"纹的右侧，呈锯齿状。有时它还出现在西王母的龙虎座下，如川西平原出土的西王母仙境画像砖③。在这里，"山"的形象已经图案化了。文献记载，西王母居昆仑山。昆仑山为当时人们心目中的神山，可通天地，升仙。《淮南子·地形训》："昆仑之丘，或上倍之，是谓凉风之山，登之而不死。或上倍之，是谓悬圃，登之乃灵，能使风雨。或上倍之，乃维上天，登之乃神，是谓太帝之居。"④《易林·比之第八》："登昆仑，入天门。"⑤"山"形纹象征昆仑仙山，西王母居其上。这种锯齿状的"山"形纹还经常出现在其他画像中，在许多石棺画像中，这种纹样常常出现在画面的上部，呈倒"山"形纹状，亦称"锯齿纹"，显然它是这种"山"形纹的变体形式。这些"山"形纹都已抽象为一种符号，象征昆仑山仙境。

（7）仙人。在西南汉代画像中仙人出现很多，其形象主要有以下几种特征：第一，生双翼者，表示"羽化登仙"而别于凡人。第二，裸体者，且身体消瘦，说明无霜雪寒暑之苦，这也成为仙人具有神性的一种特殊标志。第三，生长耳者，有此形象的仙人都双耳高耸，出于头顶。第四，戴"山"形冠（或羽冠）者，这种冠在汉代社会生活中不见，仅见于仙人以及伏羲、女娲和日月神。第五，双环髻者，在西南汉代画像仅为女性仙人。第六，燕尾袍者。七个洞崖墓画像中出现的仙人基本均为戴"山"形冠的形象，如2号墓、5号墓的墓门外右侧画像中的百戏者和侍者，以及4号墓、5号墓的大司等，仅6号墓右侧崖棺画像中的仙人为裸体。

（8）仙人半开门。见于7号墓左侧崖棺画像，其楼阙上有双扇门，半开半闭，一仙人站立门内，仅露半身。这种画像常见于西南汉代画像中，在较完整的画面中还可见到门内有西王母端坐，门外还有人求见，如四川荥经陶家拐墓石棺的西王母仙境

---

① 《论衡·解除篇》云："龙虎猛神，天之正鬼也。飞尸流凶，不敢妄集。"（汉）王充：《论衡·解除篇》，《诸子集成》第7册，中华书局，1954年，第245页。《风俗通义·祀典》也说："虎者，阳物，百兽之长也，能执搏挫锐，噬食鬼魅。"见（汉）应劭撰，王利器校注：《风俗通义校注》，中华书局，1981年，第368页。《续汉书·礼仪志》刘昭注曰："画虎于门，当食鬼也。"见（晋）司马彪撰，（梁）刘昭注补：《后汉书》，中华书局，1962年，第3129页。

② 袁珂校注：《山海经校注》，巴蜀书社，1993年，第344～350页。

③ 高文编：《四川汉代画像砖》，上海人民美术出版社，1987年，拓本九六。

④ （汉）刘安撰，高诱注：《淮南子·地形训》，《诸子集成》第7册，中华书局，1954年，第57页。

⑤ （唐）尚秉和注：《焦氏易林注》卷二，中国书店，1990年，第31页。

图[①]。再如四川雅安高颐阙右阙楼部正面画像，其门前拜跪者为持节杖的道士，站立者可能为墓主[②]。四川南溪长顺坡墓3号棺右侧的仙人半开门画像中[③]，门内的西王母和门外拜跪者同时集于一个画面上，其表达墓主祈求升仙的意图明显。

（9）凤鸟。亦称凤凰（皇）、鸾鸟[④]。见于5号墓门外上方、6号墓左侧崖棺、7号墓左侧崖棺和右侧崖棺等。其形象与朱雀很难分辨，性质也有相同之处。在七个洞画像中出现主要有两种情况：其一，单独的凤鸟，用以象征仙境；或站在高楼顶部，作为天国仙境的象征，以此引导人们升天。其二，凤鸟在骑马的墓主前，直接引导墓主进入天门。

（10）嘉瓜。见于6号、7号墓门外层门框上方。为西南地区汉代崖墓中常见的画像石刻，均为半立雕或高浮雕。《史记·封禅书》："安期生食巨枣，大如瓜。安期生仙者，通蓬莱中，合则见人，不合则隐。"[⑤]仙人食枣之说在汉代十分流行，汉镜上常见的铭文内容之一就是"上有仙人不知老，渴饮玉泉饥食枣"[⑥]。这种嘉瓜也许就是大如瓜的巨枣。从其在墓中出现的位置看，也应该是一种在仙境中生长的祥瑞植物，在这里用以象征天国仙境。

（11）云纹。文献亦称"瑞云""庆云""景云""卿云"等[⑦]。七个洞画像中有两种云纹，即云气纹和卷云纹。前者见于天门、"胜"纹、伏羲女娲、凤鸟、鱼、双结龙画像和崖棺的边框上，与文献记载这类云"若烟非烟，若云非云，郁郁纷纷，萧索轮囷"[⑧]的特征相吻合。后者见于1号墓门外壁左下侧、2号墓和5号墓门框周围、6号墓左侧崖棺等。云纹在画面周围作为一种具有特殊含义的纹饰，象征画面内的各种物象均在云气缭绕的天国仙境之中。

---

① 李晓鸥：《四川荥经发现东汉石棺画像》，《考古与文物》1988年第2期。
② 重庆市文化局、重庆市博物馆、徐文彬、谭遥、龚廷万、王新南编著：《四川汉代石阙》，文物出版社，1992年，第32页。
③ 崔陈：《宜宾地区出土汉代画像石棺》，《考古与文物》1991年第1期。
④ 《山海经·大荒西经》："有五采鸟三名，一曰皇鸟、一曰鸾鸟、一曰凤鸟。"见袁珂校注：《山海经校注》，巴蜀书社，1993年，第453页。
⑤ （汉）司马迁：《史记》卷二十八《封禅书》，中华书局，1963年，第1385页。
⑥ （宋）洪适：《隶续》卷十四，中华书局，1985年，第420页。
⑦ 《艺文类聚·祥瑞部》卷九十八引《孙氏瑞应图》曰："景云者，太平之应也，一曰庆云。非气非烟，五色氤氲，谓之庆云。"见（唐）欧阳询撰，汪绍楹校：《艺文类聚》，上海古籍出版社，1965年，第1696页。《尚书大传》卷二曰："百工相和而歌卿云，帝乃倡之曰：'卿云烂兮，礼缦缦兮。'"见（汉）郑玄注，（清）王闿运补注：《尚书大传》卷二《虞夏传》，商务印书馆，1937年，第17、18页。
⑧ 《艺文类聚》卷九十八引《史记》，见（唐）欧阳询撰，汪绍楹校：《艺文类聚》，上海古籍出版社，1965年，第1696页。

（12）柿蒂纹。见于 5 号墓门外壁左侧。作为一种纹样，它不但在汉代画像中常见，而且广泛用于装饰汉代的各种物品。在西南汉画像中，主要见于石棺盖顶和崖墓墓门。在棺盖顶作为主体图案，有时在柿蒂纹内还有一璧形图案，周围或有星宿、云气、菱形纹等，如四川江安桂花村 1 号石室墓 2 号棺棺盖和南溪长顺坡墓 2 号棺棺盖等[①]。崖墓门上有时与"胜"纹一起出现，如彭山县江口 951-3 号崖墓[②]。显然，这种纹样也应与同出其他纹样的含义相同，都作为天国仙境的象征。柿蒂纹应是某种植物茎叶的变形，可能与传说中通天地的建木等神树有关。

2. 升仙

下面分墓主出行图、担"胜"（壶）人物、道士（方士）、巫觋、高楼、龙衔璧、联璧纹、菱形纹、鸟鱼图、联钱纹等 10 项介绍。

（1）墓主出行图（墓主升仙图）是汉代画像，也是七个洞画像中常见的内容之一，但画面形式有差异。在七个洞画像中可分为两种：第一，乘车出行图，见于 5 号墓门外左上侧，但仅有马车而省略了墓主和出行行列的其他内容。第二，骑马出行图，见于 1 号墓墓门外左侧和左下侧、2 号墓门外右侧、5 号墓门外右侧和上方、7 号墓左侧崖棺等，其中有完整表现和省略形式。完整的以 7 号墓左侧崖棺为代表，画面既有墓主骑马出行，又有即将到达的天门；省略形式中最简单的仅用马来象征墓主骑马升仙。

乘车骑马是汉代人最常用的交通工具，在墓葬中出现的这些出行行列都是朝着一个固定的方向，即朝着门阙（天门）的方向行进，显然这些出行图都应是表现墓主升天的[③]。也就是说，这种出行图与"天门"图的内容合起来才形成一个完整的主题，表达墓主升仙的意境，而这种主题的画像应统称为"墓主升仙图"或"车马临门（天门）图"。

根据画面内容还可将这种"墓主升仙图"分为两类：第一类为完全再现现实生活的出行场面。根据汉代制度，主要交通要道要设置亭驿[④]，当上级官吏出行路过此地时，

---

① 资料为 20 世纪 90 年代笔者考察所获；罗二虎：《汉代画像石棺研究》，《考古学报》2000 年第 1 期。

② 资料为 20 世纪 90 年代笔者考察所获。

③ 赵殿增、袁曙光：《"天门"考——兼论四川汉画像砖（石）的组合与主题》，《四川文物》1990 年第 6 期。

④ 《汉书·百官公卿表》记载："大率十里一亭，亭有长。"见（汉）班固撰，（唐）颜师古注：《汉书》卷十九，中华书局，1962 年，第 742 页。《史记·高祖本纪》张守节正义："亭长，主亭之吏。"见（汉）司马迁撰，（刘宋）裴骃集解，（唐）司马索隐：《史记》卷八，中华书局，1963 年，第 343 页。

亭长等必须迎候拜谒，负责接待[①]。画面即再现出行行列到达阙（亭）前时，其亭长、门吏在亭前躬迎的场面。七个洞画像仅为其省略形式。第二类为模仿现实生活中的车马出行场面，但加入了非现实的幻想成分，如七个洞7号墓崖棺的"骑马临门图"即是，图中墓主在凤鸟的引导下正骑马步入天门。

（2）担"胜"（壶）人物。仅见于2号墓门外右侧。这种画像还见于重庆璧山2号石棺左侧的仙境迎宾图[②]，其画面左边一人持笏躬迎，应为守天门的大司；右边有五人组成墓主出行升仙的行列，其中第四人为墓主，已从马上下来向躬迎者走去；第三人挑两个壶形"胜"纹，其明显寓意升仙。七个洞2号墓的担"胜"（壶）人物也是在骑马人物的后面，应寓意墓主出行升仙。

（3）道士（方士）。见于5号墓门外上方。头戴尖顶帽，头顶一珠，手持二珠，三珠闪烁光芒，应为炼成的金丹。战国时期行神仙方术的人被称为"方士"。他们称自己能通神和飞升成仙，还能帮助人们长寿而升仙。在两汉之际，"方士"逐渐被改称为"道士"。这些道士在画像中出现，都与帮助墓主升仙有关。在方术中有"服食"一派[③]。这派道士（方士）认为服用特制的药可成仙。药可分上、中、下三品：上品能使人长寿，变成天仙驱使万物，来往于天地之间；中品可养性；下品可治病、驱恶除鬼等。金丹是上品中的上品，因此炼丹便是这派方术的主要内容。随着道教的出现，又逐渐演化为丹鼎派道教。

（4）巫觋。7号墓门外右侧的三人可能均是，他们形象特殊，双手上举似在舞蹈施术。其中戴帽者的长袍上有纵、横二道云气纹，右手执一椭圆形带柄物。另外两人手也持物。在此画像中出现，可能为施行巫术以帮助墓主升仙。

（5）高楼。见于2号墓门外右侧（有3座）、5号墓门外上方。已有学者考证认为这些高楼及顶上的凤鸟，其作用都与升仙相关[④]。笔者同意这种看法。此外还有一点值得注意，即这些高楼的形式比较特殊，尤其是5号墓的高楼，其形式似与佛塔或寺院建筑有关。

（6）龙衔璧。见于七个洞1号墓门外左下方。这种画像通常为"龙虎衔璧"，即一龙一虎相向而对，中间为绶带系绕的玉璧，龙虎用嘴衔或用爪系住绶带。但1号墓的这一画像仅是龙衔系璧的绶带，在璧的旁边还有"神玉"的榜题。绶带在古代为一种

[①] 《后汉书·赵孝传》记载："亭长先时闻孝当过，以有长者客，扫洒待之。"见（宋）范晔撰，（唐）李贤等注：《后汉书》卷三十九，中华书局，1965年，第1299页。《后汉书·陈宠列传》谢承书曰："延字君子……赁作半路亭父……山阴冯敷为督邮，到县，延持帚往，……使入亭，请与饮食……"见（宋）范晔撰，（唐）李贤等注：《后汉书》卷四十六，中华书局，1965年，第1558页。

[②] 资料为20世纪90年代笔者在璧山县文物管理所考察所获。

[③] 李零：《中国方术考》，人民中国出版社，1993年，第282～309页。

[④] 罗开玉：《论宜宾长宁"七个洞"崖画雕刻的主题思想》，《考古与文物》1986年第3期。

身份等级的标志[1]，在这里主要表示璧的尊贵。在先秦两汉时，人们认为龙虎可以帮助人们升仙[2]，在有的图像中龙虎还长有双翼，可见其升天的功能彰显。璧寓意天圆，用于祭天，龙虎衔璧图以璧象征天国，而龙虎载之升天，其意图是祈求让墓主顺利升入天界仙境。

（7）联璧纹。见于1号墓门外左侧以及天门（阙）右下方。这种纹样的含义与龙虎衔璧图大体相同，而单纯用联璧的形式组成图案，更强调以璧象征天国。

（8）菱形纹。见于5号墓门外左侧。为联璧纹的一种变体形式，并更为抽象化、符号化，但它仍具有与联璧纹大体相同的含义。

（9）鸟鱼图。见于2号墓门外右上侧，6号墓中门框的上方、右侧崖棺，7号墓外门框的上方。鸟有鹤、鱼鹰和凤鸟。除6号墓右侧崖棺的为凤鸟和鱼向同一个方向行进之外，其余均为鸟食鱼的画面。鸟鱼图为汉代画像中常见的图像，寓意是引导墓主升天，不过也可能含有其他寓意（如阴阳、生殖等）。《山海经·西山经》："又西三百五十里，曰玉山，是西王母所居也……有鸟焉，其状如翟而赤，名曰胜遇，是食鱼。"[3] 可见，这种食鱼鸟也可能是西王母所居仙山上的一种神鸟，因而这种图案或者象征西王母所居的天国仙境。此外，在汉代画像中还有一种相类的画像，即鸟、鱼常与龙虎相伴，但以龙虎为主体。例如，四川泸州龙马潭洞宾亭崖墓石棺[4]，画面中心为一特大的白虎，虎的前后为一飞鸟和鱼，三个动物向同一方向行进，应为引导墓主升天。有的画面较为简略，如四川江安桂花村1号石室墓1号石棺即为一奔龙后随一条鱼[5]。这种类型的图像可以上溯至战国时期，如湖南长沙战国中期楚墓中出土的人物御龙帛画[6]，为一男子直立驾驭着一条巨龙，龙尾上方有一鹤，龙身下方有一鱼在行进，更完整地表现了墓主人乘龙并在鸟、鱼的簇拥导引下升天的场景。

---

[1] 《汉官仪》说："绶者，有所承受也。所以别尊卑，彰有德也。"又说："绶者，有所承受也。长一丈二尺，法十二月。阔三丈，法天、地、人。旧用赤韦，示不忘古也。秦汉易之以丝，今绶如此。"（汉）应劭：《汉官仪》，中华书局，1985年，第49页。

[2] 《汉书·礼乐志》注引应邵曰："《易》曰：'时乘六龙以御天。'武帝愿乘六龙，仙而升天。"可见汉代时传说帝王升仙也是乘龙。见（汉）班固撰，（唐）颜师古注：《汉书》卷二十二《礼乐志》，中华书局，1962年，第1060页。战国时人宋玉在《九辩》中描写升天时说："左朱雀之茇茇兮，右苍龙之跃跃。"见（先秦）宋玉：《九辩》，（清）严可均校辑：《全上古三代秦汉三国六朝文》卷十，中华书局，1958年，第77页。汉代人贾谊在《惜誓》中描写升天时言："飞朱鸟使先驱兮，驾太一之象舆，苍龙蚴虬于左骖兮，白虎骋而为右騑。"见贾谊：《惜誓》，（清）严可均校辑：《全上古三代秦汉三国六朝文》卷十五，中华书局，1958年，第209页。

[3] 袁珂校注：《山海经校注》，巴蜀书社，1993年，第59页。

[4] 资料为笔者20世纪90年代在泸州市博物馆考察所获。

[5] 罗二虎：《汉代画像石棺研究》，《考古学报》2000年第1期。

[6] 湖南省博物馆：《新发现的长沙战国楚墓帛画》，《文物》1973年第7期。

（10）联钱纹。见于1号墓门外框上方、5号墓门外右下侧。毫无疑问，这种画像直接反映了汉代社会中存在的崇拜金钱和祈求富贵的愿望。这还可从汉代画像铭文中得到印证，如山东兰陵汉元嘉元年（151年）画像石墓题记说："上有龙虎衔利来，百鸟共□（持）至钱财。"[①] 联钱纹也是汉代一种较常见的纹样，尤其在墓砖上较多。其形式多样，有单纯的联钱，有钱与璧相连，有联璧中置钱币的。这些图案都是联璧纹的变体。璧在墓葬中出现主要用以象征天国，钱却是财富的象征，这两种似乎无关的东西为何在画像中共存或互换呢？这应从二者的形式含义上分析，中国古人的宇宙观是天圆地方，璧圆以象征天，而钱币则是外圆内方，外天内地，沟通天地并容天地为一体。在汉代人的观念中，丧葬本身就是一种沟通天地的活动，从这个意义上讲，汉代人将钱与璧互换又是可理解的。

3. 墓主生活

包括墓主生活场面和持便面人物。

（1）墓主生活场面。汉代画像中常见表现与墓主生前生活相关的场面，如宴饮乐舞百戏、博弈饮酒、抚琴、田猎等。这些内容构成了当时人们崇尚的生活方式，其实汉代画像中表现的所谓仙人生活也主要是这些内容。这些表现墓主生活的画像中经常出现凤鸟、白鹤之类寓意仙境的瑞鸟，如四川新都马家墓出土的三人宴饮画像砖[②]、川西平原出土的博弈饮酒画像砖[③]等。这些画像已提示我们，此为仙境而非人间。七个洞画像也是如此，这种画像见于2号墓门外右侧和5号墓门外右侧，内容为百戏场面，百戏人物基本都是头戴"山"形冠，这是汉代画像中仙人的特征之一。由此可知，这些内容的画像表达了墓主希望死后升仙和享受仙境生活的强烈愿望，而这种仙境生活实际上就是墓主生前现实生活的延伸和继续。

（2）持便面人物。主要见于2号墓和5号墓的墓门外右侧画像中，这种人物的身份属于侍仆，在画像中出现主要是为了显示墓主身份的尊贵。

4. 生殖崇拜

包括伏羲女娲和鱼。

（1）伏羲女娲。见于1号墓、6号墓、7号墓的门框两侧，3号墓门外右侧的天门两边，6号墓右侧崖棺等。在4号墓墓门外右侧有一未刻完的图像，也应是伏羲女娲。此外，在3号墓室内壁还有一单独的举月女娲像。这也是汉代数量较多的画像内容之一。伏羲女娲是中国古代神话中具有多种功能的神祇，由于他们又是始祖神、生殖神、

---

① 山东省博物馆、苍山县文化馆：《山东苍山元嘉元年画象石墓》，《考古》1975年第2期。
② 四川省博物馆：《四川新都县发现一批画像砖》，《文物》1980年第2期。
③ 高文编：《四川汉代画像砖》，上海人民美术出版社，1987年，拓本三四。

能再造生命，因而受到了渴望长生不死的汉代人的特别尊崇[1]。关于伏羲女娲的形象，东汉人王延寿在《鲁灵光殿赋》中描述到："伏羲鳞身，女娲蛇躯。"[2]《列子·黄帝》也说："庖牺氏、女娲氏……蛇身人面。"[3]这些记载与汉代画像中伏羲女娲的形象吻合。在七个洞画像中，伏羲女娲也是人面蛇躯，多成双出现，其各举日、月象征天上，也暗示着一阴一阳。值得注意的是，如果伏羲女娲紧邻出现（如6号墓右侧崖棺），则两尾交叉欲合。我们知道，龙蛇交尾暗示着交媾，如果说七个洞画像中的这种交尾还显得较隐晦的话，那么有的伏羲女娲画像就比较明确地告诉我们其含义了。例如，四川成都郫都新胜1号汉墓出土的画像石棺上，伏羲女娲各举日月，相互拥抱接吻[4]。此外，还有更直接将这种画像的含义昭示于众的，那就是重庆璧山新民村汉代崖墓出土石棺上的伏羲女娲画像[5]，两神均为人首人身，但身下有两蛇交尾，蛇首分别对准两人的下身，寓意交媾明确无误。这些都表达了墓主希望让自己的生命得以延续和再生的愿望。

（2）鱼。见于2号墓门外上方。前已论证，鱼可象征升天。此外，鱼还具有生殖和子孙繁盛的寓意，民歌中"鱼"可作替代"匹偶""情侣"的隐语，时代可上溯至先秦时期[6]。

（二）驱鬼镇墓

包括青龙白虎和双结龙。

（1）青龙白虎。见于5号墓门外左右两侧。青龙、白虎与朱雀、玄武合称"四神"，在古代作为方位神。此外，它们还可象征武力、猛勇，如《礼记·曲礼上》孔颖达疏："如鸟之翔，如蛇之毒，龙腾虎奋，无能敌此四物。"[7]因此，四神在墓中出现可能主要是起镇墓作用，即镇守四方，驱邪除鬼。但在四神中，青龙、白虎似乎更偏重以武力、勇猛而辟邪，而朱雀、玄武则更偏重于顺阴阳以辟不祥。例如，《论衡·解除篇》曰："宅中主神有十二焉，青龙白虎，列十二位；龙虎猛神，天之正鬼也。飞尸流

---

[1] 《世本·作篇》（茆泮林辑本）记载："伏羲制以俪皮嫁娶之礼。"见宋衷注，茆泮林辑：《世本》，中华书局，1985年，第105页。汉代应劭的《风俗通义·佚文》曰："女娲祷祠神祈而为女媒，因置昏姻，行媒始行明矣。"见（汉）应劭撰，王利器校：《风俗通义校注》，中华书局，1981年，第599页。

[2] （汉）王延寿：《鲁灵光殿赋》，（清）严可均校辑：《全上古三代秦汉三国六朝文》卷五十八，中华书局，1958年，第790页。

[3] （晋）张湛注：《列子注·黄帝》，《诸子集成》第3册，中华书局，1954年，第27页。

[4] 李复华、郭子游：《郫县出土东汉画象石棺图象略说》，《文物》1975年第8期。

[5] 资料为20世纪90年代笔者在璧山县文物管理所考察所获。

[6] 闻一多：《说鱼》，《闻一多全集》甲集，开明书店，1948年，第117页。

[7] （清）阮元：《校刻十三经注疏·礼记》，中华书局，1980年，第1250页。

凶，不敢妄集；犹主人猛勇，奸客不敢窥也。"[①] 在汉镜上也可见到"左龙右虎辟不详（祥）"[②]，或"青龙白虎掌四彭（方），朱爵（雀）玄武顺阴阳"的铭文[③]。因此，四神仅以青龙、白虎的简略形式出现，其作用可能仍是镇墓驱鬼。

（2）双结龙。见于1号墓中层门框上方、2号墓外右侧。这种画像在墓葬中出现是为了镇墓辟邪。在山东兰陵出土的东汉元嘉元年（151年）画像石刻题记中有"中直（？）柱，只（双）结龙，主守中雷辟邪央（殃）"的内容[④]，清楚地反映出汉代人的这种观念。

（三）吉祥

包括凤鸟和鱼。

（1）凤鸟。在七个洞崖墓中此种画像很多。前已论述，凤鸟可以作为天国仙境的象征。作为一种神鸟，其出现可以给天下带来安宁。将这种瑞鸟置于墓中，也包含祈求吉祥的意图，如四川宜宾汉代墓出土的凤鸟花纹砖上，其凤鸟旁即有一"善"字[⑤]。这突出地表达了造墓者祈求吉祥的愿望。

（2）鱼。也是一种具有多重含义的图像，可象征升天、寓意生殖和子孙繁盛。此外，"鱼"与"余"同音，因而"鱼"可借为"余"，有富足有余之意，民间常用形象的鱼表现这种含义。汉画像中体现这层含义的鱼主要有两种形式：其一是鱼图，仅两鱼相对，也有一鱼，是一种象征性的表现，其含义对于今人来说有一定模糊性，可能有多重含义。其二是钱鱼图，画面常有各种钱币满布，双鱼置于钱币之间[⑥]。如果说前一种图像表现"有余"的含义还较模糊的话，那么后一种画像中表现"钱财有余"的含义就十分明显了。

三、画像特点

（一）画像内容

笔者曾将汉代画像内容分为仙境与升仙、驱鬼镇墓、吉祥三类，在仙境与升仙类

---

① （汉）王充：《论衡·解除篇》，《诸子集成》第7册，中华书局，1954年，第245页。
② 容庚：《金文续编》，上海书店出版社，2000年，第59页。
③ 孔祥星、刘一曼：《中国铜镜图典》，文物出版社，1992年，第266页。
④ 山东省博物馆、苍山县文化馆：《山东苍山元嘉元年画象石墓》，《考古》1975年第2期。关于此墓的年代和铭文的释读断句均采用方鹏钧、张勋燎：《山东苍山元嘉元年画象石题记的时代和有关问题的讨论》，《考古》1980年第3期。
⑤ 高文编：《四川汉代画像砖》，上海人民美术出版社，1987年，拓本一七五。
⑥ 高文编：《四川汉代画像砖》，上海人民美术出版社，1987年，拓本二七八。

中，又细分为神仙仙境、升仙、墓主生活（社会生活）、历史人物故事、生殖崇拜五小类[①]。在长宁七个洞画像中，这三大类均有，而仙境与升仙类中，除历史人物故事类没有之外，其他小类都有，此外还有一些特殊的符号，画像内容十分丰富。不仅如此，画像内容同时还具有自身的特点，其中有的反映出地域文化特色。首先，有关仙境的画像基本都反映昆仑仙境，不见中原地区汉代画像中常见的东王公等以蓬莱仙境为背景的内容。其次，同一题材的画像，虚幻的成分更重，神话色彩更浓。一般汉代画像墓多以现实生活中所见的双阙来表现天门，以现实生活中的亭长等人物象征大司，而七个洞画像则以简略的单阙象征天门，有的天门还被昆仑神虎（开明兽?）托起，或者在天门上饰有各种符号。七个洞画像中的大司多头戴"山"形冠，为西南汉代画像中常见的仙人形象，而一般汉代画像中站在双阙前的亭长等人物多是现实生活中的装束。又如墓主升仙图，无论川西还是中原地区，多以现实生活中墓主生前出行的真实场面表现，而七个洞画像中的墓主升仙图则仅以马车、马或墓主骑马来象征墓主升仙。再如乐舞百戏图，一般汉代画像多是真实再现墓主生前的宴饮乐舞场面，但七个洞画像却将百戏人物以仙人的形象来构想仙境中的乐舞场面。第三，东汉晚期画像的表现形式有抽象化、符号化的倾向。七个洞墓中，年代属东汉中期的3座未见这种特殊的刻画符号和复体字，象征性图案也少见，但在东汉晚期的4座墓中却基本都有，有的一墓出现多个，种类也丰富。这种抽象化、符号化实际体现出一种宗教化的倾向，其后隐藏的是东汉后期早期道教在巴蜀地区的发展。

（二）画像风格

七个洞画像风格的主要特点是，其一，崖墓墓内（包括门框，下均同）画像布局的整体性较强，但墓外（即墓门外崖壁上）画像无统一布局，显得较为零乱，给人的感觉是多次制作而成。其二，崖墓内画像基本均为浮雕式，仅在局部刻画中加用阴线刻技法，这与东汉时一般画像的雕刻风格一致，但墓外画像基本仅用阴线刻技法。其三，崖墓墓内画像制作精美，艺术造诣较高，墓外画像与之相比，明显粗糙幼稚。其四，同一题材的画像，其墓内表现形式完整，但墓外画像却经常以省略形式表现。如"天门"图，一般汉代画像和七个洞墓内都用双阙表现，但七个洞墓外的天门却仅用单阙象征。又如"龙虎衔璧"图，一般都是龙虎对称，但1号墓门外的仅为龙在一侧衔璧。据此可以认为，七个洞崖墓存在两种不同风格的画像，即墓内画像和墓外画像，墓内画像与一般汉代画像风格大体相似，墓外画像代表一种地域性风格。这种风格主要在四川盆地内的长江沿岸及长江以南区域（以下简称"长江区"）的崖墓画像中流

---

① 罗二虎：《中国西南汉代画像内容分类》，《四川大学学报》（哲学社会科学版）2002年第1期。

行，如重庆江北盘溪光和元年（178年）崖墓[①]、重庆江津长沟3号崖墓[②]、贵州习水桐半丘5号崖墓[③]等。因此，这应是西南地区汉代画像内又形成的一种更小范围的区域性风格。此外，两种风格的画像制作者也应出自不同地域或为不同层次的画师和工匠，其师承关系不同。制作墓内画像的画师和工匠可能来自外地或直接师承外地的画师和工匠，有较高的专业素养和艺术造诣；制作墓外画像的画师和工匠可能为本地的民间画工，专业素养和艺术造诣明显不如前者。

四、墓主身份

确定7座墓的墓主身份对我们深入理解七个洞画像有重要意义。笔者认为，除5号墓外，其余墓葬的墓主都属无官秩的平民富有阶层，其中有的可能属于当地的大姓望族。首先，出行图是最能体现墓主身份的画像，在1、2、5、7号墓均有，除5号墓有一幅画像为马车出行之外，均是墓主骑马出行，这些骑马出行的墓主都应属于无官秩的平民[④]。此外，从6号墓出现的墓主夫妻画像的装束也可看出墓主为平民。其次，7座墓中关于墓主姓氏的题记有四条，即"赵是（氏）天门"（4号墓）、"石□氏"（6号墓）、"黄是（氏）作此冢……"（7号墓）和两处"李"字题记（7号墓外）。汉代是一个等级社会，人们对其社会地位相当重视，如果墓主生前担任过某一级官吏，在墓主题记中一定会表现出来，有的甚至仅写出墓主生前官职而不注明墓主姓氏，这都说明对其社会地位的重视更胜于墓主姓氏。这四条题记都仅有墓主姓氏而无官职，说明墓主生前都应是平民。这与画像反映的墓主身份是一致的。

7座墓的规模虽然不大，但是每座墓都有较多的画像，这在七个洞崖墓群两侧约400米范围的山崖上分布的28座崖墓中是仅有的，并且其墓室开凿工整，画像镌刻精美，故墓主绝非普通的平民，而应是当地的富有阶层，有的可能还是当地的望族。长宁在东汉时期隶属江阳郡江阳县，《华阳国志·蜀志》载：江阳望族有"四姓：王、孙、程、郑；八族：又有赵、魏、先、周也"[⑤]。墓室题记都仅有姓氏而无名字，说明其强调族的意识，况且4号墓题记中的"赵氏"与文献记载当地八大族之一的"赵氏"能够对应。应当指出，虽然墓主有的可能是当地的大姓望族，但由于长宁地处边远，经济实力和政治影响都远不能与中原和川西平原的豪族相比，这与该墓群的情况也相吻合。

---

① 资料为20世纪80年代本人调查所获。
② 黄中幼、张荣华：《江津沙河发现东汉纪年崖墓》，《四川文物》1994年第4期。
③ 黄泗亭：《贵州习水县发现的蜀汉岩墓和摩崖题记及岩画》，《四川文物》1986年第1期。
④ 罗二虎：《中国西南地区汉代画像墓与豪族》，《四川大学考古专业创建四十周年暨冯汉骥教授百年诞辰纪念文集》，四川大学出版社，2001年，第336～361页。
⑤ （晋）常璩著，刘琳校注：《华阳国志校注》，巴蜀书社，1984年，第290、291页。

7座墓中只有5号墓的墓主身份略为特殊，可能为下层军官或官吏。这座墓共有四幅出行图，其中靠墓门外左上侧崖壁的一幅为轺车出行，而汉代一般平民是不能乘坐轺车的。在此墓门外右侧崖墓上还有一幅战争图，可能为再现墓主生前的戎马经历。七个洞的所有天门画像均为独立单阙，仅这座墓外的天门为子母阙，也可证明其墓主身份要高于其他墓。

五、墓制葬俗

通过题记可以看出，这个墓群是一处公共墓地，至少包括赵、黄、石三个家族。墓群中存在夫妻合葬（6、7号墓），画像内容也反映出存在家族同穴合葬，尤其是在东汉晚期的几座墓中，可能流行家族同穴合葬。5号墓外画像至少有四处墓主出行图（墓主升仙图），其重复出现的最合理的解释应该是墓内可能前后安葬了4人，四处出行图（墓主升仙图）分别象征着这四个墓主人升仙。1号墓门外画像有联璧纹符号四处、玄武符号五处，其中至少有三处是两种符号平行对称地成组出现。对这种情况的最合理解释也应是此墓的入葬者可能有三人以上，联璧纹和玄武符号的重复出现可能分别祈祷这些墓主升入仙境。总之，无论这些画像、符号的具体含义如何，它们的出现都应与每个不同的入葬者相对应。

墓内画像与墓外画像乃由不同人制作，时代必有早晚之分。墓内画像都是浮雕，制作必与墓室开凿同时完成。墓外画像从其在墓门周围崖壁上分布的情况观察，镌刻时间应晚于墓穴开凿和墓内画像的镌刻。七个洞东汉晚期这数座墓的墓外画像数量众多，布局松散，无统一规划，同样内容的画像反复出现，说明这些墓外画像应是多次镌成的。这就给我们提出了一个新的问题，即这些墓外画像是每次入葬时分别刻画的，还是入葬后其后人在墓祭时刻画的？

首先分析1号墓。该墓外的纪年题记有三处，其中一处与墓门平行，内容为"熹平元年十月廿□作此冢宜子孙"，记载造墓年代；一处在天门上，内容为"熹平"，为未完题记；还有一处在最下面，内容为"熹平七年四月□"。与此呼应，每处题记旁都有一组画像（包括符号）。三组画像的内容都与升仙相关，但刻画时间有先后，可能是在每次新入葬时刻画的。

2号墓外右侧画像题记为"熹平七年十月二日易"，"易"有改变、修治之意。从题记位于画像中间的情况观察，应与画像同时完成，因此"易"当与刻画这些画像有某种联系。画像的内容主要是希望墓主升仙和表现墓主仙境生活，因此这处题记有可能是再次入葬死者时，为使新入葬者能顺利升仙而在新刻画这些画像的同时，镌刻题记以记录这次墓葬发生变化。

据此笔者认为，墓外画像有的是数次刻画的，刻画的时间很可能是在每次新入葬死者时，为了让新入葬者能顺利升入仙境而刻画的。这种情况除七个洞崖墓外，在西南地区长江区内的其他画像崖墓中也存在，如重庆江津长沟3号崖墓[①]和贵州习水桐半丘5号崖墓[②]的墓外崖壁画像也是数次完成的，前者年代为东汉晚期，后者为蜀汉时期。可见这是本区域内东汉晚期至蜀汉时期画像崖墓中流行的习俗。

六、符号与早期道教

七个洞崖墓群东汉晚期的几座墓中出现了大量较为特殊的符号，下面加以讨论。

（1）联璧纹符号。见于1号墓门外左侧和左下侧，有四处。学者或释为社稷符号[③]，但见于墓葬，其用意则不好理解。从造型上看，其当是从联璧纹演变而来并加以符号化。5号墓外左侧一联璧纹图案，由九璧组成，应是从普通联璧纹图案演变到联璧纹符号的一种过渡形式。这种符号可能是一种祈祷升仙符，川西平原出土的门（阙）前迎谒画像砖上也有这种符号[④]，位于天门旁，寓意墓主升仙的意图明显。

（2）玄武符号。见于1号墓门外左侧和左下侧、4号墓外右侧天门（阙）上、5号墓外左侧天门（阙）上。学者认为是玄武符号[⑤]，其作用是为"顺阴阳"。

（3）双结龙符号。见于5号墓外的天门（阙）上。这种符号与画像中出现的双结龙图像含义应基本相同，只是将它抽象化、符号化而已，如前所述，山东兰陵出土的东汉元嘉元年（151年）画像石刻题记已明确告诉我们，其目的是镇墓辟邪。

（4）道符。见于1号墓墓门外左侧。应为"入门妻见"四字符，确切含义已难释读，推测其目的是让死去的男性墓主升仙后能见到已先入仙境的妻子。

另外，在1号墓和2号墓还有"⛎""ℙ""Ⅲ"等符号，这些符号的具体含义已难以推测。

这些特殊符号在东汉晚期大量出现，说明七个洞画像的表现形式有向抽象化、符号化发展的倾向。这七座墓中，年代属东汉中期的三墓均未见这种符号，象征性图案也少见，但在东汉晚期的四座墓中却都有，有的一墓出现多个，种类丰富。这种抽象化、符号化实际上体现出一种宗教化倾向，其后隐藏的是东汉后期早期道教——天师道在巴蜀地区的发展。

通过以上对七个洞崖墓这一典型墓群画像的个案分析，我们不但可从中看到其具有的西南汉代画像的区域性共同特点，而且还可见到其与这一区域中川西平原区的画

---

① 黄中幼、张荣华：《江津沙河发现东汉纪年崖墓》，《四川文物》1994年第4期。
② 黄泗亭：《贵州习水县发现的蜀汉岩墓和摩崖题记及岩画》，《四川文物》1986年第1期。
③ 罗伟先：《对长宁"七个洞"石刻画中两种符号的试释》，《考古与文物》1986年第3期。
④ 高文编：《四川汉代画像砖》，上海人民美术出版社，1987年，拓本三〇。
⑤ 罗伟先：《对长宁"七个洞"石刻画中两种符号的试释》，《考古与文物》1986年第3期。

像存在的差异，这些差异既可能代表了西南汉代画像中长江区自身的某些特点，也可能同时在一定程度上体现出不同阶层间所存在的文化差异。这种差异主要表现在川西平原区画像有相对较多的儒家文化和人文主义思想内容，而长江区画像则几乎都是与道、巫相关的内容，尤其是在东汉晚期的几座墓中，表现尤为突出，这可能暗示东汉晚期西南地区文化的区域性差异进一步发展。

通过对这一墓群的分析，可知这一地区可能存在着多次在墓外镌刻画像的习俗。如果推测成立，也就意味着这些墓葬中有的画像是为了墓内所有的入葬者，而有的画像则是针对某一个入葬者。这对于进一步研究相关制度及汉代墓制葬俗是有益的。

此外，通过对这一墓群的分析，还可以看到东汉晚期这一地区道教的流行情况，为研究早期道教在当时边远地区民间的发展传播提供了生动的考古资料。

附记：本文部分拓本由梁太鹤、罗伟先先生提供，特此致谢。

（原载《考古学报》2005年第3期）

渠县汉代石阙画像研究

一、引　言

汉代的石阙是中国现存时代最早的、保存最完整的古代地面建筑。根据笔者2010年为止所掌握的资料，中国现存的汉代石阙共30处，其中河南4处、山东4处、北京1处，其余21处均在四川盆地内，其中四川境内16处，重庆境内5处。

四川盆地内现存的21处石阙均为墓阙，其中有16处现在石阙上仍然保存石刻画像，而其中渠县就占6处。因此，渠县的汉代石阙画像在汉代石阙画像的研究中占有十分重要的地位。

由于在渠县的部分汉阙上镌刻铭文，因此渠县的石阙历来就受到金石学家和地方史志者的重视。例如，冯焕阙不但在石阙上有铭刻，其阙主冯焕的事迹又见于《后汉书·冯绲传》[1]，因此在北宋金石学家赵明诚的《金石录》[2]，以及南宋郑樵的《金石略》[3]、洪适的《隶释》[4]、娄机的《汉隶字源》[5]等宋人的著作中就已被收录，其后的金石学著作和方志中也都有记载。又如，沈氏阙的铭文在《隶释》[6]、《隶续》[7]、《汉隶字源》[8]、南宋王象之《舆地碑记目》[9]及方志中均有收录。传统的金石学家主要是通过铭刻拓本对其进行考释，而对其建筑构造和画像石刻装饰涉猎很少。

进入20世纪以后，一些中外学者开始对渠县的汉阙进行科学的考察，如法国学者

---

[1] （宋）范晔撰，（唐）李贤等注：《后汉书》，中华书局，1965年，第1280页。
[2] （宋）赵明诚：《宋本金石录》卷十八，中华书局，1991年，第430、431页。
[3] （宋）郑樵：《金石略》，王云五主编：《通志略》（二十三），商务印书馆，1933年，第22页。
[4] （宋）洪适：《隶释·隶续》，中华书局，1985年，第145、146页。
[5] （宋）娄机：《汉隶字源》，电子科技大学出版社，2017年，第48页。
[6] （宋）洪适：《隶释·隶续》，中华书局，1985年，第145页。
[7] （宋）洪适：《隶释·隶续》，中华书局，1985年，第357、358页。
[8] （宋）娄机：《汉隶字源》，电子科技大学出版社，2017年，第74页。
[9] （宋）王象之：《舆地碑记目》，中华书局，1985年，第96页。

色伽兰（Victor Segalen）[①]在20世纪早期、中国学者陈明达[②]在20世纪30年代末都对渠县汉阙进行过考察记录，并在其后发表了自己的考察和研究成果。

20世纪50年代以来，是中国汉代画像的大发现时期。随着大量画像的发现，对汉代画像的研究也十分活跃，并取得了长足的进展。但是，应该指出的是对汉代石阙画像的专题研究明显不足，对石阙画像进行深入研究的很少，目前尚无人对渠县的汉阙画像进行过专题研究。

不过值得一提的是，20世纪70年代以来，重庆市博物馆的数位学者对包括渠县汉阙在内的四川盆地内的汉阙进行了全面的调查、测绘和拓摹，并于20世纪90年代前期出版了《四川汉代石阙》一书[③]。这是一部全面记录四川盆地汉代石阙的大型图录和资料性著作，同时也对四川盆地的汉阙进行了综合性研究。该书还对包括渠县汉阙在内的四川盆地汉阙画像内容逐一进行了描述，并对四川汉代石阙的雕刻艺术特色进行了初步的概括研究。此外，信立祥在《汉代画像石综合研究》一书中也对汉代石阙画像进行过概括性的讨论[④]。

鉴于这种现状，笔者准备借这次在渠县召开"汉阙与秦汉文明学术研讨会"[⑤]之机，在前人研究的基础上对渠县汉阙画像进行初步的研究。

二、画像内容考释

现存的汉阙均为石材砌筑。从建筑结构方面观察，石阙应为仿木结构、土木结构或砖土木结构的门阙建筑式样，比例正确。其建筑结构从下至上可以分为台基、阙身、楼部、顶盖等几大部分。画像主要分布在阙身至楼部这一带。渠县的石阙也不例外。

门阙出现的时间很早，先秦时期已普遍存在，墓阙至少也可以追溯到西汉早期，推测先秦时期也应存在。根据现有的资料可知，巴蜀地区的墓阙至迟在东汉时期已经存在，并且这时一些较大型的、墓主身份较高的墓已经有单独的茔域和墓葬的一套地面附属设施。其平面布局上大体是石阙在最前面，为双阙，在双阙之间有道路直通封土堆前，这两点一线构成了墓域的基本布局和主轴线。在阙与封土堆之间还有石碑和一对石兽，并可能还有石人等，但具体位置不详。

[①] 冯承钧曾将色伽兰的初步报告译为《中国西部考古记》[（尚志学会丛书），商务印书馆，1930年]；1935年色伽兰的正式报告《汉代墓葬艺术》在巴黎出版（*L'art Funéraire e L'époque des Han*, Mission archéologique en Chine 1914, Paris, 1935）。

[②] 陈明达：《汉代的石阙》，《文物》1961年第12期。

[③] 重庆市文化局、重庆市博物馆，徐文彬、谭遥、龚廷万、王新南编著：《四川汉代石阙》，文物出版社，1992年。

[④] 信立祥：《汉代画像石综合研究》，文物出版社，2000年，第293~321页。

[⑤] 该学术研讨会于2013年9月在四川省达州市渠县召开。

目前在渠县境内保存至今的汉代石阙共有6处，都属于墓阙。这些墓阙虽然都已不同程度的残缺，但都有画像尚存。下面，我们逐一对这些石阙画像的内容进行考证、梳理。

1. 冯焕阙

该阙位于渠县北约30千米的土溪镇赵家村，周围地势平坦。20世纪70年代末重庆市博物馆对该石阙进行了详尽的测绘。现仅存左阙的主阙，其耳阙和右阙均已缺失。阙为黄砂石构成，方向为南偏西20°。

左阙（图一），现已无顶盖的脊饰，通高4.6米，其中主阙阙身高2.6、下宽0.96、上宽0.88、下厚0.62、上厚0.58米[1]。在阙身前面柱间有两行铭文："故尚书侍郎河南京令／豫州幽州刺史冯使君神道"。铭文下刻一浮雕兽面铺首。

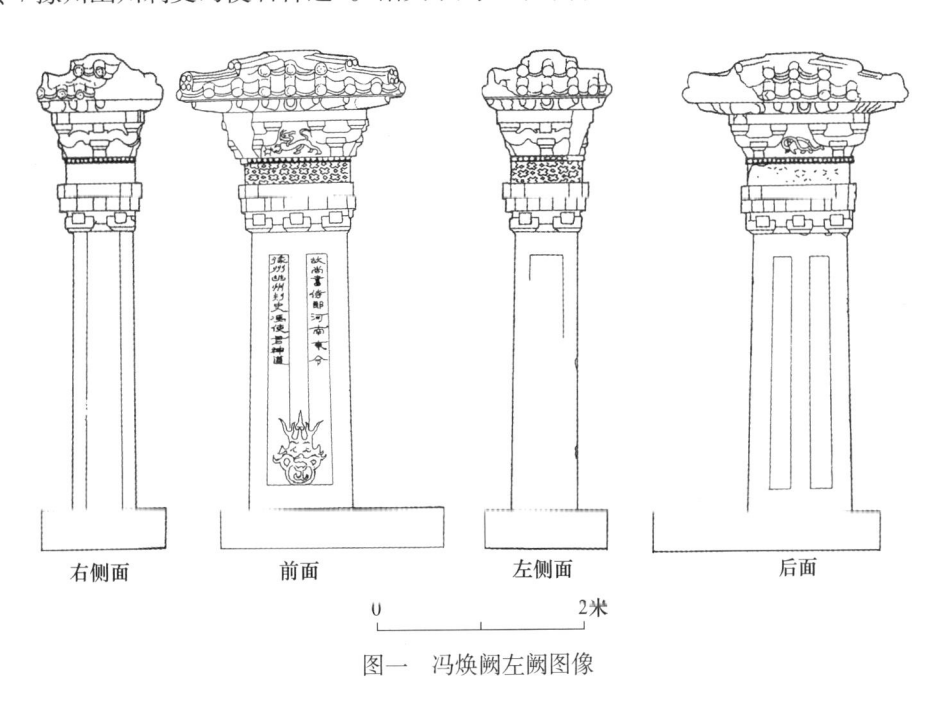

图一　冯焕阙左阙图像

主阙的楼部高1.03、下宽1.07、上宽1.36、下厚0.81、上厚0.89米。下层无雕刻，中层为菱形纹的组合图案，上层的下缘有一周连续圆圈纹饰；前面正中斗拱间刻一兽，可能为青龙，龙身有双翅，尾部竖立，右前足扬起，整个姿态矫健有力。龙的前爪前部有蟾蜍。后面正中斗拱间刻一玄武。均为浮雕。

《四川汉代石阙》一书认为左阙第二层刻的菱形纹为方胜纹装饰[2]，但是笔者认为这

---

[1] 本文渠县石阙的测量数据均采自重庆市文化局、重庆市博物馆，徐文彬、谭遥、龚廷万、王新南编著的《四川汉代石阙》，以下不再注明。

[2] 重庆市文化局、重庆市博物馆，徐文彬、谭遥、龚廷万、王新南编著：《四川汉代石阙》，文物出版社，1992年，第39页。

种纹饰在该阙上并不存在。

冯焕为东汉巴郡宕渠（治所今渠县）人。《后汉书·冯绲传》卷三十八记载：冯焕在安帝时为幽州刺史，于建光元年（121年）因受人陷害而死于狱中[①]。冯焕阙附近原有冯焕碑，现已不存，但宋代可见。据《隶释》卷十三"冯焕残碑"记载，此碑当时已残，仅存文字六段，末段中说其死于永宁二年四月。永宁二年即建光元年[②]，二者吻合。

2. 沈氏阙

该阙位于渠县土溪镇汉亭村，周围地势较平坦。目前双阙俱存，但其耳阙均已无存。两阙之间相距21.78米，方向为南偏东26°。

左阙（图二），主阙通高4.85米，其中阙身高2.74、下宽1.16、上宽1.09、下厚0.78、上厚0.71米。在前面中间有铭文一行："汉谒者北屯司马左都侯沈府君神道"。铭文上方有一展翅欲飞的凤鸟，口中衔一短的绶带，其下方石层因风化而剥落，参照右阙推测原也应有一铺首。右侧面有一条龙竖立衔着悬璧的绶带。璧用一绶带悬挂于横枋上，龙衔住璧另一端的绶带。

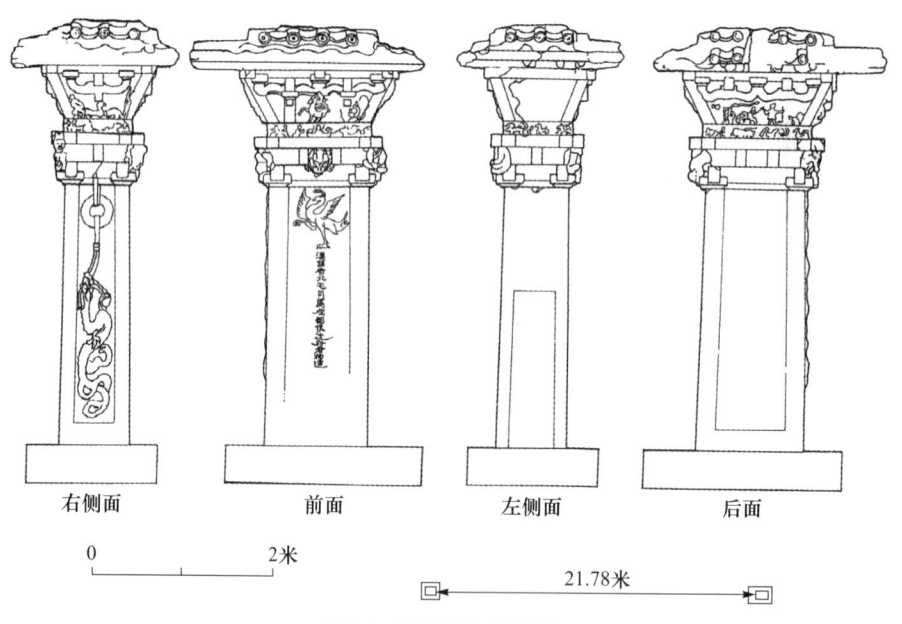

图二　沈氏阙左阙图像

主阙楼部高1.21、下宽1.44、中宽1.17、上宽1.65、下厚1.04、中厚0.74、上厚1.19米。下层前面居中刻一铺首在枋间。下层四隅刻半立雕的力士或猴：左前角的为

---

① （宋）范晔撰，（唐）李贤等注：《后汉书·冯绲传》，中华书局，1965年，第1280页。
② 洪适解释："'永宁二年'四字，盖其卒之年月也。……建光之元，即永宁二年，是岁七月改元，焕以四月终，故碑尚用旧年也。碑字虽无几，而皆与史合。"见（宋）洪适：《隶释》，《隶释·隶续》，中华书局，1985年，第146页。

人形，头已残，着紧身衣，双手执物；右前角、右后角均残缺；左后角刻一大猴，其右臂上有一小猴。中层为一内容丰富的画像装饰带，前面居中的为西王母端坐于龙虎座上，西王母背生双翼，其左边有一人双手持笏拜谒，再左边有奔兔、飞鸟、仙人骑白鹿（《四川汉代石阙》认为是一女性荷长竿乘鹿[①]）。西王母右边的画像风化较严重，似有仙人、仙草等；后面有三足乌、凤鸟、仙人、翼兽等仙境中的情景；左、右两侧面也为仙境中的灵禽瑞草和双首异兽等。笔者认为这些都是表现西王母所在的昆仑仙境，百物尽有。上层前面中间斗拱下为一仙人骑白鹿（《四川汉代石阙》认为是一女性乘鹿[②]），仙人长有特大的双耳，其鹿的右侧有一玉兔捣药；该层石阙后面为董永侍父图，其父坐在大树下的一独轮车上，董永一手握锄，象征一边在田间劳动，一边照顾其父。右侧面为一虎昂首扑住一略小的虎，后面一人正奋力拽虎尾；左侧面风化剥落严重，现已无雕刻。

右阙（图三），形制、尺寸等与左阙的基本相同。主阙阙身的前面中间为一行铭文："汉新丰令交趾都尉沈府君神道。"其上方为一展翅欲飞的凤鸟，其铭文下方为一

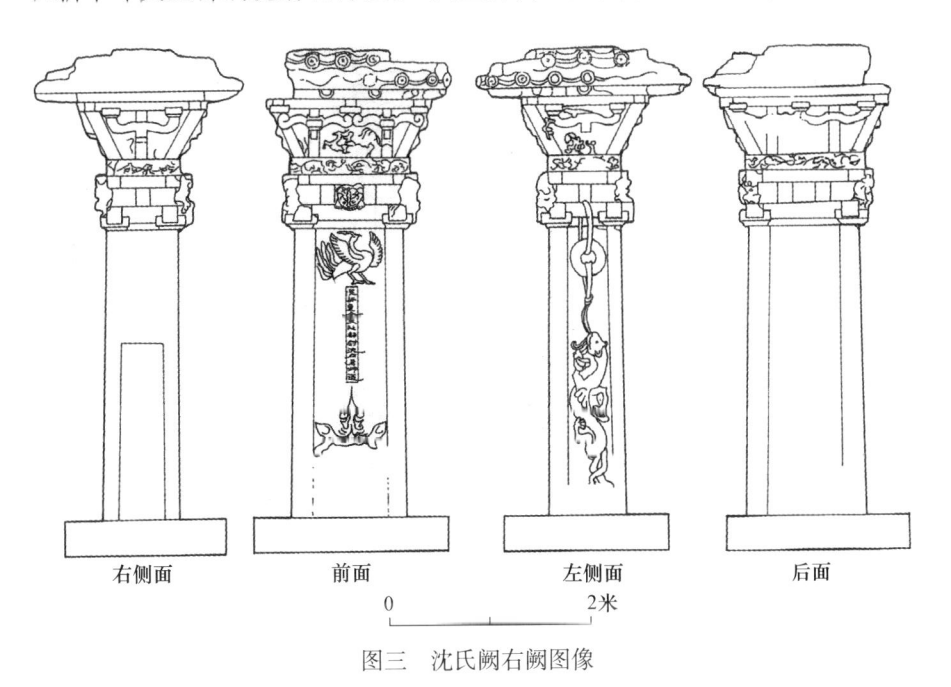

图三　沈氏阙右阙图像

---

① 重庆市文化局、重庆市博物馆，徐文彬、谭遥、龚廷万、王新南编著：《四川汉代石阙》，文物出版社，1992年，第40页。

② 重庆市文化局、重庆市博物馆，徐文彬、谭遥、龚廷万、王新南编著：《四川汉代石阙》，文物出版社，1992年，第40页。

兽面铺首，左侧面为虎衔璧（《四川汉代石阙》认为是白虎衔璧绶[①]），璧用一绶带系于上面的横枋上，虎衔住璧下方垂悬的绶带，其右阙的左侧面与左阙的右侧面均在双阙的内侧，虎与龙相对，共同构成一幅汉代画像中较常见的龙虎衔璧图。

主阙楼部的下层四隅刻力士或角神，均残，仅右后角尚可见其为人身兽首，其兽首顶上长双角，左手执盾。这四个力士或角神从残痕上看，均为裸其上身。下层前面居中为一虎形的铺首，居枋中，咬住横枋。中层前面居中的是西王母端坐于龙虎座上，左边坐着的二人当为升入仙境的墓主夫妻这类的人物（《四川汉代石阙》认为是求长生仙药的二使者[②]），西王母右边为蟾蜍、仙人等；卷云（蔓草）纹飘绕其间，其余三方也均为卷云（蔓草）纹飘绕其画面，其间有仙人行猎射兽、猴猿攀援、瑞鸟异兽等。上层前面的斗拱间刻有一仙人骑鹿，其右上方为一株大树，可能为不死树；左侧面斗拱间有一裸体猎人正张弓射一猴，上面斗拱拱心有一鹰状大鸟正注视下方。

主阙顶盖的檐下左前角角椽有一条蛇缠绕其间。

笔者认为该阙正面的两只凤鸟具有多层含义，在这里既可以作为象征仙境的凤鸟，又可以作为朱雀，与青龙、白虎和玄武一起出现共同构成四方神，具有驱鬼镇墓的作用。但是该阙上却没有发现玄武形象，在右阙凤鸟的下方有一铺首出现。铺首在这里出现的含义是镇墓驱鬼，目的与四神大体相同。

此阙的特点是建筑构件雕刻草率粗糙，但雕刻画像却精美。墓主沈氏的名号、事迹无考。

3. 蒲家湾阙

该阙位于渠县土溪镇蒲家湾。现仅存左阙的主阙，其耳阙和右阙均已无存。阙为黄砂石构筑。方向南偏东 8°。

左阙（图四）。主阙通高 4.7 米，其中主阙阙身高 2.65、宽 1.17、厚 0.84 米。前面中上部有一展翅欲飞的凤鸟（《四川汉代石阙》认为是朱雀[③]），右侧面为一条龙（《四川汉代石阙》认为是青龙[④]）衔璧，璧悬挂在横枋上。

[①] 重庆市文化局、重庆市博物馆，徐文彬、谭遥、龚廷万、王新南编著：《四川汉代石阙》，文物出版社，1992 年，第 41 页。

[②] 重庆市文化局、重庆市博物馆，徐文彬、谭遥、龚廷万、王新南编著：《四川汉代石阙》，文物出版社，1992 年，第 41 页。

[③] 重庆市文化局、重庆市博物馆，徐文彬、谭遥、龚廷万、王新南编著：《四川汉代石阙》，文物出版社，1992 年，第 41 页。

[④] 重庆市文化局、重庆市博物馆，徐文彬、谭遥、龚廷万、王新南编著：《四川汉代石阙》，文物出版社，1992 年，第 41 页。

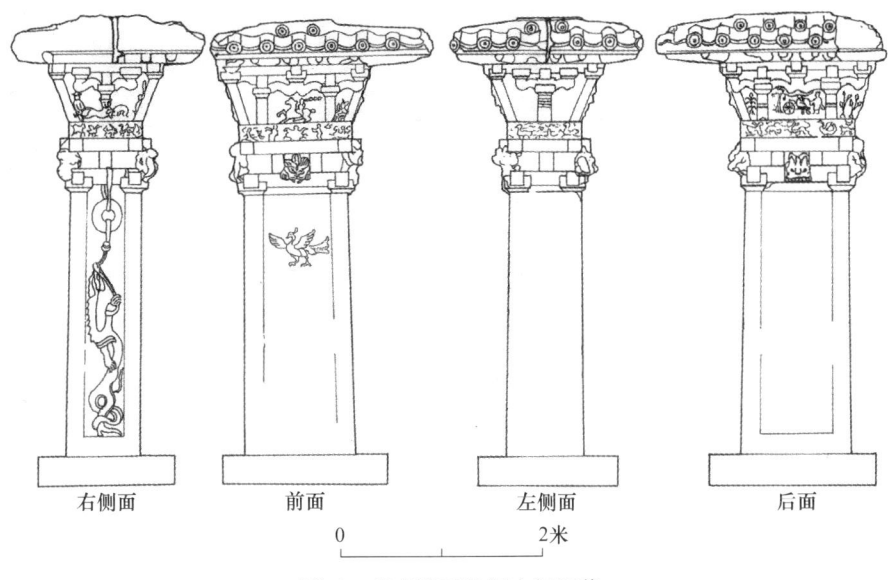

图四　蒲家湾无铭阙左阙图像

主阙的楼部高1.3、下宽1.45、中宽1.18、上宽1.62、下厚1.09、中厚0.76、上厚1.23米。下层前面正中为一似狮形的铺首，咬住横枋，后面正中也有一兽首形的铺首，咬住横枋，露出一排牙齿。下层四隅均刻半立雕的力士，其中左前角的已毁，右前角的力士较完整，似戴平顶帽，紧身衣；左后角的力士为人形，左手向前握物，右手残；右后角的甚残，仅见人形躯干。中层为画像装饰带，前面居中者为西王母端坐于龙虎座上，西王母背上生双翼，两侧各有一个仙人，其手持笏或拱手拜谒（《四川汉代石阙》认为可能为求仙药者[1]），再两边为仙人骑兽（《四川汉代石阙》认为是一人乘马[2]）、奔走捕猎仙人、飞禽走兽等；后面为翼龙、凤鸟、人首兽身异兽、飞禽、异兽等；左右两侧也为两首一身凤、三足乌、九尾狐、奔马、翼兽等，其间飘绕有云气纹。上层前面斗拱下有人骑鹿，持节；后面斗拱间有一玉兔捣药，玉兔臂上还生有翼；后面正中斗拱间为董永侍父图，其父坐在大树下的独轮车上纳凉，树上还悬挂有水壶之类的东西，董永一手持锄，象征一边在田间劳动，一面正在照顾其父；其左边为一株嘉禾，右边为二株三芝草；右侧面为双虎搏斗，帽上插羽的力士正拽一虎的尾，另有一猴靠柱而立。

此阙无铭文，墓主已不可考。

---

[1] 重庆市文化局、重庆市博物馆，徐文彬、谭遥、龚廷万、王新南编著：《四川汉代石阙》，文物出版社，1992年，第42页。

[2] 重庆市文化局、重庆市博物馆，徐文彬、谭遥、龚廷万、王新南编著：《四川汉代石阙》，文物出版社，1992年，第42页。

4. 赵家村壹阙

该阙位于渠县土溪镇赵家村，阙周围地势较平坦。现仅存左阙的主阙，耳阙及右阙均已无存。阙为黄砂石建成。阙身略有位移，阙基方向南偏东15°，阙身现南偏东18°。

左阙（图五），主阙的顶盖现已无存，通高4.5米，其中主阙的阙身高1.18、下宽1.18、上宽1.01、下厚0.72、上厚0.52米。前面上部正中刻一展翅欲飞的凤鸟（朱雀）；前面下部为一玄武；右侧面为一竖立的龙衔璧，璧用一绶带悬挂在横枋上，龙衔住璧的另一端绶带。龙的尾部有一鱼。

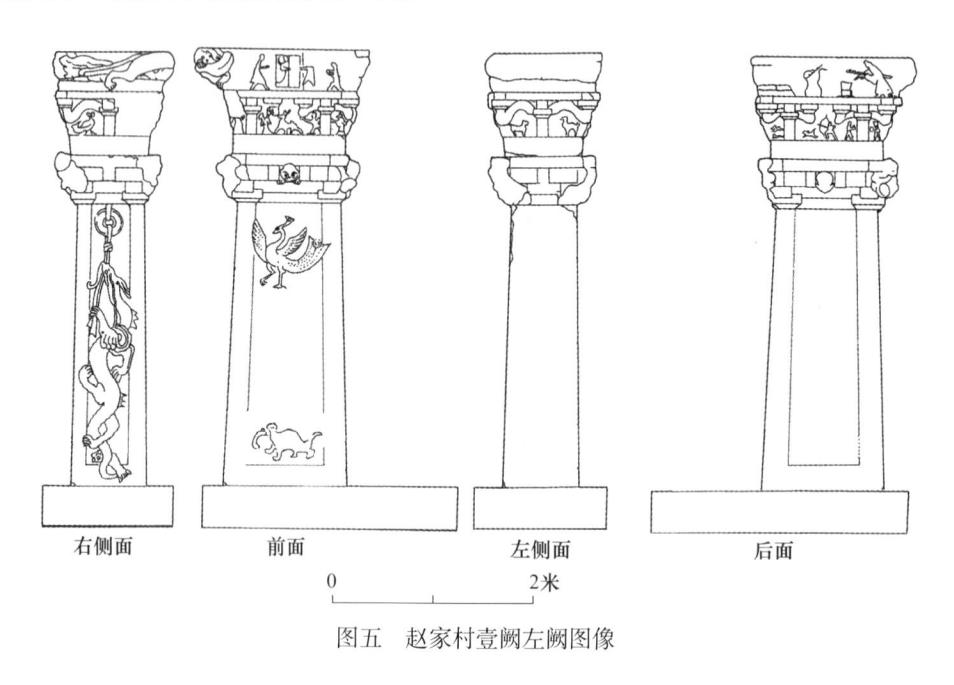

图五　赵家村壹阙左阙图像

主阙的楼部高1.44、下宽1.34、中宽1.11、上宽1.59、下厚1.04、中厚1.05、上厚1.22米。下层前面居中的枋间为一兽首形铺首，后面居中的枋间为此铺首的后部，这种铺首的配置较为特殊。四隅为半立雕的力士，均残，仅右后角略微完整。中层下部原来可能雕刻画像的装饰带，因风化严重，现在已完全不见画像。上部前面斗拱下为仙人骑鹿图，正中为一白鹿正向前边的仙人方向走去，后面跟随二人，可能为欲升仙之人，一仙人梳双髻，双手持灵芝而立，画面左端还有一人，现仅见下半身。后面为仙境图，右边为一仙人，梳有双髻，双手捧不死药，仙人的左边似为一求药者；左边为行猎图，一人正张弓欲射，前面二兔奋力逃走，后面一犬追赶；右侧面有一呈人面的鸟在左边，右边剥蚀严重不辨；左侧面似为两犬相对而立。上层前面为仙人半开门图，一生翼的仙人站在半开的门内，探身向外，门外有三个求谒见的人站立；后面右边似为炼丹图，一道士一手持节杖，另一手持一短棍形物，前面置一鼎，左边有一人，但其动作已难辨；左侧面剥蚀严重，现已不见雕刻；右前角有双虎搏斗，右侧面有一人正奋力拉虎尾。(《四川汉代石阙》则认为其正面中部的半开门内为一侍女，门外四人都是献物求见者[①])。

此阙未见铭刻，也不见于历代著录和有关的碑刻，墓主无可得知。

5. 赵家村贰阙

该阙位于渠县土溪镇赵家村壹阙东北约300米处。现仅存右阙的主阙，用黄砂石建造。阙的台基方向为北偏东46°，阙身和阙楼部略有移位。

右阙（图六），主阙的顶盖已无，通高4.3米，其中主阙阙身高2.7、下宽1.22、上宽1.03、下厚0.73、上厚0.62米。前面上方为一展翅欲飞的凤鸟（朱雀），下方为一玄武，蛇与龟的头相对，而蛇仅缠龟身一周。左侧面为一虎衔璧，璧用绶带系于横枋上，虎生双翼，有一蛇缠住虎尾。在左阙的相对应部位应有凤鸟（朱雀）、玄武和龙，这四种神灵相配，又构成青龙、白虎、朱雀、玄武"四神"。

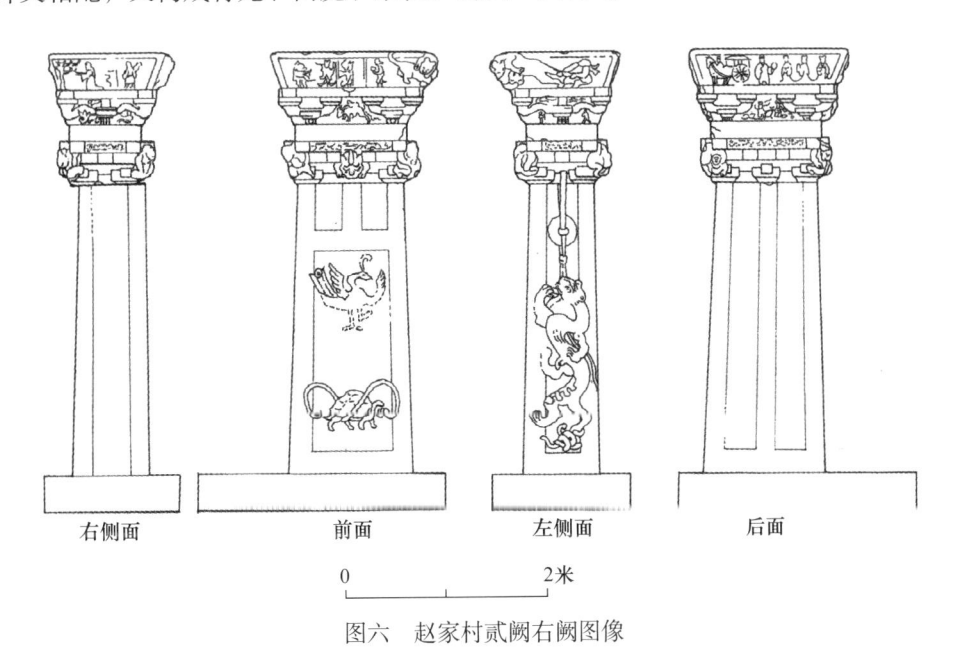

右侧面　　前面　　左侧面　　后面

0　　　　2米

图六　赵家村贰阙右阙图像

主阙楼部：下层的前面正中枋间有一兽首形铺首。四隅为半立雕的力士，左前角的为裸上身，戴平顶帽，双手皆残；左后角为一猴，左前臂抱一小猴，右臂上伸扶住其头部上边的另一只小猴；右前角的力士戴平顶帽，穿靴；右后角的力士戴平顶帽，赤足，右手撑膝，左手托枋。其四面横枋上均刻有减地平面浅浮雕的画像装饰，构成一装饰带，画面中云气纹缭绕，其间有人物骑兽、人物、鸟、兽等，当为仙境情景

---

① 重庆市文化局、重庆市博物馆，徐文彬、谭遥、龚廷万、王新南编著：《四川汉代石阙》，文物出版社，1992年，第42页。

(《四川汉代石阙》认为是荒原中人兽相斗的情景，藤蔓穿插其间[①]）。中层的下部无画像，上部的斗拱间有画像，前面为仙人骑鹿；后面为二仙人博弈，均生双翼，右边一人双耳高耸，左边一人戴花冠；右侧面有一人张弓射鸟，鸟站在拱心中，左边拱下有三只猴正在攀援；左侧面拱下左边有玉兔捣药、右边一人站立，斗上为一鸟。上层的画面均有边框，呈倒梯形。前面为仙人半开门图，正中为一穿燕尾服生翼仙人站在半开的门内，探身外望。门左边有一蟾蜍和仙人，应当为门内的情景，蟾蜍在站立捣药，仙人双环髻，穿燕尾服，生双翼，手持灵芝。门右边有一人，双手捧一盘，当为求不死药之人（《四川汉代石阙》认为这是谒见图。正中为半开门，一侍女在内。门外右侧一人宽衣博袖，衣带飘飞，后有一兽直立。门外左侧一人衣着似仆役，手中捧物作进献状[②]）。后面为送别图，中间为一戴高冠男性，手持便面，正与前来送别的三女性告别，身后有一车，御者站马侧准备出发。男性似为墓主，而前来送别的三女性从其装束上看，身份也都较高，也许为妻妾之类的人物。此车的形式也较为特殊，车篷中部有门，似可上下人。右侧面为摘仙果图，一人站在树下摘果，一人头顶大盘承果，后有一人双手捧物。左前角为双虎搏斗，左侧面有一人正奋力拉虎尾。

此阙未见铭刻，也不见于古人著录，墓主已不可考。

6. 王家坪阙

该阙位于渠县新兴乡王家坪，周围地势较为平坦、开阔。现仅存左阙的主阙，耳阙和右阙已无存。阙为黄砂石构筑。方向为南偏东5°。

左阙（图七），主阙的顶盖已无，通高4.62米。主阙阙身前面上方为展翅欲飞的凤鸟，下方为一兽面铺首，右侧面为龙衔璧，璧用绶带系于横枋上，龙的左后腿跨于尾上，两前爪抓住绶带的一端。

主阙楼部：高1.34、下宽1.37、中宽1.47、上宽1.6、下厚0.96、中厚0.72、上厚1.06米。下层前面居中为一虎形铺首，四隅为力士，均遭毁坏。中层下部为画像装饰带，前面已全部剥落，左侧面未刻，后面和右侧面为仙境图，表现仙人、翼兽等仙境情景。上部前面斗拱间为仙人乘龙图，仙人梳双环髻；后面的画像为一玉兔捣药，一梳双髻的仙人从空中飞下来取药；左侧面下方各有一日、月神，均为鸟形，载日、月轮于腹，右边拱心上有一圆形物凸起；右侧面为一人正张弓射鸟。上侧的画面均呈倒梯形，前面和左侧面有边框。前面为仙人半开门图，此门在画面的中部偏左边，一仙人站在门内，背生翼，着燕尾袍，探身外望。门两侧各一人，均着燕尾袍，左边一人

[①] 重庆市文化局、重庆市博物馆、徐文彬、谭遥、龚廷万、王新南编著：《四川汉代石阙》，文物出版社，1992年，第43页。

[②] 重庆市文化局、重庆市博物馆、徐文彬、谭遥、龚廷万、王新南编著：《四川汉代石阙》，文物出版社，1992年，第43页。

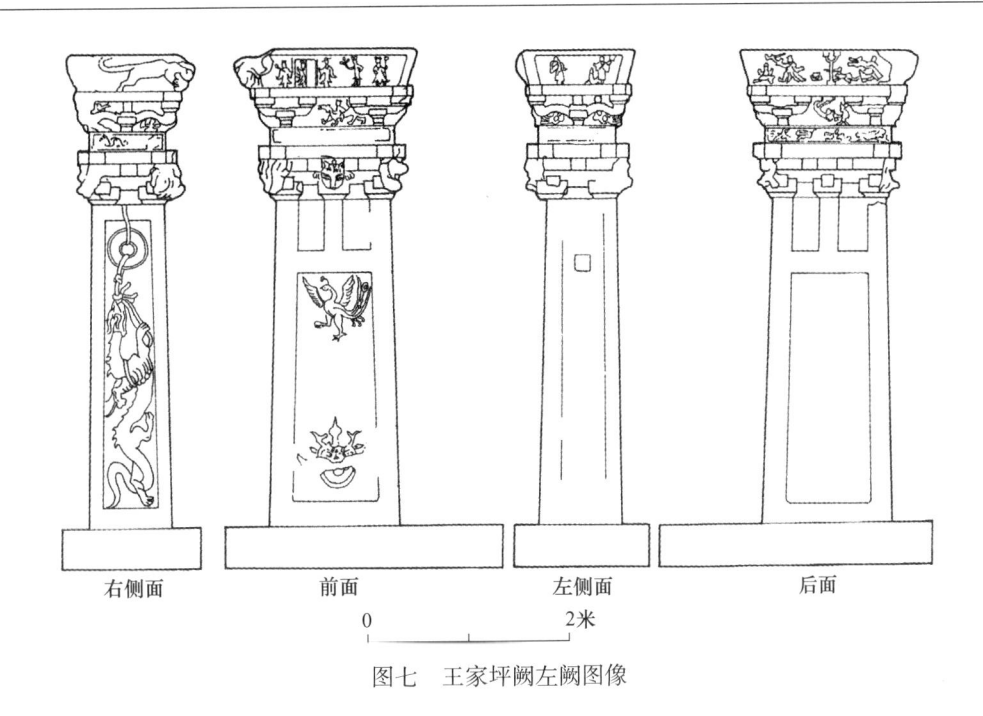

图七 王家坪阙左阙图像

右侧面　　前面　　左侧面　　后面

手中有节杖，应为道士，右边一人居画面正中，手上拿一物；画面右侧又有一裸身仙人，右手持三灵芝；最右侧还有一人，戴山形冠，着燕尾袍，左手持一长棍，棍的上端有一物（《四川汉代石阙》认为这是一幅谒见献礼图，正面略偏右处刻一门半开，一侍女倚门而立，门外四人从衣饰看似非汉人[①]）。后面为荆轲刺秦王图，图中荆轲在右边，被一秦卫士拦腰抱住，短剑（匕首）插在柱上，柱下跪伏一人为秦舞阳。左侧面有三人，中间一人似小孩，头发被右边一人拉着，此画面应为一历史人物故事场面，内容不详。右前角为双虎搏斗，一虎的身躯占据了右侧面的大部分画面，虎身后应有一人上拉虎尾，现已风化，无法辨认。

此阙无铭刻，也不见于古人的著录，墓主无可考。

三、画像内容分类

汉代画像的内容十分丰富，涉及的方面广阔。以往的研究者在分类时，多着眼于对汉代社会的研究，将其大体分为社会现实生活与生产、历史人物故事、祥瑞神话、自然景物、装饰图案等类。虽然每个研究者的分类可能都有一些差异，各有增减，但都大体不出上述范围。

笔者认为，无论是墓葬中还是墓阙上出现的画像，其本身都是当时人们丧葬行为

---

① 重庆市文化局、重庆市博物馆，徐文彬、谭遥、龚廷万、王新南编著：《四川汉代石阙》，文物出版社，1992年，第44页。

的产物，而画像的内容也应与当时人们的丧葬观念有关。那么，这些丰富的内容究竟反映了什么样的丧葬观念，墓主及其家属的主观愿望又是什么，这就是笔者进行分类的着眼点，也是笔者与以往多数研究者的分类标准的主要不同之处。

画像在墓阙上的出现位置有一定的规律，并且在哪些位置出现哪些内容的画像也有一定规律。这些安排都取决于当时流行的丧葬观念和墓主或其家属个人的主观愿望。一般来说，普遍出现的画像内容应是当时流行的丧葬观念的反映，而很少出现的、较为特殊的画像内容则常常可能是表达了墓主或其家属个人的愿望，体现出墓主人的人生观和价值观。这种个人的愿望，从某种意义上讲也就是反映了他个人的丧葬观念。我们在对画像内容进行分类和研究时，这也是一个应该考虑的因素。

笔者曾经依据上述原则对西南地区的汉代画像进行过分类研究[①]。笔者认为，汉代的画像内容分为如下四大类：即神仙仙境与升仙、生殖崇拜、驱鬼镇墓、吉祥等。在神仙仙境与升仙这一大类中，还包含墓主生活（或墓主仙境生活）和历史人物故事等内容。

在汉代画像的分类中，有一点值得十分注意：这就是画像从形象上讲具有确定性，但从含义上讲却具有一定的模糊性，一种画像有时可以同时具有几种不同的含义，可以进行多种解释，由此也经常造成研究者在解释上的分歧。

下面，我们便依据这一分类原则对渠县汉阙画像内容进行具体的讨论。

1. 冯焕阙

该阙现仅存左阙主阙，所见画像内容不多，在阙身上有铺首，在楼部有龙、玄武、蟾蜍、组合菱形纹、连续圆圈纹等。虽然右阙现已不存，但参考渠县其他汉阙画像可知，龙虎通常都是左右阙位置对称的，如沈氏阙、赵家村壹阙、赵家村贰阙、蒲家湾阙等（参见附表），因此冯焕阙的右阙上可能在同一位置原也有虎，其背面可能有朱雀。青龙、白虎、朱雀、玄武一起共同构成四神。

其中，龙、蟾蜍、菱形纹、圆圈纹等属于神仙仙境与升仙类的内容，而龙同时还可以作为青龙与玄武等组成四神，具有辟邪镇守四方的作用。因此，龙与玄武和铺首等内容又应该属于驱鬼镇墓类。

2. 沈氏阙

该阙左阙的画像有凤鸟（朱雀）衔绶带、（铺首?）、龙（青龙）衔绶璧、四角神（人形、猴形）、西王母与拜谒人物、奔兔、飞鸟、仙人骑鹿、仙人、仙草、三足乌、凤鸟、翼兽、双头兽、灵禽瑞兽、仙人、仙人骑鹿、玉兔捣药、董永侍父、双虎搏斗与人物拉虎等，这其中属于神仙仙境与升仙类的有凤鸟（朱雀）衔绶带、（铺首?）、龙衔绶璧、西王母与拜谒人物、奔兔、飞鸟、仙人骑鹿、仙人、仙草、三足乌、凤鸟、

---

① 罗二虎：《中国西南汉代画像内容分类》，《四川大学学报》（哲学社会科学版）2002年第1期。

翼兽、双头兽、灵禽瑞兽、仙人、仙人骑鹿、玉兔捣药等画像。属于历史人物故事类的有董永侍父画像。属于驱鬼镇墓类的有角神、双虎搏斗与人物拉虎、青龙和朱雀等。此外对照右阙可知原来应该还有属于驱鬼镇墓类的铺首画像。

该阙右阙的画像有凤鸟（朱雀）、铺首、虎（白虎）衔璧、四角神（有怪兽形）、铺首、西王母、墓主夫妻（？）、蟾蜍、人物、卷云（蔓草）纹与仙人行猎和猴猿瑞鸟异兽、仙人骑鹿、大树、裸人射猴、鸟（鹰）、蛇等。这其中属于神仙仙境与升仙类的有凤鸟、虎衔璧、西王母、墓主夫妻（？）、蟾蜍、人物、卷云（蔓草）纹与仙人行猎和猴猿瑞鸟异兽、仙人骑鹿、大树、裸人射猴、鸟（鹰）等，属于驱鬼镇墓类的有铺首、角神、蛇等。龙、虎、鸟在该阙上出现既可作为祈求阙主升仙的龙虎衔璧和象征仙境的凤鸟，又可作为四神中的青龙、白虎、朱雀，驱鬼镇墓。

3. 蒲家湾阙

该阙现仅存左阙的主阙，其画像有凤鸟（朱雀）、龙（青龙）衔璧、四人形角神、二铺首、西王母与拜谒仙人、仙人骑兽、狩猎仙人、灵禽异兽、翼龙、凤鸟、人首兽、双头凤鸟、三足乌、九尾狐、奔马、翼兽、云气纹、持节人骑鹿、玉兔捣药、董永侍父、嘉禾、三芝草、双虎搏斗与人物拉虎、猴等。这其中属于神仙仙境与升仙类的有凤鸟、龙衔璧、西王母与拜谒仙人、仙人骑兽、狩猎仙人、灵禽异兽、翼龙、凤鸟、人首兽、双头凤鸟、三足乌、九尾狐、奔马、翼兽、云气纹、持节人骑鹿、玉兔捣药、嘉禾、三芝草、猴等，属于历史人物故事类的有董永侍父画像，属于驱鬼镇墓类的有朱雀、青龙、角神、铺首、双虎搏斗与人物拉虎等。同样，凤鸟（朱雀）和龙在这里出现也具有双重含义。

4. 赵家村壹阙

该阙现仅存左阙主阙，其画像内容有凤鸟、玄武、龙衔璧、四角神（有人形）、仙人骑鹿与二人物（持灵芝仙人等）、仙境图（捧药仙人与求药者、人物射二兔与猎犬）、仙人半开门与拜谒人物、炼丹图（持节道士、鼎炉）、双虎搏斗与人物拉虎等。这其中属于神仙仙境与升仙类的有凤鸟、玄武、龙衔璧、四角神（有人形）、仙人骑鹿与二人物（持灵芝仙人等）、仙境图（捧药仙人与求药者、人物射二兔与猎犬）、仙人半开门与拜谒人物、炼丹图（持节道士、鼎炉）等，属于驱鬼镇墓类的内容有青龙、朱雀、玄武、角神、双虎搏斗与人物拉虎等。

5. 赵家村贰阙

该阙现仅存右阙主阙，其画像内容有凤鸟、玄武、虎衔璧、四角神（人形、猴形）、铺首、仙境图（云气纹、人物骑兽、人物、鸟、兽等）、仙人骑鹿、仙人博弈、人物射鸟、猴、玉兔捣药、鸟、仙人半开门与求药人物、蟾蜍捣药、仙人持灵芝、篷车与送别图、人物摘仙果、双虎搏斗与人物拉虎等。这其中属于神仙仙境与升仙类的内容有凤鸟、玄武、虎衔璧、仙境图（云气纹、人物骑兽、人物、鸟、兽等）、仙人骑鹿、仙人博弈、人物射鸟、猴、玉兔捣药、鸟、仙人半开门与求药人物、蟾蜍捣药、仙人持灵芝、篷车与送别图、人物摘仙果等，属于驱鬼镇墓类的内容有白虎、朱雀、玄武、角神、铺首、双虎搏斗与人物拉虎等。同样，凤鸟（朱雀）和虎在这里出现也具有双重含义。

6. 王家坪阙

该阙现仅存左阙主阙，其画像内容有凤鸟、铺首、龙衔绶璧、四角神、仙境图（仙人翼兽等）、仙人骑龙、玉兔捣药与飞仙取药、日神、月神、射鸟人物、仙人半开门与拜谒人物、持灵芝仙人、戴冠人物、荆轲刺秦王图、三人物、双虎搏斗与人物拉虎等。这其中属于神仙仙境与升仙类的内容有凤鸟、铺首、龙衔璧与绶带、仙境图（仙人翼兽等）、仙人骑龙、玉兔捣药与飞仙取药、日神、月神、射鸟人物、仙人半开门与拜谒人物、持灵芝仙人、戴冠人物、三人物等，属于历史人物故事类的有荆轲刺秦王图，属于驱鬼镇墓类的内容有青龙、朱雀、四角神、铺首、双虎搏斗与人物拉虎等。

四、画像石阙分组与年代

1. 分组

根据画像的内容、位置、技法、艺术风格、画幅的多少等，可以将这6座画像石阙分为三组。

第一组：仅冯焕阙1座石阙。其特点是画像数量不多，内容也较简单，有龙（青龙）、玄武、蟾蜍、组合菱形纹、连续圆圈纹、铺首等，属于仙境与升仙、驱鬼镇墓等两类。画像装饰分布位置除了阙身的画像之外，在楼部虽有三层分布，但真正的画像只有一层分布，另外两层都是装饰图案。雕刻技法主要就是浅浮雕。

第二组：属于这组的为沈氏阙、蒲家湾阙等2座。其特点是石阙上画像的数量较多，画像内容也较为丰富，如沈氏阙的左阙主阙上就有凤鸟（朱雀）衔绶带、（铺首？）、龙（青龙）衔绶璧、四角神（人形、猴形）、西王母与拜谒人物、奔兔、飞鸟、仙人骑鹿、仙人、仙草、三足鸟、凤鸟、翼兽、双头兽、灵禽瑞兽、仙人、仙人骑鹿、玉兔捣药、董永侍父、双虎搏斗与人物拉虎等内容。这一时期画像内容多为直接表现西王母仙境、凤鸟和龙虎衔璧等象征仙境的升仙类；董永侍父等历史人物类；四神、铺首、力士、双兽等驱鬼镇墓类。画像的位置分布广泛，仅在楼部就分布在上中下三个装饰带上。画像布局的统一性和整体性较强，并出现了格式化的倾向。画像的造型生动，达到了汉代石阙画像艺术的高峰。在石刻技法方面，普遍使用高浮雕，以及半立雕等手法。在雕刻技法中还有一个特点，就是在同一画像石刻上多种技法同时使用，增强画像的表现力和艺术效果。

第三组：属于这组的有赵家村壹阙、赵家村贰阙、王家坪阙等3座。其画像的内容、位置、技法形式、风格与第二组的比较接近，但是分布位置更为广泛，仅在楼部就分布在上下四个装饰带上。在内容方面也更为丰富，如本组画像中重要题材之一的"仙人半开门"画像是其他组所不见的。此外"荆轲刺秦王"历史故事和与早期道教相关的人物也都为其他组所不见。

2. 年代

第一组：冯焕阙在左阙主阙的阙身前面柱间有两行铭文，内容为"故尚书侍郎河南京令/豫州幽州刺史冯使君神道"，由此可知阙主为冯焕，生前曾任尚书侍郎、河南京令、豫州刺史、幽州刺史等职。冯焕其人在《后汉书》卷三十八《冯绲传》中有所记载：冯焕在安帝时为幽州刺史，于建光元年（121年）因受人陷害而死于狱中[①]。冯焕阙附近原有冯焕碑，现已不存，但宋代时可见。据《隶释》卷十三"冯焕残碑"记载，此碑当时已残，仅存文字六段，末段中说其死于永宁二年四月。永宁二年即建光元年[②]，二者吻合。该阙的建造年代即为该年或稍后，也就是在东汉中期。

第二组：沈氏阙、蒲家湾阙。这组画像的雕刻技法多为高浮雕和半立雕。高浮雕主要是流行于四川盆地东汉晚期汉代画像中的技法，而半立雕技法则是在东汉晚期才开始出现。在这两处石阙上都发现历史人物内容的画像。根据现有资料可知，四川盆地地区这类画像内容的出现始于东汉晚期[③]。

此外，上中下三层带状分布的画像、石阙楼部四角出现的角神，这些现象多是在四川盆地东汉晚期石阙才开始，角神则最早出现在东汉中期晚段。综合上述，可以将这组画像石阙的年代定在东汉晚期，上限也许可以早到东汉中期晚段。

第三组：赵家村壹阙、赵家村贰阙、王家坪阙。这组石阙画像的内容、分布位置、技法形式、风格等都与第二组的比较接近，因此其年代不会早于第二组。这组石阙的画像中都有"仙人半开门"图像，这种题材的图像在四川汉代画像石阙中流行于东汉末年，如同样出现"仙人半开门"画像的雅安高颐阙，其建造年代约为东汉末年建安九年或稍晚。这组画像的分布位置比第二组更为广泛，仅在楼部就分布在上下四个装饰带上。这也是一种年代较晚的现象，如东汉末年的雅安高颐阙、芦山樊敏阙、夹江杨氏阙、重庆盘溪阙等都是四层画像。综合上述，大体可以将这组石阙的年代定在东汉末期（建安时期），也不排除个别石阙的年代在东汉晚期的后半段。

---

① （宋）范晔撰，（唐）李贤等注：《后汉书·冯绲传》，中华书局，1965年，第1280页。
② （宋）洪适：《隶释》，《隶释·隶续》，中华书局，1985年，第146页。
③ 罗二虎：《川渝地区汉代画像砖墓研究》，《考古学报》2017年第3期；罗二虎、宋丹：《东汉画像崖墓研究》，《考古学报》2020年第4期。

附表　渠县汉阙画像一览表

阙名	阙体	画像位置	画像技法	画像内容	年代	备注
冯焕阙	左阙主阙	阙身	浮雕	铺首	东汉中期元初八年（121年）或稍后	耳阙残缺
		楼部	浮雕	龙（青龙）、玄武、蟾蜍、组合菱形纹、连续圆圈纹		
沈氏阙	左阙主阙	阙身	浮雕	凤鸟（朱雀）衔绶带、（铺首?）、龙（青龙）衔绶璧	东汉晚期	耳阙均残缺
		楼部	高浮雕、半立雕、平面浅浮雕	四角神（人形、猴形）、西王母与拜谒人物、奔兔、飞鸟、仙人骑鹿、仙人、仙草、三足乌、凤鸟、翼兽、双头兽、灵禽瑞兽、仙人、仙人骑鹿、玉兔捣药、董永侍父、双虎搏斗与人物拉虎		
	右阙主阙	阙身	浮雕	凤鸟（朱雀）、铺首、虎（白虎）衔绶璧		
		楼部	高浮雕、半立雕、平面浅浮雕	四角神（有怪兽形）、铺首、西王母、墓主夫妻（?）、蟾蜍、人物、卷云（蔓草）纹与仙人行猎和猴猿瑞鸟异兽、仙人骑鹿、大树、裸人射猴、鸟（鹰）		
		顶盖	浮雕	蛇		
蒲家湾阙	左阙主阙	阙身	浮雕	凤鸟（朱雀）、龙（青龙）衔绶璧	东汉晚期	耳阙均残缺
		楼部	高浮雕、半立雕、平面浅浮雕、浅浮雕	四人形角神、二铺首、西王母与拜谒仙人、仙人骑兽、狩猎仙人、灵禽异兽、翼龙、凤鸟、人首鸟、双头凤鸟、三足乌、九尾狐、奔马、翼兽、云气纹、持节人骑鹿、玉兔捣药、董永侍父、嘉禾、三芝草、双虎搏斗与人物拉虎、猴		
赵家村壹阙	左阙主阙	阙身	浮雕	凤鸟（朱雀）、玄武、龙（青龙）衔绶璧	约东汉末期	耳阙已无，画像略残缺
		楼部	浮雕、半立雕	四角神（有人形）、仙人骑鹿与二人物（持灵芝仙人等）、仙境图（捧药仙人与求药者、人物射二兔与猎犬）、仙人半开门与拜谒人物、炼丹图（持节道士、鼎炉）、双虎搏斗与人物拉虎		
赵家村贰阙	右阙主阙	阙身	浮雕	凤鸟（朱雀）、玄武、虎（白虎）衔绶璧	东汉末期	耳阙残缺
		楼部	浅浮雕、平面浅浮雕、高浮雕、半立雕	四角神（人形、猴形）、铺首、仙境图（云气纹、人物骑兽、人物、鸟、兽等）、仙人骑鹿、仙人博弈、人物射鸟、猴、玉兔捣药、鸟、仙人半开门与求药人物、蟾蜍捣药、仙人持灵芝、篷车与送别图、人物摘仙果、双虎搏斗与人物拉虎		

续表

阙名	阙体	画像位置	画像技法	画像内容	年代	备注
王家坪阙	左阙主阙	阙身	浮雕	凤鸟（朱雀）、铺首、龙（青龙）衔绶璧	东汉末期	耳阙残缺，画像略残缺
		楼部	浅浮雕、高浮雕、平面浅浮雕、半立雕	四角神、铺首、仙境图（仙人翼兽等）、仙人骑龙、玉兔捣药与飞仙取药、日神、月神、射鸟人物、仙人半开门与拜谒人物、持灵芝仙人、戴冠人物、荆轲刺秦王图、三人物、双虎搏斗与人物拉虎		

（原载高大伦、王本川、何本禄主编：《汉阙与秦汉文明学术研讨会论文集》，中国文史出版社，2014年，第144～159页）

重庆忠县汉代乌杨阙再研究

乌杨阙位于重庆忠县县城西南约 10 千米长江南岸临江台地的小山梁上，海拔约 160 米，西北与忠县邓家沱阙隔江相望，隶属忠县乌杨镇。在乌杨阙南 100 米处有一汉代墓地，即枞树包墓地。

2001～2002 年，重庆市文物考古所对乌杨阙遗址进行了发掘，发掘面积 4000 平方米，发现阙基 1 处、神道 1 段，以及大量汉阙石质构件。这应是除汉代帝陵墓阙发掘之外，首次专门针对汉阙类遗址进行的大规模田野考古发掘，发掘者还在对遗迹和出土构件分析的基础上对该阙进行了复原，这对汉阙资料的进一步积累具有积极意义。

该阙不但双主阙保存基本完整，还是目前重庆和川东地区唯一一处保留子阙的石阙，同时阙体的建筑形制结构和图像也显示出一些不同于现存石阙的特点，这对于加深汉代石阙的认识具有较重要的意义。

该阙的发掘简报发表于 2010 年[①]，笔者读后获益良多，同时也准备以简报为基础对乌杨阙的复原、画像与建筑装饰内容、建造年代、建筑结构和图像特点等，再做进一步的讨论，并求教于同仁方家。

一、关于乌杨阙的复原

乌杨阙由台基、阙身、楼部和顶盖四部分构成。除台基外，其余部分都雕刻建筑装饰和图像。雕刻采用多种技法，阙身主要为平面浅浮雕和弧面浅浮雕，楼部主要为平面浅浮雕和半立雕，顶盖为浅浮雕、半立雕和高浮雕等，在某些画像和建筑装饰的局部也用阴线刻。

简报中关于乌杨阙的总体复原方案，笔者原则上是赞同的，但也认为某些部分的复原和左右方位的确定，仍有进一步讨论的余地。

（一）子阙的复原

通过与其他现存汉阙的比较，笔者认为该阙复原方案中的子阙构件可能还存在缺失，子阙的复原高度和形制也需再探讨。

[①] 重庆市文物考古研究所、忠县文物管理所：《忠县花灯坟墓群乌杨阙发掘简报》，《重庆库区考古报告集·2002 卷》，科学出版社，2010 年，第 1059～1077 页。

在原复原方案中,子阙与主阙的比例不协调,高差过大,给人总体感觉是子阙高度不够。那么两者高度的比例怎样才合适呢?实际上现有多座保存较完整的汉代子母石阙可供参考,如四川雅安高颐阙[①]、绵阳杨氏阙[②](图一),河南登封太室阙和少室阙[③]、正阳东关阙[④]、山东嘉祥武氏阙[⑤](图二)等。通观这些石阙,最突出的共同特征是子阙高度都达到了主阙楼部下部,因此笔者推测乌杨阙子阙的高度也应达到主阙楼部下部。

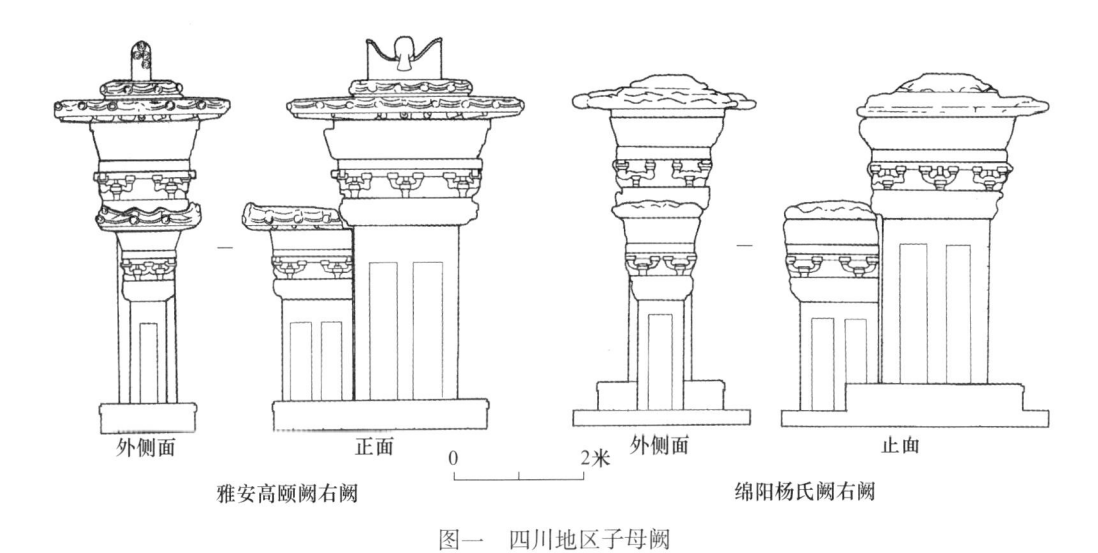

图一 四川地区子母阙

这种推测还可在乌杨阙阙体构件上找到相应的证据。该阙左右主阙阙身(Q:3、Q:7)[⑥]外侧面与其他三面的形制结构和修整平整度存在明显差异[⑦]。主阙阙身的其他三面都雕刻仿木结构的建筑装饰,表面平整。反观外侧面,不但表面未雕刻建筑装饰,而且除两边宽约10厘米的边带经过平整之外,其余部位都可见到加工时留下的未经平整的粗糙凿痕。这种情况也同样出现在子阙阙身上,唯一不同的是这种粗糙凿痕出现在阙身内侧面。显然,主阙阙身外侧面和子阙阙身内侧面的这些粗糙凿痕都应是为了

---

① 重庆市文化局、重庆市博物馆,徐文彬、谭遥、龚廷万、王新南编著:《四川汉代石阙》,文物出版社,1992年,第57页。
② 重庆市文化局、重庆市博物馆,徐文彬、谭遥、龚廷万、王新南编著:《四川汉代石阙》,文物出版社,1992年,第53页。
③ 吕品编著:《中岳汉三阙》,文物出版社,1990年,第7、11、48、52页。以下凡引此书,版本均同。
④ 王润杰:《正阳县汉代石阙调查》,《文物》1962年第1期。
⑤ 蒋英炬、吴文祺:《汉代武氏墓群石刻研究》,山东美术出版社,1995年,第8页,图三。
⑥ 这些都是原发掘简报对出土石阙部件的编号,以下不再注明。
⑦ 重庆市文物考古研究所、忠县文物管理所:《忠县花灯坟墓群乌杨阙发掘简报》,《重庆库区考古报告集·2002卷》,科学出版社,2010年,第1064页,图六;第1069页,图一四。

| 北面 西面 | 南面 东面 | 西面 南面 |
| 登封太室阙西阙 | 正阳东关阙东阙 | 嘉祥武氏阙西阙 |

图二 北方地区子母阙

将主阙和子阙贴紧而特意留出的，这既可节省工时，又可增强两者安装的牢固度。因此，根据主阙阙身外侧凿痕的高度可知子阙原高度应远高于简报的复原方案。

此外，在两主阙楼部下枋子层的外侧枋柱中都没有装饰，其中左阙主阙楼部下枋子层（Q：2）[1]的正面、背面和内侧面的枋柱中装饰着图像，只有外侧面枋柱中为素面。这也可从另一侧面证明子阙阙顶高度可能达到下枋子层枋柱中间，因此站在地面观望该阙时，下枋子层外侧面枋柱中会被子阙阙顶挡住视线，所以在外侧枋柱中没必要再雕刻图像。若此分析无误，那么乌杨阙子阙高度应基本在主阙下枋子层枋柱中或略低一点，这也与其他现存汉阙子阙的高度大体相同。

如果上述分析可以成立，那么可知现存子阙还应有缺失。与其他完整的子阙进行对照可知，简报复原方案中缺少子阙楼部。因此，笔者尝试着对子阙楼部进行复原。出土的左右两个主阙阙身部件都保存完好，高度基本一致，分别为 2.92 米（Q：3）和 2.93 米（Q：7）。左右主阙的两个下枋子层高度分别为 0.46 米（Q：2）和 0.42 米（Q：11）。如果子阙顶部高度达到主阙下枋子层中部，那么左右子阙从阙身底部到阙顶的高度应该分别约为 3.15 米和 3.14 米。在出土的两个子阙阙身部件中，左阙（Q：8）保存基本完好，进深 0.66、下宽 0.72、高 1.65 米；右阙（Q：1）进深 0.66、下宽 0.72 米，虽然上部已残，高度不详，但可推测原高度也应与左阙基本相同。左阙子阙阙顶保存较好（Q：15），高 0.44 米。这样可确定左阙现存子阙阙身和阙顶的高度之和为 2.09 米，那么在左阙子阙阙顶和阙身之间还缺约 1.06 米的高度。这也许就是缺失的楼部高度。根据简报复原方案可知，右阙主阙楼部比较完整，由下枋子层、扁石层、上枋子层叠加构成，通高 1.06 米。左阙的主阙楼部仅存下枋子层和上枋子层，扁石层已缺失，如果按右阙扁石层 0.2 米的高度计算，三部分叠加的总高度约为 1.16 米。子阙阙身和阙顶之间缺失的高度正好位于两个主阙楼部的高度范围内。根据雅安高颐阙

---

[1] 原简报判定的下枋子层（Q：11）除正面枋柱中间有雕刻装饰之外，其余三面都无装饰。

和绵阳杨氏阙的子阙楼部高度略低于主阙楼部的高度推测，子阙缺失的楼部高度应为1.06~1.16米或再低一点，但不会低于主阙阙身的顶部。

在简报图四的"忠县乌杨阙构件散落位置图"中，有两件残构件（Q：13、Q：14）在简报正文中并未提及，但从图中绘制的这两件构件的示意图观察，其尺寸和形制都与子阙残件相符。

（二）关于右阙阙基

根据原简报叙述，出土的右阙阙基有两件，一件为单体阙基（Q：6），另一件为子母连体阙基（Q：17）。同时简报还认为单体阙基是最初建乌杨阙时制作的，被毁坏后才再造子母连体阙基。笔者的观点与此相反，认为子母连体阙基应是最初制作的，而单体阙基为其被毁坏后再造的可能性更大，理由有二。

第一，从形制看，右阙子母连体阙基与左阙子母连体阙基（Q：16）形制相同，都是平面呈长方形，中部有大小、结构相同的两个卯眼，且在安装子阙卯眼的阙基平面四周略微下凹，越靠近安装主阙卯眼处越深，显然这是为了让子阙阙身的重心更倾向主阙，以增强其稳定性。两个子母连体阙基在阙基上面都满饰成组的三角形凿痕。

第二，从大小规格看，两件子母连体阙基的尺寸相同，进深1.64、宽2.6、高0.5米。反观出土的右阙单体阙基，平面虽也呈长方形，但其中部仅有一个安装主阙的卯眼，而无安装子阙的卯眼，阙基台面的凿痕稀疏、凌乱，表面还不平整，这与其他构件的台面凿痕规范、整齐形成鲜明对比。此外，其进深1.2、高0.48米，宽度可能应是2.48米[①]，与左阙子母连体阙基的尺寸差异较大。因此，笔者认为这件单体阙基不但是后期制作而成，并出自不同工匠或工匠组，因此其风格、样式、工艺和质量都与左阙子母连体阙基不同，也与其他构件差异较大，而仅有一个卯眼可能暗示当时该子阙也已被毁坏，因此无须再在阙基上开凿安装子阙的卯眼了。

（三）关于左、右阙方位的确定

笔者认为，除了上述讨论部分之外，如果简报中确定的右阙和左阙各部件组合本身是正确的，那么简报所定的右阙就应是左阙，而左阙则应是右阙。假设笔者这一复原方案成立，凤鸟和铺首等图像就应位于左阙阙身正面，白虎就应位于左阙主阙阙身内侧，而青龙则应位于右阙主阙阙身内侧了，其理由有二。

第一，在四川渠县汉代石阙中，主阙阙身出现大幅凤鸟、铺首衔环等图像的有多处，如冯焕阙的铺首衔环、沈氏阙的凤鸟和铺首衔环、蒲家湾阙的凤鸟、赵家村壹阙

---

① 原简报中右阙单体阙基的宽度为0.48米，通过对原简报图一三的对照可知这一数据明显不对，可能是笔误，应该是2.48米。

的凤鸟和玄武、赵家村贰阙的凤鸟和玄武、王家坪阙的凤鸟和铺首衔环等[1]。而这些图像都出现在阙身正面，阙身背面目前尚未见有此类图像。因此，将乌杨阙阙身有凤鸟、铺首衔环等图像的一面作为正面应更合理。

第二，笔者推测简报复原方案之所以这样确定，可能是基于阙身内侧青龙、白虎图像的方位。在川渝地区汉代石阙中，凡是阙身内侧有青龙、白虎图像的，其青龙基本都位于左阙阙身内侧，白虎基本都位于右阙阙身内侧，龙虎相对。不过应指出的是，这些阙的方向基本都朝南，如渠县的沈氏阙、蒲家湾阙、赵家村壹阙、王家坪阙、忠县瀓井沟阙等[2]，这样青龙就位于东方，白虎就位于西方了。但乌杨阙与上述石阙的方向不同，其基本朝北，为北偏西近30°（图三），因此白虎图像应在左阙内侧，青龙图像应在右阙内侧，这样青龙就位于东方，白虎则位于西方，而有凤鸟和铺首衔环图像的一面也就成为阙身正面了。

综合上述分析，笔者在原简报基础上对乌杨阙的复原方案进行了一些调整，并重新绘制了乌杨阙左阙和右阙的复原图（图四、图五）。

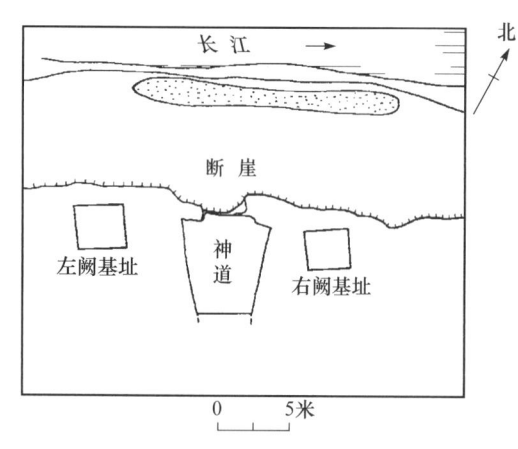

图三　忠县乌杨阙阙址平面图

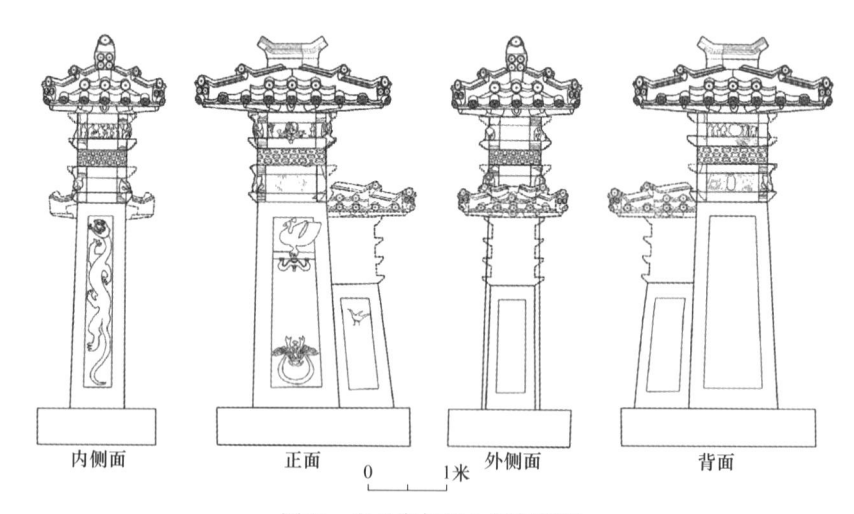

图四　忠县乌杨阙左阙复原图

---

[1] 重庆市文化局、重庆市博物馆，徐文彬、谭遥、龚廷万、王新南编著：《四川汉代石阙》，文物出版社，1992年，第61～64页，图一八～图二四。

[2] 重庆市文化局、重庆市博物馆，徐文彬、谭遥、龚廷万、王新南编著：《四川汉代石阙》，文物出版社，1992年，第61～64、66页，图一八～图二四、图二七。

| 外侧面 | 正面 | 内侧面 | 背面 |

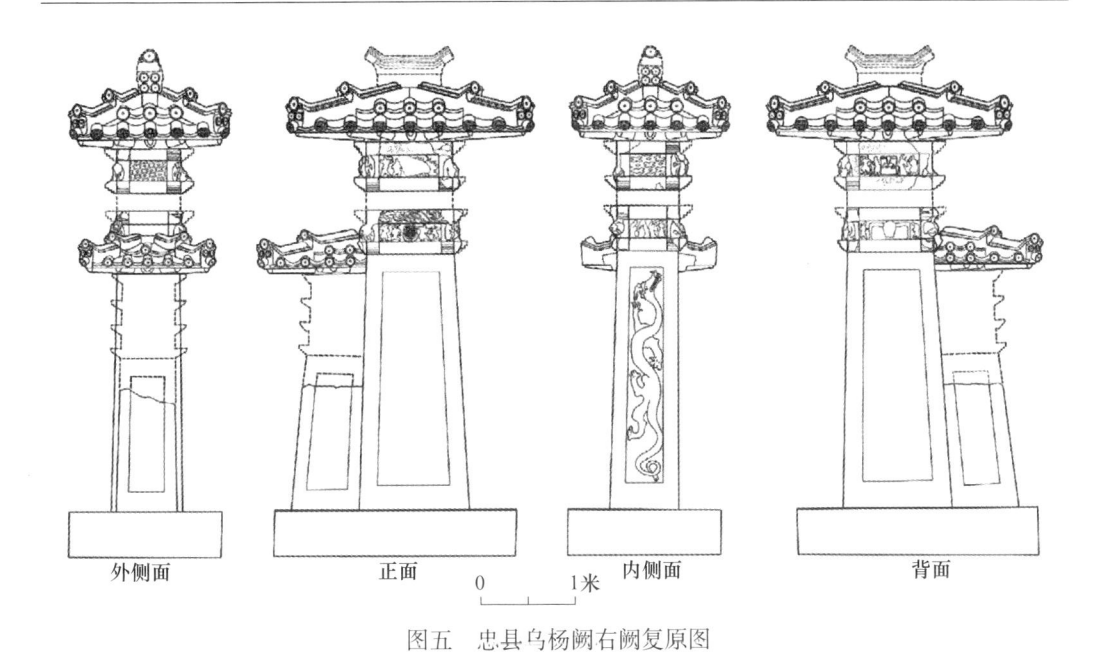

图五　忠县乌杨阙右阙复原图

二、图像与建筑装饰内容

由于对简报中部分图像的内容释读存在疑问和不同看法，再加之将乌杨阙原复原方案调整后其图像布局也相应发生了变化，因此笔者采用调整后的复原方案，对该阙图像和建筑装饰做进一步的描述和讨论。

（一）左阙

1. 主阙阙身（Q：7）

除了与子阙阙身连接的外侧面之外，其余三面均有建筑装饰，四隅各有一隐起立柱，上下方都有隐起栏额、地栿连接。正面下部还有一平面浅浮雕的铺首衔环，细部阴线刻画；上部还有一鸟站在一斗二升斗拱托起的横栏上（图六），简报将此鸟释为朱雀，但笔者认为是凤鸟。此鸟为弧面浅浮雕，缺少细部刻画。横栏和斗拱为平面浅浮雕。内侧面还有减地平面浅浮雕呈匍匐前行状的白虎，细部阴线刻画。

2. 楼部

由下枋子层、扁石层和上枋子层构成。

（1）下枋子层（Q：11）。四面建筑装饰的结

图六　乌杨阙左阙身正面凤鸟与斗拱

构相同，平面皆呈井字形，四边隐起枋柱，上下四隅均为半立雕的叠涩出头枋，各有一半立雕裸体人形角神站在下端的出头枋上，头部残。正面枋柱中间有一残兽首，其余三面无图案，但从实物观察似乎并未完工。

（2）扁石层（Q：9）。无建筑装饰，正面和背面均饰连续菱形纹，两侧面均饰联钱纹。皆为平面浅浮雕。

（3）上枋子层（Q：12）。建筑装饰和四隅角神均与下枋子层相同。正面枋柱中间有一半立雕似狮形的兽首，周围有平面浅浮雕图像，其中兽首正下方有一由三个圆圈组成的倒三角图案，左侧有一九尾狐和一手持灵芝类物的立人，右侧有一三青鸟和一捧物立人，身穿燕尾袍，这二人都应为仙人。背面中部残缺，原可能有一半立雕兽首，其左侧有三人拱手而立，右侧风化严重，其中一人似持长柄物，均为平面浅浮雕。内侧面有平面浅浮雕的六人站立，其中两侧各有一人刻在枋柱上，四人刻在枋柱内，左侧第二人似捧物给着装特殊的第三人，右边三人都似拱手站立其后。外侧面为素面。

3. 阙顶（Q：10）

为重檐庑殿顶。四面结构基本相同，最下为椽子、连檐，往上是瓦当和板瓦组成的檐口，再上为瓦垄、角脊等，上下檐紧靠。下檐瓦当内饰有阴线刻四分界面的卷云纹（图七），上檐瓦当内无纹饰。脊饰呈倒八字形，两端均有一大四小的瓦当装饰。在檐底部的一角檐处饰一条浅浮雕的蛇缠其上。

图七　乌杨阙左阙顶盖瓦当

4. 子阙阙身（Q：8）

其建筑装饰与主阙阙身基本相同，仅在正面饰一较小的浅浮雕立鸟，可能是鸠。

（二）右阙

1. 主阙阙身（Q：3）

建筑装饰与左阙基本相同，仅内侧面有一平面浅浮雕呈匍匐前行状的青龙，细部阴线刻画。

2. 楼部

由下枋子层、扁石层和上枋子层构成。

（1）下枋子层（Q：2）。建筑装饰和角神均与左阙相同。正面上横枋有阴线刻的龙云图。枋柱中间有一半立雕似狮首状的兽首，两侧各有两个平面浅浮雕的持兵器搏击的人物（图八）。背面中部为一残兽首，其两前肢匍匐抓住横枋，两侧各站立一平面浅浮雕的人物，简报称观望人物，笔者释为恭迎人物。内侧面有四个平面浅浮雕的人物画像，简报称送别图。笔者认为左二人为孔子与项橐，孔子站左侧作躬身拜见状，右为智童项橐，身材矮小，与孔子相向对语，后为高山。表现的是孔子在荆山下拜七岁智童项橐为师的故事。右二人拱手相向，其中一人持物，另一人似为女性（图九）。外侧面无图像。

图八　乌杨阙右阙楼部画像石刻

图九　乌杨阙右阙楼部孔子与项橐画像

（2）扁石层。该石已缺失。推测应与左阙图案相同。

（3）上枋子层（Q：4）。建筑装饰和角神均与下枋子层基本相同。正面枋柱内似为平面浅浮雕的射猎图，其左第一人向右张弓射箭，第二人也向右，画面中部和右边的人物已模糊不清。背面枋柱中部有一半立雕的鹰衔羊图案，两侧各有两个平面浅浮雕的持兵器立人。两侧面枋柱内均饰连续菱形纹。

3. 阙顶（Q：5）

为重檐庑殿顶。结构和瓦当等都与左阙相同，但基本保存完整，仅脊饰缺失。角檐两端下各饰一浅浮雕的蛇正在吞鼠，缠在椽子上，在正面檐下左右各饰一个高浮雕的六瓣花卉（图一〇）。

4. 子阙阙身（Q：1）

建筑装饰与左阙相同，只是无图像。

5. 子阙阙顶（Q：15）

形制、结构与主阙顶基本相同，仅为半顶。两侧上檐仅一个瓦当。

图一〇　乌杨阙右阙顶盖下面的雕刻

三、石 阙 年 代

简报认为乌杨阙的年代为东汉末期至魏晋时期，笔者不同意这一观点，下面详加论述。

现存乌杨阙无文字铭刻，其年代判定只能根据石阙自身的建筑形制和结构以及图像的题材内容、技法和艺术风格等与其他年代较准确的石阙及石质载体上的图像进行比较。

由于汉代石阙存在明显的地域性差异，川渝地区与北方地区石阙的形制差异较大，因此应该首先与川渝地区石阙对比，其次再与北方地区石阙进行比较。

（一）形制比较

在石阙脊饰方面，除乌杨阙之外，保存脊饰的还有重庆忠县邓家沱阙[①]，四川西昌城郊阙[②]、雅安高颐阙、芦山樊敏阙[③]，河南登封太室阙、少室阙[④]等（图一一）。从正面看，乌杨阙与邓家沱阙、西昌城郊阙、樊敏阙和高颐阙的脊饰都比较接近，但与邓家沱阙更为接近，二者都呈倒八字形，两端向斜上方伸出，脊中部无雕刻装饰。高颐阙和樊敏阙都呈山字形，即脊中部雕刻一立鹰，口衔绶带。从侧面看，乌杨阙与樊敏阙、高颐阙、太室阙和少室阙的瓦当装饰比较接近。邓家沱阙的年代约为东汉中期偏早[⑤]，太室阙、少室阙[⑥]和西昌城郊阙的年代为东汉中期，高颐阙和樊敏阙的年代为东汉末期[⑦]。综合观察，乌杨阙脊饰应更具东汉中期的特点。

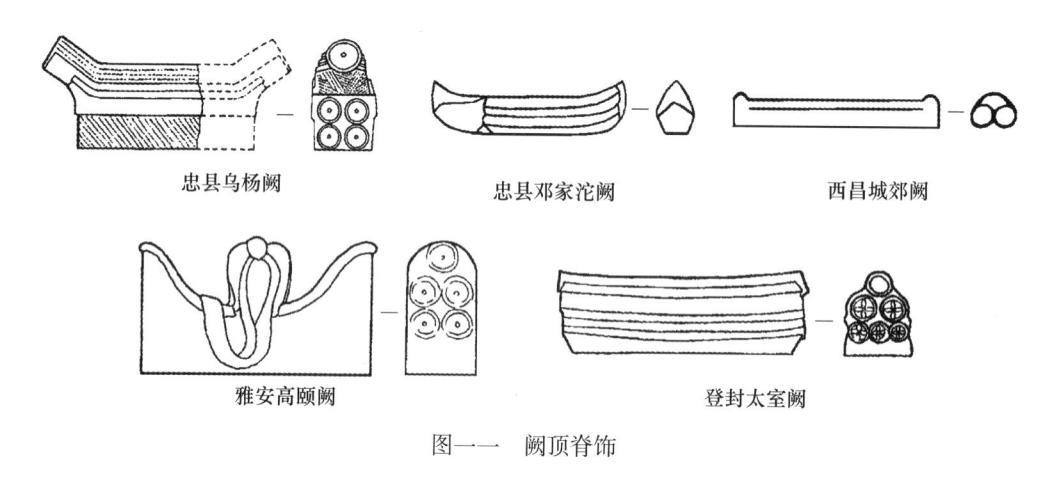

图一一　阙顶脊饰

① 李锋：《重庆忠县邓家沱石阙的初步认识》，《文物》2007年第1期。
② 重庆市文化局、重庆市博物馆，徐文彬、谭遥、龚廷万、王新南编著：《四川汉代石阙》，文物出版社，1992年，第36页。该书称"西昌无铭阙"。
③ 重庆市文化局、重庆市博物馆，徐文彬、谭遥、龚廷万、王新南编著：《四川汉代石阙》，文物出版社，1992年，第34、35、58页。
④ 吕品编著：《中岳汉三阙》，文物出版社，1990年，第48、49页。
⑤ 李锋认为邓家沱阙的年代为魏晋时期（参见李锋：《重庆忠县邓家沱石阙的初步认识》，《文物》2007年第1期），但笔者认为是东汉中期早段［参见罗二虎：《重庆忠县邓家沱汉代石阙再讨论》，《四川大学学报》（哲学社会科学版）2016年第4期］。
⑥ 吕品编著：《中岳汉三阙》，文物出版社，1990年，第46、47页。
⑦ 关于樊敏阙的年代见重庆市文化局、重庆市博物馆，徐文彬、谭遥、龚廷万、王新南编著：《四川汉代石阙》，文物出版社，1992年，第34、35页。

在顶部结构方面，乌杨阙为重檐庑殿顶，有脊饰。汉代石阙顶盖可分两大类，即单檐四阿顶和重檐庑殿顶。前者年代较早，其中有纪年的有山东莒南孙氏阙（85年）[①]、平邑皇圣卿阙（86年）[②]和功曹阙（87年）[③]，河南登封太室阙（118年）和启母阙（123年）[④]，山东嘉祥武氏阙（147年）[⑤]等。后者年代较晚，其中有纪年的有四川渠县冯焕阙（121年或稍后）[⑥]、雅安高颐阙（209年）[⑦]，无纪年的还有渠县沈氏阙、蒲家湾阙、西昌城郊阙等。在重檐庑殿顶中还可分两类，其中冯焕阙和西昌城郊阙为一类，高颐阙、沈氏阙、蒲家湾阙等为另一类。乌杨阙与前者形制相近，而与后者形制差异较大（图一二）。冯焕阙和西昌城郊阙的年代为东汉中期，沈氏阙和蒲家湾阙的年代约为东汉中期晚段至晚期早段[⑧]，高颐阙的年代为东汉末期。

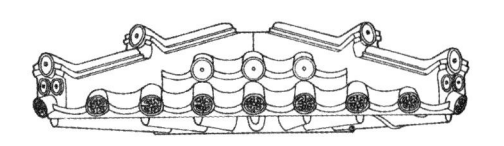

忠县乌杨阙主阙顶

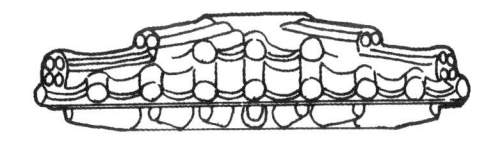

渠县冯焕阙左阙顶

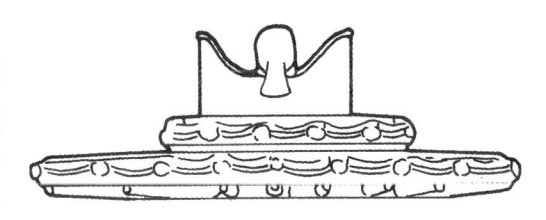

雅安高颐阙右阙顶

图一二　主阙顶部

在楼部结构方面，川渝地区汉代石阙都为二至五层结构组成，其中为三层结构的有渠县冯焕阙、沈氏阙、蒲家湾阙等。冯焕阙的建造年代约为公元121年或稍晚的东汉中期，而沈氏阙和蒲家湾阙的建造年代约为东汉中期晚段至晚期早段。楼部为四层结构的有夹江杨宗阙、渠县王家坪阙、赵家村壹阙、赵家村贰阙、重庆盘溪阙等。盘

---

① 刘心健、张鸣雪：《山东莒南发现汉代石阙》，《文物》1965年第5期。
② 刘敦桢：《山东平邑县汉阙》，《文物参考资料》1954年第5期。
③ （宋）赵明诚：《金石录》卷第十四"汉南武阳功曹阙铭"（章和元年），《古逸丛书》三编本，中华书局，1983年，第325、326页。
④ 吕品编著：《中岳汉三阙》，文物出版社，1990年，第21、22页。
⑤ 蒋英炬、吴文祺：《汉代武氏墓群石刻研究》，山东美术出版社，1995年，第11页。
⑥ 据《后汉书·冯绲传》记载，冯焕死于东汉永宁二年（121年），该阙的建造年代应为公元121年或稍晚。见（宋）范晔撰，（唐）李贤等注：《后汉书·冯绲传》，中华书局，1965年，第1280页。
⑦ 据宋代洪适《隶释》卷十一（《隶释·隶续》，中华书局，1985年，第130页）中收录高颐碑碑文可知高颐"建安十四年八月卒官"。
⑧ 关于该二阙的年代，徐文彬认为是东汉中晚期（参见重庆市文化局、重庆市博物馆，徐文彬、谭遥、龚廷万、王新南编著：《四川汉代石阙》，文物出版社，1992年，第40~42页），笔者认为更可能是东汉晚期早段。

溪阙的年代约为东汉中晚期，其他四层结构诸阙的年代在东汉晚期和末期[1]。楼部为五层结构的有雅安高颐阙、绵阳杨氏阙，年代均为东汉末期。在上述楼部三层结构的石阙中，都是上层为斗形，内有斗拱装饰，这与乌杨阙楼部无斗拱装饰存在一定差异。考虑到斗拱装饰在楼部四五层结构的石阙中都可见，因此这应是一种晚期的风格，但在东汉中期已开始流行，东汉晚期以后十分盛行。由此可见，乌杨阙楼部结构与川渝地区东汉中期晚段至晚期早段流行的楼部结构相近，但不见斗拱的装饰风格似乎又略早于现存东汉中期诸阙楼部的装饰风格。

总体上讲，乌杨阙的形制和结构与东汉中期的冯焕阙最为相近。

（二）图像比较

1. 图像题材

主要有以下四类。

（1）凤鸟和铺首图像。在四川渠县诸阙的阙身正面常可见到这种题材，如冯焕阙、沈氏阙、蒲家湾阙、赵家村壹阙、赵家村贰阙和王家坪阙上的相同位置都能见到。其流行时间为东汉中期至东汉末期。

（2）龙虎图像。根据这种图像出现的位置不同和体量大小可分两类：一类是龙虎都位于同一画面，体量较小，不占据显著位置；另一类是龙虎在不同的阙身上，所处位置相对应，体量很大，占据阙身一侧大部分位置。前一类都出现在北方地区石阙上，虽然与乌杨阙的龙虎图像有一定联系，但差异明显，应不属同一发展序列。后一类主要出现在川渝地区的石阙上，有忠县㴔井沟阙，渠县沈氏阙、蒲家湾阙、赵家村壹阙、赵家村贰阙、王家坪阙，重庆盘溪阙等，此外在北方地区的北京秦氏阙上也可见到[2]。这种龙虎图像应与乌杨阙的属同一图像谱系。从图谱发展序列上观察，该组图像还可细分为两组：一组是秦氏阙、㴔井沟阙和乌杨阙，特点是未出现璧和绶带；另一组是上述其他诸阙，特点是龙虎都衔有穿璧的绶带。后一组的图像构成明显比前一组复杂，反映了该类图像发展的前后序列和年代早晚差异。秦氏阙的年代为公元105年，属东汉中期[3]，㴔井沟阙的年代约为东汉中晚期[4]。而后一组石阙中年代最早的是东汉中晚期的沈氏阙和蒲家湾阙，其他阙的年代都在东汉晚期或末期。显然，从图像谱系的发展序列看，前一组图像应早于后一组图像。

---

[1] 重庆市文化局、重庆市博物馆，徐文彬、谭遥、龚廷万、王新南编著：《四川汉代石阙》，文物出版社，1992年，第24～44页。

[2] 北京市文物工作队：《北京西郊发现汉代石阙清理简报》，《文物》1964年第11期。

[3] 北京市文物工作队：《北京西郊发现汉代石阙清理简报》，《文物》1964年第11期。

[4] 重庆市文化局、重庆市博物馆，徐文彬、谭遥、龚廷万、王新南编著：《四川汉代石阙》，文物出版社，1992年，第48页。

（3）角神图像。这种图像在川渝地区盛行于东汉晚期和末期的石阙上，但它出现的时间可能较早，在东汉中晚期的渠县沈氏阙和蒲家湾阙上已经存在。此外，根据文献可知这种图像在东汉中期的石阙上已出现，如宋代人洪适在《隶续》中记载四川新都的王稚子阙"之两角有斗，斗上镌耐童儿"①。根据该书所附王稚子阙图（图一三）观察，这两个所谓的"耐童儿"半直立站在下层楼部四隅的栌斗上，头发上束，上身裸体，下身描绘不太清晰，但大体可辨为紧身短裤或长裤。该人物的这种装束与汉代石阙上刻的人物通常是宽衣长袍有明显的区别，也与汉代石阙上刻的双耳高耸出头巅的裸体仙人形象有明显区别。与此相反，无论其所在部位还是人物形象特征和动态，都与现存汉代石阙上的角神十分相似，因此可推断这种人物应是角神，只是宋人的绘画技巧不成熟而导致了其形象上的差异。王稚子阙的建造年代约为东汉中期和帝元兴元年（105年）②。如果笔者对该人物身份推断不误的话，那么在东汉中期的石阙上就已出现楼部四隅的角神了。此外，年代约为东汉中期前段的忠县邓家沱阙的楼部四隅也出现了半立雕立熊③，从另一角度印证了川渝地区角神出现的年代很早。

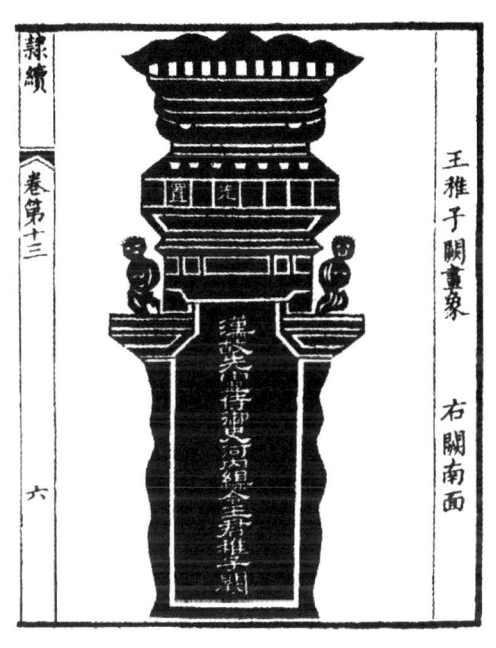

图一三 《隶续》所绘新都王稚子阙

（4）菱形纹、联钱纹装饰图案。在石阙上装饰这类图案是东汉中期至中晚期流行的作风，如川渝地区东汉中期的邓家沱阙枋子层内饰联璧纹，冯焕阙扁石层饰连续菱形纹、斗石层底部饰一排圆圈纹；东汉中晚期的噌井沟阙二楼斗拱层底部也饰一排圆圈纹④。另外，这类装饰图案在北方地区石阙上也有，如东汉中期的河南登封三阙下层楼部⑤、东汉晚期前段的山东嘉祥武氏阙主阙一楼楼部也都饰连续圆圈纹。可见这类装饰图案流行的时间大体应在东汉中期至东汉晚期最早阶段（图一四）。

---

① （宋）洪适：《隶续·王稚子阙画象》卷十三，《隶释·隶续》，中华书局，1985年，第413页。
② （宋）洪适：《隶释》卷十三《隶释·隶续》，中华书局，1985年，第144页。
③ 李锋：《重庆忠县邓家沱石阙的初步认识》，《文物》2007年第1期。
④ 重庆市文化局、重庆市博物馆、徐文彬、谭遥、龚廷万、王新南编著：《四川汉代石阙》，文物出版社，1992年，第47、66页。
⑤ 吕品编著：《中岳汉三阙》，文物出版社，1990年，第5、7、23、27、47、49页。

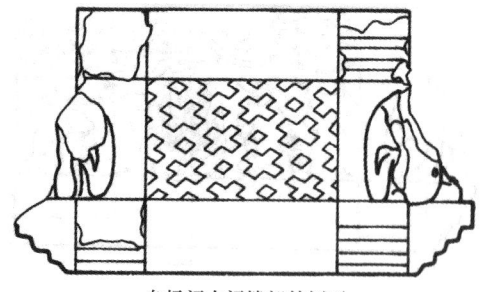

2. 雕刻技法

从雕刻技法方面观察，乌杨阙的图像主要为减地平面浅浮雕和半立雕两类，个别为弧面浅浮雕、阴线刻和高浮雕。

汉代石阙在东汉早中期大量使用平面浅浮雕或减地平面浅浮雕局部加阴线刻的技法，如北方地区的山东、河南和北京发现的东汉早中期石阙，其至到东汉晚期之初的嘉祥武氏阙也是如此。川渝地区东汉中期的石阙画像也以平面浅浮雕为主，到东汉晚期和末期虽然也有部分画像为平面浅浮雕，但高浮雕和半立雕的画像石刻却明显增多，并在石阙中占据显著位置，如年代为公元121年或稍晚的冯焕阙楼部图像均为平面浅浮雕。但从年代略晚的沈氏阙、蒲家湾阙开始直到东汉末期，除了部分石阙在楼部扁石层还保留有平面浅浮雕技法之外，其余基本均采用高浮雕、半立雕和局部透雕。因此，从雕刻技法的角度观察，乌杨阙似乎处在一种过渡的状态，既基本保留东汉早中期的平面浅浮雕传统，又在楼部出现半立雕手法。

乌杨阙右阙楼部外侧面

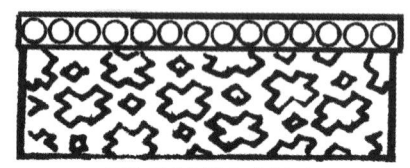

冯焕阙左阙楼部左侧面

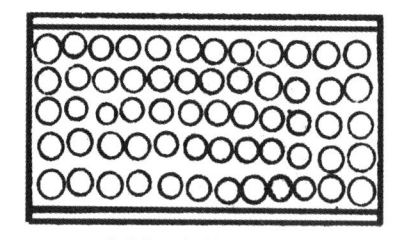

太室阙西阙楼部东侧面

图一四　石阙楼部装饰图案

3. 造型特征

乌杨阙阙身正面的凤鸟和铺首基本没有细部刻画，造型简洁，略显古朴。年代为东汉中晚期至东汉末期的渠县诸阙，其阙身正面的凤鸟和铺首都注重细部刻画，显得更加成熟。因此，乌杨阙凤鸟和铺首的年代似乎要早于渠县诸阙。

乌杨阙阙身的青龙白虎图像都位于建筑装饰框栏内，造型平缓，缺乏细部刻画。而渠县东汉中晚期的沈氏阙和蒲家湾阙的青龙白虎图像注重细部刻画，造型精美。到了东汉末期更是如此，如王家湾阙、赵家村东阙、赵家村西阙等，其造型张扬，形体已延伸到边框外，几乎占据了整个阙身内侧面。此外，造型特征方面还有一个明显差异，就是乌杨阙龙虎的后腿与尾部相互不缠绕，而年代较晚的渠县诸阙凡是图像清晰的，龙虎后腿和尾部都相互缠绕（图一五）。从图像的发展序列观察，后腿与尾部相互缠绕的龙虎图像年代应较晚，约出现于东汉中晚期，盛行于东汉晚期和末期。此外，年代为东汉末期的雅安高颐碑的碑座、碑首上，以及樊敏碑的碑首上也都有这种后腿与尾部相互缠绕的龙虎图像①（图一六）。

总括以上对乌杨阙年代的讨论，可认为该阙的年代为东汉中期，可能为偏晚阶段，应与渠县冯焕阙的年代比较接近。

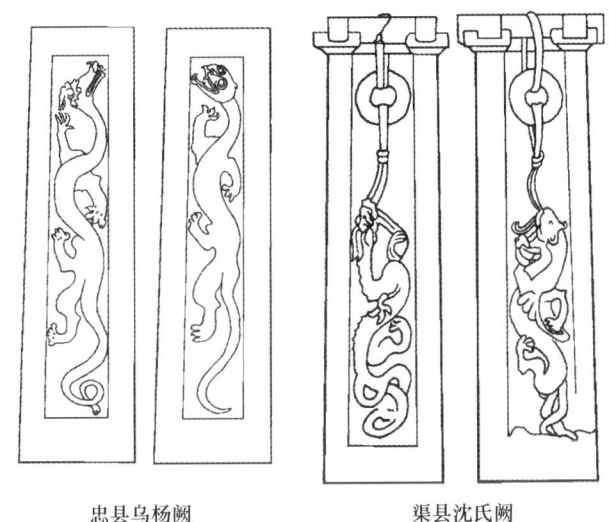

忠县乌杨阙　　　　　　渠县沈氏阙

图一五　主阙身内侧面龙虎图像

双龙碑额　　　　　　龙虎碑座

图一六　雅安高颐碑画像

四、建筑结构与图像特点

（一）建筑结构特点

乌杨阙的建筑特征总体上与川渝地区石阙比较接近，其中尤与渠县和忠县诸阙接近，而与北方地区差异较大。但是，该阙在建筑结构方面有自身特点，这主要体现在楼部结构方面。

乌杨阙的楼部为三层结构，整个造型上下垂直，只是通过枋柱头端伸出而使外轮

---

① 重庆市文化局、重庆市博物馆，徐文彬、谭遥、龚廷万、王新南编著：《四川汉代石阙》，文物出版社，1992年，第113页，图一一九、图一二〇；第117页，图一三一。

廓线体现出一种变化，这与川渝地区其他诸阙明显不同。其他诸阙的楼部无论是几层结构，无一例外都有斗石层，即该层石材呈下小上大向外出挑，形成斗形石。在这些斗石层内除了忠县邓家沱阙为画像之外，其他石阙都雕刻斗拱结构。北方地区石阙的楼部也都是上层为斗形石，只是部分石阙的斗石层内不见斗拱结构装饰。

从结构力学方面观察，这种斗形结构显然是为了使楼部上层逐渐向外出挑，以扩大支撑阙顶的受力面积，增强其稳定性。显然，与这种楼部上下垂直结构相比，楼部上层为斗形出挑在结构上更为合理。乌杨阙的这种楼部结构在石阙中目前也仅见此一例，较为特殊。在川渝地区汉代画像中有大量的门阙图像，但也未见这种楼部不出挑的结构。不过，在河南南阳汉代画像砖中可见个别楼部上层不出挑的门阙形象[①]（图一七）。因此，可认为以乌杨阙为代表的这种楼部形制在汉代并不流行。

图一七　河南南阳出土门阙画像砖

（二）图像特点

1. 阙身画像

乌杨阙的阙身正面为凤鸟和铺首衔环，侧面为龙虎图像，其物象硕大。这与渠县诸阙和忠县诸阙阙身图像的布局、内容和形式基本相同，属同一种类型，而与四川西部诸阙和北方诸阙相差较大。不过，北京秦氏阙阙身图像与该类图像也有一些相似之处，如阙身侧面有一龙，正面上部为凤鸟，只是下部为持棨戟的人物[②]。

乌杨阙阙身正面的凤鸟和铺首、侧面的龙虎图像都是平面或弧面浅浮雕，造型平实、简洁，运动感不强，缺乏细部刻画，风格略显古朴。这与渠县和忠县其他诸阙的艺术风格存在一定差异。例如，年代略早于乌杨阙的忠县邓家沱阙，阙身图像有龙虎、伏羲女娲，雕刻手法都是减地平钑，细部用阴线表现，艺术风格属于拟绘画式。又如，年代略晚于乌杨阙的渠县和忠县其他诸阙阙身图像都是高浮雕或近似高浮雕，注重细部刻画，高低层次丰富，显得更加精美。其青龙白虎造型给人感觉更加张扬，形体甚至已延伸至边框外，几乎占据了阙身一整个侧面，曲线更为明显而运动感增强。这反

[①] 南阳文物研究所编：《南阳汉代画像砖》，文物出版社，1990年，拓本51。
[②] 该阙的楼部无存，情况不详。

映出其画像雕刻艺术的成熟。

不过，北京秦氏阙阙身图像却是例外，也是平面浅浮雕，个别局部为阴线刻，造型平实、简洁，运动感不强，无细部刻画[①]。显然，其艺术风格与乌杨阙十分接近。

2. 楼部画像

乌杨阙的楼部图像表现形式更为丰富多样，可分四组：第一组为阴线刻的拟绘画类，仅一幅；第二组是平面浅浮雕式的图画类，数量较多，其风格与阙身图像接近，但画面构图更接近绘画；第三组是平面浅浮雕的图案类，数量也较多；第四组是半立雕的雕刻类，数量也较多。

第一组的艺术风格在川渝地区仅见于东汉中期前段的忠县邓家沱阙的楼部上。第二组的艺术风格在东汉中期的渠县冯焕阙的楼部上可见，年代较晚的石阙仅在楼部扁石层上还保留着。在北方地区仅见于东汉中期和东汉晚期前段的石阙上，如河南登封嵩山三阙和山东嘉祥武氏阙。不过，由于北方地区东汉早期石阙的楼部都已残缺，难知其画像风格。第三组的菱形纹图案与同为东汉中期的冯焕阙楼部的菱形纹图案基本相同，类似的图案风格还见于东汉中期前后的忠县邓家沱阙和瞀井沟阙上，在北方地区则仅见于东汉中期的嵩山三阙的楼部上。第四组的雕刻风格最初出现于东汉中期前段的石阙上，如邓家沱阙，以及已经毁坏的新都王稚子阙上，到东汉晚期至末期已在石阙楼部上流行。

此外，在川渝地区东汉晚期至末期的石阙上还流行高浮雕风格的图像，但这种风格在乌杨阙楼部上不见。

总体讲，乌杨阙的图像风格与四川东部渠县诸阙和重庆诸阙的图像风格一致，但又体现了一种由早及晚过渡的特点。虽有多种雕刻手法和艺术风格并存，但平面浅浮雕的雕刻手法和平实、简洁的造型，以及缺乏细部刻画的作风等，正体现了该地区东汉中期石阙图像的艺术风格。

3. 图像布局

在图像总体布局方面，乌杨阙与渠县诸阙和忠县诸阙的布局特点一致，都是在阙身上有硕大的物象，十分醒目，从视觉效果上看可视为该阙的主体图像。但在图像布局的细部方面，乌杨阙则是对称与不对称并行，如双阙的主阙阙身内侧图像是对称的，分别为青龙、白虎，楼部上的图像也大体对称，唯一不对称的是左阙下枋子层的枋柱内基本无图像装饰，这也许是没完工的缘故。但是，在阙身正面这一最醒目的位置上，却明显采用的是一种完全非对称的布局方法。其左阙主阙阙身正面有硕大的凤鸟、铺

[①] 北京市文物工作队：《北京西郊发现汉代石阙清理简报》，《文物》1964年第11期，图一五、图一六。

首图像，子阙阙身正面也有一鸠鸟图案，然而与此对称的另一边却无任何图像。这种不对称布局在目前保留双阙的 7 处汉代石阙中都未见，形成乌杨阙图像布局的独特风格。

（原载《考古》2016 年第 8 期）

重庆忠县邓家沱汉代石阙再讨论

2001~2003年，郑州大学历史学院考古系对重庆忠县邓家沱遗址进行了考古发掘，出土了石阙构件9件。该阙位于忠县县城西南约10千米长江北岸临江台地的小山梁上，海拔150~160米，东南与忠县乌杨阙隔江相望，隶属忠县新生街道邓家村。这是忠县发现的第四处石阙，对汉阙的资料积累和研究具有重要的推进意义。发掘主持者李锋复原了邓家沱阙的形制结构，并对该阙的一些基本问题进行了讨论[1]。通过发掘者的复原可知，邓家沱阙是一处墓阙，不但整体结构可基本复原，而且在阙体形制和图像方面还显示出许多不同于川渝地区现存石阙的特点。

李文发表后引起学界的关注，已有孙华、杨晓春两位学者相继发文对该阙进行进一步讨论。孙文重点讨论了该阙的铭文释读、年代和阙主问题，对该阙的年代推论提出不同看法[2]。杨文也重点讨论了铭文释读和阙主问题，并针对孙文推论提出了不同意见[3]。笔者读后获益良多，同时认为该阙仍存在进一步研究的余地，为此曾数次去重庆中国三峡博物馆考察该阙的部分原构件。本文准备在诸位同仁研究成果的基础上对邓家沱阙的某些问题作进一步讨论，并求教于同仁方家。

一、邓家沱阙基本情况

关于邓家沱阙，李文有相关描述，孙、杨两位学者也有自身的一些认识和看法，下文拟在已有研究的基础上，对该阙的基本情况作相关叙述，并提出自己的一些看法和观点。

（一）相关地层

邓家沱阙构件的出土层位是判定该阙年代的一项重要依据，但研究者对该石阙构件出土的地层情况有不同理解。李文认为该"石阙的9个构件中，有不少直接坐落在

---

[1] 李锋：《重庆忠县邓家沱石阙的初步认识》，《文物》2007年第1期。
[2] 孙华：《重庆忠县邓家沱阙的几个问题》，《文物》2008年第4期。
[3] 杨晓春：《关于重庆忠县邓家沱石阙铭与墓主的推断》，《中国国家博物馆馆刊》2013年第2期。

西周文化堆积层之上，其上部又被唐宋时期遗存所叠压，所以，其年代应当晚于西周而早于唐宋。石阙构件所在的文化层中，主要的出土遗物有绳纹板瓦残片和侧面饰菱形回纹的花纹砖残块。在当地，这些遗物从东汉到南朝都比较流行。因此，邓家沱石阙的年代大致为东汉到南朝时期"。不过，李文没有提供遗址地层剖面图。

孙文同意李文依据地层关系对该石阙年代的推定，同时又根据李文中关于"石阙上部被唐宋时期遗存所叠压，其下又叠压商西周时期文化遗存"的介绍，认为"未见两汉及南北朝时期的文化堆积"，进而推测"该阙的倒仆年代应当在宋代"。

笔者原则上赞同李文的意见，但还可以进一步缩小其时代范围。笔者认为：其一，根据李文的介绍，石阙构件应该出自西周和唐宋这两个时期之间的又一文化层中，而根据这一文化层中出土的绳纹瓦和菱形回纹花纹砖等包含物判断该层的年代是东汉至南朝时期。其二，由于石阙出土构件"有不少直接坐落在西周文化堆积层上"，因此石阙的倒仆年代应在该地层形成之初，甚至形成之前，也就是说石阙倒仆年代的下限不会晚于东汉至南朝时期，换言之可以推测其年代应在东汉时期或更早。

（二）石阙形制与方位

李文根据9件石构件出土时分布情况以及形状、尺寸、榫卯结构的差异，将其复原为双阙，并大体确定了左右方位。对于这一复原方案，其后的研究者均无异议，只是孙文对该方案略加补充，即对左阙下半部进行了推测性复原，同时根据石阙构件出土时的分布情况，进一步推测该阙可能为坐西向东，基本为正东向[1]，并将右阙确定为南阙、左阙确定为北阙。笔者赞同二文的复原和补充复原方案及关于方位的基本推测，不过认为还可做进一步的补充和调整。

首先，关于双阙的具体形制，由于右阙斗石顶端未发现榫头，因此李文和孙文都未对右阙是否有顶盖或右阙全貌进行讨论。孙文参照右阙（南阙）阙身形制对左阙阙身下部形制进行了推测复原，但未对阙身的建筑结构装饰进行复原。笔者认为，通过与现在保存较好的石阙和汉代图像中的双阙形象进行比较，可对右阙的顶盖和阙身建筑装饰等进行推测复原。目前双阙都基本保存完整的石阙全国共有9处，其中山东平邑皇圣卿阙[2]、嘉祥武氏阙[3]，河南登封太室阙、启母阙、少室阙[4]，四川渠县沈氏阙、夹江杨宗阙、绵阳杨氏阙[5]等8处的形制结构都是对称的，仅重庆忠县丁房阙这1处双阙

---

[1] 孙华：《重庆忠县邓家沱阙的几个问题》，《文物》2008年第4期，图一。
[2] 刘敦桢：《山东平邑县汉阙》，《文物参考资料》1954年第5期。
[3] 蒋英炬、吴文祺：《汉代武氏墓群石刻研究》，山东美术出版社，1995年，第8页，图三。
[4] 吕品编著：《中岳汉三阙》，文物出版社，1990年，第7、11、48、52页。
[5] 重庆市文化局、重庆市博物馆、徐文彬、谭遥、龚廷万、王新南编著：《四川汉代石阙》，文物出版社，1992年，第53、59、60、62页。

为非对称，但该阙在明代曾被重建过，已有学者指出该阙的现存形制并非汉代原貌[①]。除此之外，在汉代画像、壁画和其他图像中也可见到大量的双阙形象，如笔者于20世纪90年代后期在汉代画像石棺上收集到的双阙形象就达38例[②]。观察这些双阙形象，其建筑形制结构和建筑结构装饰无一不是对称的，因此笔者认为邓家沱阙的右阙也应有与左阙形制相同的阙顶，而左阙阙身下部的建筑结构装饰也可参照右阙复原。

其次，关于邓家沱阙的方位，笔者在孙文研究基础上依据长江在此地的流向进一步推测可能为东偏南朝向，右阙仍为南阙、左阙仍为北阙。所依据的是川渝地区现存有大量东汉至六朝时期的崖墓，而位于河谷内的基本都是面水背山，这反映出当时本地区人们习惯性的方位选择。因此该阙应与长江在此的流向基本垂直，而长江在此大体是西南—东北流向，因此位于北岸的邓家沱阙大体应面向东南。位于长江斜对南岸的乌杨阙也可作为一个辅助证据，该阙位于邓家沱阙东南，与之隔江相望，也是面江背山，与江水流向大体垂直，因此乌杨阙的朝向是为北偏西[③]。

（三）铭文书体与释读

邓家沱阙镌刻多处阴线铭文，对于这些铭文的书体和释读三位学者存在不同意见。李文认为右阙阙身正面文字为隶书，尚存"……君神道阙门"5字；左阙阙身正面文字为篆书，尚存"故绵竹□……"3字可释读。其他文字都为隶书，计有左阙阙身背面"□宽"2字，左阙斗石正面"凤凰"2字，右阙斗石外侧尚存"三"1字，左阙斗石内侧"天马"2字。

孙文认为该阙铭刻的书体是有篆意的隶书，并对铭文做了进一步释读。文中认为右阙阙身正面尚存"□□长□君神道阙门"6字或"□□长王□君神道阙门"7字，左阙阙身正面尚存"故绵竹县令……"5字，而且双阙阙身正面应有11字。此外，左阙阙身背面有"郑宽"2字，左阙斗石正面可见"凤凰"2字，右阙斗石外侧尚存"三足乌"3字，左阙斗石外侧有"干马"或"天马"2字[④]。

杨文认为该阙铭文书体应是篆书，文中虽同意孙文左右两阙阙身正面应有11字的观点，但具体释读却又不同。杨文认为右阙阙身正面尚存"□□长丘□君神道阙门"7字，左阙阙身正面尚存"故绵竹令□□□□□□"4字，但未提及该阙的其他文字。

---

① 重庆市文化局、重庆市博物馆，徐文彬、谭遥、龚廷万、王新南编著：《四川汉代石阙》，文物出版社，1992年，第46页。

② 罗二虎：《汉代画像石棺》，巴蜀书社，2002年，第12～167页。

③ 重庆市文物考古研究所、忠县文物管理所：《忠县花灯坟墓群乌杨阙发掘简报》，《重庆库区考古报告集·2002卷》，科学出版社，2010年，第1059页。

④ 孙文图一的说明文字释读为"王马"，正文则释读为"天马"。

笔者认为该阙阙身正面的文字为篆书，但其中个别字确实有隶书意味，如右阙的"道"字明显有隶书的波磔。除了阙身正面的文字之外，其他地方出现的文字应为隶书。关于阙身正面文字的释读，笔者从杨文之说。

（四）图像内容

邓家沱阙的图像均分布在阙身两侧和楼部。对于这些图像尤其是阙身图像的释读，学者存在一些分歧。首先是两阙阙身内侧的图像。李文认为右阙阙身内侧为龙，左阙阙身内侧为神人戏龙。孙文认为两阙阙身内侧都是一人引导一龙，不过在论述该阙年代时又认为"邓家沱石阙的阙身两侧雕刻托举日月的伏羲和女娲，另外两侧则是头上尾下的龙和虎。后一种题材的雕刻在四川东部地区汉代石阙的阙身两侧常见"，根据其文义应理解为双阙阙身内侧分别为龙和虎，但未具体指出哪一侧为龙，哪一侧为虎。笔者经过仔细观察，认为两阙阙身内侧图像都应是一人和一龙，龙头朝上，前有一人，只是右阙图像由于破损而仅存一人的双腿，左阙的一人手持瑞草而龙已衔住植物。在四川东部和重庆地区，阙身内侧的图像常为一龙一虎对称出现，而这种双阙内侧都是龙的例子此前尚未发现。

其次是左阙阙身外侧（左侧）图像中托举月亮的人物。因为出土时左阙阙身下部已残，因此该人物腿部以下部分不见。李文认为此神人是帝俊之妻常羲，并引《山海经·大荒西经》有关记载加以说明[①]。孙文则认为是女娲，但未陈述理由。笔者赞同孙文的观点，理由如下。该人物右手托着圆月应不存争议，因为月轮中清晰可见有桂树和蟾蜍形象。此外，笔者认为辨别该人物身份还有一个关键要素，即其左手所握之物。通过仔细辨认，可确定为矩（图一）。如果确认左手持矩，则该人物就是女娲。一手托月，另一手持矩，这是汉代大量出现的女娲形象中最常见的配置。

再次是右阙阙身外侧（右侧）图像。右阙阙身出土时已断成两块，中部的裂痕不能拼合，其下半部有一兽尾清晰可辨，另外还有一兽形后腿可见，但由于上半部已漫漶不清，因此留下了较大的想象余地和逻辑推理空间，分歧也由此产生。李文认为该图像是虎，但并未说明依据。孙文认为该图像应是托举太阳的人首蛇身神——伏羲，理由是左阙阙身外侧（左侧）的图像是托举月亮的女娲[②]，此外他还列举了重庆盘溪石阙和云阳旧县坪遗址出土

图一 女娲像（邓家沱阙左阙身外侧）

---

① 《山海经·大荒西经》载："有女子方浴月。帝俊妻常羲，生月十有二，此始浴之。"见袁珂校注：《山海经校注》，巴蜀书社，1993年，第463页。

② 孙文写为"右阙"，应为笔误。

的"汉巴郡朐忍令景云碑"图像作为旁证。从逻辑上分析，孙文推论可以成立，因为在汉代伏羲女娲图像十分常见，如果一侧是女娲，对称的另一侧就是伏羲。但如果仅从右阙外侧图像提供的有限形象观察，似乎应从李文的观点。在汉代画像中，尤其是在川渝汉代画像中，倘若伏羲女娲同时出现，两者的造型通常非常相似，主要差异在于头部造型和手举日月不同（图二）。但该阙左右阙身外侧的图像造型差异较大，其中右阙外侧图像较清楚的下半部与汉代画像中虎或龙的造型相似，如四川乐山鞍山东汉崖墓出土石棺[①]、泸州洞宾亭东汉崖墓出土石棺[②]上虎的后部形象基本与此相同（图三），同时该兽的后半部造型和动态与右阙阙身内侧（左侧）龙的造型和动态较相似。不过，由于保存情况太差，笔者无法对该图像内容做出最后判定。应指出的是，倘若这一图像是虎，则两阙阙身外侧图像就不存在对称关系，而很可能是右阙阙身两侧虎对称出现，这与汉画像中常见的伏羲女娲对称出现模式相悖，也与川东和重庆地区常见的龙虎对称出现在双阙身内侧不同。

图二　川渝地区出土汉代伏羲女娲画像（拓本）
1. 重庆江北盘溪墓　2. 成都郫都新胜1号墓石棺　3. 四川南溪长顺坡墓2号石棺

此外，邓家沱阙的双阙楼部枋子层四面的枋柱中都雕刻相同的图案，李文将该图案称为"联璧纹"，笔者认为称为"连续圆圈纹"可能更客观、稳妥。其理由有二。第一，这些圆圈大部分仅是一个圆形，中部没有孔，只有左阙枋子层正、背面的圆圈中有小孔，并远小于璧的内孔，因此难以将它们称为璧。第二，联璧纹图案有一个很大的特点，就是璧与璧之间都有绶带相连接，而这些圆圈之间没有。

（五）雕刻技法

邓家沱阙建筑装饰的雕刻技法主要为平面浅浮雕和半立雕两种。其中，阙身建筑

[①] 拓本资料由乐山崖墓博物馆黄学谦提供。
[②] 罗二虎：《汉代画像石棺》，巴蜀书社，2002年，第114页，图一一二。

图三　汉代虎画像与不明画像
1. 四川乐山鞍山崖墓石棺　2. 四川泸州洞宾亭崖墓石棺　3. 忠县邓家沱阙右阙身外侧图像

装饰都为平面浅浮雕，楼部除了出挑的枋头为半立雕之外其他都为平面浅浮雕，阙顶则主要用半立雕的手法表现顶盖的立体感，而顶盖本身应具有实际的遮挡雨水、保护阙体的功能。

在该阙的图像中，除枋子层四隅的角兽为半立雕石刻之外，其余的都属于模拟绘画的画像，雕刻技法多为凿纹减地凸面线刻和凿纹减地平面浅浮雕加细部阴线刻。前者主要运用阴线来刻画形象，减地的背景保留凿痕，如左阙阙身外侧的女娲图像就是比较典型的凸面线刻。后者主要是运用外轮廓来塑造形象，而轮廓内没有或少量运用阴线来刻画细部，减地的背景依然保留凿痕，如左阙斗形石背面画像中的天兔和瑞鸟是比较典型的凿纹减地平面浅浮雕。不过，这两种雕刻手法并非截然不同，在某些画像中两种技法又是混合使用，难以截然分开。

通过对实物观察可发现，凸面线刻图像的雕刻程序是先将画面的表面大体修整平整，然后再用阴线来刻画物象，最后将物象外的部分减地凿平，因此物象外的余白面上有较细的平行凿纹。在平面浅浮雕的图像中还可见到两种不同的雕刻程序。一种是对画像的刻画，其雕刻程序与凸面线刻的程序基本相同。另一种仅见于连续圆圈纹图案，其方法简单，即将圆圈以外的余白面直接减地凿平，因此余白面上有较细的平行凿纹，而圆圈表面仍保留与阙体表面相同的大凿痕。圆圈表面和阙体表面的凿纹可以相互连通，说明两者都是制作阙体时留下的，再未进行任何处理。该图案的雕刻方法与该阙平面浅浮雕建筑结构装饰的雕刻方法相同。

二、邓家沱阙整体复原

通过以上讨论，可对邓家沱阙的整体形制结构得出一个较完整认识。笔者在李文和孙文复原图基础上，对照拓本和实物构件，参考其他现存石阙，重新绘制了邓家沱双阙复原图（图四、图五），并就其整体建筑形制结构和图像做进一步讨论。

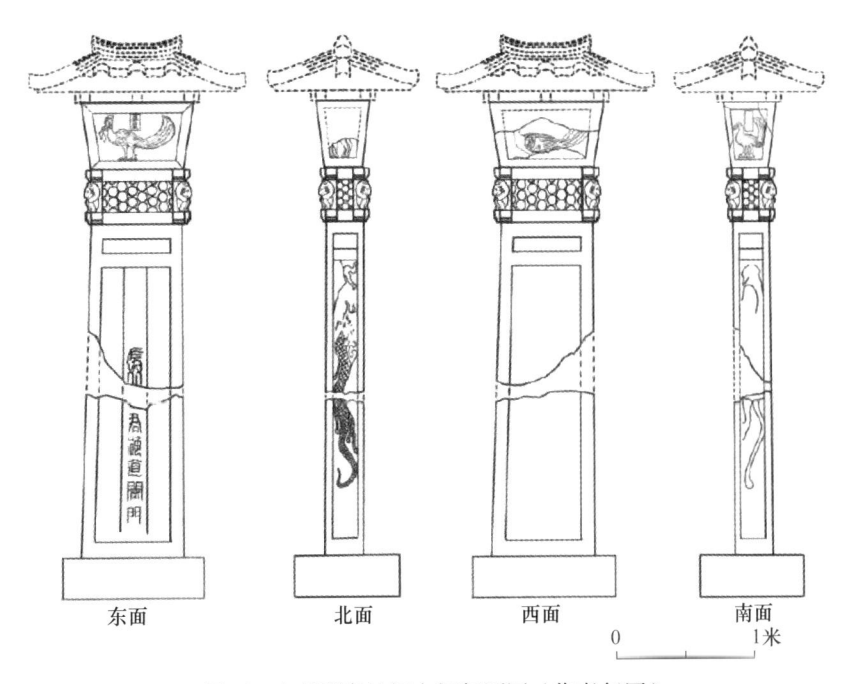

图四　忠县邓家沱阙右阙复原图（作者复原）

该阙的石材是四川盆地地表常见的红砂岩，整个阙体应为仿木结构建筑形式，无子阙结构，从下至上由基座、阙身、楼部和顶盖四部分构成，阙总高约4米。

基座为一块长方形整石构成，高0.28、宽1.1、进深0.76米，表面无建筑装饰。

阙身为一块整石构成，高约2.4、底部宽0.8、进深0.29米。形制为底部宽并向上收分的侧脚式，四面均有浅浮雕装饰的建筑结构，四隅为立柱，上下分别有栏额和地栿连接，并形成一种边框形式，在边框内还有文字和画像。左阙上部的两栏额内均有平面浅浮雕的连续菱形纹，但右阙相同位置内是否有连续菱形纹不详。此外，左阙正面中部的两条阴竖线界栏内有阴刻篆书文字"故绵竹令□□□□□□"；背面偏内侧上方有长方形榜题框，内有阴刻隶书"□宽"二字；内侧面上方有凸面线刻画像，为一人持瑞草引导一龙，龙衔住瑞草做前行状；外侧面也有凸面线刻画像，为女娲，腿部以下残，可见高髻、长服，右手举月，左手持矩。右阙正面中部的两条阴竖线界栏内有阴刻篆书文字"□□□长丘□君神道阙门"；背面无文字或图像；内侧面为凸面线

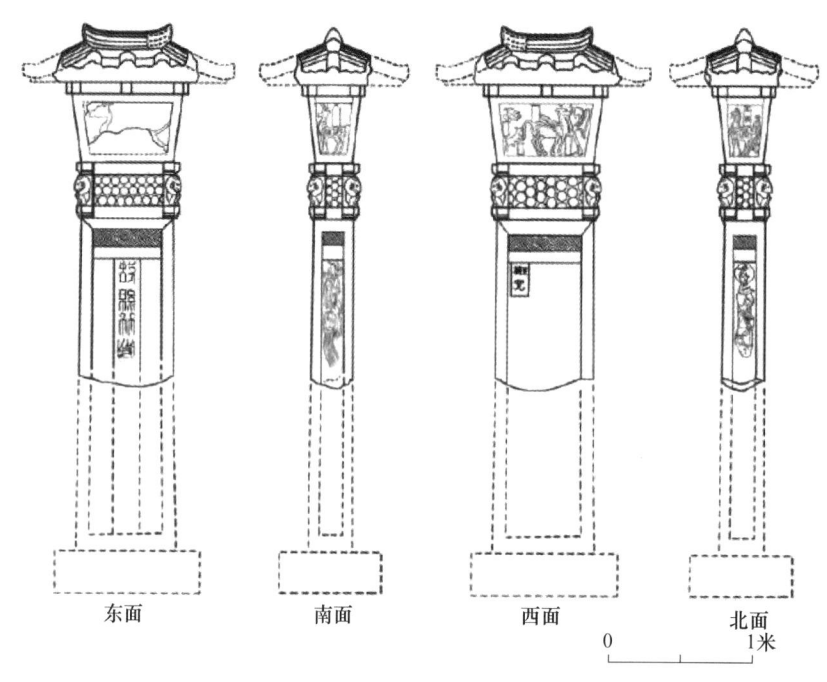

图五　忠县邓家沱阙左阙复原图（作者复原）

刻画像，已漫漶不清，上方仅见一人的双腿，下部可辨为一头部向上的龙；外侧面画像也漫漶不清，仅下部可见一兽尾及兽后腿。

楼部为上下两块石材构成的两层结构，整体高约0.9、最宽约0.85、最大进深约0.4米。下部为枋子层，四面均有平面浅浮雕装饰的建筑结构，上下有两层井字形纵横相交的横枋，枋头伸出楼壁外，均为半立雕形式，上下枋间有四根短立柱支撑于横枋相交处。四隅各有一熊形角兽半蹲在下部的枋头上，作用力支撑枋柱状，为半立雕形式，仅后部和上下两端与阙体相连。楼部上部为上大下小的斗形石，每面的四边都有平面浅浮雕的斜撑和横栏，形成边框形式。边框内均有画像，左阙正面的画像残破严重，似为一龙或麒麟；背面画像中有瑞草、长有双翼的天鹿、奔跑的飞兔和口衔嘉禾的鸾鸟，诸像旁边都有长方形的内凹榜题框，但框内均未刻文字或文字已被风化磨掉；内侧面画像为一天马，其背上方有长方形凸起的榜题框，内有阴刻隶书"天马"二字；外侧面为天禄，榜题框为圭形凸起，文字已漫漶不清。右阙正面画像为凤凰，有隶书标题"凤凰"二字；背面画像已漫漶不清，似也为凤凰；内侧面画像残损严重，仅可见一兽的四足；外侧面为三足乌或三青鸟，标题"三囗囗"3字，但仅"三"字可辨。

阙顶也为一块整石，现仅存左阙顶盖，虽下端略残，但基本结构可复原。高0.48、残宽约0.92、残进深0.49米，推测复原后的顶部宽度1.2～1.3米。该顶为单檐四阿顶，根据现存部分推测其前檐出挑部分并不深。顶盖上面有半立雕的板瓦、筒瓦组成的瓦垅，以及四角的瓦垅脊和正中的脊饰等。推测顶盖四面的前端残缺部分应有瓦当及连檐等，顶盖下方还雕刻一层纵横相交的檐枋，枋头伸出壁外，为半立雕形式，但不见橼子。

三、邓家沱阙年代考

关于邓家沱阙年代，各家观点有一定差异。李文主要根据该阙出土层位、石阙形制、画像题材风格对其年代进行探讨，认为"邓家沱石阙的年代可能不早于三国时期"。孙文通过将该阙形制、画像题材、榜题等与汉代川渝地区的石阙和崖墓、石棺、石碑上的画像进行比较，认为"邓家沱阙应为汉阙而非晋阙"。杨文仅对邓家沱阙的年代下限进行了推断，根据相关历史文献和西晋时期无石阙发现等情况，"初步可以认为邓家沱石阙是西晋之前的遗物"。在上述三种观点中笔者大体赞同孙文观点，但还可在此基础上进一步断代。下面笔者从石阙的形制结构、图像、铭文等三方面试作分析。

（一）形制结构

邓家沱阙从下至上由基座、阙身、楼部和顶盖等四部分构成。基座为一块长方形整石，形制与忠县、渠县等地的汉代石阙基座基本相同。阙身虽有残断，但可知形制为底部宽并向上收分的侧脚式，这种侧脚式阙身也是忠县和渠县等地汉阙的共同特征。不过，该阙身也有自己的特点，即阙身很薄，宽度与进深的比例约为3∶1，而渠县和忠县其他石阙的阙身较厚，宽度与进深的比例约为3∶2，其他地区的汉阙宽度与进深的比例也都在2∶1左右。唯一与邓家沱阙阙身形制相似的是山东莒南孙氏阙[①]，其特点也是侧脚式，阙身薄，宽度与进深比例略大于3∶1，该阙建造的年代为东汉章帝元和二年（85年），为东汉早期偏晚。

邓家沱阙的楼部为上下两块石材构成的两层结构，下部为枋子层，上部为上大下小的斗石层（斗形石）。这种楼部为两层结构的石阙在川渝地区是首次发现，其他石阙楼部均为2~5层石材构成的3~5层结构。例如，由2~3层石材构成的三层结构石阙有渠县冯焕阙、沈氏阙、蒲家湾阙和忠县乌杨阙，其三层结构从下至上分别为枋子层、扁石层、斗拱斗石层或枋子层，其中前三阙枋子层的枋柱下方都有栌斗承托，年代为东汉中期偏晚或东汉中晚期，其中冯焕阙为安帝永宁二年（121年）或稍晚修建。4层石材构成的四层结构石阙有重庆盘溪阙、渠县干家坪阙、赵家村壹阙、赵家村贰阙和夹江杨宗阙等，其四层结构为枋子层、扁石层、斗拱斗石层、斗石层，其中枋子层的枋柱下方都有栌斗承托，年代为东汉晚期至末期。5层石材构成的五层结构石阙有雅安

---

① 刘心健、张鸣雪：《山东莒南发现汉代石阙》，《文物》1965年第5期。

高颐阙、绵阳杨氏阙等，其五层结构为枋子层、扁石层、斗拱斗石层、斗石层、出头枋子层，其中枋子层的枋柱下方都有栌斗承托，年代为东汉末期，其中高颐阙为东汉末年献帝建安十四年（209年）或稍晚修建。可以看出，在川渝地区石阙中，楼部层数越多、结构越复杂，则其修建年代越晚。就楼部结构而言，邓家沱阙仅为两层，结构最为简单，因此年代应该不会太晚。此外，具备这种两层结构楼部的石阙在北方地区较为常见，例如山东平邑皇圣卿阙、功曹阙和河南登封嵩山三阙等，其下层为扁石层，上层为斗拱斗石层或斗石层，年代均为东汉早中期，其中皇圣卿阙为章帝元和三年（86年）、功曹阙为章帝章和元年（87年）、登封太室阙为安帝元初五年（118年）、启母阙为安帝延光二年（123年）修建。这些石阙的年代准确，楼部结构与邓家沱阙又较为相似，这对于邓家沱阙年代的判定有较重要的参考价值。

邓家沱阙的左阙顶盖虽下端略残，但基本结构可复原。复原后可知其为单檐四阿顶，但顶盖下方不见雕刻椽子①。川渝地区上述楼部为3~5层结构的石阙保存较好的阙顶形制都为重檐庑殿顶，不见四阿顶形制，并在顶盖下方雕刻出若干呈放射状分布的圆形椽子。上述楼部为两层结构的北方诸阙阙顶都为单檐四阿顶，形制与邓家沱阙顶盖相似，只是顶盖下方雕刻出平行的椽子，其中东汉中期的登封嵩山三阙是圆形椽子，东汉早期的皇圣卿阙和功曹阙是长方形椽子，而东汉早期更早的孙氏阙顶盖下方似乎也没有椽子。因此，石阙顶盖下椽子的有无和形制演变过程，对石阙年代判定也有一定的参考价值。

（二）图像

邓家沱阙楼部上层斗形石图像多为单体的仙禽神兽，而基本没有表现场景或情节。这种情况在川渝地区基本不见，但与东汉中期登封嵩山三阙楼部上层斗形石图像的情况相似，如启母阙和少室阙都可见单体的仙禽神兽②。除了楼部上层的图像之外，邓家沱阙楼部下层的连续圆圈纹图案也与嵩山三阙楼部下层的圆圈纹图案基本相同，唯一不同的是邓家沱阙的连续圆圈纹为三排，嵩山三阙的圆圈纹为五排（图六）。因此，嵩山三阙的年代应与邓家沱阙的年代较为接近。此外，这种连续圆圈纹图案在山东平邑皇圣卿阙的楼部下层也可见到，虽然该阙楼部下层风化严重，但仍大体可见三排连续圆圈

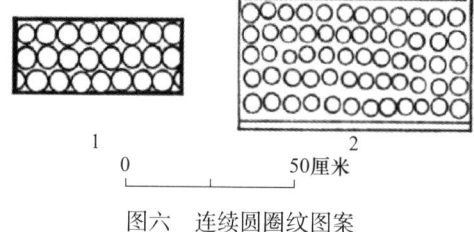

图六　连续圆圈纹图案
1. 忠县邓家沱阙左阙楼部
2. 登封太室阙西阙楼部

---

① 笔者没有见到该阙顶的原构件，只是根据李文和孙文中的石阙复原图做出此判断。
② 吕品编著：《中岳汉三阙》，文物出版社，1990年，第26~32、49~54页。

纹①，说明这种数排连续圆圈纹在东汉早期至中期比较流行。

邓家沱阙图像雕刻技法简单，除了枋子层四隅的角兽为半立雕之外，其余均为凸面线刻和减地平面浅浮雕加细部阴线刻。在汉代画像中这种平面浅浮雕技法虽然从西汉晚期至东汉晚期一直存在，本身并不具有年代特征，但这种雕刻技法与其他哪些雕刻技法一同在石阙上配合使用，却可以在一定程度上反映出年代特征。汉代石阙上大量使用平面浅浮雕或减地平面浅浮雕局部加阴线刻的技法主要是在东汉早中期，山东、河南和北京等北方地区发现的东汉早中期石阙即是其代表，甚至东汉晚期的嘉祥武氏阙也是如此。川渝地区东汉中期的石阙画像也以平面浅浮雕为主，到东汉晚期和末期虽也有部分画像为平面浅浮雕，但高浮雕和半立雕画像石刻却明显增多，并在石阙上占据显著位置。例如，东汉中期的冯焕阙的楼部图像为平面浅浮雕；东汉中期晚段的乌杨阙，其图像虽仍以减地平面浅浮雕为主，但也出现少量半立雕、弧面浅浮雕、阴线刻等技法②；而年代更晚的渠县沈氏阙、蒲家湾阙及东汉末期的川渝地区诸阙，除了部分石阙在楼部扁石层还使用平面浅浮雕技法之外，其余基本采用凸出壁面较高的弧面浅浮雕、高浮雕、半立雕和立雕技法等。通过对石阙图像雕刻技法发展的观察，可知邓家沱阙年代应处在较早阶段。

过去通常认为高浮雕和半立雕的技法出现很晚，仅见于东汉晚期作品，实际上这种雕刻技法在此之前就已出现。例如，宋代洪适在《隶续》中就记载四川新都的王稚子阙"之两角有斗，斗上镌耐童儿"，并附有该阙右阙南面和西面两张摹绘图（图七）③。王稚子阙虽已毁于20世纪，但从洪适所绘图中可见其下层楼部两隅栌斗上各立一个所谓"耐童儿"，因此可肯定该阙四隅都镌刻该人物，并为半立雕式。其体态为半直立式，头发上束，上身裸体，下身描绘得不是十分清晰，但大体可辨为穿着紧身短裤或长裤。这种装束与汉代石阙上通常刻画的宽衣长袍的人物或双耳高耸出头巅的裸体仙人有明显区别。与此相反，无论是所在部位还是人物特征和体态，该人物都与现存汉代石阙上的角神十分相似，因此笔者推断"耐童儿"就是角神，只是宋人的绘画技巧不成熟而导致了其形象的变异。王稚子阙的建造年代约为东汉中期和帝元兴元

---

① 蒋英炬、吴文祺：《山东的汉画像石艺术——概述山东汉代石阙、祠堂、墓室的代表性画像》，《中国画像石全集》第一卷《山东汉画像石》，山东美术出版社、河南美术出版社，2000年，插图一。

② 乌杨阙在重庆中国三峡博物馆陈列，笔者曾多次前往该馆现场观察该阙。笔者的断代与该阙发掘简报不同，发掘简报将该阙年代定为东汉末期至魏晋时期。

③（宋）洪适：《隶续》卷十三《王稚子阙画象》，《隶释·隶续》，中华书局，1985年，第413、414页。

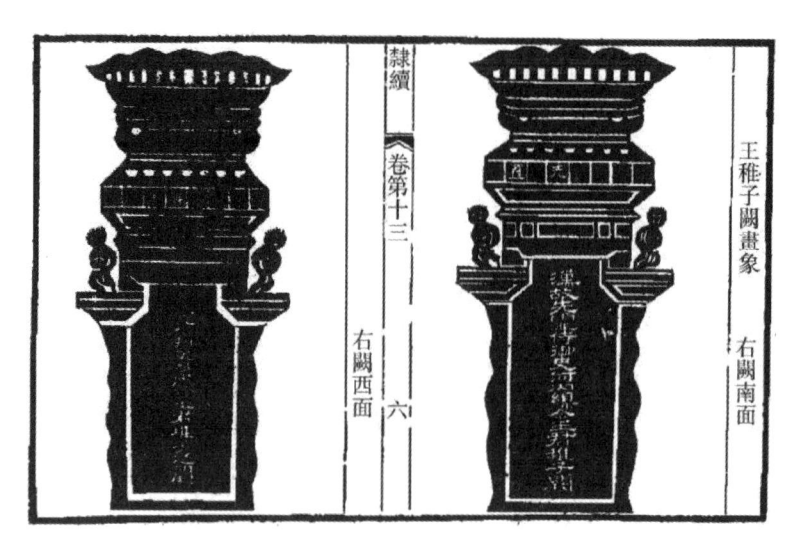

图七 《隶续》中所绘王稚子阙右阙

年（105年）或稍晚[①]。如果对"耐童儿"身份的推断不误，那么至迟在东汉中期石阙楼部四隅就出现角神了。目前川渝地区所有石阙楼部角神的雕刻手法都是半立雕式的，此外，东汉中期晚段乌杨阙的兽首也采用了这种技法。

（三）铭文

川渝地区现存石阙上有铭文的仅渠县冯焕阙、渠县沈氏阙、德阳司马孟台阙、雅安高颐阙和绵阳杨氏阙等5处，其中前三阙铭文在阙身正面，后二阙铭文在阙顶下面的枋端上，所有铭文都为隶书。北方地区发现的9处石阙中8处都有铭文，除了嵩山三阙之外，其余都为隶书，而嵩山三阙上的铭刻为篆书和隶书并存。例如，太室阙有3处铭刻，其题额在西阙正面（南面）上部，为阳刻篆书；西阙背面（北面）的阙铭为阴刻隶书，是元初五年（118年）石阙建造时镌刻的；此外还有一处铭刻在西阙正面的题额下面，为阴刻铭文，似篆似隶，是该阙建成后补刻的，镌刻年代约为延光四年（125年）。启母阙有2处阙铭，皆在正面（北面），其中上方处铭刻是建阙时所刻的阴刻篆书，镌刻年代为延光二年（123年）；而下方处铭刻为熹平四年（175年）补刻的阴刻隶书。少室阙也有3处铭刻，其中题额在西阙正面（北面），为阴刻篆书；阙铭在西阙背面（南面），为阴刻篆书；另在东阙正面（北面）有1处补刻人物题名，为阴刻隶书[②]。

以上3处有篆书铭文的石阙的年代均为东汉中期，其中太室阙建阙时镌刻的铭文

---

① （宋）洪适：《隶释》卷十三，《隶释·隶续》，中华书局，1985年，第144页。王稚子事迹见于《后汉书》卷七十六《循吏列传》，中华书局，1965年，第2468页。

② 吕品编著：《中岳汉三阙》，文物出版社，1990年，第19~22、39~45、60、61页。

既有篆书又有隶书，而使用篆书的是更为重要的题额。这种两种书体同时出现在同一石阙上的情况与邓家沱阙十分相似，同时后者也是在更为重要的阙身正面使用篆书。此外，在太室阙建成七年后又补刻阙铭时使用的书体似篆似隶，而邓家沱阙的篆书中也出现了隶书的波磔笔画，两者情况也相似。书体方面的这些相似之处也为邓家沱阙的年代判定提供了一定的参考依据。

综合以上三方面分析，邓家沱阙在形制上采用了较早的结构，图像及铭文方面与登封嵩山三阙，特别是太室阙接近，因此其年代大体可认定为东汉中期前段，也就是2世纪前期。这也是目前所知川渝地区保存较好的年代最早的石阙[①]。

四、邓家沱阙主要特点

邓家沱阙的特点在上述讨论中已不同程度涉及，这里再略加以概括。

在形制方面，该阙与四川东部渠县和重庆忠县诸石阙的主要特点相似，如阙身为侧脚式，整个阙体造型显得较为挺拔。不过，该阙与本地区其他石阙在形制方面也存在一定差异，如楼部为二层结构，顶盖为单檐四阿式结构，楼部上层的斗石层内不见斗拱结构等。从总体上讲该阙形制较为简单。

在图像方面，该阙与渠县及重庆地区石阙的主要特点相似，即楼部图像较多，阙身上也有大幅图像出现。同时该阙图像又有自身特点，如雕刻技法多采用凸面线刻和减地平面浅浮雕，物象多采用阴线刻画，画像风格更接近于拟绘画式；楼部上层为整幅的画面，除边框可视为楼部框栏结构之外没有其他任何建筑结构；楼部下层枋子层的四隅有半立雕的熊形角兽，与其他诸阙多为人形角神不同；枋子结构内的数排连续圆圈纹组成的图案也不见于川渝地区其他石阙。在双阙的阙身内侧均为一人引导一龙，这与渠县及重庆地区双阙内侧常见的一龙一虎图像不同。

在铭刻方面，该阙铭文分布与川渝地区石阙的主要特点相同，即铭文都在双阙阙身正面呈一列竖向分布，内容为阙主生前主要官职、姓名等。不过，该阙铭刻也有十分鲜明的自身特点，如阙身正面的铭刻为篆书，除阙身之外其他的铭刻为隶书，部分画像铭刻榜题等。而川渝地区其他石阙的铭刻均为隶书，图像旁无榜题。

总括以上可以认为，邓家沱阙与川渝地区尤其是四川东部渠县和重庆忠县诸石阙的主要特点十分相似，但也存在部分差异。该阙的某些特点可以在北方地区的石阙中发现，而这些北方石阙的年代多早于本地区其他石阙，或与本地区早期石阙的年代大体相同。因此，可以推测邓家沱阙与本地区其他石阙的不同特点主要是年代不同造成的，而与北方地区某些石阙的相似特点则是由于年代相近形成的，体现了一种时代的

---

① 四川梓潼李业阙现仅存阙身，是否是石阙尚存争议。如果被认定为石阙，则李业阙就是目前所知川渝地区年代最早的石阙。

共同特征。此外，邓家沱阙也有某些特点未见于此前发现的石阙，这些特点向我们展现了汉代石阙形态的多样性，这正是新材料的出现所带来的重要意义。

［原载《四川大学学报》（哲学社会科学版）2016年第4期］

二

中国西南地区汉代画像墓与豪族

前　　言

　　中国西南地区的汉代画像墓，不但数量众多、分布广阔，而且形式种类也特别丰富多样，有画像砖室墓、画像石室墓、画像砖石室墓、画像崖墓、画像石阙墓、画像石棺墓等。其中，画像崖墓和画像石棺墓为其他地区所不见。此外，川西地区流行的一种较特殊的方形和长方形画像砖室墓，也是其他地区极少见到的[①]。

　　这些画像墓的年代基本都为东汉时期，少量的为蜀汉时期，个别还延续到西晋时期，但其中以东汉中晚期最为盛行。西南地区画像墓主要分布在包括四川省东部和重庆市在内的四川盆地中，此外在四川西南部的凉山彝族自治州、四川盆地南面的贵州省北部和云南省东北部的昭通地区也都有发现。其中，尤以四川盆地中西部（为汉代巴蜀地区的核心地区）画像墓的数量为多。截至1999年，在西南地区发现的画像墓总数已近400座，其中画像崖墓的数量最多，约占一半以上。其次为画像石棺，有90具以上。然后依次是画像砖室墓、画像石阙墓、画像砖石室墓和画像石室墓。不过，这些画像墓与已发现的约3万座崖墓和大量的砖、石室墓相比，仅是其中的极少数。而且，这些画像墓与本地区的同类墓葬相比，一般多是规模宏大，制作精美，显然这些画像墓是同类墓葬中的特殊者，从整体上看，其墓主的身份和所属的阶层也与一般墓葬有所差异。因此，探明这一地区画像墓的墓主身份和所属阶层，对于中国西南地区汉代的社会、经济、文化及墓制的研究，都具有重要的意义。

一、铭文中所见的墓主身份

　　西南地区汉代画像墓的数量虽然众多，但在墓中或附属设施上明确镌刻墓主姓名及其身份的却仅为其中很少一部分。下面，首先对这部分墓葬的墓主身份进行讨论。

---

　　① 与一般的花纹砖墓和画像空心砖墓相对，特指一种在墓内壁面上嵌有画面为方形或长方形画像砖的墓。

（一）墓阙

汉代人有在墓阙上镌刻墓主姓名及其身份的习惯。在现存的14处汉代画像石阙中，就有8处镌刻（或根据古人的著录可知曾镌刻）墓主姓名和身份，在其他6处画像石阙中，因风化严重或已残缺，再加之无古人的著录可考，因而当初是否有铭刻现不可得知。已知有墓主姓名和身份的这8处墓阙铭刻分别是：

（1）四川雅安高颐阙。墓主高颐，字贯方，曾历任汉益州太守、阴平都尉、武阳令、北府丞[①]。

（2）四川绵阳杨氏阙。墓主杨氏，字叔，因石阙表面风化严重其曾任官职现已不详，但其姓氏后面有"府君"的尊称[②]。根据汉人的习惯，称为"府君"者一般官位多为郡太守这一级。

（3）四川德阳司马孟台阙。墓主司马孟台，曾任汉上庸长[③]。

（4）四川夹江杨宗阙。墓主杨宗，字德仲，曾任汉益州太守[④]。

（5）四川渠县冯焕阙。墓主冯焕，曾历任汉尚书侍郎、河南京令、豫州幽州刺史[⑤]。

（6）四川渠县沈氏阙。墓主沈氏，曾历任汉谒者、北屯司马、左都侯、新丰令、交趾都尉[⑥]。

（7）重庆忠县丁房阙。墓主丁房，曾任汉都尉[⑦]。

[①] 重庆市文化局、重庆市博物馆，徐文彬、谭遥、龚廷万、王新南编著：《四川汉代石阙》，文物出版社，1992年，第32页；陈明达：《汉代的石阙》，《文物》1961年第12期；（宋）洪适：《隶释·隶续》，中华书局，1985年，第145页。

[②] 重庆市文化局、重庆市博物馆，徐文彬、谭遥、龚廷万、王新南编著：《四川汉代石阙》，文物出版社，1992年，第24～26页；陈明达：《汉代的石阙》，《文物》1961年第12期。

[③] 重庆市文化局、重庆市博物馆，徐文彬、谭遥、龚廷万、王新南编著：《四川汉代石阙》，文物出版社，1992年，第26页；陈明达：《汉代的石阙》，《文物》1961年第12期；（宋）洪适：《隶释·隶续》，中华书局，1985年，第148页。

[④] 重庆市文化局、重庆市博物馆，徐文彬、谭遥、龚廷万、王新南编著：《四川汉代石阙》，文物出版社，1992年，第37页；陈明达：《汉代的石阙》，《文物》1961年第12期。

[⑤] 重庆市文化局、重庆市博物馆，徐文彬、谭遥、龚廷万、王新南编著：《四川汉代石阙》，文物出版社，1992年，第39页；陈明达：《汉代的石阙》，《文物》1961年第12期；（宋）洪适：《隶释·隶续》，中华书局，1985年，第145页。

[⑥] 重庆市文化局、重庆市博物馆，徐文彬、谭遥、龚廷万、王新南编著：《四川汉代石阙》，文物出版社，1992年，第41页；陈明达：《汉代的石阙》，《文物》1961年第12期；（宋）赵明诚：《宋本金石录·汉宜州太守杨宗墓阙铭》，中华书局，1991年，第444、445页。

[⑦] 重庆市文化局、重庆市博物馆，徐文彬、谭遥、龚廷万、王新南编著：《四川汉代石阙》，文物出版社，1992年，第45、46页；陈明达：《汉代的石阙》，《文物》1961年第12期；（宋）王象之：《舆地纪胜》，中华书局，1992年，第6851页。

（8）四川新都王稚子阙。墓主王稚子，曾历任汉侍御史、河内县令、兖州刺史、雒阳令[①]。

此外，根据芦山县樊敏阙旁的樊敏碑可知其墓主为樊敏，字升达，曾历任汉永昌长史、宕渠令、治中从事、巴郡太守[②]。

关于有墓阙的墓葬类型，现可推测的仅有高颐墓和樊敏墓两座，其墓均可能为砖室墓。此外，从其他墓阙所处的地理环境看，除四川绵阳的杨氏阙之外，均不可能在墓阙的后方附近开凿崖墓，因此可以推测这些墓阙的墓葬类型可能基本上都是砖室墓，当然也不排除有个别的是石室墓或砖石室墓的可能。

（二）砖（石）室墓

现在已知在砖（石）室墓[③]中的画像石（包括石棺、石碑、石门等）上发现镌刻有关墓主姓名和身份的墓葬仅有以下4座：

（1）四川郫都杨耿伯墓。墓主杨耿伯，曾任县侯守丞[④]。

（2）四川芦山王晖墓。墓主王晖，曾任上计史[⑤]。

（3）四川郫都王孝渊墓。墓主王孝渊，曾任县功曹、郡掾[⑥]。现仅在郫都二门桥墓中发现王孝渊墓的墓碑残石，虽然原王孝渊墓的情况已不详，但根据郫都一带的地理环境看，王孝渊墓很可能是砖室墓。

（4）四川双流杜谡墓。墓主杜谡，曾任县功曹、门下督议掾、都督啬夫[⑦]。现仅存墓志，原墓很可能也是砖室墓。

（三）崖墓

目前在画像崖墓的石刻铭文中发现墓主姓名的墓葬较多，共以下15座，但均未有关于墓主身份的内容：

（1）四川长宁七个洞4号墓。墓主赵□（氏）[⑧]。

---

① （宋）洪适《隶释·隶续》，中华书局，1985年，第144页；（宋）范晔撰，（唐）李贤等注：《后汉书》卷七十六《王焕传》，中华书局，1965年，第2468页。

② 重庆市文化局、重庆市博物馆、徐文彬、谭遥、龚廷万、王新南编著：《四川汉代石阙》，文物出版社，1992年，第34页；陈明达：《汉代的石阙》，《文物》1961年第12期。

③ 这一地区的砖石室墓均是以砖为主建造，石材主要为构筑石门和镌刻画像之用。

④ 郫县文化馆梁文骏：《四川郫县东汉墓门石刻》，《文物》1983年第5期。

⑤ 任乃强：《芦山新出土汉石图考》，《康导月刊》第4卷第6、7期，1942年，第13页。

⑥ 谢雁翔：《四川郫县犀浦出土的东汉残碑》，《文物》1974年第4期。

⑦ 高文、高成刚编：《四川历代碑刻》，四川大学出版社，1990年，第81页。

⑧ 四川大学考古专业七八级实习队、长宁县文化馆：《四川长宁"七个洞"东汉纪年画像崖墓》，《考古与文物》1985年第5期。

（2）四川长宁七个洞 7 号墓。墓主黄氏[①]。

（3）四川青神大芸坳 76 号元初五年墓。墓主扬得采[②]。

（4）四川乐山肖坝周代墓。墓主周代[③]。

（5）四川乐山肖坝佐氏墓。墓主佐孟机之子[④]。

（6）四川乐山肖坝王升墓。墓主王升[⑤]。

（7）四川乐山麻浩 100 号墓。墓主屈□□[⑥]。

（8）四川乐山麻浩Ⅲ区 99 号墓。该墓共有 4 个墓穴，墓主姓名分别为武阳赵国羊（1 号墓穴），邓景达（2 号墓穴），王遂妣（3 号墓穴），王景信、王凤、王景、王□（4 号墓穴）[⑦]。

（9）四川乐山麻浩尹武孙墓。墓主尹武孙[⑧]。

（10）四川乐山柿子湾Ⅱ区 26 号墓。墓主吴升、吴遂[⑨]。

（11）四川乐山车子Ⅲ区 1 号墓。墓主王倩[⑩]。

（12）四川乐山双塘Ⅲ区 8 号墓。墓主范世玉[⑪]。

（13）四川乐山沱沟嘴墓。墓主张君，可能为县长之类的官吏[⑫]。根据汉代人的习惯，凡称"君"者多是曾做过一定级别的官吏，如甘肃武威雷台汉墓出土的车马上即铭"守张掖长张君"即可证明[⑬]。

（14）重庆江津长沟 3 号墓。墓主谢王四[⑭]。

（15）四川新津赵氏墓。墓主赵实，字末定；赵实之子赵椽，字元公；赵椽妻，字义文[⑮]。

---

① 四川大学考古专业七八级实习队、长宁县文化馆：《四川长宁"七个洞"东汉纪年画像崖墓》，《考古与文物》1985 年第 5 期。
② 唐长寿：《乐山崖墓和彭山崖墓》，电子科技大学出版社，1994 年，第 80 页。
③ 四川大学考古专业研究生实习小组：《四川乐山纪年崖墓调查报告》（待发表）。
④ 四川大学考古专业研究生实习小组：《四川乐山纪年崖墓调查报告》（待发表）。
⑤ 四川大学考古专业研究生实习小组：《四川乐山纪年崖墓调查报告》（待发表）。
⑥ 四川大学考古专业研究生实习小组：《四川乐山纪年崖墓调查报告》（待发表）。
⑦ 四川大学考古专业研究生实习小组：《四川乐山纪年崖墓调查报告》（待发表）。
⑧ 四川大学考古专业研究生实习小组：《四川乐山纪年崖墓调查报告》（待发表）。
⑨ 唐长寿：《乐山崖墓和彭山崖墓》，电子科技大学出版社，1994 年，第 138、139 页。
⑩ 唐长寿：《乐山崖墓和彭山崖墓》，电子科技大学出版社，1994 年，第 146 页。
⑪ 唐长寿：《乐山崖墓和彭山崖墓》，电子科技大学出版社，1994 年，第 148 页。
⑫ 乐山市崖墓博物馆：《四川乐山市沱沟嘴东汉崖墓清理简报》，《文物》1993 年第 1 期。
⑬ 甘博文：《甘肃武威雷台东汉墓清理简报》，《文物》1972 年第 2 期。
⑭ 黄中幼、张荣华：《江津沙河发现东汉纪年崖墓》，《四川文物》1994 年第 4 期。
⑮ 闻宥：《四川汉代画象选集》，群联出版社，1955 年，第二十一图。

此外，非画像墓的四川彭山江口900号崖墓，根据石刻题记可知其墓主姓名为杨子舆，身份为蓝田令[①]。有职官者的非画像崖墓题记目前仅发现1例。

上述所有的可知墓主姓名和身份的画像墓基本可以分为砖（石）室墓和崖墓两类。在有墓阙的砖（石）室墓中，凡有墓主身份可考者，生前均担任过官吏，有郡太守、州刺史、都尉、县令、县长等高中级地方官吏或朝廷官吏。在其他的画像砖（石）室墓中，有墓主姓名和身份可考者，生前也有担任过官吏的，不过都属于州、县属吏等低级官吏。在崖墓中，除了四川乐山沱沟嘴墓的墓主张氏生前可能曾担任过一定级别的官吏之外，其他的在墓主姓名前后均未加任何官职或尊称。根据汉代人的习惯推测，这些崖墓墓主生前的身份可能都应为无官的平民。

二、画像中所见的墓主身份

我们认为，汉代画像墓的画像主题虽然是表达墓主祈求升仙和在仙境中继续享受荣华富贵的生活，但其中有一部分画像却是以再现墓主生前的各种生活场景的方式来表现这种主题。因此，这部分画像的内容可以反映出墓主生前的身份。

（一）出行图

汉代社会是一个等级制的社会，每个人都必须根据自己的身份在社会生活中遵循一定的等级制度规定。在墓葬出土的各种画像中，出行图可能是最为常见、最能体现墓主等级身份的画面了。因为如果墓主生前有仕宦经历的话，那么在墓葬的出行图中一定都是表现墓主生前所任最高官职时的出行行列。

关于东汉时期官吏的出行制度，在《续汉书·舆服志》中有较详细的记载：

公、列侯安车……皂缯盖，黑轓，右騑。

中二千石、二千石皆皂盖，朱两轓。其千石、六百石，朱左轓。……景帝中元五年，始诏六百石以上施车轓……中二千石以上右騑，三百石以上皂布盖，千石以上皂缯覆盖，二百石以下白布盖，皆有四维杠衣，贾人不得乘马车。……

公卿以下至县三百石长导从，置门下五吏、贼曹、督盗贼功曹，皆带剑，三车导；主簿、主记，两车为从。县令以上，加导斧车。公乘安车，则前后并马立乘。长安、雒阳令及王国都县加前后兵车、亭长，设右騑，驾两。璪弩车前伍伯，公八人，中二千石、二千石、六百石皆四人，自四百石以下至二百石皆二人。黄绶，武官伍伯，文官辟车。……

[①] 南京博物馆编：《四川彭山汉代崖墓》，文物出版社，1991年，第98页。

> 古者军出，师旅皆从；秦省其卒，取其师旅之名焉。公以下至二千石，骑吏四人，千石以下至三百石，县长二人，皆带剑，持棨戟为前列，捷弓韇九鞬[①]。

根据汉代画像中出行图的规模，车骑规格和数量（有的由于画面限制而有所省略），并参照《续汉书·舆服志》中车骑出行制度，大体可将西南地区汉代画像墓中的出行图分为以下六类。

第一类：官秩为列侯或秩万石的三公。

仅成都扬子山1号砖石室墓1座[②]。此墓的年代约为东汉末年。出行图由数块条形画像石构成。其出行行列中的主车为四帷安车，驾四马，车旁跟随有走狗。导从车多达11辆，其中还有驾二马辎车的随行官吏，但未见斧车。导从骑有40名，其中有6人组成的骑吹乐队，有持旌（信幡）的骑吏1人。此外，共有步行的伍伯步从16人（图一）。

第二类：官秩为中二千石、二千石、比二千石的上卿、郡守等高官。

其出行行列中的主车为四帷，驾2~3马。导从车6~8辆，其中有功曹、贼曹、督盗贼、主簿、主记等属车，或有棨车、斧车。导从骑约有20名，其中有数人组成的骑吹乐队，有持旌骑吏。此外，还有伍伯步从4~10名[③]。大致属于此类的墓葬有四川雅安高颐墓（阙）[④]、四川绵阳杨氏墓（阙）[⑤]、成都扬子山10号砖室墓[⑥]、成都昭觉寺砖室墓[⑦]、成都青杠包3号砖室墓[⑧]、四川德阳柏隆砖室墓[⑨]、四川彭山大土堆砖室墓[⑩]等。

[①]（晋）司马彪撰，（梁）刘昭注补：《后汉书》，中华书局，1965年，第3647~3652页。

[②] 于豪亮：《记成都扬子山一号墓》，《文物参考资料》1955年第9期。

[③] 有的墓出行图虽已不完整，但从其残存部分的规格看，大体可纳入本类。以下也有此种情况，不再注明。

[④] 重庆市文化局、重庆市博物馆，徐文彬、谭遥、龚廷万、王新南编著：《四川汉代石阙》，文物出版社，1992年，第32页；陈明达：《汉代的石阙》，《文物》1961年第12期。

[⑤] 重庆市文化局、重庆市博物馆，徐文彬、谭遥、龚廷万、王新南编著：《四川汉代石阙》，文物出版社，1992年，第24~26页；陈明达：《汉代的石阙》，《文物》1961年第12期。

[⑥] 冯汉骥：《四川的画像砖墓及画像砖》，《文物》1961年第11期；重庆市博物馆编：《重庆市博物馆藏四川汉画像砖选集》，文物出版社，1957年，第88页。

[⑦] 刘志远遗作：《成都昭觉寺汉画像砖墓》，《考古》1984年第1期。

[⑧] 徐鹏章：《成都站东乡汉墓清理记》，《考古通讯》1956年第1期；重庆市博物馆编：《重庆市博物馆藏四川汉画像砖选集》，文物出版社，1957年，第86页。

[⑨] 四川文物管理委员会：《在四川德阳县收集的汉画像砖》，《文物参考资料》1956年第7期。

[⑩] 帅希彭：《彭山近年出土的汉代画像砖》，《四川文物》1991年第2期；彭山县文管所帅希彭：《四川彭山出土的汉代画像砖》，《考古与文物》1989年第3期。

图一 车骑出行图（一）
（成都扬子山1号崖石墓墓室画像石拓本。下部接上部的后面）

例如，四川雅安高颐墓（阙）中的出行图。高颐卒于东汉末建安十四年（209年），建墓（阙）的年代应与此大体相同或稍晚，也应在东汉末年。其出行图位于右阙主阙阙身栏额部和耳阙楼部最上层的四面，均处于同一水平高度上。其主车驾3马（？）。导从车有7辆，其中有驾2马轺车，但是未见斧车。导从骑共21名，其中有数人组成的骑吹乐队，有1名持旌骑吏。此外，还有伍伯步从共10人。根据铭文明确可知墓主高颐生前的官宦经历最高，为郡太守，秩二千石（图二）。

再如，成都昭觉寺砖室墓。该墓的年代约为东汉晚期。出行图由9块画像砖组成（另有2块由于未排在同一排上，故未计算在内），基本都位于墓室的左侧内壁。其主车为軿车，驾2马。导从车共6辆，其中属车4辆，荣车、斧车各1辆。导从骑共有19名，其中包括一支6人组成的骑吹乐队和8名持旌幢的骑吏。伍伯步从共有6人（图三）。

又如，成都青杠包3号砖室墓。该墓的年代为东汉中晚期。位于墓室内左侧壁的出行图由7块画像砖组成。其主车为軿车，驾3马。导从车共4辆，其中属车2辆，斧车2辆。导从骑共15人，其中包括一支由6人组成的骑吹乐队和8名持旌幢的骑吏。伍伯步从共有6人（图四）。

第三类：官秩六百石至千石的县令等。

出行行列中的主车为軿车四帷，驾1~3马。导从车2~5辆，或者还有斧车，其中应包括功曹、贼曹、督盗贼、主簿、主记诸车或其中的一部分。导从骑2~4名。伍伯步从2~6名。大体可归入本类的有四川郫都新胜2号、3号砖室墓的5号棺[①]，四川乐山沱沟嘴崖墓[②]，四川新都胡家墩砖室墓[③]，四川新都新繁清白乡（现清白街村）砖室墓[④]，四川新都马家砖室墓[⑤]，四川彭山采泥场砖室墓[⑥]，四川广汉大堆子墓[⑦]等。

例如，四川郫都新胜2号、3号砖室墓5号画像石棺左侧的出行图。该墓的年代为东汉中晚期。其出行图的主车驾2~3马（图像不太清楚），画面上可见的导从车有4辆，其中2辆为属车。行列前端可见的有伍伯2人。其主车已在画面的后端，其主车后面还应有部分出行的行列（图五）。

---

① 四川省博物馆、郫县文化馆：《四川郫县东汉砖墓的石棺画象》，《考古》1979年第6期。
② 乐山市崖墓博物馆：《四川乐山市沱沟嘴东汉崖墓清理简报》，《文物》1993年第1期。
③ 张德全：《新都县发现汉代纪年砖画像墓》，《四川文物》1988年第4期。
④ 四川省文物管理委员会：《四川新繁清白乡东汉画像砖墓清理简报》，《文物参考资料》1956年第6期；冯汉骥：《四川的画像砖墓及画像砖》，《文物》1961年第11期。
⑤ 四川省博物馆：《四川新都县发现一批画像砖》，《文物》1980年第2期。
⑥ 帅希彭：《彭山近年出土的汉代画像砖》，《四川文物》1991年第2期。
⑦ 敖天照：《广汉县出土一批汉画像砖》，《四川文物》1985年第4期。

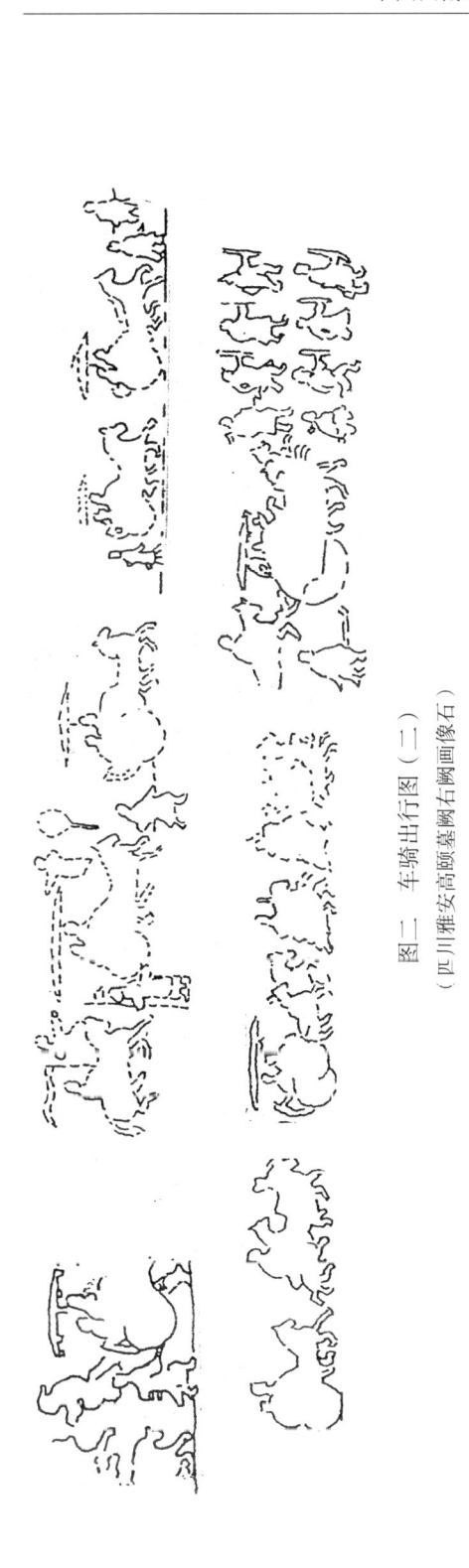

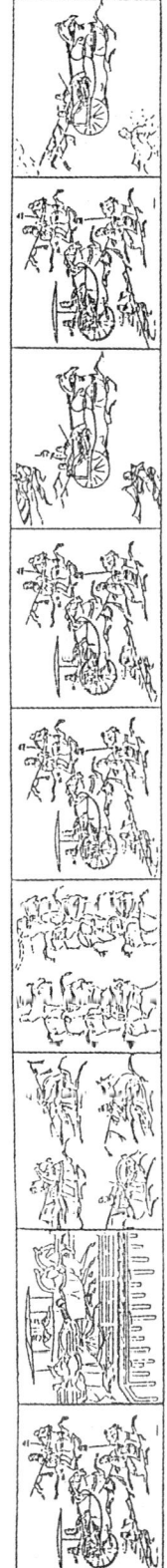

图二 车骑出行图（二）
（四川雅安高颐墓阙右阙画像石）

图三 车骑出行图（三）
（成都昭觉寺砖室墓墓室画像砖）

图四 车骑出行图（四）
（成都青杠包3号砖室墓墓室画像砖，推测排列）

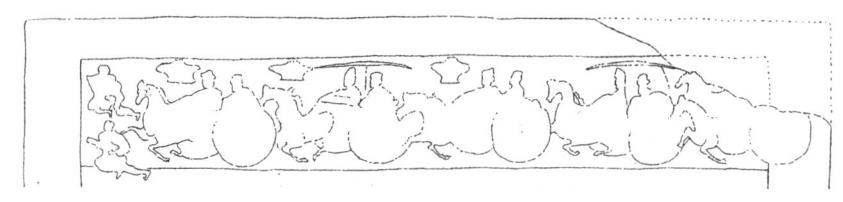

图五　车骑出行图（五）
（四川郫都新胜2、3号砖室墓5号画像石棺左侧）

再如，四川乐山沱沟嘴崖墓画像石棺左侧的出行图。该墓的年代为东汉中期。其出行图的主车为辎车，驾1马，属车在画面上有4辆。导从骑有3名。伍伯可见2名，行列前面至少还应有2名，此外还有步从4名。这种出行规格也与该墓石刻铭文中所示的墓主身份相符。其主车已在画面的偏后端，画面的前后两端都还应有部分出行的行列未表现出来（图六）。

图六　车骑出行图（六）
（四川乐山沱沟嘴崖墓画像石棺左侧）

第四类：官秩三四百石的县长等。

其出行行列中的主车为四帷，驾1马。有导从车。导从骑2~4名，伍伯2名。大体可归入本类的有四川新津堡子山崖墓1号石棺①，四川彭山江口496号崖墓②，四川新津石厂湾崖墓③，四川郫都新胜2、3号砖室墓的4号棺④，四川德阳司马孟台墓（阙）等⑤。其中司马孟台墓的阙上有铭文，可确定墓主身份为县长。

例如，四川彭山江口496号崖墓画像石棺左侧的出行图。该墓的年代为东汉中晚期。画面为出行图的局部，其主车为四帷，驾1马。画面上可见的还有导从车1辆，骑从2名（图七）。

再如，四川新津堡子山崖墓1号画像石棺一侧的出行图。年代约为东汉中晚期。画面为出行图的局部，其主车为四帷，驾1马。导从车可见1辆。伍伯2人（图八）。

---

① 闻宥：《四川汉代画象选集》，群联出版社，1955年，第二十七图。
② 20世纪90年代后期，该棺陈列于彭山县汉墓石刻艺术陈列馆内。
③ 李中华：《新津县东汉崖墓的画像石棺》，《成都文物》1988年第1期。
④ 四川省博物馆、郫县文化馆：《四川郫县东汉砖墓的石棺画象》，《考古》1979年第6期。
⑤ 重庆市文化局、重庆市博物馆、徐文彬、谭遥、龚廷万、王新南编著：《四川汉代石阙》，文物出版社，1992年，第26、27页；陈明达：《汉代的石阙》，《文物》1961年第12期。

图七　车骑出行图（七）
（四川彭山江口村 496 号崖墓画像石棺左侧）

图八　车骑出行图（八）
（四川新津堡子山崖墓 1 号画像石棺一侧拓木）

第五类：官秩二百石以下的小官吏。

其出现行列中的主车为四帷，驾 1 马。二百石前的伍伯 2 名，无其他导从。百石主车四帷，驾 1 马，无导从。可大体纳入此类出行图的有四川新津城南砖室墓 1 号石棺和 2 号石棺[1]，四川郫都杨耿伯砖石室墓[2]，四川长宁七个洞 5 号崖墓[3]，成都汤家河 2 号崖墓[4] 等。

例如，四川新津城南砖室墓 1 号画像石棺右侧的出行图。该墓的年代为东汉中晚期。其出行行列中的主车为四帷，驾 1 马。有导从骑 2 名，伍伯 2 名（图九）。

---

[1] 郑伟：《汉代画像石棺墓清理记》，《成都文物》1994 年第 2 期。
[2] 郫县文化馆梁文骏：《四川郫县东汉墓门石刻》，《文物》1983 年第 5 期。
[3] 四川大学考古专业七八级实习队、长宁县文化馆：《四川长宁"七个洞"东汉纪年画像崖墓》，《考古与文物》1985 年第 5 期。
[4] 薛登：《汤家河崖墓初识》，《成都文物》1989 年第 3 期。

图九　车骑出行图（九）
（四川新津城南砖室墓1号画像石棺右侧）

再如，四川郫都杨耿伯砖石室墓石门上的出行图。该墓的年代约为东汉晚期。其出行图的主车为四帷，驾1马（似乎还有导车1辆），车前伍伯2名。根据石刻铭文可确知墓主杨耿伯生前为县侯守丞（图一〇）。

又如，四川长宁七个洞5号崖墓。该墓的年代为东汉晚期。在墓门外的崖壁画像中，有一省略形式的出行图。画面仅有四帷马车1辆，驾1马，当为供墓主出行所用（图一一）。

图一〇　车骑出行图（十）
（四川郫都杨耿伯砖石室墓画像石门拓本）

图一一　车马出行图（一）
（四川长宁七个洞5号崖墓墓门外画像石刻）

第六类：无官秩的平民。

出行时墓主或乘无盖的马车或骑马，常有侍从跟随和导引。属于此类的墓葬特多，而且目前所见的基本均是崖墓。在乘马车的出行图中，较重要的墓有简阳鬼头山崖墓3号石棺[1]，乐山鞍山崖墓石棺[2]；在骑马出行图中，较重要的墓有四川宜宾公子山崖墓[3]，

---

[1] 内江市文管所、简阳县文化馆：《四川简阳县鬼头山东汉崖墓》，《文物》1991年第3期。
[2] 该墓的部分拓本资料于20世纪90年代由乐山市文化局唐长寿先生和乐山崖墓博物馆黄学谦先生提供。
[3] 兰峰：《四川宜宾县崖墓画像石棺》，《文物》1982年第7期。

重庆江津长沟 3 号崖墓①，四川长宁七个洞 1、2、7 号崖墓②，四川彭山高家沟 282 号崖墓③，四川彭山双河崖墓④，重庆璧山 2 号石棺⑤，四川荥经陶家拐砖室墓石棺⑥等。

例如，四川简阳鬼头山崖墓 3 号画像石棺。该墓的年代为东汉中晚期。其石棺右侧的画像都是表现仙境，在中部有一幅省略形式的出行图。仅有一马车停在仙境中，象征墓主出行已到达仙境。其马车无盖，驾 1 马（图一二）。

图一二　车马出行图（二）
（四川简阳鬼头山崖墓 3 号画像石棺右侧）

再如，四川乐山鞍山崖墓的画像石棺。石棺的年代约为东汉中期。石棺右侧的画像中部有一幅省略形式的出行图。仅有马车 1 辆和侍从 1 人，车停在天门前，象征墓主在龙和鱼的导引下已出行到达仙境。其马车无盖，驾 1 马（图一三）。

图一三　车马出行图（三）
（四川乐山鞍山崖墓画像石棺右侧拓本）

又如，四川宜宾公子山崖墓 3 具石棺上的出行图。该墓的年代为东汉中晚期。3 幅出行图均是墓主骑马，并有佩刀、持棍的侍从 2 人跟随（图一四）。

---

① 黄中幼、张荣华：《江津沙河发现东汉纪年崖墓》，《四川文物》1994 年第 4 期。
② 四川大学考古专业七八级实习队、长宁县文化馆：《四川长宁"七个洞"东汉纪年画像崖墓》，《考古与文物》1985 年第 5 期。
③ 20 世纪 90 年代，该棺陈列于彭山县汉墓石刻艺术陈列馆内。
④ 20 世纪 90 年代，该棺陈列于乐山崖墓博物馆。
⑤ 资料于 20 世纪 90 年代由重庆市璧山县文物管理所提供。
⑥ 李晓鸥：《四川荥经发现东汉石棺画像》，《考古与文物》1988 年第 2 期。

图一四　骑马出行图（一）
（四川宜宾公子山崖墓1号画像石棺右侧拓本）

还有，四川长宁七个洞7号崖墓的左侧崖棺。该墓的年代为东汉中期。其崖棺一侧的出行图为墓主骑马，在凤鸟的引导下已到达天门（图一五）。

图一五　骑马出行图（二）
（四川长宁七个洞7号崖墓左侧画像崖棺一侧拓本）

如果我们将上述各类的出行行列与当时汉朝廷规定的出行制度相比较，就可以发现有一些超越制度规定的地方，尤其是在前三类出行图中，这种情况尤为明显、突出。在时代上讲又以东汉晚期（包括东汉末年）最为明显、突出。由此也可看出，东汉晚期以后中央对地方的控制、约束力越来越小。东汉末年时，巴蜀地区更处于一种完全的割据状态，僭越礼制等级的现象时有发生。这些地方上的高官和割据者敢于藐视中央的权威和规定，称雄一方，与出行图中这种制度被逐渐僭越是相吻合的。应该指出的是，由于这种僭越现象的存在，有的墓的出行图虽然按规格放入上述类别中，但墓主的实际官秩和地位可能要低一些。

在上述六类中，第一、二类的墓葬类型均是砖室墓或砖石室墓。在第三类中也仅一座为崖墓，其他均为砖室墓。在第四、五类中，崖墓的数量略为增多，但在第六类中，几乎全是崖墓。也就是说，有画像出行图的砖室墓或砖石室墓的墓主身份基本都是官吏，其中高官还占一定的比例；与此相反有出行图的画像崖墓其墓主身份明显低于前者，除了少量为中下层官吏外，大多为平民。这一分析结果与前面根据铭文的分析结果是一致的。

（二）妇女出行图

在汉代，妇女出行一般乘坐的车有辎车、辩车和辇车等，而且一般是地位较高的妇女所乘坐。例如，《汉书·张敞传》说："君（张敞）母出门，则乘辎辩。"[1]《古列女传·齐孝孟姬传》记载："妃后逾阈，必乘安车辎辇。"[2] 在考古发现中，甘肃武威雷台汉墓的三辆铜辇车驾车的马胸前分别刻"冀张君夫人辇车马""守张掖长张君前夫人辇车马""守张掖长张君后夫人辇车马"等铭文[3]。山东沂南画像石墓的墓主夫人出行行列中也有辎车[4]。

西南地区汉代画像墓中目前所见有这种妇女出行图的墓为：四川成都曾家包2号墓[5]，四川新都胡家墩墓[6]，重庆市沙坪坝市一中墓石棺[7]，四川郫都新胜2、3号墓及1、3号石棺[8]，四川泸州长江边墓石棺[9]，四川合江城西郊墓石棺[10]，四川成都扬子山1号墓[11]、扬子山2号墓[12]，四川乐山麻浩1号墓[13]，四川渠县赵家村贰阙[14]等。妇女出行虽无严格的制度规定，但从画面也可以看出一些差异。

例如，成都扬子山1号墓内左侧壁画像砖中的妇女出行图（图一六）。其女性出行乘坐的是辎车，车旁还有武装卫从和侍女跟随，车后有4骑吏，显然为贵妇人出行，当为女墓主，这与上述同墓的男墓主高官身份相吻合。

---

[1]（汉）班固撰，（唐）颜师古注：《汉书》卷七十六，中华书局，1962年，第3220页。

[2]（汉）刘向编撰，顾凯之画图：《古列女传》，中华书局，1985年，第102页。

[3] 甘博文：《甘肃武威雷台东汉墓清理简报》，《文物》1972年第2期。

[4] 南京博物院、山东省文物管理处：《沂南古画像石墓发掘报告》，文化部文物管理局，1956年，拓片第37幅。

[5] 成都市文物管理处：《四川成都曾家包东汉画像砖石墓》，《文物》1981年第10期。

[6] 张德全：《新都县发现汉代纪年砖画像砖墓》，《四川文物》1988年第4期。

[7] 该棺20世纪90年代于陈列于重庆市博物馆。

[8] 四川省博物馆、郫县文化馆：《四川郫县东汉砖墓的石棺画象》，《考古》1979年第6期。

[9] 20世纪90年代，该棺陈列于泸州市博物馆。

[10] 资料于20世纪90年代由合江县文化馆提供。

[11] 于豪亮：《记成都扬子山一号墓》，《文物参考资料》1955年第9期。

[12] 冯汉骥：《四川的画像砖墓及画像砖》，《文物》1961年第11期；重庆市博物馆编：《重庆市博物馆藏四川汉画像砖选集》，文物出版社，1957年，第88页。

[13] 乐山市文化局：《四川乐山麻浩一号崖墓》，《考古》1990年第2期；闻宥：《四川汉代画象选集》，群联出版社，1955年，第五十三图；李复华、曹丹：《乐山汉代崖墓石刻》，《文物参考资料》1956年第5期。

[14] 重庆市文化局、重庆市博物馆，徐文彬、谭遥、龚廷万、王新南编著：《四川汉代石阙》，文物出版社，1992年，第43、44页；陈明达：《汉代的石阙》，《文物》1961年第12期。

再如，成都扬子山2号墓的妇女出行图（图一七）。有2辆辇车，旁边跟随有侍女、武装卫从和随车同行的衣物行李车，应为贵妇人出行，同墓还出有驾二马的辒车，可见其车主应为身份较高官吏的男墓主之妻。

又如，成都曾家包2号墓的妇女出行图（图一八）。有2辆车，辒车和辇车各一辆，旁边跟随有侍女、武装卫从和随车同行的衣物行李车，车后有6骑吹，应为贵妇人出行，其身份也应较高。

图一六　妇女出行图（一）
（成都扬子山1号砖石墓出土画像砖）

图一七　妇女出行图（二）
（成都扬子山2号砖石墓出土画像砖）

图一八　妇女出行图（三）
（成都曾家包2号砖石墓出土画像砖）

还有，四川新都胡家墩墓的妇女出行图（图一九）。为乘辇车出行，同行于车骑出行行列中，旁边还有武装卫从，身份较高。

图一九　妇女出行图（四）
（四川新都胡家墩砖室墓出土画像砖）

还有，重庆市沙坪坝市一中墓的妇女出行图（图二○）。为辇车出行，这一行列中有2伍伯、4骑吏。骑吏均戴高冠，其中一人手中持吾，显然这类似于官吏出行的车骑行列。

图二○　妇女出行图（五）
（重庆市沙坪坝市一中墓画像石棺右侧）

除了出行图之外，还有许多画像的内容可显示其墓主的身份，下面我们仅选几类加以分析。

（三）墓主图

汉代墓主的形象经常在墓内的画像或壁画中出现，西南地区画像墓的情况也是如此。例如，重庆璧山汉墓中出土的1、4、5号画像石棺上均有墓主的画像出现[①]。5号棺的墓主图位于棺身右侧的右边（图二一），墓主中间端坐，左边一人吹箫，右边有人双手持笏拜谒墓主。4号棺的墓主夫妻图位于棺身左侧（图二二）。男性墓主戴高冠，手持便面，身后一双手持吾的侍从。女性墓主相对站立，身后一持便面的侍从。从这些画面的内容分析，其男性墓主的身份似应为官吏。

---

① 资料于20世纪90年代由重庆市璧山县文物管理所提供。

图二一　墓主图
（重庆璧山汉墓出土 5 号画像
石棺右侧拓本）

图二二　墓主夫妻图
（重庆璧山汉墓出土 4 号画像石棺左侧拓本）

（四）侍者、门卒图

有这类侍者、门卒图的画像墓数量不少。侍者图主要是显示墓主的高贵富有身份。例如，成都曾家包 2 号墓[①]石墓门正面的侍者图中就有各种不同的侍者形象（图二三）。此外，在成都曾家包 1 号墓[②]石墓门背面的侍者图中（图二四），男侍者还双手拿长剑，显然长剑为墓主所佩之物。我们知道，剑在早期是短剑，作为格斗之用，到汉代以后剑身加长，多为长剑，并主要是作为一种有护身作用的礼仪用品，表明身份尊贵。通过这种画像可以得知该墓主人是有一定社会地位的，并拥有许多侍仆。

图二三　侍仆图
（成都曾家包 2 号砖石墓墓门正面画像石
左：右扇；右：左扇）

图二四　侍仆门卒图
（成都曾家包 1 号砖石室墓墓门背面画像石
左：东侧；右：西侧）

有门卒守卫象征庄园宅第森严尊贵，门卒图在墓中出现则有守卫墓葬不受侵扰之

[①] 成都市文物管理处：《四川成都曾家包东汉画像砖石墓》，《文物》1981 年第 10 期。
[②] 成都市文物管理处：《四川成都曾家包东汉画像砖石墓》，《文物》1981 年第 10 期。

义。一般出现在墓门附近，用于保卫墓葬，其形象可分为两种：一种是着帻、长袍、束腰、手持环首刀等，为家丁形象，在现实生活中主要是守护主人安全。例如，成都曾家包 1、2 号墓石墓门上的画像[①]（图二四、二五）等。另一种是着帻、短袍、束腰、赤脚、裤腿挽起，为农民形象，手中持有兵器或农具，这应是当时的部曲形象。例如，四川彭山江口 951-3 号墓[②]（图二六），四川乐山柿子湾 1、2、25 号墓[③]（图二七），四川乐山麻浩 1 号墓[④] 等。在现实生活中他们是依附于豪族大姓的农民，除了耕田种地之外，在社会动荡时，也作为豪族大姓的私人武装，保卫其庄园。通过这些画像可以推测墓主的身份可能是拥有私人武装的豪族大姓。

图二五　门卒持刀人物图
（成都曾家包 2 号砖石室墓墓门背面画像石
左：左扇；右：右扇）

图二六　门卒石刻图（一）
（四川彭山江口 951-3 号崖墓墓室右侧）

图二七　门卒石刻图（二）
（四川乐山柿子湾 1 号崖墓 2 号墓穴东侧）

---

① 成都市文物管理处：《四川成都曾家包东汉画像砖石墓》，《文物》1981 年第 10 期。
② 该墓位于现眉山市彭山区江口崖墓博物馆内。
③ 为 20 世纪 80 年代本人调查所得资料。
④ 乐山市文化局：《四川乐山麻浩一号崖墓》，《考古》1990 年第 2 期。

（五）庄园图

东汉时期经济的一个突出特点就是庄园经济。许多豪族大姓拥有规模宏大的庄园和较强大的经济实力，雄踞一方。在墓葬中反映庄园内容的画像，正是墓主作为拥有广大的田宅山林、众多财富的豪族或入仕官吏的豪族身份的反映。这些庄园图可以分为三种类型。

第一种是画像石上的庄园图。可以成都曾家包1号墓[①]双后室内壁画像石上的庄园图为代表（图二八、图二九），其中既有山林田池、高宅大仓，又有庄园中的各种手工业和饲养业、酿造业等，将庄园内的各种情景场面集中在一两个画面上。

第二种是画像砖上的庄园图。它的特点是同一墓中有若干块画像砖，一块砖上一个画面，并且仅表现庄园中的一个内容，必须将若干个画面合起来才能构成一幅较完

图二八　庄园图
（成都曾家包1号砖石室墓东后室内壁画像石）

---

① 成都市文物管理处：《四川成都曾家包东汉画像砖石墓》，《文物》1981年第10期。

图二九　庄园百业图
（成都曾家包1号砖石室墓西后室内壁画像石）

整的庄园图。川西地区的画像砖墓多是如此。例如，成都市曾家包2号墓[①]共有20块画像砖，其中11块是表现庄园的，其西壁（左侧壁）的内容有市井、宴饮、弋射收获、庭院、借贷、山林盐场等画像砖，东壁（右侧壁）的宴舞百戏、宴饮起舞、宴饮、对弈饮酒、庭院、山林盐场等画像砖，构成一幅完整的庄园图（图三〇）。其他的画像砖墓，如成都扬子山1、2、10号墓[②]，成都昭觉寺墓[③]，四川彭州南方院墓[④]，四川新津铁

---

① 成都市文物管理处：《四川成都曾家包东汉画像砖石墓》，《文物》1981年第10期。
② 于豪亮：《记成都扬子山一号墓》，《文物参考资料》1955年第9期；冯汉骥：《四川的画像砖墓及画像砖》，《文物》1961年第11期；重庆市博物馆编：《重庆市博物馆藏四川汉画像砖选集》，文物出版社，1957年，第88页。
③ 刘志远遗作：《成都昭觉寺汉画像砖墓》，《考古》1984年第1期。
④ 四川省文物管理委员会：《四川彭县义和公社出土汉代画像砖简介》，《考古》1983年第10期。

溪墓[①]，四川新都马家墓[②]等。基本上都是大同小异。

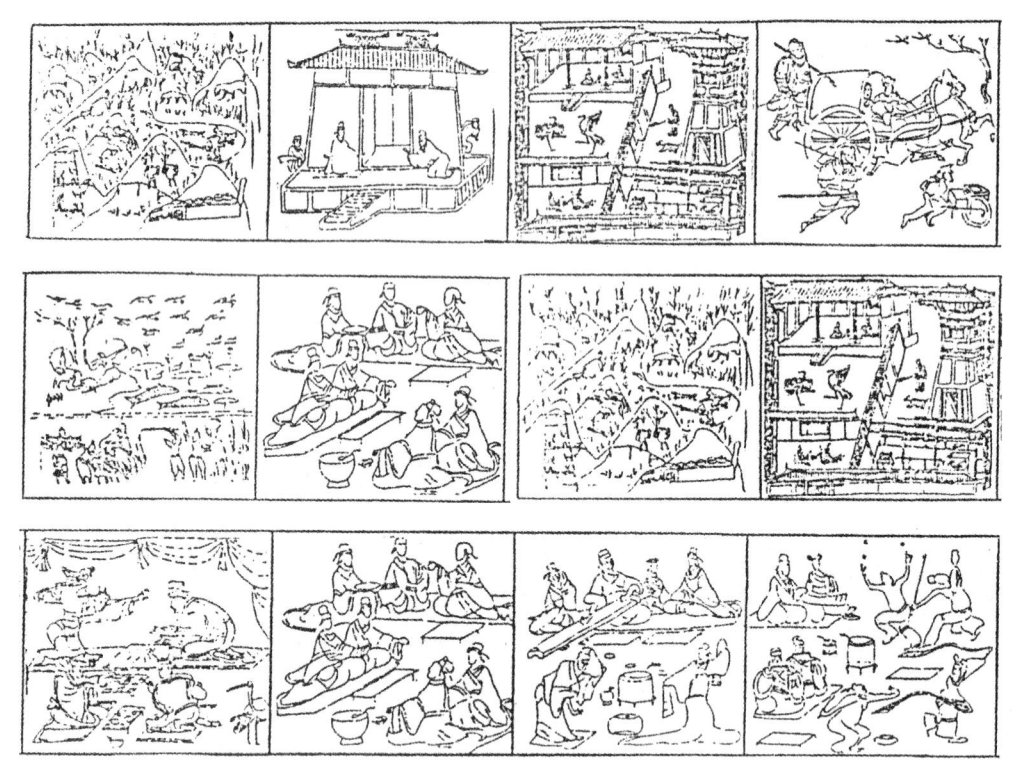

图三〇　庄园图
（成都曾家包2号砖石室墓部分画像砖组合）

　　第三种是画像石，尤其是石棺和崖墓画像上的庄园图。它的特点是仅以庄园中的一个局部来象征整个庄园。例如，四川郫都新胜2、3号砖室墓5号石棺左侧画像的下部，就是以莲池和牲畜来象征庄园[③]（图三一）。再如，四川内江关升店崖墓石棺后端的画像，就是以一个楼阁来象征庄园[④]（图三二）。另外，还有一种数量最多的就是宴饮图[⑤]（图三三、图三四）。

[①] 资料于20世纪90年代由成都市新津县文物管理所提供。
[②] 四川省博物馆：《四川新都县发现一批画像砖》，《文物》1980年第2期。
[③] 四川省博物馆、郫县文化馆：《四川郫县东汉砖墓的石棺画象》，《考古》1979年第6期。
[④] 雷建金：《内江市关升店东汉崖墓画象石棺》，《四川文物》1992年第3期。
[⑤] 李复华、郭子游：《郫县出土东汉画象石棺图象略说》，《文物》1975年第8期；乐山市崖墓博物馆：《四川乐山市沱沟嘴东汉崖墓清理简报》，《文物》1993年第1期。

图三一　莲池人兽图
（四川郫都新胜 2、3 号砖室墓 5 号画像石棺）

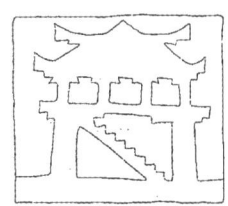

图三二　楼阁图
（四川内江关升店崖墓画像石棺后端）

图三三　庄园宴饮图
（四川郫都新胜 1 号砖室墓画像石棺右侧拓本）

图三四　宴饮图
（四川乐山沱沟嘴崖墓画像石棺左侧）

此外，画像墓本身还有一个特点，就是在当地众多的同时代墓葬中规模宏大，建筑精美，其平面形式多仿生人居室宅院，其中尤以一些大型崖墓的仿造最为逼真。这本身就反映出墓主人生前拥有众多财富、广宅深院，其社会地位和经济地位高于普通平民的情况。例如，四川三台郪江松林嘴 1 号崖墓[①]（图三五）。

---

① 为 20 世纪 80 年代本人调查所获资料。

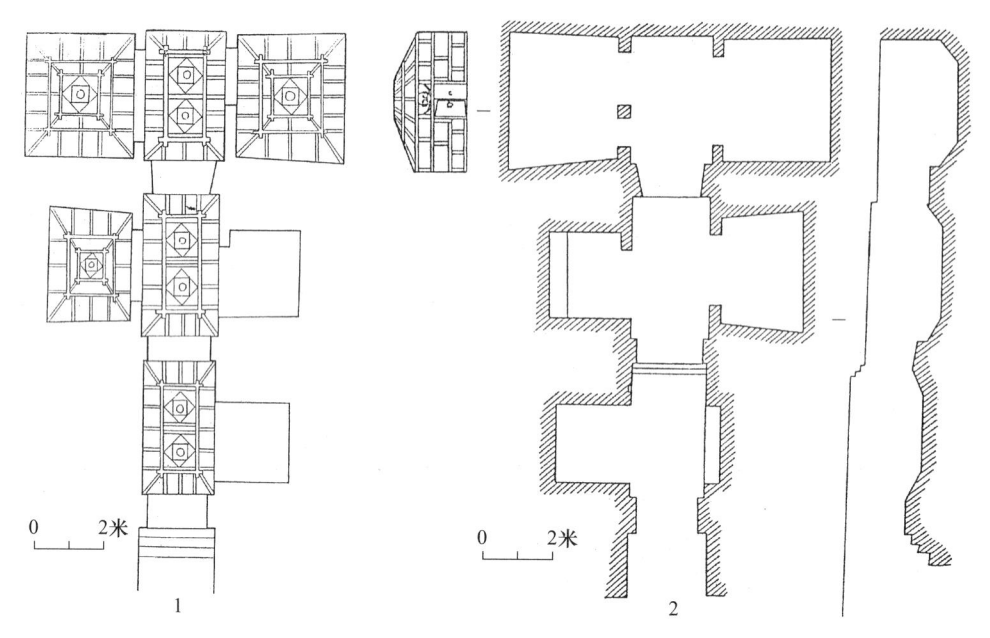

图三五　四川三台郪江松林嘴 1 号崖墓
1. 顶视图　2. 平、剖面图

三、画像墓与豪族

综上所述，可以认为画像墓的墓主在当地都是属于富裕阶层，其中有相当一部分可能是当地的豪族，并拥有相当的经济实力。从社会地位方面看，画像墓的墓主身份也存在着一定的差异。从官秩极高的高官至无官秩的平民均有。这些官吏所在的家族，基本上又都是豪族，而且其中至少有一部分人拥有相当的经济实力。在不同类型的画像墓之间，其墓主身份也存在着一定的差异，如画像砖室墓和砖石室墓的墓主身份就明显高于画像崖墓的墓主身份。在前两种类型的画像墓中，其墓主身份为官吏者占有较大的比例，其中有一部分还是高官，官秩最高者可能被封侯或位至三公。画像崖墓的墓主身份却大多为平民，仅有少量的为中下层官吏，官秩最高者也仅可能是县令、长等。

豪族在古代文献中有多种称呼，如大姓、大族、世家、豪强、豪宗、豪人、豪右等。西南地区汉代的豪族常被称为"大姓"[1]。在中原地区，豪族的兴起大约在西汉中期，到了东汉时期进一步发展壮大。纵观两汉时期的政治、经济，西汉时期政府对豪族基本上采取的是抑制态度，到了东汉时期则主要是放任自流。东汉王朝的开创者光武帝刘秀本人就是南阳的豪族。东汉政权的建立，也主要是依赖于南阳、颍川、河北等地的豪强地主集团的支持。因此，东汉时期的各种政治、经济制度，多有利于

---

[1] （晋）常璩撰，刘琳校注：《华阳国志校注》，巴蜀书社，1984年。

豪族地主的发展，东汉的政治从某种意义上甚至可以说是一种豪族政治，而与此相适应的经济形式则主要是庄园经济。

西南地区豪族的兴起略晚于中原地区。西汉中期汉武帝还借助于巴蜀地区的力量开疆拓土，征讨西南夷，将巴蜀之外的广大西南地区纳入汉王朝的统治之内。约在西汉晚期至东汉初期，巴蜀地区的豪族才开始兴起，但到了东汉中晚期得到了空前的发展，并成为一股重要的政治、经济力量①。此外，东汉中晚期时，原西南夷地区的豪族也已兴起。仅《华阳国志》一书记载的当时西南各地的豪族大姓就有150余个，其中绝大部分都集中在西南地区汉代画像墓分布的范围内。

下面，我们以西南地区汉代画像的资料为主，再结合文献中记载的有关汉代豪族的情况，可以归纳出西南地区汉代的豪族所具有的几项基本特征。

1. 拥有大量田地、湖泽、山林和盐井，形成豪族庄园

这些豪族在一个或数个庄园内广泛使用奴婢和依附农民，并形成农渔林牧与手工业相结合的在一定程度上自给自足的庄园经济体系。

例如，前述成都曾家包1号墓出土的庄园图中（图二八、图二九），我们可以见到在豪族庄园内既有水田旱地、池泽山林，又有楼阁大仓、武器兵库。在庄园内既要从事农业耕作、渔业捕捞、牲畜饲养、谷物加工、纺线织布、酿造水酒，还要利用马车、牛车从事商业运输。

此外，根据文献记载，西汉晚期资中的豪族王褒拥有较多的奴婢，并在《僮约》②中要求其奴仆做的劳动就有农业耕作、维修水利灌溉设施、畜牧、捕鱼、种植桑林果树、织席、编绳、打猎、修造舟船、制作兵器，已涉及各种生产活动。此外，还要北到洛阳、南至益州、西达武都进行商业活动。这与汉代画像墓中所见的各种庄园情况完全吻合。

2. 以宗族为纽带，掌握大量同姓、同宗的依附农民

这些豪族掌握的大量依附农民，一般都租用作为族长的豪族的田地，并需要交租、服役等，其政治态度、经济活动，甚至一些家庭生活都要受到族长的影响，并服从整个宗族（实际上是豪族）的利益。到东汉后期，由于社会动乱，匪贼众多，迫使一般农民更需依靠家族的力量来保护自己。因此在东汉中晚期以后，豪族都有主要由依附农民组成的私人武装——部曲，拥兵自重，有的力量强大的豪族甚至可以与地方政府、农民起义军等相抗衡。

例如，东汉晚期的中平五年（188年），以马相、赵祗为首的巴蜀地区的"黄巾"

---

① 罗开玉：《四川通史》第2册，四川大学出版社，1993年，第103页。
② （汉）王褒：《僮约》，（清）严可均校辑：《全上古三代秦汉六朝文》卷四十二，中华书局，1958年，第359页。

起义，虽一度占领四川盆地内的大部分地区，却很快被犍为豪族贾龙的私人武装所打败[①]。

这些在汉代画像墓中都得到真实的反映。例如，前文所述在画像墓中常见墓门两侧或墓门附近有守墓门卒的画像，其多是持刀带盾或持锸拿锄的部曲农民形象，此外在画像中还常见到武库兵器架，这些都是作为豪族的墓主生前拥有私人武装的真实写照。

3. 普遍重视文化教育和自我人格的标榜，参与各级政权

汉代西南地区的教育者和受教育者都是以豪族地主为主的富裕阶层。教书育人和接受教育既可立身扬名，自我塑造良好的社会形象，发展家族、宗族势力，同时又是出仕做官的重要途径之一。

重视文化教育并由此进入仕途，这一传统在西汉时期由文翁在蜀地办官学、开教化时就开始形成[②]，到东汉时期仍然延续。例如，东汉顺、桓帝时广汉人冯颢为成都令，在县里"立文学，学徒八百人"[③]。再如，宕渠豪族冯焕、冯绲父子，均精于学问，以后都位及朝廷高官[④]。这种情况在"讲学"等画像砖中也得以体现。在川西平原的一些画像砖墓中均出土有各种"讲学"画像砖（图三六、图三七）。它除了说明当时的豪族重视教育之外，也是标榜墓主重视对自身文化和修养的陶冶。东汉规定"中产"之家以上才有资格做官，即使是作为乡、里这类的小吏，也需要有一定家产。因此，基层的小吏和郡、县掾吏等一般都由当地的豪族大姓担任。此外，根据前面论述的画像墓墓主身份观察，当时西南地区，尤其是巴蜀地区的豪族出任朝廷和地方中、上层官吏者也为数不少。

图三六　讲学画像砖
（成都扬子山2号砖室墓、成都青杠包3号砖室墓）

图三七　三人讲学画像砖
（四川德阳柏隆砖室墓）

---

① （晋）常璩撰，刘琳校注：《华阳国志校注·蜀志》，巴蜀书社，1984年，第487页。
② （汉）班固：《汉书·循吏传·文翁传》，中华书局，1962年，第3625页。
③ （晋）常璩撰，刘琳校注：《华阳国志校注·蜀志》，巴蜀书社，1984年，第238页。
④ （宋）范晔撰，（唐）李贤等注：《后汉书·冯绲传》，中华书局，1965年，第1280页。

关于自我人格的标榜，表现这方面内容的画像主要有养老（图三八）、借贷（图三九）等，此外还有各种历史人物故事。养老、借贷等画像内容，除了显示墓主的富有之外，还可以体现出墓主的德与仁义。历史人物及相关的典型事例在画像墓中出现，有荆轲刺秦王图①（图四〇、图四一）、董永侍父图②（图四二）、季札赠剑图③（图四三）、完璧归赵图④（图四三）、孝孙元觉图⑤（图四四）等。这些都是为了表现标榜墓主的道德伦理观念，同时也标榜墓主与他们是同类人⑥。可见其主要目的是表现墓主的"德"。这些有历史人物故事的画像主要出现在为数不多的大型墓葬中和画像石阙墓的石阙上，其墓主的身份较高。这也说明豪族这一阶层的人似乎更注重人格的体现和对自我道德的标榜。

汉代社会提倡的社会道德伦理观念的核心是"忠"和"孝"，"刺客死士为之效命"

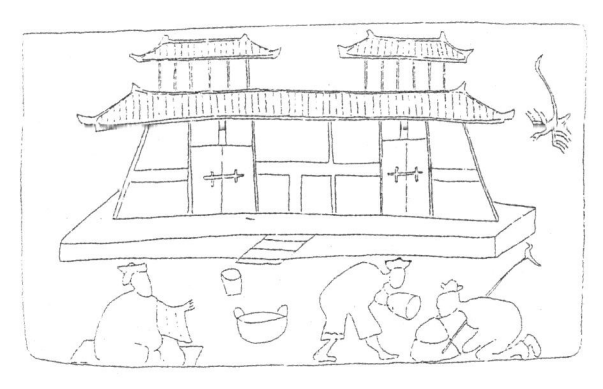

图三八　养老画像砖
（四川彭州出土）

图三九　借贷画像砖
（成都扬子山2号砖室墓、10号砖室墓，
昭觉寺砖室墓，曾家包2号墓）

---

① 有数座墓都有此内容的画像。如四川乐山麻浩1号墓（乐山市文化局：《四川乐山麻浩一号崖墓》，《考古》1990年第2期），四川江安桂花村1号墓1号石棺（崔陈：《江安县黄龙乡魏晋石室墓》，《四川文物》1989年第1期；崔陈：《宜宾地区出土汉代画像石棺》，《考古与文物》1991年第1期）等。

② 有数座墓都有此内容的画像，如四川乐山柿子湾1号墓（资料为20世纪80年代笔者调查所得）。

③ 见于重庆合川皇坟堡石室墓（重庆市博物馆、合川县文化馆：《合川东汉画像石墓》，《文物》1977年第2期）、四川雅安高颐阙（重庆市文化局、重庆市博物馆，徐文彬、谭遥、龚廷万、王新南编著：《四川汉代石阙》，文物出版社，1992年，第32页）。

④ 见于重庆合川皇坟堡石室墓（重庆市博物馆、合川县文化馆：《合川东汉画像石墓》，《文物》1977年第2期）。

⑤ 见于乐山市柿子湾1号崖墓（资料为20世纪80年代笔者调查所得）。

⑥ 《后汉书·赵岐传》卷六十四载："(赵岐)先自为寿藏，图季礼、子产、晏婴、叔向四像居宾位，又自面其像居主位，皆为赞颂。"（中华书局，1965年，第2124页）

图四〇　荆轲刺秦王画像石
（四川乐山麻浩1号崖墓前堂右壁）

图四一　荆轲刺秦王与奔龙人物画像石
（四川江安桂花村1号石室墓1号石棺左侧）

图四二　董永侍父等人物画像石
（四川乐山柿子湾1号崖墓前堂左壁）

图四三　完璧归赵、季札赠剑画像石
（重庆合川皇坟堡石室墓拓本）

图四四　孝孙元觉等人物画像石
（四川乐山柿子湾 1 号崖墓前堂右壁）

为"忠"，"父为子纲"而子敬父老为之"孝"，这些都可以用"仁义"来概括。巴蜀地区汉代社会所崇尚的历史典范可能就是荆轲、董永等人物。汉代画像中较多地刻画这两种历史人物故事，应正是这种社会现象的反映。

各种讲学、历史人物故事和养老借贷等内容的画像，则是他们自我人格的标榜，也是其期望立身扬名、入仕做官的写照。

4. 极力追求和尽情享受富贵荣华的生活

整个汉代社会都崇尚富贵，"崇高莫大乎富贵"[①]。为了追求富贵，当时社会形成了奢侈颓靡之风。汉代人桓宽在《盐铁论》中曾对此有过具体的描述。其贵人之家的生活是"临渊钓鱼，放犬走兔，隆豺鼎力，蹋鞠斗鸡，中山素女，抚流徵于堂上，鸣鼓巴俞，作于堂下。妇女被罗纨，婢妾曳绨纻。子孙连车列骑，田猎出入，毕弋捷健"[②]。

汉代西南地区的豪族也不例外，《华阳国志·蜀志》卷三也对当时巴蜀地区的情况有具体的描述："家有盐铜之利，户专山川之材，居给人足，以富相尚。故工商致结驷连骑，豪族服王侯美衣，娶嫁设太牢之厨膳，归女有百两之车，送葬必高坟瓦椁，祭奠而羊豕夕牲，赠襚兼加，赐赙过礼……若卓王孙家僮千数，程郑八百人，而郄公从禽，巷无行人，箫鼓歌吹，击钟肆悬，富侔公室，豪过田文，汉家食货，以为称首"[③]。

在墓葬画像中反映的豪族生前生活的内容与这些记载是完全相吻合的。例如，前面我们所提到的那些众多的宴饮图，画像内容表现的是豪族大姓生前的歌舞宴饮、鼓瑟吹笙、男欢女乐的颓靡奢侈生活，而一幅幅车骑出行图画像内容则又从另一个侧面炫耀他们生前入仕做官的显贵辉煌人生。

[①]（魏）王弼注：《易·系辞上》卷七，（清）阮元：《校刻十三经注疏》，中华书局，1980 年，第 82 页。

[②]（汉）桓宽：《盐铁论·刺权》第九，《诸子集成》第 7 册，中华书局，1954 年，第 10 页。

[③]（晋）常璩撰，刘琳校注：《华阳国志校注·蜀志》，巴蜀书社，1984 年，第 225 页。

四、结　语

西南地区画像墓墓主中的豪族较多，因此西南地区画像墓的兴衰始终与当地豪族的发展密切相关。当东汉时期豪族在西南地区得到较大的发展时，出于各种动机，他们便大造冢墓，炫耀自己。例如，《华阳国志·蜀志》中便记载东汉晚期郫县大姓杨伯侯过于奢侈，大造冢茔的情况[①]。上行下效，他们的做法必然会对当时的社会产生影响，这又会促进画像墓在西南地区的盛行。西南地区画像墓的兴起、盛行与衰落与西南豪族的兴起、发展与衰落大体上同步，其原因也在于此。

现在我们所能见到的古代文献中，有关西南地区汉代豪族的记载比较简略。但是，通过对西南地区汉代画像墓的深入研究，可以进一步生动、形象地了解到更多的有关西南地区汉代豪族的情况，有助于我们对西南地区汉代社会的深入研究。

（原载四川大学历史文化学院考古学系编：《四川大学考古专业创建四十周年暨冯汉骥教授百年诞辰纪念文集》，四川大学出版社，2001年，第336~361页）

---

① （晋）常璩撰，刘琳校注：《华阳国志校注·蜀志》，巴蜀书社，1984年，第238页。

东汉画像中所见的早期民间道教

中国的民间道教最早出现于东汉后期，它大量地吸收了战国以来盛行的神仙方术。当时的道士采取的手段和技术多种多样，其中有许多与巫术有关。其术主要有仙术和神术两类。仙术包括房中、服食、行气等，属于内修的养生之术。神术则包括冥通符咒、祈祷祭祀等，其中直接吸收、采用了许多早期巫祝的方法。

汉代的画像一直是以各种与神仙世界、升仙相关的内容为主。到东汉中晚期，在这些传统的画像内容中出现了一些新的因素和内容，笔者认为其中有相当部分与当时出现和流行的早期民间道教有关。因此，本文的目的就是对这类画像进行分析，并探讨它们与当时流行的早期民间道教的关系。

一、画像的符号化与道符

在东汉后期的画像墓中，十分引人注目的是出现了一些符号化因素。这些符号大体可以分为以下两类。

1. 文字化符号

在四川长宁七个洞1号东汉晚期熹平元年（172年）纪年崖墓墓门外刻一个复文符号，由"入门妻见"四字组成[①]（图一）。该符号中所言的"门"，当指天门，在同墓群的4号崖墓的画像墓阙旁就有"赵□（氏）天门"题榜[②]。因此该符号当是祈祷墓主进入天门升仙并与先死去的妻子相见之意。

2. 图像化符号

目前已发现的主要有以下数种。

（1）"胜"纹符号。这是目前发现数量最多的符号，尤其是在四川东汉晚期崖墓和石棺的画像中十分常见。"胜"是西王母头上所戴的重要象征物。在已发现的"胜"纹符号中既有标准的"胜"纹符号，如四川彭山高家沟282号崖墓墓门上方出现的[③]，

[①] 罗二虎：《长宁七个洞崖墓群汉画像研究》，《考古学报》2005年第3期。
[②] 罗二虎：《长宁七个洞崖墓群汉画像研究》，《考古学报》2005年第3期。
[③] 罗二虎：《中国汉代的画像与画像墓》，日本庆友社，2002年，第34页，图180。

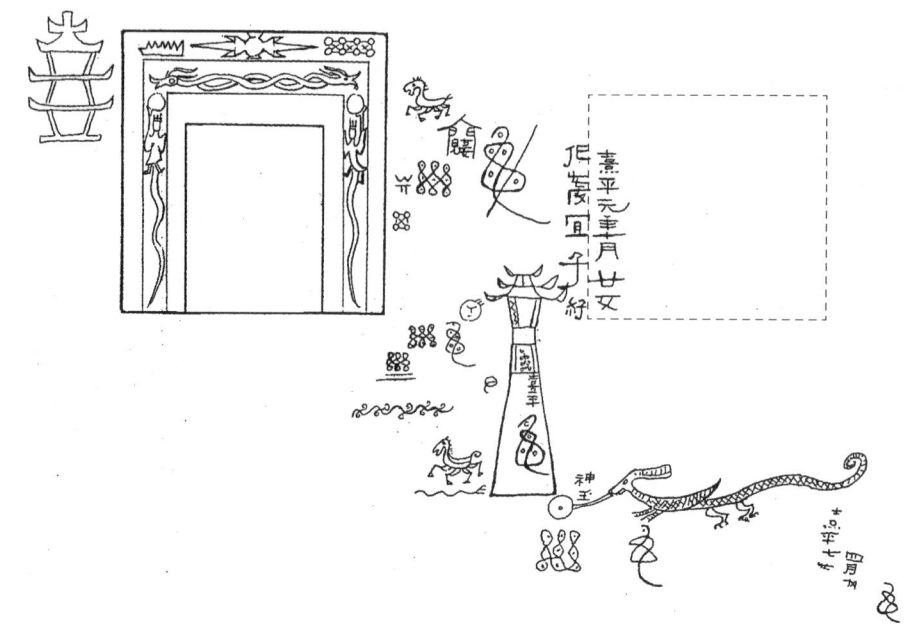

图一　四川长宁七个洞 1 号崖墓门外石刻画像

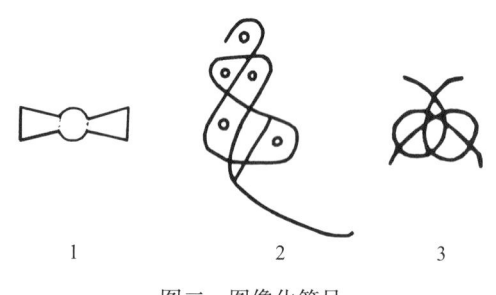

图二　图像化符号
1. "胜"纹符号　2. 玄武纹符号　3. 双结龙符号
（1. 彭山高家沟 M282　2. 长宁七个洞 M1
3. 长宁七个洞 M5）

也有变形的"胜"纹符号，如长宁七个洞 1 号崖墓墓门上方正中出现的[①]。前人多已论述，都认为这种符号单独出现可象征西王母或西王母仙境（图二，1）。

（2）联璧纹符号。这种符号目前也大量发现，如长宁七个洞 1 号崖墓外画像中就有 4 处[②]，此外在川西平原东汉后期墓大量出土的"门前迎谒"画像砖上也有这种符号[③]（图三）。有学者认为这是"社稷神"符号[④]。笔者认为应是联璧纹符号，因为如果是"社稷神"符号，其在墓葬中出现的用意显然不好理解。再从其形式演变过程观察，当是从联璧纹图案演变而来并加以符号化。例如，长宁七个洞 5 号崖墓外有一联璧纹图案，就是由 9 个璧组成，这应是从普通联璧纹图案演变到联璧纹符号的一种过渡形式。璧在中国古代一直是作为礼天器具，因此画像墓中出现这种符号其目的可能也是祈祷墓

---

① 罗二虎：《长宁七个洞崖墓群汉画像研究》，《考古学报》2005 年第 3 期。
② 罗二虎：《长宁七个洞崖墓群汉画像研究》，《考古学报》2005 年第 3 期。
③ 冯汉骥：《四川的画像砖墓及画像砖》，《文物》1961 年第 11 期；重庆市博物馆编：《重庆市博物馆藏四川汉画像砖选集》，文物出版社，1957 年，第 88 页。
④ 罗伟先：《对长宁"七个洞"石刻画中两种符号的试释》，《考古与文物》1986 年第 3 期。

主升仙。在前述的"门前迎谒"画像砖上这种符号就位于天门（阙）旁，墓主升仙的寓意更为明显。

（3）玄武符号。这种符号仅在长宁七个洞1号崖墓外画像中就出现5处①，在江西南昌东汉砖室墓的画像砖上也有发现②，年代均为东汉晚期。罗伟先认为应是"玄武"符号③。笔者同意这种观点，并进一步认为这种符号在墓葬中出现，其作用与玄武图像一样，都是为了"顺阴阳"（图二，2）。

图三　门前迎谒画像砖
（川西地区东汉画像墓出土）

（4）双结龙符号。这种符号有一个逐渐符号化的过程，如山东兰陵东汉中期元嘉元年（151年）画像石墓前室中柱上发现的这种符号④比较具象化，与一般的画像差别不大，而东汉晚期熹平时期前后的长宁七个洞5号崖墓出现的这种符号⑤则演变得更加符号化。在兰陵画像石墓中有的石刻题记对于这种符号在墓葬中出现的目的进行了直接说明，"中直（？）柱，只（双）结龙，主守中雷辟邪央（殃）"⑥。可见其目的是镇墓辟邪（图二，3）。

画像从西汉后期出现以来，其表现形式主要都是绘画场景的形式，只是到了东汉后期，尤其是晚期才开始较多地出现这类象征性的特殊符号，如在长宁七个洞这7座崖墓中，属东汉中期3座墓的画像中均未见到这类符号，但在东汉晚期4座墓的画像中却都有这类符号出现，有的一墓就出现多个，种类也丰富⑦。这说明当时画像的表现形式有向符号化发展的趋势。

笔者认为，这种符号化趋势实际上体现出一种宗教化倾向。我们知道，信仰者的宗教意识除了通过各种宗教礼仪活动来表达之外，还通过特殊的宗教标识，即宗教符号来表达，如基督教中的十字架符号、佛教中的卍字符号、伊斯兰教中的新月符号、道教中的太极符号等。这种宗教符号往往有丰富的内涵，并表达着特殊的宗教意识。

---

① 罗二虎：《长宁七个洞崖墓群汉画像研究》，《考古学报》2005年第3期。
② 江西省博物馆：《江西南昌市南郊汉六朝墓清理简报》，《考古》1966年第3期。
③ 罗伟先：《对长宁"七个洞"石刻画中两种符号的试释》，《考古与文物》1986年第3期。
④ 山东省博物馆、苍山县文化馆：《山东苍山元嘉元年画像石墓》，《考古》1975年第2期。
⑤ 罗二虎：《长宁七个洞崖墓群汉画像研究》，《考古学报》2005年第3期。
⑥ 本文采用方鹏钧、张勋燎的释文。参见方鹏钧、张勋燎：《山东苍山元嘉元年画象石题记的时代和有关问题的讨论》，《考古》1980年第3期。
⑦ 罗二虎：《长宁七个洞崖墓群汉画像研究》，《考古学报》2005年第3期。

当时画像中出现的这些特殊符号，应是某种宗教意识的物化表现，即宗教符号，其背后隐藏的是东汉后期民间道教的出现与流行。

具体来说，文字化的复文符号可能就是道教符箓的一种，而各种图像化符号可能也与道教符箓有一定关系。符箓属于神术的一种，它源于古老的巫术，后又成为道教所使用的秘密文书、符号等。道教的符箓可能始创于 2 世纪前期，如《后汉书·刘焉传》中就称天师道的创始人张陵在顺帝时（126～144 年）"造作符书"，又如在洛阳地区东汉中、晚期墓葬中出土的大量解注瓶①等实物上就可以见到多种早期道符，其中年代最早的是洛阳邙山东汉延光元年（122 年）墓中出土解注瓶上的道符②。这些解注瓶上的道符与上述复文符号的构成原理相近。根据文献也可知东汉后期道符已流行，如在东汉成书的道教经典《太平经》中，就收录 4 卷（卷 104～107）各种复文道符③，其构成原理也与延光元年墓画像中的复文符号相同（图四）。

东汉时道教可分为丹鼎和符箓两大派。丹鼎派"合此金液九丹，既当用钱又宜入名山，绝人事，故能为之者少"④。也就是说，炼丹者需具备财力和时间，即使如此也还不能炼出大量金丹，所以此术难于普及。而符箓派所用的神符、咒语、神水等与炼丹相比，更易于其教义在民间的推广，因此东汉道教始终以符箓派占主导地位，如天师道、太平道都属于符箓派。该派以长生升仙为最高目标，以符咒为主要法术⑤。

图四　复文道符
（采自《太平经》）

二、画像中所见的特殊人物与道士

在东汉后期的画像中，有部分画面新出现了一种人物，他们既非仙境的神仙，又非墓主，其形象有许多特殊之处。下面我们对他们的身份和作用进行简略讨论。

---

① 关于此类陶瓶的功能和命名均采用张勋燎之说，参见张勋燎：《东汉墓葬出土的解注器材料和天师道的起源》，《道家文化研究》（第九辑），上海古籍出版社，1996 年，第 253~266 页。
② 王育成：《洛阳延光元年朱书陶罐考释》，《中原文物》1993 年第 1 期。
③ 王明：《太平经合校》，中华书局，1960 年。
④ （晋）葛洪：《抱朴子·内篇·金丹》，上海书店出版社，1986 年，第 20 页。
⑤ 卿希泰主编：《中国道教史》第一卷，四川人民出版社，1988 年，第 150~172 页。

1. 仙境图

在东汉后期的各类仙境图中，只有"西王母仙境图"和"仙人半开门图"的画面中出现了这种特殊人物。

在川西平原汉代中晚期出土的长方形和方形西王母仙境画像砖中[①]，都出现一种装束和身份特殊的人物。这两种画像砖的画面内容大同小异，都是西王母居画面中心，周围有九尾狐、三足乌、舞蹈蟾蜍、端坐于西王母前的墓主夫妻。方形画像砖中的物象更为丰富，还有持灵芝玉兔和持节裸体仙人（图五）。在这两种画像砖中，这种特殊人物均是戴一种形制较为特殊的高冠、着长袍、双手持笏跪拜于西王母面前。长方形画像砖中的这一人物还持一节杖类的器具。

图五　西王母仙境画像砖
（川西地区东汉画像墓出土）

"仙人半开门图"见于各地的汉代画像中，其画面内容有简有繁，但出现特殊人物形象的目前仅见于四川地区。例如，四川南溪长顺坡东汉晚期墓3号石棺画像[②]的下部画面正中是"仙人半开门图"，其左侧门内为西王母位于龙虎座上，西王母旁边站立的人应是棺主。画面右侧为棺主夫妻惜惜离别的情景。在仙人半开门的门外侧，这个特殊人物正手持节杖跪拜于门前（图六）。

上述两种图像中出现的这种特殊人物，笔者认为都可能与道士相关。根据画面内容分析，他们所可职事基本相同，即来往于人神之间。我们知道，持笏是一种身份的标志，汉代朝廷朝会、下级拜见上级时持之。节也是一种身份的标志，朝廷使者持节则是执行王命的凭信。早期道士也常持节作为身份的标志，如东汉晚期时太平道和天师道的"师"都持九节杖为人符祝治病[③]。在这里，这种特殊人物的身份显然有西王母或仙界下属使者的含义，可来往于仙界与人界之间。他们的目的都是让墓主死后能够升仙。

根据汉代文献记载，当时的道士（方士）已具有这种可来往于人神之间的神术，如齐人李少翁夜使汉武帝见到死去的王夫人和灶鬼[④]，葛洪也说在《神仙集》中，有召

---

① 罗二虎：《中国汉代的画像与画像墓》，日本庆友社，2002年，图113、48。
② 崔陈：《宜宾地区出土汉代画像石棺》，《考古与文物》1991年第1期。
③ （宋）范晔撰，（唐）李贤等注：《后汉书·刘焉传》注引《典略》，中华书局，1965年，第2436页。
④ （汉）司马迁：《史记·封禅书》，中华书局，1963年，第1387页。

神劾鬼之法，又有使人见鬼之术"[①]。

图六　升仙与西王母仙境画像石
（四川南溪长顺坡墓3号石棺一侧）

图七　炼丹图画像石
（四川泸州大驿坝1号墓石棺左侧）

2. 炼丹图与持丹人物图

在东汉中晚期新出现的炼丹或持丹等内容的画像中也发现这种特殊人物形象，如四川泸州大驿坝1号东汉中期墓石棺[②]的炼丹图中有一硕大的鼎，鼎旁站立的就是这种人物。其头戴特殊装饰，手持节杖（图七）。如上所述，这种人物很可能就是汉代的道士。这幅画像表现的应是当时道士用鼎炼丹的情景。

另外，在四川乐山麻浩1号东汉晚期崖墓[③]画像中也出现这类人物，其手持节杖和布袋，袋内可能装丹丸（图八）。在长宁七个洞5号东汉晚期崖墓[④]门外画像中，也有一戴尖顶冠的这类人物，其冠上、手上都托有光芒四射的圆珠（图九）。此珠可能就是道士所炼的"金液九丹"之丹丸，只是画面表现的是炼好后手持金丹的情景。

3. 驱鬼图

在四川新津堡子山崖墓的5号（图一〇）和6号崖棺都有这种画像[⑤]，内容基本相同。这两具石棺的年代可能为东汉晚期。闻宥最先对此画像内容进行考释，认为是表

---

① （晋）葛洪：《抱朴子·内篇·论仙》，上海书店出版社，1986年，第6页。
② 罗二虎：《中国汉代的画像与画像墓》，日本庆友社，2002年，第89页，图355。
③ 乐山市文化局：《四川乐山麻浩一号崖墓》，《考古》1990年第2期。
④ 罗二虎：《长宁七个洞崖墓群汉画像研究》，《考古学报》2005年第3期。
⑤ 闻宥：《四川汉代画象选集》，群联出版社，1955年，第三十二图、第四十六图。

图八　持节杖人物图画像石
（四川乐山麻浩1号崖墓前堂内壁）

图九　持金丹人物图画像石
（四川长宁七个洞5号崖墓外）

图一〇　驱鬼图
（四川新津堡子山崖墓5号崖棺　侧）

现"猿戏"，为汉代百戏的一种[1]。以后巫鸿又认为此应为"白猿传"[2]。笔者认为这应为"驱鬼图"。画像中的似猿者即为鬼，右侧前面一人头戴冠，正跨步挥剑击鬼，后面一人一手持剑，另一手持编织笼，应为装鬼之用。左边坐于庐中者当为冥中的墓主。此图可能表现的是当时巴蜀地区流行的　种驱鬼仪式，目的是保护墓主不受侵扰。根据装束观察，这两个驱鬼人物都应与当时的民间道士有关。

我们知道，驱鬼逐疫是道士的重要职事之一，《后汉书·方术传》中对此也多有记载。天师道首领张陵和太平道首领张角也都用驱鬼符咒等方法治病行医。

汉代人们将保护好尸体视为升仙的一种手段。这主要源于"尸解"思想。道教认

---

[1] 闻宥：《四川汉代画象选集》，群联出版社，1955年，第三二图及释义。
[2] 巫鸿：《汉代艺术中的"白猿传"画像——兼谈叙事绘画与叙事文学之关系》，《礼仪中的美术——巫鸿中国古代美术史文编》，生活·读书·新知三联书店，2005年，第186～204页。

为修仙者死后，留下形骸，其真身（魂魄）散去成仙，即为"尸解"。尸解之说，在东汉时已相当流行，如《太平经》中已经提到"尸解"是人们修炼成仙的一种方法。又如，东汉末道士于吉在江南一带布道，后被孙策杀死，他的弟子、朋友却认为他未死，而是尸解而去[①]。西晋时，葛洪将仙人分为若干等级。他在《抱朴子·内篇·论仙》中引《仙经》说："上士举形升虚，谓之天仙；中士游于名山，谓之地仙；下士先死后蜕，谓之尸解仙。"[②] 所谓尸解成仙，就是要待人死后，再从尸体中蜕解出来以成仙。由此可见当时的人们认为保护好死者的尸体与升仙有直接关系。因此，保护尸体不受鬼魅魍魉的伤害，是一件重要的事情。

综上所述，可认为画像中出现的这种特殊人物其身份可能都是民间道士。他们所司职事各不相同，有专门来往于人神间以沟通或传达神界与人界的旨意，有炼丹以求升仙，有驱鬼镇墓等。

我们知道，从总体上讲汉代画像和壁画的主要内容始终都是表现仙境和墓主升仙，但是墓主如何升仙？东汉后期画像与此前的画像在内容表现方面存在一定差异。例如，西汉后期的洛阳卜千秋墓[③]壁画的主要内容是表现升仙，但升仙的方式是在持节仙人的指引帮助下乘坐神兽升仙。而东汉后期画像所表现的墓主升仙是依靠道士之类人物的帮助。这反映出东汉后期时道士等在墓主升仙过程中（或在丧葬仪式中）重要性的上升，这一变化则意味着当时道教的兴起。

另外，有些画像也可以使我们间接地看到道士的活动。例如，前述的数种神符和复文道符等在墓葬中出现，推测可能都是道士活动留下的遗迹。根据后期道教的仪式可知，画符是一件神圣的工作，需由道士等神职者进行。画符期间还有许多禁忌，如洁身、斋戒等，否则神符将无神性。这些画像的内容均是以升仙为主，其主题是神圣的。基于此，推测在作画期间或前后，可能也有一些由道士主持的仪式和必须遵循的禁忌。

笔者的这种推测，可以在考古发现中得到一些间接的证据。在东汉中晚期的画像墓中曾发现一些特殊的葬俗和遗物，可能与早期道教的活动有密切关系。例如，在四川乐山麻浩99号东汉阳嘉三年（134年）画像崖墓的前堂出土一小罐，罐内装云母片和硫铁矿石[④]，在四川新都清白乡（现清白街村）东汉末年画像砖墓的中后室后壁外也放着这样一个小陶罐，内装有鸡骨和云母片等[⑤]。此外，在宋代陆游的《藏丹洞记》中

---

① （晋）陈寿撰，（宋）裴松之注：《三国志·吴书·孙策传》卷四十六，裴松之注引《江表传》，中华书局，1959年，第1110页。

② （晋）葛洪：《抱朴子》，上海书店出版社，1986年，第6页。

③ 洛阳博物馆：《洛阳西汉卜千秋壁画墓发掘简报》，《文物》1977年第6期。

④ 唐长寿：《乐山崖墓和彭山崖墓》，电子科技大学出版社，1994年，第122页。

⑤ 四川省文物管理委员会：《四川新繁清白乡东汉画像砖墓清理简报》，《文物参考资料》1956年第6期。

也记载在四川乐山一带有类似的发现："……石室（当为东汉崖墓）屹立。室之前地中获瓦缶，螺矮，贮丹砂、云母、奇石，或烂然类黄金，意其金丹之余也。"[1] 这些特殊用途的陶罐均非一般的随葬品，很可能是东汉时道教所使用的解注器之一种，罐中所装的丹砂、云母等则可能是当时的道士用于"复除厌镇"之神药。关于东汉时期出土的大量解注器，张勋燎认为这是注鬼论和解注术相结合的产物，它的大量出现是早期道教形成的一种标志[2]。

三、丹鼎与金丹画像的象征意义

在东汉后期的画像中，我们经常可以见到以鼎为中心或突出金丹等不死药的画面。

1. "炼丹图"

前面我们曾提及四川泸州大驿坝1号墓石棺的"炼丹图"画像，其画面有一硕大的鼎和一站立持节杖人物。这个鼎身的上部有一圈云气纹，当与升仙有关。旁边有一道士类的人物。类似题材的画像在四川新都东汉画像砖墓中也有出土[3]，其画面正中为一特大的鼎，表面饰有卷云纹、云气纹和柿蒂纹等，也当与升仙有关。旁边的两个人物宽衣长袍，或高冠持笏，或手持芝草，也应是道士之类的人物。这两幅画像表现的应是道士之类人物用鼎炼丹的内容。

2. "升鼎图"

以鼎为中心的画面还见于四川泸州长江边墓石棺画像中部的"升鼎图"[4]（图一一），画面为两个赤裸上身的男子正在用力升吊丹鼎，表现内容也与用鼎炼丹相关。另外，泸州大驿坝2号墓石棺的"虎鸟衔鼎"图[5]（图一二），也是以丹鼎为中心，但两侧衔鼎的却是虎和凤鸟。在古人的观念中神兽、神鸟也都是能够帮助人们升仙的。这种画面内容也表达了祈求墓主升仙的愿望。值得注意的是，这两幅画像中鼎的上方还着意刻画了珠形物，应该是有意识地突出表现炼出的金丹之丹丸。

---

[1] （清）文良等修：《嘉定府志》卷四十三《艺文志》，乐山市市中区编史修志办公室横排校勘本，1986年，第886页。

[2] 关于此类陶瓶的功能和命名均采用张勋燎之说。参见张勋燎：《东汉墓葬出土的解注器材料和天师道的起源》，《道家文化研究》（第九辑），上海古籍出版社，1996年，第253～266页。

[3] 罗二虎：《中国汉代的画像与画像墓》，日本庆友社，2002年，图120。

[4] 罗二虎：《汉代画像石棺》，巴蜀书社，2002年，第124页，图136。20世纪90年代，该棺陈列于泸州市博物馆。

[5] 罗二虎：《汉代画像石棺》，巴蜀书社，2002年，第119页，图124。20世纪90年代，该棺陈列于泸州市博物馆。

图一一　出行·升鼎·燕居画像石
（四川泸州长江边墓石棺右侧）

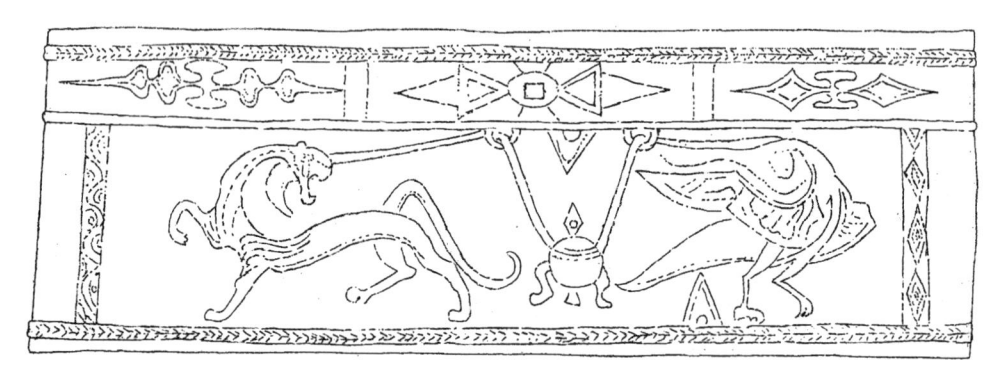

图一二　虎鸟衔鼎画像石
（四川泸州大驿坝2号墓石棺左侧）

3. "金丹图"

前述在长宁七个洞 5 号崖墓[①]门外崖壁上方画像中，有一戴尖顶冠的道士之类的人物，其冠上和两手都有一光芒四射的圆珠，此珠可能就是道教中所说的"金液九丹"之丹丸（参见图九）。

服食术是早期道教中仙术的一种。这派认为：服用草根树皮、金属岩石之类东西制成的药物可以使人长生不老或成仙。这些药物分为上、中、下三品：上品药能使人长寿，变成天仙而驱使万物，来往于天地之间；中品药可以养性；下品药可以治病、驱恶除鬼等。在所有这些药物中，金丹是上品中的上品，服后可以长寿成仙。因此，炼丹便成为这派仙术的主要内容。

这种炼丹术本身也有一个演变过程。在西汉时只是将丹砂炼化为黄金，然后再用黄金制成饮食器。据说使用这种饮食器可以延年益寿，而延年益寿则可见到仙人并长生不死。例如，《史记·封禅书》记载道士李少君上言武帝曰："祠灶则致物，致物则丹沙可化为黄金，黄金成以为饮食器则益寿，益寿而海中蓬莱仙者乃可见，见之以封禅则不死，黄帝是也……于是天子始亲祠灶……事化丹沙诸药齐（同剂）为黄金矣。"[②] 东

[①] 罗二虎：《长宁七个洞崖墓群汉画像研究》，《考古学报》2005 年第 3 期。
[②] （汉）司马迁：《史记·封禅书》，中华书局，1963 年，第 1385 页。

汉以后，道士才把这些复杂的程序逐渐演变成直接服食金丹。东汉后期成书的魏伯阳《周易参同契》对当时的炼丹术进行了系统总结，并明确指出鼎是炼丹的基本器具[①]。随着早期道教的出现，又逐渐演化为丹鼎派道教。我们知道鼎在商周时期一直是作为可通天祭祀的重要礼器，人们认为用鼎来炼丹，更可增加这种金丹的仙力。因此可以认为，画像中出现的丹鼎与金丹都是人们祈求升仙的一种象征，而用这种方式祈求升仙的背后隐含的是当时早期民间道教的兴起和道士在升仙活动中重要性的增加。

四、秘戏与房中图的象征意义

在四川地区东汉后期画像中，也经常出现"欢戏""秘戏""房中"等内容。例如，川西平原东汉墓出土的"欢戏"画像砖[②]（图一三），主要表现男女拥抱、爱抚的场面。四川荥经陶家拐东汉晚期墓石棺上的"秘戏图"画像[③]（图一四），则是通过男女接吻来表现当时流行的秘戏。德阳黄许镇东汉晚期墓的房中秘戏画像砖[④]，则直接表现男女在房中性交场面。这类画像都应当与当时盛行的房中术有关。此术是一种以保持内气不泄为目的的养生长寿方法。

图一三　欢戏画像砖
（四川德阳柏隆画像砖墓）

图一四　西王母仙境与秘戏画像石
（四川荥经陶家拐墓石棺一侧）

---

① 《正统道藏》第22册，文物出版社、上海书店、天津出版社，1986年，第297～302页。
② 罗二虎：《中国汉代的画像与画像墓》，日本庆友社，2002年，图115。
③ 李晓鸥：《四川荥经发现东汉石棺画像》，《考古与文物》1988年第2期。
④ 资料于20世纪90年代由重庆市博物馆提供。该画像砖现藏于重庆中国三峡博物馆（原重庆市博物馆）。

《汉书·艺文志》中列出当时流传的有关房中术的著作就有八家180卷。在长沙马王堆3号西汉前期墓中出土的帛书和竹书中属于房中术或与房中术有关的也有7种，可见这类著作之多。东汉后期的早期民间道教出现后，房中术也为道教吸收，能行此术的道士大有人在。《后汉书·方术列传》中载善行房中术的有冷寿光、甘始、东郭延年、封君达等人。在《博物志》等书中也有记载。

汉代流行房中术与当时人们对其认识极其有关，就连董仲舒、班固也认为房中术是一种养生之道。在众多祈求长寿的方法中，汉代人认为房中术是切实有效的方法之一。班固在《汉书·艺文志》中说："乐而有节，则和平寿考。"[1]范晔在《后汉书·方术列传》中提到的能行房中术的道士多是长寿之人，如"寿光年可百五六十岁，行容成公御妇人之法"，"甘始、东郭延年、封君达三人者，皆道士也。率能行容成御妇人术……凡此数人皆百余岁及二百岁也"[2]。关于其重要性，葛洪在《抱朴子·内篇·释滞》中更有具体的阐述"或以补求损伤，或以攻治重病，或以采阴益阳，或以增年延寿"，若不懂房中要术，"虽服名药，而复不知此要，亦不得长生也"，故"志求不死者，宜勤行求之"[3]。他在《抱朴子·内篇·极言》中又说："或但知服草药，而不知还年之要术，则终无久生之理也。"[4]更有道士认为"房中之事，能尽其道者，可单行致神仙"[5]。

房中术在秦汉时期的巴蜀地区相当流行，蒙文通认为晚周仙术三派之一的房中一派便主要在秦地流行[6]。我们知道战国中期以后的秦地，已包括巴蜀地区在内。东汉中期，创立天师道的张陵在蜀地传道时，就利用房中术为民治病，整饬社会风气，深得民心[7]。

在墓葬画像中出现这类画像，其目的仍然是象征升仙。而用这种方式祈求升仙的背后同样表明道教的兴起和道士在升仙活动中更具重要性。

五、画像与早期民间道教

通观以上可以看出，东汉后期这些可能与早期民间道教相关的画像绝大部分都发现在古代巴蜀地区，尤其是在蜀地。这与东汉后期道教发展的历史背景密切相关。

---

[1]（汉）班固：《汉书》，中华书局，1964年，第1779页。
[2]（宋）范晔撰，（唐）李贤等注：《后汉书》，中华书局，1965年，第2740、2750页。
[3]（晋）葛洪：《抱朴子》，上海书店出版社，1986年，第34页。
[4]（晋）葛洪：《抱朴子》，上海书店出版社，1986年，第59页。
[5] 葛洪在《抱朴子·内篇·微旨》中批判这一观点时所引用，说明确有道士宣传这一观点。
[6] 蒙文通：《晚周道仙分三派考》，《蒙文通文集第一卷——古学甄微》，巴蜀书社，1987年，第335~342页。
[7]（晋）葛洪：《神仙传》，中华书局，2017年，第362页。

根据史书记载，在东汉后期巴蜀地区出现了早期民间道教的一个大的派别——天师道。天师道又称为"五斗米道"或"正一道"[①]。

天师道的创始人张陵为沛国丰（今江苏丰县）人，于东汉中期顺帝时期（126～144年）入蜀，造作道书，其祖孙三代一直在巴蜀地区传教，因此天师道在这一地区拥有很大的影响[②]。根据后代道藏文献，张陵在创教时设置了二十四治（即二十四个教区），其分布为：在蜀郡内有阳平治、鹿堂治、鹤鸣治、漓沅山治、葛璝山治；在成都南门左有主簿治、玉局治；在广汉郡内有更除治、真多治、隶上治、昌利治、秦中治；在犍为郡内有北平治、稠粳治、平刚治、平盖治、本竹治；在遂宁郡内有涌泉治；在巴西郡内有云台治；在越巂郡境内有蒙秦治；在汉中郡境内有后城治、公慕治、泒口治；在东汉都城雒阳有北邙治[③]。这二十四治除了东汉时的都城雒阳之外，其余都在巴蜀范围内，其中最重要的阳平治（今四川彭州）、鹿堂治（今四川绵竹）、鹤鸣治（今四川大邑）等三治都位于当时巴蜀的中心地区——川西一带。天师道的分布范围，除了洛阳地区和汉中地区之外，其大体上与东汉后期道教相关画像的主要分布地域重合。

天师道与当时其他道教的教派一样，继承了汉代方术和民间巫术，以长生升仙为最高目标，以符咒为主要道术，具体的有丹书符箓、禁咒、鞭挞、驱使、招引、镇劾、厌胜、解除等。他们也相信尸解。此外，在张陵的道术中行气、导引、房中术也占有相当重要的地位[④]。这些与我们在本文讨论的这些可能与早期道教相关的画像内容也是相符的。这从一个侧面反映出这些画像表现的内容确实可能与当时出现并流行的早期民间道教有关联。

与此相反，我们也可以认为这些可能与早期民间道教有关的画像内容，能够从另一个侧面反映出天师道当时在巴蜀地区的盛行情况。而画像中所反映的道术内容还比文献记载的天师道的道术内容更为广泛，如画像中反复出现的炼丹（不死药）等内容，再如大量有关西王母的信仰在天师道中的盛行都不见于相关文献记载。

然而，还有一个现象值得我们关注，这就是同样作为东汉后期盛行的早期民间道教的大派——太平道，为什么在其盛行的东方却很少在画像中见到直接与道教相关的内容呢？

我认为其主要有以下几方面原因。

[①] 卿希泰主编：《中国道教史》第一卷，四川人民出版社，1988年，第150～172页。

[②] 参见《后汉书·刘焉传》（中华书局，1973年，第2432页）、《三国志·张鲁传》（中华书局，1964年，第263~266页）、《华阳国志·汉中志》（巴蜀书社，1984年，第114页）。

[③] 参见北周《无上秘要》卷二十三引《正一治图》（中华书局，2016年，第293～302页）、北宋《云笈七签·二十四治》卷二十八（齐鲁书社，1988年，第163页）等。

[④] 卿希泰主编：《中国道教史》第一卷，四川人民出版社，1988年，第150～172页。

第一，天师道与太平道开始布道的时间存在先后，其信徒阶层也存在着一定的差异。太平道的首领张角布道的时间较晚，始于灵帝即位后的建宁年间（168～172年）。张角等人主要是以治病的方式传教，其信徒大多是失去土地、无力医治的流民。到灵帝中平年间（184～189年）黄巾军起义失败后更是杜绝了早期道教在上层社会中传播的渠道。但是天师道首领张陵开始布道时间较早，于东汉中期顺帝时期（126～144年）入蜀后便开始在蜀中造作道书，传习布道，其时社会也相对安定，天师道规定入道者需交纳一定的资财（交纳五斗米以供道谢师）。可见天师道的信徒多是有一定资财者，其中不乏大姓豪族和上层官吏。因此，到东汉末年时天师道的上层已经能与汉在西南实行具体统治管理的最高代表益州牧刘焉直接交往[①]。

第二，汉代画像墓的营造者都是当时的富裕阶层，其中多有豪族大姓、官僚世家。在北方画像盛行的山东、苏北、南阳等地区都是当时儒学兴盛之地，社会上层受到当时主流思想——儒家学说的影响根深蒂固，因此对民间兴起的道教可能采取一种排斥的态度。这从这些地区东汉中晚期流行的画像内容也可以看出，虽然画像的主题仍是表现仙境与墓主升仙，但画像中却大量充斥着有关儒家的伦理观念和表现现实社会生活的内容。与此相反，在巴蜀地区的画像中却较少见宣扬儒家思想的内容，尤其是在较为边远的地区，如长宁七个洞崖墓群的画像中绝未见到宣扬儒家思想的内容，而更多的是与传统巫术相关的升仙内容。这反映了两个地区的上层社会在思想观念方面存在着一定的差异。巴蜀地区汉代上层社会中传统巫祝观念的流行和儒家思想的相对淡薄，也为早期民间道教在富裕阶层的传播提供了有利的条件。

祈求长寿升仙是战国秦汉时期流行的神仙方术的主要内容之一，以后又为东汉后期出现的早期民间道教所吸收，二者的理论思想和实践都是一脉相承的。正因如此，考古出土的东汉后期的一些相关画像内容或遗存，从总体上讲应与当时流行的早期民间道教相关，但具体到每一幅画像时，尚有许多画像内容或遗存究竟是属于传统的神仙方术还是属于新兴的道教，往往难以明确界定。在本文所涉及的内容中，有一部分也是如此。这些问题的解决都有待于今后相关资料的进一步积累、认识的进一步深入，以及研究方法的改进完善。

六、结　　语

直至近代，道教对于中国传统的丧葬习俗和仪式一直具有很大的影响，道士也在这种丧葬仪式中起着重要的作用，其中一个很重要的内容便是超度死者的亡灵升仙。现代中国的丧葬习俗虽然已发生了重大变化，但作为一种文化积淀仍可见到道教的影

[①]（晋）常璩撰，刘琳校注：《华阳国志·汉中志》，巴蜀书社，1984年，第114页；（宋）范晔撰，（唐）李贤等注：《后汉书·刘焉传》，中华书局，1973年，第2432页。

响，如送给死者的挽联中，最常见的就有"驾鹤西去""故人仙逝"之类的词句。通过对这些东汉画像的研究，我们可以得知这种与道教相关的丧葬仪式可能滥觞于汉代，并且在道教出现的初期，道士就开始活跃在丧葬仪式之中了。

（原载《文艺研究》2007 年第 2 期）

东汉墓"仙人半开门"图像解析

"启门图"是中国古代墓葬艺术中的常见图像,因图像中常见一女性站在门内,故又被称为"妇人启门"。这类图像的出现最早可追溯到汉代,但由于在不同墓葬中或载体上出现时其画面构成存在各种差异,因此在进行命名和释读时研究者多有歧义。除了用"启门图"这种纯客观的描述性命名之外,不同研究者还有各种命名,如进献图、谒见图、门侍图[①]、仙女图[②]、秘戏图[③]、养老图[④]、庭院图[⑤]等。笔者则将这类图像称为"仙人半开门图"[⑥]。这是汉代画像中一类十分重要的题材,它不但可以揭示出墓主人希望升仙的愿望,还能勾勒出汉代人们想象和实践中的某种升仙程式,本文也将重点围绕这一问题展开讨论。

一、启门——图像的界定标准

应该指出,目前对这类画像题材进行专文研究者不多。盛磊曾对这类题材进行了界定,并对前人的命名和释读进行了逐一分析,但遗憾的是他并未提出自己的具体观点[⑦]。戈尔丁和吴雪杉先后对这类图像中启门人的性别含义进行了专题研究。前者更多地关注图像中的女性可能具有的文化和心理含义[⑧]。后者主要从时空的移动考察图像

---

① 前三种命名分别见重庆市文化局、重庆市博物馆,徐文彬、谭遥、龚廷万、王新南编著:《四川汉代石阙》,文物出版社,1992年,第32、43、45页。
② 高文编著:《四川汉代石棺画像集》,人民美术出版社,1998年,图58。
③ 高文、高成刚编著:《中国汉代画像石棺艺术》,山西人民出版社,1996年,第18页。
④ 崔陈:《宜宾地区出土汉代画像石棺》,《考古与文物》1991年第1期。
⑤ 高文编:《四川汉代石棺画像集》,人民美术出版社,1998年,图141。
⑥ 罗二虎:《汉代画像石棺研究》,《考古学报》2000年第1期;罗二虎:《中国西南汉代画像内容分类》,《四川大学学报》(哲学社会科学版)2002年第1期。
⑦ 盛磊:《四川"半开门中探身人物"题材初步研究》,《中国汉画研究》(第一卷),广西师范大学出版社,2004年,第70~88页。
⑧ Paul R.Goldin, The motif of the woman in the doorway and related imagery in traditional Chinese funerary Art, *Journal of American Oriental Society*, 2001, 121(4): 539-548.

自身的历时变化，认为鲁苏和川渝两地区的"启门图"含义存在差异，前一地区出现于东汉中期，多为男性；后一地区出现于东汉晚期，大体为女性。启门人有一个从男性转变到女性的过程，所表现的是从理想化的"私人空间"转变到仙境这一理想化的"公共空间"[①]。

笔者虽然部分赞同上引吴文认为两地区之间存在差异的认识，但认为其所指的这种差异是因部分图像表达的主题不同，并非是历经时空的转变。如果严格地界定，吴文中列举的部分画像，如东汉中期的山东兰陵元嘉元年（151年）墓，以及嘉祥徐村、嘉祥狼山屯画像石等表现的应该是车马行列到达时的"迎谒"场景，而不是"启门"。在兰陵元嘉元年墓的画像中，有两扇门是半开的，门内站立三人，门外还有一人，均呈恭迎姿态，欢迎车马行列的到来[②]。该墓中还有"使坐上，小车骈，驱驰相随到都亭，游徼候见谢自便"的题记对画面内容进行了直接的诠释[③]。徐村和狼山屯画像的门内更是无人站立，而是在门外有一跪拜者在恭迎车马行列的到来。因此，这几幅画像所表现的场景应是恭迎，而非启门。

就目前笔者掌握的资料而言，作为本文研究对象的"仙人半开门图"，也就是通常所说的"启门图"，在川渝地区发现的数量很多，计有22处，另在鲁苏地区也有3处发现（见附表）。这两个地区最早出现这类画像的年代都可追溯到东汉中期，因此目前尚不清楚两地区之间该类画像的传播指向。

二、仙境象征——图像构成的解析

这类"仙人半开门"图像的画面构成繁简不一，大体可分为以下三种。

（一）单纯的半开门与启门人

画面构成十分简单，仅有门和启门人。门为双扇，一扇紧闭，另一扇半开，启门人位于门内探身外视，有部分身体仍被门挡住。属于这种图像的有四川乐山沱沟嘴崖墓、乐山柿子湾52号崖墓、三台郪江松林嘴1号崖墓、芦山王晖墓石棺，重庆忠县丁房阙左阙和右阙、沙坪坝市 中墓石棺等。根据保存较好的画像观察，除了郪江松林嘴1号崖墓的启门人为男性（图一），其余都应该是年轻女性。例如，芦山王晖墓石棺画像中的女子形象为高环髻，着裙角上翘的燕尾裙，背上还生有双翼（图二），这是川

---

① 吴雪杉：《汉代启门图像性别含义释读》，《文艺研究》2007年第2期。
② 山东省博物馆、苍山县文化馆：《山东苍山元嘉元年画象石墓》，《考古》1975年第2期。苍山县于2013年更名为兰陵县。
③ 释文采自方鹏钧、张勋燎：《山东苍山元嘉元年画象石题记的时代和有关问题的讨论》，《考古》1980年第3期。

渝地区汉代画像中典型的仙人形象。在其他图像中，有的虽因风化而细部漫漶不清，但多可辨认其人物形象或为高环髻，或着裙角上翘的燕尾裙。因此，大体上可认为这类启门人的身份都应为仙人。

图一　仙人半开门图像
（四川三台郪江松林嘴1号崖墓后右侧室内壁）

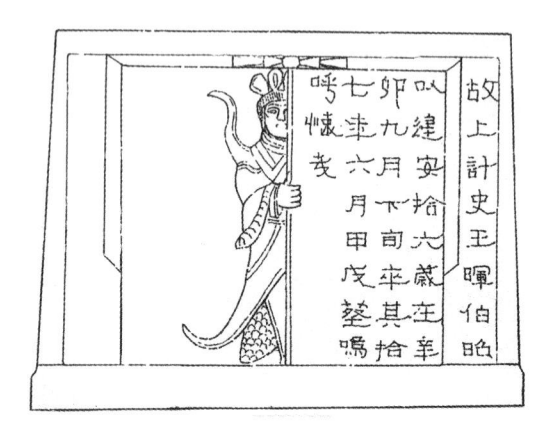

图二　仙人半开门图像
（四川芦山王晖墓石棺前端）

在王晖墓石棺画像中，启门人上方门楣正中还雕刻一变形"胜"纹。这是一种在汉代画像中或崖墓门楣上常见的特殊图案，如乐山沱沟嘴崖墓门楣上就有一"胜"纹图案。在传说中"胜"为西王母头上所戴之物，在《山海经》中多有记载①。"胜"作为一种符号单独出现，也可作为西王母和昆仑仙境的象征。

（二）楼阙半开门与启门人

其画面构成比前一种复杂，除了门和启门人之外，还可见到门所依附的建筑。属于这种图像的有四川合江5~7号石棺、重庆沙坪坝前中大墓1号石棺、山东沂水后城子画像石等。虽然这种图像中门的半掩半开方式与前一种图像相同，但所依附的建筑却各有差异。例如，合江5~7号石棺的画面均为一高台重檐建筑，建筑中部的双扇门半掩半开，一女性启门人站立在门内，着裙角上翘的燕尾裙，7号石棺的建筑顶上两侧还各有一凤鸟展翅欲飞。我们知道，凤鸟在汉代画像中出现通常是象征仙境。沙坪坝

---

① 《山海经·西山经·西次三经》："西王母其状如人，豹尾虎齿而善啸，蓬发戴胜"。又有《山海经·大荒西经》："昆仑之丘，……有人，戴胜，虎齿，有豹尾，穴处，名曰西王母"。再有《山海经·海内北经》："西王母梯几而戴胜杖，其南有三青鸟，为西王母取食。在昆仑虚北"。以上记载分别见于袁珂校注：《山海经校注》，巴蜀书社，1993年，第59、466、358页。

前中大墓1号石棺画像中部为一座三层高的楼阁，底层半掩半开门中的启门人仅探出头部，值得注意的是楼阁两侧为双阙耸立（图三）。在沂水后城子画像石上，半开门两侧也有双阙耸立，在门阙的上方和两侧还有联璧纹图案（图四）。阙在川渝地区汉代画像中为象征仙境的天门，这已被阙旁多次出现的"天门"榜题充分证实[①]。联璧纹图案也可象征升仙[②]。由此可知，这种半掩半开的门不仅可象征仙境，而且很可能就是天门的一个组成部分。

图三　楼阙及仙人半开门图像
（重庆沙坪坝前中大墓1号石棺前端）

图四　双阙及仙人半开门图像
（山东沂水后城子画像石）

（三）半开门、启门人与其他人物和场景

这种图像画面涉及的人物和场景较多，构成最为复杂，也是释读"仙人半开门"图像最为重要的资料。属于这种图像的有四川荥经陶家拐砖室墓石棺、南溪长顺坡墓3号石棺、长宁七个洞7号崖墓左侧崖棺、成都曾家包1号墓、乐山柿子湾1号崖墓、

---

① 赵殿增、袁曙光：《"天门"考——兼论四川汉画像砖（石）的组合与主题》，《四川文物》1990年第6期；罗二虎：《长宁七个洞崖墓群汉画像研究》，《考古学报》2005年第3期。
② 罗二虎：《中国西南汉代画像内容分类》，《四川大学学报》（哲学社会科学版）2002年第1期。

雅安高颐阙右阙、渠县赵家村壹阙左阙、赵家村贰阙右阙、渠县王家坪阙左阙、绵阳杨氏阙左阙，重庆璧山3号石棺，江苏邳州缪宇墓、睢宁墓山石室墓等。

南溪长顺坡墓3号石棺画像为我们全面理解"仙人半开门"图像的含义提供了一个难得的实例。整个画像分为上下两栏，均为横幅长卷（图五）。下栏的图像虽然没有进行空间分割，但根据人物之间的视域关系可将整个画面分为三组场景。汉代人们的书写和阅读习惯都是从右至左，因此我们的释读也按照这一顺序展开。右侧一组可称为"惜别图"，画面有四人及二鸟兽。中间两人身形高大，男戴冠，女梳高髻，握手对视相惜，似为告别，他们应为墓主夫妻。此两人身后各站一矮小的侍者。在四人左侧停立一备坐鞍的神兽和一飞鸟，头部都朝向仙境方向，应是准备将墓主送往仙境，飞鸟即为引导。通过鸟兽的视域关系也将右侧与中部这两组画面联系起来。中部一组为我们已熟知的"仙人半开门图"，但与前述"半开门"有所不同的是，除门内仙人探身外望之外，在门前还有一跪拜人物，一手持节杖，另一手前伸，似在为墓主拜求，以期墓主能升入仙境。左边一组为"拜谒西王母图"，表现的应是女性墓主进入仙境后的情景，右边应为女性墓主，正在拜谒左边端坐于龙虎座之上的西王母。画像上栏为"仙境图"，其中部有一巨大的变形"胜"纹图案将画面分为两部分。右侧有五个蟾蜍似在嬉戏、博弈，场面欢乐无比。左侧有七人，最左边为两裸体仙人跪坐博弈，其余五人或端坐相视叙谈，或男女伸手相握似在倾诉。这五人皆着世俗服装，应是墓主夫妻或其他升仙之人置身在仙境内。画面顶上为云气纹和变形"胜"纹等象征仙境的装饰。从内容上分析，下栏这三组画面以门为界，右侧为人间世界，左侧为神仙世界，形成了一个连续的历时空间转换，从而展现出墓主的升仙过程。上栏的仙境图则表现的是墓主、其他升仙之人和仙人、仙兽等在仙境中的情景，为下栏左侧一组画面的时空延续。这种完整的连续画面在"仙人半开门"画像中是极为罕见的，其他此类画像则多是表现升仙过程中的某一片段。不过，由于这些画像表现升仙过程的侧重点各有不同，可以使我们对这一升仙过程的认识更加完善。下面试加以解析。

图五　仙人半开门与西王母仙境图像

（四川南溪长顺坡墓3号石棺右侧）

有的重点表现升仙者到达仙界门前的情景。例如，长宁七个洞 7 号崖墓左侧崖棺画像，其画面中部偏右为象征仙境的楼阁半开门，二楼中部半掩半开的门内有一人向外探身，画面中部和左侧为墓主骑马在巨大凤鸟的引导下向楼阁行进。画面最右侧为两个百戏人物正在抛丸和掷刀，其中一人的腿部被楼阁建筑部分遮挡，由此观察这两个人物应位于仙境之内（图六）。

图六　仙人半开门与骑马临门图像
（四川长宁七个洞 7 号崖墓左侧崖棺一侧）

也有的重点表现门内的仙境。例如，渠县赵家村贰阙右阙画像，画面正中半掩半开的门内站立一穿燕尾裙的生翼仙人探身外望，门左边有一蟾蜍和一仙人，蟾蜍在站立捣药；仙人双环髻，穿燕尾裙，背生双翼，手持灵芝。门右边还有一人，其形象因风化已不清，似为手捧一盘，如果推测不误，那就应当是为西王母保管不死药的仙人。半开门两侧都应当是表现门内的仙境（图七）。

图七　仙人半开门与仙境图像
（四川渠县赵家村贰阙右阙正面）

还有的重点表现升仙者（墓主）在门内仙境生活的场景。例如，荥经陶家拐砖室墓石棺画像，整个画面下部为百叶窗式栏杆，上部有四个立柱斗拱，示意该画面都位于建筑之内，同时又将空间分割为三个相对独立的部分。中间为半开门图，在半掩半开的门内倚立一头梳双环髻、身着长裙以手扶门的仙女，两侧各有一相对而立的凤鸟以象征仙境。左侧为秘戏图，室内有一男一女席地跪坐，正相互握手接吻。这两人均为世俗着装，应为升仙之人，也可能就是墓主夫妇。右侧上部帷幔垂挂，下面的西王母头戴"胜"冠端坐于几前，象征这里是西王母仙境（图八）。又如邳州缪宇墓前室西额画像石，画面主体建筑为一组楼房，楼顶有三凤鸟和群鸟栖息以象征仙境，大门半掩半开，一男性启门人在门内探身外望。门外站立拱手进谒者二人，后一人身形高大，戴进贤冠，应为墓主；前一人较矮小，戴山形小冠，似为引导者。在墓主的前方有一飞鸟引导，面向半开门方向。建筑内表现的应是仙境内场景，其厅堂中有二人跽坐宴饮，均戴进贤冠，墓主可能就在其中。建筑内还有二人在登楼，四女性在二楼凭栏远眺。建筑左侧为盛大的出猎行列和山林狩猎场面，轺车内戴进贤冠者可能为墓主。这些出猎者都是从建筑内出发，从视域角度观察也都是表现仙境内场景（图九）。

图八　仙人半开门与西王母仙境图像
（四川荥经陶家拐砖室墓石棺一侧）

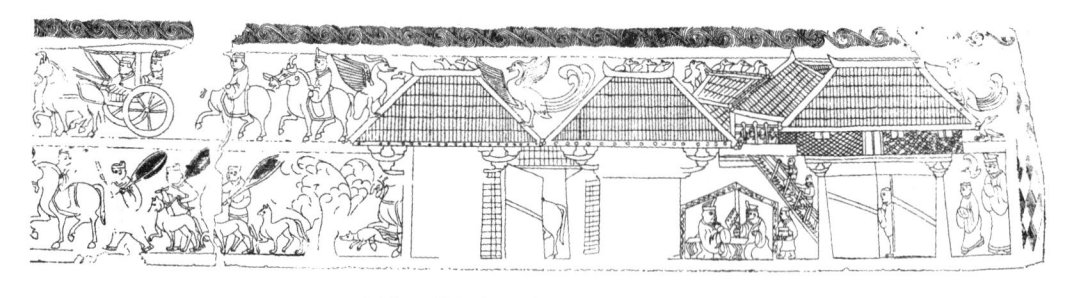

图九　楼阁仙人半开门与出猎图像
（江苏邳州缪宇墓前室西额画像石）

三、启门人——仙境入门的具体执掌人

以上这三种"仙人半开门"图像，画面虽然有繁有简，但有一个共同因素，就是都存在半掩半开的门和门内站立的启门人，因此该人物是这类画像题材中最必不可少的关键因素。那么启门人具有何种功能，又为何要半开门，这是我们需要讨论的焦点问题。

关于该人物的性质，目前主要有三种观点。徐文彬等人在讨论渠县汉阙画像时将启门人称为"侍女"，并认为此人是在接受门外人物的进献[1]。信立祥在释读雅安高颐阙上的"仙人半开门"图像时认为启门人是西王母的使者，正在迎请阙主夫妻升仙[2]。戈尔丁则指出启门图中反复出现女子启门，可能揭示了一种不受限制的对死后得以实现性自由的理想幸福生活的男性想象[3]。此外，吴雪杉赞同信氏的启门人为西王母使者之说，同时指出了戈尔丁观点存在的不足[4]。

在这三种观点中，笔者的观点仅与信、吴二氏有部分相同之处，即认为该图像表现的是墓主希望进入到门内仙境，但不同意启门人是西王母使者在迎接墓主升仙之说。

通过前面的讨论我们知道，此门是仙境之门，因此它既象征着生与死之间的空间转换，也是升仙者从人间世界进入神仙世界的通道，启门人也是仙人。笔者还认为，启门人是西王母仙界的一员，协助西王母具体执掌人界希望升仙之人能否进入仙境的事宜。

在汉代画像中见到的仙境之门主要有两种形式，一种是以双阙或单阙为代表的"天门"。这种天门画像数量极多，并且是完全开放式的，即使是相连的双阙也多没有刻画门扇，常有人物在门前恭迎到达仙境者。另一种就是本文讨论的半开门。这种图像中所有的门都是半掩半开，而且半开的门也都开启不大，仅容启门人可以探身出来观察到访者，其画面语境中所透露的信息是这扇半开的门也可以随时关闭。因此通过对所有半开门画像的观察，能够推测它反映的是汉代人对升仙情景和升仙程式的一种想象，即现实社会中的人们并非人人都能升仙进入仙境，仙境之门也并非随时开启，只有通过启门人的问询、审查等程序之后才有可能进入，因此启门人应该是西王母仙境入门的具体执掌人，代表西王母具体管理能否让希望升仙者进入仙境。

由于"仙人半开门"图像中没有直接能确定启门人身份的证据，因此需要参考其他的间接资料。在四川简阳鬼头山崖墓3号石棺画像上，天门内站立一人，门旁有"大司"二字榜题[5]，指明了此人的身份（图一〇）。"司"者，主持、掌握之意，《鬼谷子·捭阖篇》曰："司，主守也"[6]。大司在这里应为主守天门者。有学者认为，从其性

---

[1] 重庆市文化局、重庆市博物馆，徐文彬、谭遥、龚廷万、王新南编著：《四川汉代石阙》，文物出版社，1992年，第42～44页。

[2] 信立祥：《汉代画像石综合研究》，文物出版社，2000年，第314页。

[3] Paul R.Goldin, The motif of the woman in the doorway and related imagery in traditional Chinese funerary art, *Journal of American Oriental Society*, 2001, 121(4): 539-548.

[4] 吴雪杉：《汉代启门图像性别含义释读》，《文艺研究》2007年第2期。

[5] 内江市文管所、简阳县文化馆：《四川简阳县鬼头山东汉崖墓》，《文物》1991年第3期。

[6] （梁）陶弘景注，（清）秦恩复校正：《鬼谷子》，上海古籍出版社，1996年，第2页。

图一〇 天门与大司图像
（四川简阳鬼头山崖墓3号石棺左侧）

质和所司之职看，与《楚辞》中所言的"大司命"有一些相同之处①。大司命见于《楚辞·九歌·大司命》②，是楚地人们信奉的神灵之一，可以主掌人的生死。显然，启门人作为西王母的属吏，主守仙境之门，既可将来人拒之门外，也可开门迎进希望升仙者。当然，就造墓者的意图而言，都是希望墓主能受到彬彬有礼的迎接，得以顺利升天。"大司"的功能与我们根据图像所分析启门人的功能是相同的，因此启门人也应该是大司。

四、道士——人神间的使者

在前述的第三种"仙人半开门"图像中，还有一类身份极为特殊的人物也值得特别关注。出现此类人物的画像有南溪长顺坡墓3号石棺、雅安高颐阙和渠县王家坪阙等。在这些画像中，此类特殊身份的人物都出现在距半开门最近的地方，在长顺坡墓3号石棺和高颐阙的画像中此人物是呈跪拜状的，在王家坪阙的画像中则是站立的。但三幅画像共同特点就是此类人物都面向启门人，一手持节杖，另一手伸向启门人，似在乞求。笔者认为，这个人物应该是道士，而持节是代表他们身份的主要标志。

持节作为道士的标志性道具，还可以从其他的汉代画像中得到印证。例如，四川泸州大驿坝1号墓石棺左侧画像，在画面中部有一硕大的鼎，在鼎旁也站立一个手持节杖的人物③（图一一）。鼎与该人物一起出现在画面中，也可以作为道士身份的佐证。在川渝地区汉代画像中鼎的出现还有两种情况，一是将鼎放置在西王母的前面；二是作升鼎或衔鼎状，升鼎者或衔鼎者分别是人、虎与凤鸟等。鼎放置在西王母前面，作为供奉西王母的器具，显然是仙境中的器具，也应具有神性。虎、凤衔鼎则使我们联想到龙、虎衔璧的画像，尤其是在泸州麻柳湾崖墓石棺左侧的画像上，双凤鸟除了衔鼎之

图一一 道士与鼎图像
（四川泸州大驿坝1号墓石棺左侧局部）

---

① 赵殿增、袁曙光：《"天门"考——兼论四川汉画像砖（石）的组合与主题》，《四川文物》1990年第6期。

② （宋）洪兴祖：《楚辞补注》，中华书局，1983年，第68页。

③ 罗二虎：《汉代画像石棺》，巴蜀书社，2002年，第116~118页。

外，还同时衔着数枚璧①，可见二者在寓意上是相同的，均有帮助墓主人升天之意。在汉代社会中，道士的主要功能之一是自我修仙或帮助他人升天，其派别多样，其中一派因讲究炼丹术又被称为"丹鼎派"，鼎则是他们炼丹的工具之一。再观察大驿坝1号墓石棺画像中鼎的造型，其表面饰云气纹，显然这种装饰纹样与升天有关。《史记·封禅书》记载："黄帝采首山铜，铸鼎于荆山下。鼎既成，有龙垂胡髯下迎黄帝。黄帝上骑，群臣后宫从上者七十余人，龙乃上去。"②由此可见，鼎旁的持节人物也应该是道士，持节是他的标志。此外，在四川乐山麻浩1号墓门楣上的画像中也有一持节杖人物。该人物头戴奇异的高冠帽，另一手还握着布袋，这布袋中应是装有丹丸——不死之药③（图一二）。该人物也是道士。

道士在早期被称为"方士"，两汉交替之际逐渐改称为"道士"，均属行神仙方术之人。他们具有多种手段，可概括为仙术和神术。其仙术包括行气、房中、炼丹服食等④，属于内修的养生之术。神术包括冥通符咒、祈祷祭祀等，并可来往于人神之间，这显然来源于充满萨满信仰的传统巫术。在《史记·封禅书》中就记载有方士会召神劾鬼，来往于人神之间，如齐人李少翁夜使汉武帝见到死去的王夫人和灶鬼⑤。葛洪也说在"《神仙集》中，有召神劾鬼之法，又有使人见鬼之术"⑥。

我们知道，在汉代社会中持节是一种特殊身份的标志，节也是执行帝命的重要凭信，常为朝廷的使者所持。汉代著名的历史故事"苏武牧羊"，说的就是苏武作为汉朝使臣出使匈奴，虽被扣留并放逐北海牧羊十九年，但苏武始终手持旌节，不失汉使身份。早期道教的道士也经常持节作为一种特殊身份的标志，如东汉晚期时无论是天师道还是太平道的"师"都持九节杖为人符祝治病⑦，显然有将自己的身份定义为西王母或仙界下属使者的含义，并可以来往于仙界（神界）和人界之间。这种道士形象在"仙人

图 二 持节及布袋
的道士图像
（四川乐山麻浩1号墓前
堂内壁门楣局部）

---

① 罗二虎：《汉代画像石棺》，巴蜀书社，2002年，第122～125页。
② （汉）司马迁：《史记》，中华书局，1959年，第1394页。
③ 乐山市文化局：《四川乐山麻浩一号崖墓》，《考古》1990年第2期。
④ 蒙文通：《晚周诸道仙分三派考》，《蒙文通文集第一卷——古学甄微》，巴蜀书社，1987年，第335～342页。
⑤ （汉）司马迁：《史记》，中华书局，1959年，第1387页。
⑥ （晋）葛洪：《抱朴子·内篇·论仙》卷二，《诸子集成》第8册，中华书局，1954年，第6页。
⑦ （宋）范晔撰，（唐）李贤等注：《后汉书·刘焉传》注引《典略》，中华书局，1965年，第2436页。

半开门"图像中都是出现在仙界门的外侧，显然道士在这里又是作为人间的使者，为了能够让墓主死后升仙，才不辞辛劳地来往于人神之间，跪拜于西王母或仙人面前，为墓主升仙进行乞求。

五、仙人半开门图像——新的升仙程式的构建

通过对"仙人半开门"图像构成的解析和图像语境的全面释读，使我们了解到东汉中、晚期流行的一种过去不为人们所知的升仙信仰，这种信仰至少在当时的巴蜀地区相当流行，在中原地区也存在。同时，这种图像还向我们展示了汉代人们对某种升仙程式的想象与构建。

在当时人们的观念与信仰中，西王母所在的昆仑仙境是一个完美的理想世界，也是一个神圣的境界，人间世界的人们都渴望进入，但又并非人人都能够进入，因此仙境的门总是半掩半开的。仙境的门有专门的司职仙人代表西王母具体执掌，此人可能就是画像榜题中所言的"大司"。人间世界的人们若想进入仙境，都必须得到大司的许可。在人们升仙的程式中，道士起着重要的作用。道士擅长神术，可作为人神间的使者，来往于人神两界之间。在这种画像中，我们见到道士作为墓主的使者来到仙境门前，跪拜于大司的面前，向其表达墓主希望升仙的愿望，并请求让墓主进入仙境。最后的结果，应该都如许多画像所描绘和展示的那样，通过道士的努力，并在神鸟、兽或马的帮助下墓主顺利进入仙境，得以拜谒西王母，并得到了他们理想中的仙境生活。

我们还注意到，这种"仙人半开门"画像展现的是一种新的升仙程式，与过去所知汉代最常见的"墓主（乘车或骑马）临门"画像所展现的传统升仙程式存在着明显的差异。其中最重要的区别就是后者的仙境之门总是开放的，并不见道士出现，其图画语境强调的是墓主到达仙境并受到迎接。而前者的仙境之门总是半掩半开，其图画语境强调的是墓主需要在道士的帮助下才能顺利进入仙境。后者出现的时间早，可以追溯到两汉之际，并广泛见于许多地区；前者出现的时间较晚，大约在东汉中期，主要流行于当时的巴蜀地区。这反映出汉代升仙图的一种历时性变化。

笔者认为，在这种突显道士作用的变化后面，隐含的是东汉后期之时早期道教的兴起和天师道在巴蜀地区的盛行这一历史事件。根据史书记载，东汉后期在巴蜀地区出现了早期道教的一个重要派别——天师道。其创始人张陵为沛国丰（今江苏丰县）人，于东汉中期顺帝时期（126~144年）入蜀，并开始造作道书，传习布道。天师道规定入道者必须缴纳一定的资财（即供奉五斗米以谢师），可见其信徒多是有一定资财者，其中不乏大姓豪族和中上层官吏。张陵祖孙三代一直在巴蜀地区传道，因此在巴蜀社会中具有相当大的影响。东汉末年时，天师道的上层已经能直接与汉朝廷在西南

实行具体统治的最高代表——益州牧刘焉保持密切交往[①]。天师道与道教的其他教派一样，继承了战国时期以来的神仙方术和民间巫术等，以长生升仙为最高目标，以符咒为主要道术，也信仰尸解升仙[②]。根据后代道藏文献可知，张陵在创教时设置了二十四个教区（即二十四治），其中有二十个教区都分布在当时巴蜀地区的蜀郡、广汉郡、犍为郡、遂宁郡、巴西郡、越巂郡内[③]，与现在考古发现川渝地区东汉画像分布的区域大体相当。因此，这种升仙信仰的出现与流行可能与天师道的兴起有密切的关系，通过这种升仙程式的构建又凸显出道士在升仙过程中的重要作用。

六、结　语

通过对"仙人半开门"图像的释读，我们知道了在东汉中晚期画像中有一种新的升仙程式出现并且流行。在这种新的升仙程式中，道士的作用得到突显。这是东汉中、晚期之时早期道教的兴起和天师道在巴蜀地区盛行这一历史事件在考古遗存中的反映。通过这些画像还可了解到，早期道教承袭了中国史前时期以来就一直盛行的萨满信仰，而道士作为通灵者可来往于人神之间，并在东汉时期就已经开始活跃在与丧葬仪式相关的活动中。

附表　汉代"仙人半开门"及相关图像一览表

地点	年代	位置	画像内容	相关图像	资料出处
四川乐山沱沟嘴崖墓	东汉中期	前堂内壁	仙人半开门	"胜"纹、直棂窗	乐山市崖墓博物馆：《四川乐山市沱沟嘴东汉崖墓清理简报》，《文物》1993年第1期
四川长宁七个洞7号崖墓左侧崖棺	东汉中期	崖棺一侧	楼阁仙人半开门、骑马临门、百戏人物	凤鸟	罗二虎：《长宁七个洞崖墓群汉画像研究》，《考古学报》2005年第3期
重庆沙坪坝前中大墓1号石棺	东汉中期	石棺前端	楼阁仙人半开门、双阙（天门）	铺首衔环、伏羲	常任侠：《重庆沙坪坝出土之石棺画像研究》，《常任侠艺术考古论文选集》，文物出版社，1984年，第1～8页

---

① 可参阅《华阳国志·汉中志》（巴蜀书社，1984年，第114页）、《后汉书·刘焉传》（中华书局，1973年，第2432页）、《三国志·张鲁传》（中华书局，1964年，第263～266页）。

② 卿希泰主编：《中国道教史》第一卷，四川人民出版社，1988年，第150～172页。

③ 可参阅北周《无上秘要》卷二十三引《正一治图》（中华书局，2016年，第293～302页）、北宋《云笈七签·二十四治》卷二十八（齐鲁书社，1988年，第163页）等相关文献。

续表

地点	年代	位置	画像内容	相关图像	资料出处
江苏邳州缪宇墓石室	东汉中期（元嘉元年，151年）	前室西墙额	楼阁仙人半开门、临门拜谒、宴饮燕居、出猎、山林狩猎	树下射鸟、宴舞百戏、庖厨、车马出行、守阁吏、羊、麒麟、青龙、朱雀、玄武、大傩图（驱鬼镇墓）	南京博物院、邳县文化馆：《东汉彭城相缪宇墓》，《文物》1984年第8期
重庆沙坪坝市一中墓石棺	东汉中晚期	石棺左侧	仙人半开门	楼前迎宾、鸟衔丸、柿蒂纹、联璧纹、双阙（天门）、伏羲、女娲、车骑出行、双结龙	资料由重庆市博物馆（现重庆中国三峡博物馆）提供
重庆忠县丁房阙左阙	东汉中晚期	正面上方	仙人半开门	铺首、角神、角兽	重庆市文化局、重庆市博物馆，徐文彬、谭遥、龚廷万、王新南编著：《四川汉代石阙》，文物出版社，1992年，第45页
重庆忠县丁房阙右阙	东汉中晚期	正面上方	仙人半开门	铺首、角神、角兽	重庆市文化局、重庆市博物馆，徐文彬、谭遥、龚廷万、王新南编著：《四川汉代石阙》，文物出版社，1992年，第45页
江苏睢宁墓山石室墓	东汉中晚期	后室北侧	楼阁仙人半开门与门外拜谒人物、燕居、车马出行、建鼓百戏、叙谈人物、夔龙、凤鸟	车马出行、翼兽神鸟、树下射鸟、捕鱼、宴饮拜谒、卷云纹、垂菱纹、锯齿纹、垂幛纹	仝泽荣：《江苏睢宁墓山汉画像石墓》，《文物》1997年第9期
四川三台郪江松林嘴1号崖墓	东汉晚期	后右侧室内壁	仙人半开门	魌头、双阙（天门）、龟、花卉、兰锜、建筑装饰	四川省文物考古研究院、绵阳市博物馆、三台县文物管理所：《三台郪江崖墓》，文物出版社，2007年，第146～153页
四川成都曾家包1号砖石室墓	东汉晚期	后室内壁	楼阁仙人半开门、燕居、大仓养老	庄园、庄园百业、双羊嘉禾、山林射猎、侍者、门卒、凤鸟	成都市文物管理处：《四川成都曾家包东汉画像砖石墓》，《文物》1981年第10期
四川荥经陶家拐砖室墓石棺	东汉晚期	石棺一侧	仙人半开门、西王母、秘戏	双阙（天门）、凤鸟、饮马	李晓鸥：《四川荥经发现东汉石棺画像》，《考古与文物》1988年第2期
四川乐山柿子湾1号崖墓	东汉晚期	前堂左壁	仙人半开门与道士、宴饮、告别、出行	佛像、嘉瓜、鱼、铺首、瑞鸟、镇墓神、门卒、击锤人物、扬臂人物、迎谒骑从、董永侍父、孝孙元觉、步辇、翼兽、牛车、仙人宴饮	笔者考察所获资料

续表

地点	年代	位置	画像内容	相关图像	资料出处
四川乐山柿子湾52号崖墓	东汉晚期	前堂内壁	仙人半开门	力士、翼虎、犬、魌头、猴、蛇、蟾蜍、双阙（天门）、龙虎衔璧	赵殿增、袁曙光：《"天门"考——兼论四川汉画像砖（石）的组合与主题》，《四川文物》1990年第6期
四川南溪长顺坡砖室墓3号石棺	东汉晚期	石棺右侧	仙人半开门与道士、惜别、拜谒西王母	"胜"纹、仙境叙谈人物与蟾蜍嬉戏、联璧纹、云气纹、柿蒂纹、菱形纹	崔陈：《宜宾地区出土汉代画像石棺》，《考古与文物》1991年第1期
四川绵阳杨氏阙左阙	东汉晚期	正面上方	仙人半开门与其他人物	车骑出行、角神、铺首、九尾狐、三足乌、挑物人物、挥锤击兽人物、佩剑侧卧人物、双虎搏斗及力士拽虎、奔兽、狮追翼兽、双龙、云气纹、缠枝纹	重庆市文化局、重庆市博物馆，徐文彬、谭遥、龚廷万、王新南编著：《四川汉代石阙》，文物出版社，1992年，第24～26页
四川雅安高颐阙左阙	东汉末期（建安十四年，209年）	正面上方	仙人半开门与道士及其他人物	车骑出行、铺首衔鱼、铺首衔蛇、角神、铺首、九尾狐、三足乌、挥锤击兽人物、佩剑侧卧人物、二鸟衔果、听琴抚琴人物及鸟兽率舞、季札赠剑、双龙与猴、双虎搏斗及力士拽虎、翼兽、仙境与神灵翼兽、持鸠杖老人与侍者及引导仙人、卷草纹、鸟、蛇衔鸟、蛇衔鼠、蛙、鱼、鹰衔绶带	重庆市文化局、重庆市博物馆，徐文彬、谭遥、龚廷万、王新南编著：《四川汉代石阙》，文物出版社，1992年，第31～34页
四川芦山王晖墓石棺	东汉末期（建安十六年，211年）	石棺前端	仙人半开门、"胜"纹	青龙、白虎、玄武、铺首衔环	任乃强：《芦山新出土汉石图考》，《康导月刊》第4卷6、7期，1942年
四川渠县赵家村壹阙左阙	东汉末期	正面上方	仙人半开门与其他人物	凤鸟、玄武、龙衔璧、角神、铺首、仙人与鹿、仙境图、道士炼丹图、双虎搏斗及拽虎人物	重庆市文化局、重庆市博物馆，徐文彬、谭遥、龚廷万、王新南编著：《四川汉代石阙》，文物出版社，1992年，第42、43页
四川渠县赵家村贰阙右阙	东汉末期	正面上方	仙人半开门与仙境人物及蟾蜍	凤鸟、玄武、虎衔璧、角神、铺首、仙人骑鹿、仙人博弈、仙境图、玉兔捣药、人物射鸟、仙人持灵芝、送别、双虎搏斗及拽虎人物	重庆市文化局、重庆市博物馆，徐文彬、谭遥、龚廷万、王新南编著：《四川汉代石阙》，文物出版社，1992年，第43、44页

续表

地点	年代	位置	画像内容	相关图像	资料出处
四川渠县王家坪阙左阙	东汉末期	正面上方	仙人半开门与道士、仙境人物	凤鸟、铺首、龙衔璧、角神、仙人骑龙、仙境图、玉兔捣药及仙人、日神、月神、射鸟人物、荆轲刺秦王、人物、双虎搏斗及拽虎人物	重庆市文化局、重庆市博物馆，徐文彬、谭遥、龚廷万、王新南编著：《四川汉代石阙》，文物出版社，1992年，第44、45页
四川合江5号石棺	东汉	石棺一侧	楼阁仙人半开门	车马出行	高文编著：《四川汉代石棺画像集》，人民美术出版社，1998年，图141
四川合江6号石棺	东汉	石棺一侧	楼阁仙人半开门	车马出行、双阙（天门）	高文编著：《四川汉代石棺画像集》，人民美术出版社，1998年，图145
四川合江7号石棺	东汉	石棺一侧	楼阁仙人半开门、双凤鸟	柿蒂纹、双阙（天门）	高文编著：《四川汉代石棺画像集》，人民美术出版社，1998年，图149
重庆璧山3号石棺	东汉	石棺一侧	仙人半开门与"胜"纹、拜谒图、百戏图	不详	龚廷万等：《巴蜀汉代画像集》，文物出版社，1998年，图107
山东沂水后城子画像石	东汉	不详	双阙仙人半开门、门前两门人、联璧纹	人物、翼兽、飞鸟	山东省博物馆、山东省文物考古研究所：《山东汉画像石选集》，齐鲁书社，1982年，图449～451

（原载《考古》2014年第9期）

"弋射收获"画像考

"弋射收获"画像砖（图一、图二）的布局合理、构图完整，人物造型优美，画面富有韵律感，画面内容表现了汉代的生产劳作等场景。因此，该砖历来都受到美术史学界和考古文博学界的重视，被视为汉代艺术的代表作品之一，并在许多著述中得以采用和介绍。不过，目前人们更多的是从艺术欣赏的角度观察和描述这幅作品，尚未有人对该画像砖的出土情况、内容与涉及的有关社会生产等相关问题进行过深入的研究。因此，本文准备就该作品上述方面的相关问题进行讨论。

图一 弋射收获画像（拓本）　　　图二 弋射收获画像（线图）

一、出土情况

弋射收获画像砖是一种方形画像砖，在墓内并非作为建筑材料使用，而仅仅作为一种装饰嵌在墓壁上。目前在四川的川西平原及附近地区已先后出土了10块左右。这种砖都是　座墓葬内仅出土1块。目前有确切出土地点的有：成都成华扬子山1号砖石室墓[1]、成都成华扬子山 2 号砖室墓[2]、成都成华扬子山 10 号砖室墓[3]、成都成华昭觉寺砖室墓[4]、成都金牛曾家包 2 号砖石室墓[5]、成都西门外墓[6]等，此外在成都的新津、大邑安仁等地的汉墓中也有出土[7]。

这些有确切出土墓葬的弋射收获画像砖，在墓葬中都与其他画像砖或画像石一起出土。因此，了解"弋射收获"画像砖在墓葬中的放置位置及与其他画像一同的出土情况，有助于我们加深对这些画像砖的理解。下面分别加以简略介绍。

（1）成都扬子山 1 号砖石室墓：该墓砌筑墓室的砖都是花纹砖。墓内的画像可分为画像砖和画像石两种。画像砖共 10 块，分别镶嵌在甬道和前室前部两侧壁上，每侧各有 5 块。其排列顺序从墓门向内依次是：左侧壁：亭前迎谒、小车、持戟幢四骑吏、弋射收获、山林盐场。右侧壁：亭前迎谒、六骑吹、轺车骖驾、持戟幢四骑吏，最后一块画像砖为盗洞破坏，所以内容不详。画像石均在前室两侧壁上：右壁是车骑出行图；左壁前部是车骑出行图，后部是宴舞百戏·家居图。从内容上看，左壁的车骑出行图应是右壁车马出行图的一部分而衔接在右壁之后。其他建筑用砖的墓砖花纹图案有联璧纹、菱形纹、"五铢"钱菱形纹、双凤纹、变形云气纹等 5 种。

（2）成都扬子山 2 号砖室墓：该墓由于在发掘清理前已倒塌而致使画像砖散乱，因而在墓中的位置和排列不明。该墓出土画像砖 15 块以上，基本上均为方形砖，只有伏羲画像砖为长方形。这些画像砖虽然在墓中的位置、排列均不详，但还是可以看出该墓画像砖内容的基本组合情况。这 15 块砖为：辎车过桥砖 2 块，亭前迎谒、凤阙、轺车、辇车独轮车、宴集、宴舞百戏、庭院、施舍、讲学、弋射收获、山林盐场、西王母仙境、伏羲等砖各 1 块。此外，可能还应有女娲砖 1 块。

（3）成都扬子山 10 号砖室墓：该墓由墓门、甬道、前室和双后室组成。墓内画像砖共有 16 块，分别嵌在甬道和前室内。甬道内有 2 块，均为亭前迎谒画像砖，分别嵌在甬道两侧。两个单亭左右分置，即构成并立双阙。前室内共 14 块画像砖，其中有 2 块分别嵌置于前室前壁左右两侧，其余的 12 块嵌于墓室左右两侧壁，每侧 6 块。前

---

[1] 于豪亮：《记成都扬子山一号墓》，《文物参考资料》1955 年第 9 期；冯汉骥：《四川的画像砖墓及画像砖》，《文物》1961 年第 11 期。

[2] 重庆市博物馆编：《重庆市博物馆藏四川汉画像砖选集》，文物出版社，1957 年，第 86、87 页；冯汉骥：《四川的画像砖墓及画像砖》，《文物》1961 年第 11 期。

[3] 冯汉骥：《四川的画像砖墓及画像砖》，《文物》1961 年第 11 期；重庆市博物馆编：《重庆市博物馆藏四川汉画像砖选集》，文物出版社，1957 年，第 88 页。

[4] 刘志远遗作：《成都昭觉寺汉画像砖墓》，《考古》1984 年第 1 期。

[5] 成都市文物管理处：《四川成都曾家包东汉画像砖石墓》，《文物》1981 年第 10 期。

[6] 闻宥：《四川汉代画象选集》，中国古典艺术出版社，1956 年，第七十二图。

[7] 资料为笔者 20 世纪 90 年代中期在新津县文物管理所和大邑文物管理所考察时所获。

室内的画像砖一部分画面朝墓室内，而另一部分则将画面反砌于壁上。画面朝墓室内的画像砖排列，左壁从墓门外向内依次为持棨戟四骑吏、辒车过桥、轺车骑从；右壁从墓门外向内依次为：山林盐场、弋射收获、宴饮起舞、宴集、凤阙，而其他的画像砖内容有轺车骑吏步从、斧车步从、六骑吹、持戟幢四骑吏、施舍、凤阙。

（4）成都昭觉寺砖室墓：该墓画像砖共有23块，分别嵌在甬道、前室、后室的墓壁上。画像砖表面原都涂朱色，现已大部脱落。甬道两侧壁各有1块、前室前壁两侧也各有1块、前室两侧壁各有8块。这些画像砖的排列从墓门向内依次左壁为：轺车骑吏步从、辇车、轺车骑吏步从、斧车步从、轺车骑吏步从、轺车骑吏步从、六骑吹、持棨戟四骑吏、辒车过桥、轺车骑吏步从；右壁为：亭前迎谒、凤阙、凤阙、轺车骑吏步从、施舍、宴饮起舞、宴舞百戏、宴集、弋射收获、山林盐场。后室内壁正中上部嵌3块画像砖，中间为西王母仙境，两侧为日神、月神。前室和甬道的画像砖均嵌在从地面起第7～12层砖间的壁上，而后室的3块画像砖则嵌在从地面起第17～22层砖间的壁上，位置明显高于其他画像砖。大多数画像砖都为方形，只有日、月神画像砖为长方形。墓室都是用长方形建筑花纹砖砌成，其图案有回字纹组成的菱形纹、由田字纹组成的菱形纹、联璧纹、卷云纹、卷云纹两端加长方形纹等5种。

（5）成都曾家包2号砖石室墓：该墓画像砖共有20块，为16种（有4块的内容重复），画像砖均为方形。其中甬道两侧壁各置1块，西壁接近墓门处嵌单阙画像砖1块，东壁相对称的位置嵌伏羲女娲画像砖1块。前室左侧壁从外向内依次排列有：凤阙、市井、辒车、宴集、弋射收获、辇车独轮车、庭院、施舍、山林盐场等9块画像砖，前室右侧壁相对应处依次为辒车、小车、六骑吹、宴舞百戏、宴饮起舞、宴集、博弈饮酒、庭院、山林盐场等9块画像砖。建筑用墓砖的一侧均有花纹，纹饰有联璧纹、钱纹、云气纹、菱形纹、田字纹、回字纹等17种。此外，墓内还有画像石共5块7幅画像，均分布在门楣、门枋和门扇上。门楣石外侧刻一只朱雀。两侧门枋的外侧均有画像，西侧为白虎衔璧图，东侧为青龙衔璧图。两幅画面合为龙虎衔璧图。两扇石墓门均高约1.66、宽约0.8米，内外侧均有画像。西扇（右扇）门外侧正面为侍仆天禄图。东扇（左扇）门外侧正面也为侍仆天禄图。西扇门内面为门卒凤鸟图。东扇门内面为持刀人物武库图。此图意为守卫墓门。

二、流 行 年 代

关于弋射收获画像砖流行的年代，过去一般都笼统地定为汉代或东汉时期。笔者认为，实际上还可以根据出土这种画像砖的墓葬年代对这种画像砖流行的年代进行进一步的断代。

（1）成都昭觉寺砖室墓：由墓门、甬道、前室、后室各一个组成，均为楔形墓砖券顶。该墓属于家族合葬，其后室并列2具瓦棺，前室的后部也并列3具瓦棺，前室的前部右侧还有1具小瓦棺。四川地区的家族合葬墓盛行于东汉晚期。该墓曾被盗，但仍出土部分残存随葬品可以帮助我们断代，计有陶釜、陶罐、陶灶模型、陶庖厨俑及若干残陶俑、铜镜、铜筷、"五铢"铜钱等。总括上述可判定该墓的年代为东汉晚期，原报告编写者推测可能就在桓、灵帝之际（147～189年）[1]。

（2）成都曾家包2号砖石室墓：该墓地面的封土为一圆形土冢，现存高度约8米，封土下面有2座墓葬，即曾家包1号墓、2号墓。该墓由墓道、墓门、甬道、前室、双后室组成。甬道和墓室均为券顶。墓门为石门。该墓的葬具原为木棺，现均已朽烂。墓葬已被盗，现残存的随葬品（此为两墓共出的随葬品）有青瓷的碗、罐、盏各1件；陶质的罐3件、钵2件、碗2件、灯3件、钱树2件、男女俑头6件，陶质的量器、说书俑、女俑、持镰刀俑、牛、蟾蜍、鸡、狗头各1件，陶质的随葬品还有水塘模型中的鱼、青蛙、水甲虫、船，钱树座上的兽和陶房模型上的小俑等。此外，还有石质的俑1件、羊3件；铜质的车饰、带钩、镜、钱树饰片等残件和"大泉五十"、"五铢"钱、剪轮"五铢"钱及金饰珠等[2]。川西地区的石墓门出现于东汉晚期，青瓷器和石质明器的流行也始于东汉晚期。此外，再根据出土的剪轮五铢钱和其他随葬品的情况推测，该墓的年代约为东汉末期，下限也可能会晚到三国蜀汉时期。

（3）成都扬子山1号砖石室墓：该墓曾被盗，在前室和甬道内仅剩下一些陶残俑头、鸡、房屋模型残件、陶器残片，以及数十个鎏金铜泡和小铅珠，铜钗2枚、钱树残片和五铢钱。由于随葬品过于残破，年代特征不明，因此墓葬年代的断定只能依据墓葬结构。该墓的建筑材料为全部用小砖和条石，其中构筑墓壁是用条石和长方形砖，墓顶起券用楔形砖。全墓由墓门、甬道、前室、后室各一个组成。墓门全为石材构筑。石门外有一层平铺而起的封门砖将石门封堵。前室墓壁下部用两层大型条石砌成，其上砌一层画像石，画像石上再砌一层较薄的条石。条石上砌四层长方形砖，再上面是使用楔形砖起券。后室为券顶，后壁用长方形砖平砌封闭，其外再放石板加固。墓室的券拱外均有一层略带弧形的砖（即桥形砖）加固[3]。这种砖石混合结构、券顶外再加一层弧形砖加固都是川西地区东汉晚期时墓室构筑的特征。因此，大体可以断定墓葬的年代约为东汉晚期。

综合上述数墓的年代，可以认为弋射收获画像砖的流行年代大约为东汉晚期至东汉末年，下限可能到三国蜀汉前期。

---

[1] 刘志远遗作：《成都昭觉寺汉画像砖墓》，《考古》1984年第1期。
[2] 成都市文物管理处：《四川成都曾家包东汉画像砖石墓》，《文物》1981年第10期。
[3] 于豪亮：《记成都扬子山一号墓》，《文物参考资料》1955年第9期。

三、内 容 考 释

弋射收获画像砖的画像仅分布在砖的正面,画面分为上下两层,为两幅画像。上层为池塘弋射图,下层为水稻收获图。

(1)池塘弋射图:画面右侧至中部为一个较大的池塘,池中荷叶茂盛,莲花盛开,水中有大鱼三条,此外水面还有群鸭浮游。池塘上空有鸿雁行飞群翔,各自飞往不同的方向。在画面左侧的池塘岸边,远处有大树两株,池畔二人正张弓欲射。右侧一人为正身侧射,左侧一人更是张弓仰身对准上空的鸿雁而射。弓中不见长箭,所以使用的应该是短矢。在短矢的后面还有缴(绳)相连。射者的身旁各有一物,这应该就是古代文献中所记载的"磻"。缴的另一端系着可以滑动的磻。在一个半圆形的机械内装四个磻。这可能就是《淮南子·俶真训》中所说的"缴机",《楚辞·惜颂》中所说的"弋机"。

汉代以前的弋射图像,早在20世纪30年代出土的战国末期"四耳猎盉"青铜器上就已经发现过。该器物上所镌刻的"弋射图",上有两只雁,其中一只展翅伸足飞翔,而另一只被弋人射中,矰缴系其颈项,缴的另一端系于磻。下部有二人,其中一人正张弓欲射,另一人俯伏注视(其所发之矢已射中鸿雁)。在这二人的侧旁还有两人,正拾起中矢后坠下之雁。整个图画精美生动。徐中舒的《古代狩猎图象考》一文[①],对该青铜器的图像内容进行了精辟的考证,并为我们正确认识该类弋射图像奠定了坚实的基础。因此,弋射收获画像砖出土以来,学者们对这幅画像表现的也是弋射场景都没有异议。

弋射是古代的一种较为特殊的射猎方式,它是以绳系矢而射。《论语·述而篇》内有"弋不射宿"[②]的记载。弋射虽然仍是使用的弓弩,但发射出去的不是长箭的矢,而是一种"矰",即系有绳的短矢。《周礼》马融注曰:"矰者,缴系短矢谓之矰。矰一弦可仰射高者,故云矰也。"[③] 在《淮南子·俶真训》中也记载:"矰弋射,身短矢也。"[④] 班固《西都赋》:"矰,矢也。郑玄曰:结缴于矢谓之矰。矰,高也。"[⑤] 在古代将弋射也称为"矰弋"。《淮南子·修务训》记载:"衔芦而翔,以备矰弋。"[⑥]《西京赋》薛综注:

---

① 徐中舒:《古代狩猎图象考》,《徐中舒历史论义选辑》,中华书局,1998年,第225~293页。
② (清)刘宝楠:《十三经清人注疏·论语正义》上册,中华书局,1990年,第276页。
③ (汉)司马迁:《史记·留侯世家》索引,中华书局,1963年,第2047页。
④ (汉)高诱注:《淮南子注》,上海书店出版社,1986年,第33页。
⑤ (梁)萧统编,(唐)李善注:《文选》上册,中华书局,1977年,第28页。
⑥ (汉)高诱注:《淮南子注》,上海书店出版社,1986年,第338页。

"缴射矢长八寸。"[1] 这种矰是被系在缴上的,而缴则是一种很轻的丝缕。即如《说文解字》解释:"缴,生丝缕也。"[2] 班固的《西都赋》言:"鸟惊触丝,兽骇值锋。"[3] 触丝就是指缴射而言。弋射也称为"缴射",《诗经》卢令序疏:"出绳缴而射,谓之缴射。"[4] 因为缴系着矰,所以谓之矰缴。《战国策·楚策》记载:"治其矰缴。"[5]《史记·留侯世家》记载:"虽有矰缴。"[6]《淮南子·俶真训》记载:"矰缴机而在下。"[7] 缴的一端系着矰,另一端系在"磻"上。磻是一种可滑动的石制器具,也称"碆磻"。《说文解字》:"磻,以石箸隿紫也。"[8]《玉篇》:"磻,以石维缴也。"[9]《西京赋》薛综注:"沙石胶丝为磻。"[10]《战国策》记载:"不知夫射者方将修其芽(即磻)庐,治其矰缴。"又曰:"彼碆磻,引征缴。"[11] 矰缴的形式在古代象形文字和铜器图绘中也可以清楚地看到[12]。

(2)水稻收获图:关于这幅画像内容的考释,虽然以往研究者也都认为这是表现的收获场景,然而其描述不但较为笼统,在一些具体的细节方面与笔者的观点也有较大差异。例如,20世纪50年代闻宥对这幅画像进行了考释,认为画面右侧的二人正在用镰刀割稻;对于左侧的三人则解释含混,认为正在工作;而最左侧一人则为"馌罢将去",即送饭完毕后即将离去[13]。其后在20世纪80年代高文也对这幅画像内容进行了考释,与前者大同小异。他认为画面右边的二人在用镰刀割禾;左边的三人俯身张臂,收拾割下的禾;最左侧一人好像送完了饭,正担着禾担,手提食具欲回去的样儿[14]。

笔者认为,整个画面表现的内容是水稻收获的场景。除了画面最左侧的一人之外,其余的五人都站在水稻田内,由于其脚踩在稻田的水中,因此画面中这五人的腿下均不见有脚,只是描绘到小腿部。在这五人中,左侧的三人手握铚正在摘取稻穗;右侧

---

[1] (梁)萧统编,(唐)李善注:《文选》上册,中华书局,1977年,第47页。
[2] (汉)许慎:《说文解字》,天津古籍出版社,1991年,第276页。
[3] (梁)萧统编,(唐)李善注:《文选》上册,中华书局,1977年,第28页。
[4] (西汉)毛亨传,(东汉)郑玄笺,(唐)孔颖达疏:《毛诗注疏》第一卷,商务印书馆,1936年,第474页。
[5] (西汉)刘向编集,贺伟、侯仰军点校:《战国策》,齐鲁书社,2005年,第174页。
[6] (汉)司马迁:《史记》,中华书局,1963年,第2047页。
[7] (汉)高诱注:《淮南子注》,上海书店出版社,1986年,第33页。
[8] (汉)许慎:《说文解字》,天津古籍出版社,1991年,第195页。
[9] (南朝)顾野王:《玉篇零卷》第3册,商务印书馆,1935年,第214页。
[10] (梁)萧统编,(唐)李善注:《文选》上册,中华书局,1977年,第47页。
[11] (西汉)刘向编集,贺伟、侯仰军点校:《战国策》,齐鲁书社,2005年,第174页。
[12] 徐中舒:《弋射与弩之溯源及关于此类名物之考释》,《历史语言研究所集刊》第四本第四分册,1934年,第417~440页。
[13] 闻宥:《四川汉代画象选集》,中国古典艺术出版社,1956年,第七十二图文字考释。
[14] 高文编:《四川汉代画像砖》,上海人民美术出版社,1987年,第四图文字。

的二人也是站在水田中，应该是在使用芟刀（或称"钹镰"或"艾"），芟去已摘掉稻穗的禾秆。最左侧的一人可能站在水田外，因此虽然画面模糊，但也能见到脚踝和部分脚背。这人正担着摘下的稻穗，手提食具。该画面构成了一幅完整的水田间收获图。

四、艺术成就

1. 艺术风格

川西地区汉代画像砖的创作者都是来自民间的艺术家和工匠，他们基本上遵循的是一种现实主义的创作原则，从视觉艺术的角度对汉代的社会生活、风俗习惯和宗教信仰等都做了如实的描述，从各个方面形象地再现了川西地区的汉代社会与社会生活。弋射收获画像砖的总体艺术风格也是如此，真实地反映出汉代川西地区的人们在池塘边弋射和在水田中收获稻作的场景。因此，这种弋射收获画像砖也可以说是中国较早的风俗画之一。

2. 制作与表现技法

由于四川地区的画像砖均为模制而成，所以在不同的墓葬、不同的地点有时可以发现同模制造的画像砖。弋射收获画像砖的情况也是如此，在川西平原先后出土的数量可达10方左右，这些画像砖的尺寸基本相同，高40～43、宽46～49厘米。再从出土的这些画像砖的画面构成和细部刻画观察也都基本相同，多为同模所制。

关于画像砖的具体模制方法，推测可能是先在厚木板上凿刻成阴模的图画，然后再用砖泥翻模成有画像的砖坯，待阴干后将砖放入窑内烧制成砖。20世纪60年代，冯汉骥就已经指出，四川地区的画像砖应该是用木模制成。他之所以推测是使用木模，这是因为在有的画面偶尔留有修补木模的"细腰"痕迹[1]。笔者赞同木模制成的观点，并在此基础上再补充一些证据。例如，在画像上出现的线条，均为凸出的阳线，而非画像石上的阴线，这也是阴木模的特点。再如，有的木刻阴模可能是用两块木板模拼合为一匹砖的完整画面，故有时在砖上有两板接合处的隙痕。

由于这种画像砖是在木模上雕刻，然后再翻模成砖，因此其雕刻技法与成像效果是对立的。从弋射收获画像砖的画面成像效果观察，该画像砖的塑造技法主要有如下两类（图三）。

第一，弧面浅浮雕。相对高浮雕而言，常略称为"浅浮雕"。特点是其物象高出画面背景，在物象的轮廓线内，用弧面来强调突出物象的立体感。在弧面浅浮雕中还可以分为单层弧面浅浮雕和多层弧面浅浮雕两种，前者的物象表面大体上处于同一平面，而后者在不同的局部以不同的起伏高下相区别，在有的几个局部交汇处可以形成几个

---

[1] 冯汉骥：《四川的画像砖墓及画像砖》，《文物》1961年第11期。

层次重叠。物象一般高出背景 0.5～1.5 厘米。弋射收获画像砖的物象主要是采用单层弧面浅浮雕，但也有少量的物象采用了多层弧面浅浮雕，如池塘内鱼的背鳍和鱼身就采用双层浅浮雕的表现手法；再如担穗人的手提食具与身体、弋射者的身体与池塘岸边等也都是采用双层浅浮雕的表现手法；又如人物的头部与身体、头部与发髻和帽之间也都采用双层或三层浅浮雕的表现手法。

图三　弋射收获画像（图版）

第二，阳线条。用阳线表现的也可以分为两种：一种是表现某些物象的外轮廓，如树、担穗人担的成捆稻穗等；另一种是对细部的深入刻画，如人物的领口、腰带等。

总体上讲，该砖画像的表现技法是以弧面浅浮雕为主，只是在一些细部刻画上采用阳线条以增强其艺术表现力而已。

3. 画面构成

四川地区汉代画像的特点之一，是在一幅画像中画面采用比较简单的构成，即使是内容较为复杂、场面较大的题材，也是将其简化处理。在画面中突出主要的物象，并将许多可有可无的东西全部去掉，这样每一个画面的构图就显得单纯、疏朗，并且还通过背景空间的大面积留白来突出主要的物象。在构图上，川西地区汉代画像砖的作者也具有在一幅画面中处理复杂场面的能力，因此池塘弋射图虽然场面复杂，既有池塘水面荷叶莲花繁茂，其间鸭群游戏，水中鱼群穿梭，空中数群鸿雁行飞，岸边树林耸立，弋射者张弓待发，但通过汉代艺术家的处理，其构图仍显得疏密有秩、动静结合，使画面充满节奏感。

4. 造型特点

这种画像砖在造型方面有以下特点。

（1）强调动感：在塑造画面人物时多取其动态，并且是取最能体现其动态的瞬间。这样使画面显得生动。

（2）动态各异、避免重复：如两个弋射者一个正身欲射，一个仰身欲射，动态各异。又如收获图右侧的两个芟禾者，一人双臂高举芟刀欲芟稻禾，另一人正欲举芟刀，也是动态各异，形成对比。

（3）浑厚古朴：在人物的处理上，主要注重对外轮廓和动态的整体刻画而不太强调人物面部五官的塑造，这样又形成了一种较古朴的艺术风格。

（4）线条表现：在造型上的另一个特点是，较多运用线条对画面的各种物象进行塑造，尤其运用得广泛的是对人物衣纹的处理。这种运用线条塑造形象，也为后世用绢纸作画的中国画所继承，形成中国画的一种特色。

五、收获图所见汉代川西地区的收获方式

《说文解字》："铚，获禾短镰也。"[①]《释名·释用器》："铚，获禾铁也。铚铚，断禾穗声也。"[②]《诗·周颂》："奄观铚艾。"毛亨传："铚，获也。"孔颖达正义："铚器可以获禾，故云获也。"[③]《尚书·禹贡》："二百里纳铚。"孔安国传："铚，谓刈禾穗也。"孔颖达正义："禾穗用铚以刈，故以铚表禾穗也。"[④]又《小尔雅》："禾穗谓之颖，截颖谓之铚。"[⑤]

"铚"为"金"字旁，说明这种收获农具应是用金属制作的。这种收获具与后世所使用的镰刀，其收获方式存在着较大的区别。用镰刀收获一般是将谷穗与禾秆一起割下，而用铚收获则是仅摘取谷穗，将禾秆留在田地中，因此铚又可以称为"摘穗具"。

这种摘穗具在中国使用的历史十分悠久，最早可以上溯到新石器时代的仰韶文化半坡类型时期，距今至少有约6500年。由于新石器时代的人类还没有掌握金属冶炼技术，因此当时的摘穗具都为石制的系绳石刀。

作为摘穗具的系绳石刀或铚都是一种专业性较强的特化谷物收割工具。一般而言，其体积较小，长度通常在10厘米左右，与人的手掌宽度大体相当。由于它的体积较小，因此推测在使用时需要在石刀或铚上系绳，将手指套入绳圈中后再握在掌中以避免脱落，或者是用绳系住其他的附加物以帮助握刀。关于石刀的系绳，目前虽然没有直接发现石刀系绳的遗物出土，但在铜铚上发现残留有系绳，如昆明呈贡石碑村西汉墓葬出土的铜铚上就遗留麻绳一节[⑥]。因此推测石刀的系绳可能也主要是用麻绳，此外可能还用皮革绳等。

根据力学原理和民族学资料推测，系绳石刀在使用时可能是将刃部大体水平地贴在直立的穗茎上，用拇指按住穗茎横向地用力压切以割断谷物穗茎。所以这种收割方式又可称为"摘穗"。不过，从发现的某些青铜铚刃部一面有锯齿的情况观察[⑦]，也不排

---

① （汉）许慎：《说文解字》，中华书局，2013年，第297页。
② （清）王先谦：《释名疏证补》，湖南大学出版社，2019年，第307页。
③ （清）王先谦：《诗三家义集疏》，中华书局，1987年，第1021页。
④ （清）皮锡瑞：《今文尚书考证》，中华书局，1989年，第186页。
⑤ 杨琳：《小尔雅今注》，汉语大词典出版社，2002年，第234页。
⑥ 昆明市文物管理委员会：《昆明呈贡石碑村古墓群第二次清理简报》，《考古》1984年第3期。
⑦ 安徽省博物馆：《安徽贵池发现东周青铜器》，《文物》1980年第8期；廖志豪、罗保芸：《苏州葑门河道内发现东周青铜文物》，《文物》1982年第2期。

除有少数的石刀（尤其是弧刃石刀和细长石刀），可能是采用切、割结合的方法割断谷物穗茎。但无论如何，这两种收割方式都有一个共同特点，就是都仅割取谷穗（通常保留一段穗茎），并且是一株一株地收获。

为什么早期的农人会采用这种收获方式呢？这主要是与农作物收获的特性和当时的农业生产技术发展水平相联系的。例如，《齐民要术·种谷》中记载："熟速刈，干速积。刈早，则镰伤；刈晚，则穗折；遇风，则收减；湿积，则藁烂；积晚，则损耗；连雨，则生耳。"[①] 该书成书于北魏时期，虽然晚于东汉时期，但至少说明在北魏时期人们已经知道收获稻谷掌握时机是十分重要的。早期农业对于品种的选择性较差，作物的成熟期也不太一致。一株一株地摘穗，就能够根据谷物成熟的先后，多次进行收获，从而可以最大限度地等待谷物成熟后再收获回来。此外，当时的人们对于自然灾害的抵御能力较差，为减少自然灾害对农作物造成的损失，人们也有意识地将一些对耐旱、耐寒程度不同的作物混种，这样即使遭到干旱、严寒侵袭，也可得到一部分收成。这样也造成了谷物收获期的不同而需多次收获。笔者20世纪90年代中期在云南西部一些偏远山区调查时，也还能见到类似的旱作谷物栽培方式。

由于系绳石刀流行的时间很长，各个时期石刀分布的地域也存在着较大的差异，因此可以将石刀的发展演变分为四个时期[②]。

第一期为石刀出现的初始期，年代为公元前4600～前3900年，即新石器时代晚期的仰韶文化半坡期。本期石刀最初仅主要分布于陕西的关中地区，到本期末又在河南和山西南部出现。

第二期为石刀的发展期，年代为公元前3900～前2900年，主要是仰韶文化的庙底沟期和仰韶文化晚期。本期石刀分布地与前期相比已大为辽阔，在北方的河南、陕西大部（汉中地区除外）、山西、宁夏、内蒙古中南部、冀西和冀南、甘肃大部（河西走廊以西的地区除外）、青海东部、鄂西北、山东等地都已流行。

第三期为石刀使用的盛行期，年代为公元前2900～前800年。即龙山时期至夏商西周时期。这时石刀的分布最为广泛，除了黑龙江等个别边缘地区之外，已遍及整个中国古代石刀分布的所有区域。也就是说，除了上述地区之外，石刀又在内蒙古东南部、河北东北部、辽宁、吉林、黑龙江东南部、山东、江苏、安徽、上海、浙江、福建、江西、湖北、湖南、台湾、西藏东部、四川西部、贵州西部、云南北部等地区出现并流行。这一时期系绳石刀已传播到了南方的稻作文化区。本期石刀的数量极多，种类也非常丰富。除了石刀之外，在这一时期后段金属的铚已开始出现。

---

① （北魏）贾思勰：《齐民要术》，团结出版社，1996年，第16页。
② 罗二虎：《中国古代系绳石刀研究》，《考古学集刊》（第14集），考古杂志社，2004年，第311～391页。

第四期为石刀的衰落期，年代为公元前800～公元1000年，即从东周时期至中古时期。本期石刀总的特点是经历了全面的衰退直至基本消失。在许多地区，系绳石刀与金属的铚都是同时使用，并逐渐被铚所取代。在这一时期的前期，即春秋时期至西汉中期（前800～前100年），除了周边地区的东北区北部、西南区和台湾区之外，石刀在其他地区都已开始衰退。到这一时期的后期，即西汉中期至唐末五代时期（前100～公元1000年），除了黑龙江、吉林和台湾之外，系绳石刀和铚在中国大陆的考古发掘中已基本无发现。

虽然唐末五代以后在考古发掘中石刀和铚都没有发现，但这可能只是因为葬俗的变化和考古很少发掘生活居住遗址的原因，实际上在某些较为边远的地区铚一直到近现代仍在使用。例如，在20世纪20年代，瑞典学者安特生在河北北部见到当地农民用双孔半月形、长方形和不规则四边形等铁铚收割高粱等谷物[①]。又如，2005年笔者在贵州榕江县苗族村寨考察时也见到当地苗族仍在使用这种铁铚收获糯稻和高粱等谷物，其方法仍然是仅摘取谷穗。

通过上述分析我们注意到，四川盆地地区新石器时代以来一直未见有系绳石刀和铚出现与流行。此外，在汉代以前的考古发掘中，也未见有其他的收获工具出土。那么，四川盆地地区在这一漫长的时期内究竟使用什么收获工具呢？这一直是中国农业史上的一个不解之谜。但是，通过我们对这种画像砖中"收获图"的分析，可以得知至少川西地区在汉代还是使用铚一类的摘穗具进行收获。此外，由于整个四川盆地地区都属于同一农业区，因此推测汉代四川盆地内可能都是采用的这种收获方式。

六、稻作农耕与稻作文化

四川的汉代画像尤其是川西平原一带的画像，有大量表现当时的农业生产和与农业相关的社会生活的内容，极富有区域性的文化色彩。

通过这些画像可以直接反映出川西平原等四川盆地内汉代以稻作为中心的农耕类型和稻作农耕社会的面貌。例如，除了弋射收获图之外，直接反映田间农业生产活动的画像内容还有刈草撒播和掘土点播、耨秧、收获、芋地劳作和采芋、采莲、采桐桑等，反映农田和水利灌溉的内容有水田、水渠、水塘陂池等。反映谷物加工和贮藏的内容有脚碓舂米、扬谷去壳、驱雀、干栏式和平地式谷仓等。反映渔业活动的内容有水塘、鲶鱼、鲤鱼、草鱼、稻田养殖渔业、垂钓、鹈渔业等。反映家畜家禽饲养的内容有鸡、鸭、鹅、猪、马、牛等。反映狩猎活动的内容有山林射猎、莲池弋射等。反映经济林种植和纺织的内容有桐桑林、麻、各种织机等。反映农耕礼仪的内容有敲插

---

① J. G. Anderson, An early Chinese culture, *Bulletin of the Geographical Survey of China*, 1923(1): 4; 安特生著，袁复礼译：《中华远古之文化》，《地质汇报》，京华印书局，1923年，第1～45页。

秧鼓的春耕礼仪、在稻田中所行的农耕礼仪等。

总括四川汉代画像的内容，可知四川盆地在汉代最重要的生业活动是农业和渔业。农业则以稻作为中心，芋类和莲藕也是重要的作物。渔业则可以分为田池养殖渔业和自然捕捞渔业。田池养殖渔业与稻作灌溉相辅相成，关系密切。自然捕捞渔业中有鹚渔业等各种渔业。上述这些合起来便可构成一幅巴蜀水乡生业的情景。除此之外，还可见到的生业门类有家畜家禽饲养、经济林木种植、丝麻纺织、狩猎活动和井盐生产等，与此相应的还有以稻作为中心的农耕礼仪。在当时，庄园和庄园经济是重要的生产活动单位和经济形式。庄园内各种生业门类齐全，可以自给自足，形成了一种有一定封闭性的社会组织形式。

这些画像所反映的内容还可从古代文献中得以印证。《华阳国志·蜀志》记载秦时蜀郡太守李冰在川西治水，"（李）冰乃壅江作堋，穿邻郫江、检江，别支流双过郡下，以行舟船。……又灌溉三郡，开稻田。于是蜀沃野千里，号为'陆海'。旱则引水浸润，雨则杜塞水门。故记曰：水旱从人，不知饥馑，时无荒年，天下谓之'天府'也"[①]。《汉书·地理志》卷二十八："巴、蜀、广汉……土地肥美，有江水沃野，……民食稻鱼，亡（无）凶年忧"[②]。这与弋射收获画像的情况吻合。陂池、鱼塘和盐井在汉代四川各地普遍存在。《华阳国志·蜀志》卷三记载：蜀郡广都县（今成都天府新区和高新区等地）"有渔田之饶"又"（李冰在蜀）穿广都盐井诸陂池"，广汉郡德阳县（今遂宁市境）"山原肥美，有泽渔之利"，犍为郡汉安县（今内江市境）"有盐井、鱼池以百数，家家有焉，一郡丰沃"，南安县（今乐山市境）"多陂池"[③]。《华阳国志·巴志》卷一记载巴郡有"鱼池……足相供给"[④]。

综上所述，本文论述的"弋射收获"画像内容，表现的正是汉代巴蜀农业的区域特色——"民食稻鱼"的稻作农耕。

（原载《民族艺术》2009 年第 2 期）

---

① （晋）常璩撰，刘琳校注：《华阳国志校注》，巴蜀书社，1984 年，第 202 页。
② （汉）班固：《汉书·地理志》，中华书局，1962 年，第 1645 页。
③ （晋）常璩撰，刘琳校注：《华阳国志校注》，巴蜀书社，1984 年，第 249~292 页。
④ （晋）常璩撰，刘琳校注：《华阳国志校注》，巴蜀书社，1984 年，第 49 页。

三

论中国西南地区早期佛像

一、引　言

　　1980年,俞伟超先生撰文首次明确指出东汉时期在中国已出现早期佛像[①]。近年来,随着中国南方早期佛像又陆续发现,进一步引起了人们对这一研究领域的关注。例如,1991～1993年中日两国学者联合进行了"佛教初传南方之路"专题考察,取得了许多积极的成果。作为成果的一部分,一是又新辨识出一批早期佛像,二是推动了这一领域的学术研究[②]。同时,考察的结果又提出了许多令人关注的问题。1994年以来,笔者也曾在西南和西北地区进行过数次这方面的专题考察,并辨识出数例早期佛像。本文的研究正是基于近年来的这些考察工作和研究成果。

　　综观目前发现的南方早期佛像,有一个突出的特点就是均在墓葬中出现,而且与丧葬活动的关系密切,其中绝大部分又出现在墓中随葬的某些具有地方性文化特征的明器上。也就是说,它们与当地的文化有密切的联系。因此,为了进一步研究这些佛像和相关问题,加深对这些佛像出现的文化背景的理解是必要的。

　　根据其所依存的物体、图像学特征和地域分布,大致可将南方早期佛像群分为长江上游(西南地区)、长江中游和长江下游等三个系统[③]。在年代上,西南地区的佛像均属东汉晚期到三国蜀汉前期,长江中、下游的佛像基本上属三国后期至西晋,个别延续到东晋初年[④]。可见两者存在着时间上的早晚差异。

　　西南地区的早期佛像在年代上最早,造型也与南亚早期的佛像接近,因此它们很可能代表了中国最早阶段的典型佛像。本文即以当时西南地区的区域文化为背景,对

---

　　① 俞伟超:《东汉佛教图像考》,《文物》1980年第5期。

　　② 贺云翱、阮荣春、刘俊文、山田明尔、木田知生、入泽崇编:《佛教初传南方之路文物图录》,文物出版社,1993年;有关成果还见于《东南文化》发表的一系列专题论文和1990～1993年分别在成都、南京、京都召开的三次专题讨论会上所发表的论文等。

　　③ 日本学者龙谷大学教授山田明尔首先提出中国南方早期佛像可分为四川系、长江下游系、长江中游系的"三系统"划分说。参见〔日〕山田明尔:《尖顶帽の胡人と佛教》(发表要旨),日本京都・南方ルート・シンポジウム,1993年。

　　④ 贺云翱、阮荣春、刘俊文、山田明尔、木田知生、入泽崇编:《佛教初传南方之路文物图录》,文物出版社,1993年,图版16、图版34。

中国西南地区早期佛像作一些初步的探讨。

二、西南地区的早期佛像

截至 2001 年，在西南地区的 12 处确切出土地点共发现早期佛像 32 尊以上，其中四川乐山麻浩 1 号崖墓的画像石刻中 1 尊[①]，四川乐山柿子湾 1 号崖墓的画像石刻中 2 尊[②]，四川彭山豆芽坊 166 号崖墓出土的钱树树座上 1 尊[③]，绵阳何家山 1 号崖墓出土的钱树树干上 5 尊[④]，重庆忠县涂井 5 号崖墓出土的钱树树干上 6 尊[⑤]，重庆忠县涂井 14 号崖墓出土编号为 M14：31①的钱树树干上 3 尊[⑥]、同墓编号 M14：31②的钱树树干上 5 尊[⑦]，重庆开州红华崖墓出土的钱树树干上 4 尊[⑧]，贵州清镇 11 号石室墓出土的钱树树干上 2 尊[⑨]，陕西城固砖室墓出土的钱树顶饰上 1 尊[⑩]，陕西汉中铺镇 5 号砖室墓出土的钱树树干上 2 尊[⑪]。最近，在四川绵阳的 2 座东汉崖墓中又出土了 2 件树干上有佛像的钱树[⑫]（图一）。

---

① 李复华、曹丹：《乐山汉代崖墓石刻》，《文物参考资料》1956 年第 5 期；贺云翱、阮荣春、刘俊文、山田明尔、木田知生、入泽崇编：《佛教初传南方之路文物图录》，文物出版社，1993 年，图版 1。

② 贺云翱、阮荣春、刘俊文、山田明尔、木田知生、入泽崇编：《佛教初传南方之路文物图录》，文物出版社，1993 年，图版 2 及第 159 页图版说明。

③ 南京博物院：《四川彭山汉代崖墓》，文物出版社，1991 年，第 37 页。

④ 何志国：《四川绵阳何家山 1 号东汉崖墓清理简报》，《文物》1991 年第 3 期；贺云翱、阮荣春、刘俊文、山田明尔、木田知生、入泽崇编：《佛教初传南方之路文物图录》，文物出版社，1993 年，图版 8 及第 160、161 页图版说明。

⑤ 赵殿增、袁曙光：《四川忠县三国铜佛像及研究》，《东南文化》1991 年第 5 期；贺云翱、阮荣春、刘俊文、山田明尔、木田知生、入泽崇编：《佛教初传南方之路文物图录》，文物出版社，1993 年，图版 12。

⑥ 赵殿增、袁曙光：《四川忠县三国铜佛像及研究》，《东南文化》1991 年第 5 期；贺云翱、阮荣春、刘俊文、山田明尔、木田知生、入泽崇编：《佛教初传南方之路文物图录》，文物出版社，1993 年，图版 9~图版 11。

⑦ 赵殿增、袁曙光：《四川忠县三国铜佛像及研究》，《东南文化》1991 年第 5 期；贺云翱、阮荣春、刘俊文、山田明尔、木田知生、入泽崇编：《佛教初传南方之路文物图录》，文物出版社，1993 年，图版 9~图版 11。

⑧ 资料于 20 世纪 90 年代由重庆市开县文物管理所提供。

⑨ 罗二虎：《略论贵州清镇汉墓出土的早期佛像》，《四川文物》2001 年第 2 期。

⑩ 罗二虎：《陕西城固出土的钱树佛像及其与四川地区的关系》，《文物》1998 年第 12 期。

⑪ 资料于 20 世纪 90 年代由陕西省汉中市博物馆提供。

⑫ 资料于 20 世纪 90 年代由绵阳市博物馆唐光孝提供。

此外，日本还收藏3件带佛像的钱树，其上共有4尊佛像[①]。虽然这4尊佛像的出土地点不明，但根据造型风格和制作工艺等方面判断，也应属于西南地区的早期佛像，原来的出土地点应位于西南地区。

这些佛像的共同特点是均为坐像，右手施无畏印（或施无畏印的变形），左手握住衣角，双手之间的衣端下垂呈"U"形。图像中面部清晰者，其鼻下可见胡髭。

上述这些早期佛像，根据出土的情况可以分为两类，一类为崖墓石刻画像中的石佛像，一类为墓葬中随葬钱树上的铜或陶佛像。

（一）画像石佛像

共发现3尊，均位于大型前堂后穴式崖墓中前堂内壁的墓穴门上方正中位置（图一、图二）。崖墓在东汉时期的西南地区十分盛行，并构成了这一地区汉文化的区域性特征之一。这种前堂后穴的结构是崖墓中的一种较为特殊的形式，主要分布在岷江中下游地区，其特点是前堂不封闭，生人可以自由出入，前堂的周壁多有仿木结构建筑的雕刻装饰和画像（图一）。从功能上讲，它相当于中原地区的墓前地面上的石室祠堂，而开凿于前堂内壁上的墓穴（后穴），则相当于砖室或石室墓的地下部分，因此墓穴门都是封闭的[②]。

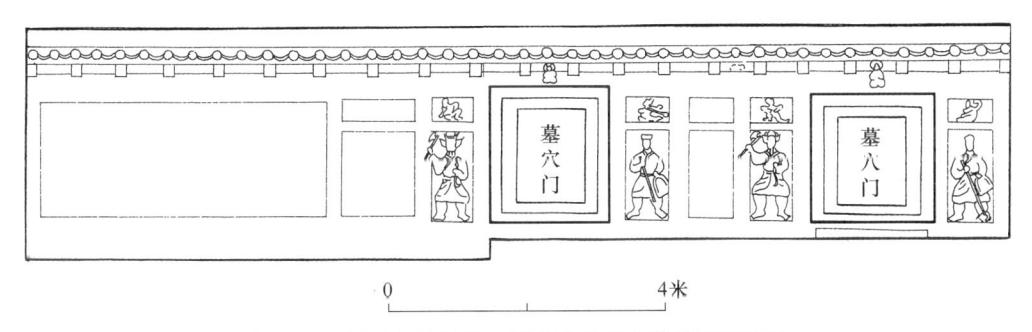

图一　四川乐山柿子湾1号崖墓前堂内壁及画像石刻

在大、中型崖墓中画像出现较多，并且在墓中的分布有一定规律，特定内容的画像通常出现在某些特定的位置。

墓门和墓穴上方是画像出现频率颇高的位置之一，常见的画像内容有"胜"纹、羊、龙虎衔璧、嘉瓜、鸟鱼图、蹲熊等。其中最常见的是"胜"纹，如乐山肖坝建和

[①] 贺云翱、阮荣春、刘俊文、山田明尔、木田知生、入泽崇编：《佛教初传南方之路文物图录》，文物出版社，1993年，图版13～图版15。

[②] 罗二虎：《四川崖墓的初步研究》，《考古学报》1988年第2期。

图二　石刻佛像
（四川乐山柿子湾1号崖墓2号墓穴门上方）

三年（149年）周代墓的墓穴门上方①和彭山江口951-3号崖墓墓门上方即是②。我们知道，"胜"为汉代画像中西王母头上的重要装饰物，并成为辨识西王母形象的标志之一。《山海经·海内北经》也记载"西王母梯几而戴胜杖"③。"胜"纹脱离西王母的形象而单独出现时，仍可作为代表西王母或西王母仙境的一种标志。此外，羊代表吉祥之意，龙虎衔璧当寓意升仙，嘉瓜是四川汉代画像中常见的一种象征仙境的物象。鸟鱼、龙虎在当时人们的观念中，均是能够帮助、护送人们升仙的神兽灵禽，它们的出现也应当寓意升仙。蹲熊大量出现在汉代的各种器物和画像中，熊在中国古代是一种被赋予多种含义的动物，在这里似乎是作为仙境的象征而出现。

上述的画像除了羊之外，其他出现在墓门和墓穴门上的物象似乎均与象征仙境或升仙有关，出现这些画像的目的当是人们希望入葬者能够顺利地升天成仙，因此尽量将墓葬布置得与人们想象中的仙境接近一些，寓意墓葬即为仙境。如前所述，崖墓本身就可能就有西王母所居石室仙境之意④，崖墓的题记也清楚地表达出死者希望会仙友的愿望⑤。显然，佛像在墓葬中的这一位置出现，并非是作为人们顶礼膜拜的宗教偶像，而更可能与上述"胜"纹等画像的含义类同，是作为仙境的一种标志，寓意入葬者已进入仙境天国。

（二）钱树上的铜或陶佛像

目前所发现的有29尊以上，如果再加上流散在日本的4尊则共有33尊以上，其中除了1尊为陶佛像外，其余均为钱树上的铜佛像。应该指出的是，钱树是一种在东汉西南地区十分盛行的特殊明器，也是这一地区汉文化的区域性特征之一。在这一区域内普遍随葬钱树，数量极多，只是因绝大部分墓葬已被盗，所以现在能够见到的铜树数量很少。由此推测，当时饰佛像的钱树数量应该远多于此。

位于钱树的顶饰和树座上的佛像仅各有一例，其余均在树干上。墓中随葬钱树的

---

① 笔者于20世纪80年代在乐山考察崖墓所获资料。
② 笔者于20世纪90年代在彭山考察崖墓所获资料。
③ 袁珂校注：《山海经校注》，巴蜀书社，1993年，第358页。
④ 《太平御览·礼仪部》引《汉旧仪》："祭西王母于石室，皆在所二千石、令、长奉祀。"（孙星衍辑：《汉官六种·汉旧仪补遗》，中华书局，1990年，第100页）。
⑤ 邓少琴：《益部汉隶集录》（国立四川大学历史学系史学丛书之一），双钩线描石印本，1949年。

基本含义是希望墓主死后能够通过神树升天成仙并在仙境享受富贵，古人认为神树能够沟通天地，使人神来往于天地之间，因此树上的各种画像都是围绕这一主题展开的。下面我们对钱树的树干、顶饰和树座上的图像分别进行讨论。

1. 树干

这是佛像出现最多的一个位置，其特点是每节树干上的佛像均相同。树干上的主体图像目前所见有三种。第一种是双猴抱树，如陕西勉县红庙砖室墓出土的钱树[①]，每节树干上有一对称的猴子抱住树干，其年代为东汉中期。第二种是蹲熊与璧，如贵州清镇1号墓[②]和兴义8号墓出土的钱树[③]，在每节树干上有一蹲熊位于一个巨大的璧中，树干上常见云气纹，其年代均为东汉晚期。第三种是佛像与钱纹或佛像与蝉纹，前者如四川绵阳何家山1号崖墓、重庆忠县涂井5号崖墓出土的钱树，后者如忠县涂井14号崖墓出土的钱树；每节树干上为一坐佛，佛像的两旁为对称钱纹或蝉纹加钱纹，钱的边缘有羽状物（图三），其年代为东汉末至蜀汉前期[④]。从年代上观察，三者之间似乎存在一个演变过程。

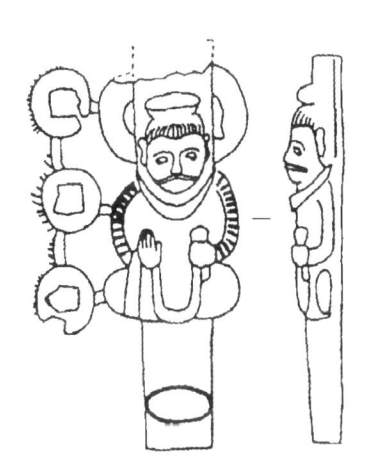

图三 钱树树干上的佛像
（四川绵阳何家山1号崖墓出土）

猴的形象常出现在与仙境有关的画像中。璧是中国古代重要的礼器之一；中国古人的宇宙观认为天圆地方，璧呈圆形，可代表天之形，故常用于祭天，它出现在能够通天的神树上，合了上述观念。云气纹是汉代常见的纹样之一，在四川的画像中也大量出现，并常飘泛在西王母和各种与仙境相关的物象周围，象征画面内的各种物象均在仙境之中。蹲熊在前文已有论述，可作为仙境的象征，在这里它居于璧中，周围饰以云气纹，象征天国仙境的寓意更为明显。

钱纹也是汉代常见的一种纹样，它无疑反映出汉代社会中存在的金钱崇拜观念，也表达了墓主人祈求富贵的愿望。西南地区有关钱纹的画像图案大体可分为三类。第一类是龙虎衔钱，如四川乐山严龙崖墓[⑤]，其画像刻在墓门的上方，龙虎共衔一钱币。从画像的形式和所在位置观察，这种图像应由龙虎衔璧演变而来。第二类是联钱纹，在墓砖图案中较多见；有的还与璧相互串联共存，形式多样。第三类是单纯的钱纹，将一个钱纹置于崖墓墓门上方或石棺一侧的画像上方，这也应是龙虎衔璧的变体省略

---

① 唐金裕、郭清华：《陕西勉县红庙东汉墓清理简报》，《考古与文物》1983年第4期。
② 贵州省博物馆：《贵州清镇平坝汉墓发掘报告》，《考古学报》1959年第1期。
③ 贵州省博物馆考古组：《贵州兴义、兴仁汉墓》，《文物》1979年第5期。
④ 罗二虎：《略论贵州清镇汉墓出土的早期佛像》，《四川文物》2001年第2期。
⑤ 资料于20世纪90年代由乐山崖墓博物馆黄学谦提供。

形式。所有的钱币均为方孔圆钱，璧用于象征天国，钱却是财富的象征，二者的含义在表面上似乎毫无关系，可为什么在画像中或钱树上可以互换或共存呢？这可以从二者的形式含义上进行分析。中国古人认为天圆地方，璧的形状是外圆内圆，故象征天，而钱币是外圆内方，可象征天地，沟通天地并融为一体。在汉代人的观念中，丧葬活动本身就是一种沟通天地的活动，从这个意义上讲，将钱与璧互换也是可以理解的。

以上的各种图像内容，均是象征天国仙境和升仙的。只是蝉纹出现在钱树树干上，其含义令人费解，目前还无法作出合理的解释。

2. 顶饰

目前所见的顶饰图像有四种。第一种以龙为主体，如贵州兴义 2 号墓出土的钱树①，其年代约为东汉晚期前后。第二种以凤鸟为主体，如四川彭山双江崖墓出土的钱树，其年代为东汉②。第三种以西王母为主体，如四川绵阳何家山 2 号崖墓出土的钱树，图像中西王母坐于龙虎座上，上方有一个巨大的璧和仙境花草，其年代约为东汉末年③。第四种是以佛像为主体，目前仅见陕西城固汉代砖室墓出土的钱树一例，图像中佛坐于一个巨大的璧上，旁有一个跪拜道士之类的人物，佛和璧的周围有仙境花草（图四），其年代约为东汉晚期或稍晚④。

以上四种配置的图像内容，均是象征天国仙境和升仙的。值得注意的是，顶饰中佛像配置的图像构成与西王母配置的图像构成是如此的相似。

3. 树座

在此位置出现佛像的目前仅发现一例，即四川彭山豆芽坊 166 号崖墓出土的钱树，图像中佛坐于中间，两旁各有一胁侍站立，三者的下方为龙虎衔璧（图五）。此图像的配置与上述以佛为中心的顶饰图像相似，含义也应是寓意仙境和升仙。此外，钱树树座的形状和图像虽然多种多样，其内容仍然均是寓意仙境和升仙的。

总括上述分析，我们可以得出几点认识。

图四　钱树顶饰上的佛像
（陕西城固汉墓出土）

---

① 贵州省博物馆考古组：《贵州兴义、兴仁汉墓》，《文物》1979 年第 5 期。
② 20 世纪 90 年代，该钱树陈列于四川省博物馆。
③ 何志国：《四川绵阳何家山 2 号东汉崖墓清理简报》，《文物》1991 年第 3 期。
④ 罗二虎：《陕西城固出土的钱树佛像及其与四川地区的关系》，《文物》1998 年第 12 期。

（1）这些佛像在汉代西南地区的墓葬中出现和流行的时间，大致是东汉晚期到蜀汉时期。也就是说，至少在东汉晚期佛教以某种形式已传入这一地区。

（2）看不出这些佛像与佛教教义、寺院和僧侣之间有何直接联系，相反却是被本土传统的神仙和升仙信仰吸收而出现，与神仙思想和天国仙境观念之间关系密切。

（3）佛的出现并非是作为膜拜的对象，而是作为天国仙境中诸神灵的一员，与本土传统的神仙或神兽等神灵同列出现。当时的人们为了死后能升入天国仙境，通过在墓中的对此竭力模仿，以期死者能顺利升仙。佛是作为这一天国仙境中的一个组成部分出现，因而带有较强的与死后世界相关的巫术性质。

图五　钱树树座上的佛像
（四川彭山豆芽坊166号崖墓出土）

（4）与画像和钱树的总体数量相比，有佛像者仅占其中极小的比例，这在一定程度上也可以反映出当时佛教在这一区域内并不盛行。

三、早期佛像在西南地区的传播

目前，西南地区早期佛像发现的地点虽然不是很多，但分布地域却十分广泛。从陕西的汉中盆地至贵州中部的清镇一带，其南北相距700千米以上；而从四川盆地西部的乐山至盆地东部的开州一带，东西相距约有400千米。在这一广袤的区域内，佛像不可能是同时出现的，其间必有一个空间和时间上的传播过程，当然也存在着传播者。

关于这一区域内佛像的传播者。就目前资料而言，所有的早期佛像，除乐山发现的3例崖墓石刻佛像之外，其他均发现于钱树上。因此，钱树当是佛像传播的主要媒介物。我们知道，钱树是这一区域内在佛像传入之前就已经存在的一种特殊的随葬品，为这一区域内的汉人所使用。因而可认为，当佛像进入这一区域后，在本区域内的传播者应主要是本地的汉人。

下面，我们再来讨论佛像在这一区域内的传播过程。这不可避免地又要涉及年代学问题。关于四川盆地内佛像及所属墓葬的年代，虽然目前学术界对将其上限大体定在东汉晚期至蜀汉时期这一范围内无多大异议，但在具体的墓葬断代上有分歧，并存在许多问题。这是因为：首先这一时期家族葬盛行，入葬往往多次进行，所以墓葬的建造年代与使用的下限年代之间往往会持续一段时间，再加之墓葬多已被盗，随葬品的入葬先后和组合情况不详，因而造成了断代上的困难；其次，由于墓葬被盗而钱树多已残缺，再加上钱树本身又无铭文，因此目前尚无法系统地对钱树进行类型学排比以断定其相对的早晚关系。笔者认为，四川乐山、彭山和绵阳出土的佛像年代大体上均为东汉晚期至东汉末年，但个别的可能会早到东汉中期；而重庆忠县和开州出土佛像的年代则为东汉末年至蜀汉前期。

除了年代上的早晚关系之外，还有一些现象也暗示着它们之间可能存在传播的过程。就文化传播的一般过程而言，当一种新的外来文化元素进入某一文化区域之后，通常是首先在中心区被接受，然后再扩展到周围地区；也只有在文化中心区被接收之后，这种外来的文化元素才容易被这一区域内的广大地区所接受。笔者认为，西南地区在东汉时已形成一个在汉文化范畴内的区域文化，而川西地区在这一文化区内始终居于中心位置[①]。

从图像学的角度观察，贵州清镇发现的早期佛像，其整体上虽然也与西南其他地区佛像的造型大体相同，均施无畏印，但其右手却似乎握住衣角，显然不合佛教造像的规范。这应是对本区域内其他佛像一种错误的模仿，从地缘关系上讲，它很可能是模仿川西地区的佛像。从年代上看，它也大致稍晚于川西地区佛像出现的年代[②]。

在四川盆地东部的重庆忠县和开州发现有早期佛像，年代为东汉末年至蜀汉前期，略晚于川西地区佛像出现的年代。四川盆地东部在古代经济、文化一直不太发达，多为山区，与其他地区的交通联系主要是通过长江这一东西通道；其东面穿过三峡后即为长江中游地区，那里既无早于蜀汉前期的佛像，又无长江上游系统的佛像。因此，四川盆地东部的早期佛像很可能是从西边传来的。

在四川盆地西部，早期佛像发现的地点均位于川西一带，包括乐山2处、彭山1处和绵阳3处，其佛像有的位于钱树树干上，还有的位于钱树陶座上和崖墓的画像石刻上。此外，在川西地区的什邡发现东汉的佛塔画像砖[③]，在乐山出土施无畏印的东汉陶俑[④]，在彭山崖墓的画像石刻和画像砖上还有莲花等与佛教或佛教艺术相关的文物[⑤]。总的来说，这里佛像出土的地点相对较多，佛像和与佛教相关的遗物种类较为多样化，年代也相对较早，这些都暗示着四川盆地东部和贵州地区发现的佛像可能均源于此。

陕西汉中地区也发现有2处早期佛像，但那里的情况要复杂一些，虽然从川西地

---

① 罗二虎：《秦汉时代的中国西南》，天地出版社，2000年，第169页。
② 罗二虎：《略论贵州清镇汉墓出土的早期佛像》，《四川文物》2001年第2期。
③ 贺云翱、阮荣春、刘俊文、山田明尔、木田知生、入泽崇编：《佛教初传南方之路文物图录》，文物出版社，1993年，图版2、图版31。
④ 唐长寿：《乐山崖墓和彭山崖墓》，电子科技大学出版社，1994年，图版31。
⑤ 见于眉山市彭山区江口951-3号崖墓和眉山市彭山区文物保护研究所藏东汉崖墓出土画像砖。

区传来的可能性很大，但也不能完全排除存在从这一文化区域外直接传入的可能性。

四、早期佛像的传入路线

我们只要留心注意西南地域文化区所处的地理位置，就会发现它与人们常说的作为古代商路和文化通道的三条"丝绸之路"在地缘上均有一定联系。因此，作为假说，可以考虑西南地区的早期佛像有以下三条可能的传入路线，即从西北方、西南方和东南方传入。

（一）西北方传入路线

主要经由古代的"丝绸之路"（或称"西北丝绸之路"），即从古代的犍陀罗地区经由新疆、河西走廊，然后在甘肃天水一带与东去的丝绸之路分道后南下进入这一文化区[①]。一般认为中原地区的佛教是经由丝绸之路传入，那么两者的传入路线大体是相同的。

关于这一推断，我们还可以从图像学分析中找到直接证据。例如，西南地区早期佛像的造型与犍陀罗地区早期（或称第一期）佛像的造型之间有许多共同特点。第一，右手施无畏印而左手握住衣端的坐像，这是西南地区早期佛像的共同特点，这种类型的坐像在犍陀罗的早期佛像中也同样流行。第二，西南地区早期佛像多为肉髻，其头发可见者则是用细密的平行纵线来表现，这与犍陀罗佛像发髻的特征相似，而秣菟罗早期佛像均为螺髻。第三，西南地区早期佛像中面部清晰者，多可见其鼻下有髭，这在印度佛像中仅见于犍陀罗地区，并主要盛行于犍陀罗早期佛像中。第四，西南地区早期佛像均着通肩衣，结跏趺坐，不露双足，衣纹线多在胸前呈"U"形重叠。这些特征也同样盛行于犍陀罗早期佛像中。秣菟罗本地传统的佛像则为右袒式袈裟衣，下露双足[②]。由这些方面来看，西南地区早期佛像的总体特征与犍陀罗的早期佛像接近，而与秣菟罗地区的佛像相差较远。有学者进一步指出，在犍陀罗佛像中，其北部的斯瓦特地区佛像与中国南方早期佛像的关系最为密切[③]。

从地缘交通方面来看，犍陀罗佛教艺术的东传最有可能取道的，也是"西北丝绸之路"这一路线。

[①] 也有学者提出由西北传入的路线，认为是从青海进入四川。参见吴焯：《四川早期佛教遗物及其年代与传播途径的考察》，《文物》1992年第11期。

[②] 关于犍陀罗早期佛像的特点，笔者还参考了H·因伐尔特所著《犍陀罗艺术》（Candharan Art）（李铁译，上海人民美术出版社，1991年，第10~12页）和宫治昭所著《佛教的起源和秣菟罗造像》（谢建明译，《东南文化》1992年第5期）等文献。

[③] ［日］宫治昭：《中国初期佛像の南北とマトウラおよびカガンダラの异同源流》（发表要旨），日本京都·南方ルート·シンポジウム，1993年。

（二）西南方传入路线

即从印度西部经由印度东北部的阿萨姆、缅甸进入云南西部再到四川盆地。这是一条至迟在公元前2世纪就已开通的古道。根据文献记载，在西汉前期时蜀地（川西等地区）的商品已经由此道输出到印度等地[1]，在东汉时属于这一文化区内的永昌郡（郡治在今云南保山一带）也有身毒人在活动[2]。现在人们常将这条古道称为中国"西南丝绸之路"。考古发现也证实了这条古道在汉晋时期就已存在[3]。

近年来有学者指出，南方早期佛像即由此道传入[4]。不过，目前在这条古道沿线的几个重要地区，如阿萨姆、缅甸和云南，均未有资料足以说明公元2世纪后半期至3世纪前半期有佛教传入和存在的迹象。因此，其作为佛教传入的路线，目前还仅停留在一种假说的阶段，需要今后材料的进一步积累。

（三）东南方传入路线

即从古代海上商路到达南中国海沿岸的越南北部或珠江三角洲一带，然后再分别经由元江（红河）或珠江溯江而上到达云南、贵州地区，从而进入这一文化区。人们在习惯上将这条到达中国东、南沿岸的海上商路称为"海上丝绸之路"，而将从越南北部和珠江三角洲通往云南和贵州的古道分别称作"滇越道"和"牂柯道"。

贵州地区在古代与珠江三角洲一带交往较多，西汉时蜀地的枸酱即是通过夜郎国（在今贵州西部）贩运到南越国都城番禺（今广州），而汉灭南越国也是取道巴蜀、夜郎，沿牂柯江而下[5]。在广东地区尤其是珠江三角洲，发现的汉代异域人陶俑较多，这些异域人陶俑出现于西汉中期，东汉时数量大增[6]。从人种学角度观察，可分为两类，一类可能是分布于东南亚等地区的小黑人，另一类为西域等地的胡人。由此可见，当时的珠江三角洲一带通过海路与域外的交往较盛。不过，迄今尚未见广东和越南北部地区有任何与早期佛教相关的文物出土。因此，西南地区的早期佛像从这一路线传入的可能性也较小。

（原载《考古》2005年第6期）

---

[1] （汉）司马迁：《史记·大宛列传》，中华书局，1963年，第3166页。

[2] （晋）常璩撰，刘琳校注：《华阳国志校注》之"永昌郡"，巴蜀书社，1984年，第430页。

[3] 罗二虎：《"西南丝绸之路"的考古调查》，《南方民族考古》（第五辑），四川科学技术出版社，1993年，第372～404页；罗二虎：《汉晋时期の中国"西南シルクロード"》，《佛教文化研究所纪要》第三二集，日本龙谷大学，1994年，第25页。

[4] 阮荣春：《"早期佛教造像南传系统"研究概说》，《东南文化》1991年第3、4期。

[5] （汉）司马迁：《史记·西南夷列传》，中华书局，1963年，第2994页。

[6] 黎金：《考古随笔（一）》，《广州文博》1987年第2期。

陕西城固出土的钱树佛像及其与四川地区的关系

1994年9~10月，笔者前往西北地区进行关于中国早期佛像与早期佛教艺术方面的专题考察，在陕西南部汉中地区城固县文物管理所所藏文物中辨识出一尊属于中国早期的钱树佛像。在汉中地区文物事业管理委员会和城固县文物管理所的协助下，笔者对这尊早期佛像和佛像所附的钱树进行了仔细地观察和记录。

这尊佛像在目前已经发现的中国早期佛像中，不但佛像本身较大，图像清楚，而且佛像所附的钱树保存得也相对比较完好，又是出土在过去从未发现过中国早期佛像的陕西省汉中地区。这对于研究中国早期佛教与神仙思想、早期道教的关系，以及早期佛教艺术的传播地域和流传情况都提供了一个有意义的新资料。本文即是对这尊早期佛像和这株钱树的情况，以及相关问题做一些初步的讨论。

一、钱 树 形 制

该佛像位于一株钱树上。据城固县文物管理所的业务人员介绍，这株钱树出土于该县境内的一座东汉砖室墓中，但这座墓葬的情况现已不详。

这株钱树是由树座和树体两大部分组成（图一），现残高93.5厘米。树座为釉陶制品，树体为青铜制品。树体本身又由树干、树枝和顶饰三部分构成。青铜树体的制作都是由双范合铸法分段铸造，然后再相接、插合而成。青铜树体又是插在陶树座上的。该钱树除了树干部分还基本保存完整之外，其树座、顶饰和树枝都有不同程度的残损。下面从上到下依次介绍该钱树各部分的具体情况。

1. 钱树顶饰及佛像

顶饰为薄的叶片形，上有图像。图像的外轮廓即是叶片的轮廓，图像具体的刻画则是由凸起

图一 陕西城固出土钱树

的线条构成。叶片正反两面的图像完全相同。

（1）中部顶饰。树体的中间顶饰部分通高约22.8、厚0.2～0.4厘米，因为略残而宽度不详。这件顶饰的底部有插头，用以插合在树干上（图二、图三）。

图二　钱树顶饰（中部）

图三　钱树顶饰（中部）

佛像位于顶饰的中间，包括项光在内通高6.5、宽4.1厘米（图四）。佛像为坐像，右手施无畏印，左手握衣端，结跏趺坐，头顶上有肉髻。其下半部的头发用平行的纵线来表现，肉髻上的头发略呈半同心圆的形状。额际上施白毫相，鼻下有上翘的胡髭。项光为两个同心圆构成，项光内有6个小圆圈。着通肩衣，衣服的领口部分有略近似于变形莲花纹的装饰。在胸前的两手之间有一个形状近似于玦的东西。

在佛像的右侧有一个人正在向佛跪着揖拜。这一人物头戴异形高冠，鼻下有胡髭，着袍，领口部分也有一个用平行纵线构成的装饰。坐佛和揖拜人物都位于一个特大的璧上。璧的直径为7.4厘米，璧的表面装饰一些花卉之类的图案。

坐佛的身后有一些蔓草花卉类图案，在靠近揖拜人物的一侧略有残缺。花卉有两种，一种的

图四　钱树佛像（局部）

花蕊略呈瓶口状，周围饰以花瓣，较为奇特；另一种为八瓣形花，似为一种变形的莲花。在花卉和枝叶上有许多细长的芒状物。璧的下方中部有一个插头，用以插在树干上。在璧的下方一侧还有一个插头，用于插合另外的顶饰叶片。参考其他的钱树情况可知，在璧下方的另一侧也应有一个插头，但现已残。

（2）两侧顶饰。现有2件。高19、残宽约14厘米，其造型为一个展翅欲飞的凤鸟站在一个巨大的璧上，旁有一蟾蜍（猴?），璧的周围还连以树枝和插座等（图五，1；图六）。推测这两件应是插在中部顶饰的两侧。

图五　钱树残片
1. 钱树顶部两侧饰件　2. 钱树残枝2　3. 钱树残枝3　4. 钱树残枝1　5. 钱树树干下部

2. 树干

树干部分通高61.5厘米，由4段构成，每段长约16厘米。树干的横剖面为椭圆形，最宽处1.5、最厚处1厘米。树干为分段铸造，其铸造方法为内用范芯，外范为双范合铸。这4段树干为同范所铸，其大小、造型均相同。每段树干的上部中空，下部则略呈尖锥形，用于相互插合。每段树干还有一个十字形物，扣合在树干的上部。这种物件的

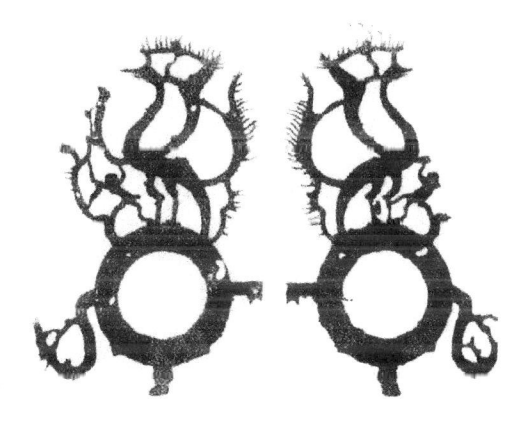

图六　钱树顶部两侧饰件

4个凸出于树干的部分都是中空的，用以插合树枝之用。最下面一段树干的底端插在树座上，然后用铜饰件来加固。树干的表面原来均鎏金，现仍可在树干上见到一些残留的鎏金。

每段树干上有一个巨大的璧，其直径约10厘米，厚度略同于顶饰。璧的边缘也有许多的芒。在每段树干的中部还有一个蹲熊位于巨大的璧内，蹲熊高3.5厘米，为浮雕的形式凸出于树干，双臂支撑在双腿的膝部。树干的表面均饰纵向的波状云气纹（图五，5；图七）。

3. 树枝

树枝与顶饰一样，为薄的叶片形，其厚度也与顶饰大体相同，正反两面也是完全相同的图案。钱树的树枝保存情况最差，现仅存一些残枝。根据现在树干上保留的树枝插孔推测，这株钱树上原来共有16枝树枝，每节树干上插4枝，两两对称。下面分别介绍现存的几种残枝。

图七　钱树树干局部

残枝1。残高8、残宽9.3厘米，其造型为一个很大的树枝，上面挂有很多的方孔圆钱，还有一个仙人骑在一匹飞奔的马上，正在张弓射猎。仙人头戴高冠，着宽衣长袍（图五，4）。

残枝2。残高8.8、残宽6.7厘米。为一个站立的大鸟，其尾部已残（图五，2）。

残枝3。高约9.5、残宽20厘米。其造型也为一个很大的树枝，上面有方孔圆钱、凤鸟、蟾蜍等（图五，3；图八）。在凤鸟的背上置一个花瓶，瓶内插有花卉，花卉的造型与坐佛头顶正上方的花卉造型相同。蟾蜍似在舞蹈。从该枝的插头情况分析，又像是顶饰的两侧叶片。

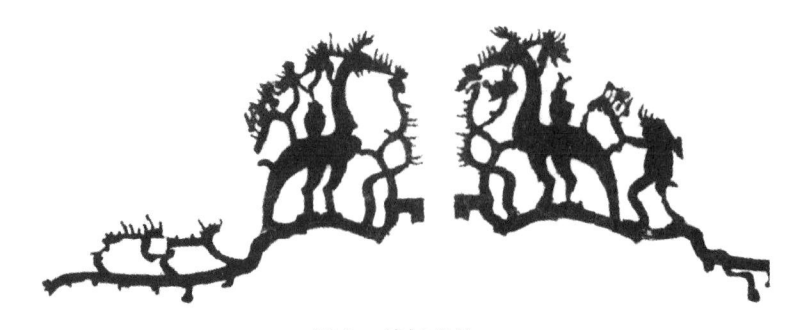

图八　钱树残枝3

4. 树座

仅存器座的上半部，残高16厘米，为表面施绿釉的陶制品。器座略呈圆锥形，整体为一神山的造型，表面有许多顶部呈圆弧形的凸出物，象征山峦重叠。现树座上还残存有一个猫头鹰形的鸟，可以推测原树座上还有更多的此类附加物。

参照其他较完整钱树的情况，笔者尝试着对该钱树进行了绘图复原（图九）[①]。

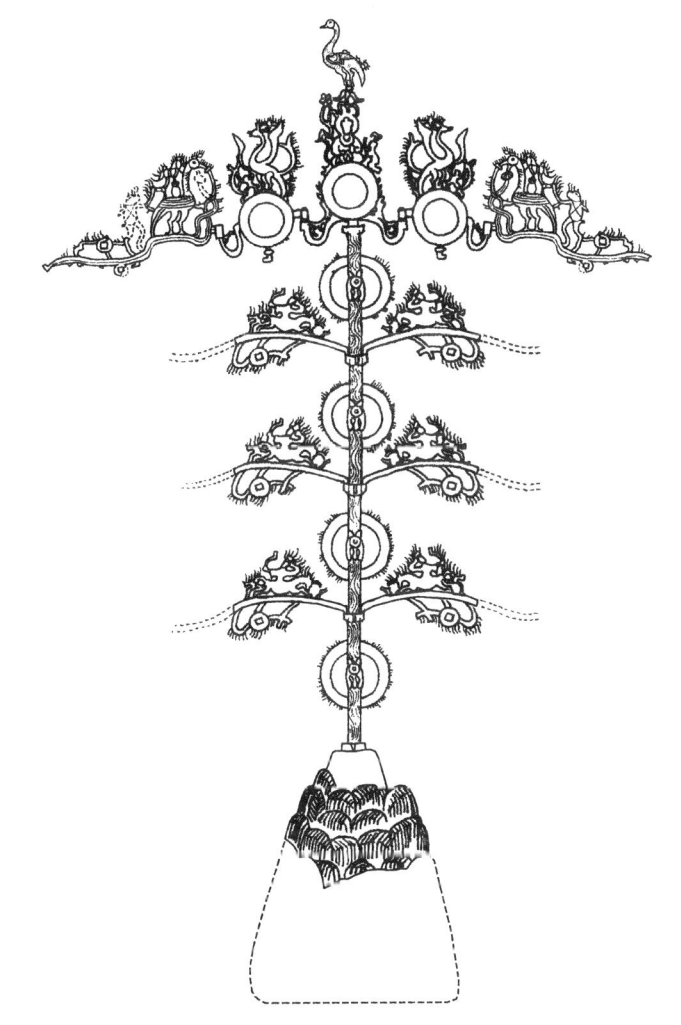

图九　钱树推测复原示意图

二、区域文化背景

汉中地区现在的行政区划隶属于陕西省，但其地处秦岭以南，在中国自然区域的划分上，这一地区属于中国的南方，自古以来一直与四川地区的关系极为密切。例如，在城固地区出土的大量商代中期前后的青铜器群与川西地区广汉三星堆遗址出土的青

---

① 钱树最顶上的凤鸟为这次论文集中新增添，在《文物》1998年第12期发表的附图中没有。

铜器相似。在战国时期，这一地区又属于巴蜀文化的分布范围。汉代这里为汉中郡，与蜀郡、广汉郡、犍为郡、巴郡、牂柯郡和益州郡等同属于益州刺史部。三国时期汉中郡又属于蜀汉政权统辖。

钱树是东汉至三国蜀汉时期益州刺史部范围内流行的一种非常具有地方性文化特征的器物，它是作为一种明器随葬。这株钱树的造型特征、图像内容和制作工艺等也均与四川、重庆、贵州、云南等地区墓葬中出土的钱树基本相同。虽然出土这株钱树的墓葬情况现已不十分清楚，但就东汉至三国时期汉中地区出土墓葬总的情况而言，均与当时益州刺史部其他地区的墓葬情况十分相似，可以纳入汉文化西南地域文化区的范畴。例如，汉中地区勉县红庙东汉墓葬[1]出土的随葬器物不但与西南地区墓葬中的随葬器物相同，而且有的器物就是从西南地区输入的。红庙东汉墓中出土的一件铜盆，其底部就有一行"元兴元年堂狼作"的铭文，表明该器物是由犍为属国的堂狼县（位于今云南省东北部）所造。因此，就这株钱树及汉中地区当时文化所属的性质而言，应与四川等西南地区的关系更为密切，而与陕西省秦岭以北地区的文化差异较大。

三、钱 树 年 代

关于这株钱树的年代，虽然城固县文物管理所的业务人员断定此墓为汉墓，但仍太笼统，还需进一步断代。由于该墓的具体情况现已不详，因此只能通过钱树本身来进行年代学的考察。

钱树是一种时代特征比较明显的随葬器物，从目前已发表的资料看，它大概出现于东汉前期，到东汉中期以后开始流行，在东汉晚期前后最为盛行，蜀汉前期仍然盛行，蜀汉后期已少见，到西晋时期已不见这种随葬明器的踪迹。

目前出土钱树的数量虽然很多，但多已残破，而且出土钱树的墓葬也多已被盗，随葬品较少，因此目前对于钱树本身的形制演变规律和系统的断代研究尚有一定的困难。在这里我们只能通过与一些年代较为清楚的墓葬中出土的钱树进行比较，来判明它的大体年代。

该钱树的每节树干上都有一只蹲熊和一个巨大的璧，树干的表面还有许多波状的云气纹。同类树干的钱树还见于贵州清镇1号墓[2]和贵州兴义8号墓出土的钱树[3]。关于清镇1号墓的年代，原报告仅笼统地定为东汉时期。这是一座大型的前、中、后三重室砖室墓，这种三重室的大型墓在四川、贵州等地主要为东汉晚期流行的形式。此外，随葬品中的陶鸡、狗、雀和琉璃小狮等均为东汉晚期常见。因此我们可以进一步地将

---

[1] 唐金裕、郭清华：《陕西勉县红庙东汉墓清理简报》，《考古与文物》1983年第4期。
[2] 贵州省博物馆：《贵州清镇平坝汉墓发掘报告》，《考古学报》1959年第1期。
[3] 贵州省博物馆考古组：《贵州兴义、兴仁汉墓》，《文物》1979年第5期。

它定为东汉晚期。8号墓为前后室的砖室墓，墓中出土铜耳杯的造型与清镇1号墓出土的相同，出土铜马的铸造工艺、造型与四川绵阳何家山2号东汉晚期墓[1]出土的铜马基本相同。因此我们也基本上可以将兴义8号墓的年代定为东汉晚期。

这一钱树树座的造型为山峦重叠，同类造型的树座还见于汉中地区勉县红庙1号墓，红庙1号墓的年代为东汉中期[2]。

钱树顶饰上有佛像的目前仅发现这一例，而在其他钱树顶饰的配置中，与此图像构成较为接近的有四川绵阳何家山2号墓[3]、四川西昌高草汉墓出土的以西王母为中心的钱树顶饰[4]，这两座墓葬的年代均为东汉晚期。

综观这株钱树的整个造型，其更加接近于东汉晚期钱树的造型特征，但是考虑到佛像在钱树上出现的年代大多较晚这一因素，因此大致断定其年代为东汉晚期到东汉末年。从目前已发表的有关钱树的资料来看，其年代大概又不会晚到蜀汉时期。

四、钱树佛像造型特征

附于钱树上的这件佛像造型基本特征是高肉髻，有头光，鼻下有髭须，着通肩衣，一手施无畏印，另一手握衣角，结跏趺坐。在1995年以前，呈这种基本特征的早期佛像有：①四川乐山麻浩1号崖墓的石刻佛像1尊[5]；②四川乐山柿子湾1号崖墓的石刻佛像2尊[6]；③四川彭山166号崖墓出土钱树树座上的1尊[7]；④四川绵阳何家山1号崖墓出土钱树树干上的5尊[8]；⑤重庆忠县涂井5号崖墓出土钱树树干上的6尊[9]；

---

[1] 何志国：《四川绵阳何家山2号东汉崖墓清理简报》，《文物》1991年第3期。

[2] 唐金裕、郭清华：《陕西勉县红庙东汉墓清理简报》，《考古与文物》1983年第4期。

[3] 何志国：《四川绵阳何家山2号东汉崖墓清理简报》，《文物》1991年第3期。

[4] 刘世旭：《四川西昌高草出土汉代"摇钱树"残片》，《考古》1987年第3期。

[5] 乐山市文化局：《四川乐山麻浩一号崖墓》，《考古》1990年第2期；闻宥：《四川汉代画象选集》，群联出版社，1955年，图59；李复华、曹丹：《乐山汉代崖墓石刻》，《文物参考资料》1956年第5期。

[6] 贺云翱、阮荣春、刘俊文、山田明尔、木田知生、入泽崇编：《佛教初传南方之路文物图录》，文物出版社，1993年；唐长寿：《乐山麻浩、柿子湾崖墓佛像年代新探》，《东南文化》1989年第2期。

[7] 南京博物院编：《四川彭山汉代崖墓》，文物出版社，1991年。

[8] 何志国：《四川绵阳何家山1号东汉崖墓清理简报》，《文物》1991年第3期。

[9] 赵殿增、袁曙光：《四川忠县三国铜佛像及研究》，《东南文化》1991年第5期；贺云翱、阮荣春、刘俊文、山田明尔、木田知生、入泽崇编：《佛教初传南方之路文物图录》，文物出版社，1993年，图9~图12。墓葬报告见四川省文物管理委员会：《四川忠县涂井蜀汉崖墓》，《文物》1985年第7期。

⑥重庆忠县涂井14号崖墓出土钱树树干上的8尊[①]；⑦贵州清镇11号石室墓出土钱树上的2尊[②]。这7处25尊佛像均出土于长江上游地区，这些早期佛像同属于一个系统，可将它们称为长江上游系。毫无疑问，城固出土的这尊佛像也应属于这一系统。

上述的25尊佛像根据造型特征的差异还可以分为三种类型。第一种类型为乐山麻浩和柿子湾崖墓中的石刻佛像，主要的特点在于双手较靠近身体的中部，右手和双手之间的衣端仅稍下垂，左手握住衣角，其衣角呈长条形下垂较长。第二种类型为钱树树干上的佛像，共21尊，主要特点是双手较靠近身体的中部，双手之间的衣端齐平。多可见鼻下髭须，形状为向外侧斜下。第三种类型为彭山崖墓出土钱树树座上的佛像，仅1尊。主要的特点为双手均靠身体外侧，衣服的下部呈弧形的平行线，衣端垂得很靠下，也呈弧形，头上的束发呈髻，鼻下明显无髭须。

总的来说，城固出土的这尊佛像与上述的三种类型也有一定的差异，如未见双手间下垂的衣端，却有一个近似块状的装饰；颈部装饰的边缘呈花瓣状；髭须两端稍向上弯曲。由于它与上述三种类型都存在一定的差异，故可以作为第四种类型。这四种类型佛像之间有的差异是因为塑造佛像的材料不同而引起的，有的差异却可能是在同一大的系统中又各自遵循着不同的范本。

城固的这尊佛像与印度、南亚的早期佛像相比，其主要的特征都更接近于犍陀罗的早期佛像，如有肉髻、双腿掩于衣服内，有髭须等。但是，这尊佛像颈项上的装饰和双手之间的块状物，都不见于印度的佛像。在犍陀罗艺术的菩萨像中有颈项装饰，但其造型也与此有较大的差异。

五、钱树佛像性质

前面已经述及，钱树是当时在益州刺史部的范围内所流行的一种很具特征的器物。笔者认为，它作为一种特殊的随葬品在墓葬中出现，其实质是这一区域内传统的昆仑仙境神话、升仙思想、神树崇拜与祈求富贵观念的一种综合的物化表现，其核心是希望墓主在死后能够顺利升天成仙，并继续享受富贵荣华。因此，钱树上的各种图像除了钱币比较特殊之外，其他均是围绕仙境与升仙这一主体而展开的。

城固出土的这株钱树，无论是树体或是树座，其上面的图像基本均与仙境、升仙有关。但是，本文的目的并非全面讨论钱树，因此在这里仅就与佛像直接相关的顶饰

[①] 赵殿增、袁曙光：《四川忠县三国铜佛像及研究》，《东南文化》1991年第5期；贺云翱、阮荣春、刘俊文、山田明尔、木田知生、入泽崇编：《佛教初传南方之路文物图录》，文物出版社，1993年，图9～图12。墓葬报告见四川省文物管理委员会：《四川忠县涂井蜀汉崖墓》，《文物》1985年第7期。

[②] 贵州省博物馆：《贵州清镇平坝汉墓发掘报告》，《考古学报》1959年第1期。钱树佛像藏于贵州省博物馆。

部分的图像作一些简单的分析，以推测佛像在钱树上出现的具体含义。

佛像位于中部顶饰上，与顶饰上的其他各种图像一起构成了一个在钱树中的独立单元。在中部顶饰和两侧顶饰的下部都各有一个巨大的璧。我们知道，中国古代的宇宙观是天圆地方，璧的形状是圆形，象征天，古人也常以璧来祭天。顶饰本身就位于钱树的顶端，而顶饰上的其他物象又都在象征天的圆璧之上，其寓意天上仙境的含义明显。凤鸟是一种象征仙境的瑞禽，它们居于佛像的两侧。而璧、佛像和凤鸟周围的植物是代表昆仑仙境中的各种仙花灵草。佛像居于正中，显然佛陀在这里是作为天上仙境中一种重要的神灵而出现。

综观西南地区的钱树，其顶饰上的配置除了以佛像为中心的这种较为特殊的图像之外，常见的还有两种：其一是以西王母为中心的，其构成是西王母坐在龙虎座上，周围有花卉植物和璧等，如绵阳何家山 2 号墓出土的钱树[1]；其二是凤鸟和人物等，这种构成似乎是以凤鸟为中心，如陕西勉县红庙汉墓[2] 及四川彭山江口汉代崖墓[3] 出土的钱树等。第二种顶饰的年代较早，从构成上看也与城固发现的这株钱树的顶饰相差较远。第一种顶饰的年代与城固钱树的年代比较相近，图案构成也大体相同，只是中心图像的内容不同而已。显然，佛像在这里可能也是作为与西王母同位的神灵出现的。

在佛像的旁边有一个揖拜人物，虽然图像不是很清楚，但大体仍可以看出其戴着异形高冠，并穿着奇特的服饰。这种戴异形高冠或者持节的揖拜人物在四川的汉代画像中经常可以见到，如在成都附近画像砖墓出土的西王母仙境画像砖中即可见到[4]。其画面的上部正中为西王母坐在龙虎座上，周围云气缭绕，还有持棨戟裸体仙人、三足乌、九尾狐、舞蹈蟾蜍、墓主夫妻等。在画面的左边还有一跪拜人物，从其姿态和装束上观察，此人即与钱树顶饰上的揖拜人物相似，但在画像砖上的这一人物形象更为清晰，手中持笏、背上插幡，显然是一个道士（在西汉时期称为"方士"），他来往于人神之间，既可向人们传达神的旨意，又可面谒神灵，帮助人们升仙。在钱树顶上的这一人物显然也应属于道士之类的人物，在这里出现的含义可能也是向神灵乞求，希望能让墓主升仙。中国传统神仙崇拜题材中的西王母像，在这里已变为真正的佛像。

六、结　语

从中国早期的文献记载中我们可以知道，佛教最初传入中国时是依附于神仙思想

---

[1] 何志国：《四川绵阳何家山 2 号东汉崖墓清理简报》，《文物》1991 年第 3 期。
[2] 唐金裕、郭清华：《陕西勉县红庙东汉墓清理简报》，《考古与文物》1983 年第 4 期。
[3] 沈仲常、李显文：《记彭山出土的东汉铜摇钱树》，《成都文物》1986 年第 1 期。
[4] 四川省文物管理委员会：《四川新繁清白乡东汉画像砖墓清理简报》，《文物参考资料》1956 年第 6 期；刘志远遗作：《成都昭觉寺汉画像砖墓》，《考古》1984 年第 1 期。

的，当时的人们也常将佛陀与神仙相提并论。近年来，人们通过对大量南方发现的早期佛像的研究，进一步证实了这一点。这尊有佛像的钱树的发现，又为这种看法提供了一个非常生动而重要的实例。同时也告诉我们，在东汉晚期，佛教已经以某种形式传播到了陕西南部的汉中地区。

（原载《文物》1998年第12期）

略论贵州清镇汉墓出土的早期佛像

1956~1958年，贵州省博物馆在贵州省中西部乌江支流羊昌河沿岸的清镇、平坝两县境内清理发掘了28座汉代墓葬，并于1959年在《考古学报》上发表了这批资料[①]。在该发掘报告中报道了清镇11号墓中出土铜人像一件，并附黑白线图，但报道和附图又过于简略，无法确切地断明这一人物的身份。如果这尊铜人像确实是一尊佛像，那么这将是贵州地区目前发现年代最早的佛像[②]，也是目前在四川盆地以南地区发现的唯一一尊早期佛像，这将为中国早期佛像及佛教在中国最初的传播、分布与流行等问题的研究提供新的资料，同时对于促进这一课题的研究也具有积极的意义。

为了进一步弄清该铜人像的性质和相关问题，笔者于1994年11~12月专程前往贵州省，并在贵州省博物馆的大力协助下，对该铜人像及该墓出土的钱树残件等有关文物进行了仔细考察、测绘，从而确定了该铜人像就是一尊早期佛像。下面，即对这尊早期佛像及其相关问题作一简略的探讨。

一、清镇11号墓与有早期佛像的钱树

清镇11号汉墓实际上是一个封土堆下并列的两座墓，均为券拱石室墓。两座墓均为南北向，相距1.9米，都是无甬道的单室墓，顶部已坍塌。其中南墓长4.5、宽1.4米，北墓长5.4、宽1.7米，在贵州地区的汉墓中都属于中型墓。修建墓室的石材只有面向墓室内的一侧才凿半整。

两墓均已被盗，残存的随葬品不多。南墓出土大量的五铢钱，以及大型铜盘和陶罐各1件。北墓内有五铢钱。在接近北墓东面顶部的封土中除了发现残存的陶壶1件之外，还发现铜佛像的钱树树干和钱树树枝的残件等。推测这些残存物可能原是北墓的随葬品，被盗墓者移到此处。此外，该墓中还出土新莽时期的"货布"1枚。

关于该墓出土的钱树残件，现在贵州省博物馆仍保存铜树干的残件3段（图一，1），上面有2尊早期佛像，另有钱树枝残件4片（图二）。分述如下。

---

① 贵州省博物馆：《贵州清镇平坝汉墓发掘报告》，《考古学报》1959年第1期。
② 贵州省发现的其他佛像均为唐代以后的。

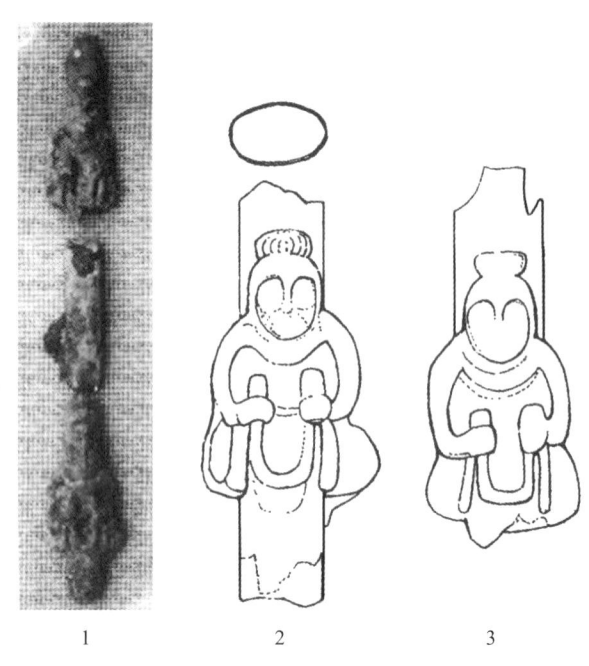

图一　出土钱树残件上的两尊佛像
1. 铜树干残件　2. 佛像1　3. 佛像2

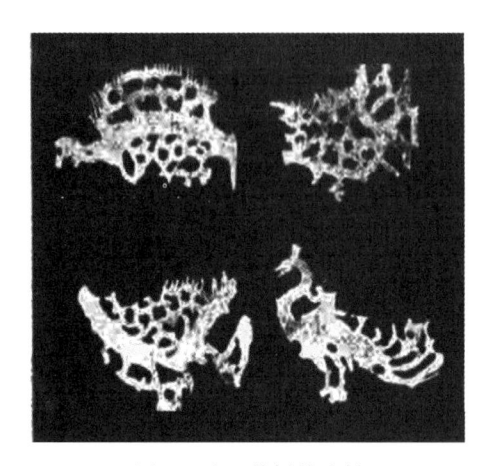

图二　出土钱树枝残件

（1）佛像1。在一段残树干上。树干长约7、宽约1.4、厚约0.9厘米，树干的剖面呈椭圆形，树干中还存着铸造时残留的砂胎。佛像与树干融为一体，由双范合铸而成，合范口均在树干的宽侧和佛像两侧。佛像锈蚀较严重，高约4.7、宽约2.8厘米，结跏趺坐，头顶上有高肉髻，头发呈纵向，着通肩衣，双手置于身体前面并且似乎都是握住衣角。双手之间的衣服下摆呈"U"形。由于面部锈蚀严重，是否有髭须已不清（图一，2）。

（2）佛像2。佛像高约4.6、宽约2.6厘米，造型与佛像1大体相同，但锈蚀更为严重（图一，3）。

（3）残树干。无佛像，残长5.2厘米，在树干上还有插树枝用的半圆孔。

（4）残枝1。为一凤鸟，残宽约9.8、残高约7.5厘米，尾羽清晰且长，在凤鸟的双腿之间还有一个插头。此残枝可能为钱树的顶饰或树枝的一部分（图三，1）。

（5）残枝2。残长10、残高约7.8厘米。树枝相互缠绕，叶为针叶状，在残枝间现可见6个方孔圆钱，树枝的一侧有一插榫。这段残枝应插在树枝一侧（图三，2）。

（6）残枝3。残长8.6、残高约7.3厘米，为树枝的中间一段，造型大体同上。在

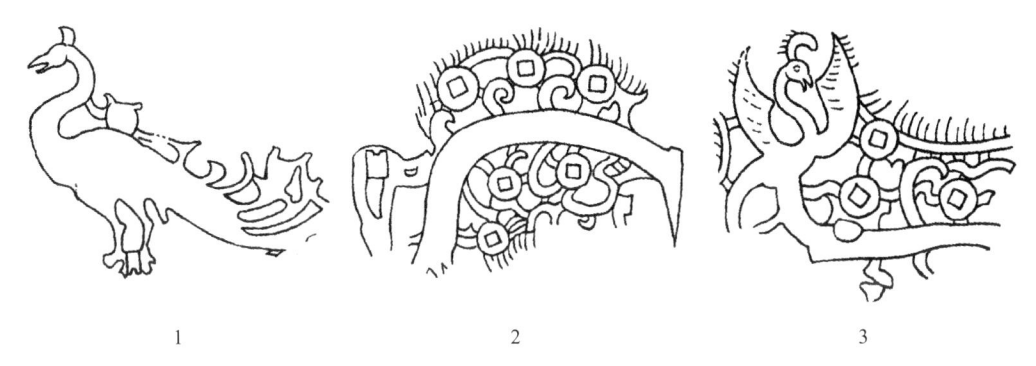

图三　出土钱树枝残件线描图
1. 残枝1　2. 残枝2　3. 残树3

树枝间残留3个方孔圆钱，还有一只展翅欲飞的凤鸟踏在枝上（图三，3）。

（7）残枝4。残长9.5、残高约7.5厘米。应插在树干一侧。树枝相互缠绕。叶为针叶状，在残枝间现可见4个方孔圆钱。

二、墓葬年代

关于清镇11号墓的年代，限于当时的认识，原发掘报告的断代过于笼统，仅粗略地推断"这批墓葬的时代是西汉末期到东汉时期。土坑墓较早，砖室墓与石室墓的时间相距可能不远，或许石室墓稍晚于砖室墓"[1]。为了进一步断定11号墓的年代，下面我们根据贵州和邻近地区近年来有关汉墓的新发现和研究的情况，对这批墓葬的年代问题作进一步的分析。

这批墓葬共28座，其中土坑墓18座、砖室墓8座、石室墓2座。18座土坑墓从时代上可以分为早晚两组。早期墓葬的随葬品从文化性质上可以分为汉式和当地土著文化两组，其年代大概为西汉后期。晚期墓葬的随葬品基本上都是汉式器物，其中13号、15号、17号墓出土西汉末年元始三年（3年）制造的纪年铭文漆耳杯，13号、17号墓还出土各种新莽时期的钱币，这一组墓葬的年代为西汉末年至新莽时期，下限可晚到东汉初年的建武十六年（40年）。

在8座砖室墓中，由于现存的随葬品较少或无，大多数的墓葬无法进一步断代，但是根据贵州地区汉墓总的分期和演变情况可知，其砖室墓在这一地区的出现约为东汉初期，流行于东汉中晚期[2]。其中，清镇1号墓为一座大型砖室墓，出土的随葬品较多，并多为东汉中晚期流行的器物，如铜钱树、陶鸡、陶狗等。该墓为前、中、后三

---

[1] 贵州省博物馆：《贵州清镇平坝汉墓发掘报告》，《考古学报》1959年第1期。
[2] 宋世坤：《贵州汉墓的分期》，《中国考古学会第五次年会论文集》，文物出版社，1988年，第189～202页。

重室，这种形制的墓葬在相邻的四川地区主要是在东汉晚期出现并流行。因此，该墓的年代也可大致断定为东汉晚期。

石室墓在贵州地区出现于东汉中期左右，到东汉晚期以后流行，而清镇11号墓这种一座封土堆下面有两座以上墓葬的情况在贵州地区较为少见，但是在川西地区东汉晚期至末期的墓葬中却较为常见，如成都金牛曾家包汉墓[1]、成都武侯成都611所汉墓[2]和成都市区内省供销社汉墓[3]等。清镇11号墓出土的随葬品中有东汉五铢钱和新莽时期的钱币两类。一般来说，东汉五铢钱与新莽时期钱币共出的情况在东汉晚期以后较为常见。此外，随葬品中的陶壶形制也有一定的时代特征，其腹部微折，圈足上有一道外凸的折棱，这种形制在四川地区出现于东汉晚期并盛行于蜀汉时期。因此，这座墓的相对年代也可能稍晚于清镇1号墓，是这批墓葬中年代较晚者之一。东汉时期盛行家族合葬，在同一座墓葬中往往是多人合葬，数次入葬，随葬品也是数套入葬，墓葬的使用往往延续一段时间。综合上述，大致可以断定11号墓这两座墓葬的年代为东汉晚期至末期，其下限可能会晚到蜀汉前期，而这株钱树的制造年代与这两座墓葬的年代基本同时。

三、墓葬与钱树的文化性质

贵州地区历来就是一个多民族聚居的地区，即使是西汉中期汉王朝在这里设置郡县，汉人大量到达这里以后，情况仍是如此。不过，就清镇、平坝出土的这批墓葬而言，无论是墓葬的形制结构、随葬品，还是葬俗，都表现出强烈的汉文化特征，尤其是西汉末年以后的墓葬，已基本上见不到原土著文化的痕迹了。毫无疑问，这批墓葬总的文化性质是属于汉文化，而墓葬的主人也应当是外来的汉人或者其中也有已经汉化了的原当地土著居民。汉王朝的疆域辽阔，汉文化的分布也非常广泛，因此在汉文化总的特征之下，东汉时期各地区之间的文化面貌又表现出一定的差异，并形成了数种不同类型的区域性文化。笔者认为，贵州地区西汉中期以后的汉代文化一直受到四川盆地汉代文化的强烈影响，并在东汉至三国时期与四川盆地、汉中盆地、云贵高原等地区一起形成了一个以四川盆地为核心的区域性文化圈[4]。

从这批墓葬的文化面貌看，情况也是如此。例如，西汉末年至王莽时期的土坑墓，

---

[1] 成都市文物管理处：《四川成都曾家包东汉画像砖石墓》，《文物》1981年第10期。

[2] 资料现藏于成都市文物考古工作队。

[3] 冯先成：《东汉铜鉴》，《成都日报》1978年10月19日第3版。墓葬资料现藏于成都市文物考古工作队。

[4] 罗二虎：《中国初期佛教与西南地域文化圈》，《世界文化与佛教——山田明尔教授还历纪念论文集》，日本永田文昌堂，2000年，第157~176页。

其墓葬形制与重庆九龙坡冬笋坝墓地出土的汉代土坑墓有许多相似之处[①]。在随葬品中有大量的灰陶器，其器形、纹饰等均与川渝地区同时期汉墓的陶器相似。此外，还大量出土漆器，从铭文中可知这些漆器是由蜀郡和广汉郡工官制造并从四川地区直接输入的。再如东汉时期砖室墓和石室墓的情况也是如此，其墓葬形制结构的演变和墓砖花纹均与川渝地区同时期的墓葬一致。随葬品的种类与组合也与川渝地区的大体一致，尤其钱树更是川渝地区东汉至蜀汉时期汉人墓葬中颇具有特征性的随葬品之一。清镇11号墓的情况也是如此，除了墓葬结构和随葬品之外，如前所述这种一个封土堆下面并列数座墓的情况，也主要见于川渝地区的东汉晚期墓。因此可以认为，清镇11号墓也为汉人所使用的墓葬，而钱树也是当时汉人所使用的随葬明器。

四、墓主身份

关于11号墓的墓主身份问题，由于墓葬被盗严重，绝大部分随葬品已被盗，不见任何可以直接判明墓主身份的资料，因此我们只能结合其他同类的墓葬资料进行分析对比。

从整个贵州地区的汉墓情况看，清镇、平坝的这批墓葬都是属于大型墓和中型墓，都有较为高大的封土堆。大型墓的墓室长度一般在7米以上，中型墓的墓室长度一般在3.5米左右。从未被盗掘的墓葬情况看，其随葬品数量众多，种类也相当丰富，并且有大量精美的漆器和铜器等随葬。清镇11号墓虽然被盗严重，随葬品所剩无几，但仍残存大量的五铢钱和新莽钱币，以及铜壶、钱树残件等，尤其是该墓所残存的1件铜案[②]，直径48.3厘米，兽足为蹲熊形，铸造精美。由此可以推测该墓原来的随葬品也一定比较丰富且精美，墓主人属于富有资财的阶层。

自20世纪50年代以来，在清镇、平坝至安顺一带约100千米的范围内发现的汉墓数量已有千座[③]，是贵州省汉墓最为集中的地方。汉代的贵州为犍为、牂柯、武陵三郡所辖，只有牂柯郡的郡治设在贵州境内。牂柯郡郡治现在何处，清代以来曾众说纷纭，但现在一般都认为在清镇、平坝至安顺一带[④]。清镇一带的汉墓曾出土"樊""赵""谢"等汉族姓氏的铜私人印章[⑤]。据《后汉书·南蛮西南夷列传》记载，东

---

① 四川省博物馆编：《四川船棺葬发掘报告》，文物出版社，1960年。
② 原发掘报告作"盘"。
③ 贵州省博物馆：《"夜郎"故地上的探索——贵州省文物考古工作三十年》，《文物考古工作三十年（1949—1979）》，文物出版社，1979年，第360~371页。
④ 贵州省博物馆：《"夜郎"故地上的探索——贵州省文物考古工作三十年》，《文物考古工作三十年（1949—1979）》，文物出版社，1979年，第360~371页。
⑤ 贵州省博物馆：《贵州清镇平坝汉至宋墓发掘简报》，《考古》1961年第4期。

汉初年公孙述据蜀称帝时,牂柯"大姓龙、傅、尹、董氏,与郡功曹谢暹保境为汉"[①]。我们知道,根据汉代的制度,其郡县的属吏一般都由本地人士出任,而这些人往往就是当地的豪族大姓。因此谢暹也很可能本身就是牂柯郡的大姓之一。由此可以推测,清镇、平坝这批墓葬的墓主可能有相当一部分就是当地的豪族大姓和下层官吏,而清镇11号墓的墓主身份也可能大体相同。

五、佛像传入路线

通过清镇11号出土钱树上的佛像,我们可以推测在东汉末年前后佛教艺术和佛像已经开始传入贵州地区。在这里,我们简略地探索一下佛像传入贵州的路线。

贵州地区地处中国西南地区的东部,印度在其遥远的西边,中间有中国云南和缅甸相隔,汉代的蜀身毒道(即"西南丝绸之路")就经过其西邻的云南[②]。贵州的东面和南面目前尚未发现有比贵州地区年代更早的佛像,而北面的四川地区已有数处地点发现与此同时或稍早的佛像。因此,佛像传入贵州地区的途径可能有两条:一是从印度经缅甸、云南而传入贵州,二是从印度先传到川渝地区,再从川渝地区传入贵州。目前在云南和缅甸境内尚未发现中国东汉末期或更早的与佛教直接相关的文物,因此目前很难断定佛像是经由此道传入贵州地区的。川渝地区发现的早期佛像均出土于墓葬中,并且多是在钱树的树干上,其所在的位置、佛像的造型特征及铸造工艺等都与贵州清镇11号汉墓中发现的这一佛像基本相同。所以贵州出土的早期佛像无疑与川渝地区的早期佛像有密切的关系。

但是,贵州和四川盆地两地出土的佛像时代大体相同,因此关于两地佛像的传播,就存在着两种可能性,即佛像先传入四川盆地,再从四川盆地传入贵州;或先传入贵州,再从贵州传入四川盆地。但是,笔者认为贵州的早期佛像应该是从四川盆地传入的,其理由如下。

第一,我们知道,文化传播的往往是从一个文化区首先传播到另一个文化区的中心地区,然后再逐渐地从这一文化区的中心地区向本文化区内较边远的地区扩散。从东汉至三国蜀汉时期,在中国西南地区存在着一个有地方性文化特色的区域性文化圈。在这个文化圈中,四川盆地一直是居于区域性文化中心的地位。四川在汉代属于经济文化较发达的地区,川西平原一带被称为"天府之国",其经济文化的发展对于这一文

[①] (宋)范晔撰,(唐)李贤等注:《后汉书》,中华书局,1973年,第2845页;《华阳国志·南中志》也记载牂柯郡"大姓龙、傅、尹、董氏与功曹谢暹保郡",参见(晋)常璩撰,刘琳校注:《华阳国志校注》,巴蜀书社,1984年,第378页。

[②] 罗二虎:《"西南丝绸之路"的考古调查》,《南方民族考古》(第五辑),四川科学技术出版社,1993年,第372~404页。

化圈内的其他地区有着强烈的影响。由于自然地理条件较差，古代贵州地区的经济文化一直比较落后，在与川渝地区的文化交往中，总的趋势是一直处于一种比较被动的、接受的状态。我们文中所讨论的主要对象，即佛像所依存的物品——钱树，就是从四川盆地传入贵州地区的，并且贵州地区的钱树是随着川渝地区钱树的发展演变而变化。

第二，从佛像本身的造型看，贵州出土的这尊佛像的造型虽然与川渝地区出土的钱树上的佛像造型非常相似，但二者之间仍有一些差异，其中最重要的差异就是四川盆地的佛像均为右手施无畏印，左手握衣端，而贵州的佛像双手均握衣角。这种差异不是一种简单的造像不同，而是涉及对佛像本身的理解问题。显然，贵州的钱树制造者和使用者对于佛像所表现的内涵的理解更为肤浅，以至于在模仿的过程中出现了这种错误。相对而言，川渝地区钱树上佛像的造型则更接近印度同时期的佛教造像。因此，在两地佛像的关系中，应该是贵州的早期佛像模仿川渝地区的早期佛像。

六、结　　语

通过上述的分析可以认为，佛教至迟在东汉末期前后已经以某种变相的形式传入贵州地区，并且在贵州地区已开始有佛像出现。佛像很可能是通过川渝地区传入贵州的，因此当时贵州地区早期佛像的存在方式和造像都与川渝地区的早期佛像有许多相似之处，相比川渝地区，时人对佛像的理解似乎更为肤浅。佛像最初传入贵州的媒介物则可能是西南地区当时盛行的钱树，当与升仙思想的流行有密切的关系。

（原载《四川文物》2001年第2期）

中国早期佛像的重要发现
——论重庆新发现的纪年钱树佛像

一、引　言

1980年，俞伟超先生撰文首次明确指出东汉时期在中国已存在早期佛像[①]。此后，这一问题逐渐引起人们的关注。近年来，随着中国南方早期佛像又陆续发现，进一步引起了人们对这一领域的关注。例如，1991~1993年中日两国学者联合进行了"佛教初传南方之路"专题考察，并取得了许多积极的成果。作为成果的一部分，一是又新辨识出一批早期佛像，二是推动了这一领域的学术研究[②]。考察的结果又提出了许多令人关注的问题。

2001年10月~2002年1月，在三峡水库淹没区的地下文物抢救性考古发掘中，重庆市博物馆和宝鸡市考古工作队在对重庆市丰都县镇江镇槽房沟墓地的1座东汉时期砖室墓的清理中发现了有纪年题记的钱树佛像[③]。这是近年来关于中国早期佛像的又一重要发现。这一发现将促使我们对中国早期佛像的年代学问题进行再思考，同时也将加深我们关于东汉时期佛教在中国传播流行实际情况的认识与理解。

本文就该墓出土佛像钱树的年代、中国早期佛像的年代学、该墓的墓主身份等有关问题进行讨论。

二、纪年钱树佛像及该墓的年代

2002年3月22日陕西省宝鸡市考古队的刘宏斌、辛怡华二氏首先在《中国文物报》上简略地报道了这一消息[④]。2002年7月5日，《中国文物报》又较详细地报道了

[①] 俞伟超：《东汉佛教图像考》，《文物》1980年第5期。
[②] 见贺云翱、阮荣春、刘俊文、山田明尔、木田知生、入泽崇编《佛教初传南方之路文物图录》（文物出版社，1993年）一书，以及《东南文化》杂志上发表的一系列专题论文和1990~1993年分别在成都、南京、京都召开的三次专题讨论会上所发表的论文等。
[③] 这种钱树也被称为"摇钱树""神树""升仙树"等。
[④] 刘宏斌、辛怡华：《陕西宝鸡考古队完成三峡文物发掘任务》，《中国文物报》2002年3月22日第2版。

这一墓地所发掘墓葬的基本情况，并同时发表了佛像、钱树座和陶马等一组有关的图片[①]。此外，笔者也曾到重庆对这座墓葬出土的钱树树座、树干上的佛像等相关随葬品实物进行了近距离观察。

这座墓葬出土的佛像是目前中国内地发现佛像中年代最早的，在中国早期佛像与佛教传播研究上具有重要的意义，因此我们对该墓的年代学问题也应给予特别的关注。下面，综合《中国文物报》上的这两次报道和笔者的观察，对这座墓葬和有佛像钱树的年代问题进行进一步讨论。

槽房沟墓地位于重庆丰都镇江镇观石滩村东北约700米的长江北岸小山梁上。目前该墓地已经发现并清理了12座墓葬。这里的墓葬多是先挖一个土坑，再在土坑内砌筑砖室墓。根据砖室墓平面的形制可以将这一墓地的墓葬分为三种类型。第一种类型是墓葬平面呈刀把形，即墓葬由甬道和一个墓室构成，甬道开在墓室前端的一侧。第二种类型是墓葬平面呈凸字形，也是由甬道和一个墓室构成，但甬道开在墓室前端的中间。第三种类型是墓葬平面呈中字形，即墓葬由甬道和两个墓室构成，甬道开在前墓室前端的中间。发掘者认为，根据各墓出土的随葬器物分析，槽房沟墓地的刀把形砖室墓一般时代较早，凸字形砖室墓和中字形砖室墓时代相对较晚，至于凸字形与中字形砖室墓之间有无时间的早晚关系，由于资料有限，很难做出判断。

出土有钱树佛像的9号墓为一座刀把形砖室墓（图一）。该墓的甬道和墓室的顶部都已坍塌，但是根据墓室两侧壁墓砖至近顶处渐向内收的情形判断，该墓的墓顶应为拱形券顶。墓坑是在生土下挖成一个刀把形的竖穴土坑，坑壁经过拍打、修整，墓坑与墓室的砖墙之间有宽约40厘米的距离。用砖将墓室建成后，再在壁外回填五花土夯打，直至最后将墓坑与墓室之间的空隙填实。甬道、墓室两侧壁以长方形菱形几何纹花砖错缝平铺叠砌而成，墓砖花纹都朝向墓室内侧，墓砖的两端均饰绳纹。墓砖一侧图案主要有两种，一种是菱形几何纹中间饰以双车轮图案，其中一车轮两侧还饰"s"和"n"纹；另一种是菱形几何纹中间饰以一个车轮对应一个"千"字。墓砖长约43、宽约21、厚约7.5厘米，种类有长方形砖和长方形子母榫砖（笔者认为应该是扇形子母榫砖）等。墓葬中的葬具和人骨均已腐朽，从而无法判定死者的葬式和头部所置方向。

槽房沟9号墓是一座用花纹小砖砌成的砖室墓。这种小砖砖室墓是西汉中期前后在中原地区最早出现，西汉后期开始逐渐向周边地区扩散的。四川盆地这种墓最初出现是在新莽时期前后，东汉以后开始盛行并取代了传统的竖穴土坑墓。其墓葬平面形制的主要发展趋势是：新莽时期主要流行无甬道的平面呈长方形的墓葬；东汉早期流行甬道在墓室前端一侧的平面呈刀把形和甬道在墓室前端中央的平面呈凸字形的墓

---

① 《重庆丰都槽房沟发现有明确纪年的东汉墓葬》，《中国文物报》2002年7月5日第1版。

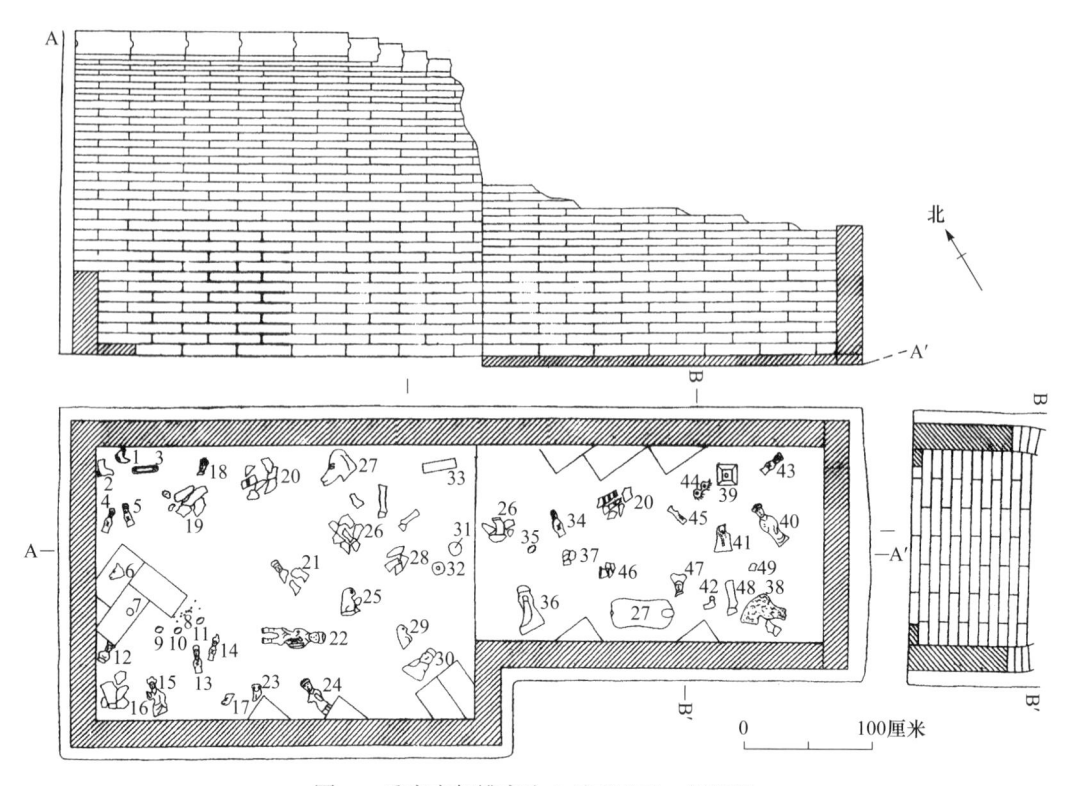

图一　重庆丰都槽房沟9号墓平面、剖视图

1、2. 鸡　3. 琴　4、5、13、14、34、43. 侍俑　6. 狗　7. 铜泡钉　8. 五铢钱币　9～11、35. 耳杯
12. 庖厨俑　15. 舞俑　16. 奁盒　17. 猪　18、47. 俑头　19. 陶案　20. 陶房　21、40. 持袋俑
22、24. 武士俑　23、29. 小熊　25. 镇墓兽　26. 陶井　27. 陶马　28. 陶塘　30. 吹箫俑　31、46. 陶钵
32. 陶灯　33. 陶儿　36. 抚耳俑　37. 陶碗　38. 红陶马头　39. 摇钱树座　41. 持镜俑　42. 马尾
44. 摇钱树梢　45. 铜佛　48. 马腿　49. 马蹄

葬；从东汉中期至东汉晚期，基本上都是盛行甬道开在墓室前端中央的墓葬[①]。但是，在四川盆地东部重庆市范围内的情况则比较特殊，如同样是在丰都县的汇南墓地，这种形制的墓葬一直到东汉晚期都在流行[②]。因此，地望在同一地区的丰都县槽房沟墓地在东汉中期时仍然存在这种形制的墓葬是完全可能的。

在这种小砖砖室墓传到四川盆地之初，小砖为素面，但很快就出现了花纹砖的砖室墓。这种转变在新莽时期就已完成。此后，汉代的砖室墓基本都是用花纹砖砌筑。四川盆地砖室墓券顶在新莽时期前段均为扇形砖，新莽时期后段开始出现用花纹子母榫扇形砖券顶的情况。到东汉早期重庆地区才出现砖室墓，这时券顶用子母榫扇形砖和子母榫楔形砖。东汉中期重庆地区仍流行用子母榫扇形砖和子母榫楔形砖券顶，但

---

① 罗二虎：《四川汉代砖石室墓的初步研究》，《考古学报》2001年第4期。
② 四川省文物管理委员会、四川省文物考古研究所、丰都县文物管理所：《丰都县汇南两汉六朝墓发掘简报》，《四川考古研究论文集》（《四川文物》增刊），1996年，第103页。

川西地区却基本上用无子母榫的楔形砖取代了子母榫砖券顶[①]。

槽房沟9号墓出土各类随葬器物共51件。随葬品的质地有铜、铁、陶、石等，种类有陶舞俑、侍俑、武装俑等人物俑，有陶动物、陶塘、陶井、陶房屋和陶乐器等各种模型器，以及钱树、生活用品和钱币等。其中，该墓出土的陶钱树座、有佛像的铜钱树干残段、陶马、陶武装俑等随葬品是我们考察的重点。

钱树座（M9:39）：泥质灰陶，呈覆斗形，底大顶小，正方形的顶部中间有插孔。树座的一斜侧面刻"延光四年五月十日作"的纪年铭文9字。树座高7.2、上边长6.4、下边长14.4、孔径1.8、孔深3.2厘米（图二）。

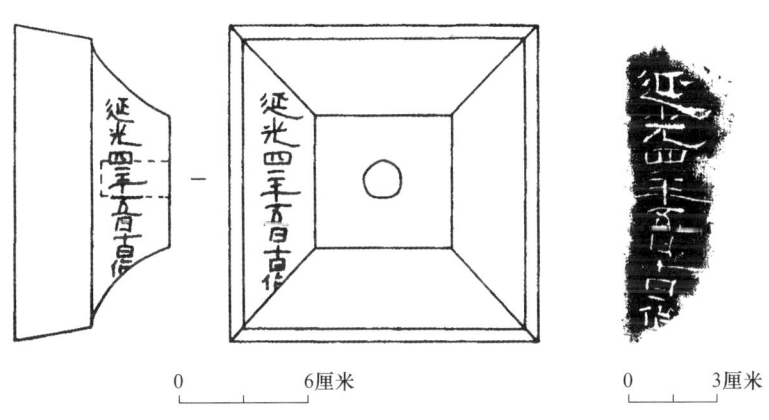

图二 重庆丰都槽房沟9号墓出土陶钱树座（M9:39）
1. 树座线图 2. 树座上铭文拓本

钱树树体（M9:45）：青铜铸造，现仅剩部分树干的残段。原报道仅重点描述了佛像部分。这尊佛像的下半部分已残，现存部分残高约5厘米（图三、图四）。火焰状发饰，高肉髻，着通肩大衣，右手施无畏印，左手似乎握着衣角。原报道认为其鼻下没有胡髭，但根据笔者的现场观察和发表的图片观察，也不能完全排除有胡髭的可能性。头的后部是否有背光不清，但根据其他同类的钱树佛像分析，可能没有。这尊佛像是铸造在一青铜钱树的树干上，其树干残长约12厘米。此佛像位于残树干的下半部。此外，还出土有残树枝几片（图四、图五）。

图三 重庆丰都槽房沟9号墓出土铜钱树干残段及佛像（M9:45）

槽房沟9号墓出土的佛像属于青铜钱树的一部分。钱树是汉代西南地区非常流行的一种具有西南地域文化特征的墓葬随葬品，其最初出现的年代目前尚不是十分清楚，但至少

---

① 罗二虎：《四川汉代砖石室墓的初步研究》，《考古学报》2001年第4期。

图四 重庆丰都槽房沟 9 号墓
出土铜钱树干及树枝

图五 重庆丰都槽房沟 9 号墓
出土铜钱树枝残段（M9∶44）

在东汉早期或早中期之际已经出现，到东汉中期时已经非常盛行，并一直流行到三国时期。虽然现在尚未有人对钱树进行过系统的年代学研究，但根据现有的资料观察，可以认为钱树无论是树座还是树体本身，在不同的时期其装饰内容和造型特征都有所变化，从中可以找到一定的演变规律。由于槽房沟 9 号墓出土的这件有佛像的钱树树体残缺过甚，无法根据其造型和钱树枝上的人物图案等进行年代学判断。不过，该墓还出土了一件陶钱树树座。虽然原报道没有明确说明这件钱树树座与有佛像的钱树树体是属于同一棵钱树，但是一般来说东汉时期这种规模不大的单室墓基本都是单人葬或夫妻合葬，因此除了随身的个人用品之外，其祭奠类的随葬品基本上都是一套。此外，这件钱树树体与钱树座在墓内基本位于同一位置。因此，我们大体可以断定其出土的钱树干与树座应该是属于同一株钱树的。这一钱树树座为覆斗形，树座上刻"延光四年五月十日作"的纪年铭文，这就明确地告诉我们这一钱树的制作年代是"延光四年"。在中国历史上使用"延光"作为年号的皇帝只有东汉安帝，延光四年为公元 125 年，属于东汉中期的后段。覆斗形树座是钱树中一种比较常见的树座形式，其出现的时间较早，如在云南昭通曹家老包东汉中期砖室墓中就出土这种覆斗形的石钱树树座，其一侧刻"建初九年三月戊子造"的纪年铭文[①]。"建初"为东汉章帝的年号，建初九年为公元 84 年，属于东汉中期的前段，年代还早于槽房沟 9 号墓出土的钱树。因此，从造型特征方面观察，钱树座流行的年代也与铭文的年代符合。

钱树是一种专门为死者准备的明器。一般来说，用于随葬的明器不会使用过于陈旧的。因此，明器制作的年代与墓主下葬的年代不会相距很远。

---

① 孙太初：《云南"梁堆"墓之研究》，《云南省博物馆建馆三十周年纪念文集》，云南省博物馆，1981 年，第 143~157 页；刘景毛等点校：《新纂云南通志·金石考》卷一，云南人民出版社，2007 年，第 22 页。

陶马（M9：27）：泥质红陶，烧制的火候较低。为手工雕塑而成。作站立状，昂首，翘尾，尾尖打结。马通长 66、宽 20、高 65 厘米。在马右后腿上刻"巴郡平都蔡真骑马"的铭文 8 字。槽房沟墓地出土陶质器物一般为模制，唯独该马为手工雕塑而成（图六）。

该墓出土的这匹陶马身体高大，马身上的铭文明确地告诉我们这是墓主所乘之马。虽然随葬高大的陶马在四川盆地东汉晚期的墓葬中非常盛行，但这种习俗在东汉早期的墓葬中已经开始出现，如重庆江北相国寺东汉早期砖室墓中便出土高大的陶马和牵马俑[①]。显然，这种配牵马人的高大陶马也应是象征墓主所乘之马，与丰都县槽房沟 9 号墓出土的陶马属于同类的性质。

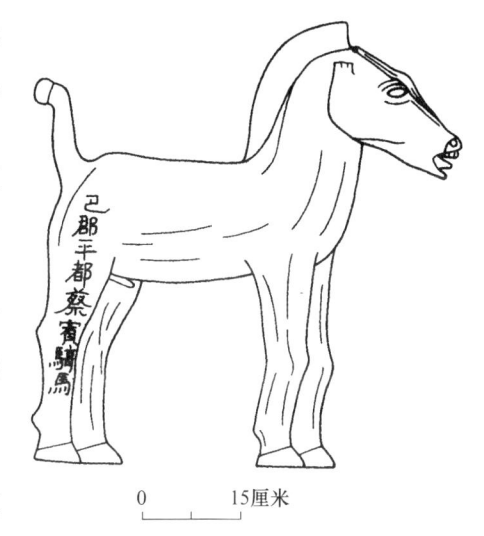

图六　重庆丰都槽房沟 9 号墓出土陶马
（M9：27）

在随葬品中还出土有武装俑 2 件。原报道称为"武士俑"，但是笔者认为将这种形象的俑称为"武装俑"或"部曲俑"更为合适。M9：22，为泥质红陶，通高 62 厘米，整个人作站立状，头着帻，身着三重衣，褒衣圆领，外衣为交领右衽，穿裤褶服，扎行縢，着履。腰系围巾，斜弧边开口在前。其右手前伸，已残缺，左手执环首刀，刀的系带与腰带相连，挎盾，面带微笑（图七，1）。M9：24，泥质红陶，通高 51 厘米，

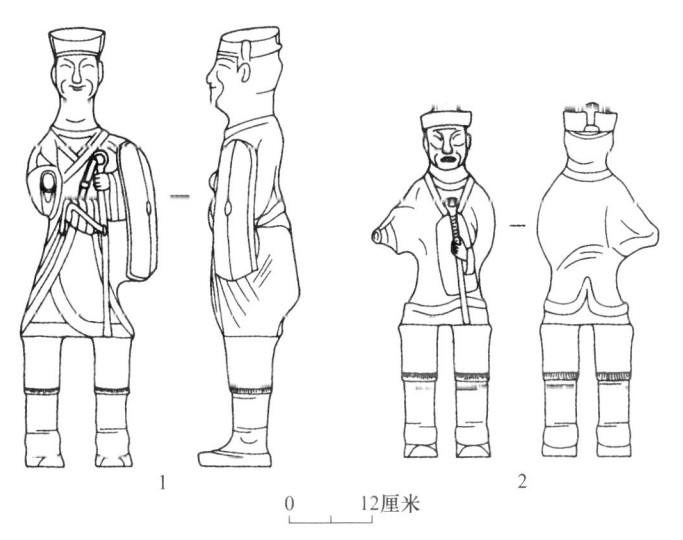

图七　重庆丰都槽房沟 9 号墓出土陶武装俑
1. M9：22　2. M9：24

---

① 沈仲常：《重庆江北相国寺的东汉砖墓》，《文物参考资料》1955 年第 3 期。

装束与 M9∶22 基本相同，右手作牵缰绳状（图七，2）。

这种俑是汉墓中一种具有时代特点的陶俑，在四川盆地地区，它最初大约出现在东汉中期的汉墓中，到东汉晚期特别盛行[①]。

综合上述分析可以认为，该墓出土的钱树应为公元 125 年制作的，且该墓的墓葬形制和其他随葬品所显示的年代也与钱树制作的年代是吻合的，这座墓葬的年代应在东汉中期的后段，具体年代应为公元 125 年或略晚于公元 125 年。

三、对中国早期佛像年代学研究的意义

现在在中国特别是在中国南方地区，出土的早期佛像不但数量众多，而且分布广泛，其中尤以长江上游的西南地区、长江中游和长江下游等地区出土的早期佛像最为集中。在年代上，西南地区的早期佛像时代均为东汉至三国蜀汉时期，长江中下游的佛像基本上均为三国后期至西晋时期，个别延续到东晋初年[②]。目前，中国南方地区发现最早伴出确切纪年物的早期佛像，是出土于长江中游地区湖北武汉莲溪寺东吴永安五年（262 年）墓的鎏金铜片镂刻佛像，时代为三国后期[③]。因此，从年代上观察，在中国南方，西南地区早期佛像出现的年代总体上要早于长江中下游地区。但是应该指出的是，这些西南地区早期佛像的年代学研究仍存在一些问题。

据笔者的统计，迄 2005 年为止已有确切出土地点的西南地区早期佛像有 13 处，共 40 尊以上，其中四川乐山麻浩 1 号崖墓的画像石刻中有 1 尊[④]，四川乐山柿子湾 1 号崖墓的画像石刻中有 2 尊[⑤]，四川彭山豆芽坊 166 号崖墓出土的钱树树座上 1 尊[⑥]，四川绵阳何家山 1 号崖墓出土的钱树树干上 5 尊[⑦]，重庆忠县涂井 5 号崖墓出土的

[①] 罗二虎：《四川汉代砖石室墓的初步研究》，《考古学报》2001 年第 4 期。

[②] 贺云翱、阮荣春、刘俊文、山田明尔、木田知生、入泽崇编：《佛教初传南方之路文物图录》，文物出版社，1993 年。

[③] 贺云翱、阮荣春、刘俊文、山田明尔、木田知生、入泽崇编：《佛教初传南方之路文物图录》，文物出版社，1993 年，图版 16。

[④] 李复华、曹丹：《乐山汉代崖墓石刻》，《文物参考资料》1956 年第 5 期；贺云翱、阮荣春、刘俊文、山田明尔、木田知生、入泽崇编：《佛教初传南方之路文物图录》，文物出版社，1993 年，图版 1。

[⑤] 贺云翱、阮荣春、刘俊文、山田明尔、木田知生、入泽崇编：《佛教初传南方之路文物图录》，文物出版社，1993 年，图版 2，第 159 页图版说明。另见笔者的调查资料。

[⑥] 南京博物院编：《四川彭山汉代崖墓》，文物出版社，1991 年，第 37 页。

[⑦] 何志国：《四川绵阳何家山 1 号东汉崖墓清理简报》，《文物》1991 年第 3 期；贺云翱、阮荣春、刘俊文、山田明尔、木田知生、入泽崇编：《佛教初传南方之路文物图录》，文物出版社，1993 年，图版 8，160~161 页图版说明。

钱树树干上 6 尊[①]，重庆忠县涂井 14 号崖墓出土的 M14：31①钱树的树干上 3 尊[②]、同墓的 M14：31②钱树的树干上 5 尊[③]，重庆开州红华崖墓出土的钱树树干上 4 尊[④]，贵州清镇 11 号石室墓出土的钱树树干上 2 尊[⑤]，陕西城固砖室墓出土的钱树顶饰上 1 尊[⑥]，陕西汉中铺镇 5 号砖室墓出土的钱树树干上 2 尊[⑦]。最近，在四川绵阳的 2 座东汉崖墓中又出土 2 件树干上有佛像的钱树[⑧]，在四川绵阳安州崖墓中出土的钱树，在树顶和树干上发现佛像共 6 尊[⑨]。

目前，这些早期佛像在年代学研究方面主要存在以下两个方面的问题：一种情况是出土早期佛像的墓葬形制结构和随葬品情况不详，因此在具体的断代上存在一定的困难，如四川彭山豆芽坊 166 号崖墓出土的佛像钱树座[⑩]等就都是属于这种情况；另一种情况是虽然出土墓葬的形制结构清楚，也有同出的随葬品，但是基于佛像在中国普遍出现的年代不应太早这一传统的观念影响，在断代时显得比较保守，因此一部分墓葬在确定具体的墓葬年代时有偏晚的趋向，如对四川乐山麻浩 1 号崖墓的断代[⑪]。正是由于存在着这些断代上的问题，因此人们在讨论中国早期佛像最初出现的年代时，也存在不少意见分歧，并存在将其出现的时代大致定在东汉末年和东汉晚期这两种主要

---

① 赵殿增、袁曙光：《四川忠县三国铜佛像及研究》，《东南文化》1991 年第 5 期；贺云翱、阮荣春、刘俊文、山田明尔、木田知生、入泽崇编：《佛教初传南方之路文物图录》，文物出版社，1993 年，图版 9～12。

② 赵殿增、袁曙光：《四川忠县三国铜佛像及研究》，《东南文化》1991 年第 5 期；贺云翱、阮荣春、刘俊文、山田明尔、木田知生、入泽崇编：《佛教初传南方之路文物图录》，文物出版社，1993 年，图版 9～12。

③ 赵殿增、袁曙光：《四川忠县三国铜佛像及研究》，《东南文化》1991 年第 5 期；贺云翱、阮荣春、刘俊文、山田明尔、木田知生、入泽崇编：《佛教初传南方之路文物图录》，文物出版社，1993 年，图版 9～12。

④ 资料于 20 世纪 90 年代后期由重庆市开县文物管理所提供。笔者当时也在开县文物管理所协助下对实物进行了考察。

⑤ 罗二虎：《略论贵州清镇汉墓出土的早期佛像》，《四川文物》2001 年第 2 期。

⑥ 罗二虎：《中国陕西省出土钱树佛像考》，《佛教文化研究所纪要》第三十六集，日本龙谷大学，1997 年，第 1～10 页；罗二虎：《陕西城固出土的钱树佛像及其与四川地区的关系》，《文物》1998 年第 12 期。

⑦ 资料于 20 世纪 90 年代后期由陕西省汉中市博物馆提供。

⑧ 资料由绵阳市博物馆唐光孝先生提供。

⑨ 何志国、刘佑新、谢明刚：《四川安县文管所收藏的东汉佛像摇钱树》，《文物》2002 年第 6 期。

⑩ 南京博物院编：《四川彭山汉代崖墓》，文物出版社，1991 年，第 37、101 页。

⑪ 乐山市文化局：《四川乐山麻浩一号崖墓》，《考古》1990 年第 2 期。

的不同观点。笔者过去也认为中国早期佛像的最初出现是在东汉晚期[①]，但是这一钱树佛像的发现使得我们不得不对传统的观点再进行反思。

丰都槽房沟 9 号墓纪年钱树佛像的发现，在中国早期佛像的年代学研究上至少具有以下两个方面的重要意义。

第一，这一佛像的制作年代是公元 125 年，为东汉中期的后段。它不但有准确的纪年，而且是目前所发现中国早期佛像中年代最早的，因此可以将我们所认识的中国早期佛像出现的年代向前提早很多。有了这一纪年佛像作为断代的标尺，我们可以对过去出土早期佛像的年代进行重新审视，而过去存在的一些有争议的年代学问题也许可以因此得到基本解决。

第二，这一佛像虽然是目前发现年代最早的中国早期佛像，其制作年代为公元 125 年，但是它同时又暗示我们公元 125 年可能还不是中国佛像出现的最早年代。钱树是汉代一种具有地域文化特点的随葬品，主要流行在中国西南地区。钱树的形制大小和造型特征不但在各个地区之间存在差异，就是在同一地区内也存在差异。钱树的树枝不仅长而薄，造型还十分精美复杂，再加上又是青铜铸造而脆性较大，不宜远距离运输。因此可以推测，钱树主要是在各个地区自行制作的，而且多是用不同的范铸造的。丰都槽房沟 9 号墓的佛像出土在重庆丰都，其制作地可能就是在当时的平都县治或附近的巴郡其他地区。丰都位于三峡的西侧，不但远离当时汉王朝经济文化发达的核心地带中原地区，而且也远离当时作为益州刺史部区域政治、经济、文化中心的川西平原地区。当时的平都一带经济开发较晚，汉代时人烟稀少，因此其一直到东汉中期时才设县（见下论述）。当时整个巴郡的情况也大体相同，与中原和蜀郡相比，都属于经济文化不发达的地区。从前面我们对重庆地区东汉砖室墓和墓砖形制结构的发展演变过程的论述也可以看出，其新的文化因素的出现普遍要晚于川西平原地区，并且还有文化滞后的现象。在这种情况下，佛像作为一种新的外来文化元素，不可能首先出现在这一地区，将佛像置于钱树上不可能是这一地区的首创，而佛像钱树也很可能是从当时的作为区域文化中心的川西平原地区传播过来的[②]。再联系到史籍中记载在西汉末年至东汉初年佛教已开始传入中国的情况，因此笔者推测中国本地制作的佛像在中国出现的年代很可能还要早于公元 125 年。

[①] 罗二虎：《中国初期佛像与西南地域文化圈》，《世界文化与佛教——山田明尔教授还历纪念论文集》，日本永田文昌堂，2000 年，第 157～176 页；罗二虎：《论中国西南地区早期佛像》，《考古》2005 年第 6 期。

[②] 关于这一问题，笔者已在另文中论述。见罗二虎：《略论贵州清镇汉墓出土的早期佛像》，《四川文物》2001 年第 2 期。

四、墓 主 身 份

根据该墓出土陶马身上所刻的铭文内容和陶武装俑等，我们可以对重庆丰都槽房沟9号墓的墓主身份进行推测。

这具陶马身上的铭文内容为"巴郡平都蔡真骑马"。蔡真应当是该墓墓主的姓名，他是巴郡平都县人氏。巴郡为原巴国之地，秦国灭巴国以后，于秦惠文王后元十一年，即公元前314年初设巴郡。汉代也一直承袭秦制继续设置巴郡[①]。平都县即在现在的丰都一带，其单独作为一个县级的行政设置较晚。丰都在古代位于巴国境内，秦灭巴国置巴郡后属于巴郡枳县的范围。东汉和帝永元二年，即公元90年，分枳县而单独设置了平都县，但仍属于巴郡。在三国时期的蜀汉后主延熙十七年，即公元254年曾一度撤销该县而并入临江县（今重庆市忠县）[②]。历史上平都县的隶属曾屡有变易。隋恭帝义宁二年（618年）易名为酆都县。中华人民共和国成立后，1958年改县名酆都为丰都。

在陶马身上的这段铭文中，其墓主的姓名前只有籍贯而不见任何职官名，在墓主姓名的后面也未见任何尊称。根据汉代人的习俗，在墓葬中或与墓葬相关的设施上出现有关墓主的姓名时，如果墓主生前曾经做过官吏，那么一定会在墓主的姓名前冠以其生前曾做过的职官名称，或在墓主姓名后加上尊称。前一种情况如四川雅安的汉代高颐墓阙，其主阙顶盖沿下枋头上就有24字的隶书铭文题记，从前面左起往右，绕阙一周："汉故益州太守阴平都尉武阳令北府丞举孝廉高君字贯光。"[③] 铭文中详细地记载了墓主高颐生前曾担任过的各种职官名称。在中国西南地区的汉墓中，这种类似的实例很多，笔者曾撰文专门加以讨论[④]，在此不再赘述。后一种情况如四川乐山沱沟嘴东汉中期崖墓，在墓门侧有"张君"石刻题记[⑤]，说明墓主为张氏，生前可能曾做过一定级别的官吏。在该墓中出土一具画像石棺，根据石棺出行图画像中车马出行的规格分析，墓主生前可能曾为县令长一类的官吏。这种情况在甘肃省武威市雷台汉墓中也可以得到证明。该墓出土的模型车马上即刻"守张掖长张君"的铭文[⑥]。丰都槽房沟9号墓的铭文中只有墓主籍贯姓名而无职官名或尊称，因此该墓的墓主应为生前从未做过

---

① （晋）常璩撰，刘琳校注：《华阳国志校注》，巴蜀书社，1984年，第61页。

② （晋）常璩撰，刘琳校注：《华阳国志校注》，巴蜀书社，1984年，第69页。

③ 重庆市文化局、重庆市博物馆，徐文彬、谭遥、龚廷万、王新南编著：《四川汉代石阙》，文物出版社，1992年，第32页。

④ 罗二虎：《中国西南地区汉代画像墓与豪族》，《四川大学考古专业创建四十周年暨冯汉骥教授百年诞辰纪念文集》，四川大学出版社，2001年，第336~361页。

⑤ 乐山市崖墓博物馆：《四川乐山市沱沟嘴东汉崖墓清理简报》，《文物》1993年第1期。

⑥ 甘博文：《甘肃武威雷台东汉墓清理简报》，《文物》1972年第2期。

官吏的平民。

我们认为该墓的墓主为平民,这一推测还可以从墓葬中出土的随葬品得以印证。墓中出土陶马的身上刻"巴郡平都蔡真骑马"铭文,这段铭文的内容明确地告诉我们,这是墓主蔡真所乘之马。中国古代丧葬制度的一个突出特点是"事死如生",因此可以说明墓主生前出行只能骑马而不能乘坐马车。在汉代乘坐马车有严格的规定,而且不同级别的官吏乘坐的马车规格也不同,商人和平民一般是不能乘坐马车的。这在《续汉书·舆服志》中有明确的记载[①]。此外,通过对西南地区数量众多的汉代画像墓中出行图的分析也可以看出,根据墓主身份的差异,其乘坐的车马、马等交通工具也各不相同[②]。

我们通过以上分析可以认为该墓墓主的身份为平民。下面,我们还可以通过对墓葬中出土其他随葬品的分析,进一步确定该墓的墓主还是属于平民中的富裕阶层,甚至是当地的豪族。例如,东汉中期一般墓葬中出土的陶俑都普遍偏小,但是该墓出土的陶马和陶武装俑却较高大,高度都在60厘米以上,可以说明墓主生前的富有。此外,该墓出土的陶武装俑从形象上观察并非是军队的兵士,而应该是东汉时期部曲的形象。用这种俑随葬,说明墓主可能是当地的豪族,生前拥有自己的部曲,以保卫自己的庄园财产。

豪族在古代文献中有多种称呼,如大姓、大族、世家、豪强、豪宗、豪人、豪右等。汉代的中国西南地区一般称豪族为"大姓"[③]。

中原地区豪族的兴起大约在西汉中期,到了东汉时期进一步发展壮大。综观两汉时期的政治、经济,西汉时期政府对豪族基本上采取的是抑制态度,到了东汉时期则主要是放任自流。东汉王朝的开创者光武帝刘秀本人就是南阳的豪族。东汉政权的建立,也主要是依赖于南阳、颍川、河北等地的豪强地主集团的支持。因此,东汉时期的各种政治、经济制度,多有利于豪族地主的发展,东汉的政治从某种意义上甚至可以说是一种豪族政治,而与此相适应的经济形式则主要是庄园经济。

西南地区豪族的兴起略晚于中原地区。西汉中期汉武帝还在借助于巴蜀地区的力量开疆拓土,征讨西南夷,将巴蜀之外的广大西南地区纳入汉王朝的统治之内。约在西汉晚期至东汉初期,巴蜀地区的豪族才开始兴起,但到了东汉中晚期时得到了空前的发展,并成为一股重要的政治、经济力量[④]。此外,东汉中晚期原西南夷地区的豪族也已经开始兴起。仅《华阳国志》一书记载的当时西南各地的豪族大姓就有150余个。

---

① (宋)范晔撰,(唐)李贤等注:《后汉书》,中华书局,1965年,第3639~3659页。

② 罗二虎:《中国西南地区汉代画像墓与豪族》,《四川大学考古专业创建四十周年暨冯汉骥教授百年诞辰纪念文集》,四川大学出版社,2001年,第336~361页。

③ 如《华阳国志》等书中。

④ 罗开玉:《四川通史》第2册有关章节,四川大学出版社,1993年,第103~108页。

我们推测该墓墓主的身份可能为当地的豪族大姓，还可以从古代文献《华阳国志》中得到印证。《华阳国志》成书于东晋时期，内容主要记载汉晋时期及以前西南地区的历史与社会，也是记载汉代西南地区历史与社会最为详尽的古籍。在《华阳国志·巴志》卷一"平都县"条下记载该县有"大姓殷、吕、蔡氏"[①]。因此，我们推测该墓墓主"蔡真"有可能就是《华阳国志》中所记载的当地豪族大姓之一的蔡氏家族成员。

五、结　　语

过去根据文献记载，我们知道佛教在西汉末年至东汉初年已传入中国，并受到个别皇族成员的信奉。例如，《后汉书·楚王英传》就记载东汉早期的楚王英在晚年时"更喜黄老，学为浮屠，斋戒祭祀"[②]。现在，我们通过这一新的重要考古发现可以进一步得知至迟在东汉中期后段前后，佛教已经通过依附于神仙信仰或早期道教，以某种形式传到了中国的西南地区，并且得到了当地部分富裕阶层或豪族大姓某种程度的认可。

附记：本文插图线图均采自《丰都槽房沟墓地发掘报告》(《重庆库区考古报告集·2001卷》，科学出版社，2007年)。

（原载北京大学考古文博学院、中国国家博物馆编：
《俞伟超先生纪念文集·学术卷》，文物出版社，2009年，第376~385页）

---

① （晋）常璩撰，刘琳校注：《华阳国志校注》，巴蜀书社，1984年，第69页。
② （宋）范晔撰，（唐）李贤等注：《后汉书》，中华书局，1965年，第1428页。

四

近年世界旧石器时代美术考古新发现的意义

近年来，在国内外的旧石器时代美术考古这一领域中有许多重要的新发现。这些新发现不断刷新着人们对早期人类在精神文化成就方面的认识，同时也促使人们对一些人类发展史上的重要问题进行重新思考。

一、印度尼西亚的早期洞穴艺术

印度尼西亚是世界上著名的万岛之国。在该国的中部有一座大的岛屿名为苏拉威西（Sulawesi）。该岛对于考古学家和史前艺术史家来说是一座充满宝藏的岛屿。早在20世纪50年代，在该岛的一处洞穴中就发现了远古时期的岩画作品。自那时以来，在苏拉威西岛上陆续发现的洞穴岩画已超过240处，这一数字还在逐年增长。这些岩画催生了许多重要的历史发现。

近年来，澳大利亚格里菲斯大学马克西姆·奥博特（Maxime Aubert）教授与他领导的国际研究团队在苏拉威西岛经历5年时间，考察了几十个洞穴，发现了大量的洞穴岩画，其中还有数百个用人手作模板绘出的手模（human hand stencils）图案、红色颜料的粉笔（red pigment crayons）画，此外还有小雕像（carved figurines）等[1]。该团队的考察和发现可以分为前、后两期。

第一期是2014年以前[2]。研究团队在苏拉威西岛的7座洞穴内发现距今近4万年的史前洞穴彩绘岩画。在这其中重要的发现有在马洛斯—邦给地区（Maros-Pangkep）溶洞群（carst caverns）内绘制的鹿豚（pig-deer）[3]图像和手模图案等（图一）。在洞穴壁画表面的部分区域，覆盖着被称为"洞穴爆米花"的洞穴矿物沉积物。根据沉积物

---

[1] Michael Price, World's oldest hunting scene shows half-human, half-animal figures-and a sophisticated imagination, *Science News,* 11 Dec 2019.

[2] Maxime Aubert, et al., Pleistocene cave art from Sulawesi, Indonesia, *Nature,* Vol. 514: 7521(2014), pp.223-227.

[3] 鹿豚属（学名：*Babyrousa*），是猪科、鹿豚亚科。体长85～110厘米，肩高65～80厘米，体重约80千克，最大达100千克，主要特征为獠牙4枚。栖息地为高地森林和山地丘陵，数量稀少。现仅分布于苏拉威西岛及近海的一些岛屿。在印度尼西亚语中，"Babirusa"物种的名称是猪和鹿的复合体，如长着猪头和鹿腿，就像两种动物的混种，此外其消化系统也与鹿相似。

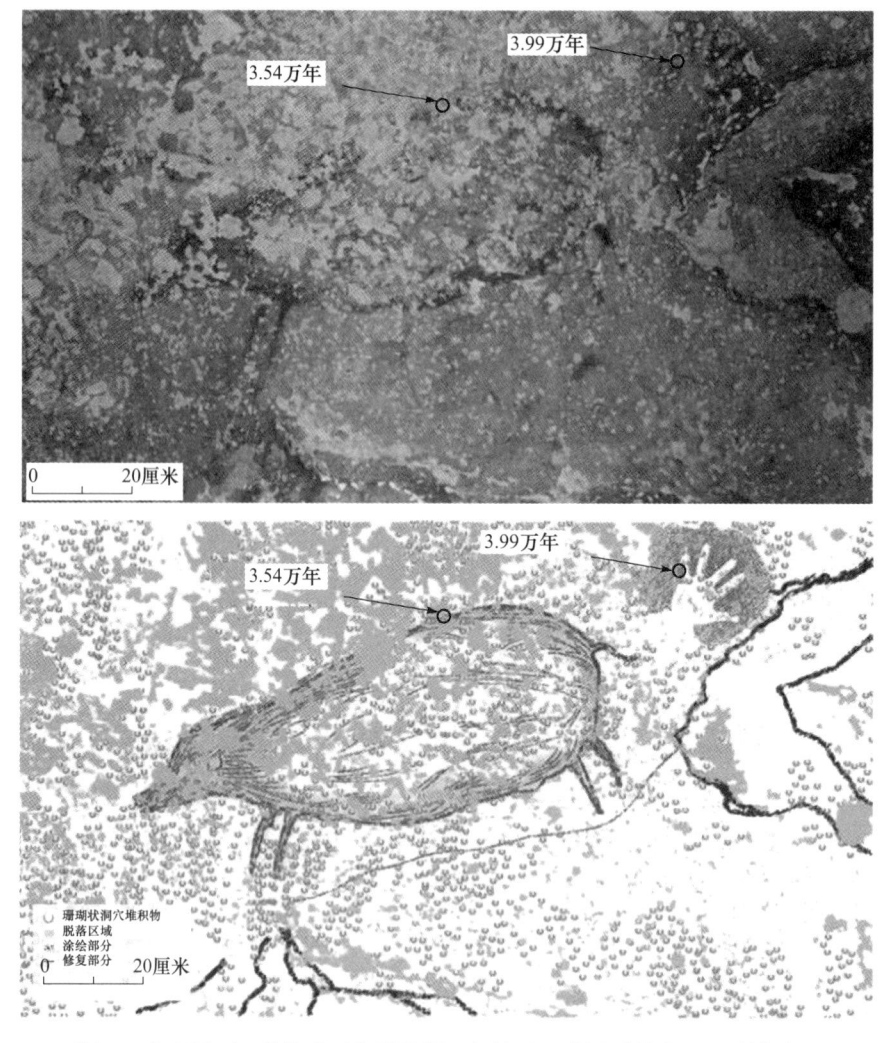

图一 印度尼西亚苏拉威西岛马洛斯—邦给地区溶洞群的鹿豚及手模壁画

中的放射性铀同位素及其衰变产物的含量,用铀系测年法(uranium-series dating)可确定沉积物的年代。因为这些沉积物覆盖在壁画上,所以可认定壁画的绘制时间要早于沉积物形成的年代。他们用铀钍测年法(U-Th dating)分析了苏拉威西岛多个洞穴遗址中的 12 个手模图案,以及动物绘画上的洞穴沉积物,得知洞穴中的图像形成至少距今 3.99 万年。这是已知世界上古老的手模之一。鹿豚岩画也可追溯到至少 3.54 万年前,这代表了世界范围内较早的具象绘画之一。

第二期主要是在 2017 年[①]。澳大利亚与印度尼西亚学者组成的国际联合研究团队在

---

① Michael Price, World's oldest hunting scene shows half-human, half-animal figures-and a sophisticated imagination, *Science News,* 11 Dec 2019; Maxime Aubert, et al., Earliest hunting scene in prehistoric art, *Nature*, Vol.576: 7787(2019), pp.442-445.

苏拉威西岛上一个被命名为布鲁思蓬 4 号洞穴（Leang Bulu' Sipong 4）的石灰岩溶洞中发现了一幅宽 4.5 米的巨型精美壁画。其绘制的年代距今已有 4.39 万年。岩画内容描绘了已知最早的狩猎场景，即多个同时具有动物和人类特征的类人生物——"半兽人"（therianthrope）在合作捕猎（图二）。这一重要发现已于 2019 年 12 月发表。

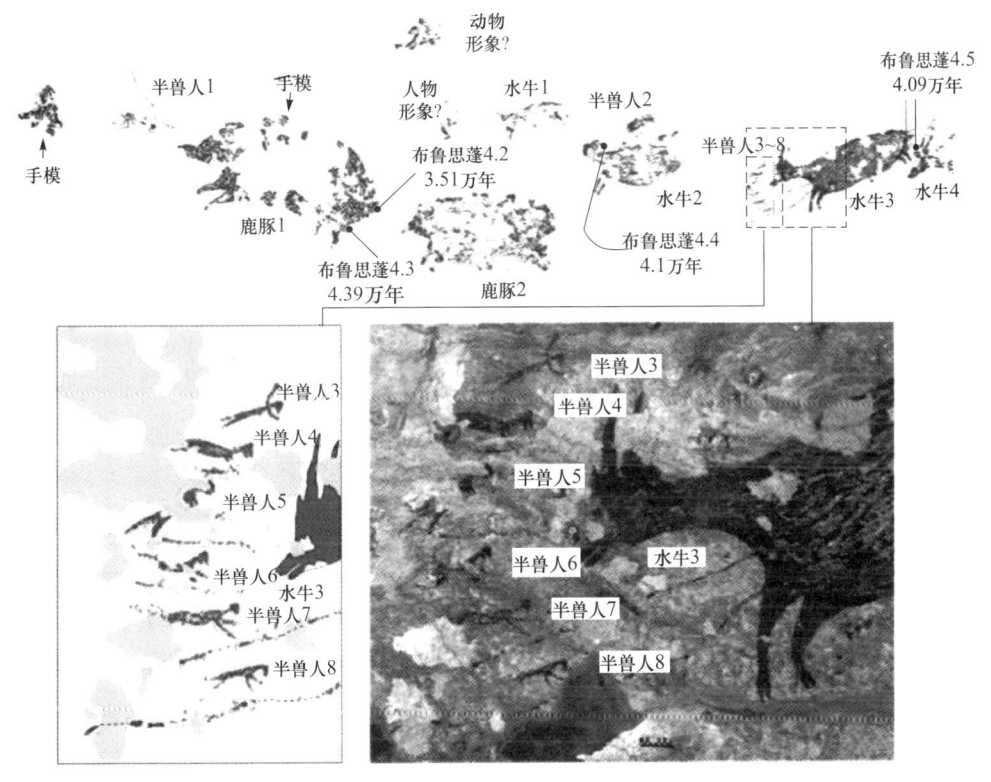

图二　印度尼西亚苏拉威西岛布鲁思蓬 4 号洞穴内的巨幅岩画

这幅洞穴壁画都是用赭色颜料绘制的单色作品，在长期的风化作用下早已褪去了原有的颜色，很多部分甚至已模糊不清，通过图像增强技术对图像进行处理，才形成了现在所能看到的模样。壁画内容十分丰富，由于洞穴壁面的剥落，研究人员现在仅辨识出 2 只鹿豚①和 4 头矮水牛（dwarf buffaloes）②。这两种动物目前仍然都生活在该岛上。另外，壁画中至少还有 8 个半兽人的形象。几乎可以确定的是，这些半兽人正在对动物进行狩猎。其中，一个半兽人拿着长矛或者绳子冲向一头鹿豚，还有一个半兽

---

① 该报道的原文为"似猪的动物（two suids）"。但是根据前后文的文意，笔者认为应该还是"鹿豚"。

② 学名为 anoas（*Bubalus* sp.），也称为"侏儒水牛"或"低地水牛"。世界上最小的水牛之一，体长约 180 厘米，肩高约 85 厘米，体重 150～300 千克。长有一对墨绿色的直角。分布于印度尼西亚的苏拉威西岛热带低地森林。通常生活在平原水边，喜泡在水里，成年矮水牛善于奔跑。

人正在和一头矮水牛对峙,还有最重要的是一幅场景绘画:有六个体型非常小的半兽人包围了另一头矮水牛,表现的是半兽人在合作围猎该动物的场景。最令人惊奇的是这八名半兽人——在猎人形象中又具有动物特征。他们有些似乎具有拉长的口鼻,其中一人似乎还拥有尾巴,还有一人的嘴像是鸟喙。也许这些特征可能描绘的是面具或其他伪装。但该团队的研究人员认为,对猎人来说,像小动物那样的装扮是拙劣的伪装。马克西姆·奥博特教授认为,这些形象可能代表的是某些神秘的动物与人类的混血儿,它们并非是真的人,而是一种半兽人。他们猜测,壁画里的场景也许并不能代表真实发生的人类活动,而只是一种艺术想象。由于画面中出现的鹿豚和矮水牛都是苏拉威西岛当地的矮小品种,其最大的体形高度也只能分别为 0.6~0.8 米和不到 1 米,而半兽人在动物面前又显得十分矮小,研究人员很难相信壁画反映了真实的狩猎场景。

由于半兽人与动物的艺术风格、绘画颜料和风化程度均十分相似,研究人员推断壁画中的所有生物形象都绘制于同一时代。研究人员对"生长"在动物图像颜料表面的 4 处珊瑚状的洞穴沉积物进行了采样,并用铀钍测年法分析了沉积物的形成时间。测年结果证实了他们的推断。这 4 处绘画表面沉积物的形成时间至少都在 3.5 万年前,其中最古老的一处年代不晚于距今 4.39 万年。也就是说,布鲁思蓬 4 号洞穴壁画的历史至少可以追溯到距今 4.39 万年前。这意味着,洞穴中发现的场景绘画比在印度尼西亚发现的其他具有象征意义的史前岩石艺术至少要早 4000 年,比欧洲最古老的狩猎场景绘画早 2 万年。

旧石器时代的洞穴艺术除了欧洲西南部之外,在世界其他地方寥寥无几,而苏拉威西岛这些洞穴壁画的年代与欧洲最古老的洞穴艺术的年代最为接近。毫无疑问,这一发现将改写世界史前艺术史。

长期以来,学术界一直认为西欧是约 4 万年前洞穴壁画及具象艺术等早期人类艺术活动爆发的中心。但是,苏拉威西岛洞穴壁画的年代数据则显示出,具象艺术是晚更新世时期在欧亚大陆两端的欧洲西南部和印度尼西亚几乎同时出现。这一发现及其研究结果,可以认为是对传统的欧洲处于解剖学意义上的现代人(anatomically modern humans,简称 AMHs)智慧和文化演变的关键阶段中心地位这一观点提出的挑战。因为这种传统观点的主要依据是距今大约 4 万年前洞穴壁画中具象艺术或再现艺术仅在欧洲出现,但是此次的发现地却是在印度尼西亚。

这些洞穴艺术是否为到达东南亚的第一个现代人群体的文化组成部分?考古学资料表明,早期的现代人从非洲向外移居扩散,大约在 5 万年前就来到了亚洲东部地区。因此,创作苏拉威西岛上这些洞穴艺术的艺术家们也很有可能属于现代人群体。当然,这仍需要今后更多的考古学资料去进一步证实。

如果他们是现代人,那么这些人群是从非洲向东直接到达东南亚地区,还是先到达西欧再到达东南亚地区?再者,这些洞穴艺术的创作行为是他们从故乡非洲携带出来的还是从西欧携带而来？还是独立发展于不同的地区？这些都需要今后的进一步探索。

通过这次对苏拉威西岛发现的大型岩画的考察，有一个重要发现就是我们已知当时的艺术家已经具备创造出不存在的生物的能力。可以说，这是人类认知发展中的一个重要里程碑，也是宗教产生的本源。在此之前，考古学家在欧洲早期狩猎者的艺术中也发现过同类艺术品。例如，在德国阿尔卑斯山区的霍伦斯坦因—施达德尔（Hohlenstein-Stadel）洞穴遗址，发现过一个约距今3.5万年前的象牙狮首人身雕像[①]。又如，在意大利的马尔切斯（Marches）和托伦蒂诺（Tolentino）发现的砾石雕刻，其形象也是具有动物头颅的女性人体形象。这是欧洲旧石器时代晚期格拉维特文化时期（距今3.3万~2.6万年）的艺术品[②]。通常认为这些艺术品都是现代人创造的。因此，笔者也倾向于认定苏拉威西岛上这些艺术家也是早期的现代人。

作为这次考察的成果，更令人兴奋的是布鲁思蓬4号洞穴中的岩画描绘了一个富有想象力的故事，这表明人们在洞穴壁画出现时或可能更早，就已经拥有了和我们现代人类一样的想象力。马克西姆·奥博特教授表示，人类创造一个虚构故事的能力是人类认知模式发展的最后，也是最关键的阶段。

在4.4万年前的苏拉威西岛，这种能力已经完全形成，这表明它可能已经存在于离开非洲并移居到世界其他地方之前的早期现代人身上。

二、欧洲洞穴艺术的新发现

欧洲的史前洞穴艺术是人类旧石器时代辉煌的艺术成就之一。长期以来，人们都认为这些艺术品是我们现代人创造的杰作，也是现代人优于其他人类的重要证据。但是，新的考古发现对这种传统认识提出了重大挑战。

近年来，英国南安普顿大学、德国莱比锡马克斯·普朗克进化人类学研究所（Max Planck Institute for Evolutionary Anthropology）、西班牙巴塞罗那大学组成的国际研究团队选择了西班牙毕尔巴鄂市附近的拉帕西加（La Pasiega）、马拉加附近的阿达勒斯（Ardales）和西班牙西部的马尔特拉维索（Maltravieso）这三个空间相距较远的洞穴，对旧石器时代洞穴艺术进行了再考察（图三），并于2018年发表了令人瞩目的考察成果[③]。

---

① Conard N. J., Bolus M., The swabian Aurignacian and its place in European Prehistory, Portuguese Institute of Archaeology and American School of Prehistoric Research, 2006, pp.211-239.

② 〔法〕爱马努埃尔·阿纳蒂著，刘建译：《艺术的起源》，中国人民大学出版社，2007年，第396页。

③ Tim Appenzeller, Europe's first artists were Neandertals, *Science,* Vol.359: 6378(2018), pp.852, 853; Neanderthals-not modern humans-were first artists on earth, experts claim, *The Guardian*, 22 Feb 2018; Dirk L. Hoffmann, et al., U-Th dating of carbonate crusts reveals Neandertal origin of Iberian Cave art, *Science*, Vol.359:6378(2018), pp.912-915.

图三　西班牙6.4万年以前的岩画洞穴
分布示意图
1. 拉帕西加洞穴　2. 阿达勒斯洞穴
3. 马尔特拉维索洞穴　4. 艾维纳斯洞穴
（出土贝壳串珠）

在这三个洞穴中，发现有数量众多的岩画，其中最多的一个洞穴岩壁上面就有1000多种用绘画、雕刻手法创作的图像。这些图像的内容包括无数的圆点（dots）、圆盘（discs）、线条（lines）和其他几何形状，以及手模，此外还有一些用红色、黑色颜料描绘的动物形象，如马、鹿和鸟类。该团队对这三个洞穴中生长在岩画表面的方解石碳酸盐结晶（Carbonate Crusts）进行取样，使用铀钍测年法对方解石壳进行测年。从这三处西班牙洞穴绘画作品中收集的样品所测得的最早年代都被锁定在6.48万年以前[①]。

在拉帕西加洞穴中，有大量的岩画（图四），其中引人注目的是一幅内容为横竖粗线构成的"楼梯形"岩画，它的年代至少可追溯至6.48万年前。在"楼梯"中间还有模糊的动物形象，但考察者认为从风格上观察，它们与楼梯形绘画的差异较大，因此应该属于不同时期的作品，并认定这可能是智人在多年后发现这些洞穴时添加上去的（图五）。

图四　西班牙拉帕西加洞穴内的部分岩画

---

① Hoffmann D. L., et al., U-Th dating of carbonate crusts reveals Neandertal origin of Iberian Cave art, *Science*, Vol.359:6378(2018), pp.912-915.

在阿达勒斯洞穴中，在形似帘子的石笋和钟乳石上存在着涂抹的红色颜料，年代可追溯至6.55万年前。在这座洞穴内还存在着各种不同时段的绘画，年代跨度可长达2.5万年，表明这种洞穴艺术的创作并非是一次性形成的，而是有一个悠久的传统。

在马尔特拉维索洞穴中，一幅手模图案至少拥有6.67万年的历史（图六）。其创作程序可能是先将一只手按在洞壁上，然后从口中喷出颜料完成。这是目前世界上发现最早的手模图案。

目前，谁也无法准确说出创作者究竟是想表达什么，但是我们至少知道了这些洞穴艺术的年代是迄今为止最早的。测年的结果显示这些壁画的年代都在距今6.48万年以前，大大超出了此前我们对欧洲史前洞穴艺术的年代学认识。现在学术界一般认为，早期的现代人从非洲抵达欧洲大陆的时间大约在距今4.5万~4万年前，而迄今为止发现的已有人类化石证据表明尼安德特人是4.5万年前欧洲仅有的人科物种。那么，这些岩画比现代人到达欧洲的时间早了2万年以上，这就意味着这些艺术创作者应该是尼安德特人。

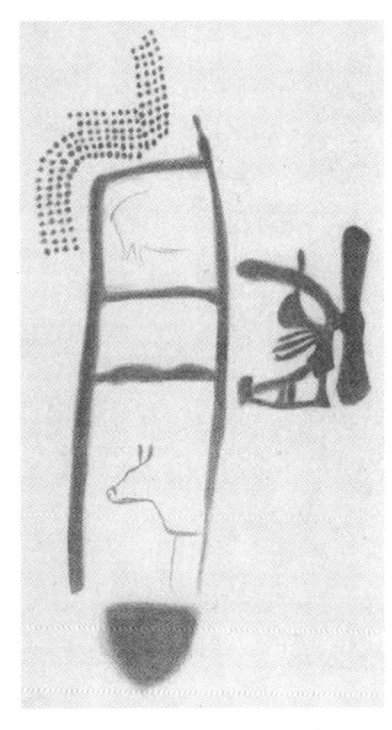

图五　西班牙拉帕西加洞穴内6.48万年以前的红色楼梯形岩画

图六　西班牙马尔特拉维索洞穴内的红色手模
（采自NBC News）

马克思·普朗克研究所的德克·霍夫曼（Dirk Hoffmann）和他的同事研究后认为，尼安德特人与智人一样，都有在洞穴里进行绘画的传统。这些岩画运用红、黑颜料绘制，形象上包含了动物、线条、几何图形、手模以及手指印等。手模不可能是随机的，这种创作需要光源，还需要提前准备好着色颜料，这明显是有意识的创作。因此，新的研究结果显示出尼安德特人远比之前所认为的具有更丰富的形象和符号表达能力。这种洞穴绘画是一种有象征意义的行为，而且具有深刻的传统，因为在阿达勒斯洞穴中，这种绘画传统的持续有可能超过 2.5 万年。他们认为，这种传统甚至可能会追溯到 17.65 万年前法国西南部布吕尼屈厄（Bruniquel）洞穴中发现的环形建筑时期[①]。

英国杜伦大学旧石器时代考古学家保罗·佩蒂特（Paul Pettit）教授认为："证明世界上最早的艺术家是尼安德特人，而不是我们现代人，这非常有意义。"因为在此之前，艺术作品和象征性思维通常被视为是现代人在认知能力上具有优势的证据，也是现代人区别于其他物种的证据之一。这三处洞穴艺术的发现，有力地反证了欧洲的尼安德特人远在现代人到达欧洲之前就已经懂得欣赏艺术。而经过这次重大发现后，人们不禁会怀疑，也许我们并没有像我们想象中那样优于其他物种，甚至有可能是尼安德特人教会了我们人类的祖先欣赏艺术[②]。这一新发现会促使我们重新思考有关艺术和文明起源的一些固有的传统观念。

一般认为，欧洲旧石器时代晚期奥瑞纳文化以来的洞穴绘画艺术与某种巫术仪式，尤其是与狩猎巫术有关，因此这一时期的绘画主题大都是以当时人们主要的狩猎对象——野牛、马、羊、鹿等大型草食动物及一些小动物，此外还有狮子、熊等猛兽，甚至犀牛、猛犸象等大型动物，在画面中还有被箭射中受伤猎物的场景。然而，这些旧石器时代中期的洞穴艺术表现的主题多是较为抽象的图案，这意味着什么？他们是在进行某种带有史前宗教性质的仪式吗？如果不是，这些尼安德特人又在黑暗的洞穴中干什么？

这一研究团队计划将考察继续下去。他们下一步的工作是对法国和其他国家的洞穴壁画进行年代学测定和研究，以便弄清楚尼安德特人的艺术创作是否是一种普遍现象，"这或许有助于我们更好地理解壁画的含义"[③]。

三、人类最初的"画作"

根据制作方式的差异，可以将人类最初的"画作"分为绘画和刻画两种。与洞穴艺术相比，这些画作的年代更为久远。

[①] 在该洞穴距离入口约 335 米的地点，发现约 400 支石笋搭建的环状结构。年代测定结果显示石笋群建于 17.6 万年前，与尼安德特人在欧洲的居住时间相同。Marie Soressi, Neanderthals built underground, *Nature*, Vol.534: 7605(2016), pp.43, 44.

[②] Neanderthals-not modern humans-were first artists on earth, experts claim, *The Guardian*, 22 Feb 2018.

[③] Neanderthals-not modern humans-were first artists on earth, experts claim, *The Guardian*, 22 Feb 2018.

1. 最初的绘画

2011年，考古学家在南非开普敦以东约300千米滨海的布隆伯斯（Blombos）洞穴遗址（图七）内发掘出的一块硅结砾岩（silcrete）片上，发现了一幅交叉线图案的绘画。这块锯齿状石片表面的图案由交叉的淡红色线条组成，其中有6根平行直线和3根稍微弯曲的直线（图八）。由于该"绘画"石片边缘上所有线条突然终止，表明该图案最初是在更大的表面上延伸——该图案可能比这一截断面更复杂且整体结构更完整[1]。

图七 南非布隆伯斯洞穴位置示意图

运用热释光（TL）对这块绘画的颜色进行年代分析，得知其年代为距今7.3万年。该洞穴文化堆积层的年代约为距今10.1万~7.3万年前，属于非洲中期石器时代（Middle Stone Age，简称MSA）。该洞穴同期堆积中还发现有智人（*Homo sapiens*）牙齿、矛头、骨器、雕刻品和用穿孔贝壳制成的串饰等。

通过化学分析可知，这幅绘画作品的线条是用赭石（ochre）所画。研究人员进行了一系列的实验，试图用赭色颜料或赭石色的粉笔（crayon）等各种材料来复制这种标记，最后发现只有粉笔才能匹配这种线条的模糊边缘和条纹。这一研究成果已于2018年发表[2]。研究报告的第一作者、科考团队领队、挪威卑尔根大学的考古学家克里斯托弗·亨希尔伍德（Christopher S. Henshilwood）指出：这些小心翼翼散布的线条，包括一根很可能来回折画的线条，表明这是一种故意设计的图案。这幅绘画要比目前已知

---

[1] Christopher S. Henshilwood, et al., An abstract drawing from the 73,000-year-old levels at Blombos Cave, South Africa, *Nature*, Vol.562: 7725(2018), pp.115-118.

[2] Christopher S. Henshilwood, et al., An abstract drawing from the 73,000-year-old levels at Blombos Cave, South Africa, *Nature*, Vol.562: 7725(2018), pp.115-118.

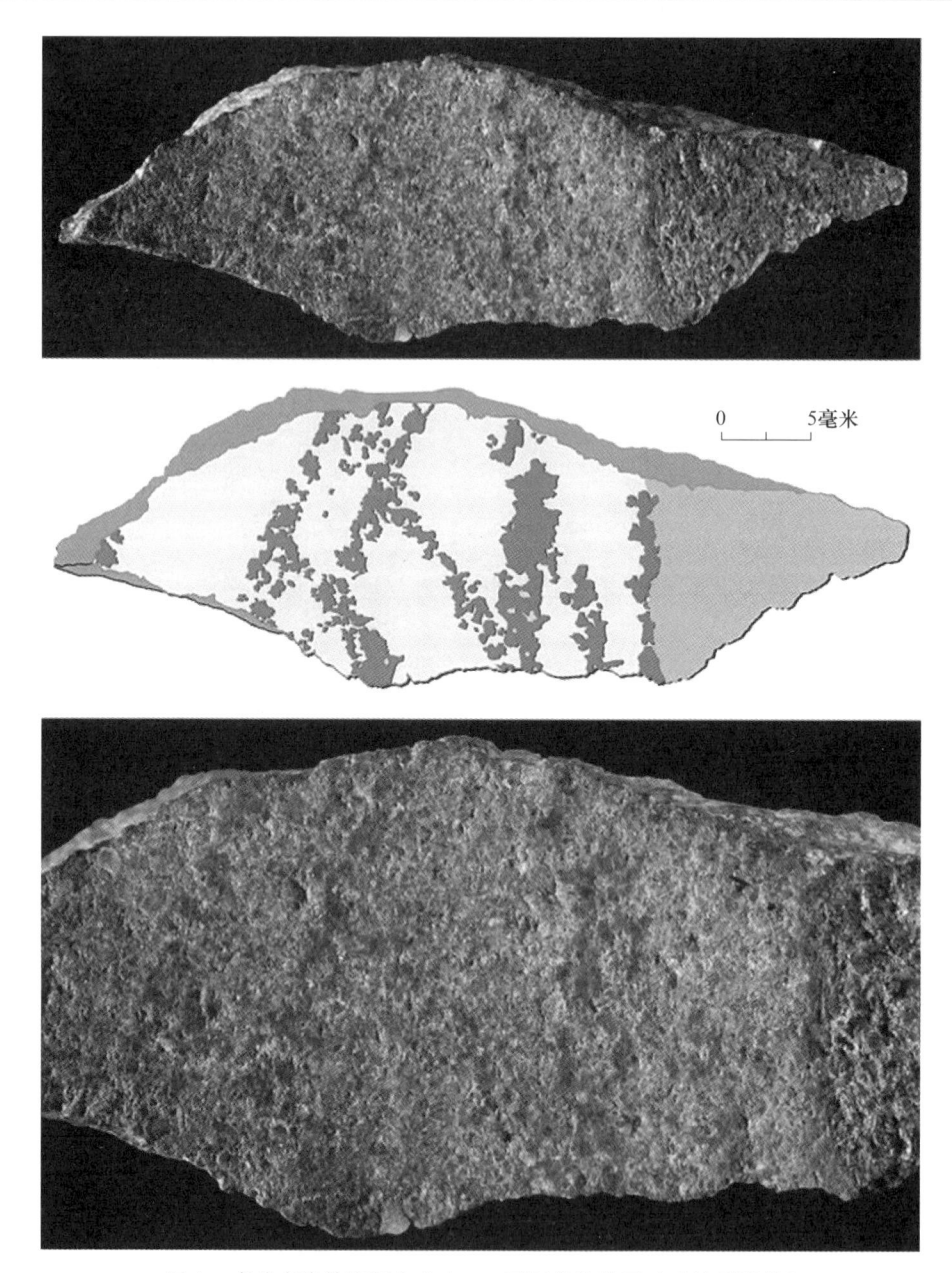

图八 南非布隆伯斯洞穴出土 7.3 万年前的绘画（硅结砾岩片）

的人类早期绘画的历史都要久远，并极有可能成为迄今发现的人类最古老的"画作"。他还指出，之所以可以认为这幅画作是由智人制作的，而不是其他物种留下的，是因为考古发掘团队在洞穴里仅发现了智人的遗迹。克里斯托弗·亨希尔伍德说"智人会做很多事情，但我们并不知道他们会绘图"，"他们的行为基本上和我们一样，就像我们现在所做的那样，他们能够生产和使用工具，他们也有语言符号来传递信息"。

这一发现无疑将加深人们对于非洲智人的认知。迈克·普莱斯（Michael Price）也认为：这一发现可以将这些石器时代的人类进一步巩固为文化上的现代人和行为上经验丰富的人[1]。

在此之前，在布隆伯斯洞穴内还发现了 10 万年前的赭石混合物。这种混合物附着在两个鲍鱼壳"工具包"上，发现在相距仅 16 厘米的同一地层中。十分类似的是，这两个工具包都由填满了一种赭石混合物、碎骨和木炭的鲍鱼壳构成。研究团队认为，这两个鲍鱼壳显然都是一个赭石作坊的组成部分。通过光释光测年法测算，该混合物的年代距今约 10 万年。与这两个鲍鱼壳同时出土的还有石锤、木炭、骨头等。克里斯托弗·亨希尔伍德推测，早期人类将赭石用石英岩磨碎，然后与研碎的木炭、动物骨头和碎石及某种液体混合，再放在鲍鱼壳里用骨头棒搅拌。这一发现表明早期人类已经具有初步的化学知识，并且拥有一定的认知能力和长期规划能力[2]。

虽然关于这种混合物的用途科考团队还未最终给出结论，但是我们认为无论这些混合物是何用途，它都可以为当时生活在布隆伯斯洞穴的人群已能够制作赭石粉笔提供一种旁证。

2. 最古老的"刻画"

近年来在世界范围内至少发现有三处距今 7 万年以前的人类"刻画"。

（1）南非布隆伯斯洞穴遗址的赭石刻画

布隆伯斯洞穴似乎是一座人类早期艺术的宝库，这里还发现人类早期艺术更多的实例。在 2008 年的发掘中，出土过一块刻成组菱形和三角线图形的长形体赭石，最大长度 75.8、宽度 34.8、厚度 24.7 毫米。其雕刻线和表面的不平整度，一些是在雕刻前通过打磨而产生的，另一些是在雕刻过程中产生的。年代测定为距今 7.3 万年前（图九）。另外，同年还出土过一块刻画纵横向条纹图形的赭石，年代测定约距今 10.1 万~9.4 万年[3]（图一〇）。

早在 1991 年以来，在布隆伯斯洞穴就陆续发现多件刻画几何图案的残赭石，迄今已复原了 8 件。通过对出土赭石地层中烧焦的石制工具和上面覆盖砂砾的年代学测定，可以确定其年代为距今 7.7 万~7.3 万年[4]。对于这些早期艺术品，伊利诺斯大学考古学家斯坦利·安布洛斯（Stanley Ambrose）认为，"显而易见，这是有意而为之的刻画抽

---

[1] Michael Price, These red crayon markings may be the first known human drawing, *Science News*, 12 Sep 2018.

[2] Christopher S. Henshilwood, et al., A 100,000-year-old ochre-processing workshop at Blombos Cave, South Africa, *Science*, Vol.334:6053(2011), pp.219-222.

[3] Christopher S. Henshilwood, et al., A 100,000-year-old ochre-processing workshop at Blombos Cave, South Africa, *Science*, Vol.334:6053(2011), pp. 219-222.

[4] Christopher S. Henshilwood, et al., An abstract drawing from the 73,000-year-old levels at Blombos Cave, South Africa, *Nature*, Vol.562: 7725(2018), pp.115-118.

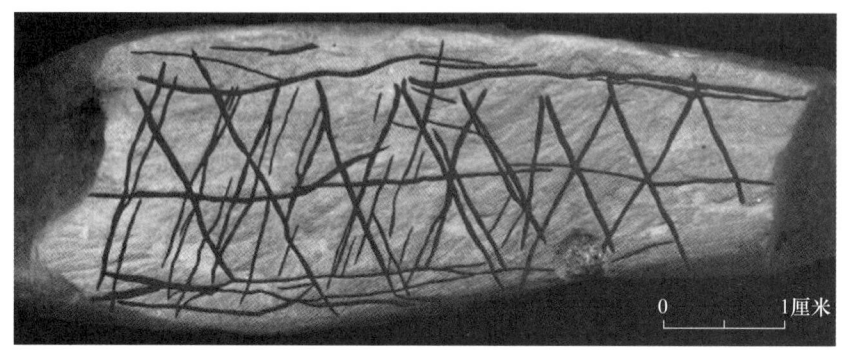

图九 南非布隆伯斯洞穴出土 7.3 万年前的刻画（赭石）

图一〇 南非布隆伯斯洞穴出土 9.4 万～10.1 万年前的刻画（赭石）

象几何图案，它是艺术"①。这是迄今为止发现的人类古老的象征艺术作品之一。

（2）重庆奉节兴隆洞遗址的象牙刻画

2001 年 9 月，以黄万波为队长的"三峡洞穴考察队"在重庆奉节兴隆洞遗址更

---

① Michael Balter, Ancient Art From a Modern Human, 77000-year-old hatched objects may be oldesr know art, *Science News*, 10 Jan 2002, http://www.Science.org/content/article/ancienr-art-modern-human.

新世晚期地层中发掘清理出古人类牙齿、石器和大量哺乳动物化石。研究人员在1枚剑齿象门齿上发现了痕迹清楚并成组分布的、古人类用石器刻画的线条图案。出土时它与属于另一剑齿象个体的1枚门齿根靠根、尖并尖排列。该门齿属东方剑齿象（*Stegodon* cf. *orientalis*），仅远端（牙尖）残缺，其余部分保存完好，通体光滑，长184厘米。刻画痕迹集中在远端约50厘米的范围内。刻画纹的起、止点清楚，线条粗犷有力，形态简单，成组出现，其中有两组最为醒目：第1组由6条刻画纹组成，纵向排列，远部由3条细直的斜纹组成，中部由1条长且笔直的竖纹和1条短横纹组成，近部为1条略为弯曲的斜纹。在显微镜观察下这6条刻画纹的断面皆呈"V"形。总体来看，这三个部分组成近似于一条灌木枝的图案（图一一，1）。第2组由4条刻画纹组成，第1条平直且深而长，第2~4条为粗短而相对浅平的曲线，构成鸟的羽冠状图案（图一一，2~4）。

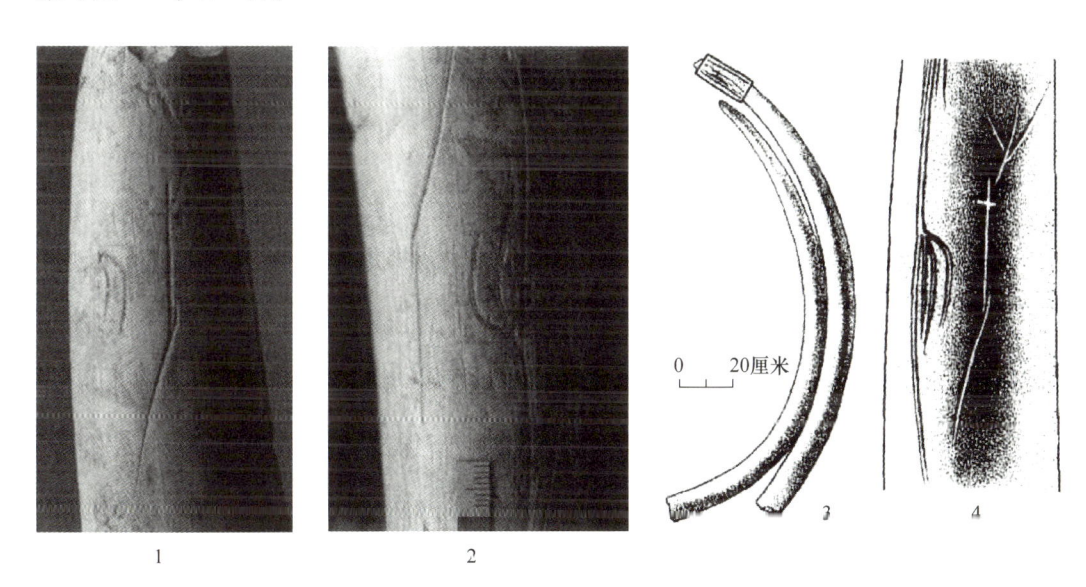

图一一 重庆奉节兴隆洞出土12万~15万年前的刻画（象牙）
1. 第1组刻画纹：灌木枝状组合 2. 第2组刻画纹：羽冠状组合
3. 人工刻画纹在象牙上出现的部位 4. 刻画纹组合

铀系测年法测定的结果与依据古生物地层得出的中更新世晚期的推论相吻合，"奉节人"及其文化遗存的年代在距今15万~12万年。因此，这也应该是出土象牙刻画的年代[①]。

发现者认为象牙刻纹的形成机理排除了自然因素，应当是人类萌生了某种意识的实践，并以粗犷有力的任意的象征手法在象牙上刻画的，并认为这些象牙刻画图形也

---

① 高星、黄万波、徐自强等：《三峡兴隆洞出土12—15万年前的古人类化石和象牙刻划》，《旧石器时代论集——纪念水洞沟遗址发现八十周年》，文物出版社，2006年，第202~213页。

许是由我们现在还无法理解的有意图的符号构成①。

这是迄今为止在世界范围内发现的年代较早的刻画之一,为研究人类的艺术起源提供了重要的信息。这一发现的年代更早于南非布隆伯斯洞穴发现的赭石块上刻画的几何图案,因此受到了高度关注。

（3）河南许昌灵井遗址的骨片刻画

2010年,在河南许昌灵井村西的泉水遗址第11文化层发现了2件骨质刻画作品。该遗址以出土2个许昌人头骨和大量古人类工具而闻名,被称为"许昌人"遗址。

其中一件小骨片的大小类似小拇指,在骨片的平整面上发现了刻画的7条直线。其中一侧有5条单线大体平行,最边缘的第1、2条单线距离较近,第2~5条单线距离略远,基本等距。第6、7条线为平行线,相距很远（图一二,1）。另一件是来自成年大型哺乳动物的肋骨片段。平坦的骨膜表面显示出化学腐蚀（变白）,去除初生骨片和平行的细条纹的区域,这归因于践踏。顶部、底部和左侧的折断边缘被侵蚀和流苏。右侧的那些较新鲜,表明该片段经历了至少两个不同的断裂事件。在肋骨断裂之前产生的10条亚平行线穿过骨膜表面。它们的狭窄度,相似的内部形态及没有侧面条纹的迹象表明,它们是在同一时间使用相同的尖锐石刻点雕刻而成的。穿过自然的微裂缝和经透孔处理破坏的区域时,方向略有变化,加上不规则的轮廓,表明这些线条被刻在风化的骨头上（图一二,2）。

经过显微镜观察和实验室重建,发现这些线是用石制尖状器刻画上去的,用力较

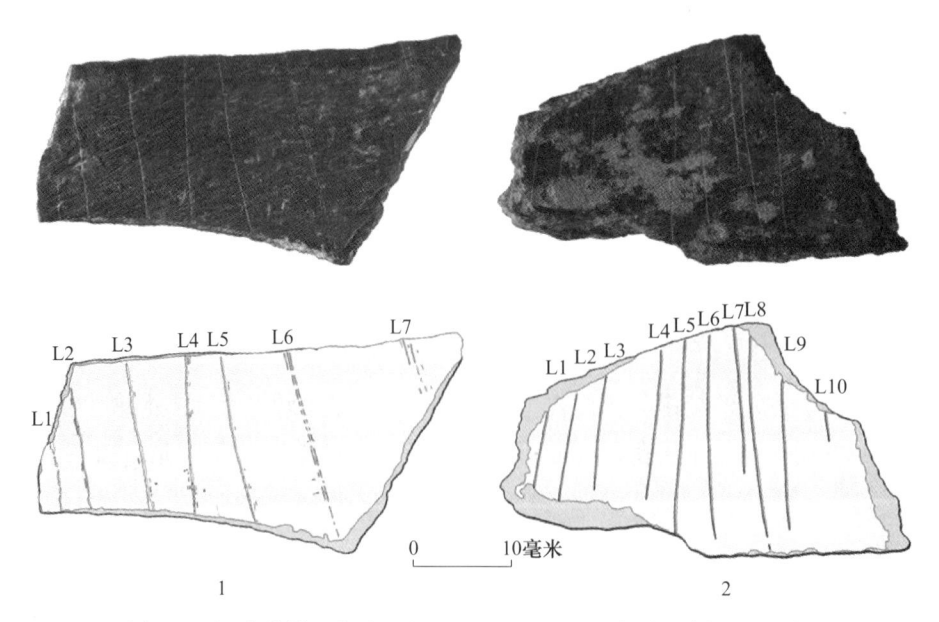

图一二 河南许昌灵井遗址出土10.5万~12.5万年前的刻画（骨片）

---

① 黄万波:《重庆奉节兴隆洞及其象牙刻划的发现》,《化石》2010年第1期。

匀，制作精细，局部有虚线的部分，其寓意不详。后来又经拉曼光谱仪、能谱仪测试，发现刻画线内有红赭石染料残留，显然是经过红色赭石涂染的。

这件人工制品经光释光测年法（OSL），可知距今 12.5 万～10.5 万年，比来自南非布隆伯斯洞穴最古老的智人画作还要早，与重庆奉节兴隆洞象牙刻画的年代大体相同或略晚，也是目前世界范围内已知较早的人工刻画作品之一。而颜料的使用，是人类象征行为最为可靠的标准之一。

这项研究成果于 2019 年发表[①]。论文第一作者、山东大学李占扬教授表示，该发现或许有助于了解人类使用符号和绘画的起源，而符号和色彩为语言、数学和艺术奠定了基础。

3. 人类最初画作发现的意义

近年新发现的这些可移动性的"画作"，无论是绘画性还是刻画性的，都显示了年代的古老，是目前已知人类最早创作的"艺术"作品。虽然尚不清楚这种作品表现的抽象符号的象征意义是什么，但应该可以认定这是世界上最早"艺术"的主题。

中国的这两处人类早期画作的发现，年代相近，都在约距今 12 万～11 万年，空间距离虽相距较远，但也都在中国中部的范围内。空间和时间上分布相对集中，虽然目前发现的地点和数量十分有限，但是仍在一定程度上显示了这一区域人类行为的连续性。这些发现对于研究现代人到达亚洲东部之前本地区人类的象征行为和抽象思维认知发展水平，具有重要的意义。

至于这些绘画与刻画在人类文化史上的意义，我们依然可以引用英国学者斯图尔特·凯利（Stuart Kelly）对丁布隆伯斯洞穴出土长赭石刻画的评价："在现今南非南部海岸的布隆伯斯洞穴（Blombos Cave）出土了一块长赭石，上面规律地交叉刻划着菱形和三角形。该石已有七万七千年历史。无论这些几何图案是否可以被认作符号，也不管其中真的具备某种含义，它们为我们提供了一个不争的事实：某位人类先驱有意地在某种介质上刻下了标记。此时距离遣词造句和成文信息还有漫长的道路，但他已经迈出了第一步。"[②]

可以认为，这些"画作"将人类进行具有现代思维特点的创作活动时间至少提前到距今 10 万年以前。

四、人类最初的装饰品

装饰品作为早期人类具有现代行为（modern behaviour）重要的证据之一，被认为

---

① Zhanyang Li, et al., Engraved bones from the archaic hominin site of Lingjing, Henan Province, *Antiquity*, Vol.93:370(2019), pp.886-900.

② 〔英〕斯图尔特·凯利著，卢葳、汪梅子译：《失落的书》，生活·读书·新知三联书店，2008 年，第 1 页。

是衡量人类象征行为、抽象思维能力及认知水平发展的重要标志。

1. 国外的早期装饰品

古人类所制作的早期装饰品可用朴实无华来形容，因为它们基本都是利用大自然中本已存在的物品，尤其是海生贝壳等来制作串珠，仅将其略微琢磨加工，使之可以用绳串起悬挂。但是，古人类选择的这些物品多是即便在今天看来也具有审美价值的外形或色泽的材料，这证明了古人类在很久以前就具有了审美意识，并产生了原始艺术的萌芽。

传统的观点认为装饰品是在距今约4万年前由解剖学意义上的现代人带入欧洲的"现代行为"产品。但是，近年来在南欧、近东地区、非洲北部及撒哈拉以南的非洲等地区的一系列考古新发现，以及将博物馆旧藏的串珠重新进行研究，将人类制作、使用装饰品的年代推向更久远的时代，一直可以追溯到距今10万年前。

有学者统计，目前已发现的最早期的装饰品在非洲和西亚约有10处[1]，另外在南欧又新发现1处。现将这11处发现情况分列如下。

在南欧的西班牙东南部沿海的艾维纳斯洞穴（Cueva de los Aviones）遗址发现了9枚染红色的穿孔装饰贝壳（图一三）。这些贝壳的染色年代大约在11.5万年前。发掘者推测其制作者是尼安德特人[2]。

在西亚以色列的卡夫扎（Qafzeh）洞穴遗址发现了8万~10万年前的10枚贝壳装饰品[3]、斯虎尔（Skhul）遗址发现了10万~13.5万年前的2枚贝壳装饰品[4]。

在北非摩洛哥塔夫拉特（Taforalt）的鸽子洞（Grotte des Pigeons）遗址发现了8.2万年前的19枚贝壳装饰品[5]、拉法斯（Rhafas）遗址发现了6万~8万年前的5枚贝壳

---

[1] 魏屹、Francesco D'ERRICO、高星：《旧石器时代装饰品研究：现状与意义》，《人类学学报》2016年第1期。

[2] Dirk L. Hoffmann, et al., Symbolic use of marine shells and mineral pigments by Iberian Neandertals 115,000 years ago, *Science Advances*, Vol.4: 2(2018), pp.1-6.

[3] Taborin Y., La mer et les premiers hommes modernes, in Vandermeersch B., ed., *Echanges et diffusion dans la prehistroire Mediterraneenne*, Paris: Editions du comitedes travaux historiques et scientifiques, 2003, pp.113-122; Bar-Yosef Mayer D. E., Vandermeersch B., Bar-Yosef O., Shells and ochre in Middle Paleolithic Qafzeh Cave, Israel: Indications for modern behavior, *Journal of Human Evolution*, Vol.56:3(2009), pp.307-314.

[4] Bouzouggar A., Barton N., Vanhaeren M., et al., 82,000-year-old shell beads from North Africa and implications for the origins of modern human behavior, *Proceedings of the National Academy of Sciences*, Vol. 104: 24(2007), pp.9964-9969.

[5] Bouzouggar A., Barton N., Vanhaeren M., et al., 82,000-year-old shell beads from North Africa and implications for the origins of modern human behavior, *Proceedings of the National Academy of Sciences*, Vol. 104: 24(2007), pp.9964-9969.

图一三 西班牙艾维纳斯洞穴出土11.5万年前的穿孔贝壳

装饰品[1]、伊弗利因阿马尔（Ifri n'Ammar）遗址发现了约8.3万年前的2枚贝壳装饰品[2]、康提利班迪埃（Contrebandiers）遗址发现了9.6万~12.2万年前的大量贝壳装饰品[3]。在阿尔及利亚的欧迪巴那（Oued Djebbana）遗址发现了约9万年前的1枚海贝装饰品[4]。

在南非的布隆伯斯洞穴遗址发现了7.5万年前的41枚海贝装饰品[5]、斯布都（Sibudu）遗址发现了约7万年前的3枚海贝装饰品[6]、博德尔（Border）洞穴遗址发现

---

[1] D'Errico F., Vanhaeren M., Barton N., et al., Additional evidence on the use of personal ornaments in the Middle Paleolithic of North Africa, *Proceedings of the National Academy of Sciences*, Vol.106: 38 (2009), pp.16051-16056.

[2] D'Errico F., Vanhaeren M., Barton N., et al., Additional evidence on the use of personal ornaments in the Middle Paleolithic of North Africa, *Proceedings of the National Academy of Sciences*, Vol.106: 38 (2009), pp.16051-16056.

[3] D'Errico F., Vanhaeren M., Barton N., et al., Additional evidence on the use of personal ornaments in the Middle Paleolithic of North Africa, *Proceedings of the National Academy of Sciences*, Vol.106.38(2009), pp.16051-16056; Jacobs Z., Meyer M. C., Roberts R. G., et al., Single-grain OSL dating at La Grotte des Contrebandiers ('Smugglers' Cave'), Morocco: Improved age constraints for the Middle Paleolithic levels, *Journal of Archaeological Science*, Vol.38:12(2011), pp.3631-3643.

[4] Vanhaeren M., D'Errico F., Stringer C., et al., Middle Paleolithic shell beads in Israel and Algeria, *Science*, Vol.312:5781(2006), pp.1785-1788.

[5] D'Errico F., Henshilwood C., Vanhaeren M., et al., Nassarius kraussianus shell beads from Blombos Cave: Evidence for symbolic behaviour in the Middle Stone Age, *Journal of Human Evolution*, Vol.48:1(2005), pp.3-24.

[6] D'Errico F., Vanhaeren M., Wadley L., Possible shell beads from the Middle Stone Age layers of Sibudu cave, South Africa, *Journal of Archaeological Science*, Vol.35:10(2008), pp.2675-2685.

了 7.4 万年前的 2 枚海贝装饰品[①]。

在南非开普敦市东部的布隆伯斯洞穴遗址内出土的一些比玉米粒稍大的穿孔介螺壳，就是古人类制作的最原始的装饰品——贝壳串珠。这些标本是在距布隆伯斯洞穴 19 千米的一个出海口采集的，其钻孔缘上有磨耗的痕迹，表明它们曾经穿起来当作项链或手链使用[②]（图一四）。

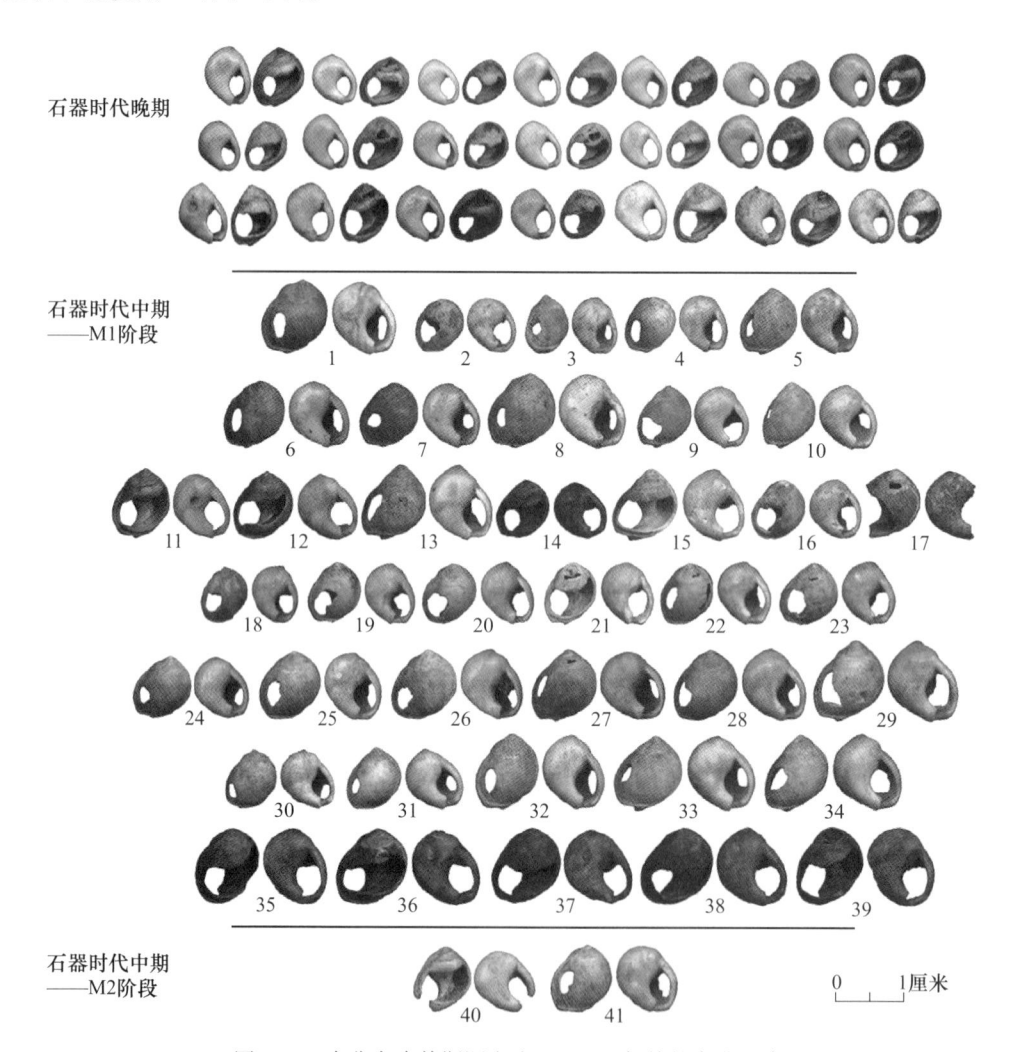

图一四　南非布隆伯斯洞穴出土 7.5 万年前的穿孔贝壳

①　Beaumont P. B., Bednarik R. G., Tracing the emergence of palaeoart in sub-Saharan Africa, *Rock Art Research*, Vol.30:1 (2013), pp.33-54.

②　D'Errico F., Henshilwood C., Vanhaeren M., et al., Nassarius kraussianus shell beads from Blombos Cave: Evidence for symbolic behaviour in the Middle Stone Age, *Journal of Human Evolution*, Vol.48:1(2005), pp.3-24.

2004年，伦敦大学学院的马莲·温赫伦（Marian Vanhaeren）、法国国家科学研究中心（CNRS in Talence）的研究人员弗兰斯库·德·艾里克（Francesco d'Errico）和他们的同事们为了寻找更多关于早期珠子饰物的证据，开始对博物馆中的收藏品进行分类。其间，科研组从其他遗物收藏中发现了以色列斯虎尔遗址和阿尔及利亚欧迪巴那遗址的贝壳珠子。斯虎尔遗址这对贝壳是早在1930年由英国考古学家发现的。这两个贝壳都是织纹螺（Nassarius）贝壳，与南非布隆伯斯洞穴发现的珠子属同一种类[1]。

目前最早带红色颜料残留的装饰品出土于西班牙的艾维纳斯洞穴遗址、摩洛哥的塔夫拉特遗址[2]和南非的布隆伯斯洞穴遗址[3]。使用颜料是人类象征行为较为可靠的标准之一。

目前发现年代最早的装饰品，大致可分为两个区域。一个区域为北非、西亚和南欧，共有8处地点，其中有7处遗址的年代都在距今12万～8万年，仅有1处遗址的年代较晚，为距今8万年或更晚一些。另一个区域为南非，发现3处遗址，年代都在距今7.5万～7万年。装饰品在这些地区时间上的集中分布表明了人类行为的连续性。这些作为装饰品的海生贝壳展现出一定的美观性，说明并非是人类食用后的残余，而是经过有意地挑选和采集。人们在这些贝壳上的加工穿孔，从磨损痕迹可以看出其使用方式是以某种形式串起来成为串珠，进行佩戴。一些串珠上还残留染色的痕迹，说明这些装饰品可能是被人们赋予了象征意义而存在的。发现装饰品的这些遗址并非都距海岸不远，其中摩洛哥3个出土贝壳的遗址位于距海40～60千米的内陆，阿尔及利亚出土贝壳的欧迪巴那遗址也位于距海190千米的内陆。这说明在当时的沿海和内陆之间可能已经建立了贸易网络[4]。同时也说明，在旧石器时代中期（the Middle Paleolithic）的南欧、西亚和中期石器时代（MSA）北非的环地中海地区，人们具有共同的审美意识。

---

[1] Michael Balter, First jewelry? Old shell beads suggest early use of symbols, *Science*, Vol. 312:5781(2006), p.1731; Vanhaeren M., D'Errico F., Stringer C., et al., Middle Paleolithic shell beads in Israel and Algeria, *Science*, Vol.312:5781(2006), pp.1785-1788.

[2] Bouzouggar A., Barton N., Vanhaeren M., et al., 82,000-year-old shell beads from North Africa and implications for the origins of modern human behavior, *Proceedings of the National Academy of Sciences*, Vol.104:24 (2007), pp.9964-9969.

[3] D'Errico F., Henshilwood C., Vanhaeren M., et al., Nassarius kraussianus shell beads from Blombos Cave: Evidence for symbolic behaviour in the Middle Stone Age, *Journal of Human Evolution*, Vol.48:1(2005), pp.3-24; Henshilwood C., D'Errico F., Vanhaeren M., et al., Middle stone age shell beads from South Africa, *Science*, Vol.304:5669(2004), p.404.

[4] D'Errico F., Vanhaeren M., Barton N., et al., Additional evidence on the use of personal ornaments in the Middle Paleolithic of North Africa, *Proceedings of the National Academy of Sciences*, Vol.106:38 (2009), pp.16051-16056.

在距今 7 万～5 万年，非洲和欧亚大陆目前均无确切可靠的装饰品存在的证据。从大约距今 5 万～4.5 万年起，装饰品几乎同时重新出现在非洲和西亚地区，并首次开始在澳大利亚、西伯利亚和亚洲其他地区出现。此时在非洲和亚洲等地的装饰品中出现了鸵鸟蛋皮制作的串珠（ostrich egg shell beads，简称 OESB）和穿孔兽牙等。这一时期欧洲最早的装饰品距今约 4.3 万年，但距今 4 万～2.9 万年的奥瑞纳文化的装饰品种类和数量都是最多的，有象牙、鹿角、骨、石、牙和海生贝壳等材料制作的 153 种装饰品类型[①]。一般认为该文化是现代人创造的。

根据对晚更新世时期人类体质的分析，在距今 12 万～5 万年，这一区域主要是尼安德特人的活动区域。那么，这是否意味着最早的装饰品的创造和使用者也是尼安德特人呢？

2. 早期装饰品发现的意义

旧石器时代零散出现的装饰品作为体现人类"现代行为"的特征，代表了旧石器时代人类的现代认知和象征思维的发展，意味着人类行为发生了重大变革[②]。以装饰艺术形式为代表的象征行为是利用符号（视觉呈现或发声器官）来代表对象、人物和抽象概念，并将其具象化[③]，稳定代际之间的权力、信息和物质交流渠道或提供群体内部或跨群体之间共享、存储及传递"编码信息"的环境，从文化上构建塑造现代人类社会的社会规范及身份认同，象征行为的出现反映了古人类可能具有高级的认知能力，是符号思维行为的产物，也是定义"现代行为"最主要且毫无疑义的表现特征[④]。长期以来，学术界认为象征行为是源于大约 5 万年前发生在欧洲现代人神经系统的一次基因突变，而随着现代人类非洲起源说及大量相关的考古证据在非洲的涌现，学者转而认为象征行为是随着非洲现代人的起源而逐渐发展来的。另外，一些观点强调尼安德特人也具有象征行为，因而象征行为并非现代人独有的特征。装饰品的研究是我们探

---

① 魏屹、Francesco D'ERRICO、高星：《旧石器时代装饰品研究：现状与意义》，《人类学学报》2016 年第 1 期。

② 魏屹、Francesco D'ERRICO、高星：《旧石器时代装饰品研究：现状与意义》，《人类学学报》2016 年第 1 期。

③ McBrearty S., Brooks A. S., The revolution that wasn't: A new interpretation of the origin of modern human behavior, *Journal of Human Evolution*, Vol.39:5(2000), pp.453-563.

④ Henshilwood C. S., Marean C. W., The origin of modern human behavior, *Current Anthropology*, Vol.44:5(2003), pp.627-651; Chase P. G., Symbolism as reference and symbolism as culture, in Dunbar R. I. M., Knight C., Power C., eds., *The Evolution of Culture: An Interdisciplinary View*, Edinburgh: Edinburgh University Press, 1999, pp.34-49; Nowell A., Defining behavioral modernity in the context of Neandertal and anatomically modern human populations, *Annual Review of Anthropology*, Vol.39:1(2010), pp.437-452.

索象征性思维在何时、以何种方式出现且如何对人类行为产生影响的重要途径①。

五、结语：新发现的意义与启示

1. 洞穴艺术新发现的意义

长期以来，学术界一直认为西欧是约4万年前洞穴壁画及具象艺术等早期人类艺术活动爆发的中心。但苏拉威西岛的洞穴壁画显示出具象艺术应该是在欧亚大陆两端几乎同时出现。这一发现可认为是对传统的欧洲处于现代人智慧和文化演变的关键阶段中心地位这一观点提出的挑战。

苏拉威西岛发现的洞穴岩画描绘了一个富有想象力的故事，这表明人们在洞穴壁画出现时或可能更早，就已经拥有了如同我们现代人类一样的想象力。

欧洲西班牙这三处洞穴艺术的新发现，将洞穴艺术出现的时间向前推进到距今6.48万年以前。一般认为早期现代人从非洲抵达欧洲大陆的时间约在距今4.5万～4万年之间，而迄今为止发现的人类化石证据表明，尼安德特人是4.5万年前欧洲仅有的人科物种。这就意味着这些艺术创作者应该是尼安德特人，而他们远比我们之前所认为的具有更丰富的形象和符号表达能力。

证明世界上最早的洞穴艺术家是尼安德特人，而不是我们现代人，这非常有意义。因为在此之前，艺术作品和象征性思维通常被视为是现代人在认知能力上具有优势的证据，也是现代人区别于其他物种的例证之一。这一新发现会迫使我们重新思考人们对艺术和文明起源的一些固有的传统观念。

2. 人类初期艺术的发展阶段性

近年来的这些美术考古新发现显示，作为早期人类现代行为重要标志的艺术品，至少在距今12万～10万年前就已开始出现，而且旧石器时代艺术的发展还具有阶段性。根据目前的考古发现，可以大体分为两个阶段。

第一阶段的年代距今12万～7万年，处在旧石器时代中期。8万年以前的艺术形式仅有贝壳制作的串珠装饰品和刻画在骨牙、赭石等材料上的画作，串珠装饰品主要分布在地中海沿岸地区，画作分布在中国中部和南非地区。在年代略晚的南非地区发现有距今8万～7万年的贝壳串珠装饰品和刻画、绘画在石块上的画作。这一阶段的画作都是由抽象符号式的几何图案等构成的象征艺术，虽然尚不清楚这类作品表现的抽象符号的象征意义是什么，但可以认为这是世界上最早的"艺术"主题。装饰品和色彩具有的象征意义已得到普遍的认可，因此装饰品的出现被认为是衡量人类抽象思维、象征行为和认知水平发展的重要标志。

---

① 魏屹、Francesco D'ERRICO、高星：《旧石器时代装饰品研究：现状与意义》，《人类学学报》2016年第1期。

近年来美术考古的这些新发现，将艺术品最初出现的年代推向更古老的岁月。根据已有的人类化石证据可知在 5 万年以前，欧洲和亚洲东部居住的主要人群并非是解剖学意义上的现代人。在欧洲，距今 12 万~4.5 万年居住的人类都属于尼安德特人。在亚洲东部，旧石器时代中期居住的人类主要是早期智人和丹尼索瓦人等，而现代人大约是在距今 5 万年以来才从非洲到达亚洲东部。这也就意味着，这一阶段的艺术并非是现代人所独有的人类现代行为，甚至可能并非是由现代人所最先创造的。

第二阶段的年代距今 4.4 万~1.1 万年，从旧石器时代中晚期之交到旧石器时代晚期。这一时期艺术的最大特点是具象艺术开始流行，无论是绘画还是雕刻艺术都是如此。过去，这一时期的艺术品主要都集中发现于欧洲，一般认为是从约 4 万年前的奥瑞纳文化时期开始。但近年来印度尼西亚苏拉威西岛的洞穴艺术将这一阶段的时间提早到了距今 4.4 万年前。

在这两个阶段之间，也就是在距今 7 万~4.5 万年，可能存在一个过渡时期。在这一过渡时期，发生最重要的艺术事件就是洞穴艺术的出现。目前这一时期的洞穴艺术仅在西班牙发现。已发现的三处洞穴中，其最早的岩画年代都在距今 6.67 万~6.48 万年。这些年代最早的岩画基本都属于抽象艺术形式，但是在其附近也存在着具象艺术的岩画，发现者认为从艺术风格方面观察它们可能不属于同一时期的。不过，由于目前这三处洞穴艺术的资料尚未完全公布，关于这些具象艺术绘画的出现年代仍有待于进一步讨论。

3. 不能低估旧石器时代中晚期人类的认知水平与精神文化发展水平

近年来世界范围内的这些美术考古的新发现，不断在刷新我们对人类早期艺术成就的认识，也促使我们对旧石器时代中晚期人类认知和精神文化发展水平进行重新评估。

张光直在谈到如何解释中国文明与中美文明的相似性时，提出了一种新的解释途径。他说："我把这一整个文化背景叫作'玛雅—中国文化连续体'。之所以这样称呼是因为目前我们对玛雅文明和中国文明了解得比较清楚，而实际上这个连续体的地理范围是整个旧大陆和新大陆，其时间也远远超过中国文明或玛雅文明起源的时间，至少可以早到旧石器时代晚期。从这个观点来讲，我们旧石器时代的祖先，他们的文化，尤其是美术、思想和意识形态的发达程度，远远比我们现在从极有限的考古资料中（通常只有少数的石器类型）所看到的要高得多，而我们对他们的文化水平常常低估。二、三万年以前大部分印第安人通过白令海峡从亚洲到美洲的时候，他们从亚洲带到美洲的文化内容可能是意想不到的丰富的。"[①]

张光直的这一思路，对于我们认识旧石器时代中晚期的美术发展水平，甚至是早

---

① 张光直：《考古学专题六讲》，文物出版社，1986 年，第 21 页。

期人类的认知和精神文化发展水平，也都具有启示意义。

附记：在本文写作的外文资料收集过程中，得到了四川大学历史文化学院博士研究生吴闽莹、贵州省博物馆郭青青两位女士的帮助，吴闽莹还承担了本文的外文核对工作，特致谢意！

［原载四川大学博物馆、四川大学考古学系、成都文物考古研究院编：
《南方民族考古》（第二十辑），科学出版社，2020年，第11～33页］

试论古代墓葬中龙形象的演变

龙是古代人们心目中所崇拜的神,它是由远古时代对蛇、鳄等爬行动物的灵物崇拜演化而来的。在漫长的岁月中,人们观念中龙的性质和作用及对龙形象的塑造,都发生了许多变化。本文不准备就这些问题作全面的论述,而仅就古代墓葬中龙的形象演变及其性质和作用等问题进行一些探索。

一、龙形象演变分期标准

龙是古代人们借助于想象力塑造出的一种神化的动物。人们根据主观的想象,在现实世界中寻找一些具体的动物形象加在它的身上,力图使它完美而合乎人们的理想。由于在各个历史时期人们对龙的认识有差异,所以塑造出的龙的形象也各不相同。准确地了解龙在各时期的不同特征和发展演变规律,就可以利用龙的形象来作为考古中断定时代的一种依据,同时也为更准确地鉴定传世的有龙形象的文物的年代增添一个佐证。

战国以前的龙,多是作为附在器物上的一种装饰,或是利用其他器物的固有形状,略以加工改造,使器物外表呈现龙的形象,所以龙的形象简单,多为几何形体,趋于图案化。西汉以后的龙,由多种动物特征组合而成,形象复杂,从以前的几何图案风格转向写实化,与前期差别很大。龙的形象从新石器时代开始出现,历经了几千年的发展演变,在唐宋时期基本定型,以后历代已无多大的变化了。因此,本文对龙的讨论,即从西汉时期开始而至唐宋时期为止。本文采用的资料以墓葬出土的考古实物资料为主,也引用少量的时代准确、可靠的传世资料。

有必要指出的是,从前已有人对这一时期龙的形象演变进行过探讨,也有人利用龙的形象来作为考古断代的一种依据[1],并且取得了成绩,但同时也存在一些不足之处。例如,有人将龙是否吐舌作为断代的一个标准,认为在东汉中期以前的龙均不吐舌,吐舌是东汉中期以后出现的新因素。从现有资料看,从西汉时期始,吐舌与不吐舌的

---

[1] 徐中舒:《当涂出土晋代遗物考》,《国立中央研究院历史语言研究所集刊》第三本第三分,1932年,第39~76页;冯汉骥:《王建墓内出土"大带考"》,《考古》1959年第8期;邢捷、张秉午:《古文物纹饰中龙的演变与断代初探》,《文物》1984年第1期。

两种龙并存，延续很久，在考古学上无多大的断代意义。又如，有人认为北宋以后龙才变得身尾不分如同蛇体。从现有资料看，西汉时龙已身尾不分如同蛇体，以后演变为身尾分明，再复归身尾不分。再如，有人认为龙角在隋唐时期开始有明显分叉，宋代以后似鹿角。从现有资料看，在东汉晚期时龙角已出现明显分叉，唐代时已出现似鹿角的龙。本文即准备在前人成果基础上，再根据近年来田野考古工作中所获的新资料，探讨墓葬中所见龙的形象的演变规律，力图得出一个更为符合实际的认识。

在讨论龙的形象演变规律时，我们将各个时期龙的各主要部位形象的变化，作为主要标准。具体地说，就是把身和尾、头部的总体形象、角、颌部、翼、腿和足这几个变化最大、最具典型意义的部位，作为划分时代的主要标准。不同时代的不同造型风格，作为划分时代的辅助标准。这样，我们将龙的形象发展演变划分为五个时期：西汉时期（包括新莽时期）、东汉时期、东汉末年至东晋时期、南北朝至隋时期、唐宋时期。各期的具体情况分述如下（表一）。

表一　龙形象演变表（本表不包括结龙）

时代	身、尾	头部总体形象	角	颌部	翼	腿、足	造型风格
西汉（包括新莽时期）	体细长，似蛇形，身尾不分，有鳍	似鳄鱼，较瘦长	分为有、无两种。有的角似牛角，细长，前端略带弧形	上下腭等长，上下唇分别向上下翻卷	分有、无两种，翼为鸟翅形	兽腿，粗短。足分为兽、鹰足两种，三爪	由各种动物的某部分形象拼凑而成，为单纯的模仿。动态弯卷曲折，作奔腾状
东汉	体粗壮，似虎形，身尾分明，个别有鳍	似鳄鱼，较瘦长	似牛角。角下部出现凸起的棱，顶端前卷，也有略似鹿角的	上下腭等长，上下唇分别向上下翻卷	都有翼，为鸟翅形	兽腿，较长。足分为兽、鹰足两种，三爪	以虎的形象为主，其他动物形象辅之，仍为单纯的模仿。动态平稳，沉着有力
东汉建安至东晋（十六国）时期	体较细长，似虎形，身尾分明	似鳄鱼，较瘦长	略似鹿角	上下腭等长，上下唇分别向上下翻卷	分有、无两种，为鸟翅形	兽腿，长。足分为兽、鹰足两种，三爪	以虎的形象为主，其他动物形象辅之。动态起伏较大，作奔腾状，线条流畅
南北朝至隋	体细长，似虎形，身尾分明，颈和背上出现焰环	似鳄鱼，较瘦长	略似鹿角	上唇比下唇长，其他同前	分有、无两种，出现飘带形的，也有鸟翅形	四肢上飘，有长的兽毛，其他同上	以虎的形象为主，其他动物形象辅之。动态起伏较大，作奔腾状，线条流畅

续表

时代	身、尾	头部总体形象	角	颌部	翼	腿、足	造型风格
唐宋	体粗壮丰满，恢复到蛇体，身尾不分，脊背至尾都有鳞，宋代尾上则出现一圈鳍	吸取了狮子形象的特点，圆而丰满，脑后有鬣	唐代出现分叉鹿角，前期那种略似鹿角仍有	上唇很长，顶端成尖形，下唇短而不再下卷	都为飘带形	特征同上。仅是宋代时出现四爪的足	由各种动物的某部分形象拼凑而成，但不是单纯的模仿，而是经过加工变形，动态起伏较大，后肢和尾常交叉盘绕

二、西汉时期（包括新莽时期）

现在我们所能见到的本期有关龙的资料，大约从西汉早期的文帝时期开始。本期龙的形象可分为两大类，即普通的龙和结龙（亦称"交龙"）。

1. 普通的龙

现在所能见到的资料有：长沙马王堆一号西汉早期墓的帛画[①]、西汉前期山东临沂金雀山九号墓的帛画[②]、洛阳出土的西汉中期卜千秋壁画墓内的壁画[③]、西汉中期陕西茂陵及其陪葬墓出土的空心砖[④]、江苏涟水三里墩西汉墓的铜鼎[⑤]、湖北光化西汉中期或前期墓的陶卮盖[⑥]、山西右玉西汉成帝"河平三年"（前26年）的铜温酒樽[⑦]、郑州西汉晚期空心砖墓的空心砖[⑧]、咸阳新莽时期空心砖墓的空心砖[⑨]、河南唐河新莽"始建国天凤元年（14年）"画像石墓的画像石[⑩]、河南扶沟西汉晚期空心砖墓的空心砖[⑪]、河南定县

---

① 吴作人：《谈马王堆西汉帛画后——画笔随录》，《文物》1972年第9期，图版一、图版四。
② 临沂金雀山汉墓发掘组：《山东临沂金雀山九号汉墓发掘简报》，《文物》1977年第11期。
③ 洛阳博物馆：《洛阳西汉卜千秋壁画墓发掘简报》，《文物》1977年第6期。
④ 王志杰、朱捷元：《汉茂陵及其陪葬冢附近新发现的重要文物》，《文物》1976年第7期。
⑤ 南京博物院：《江苏涟水三里墩西汉墓》，《考古》1973年第2期。
⑥ 湖北省博物馆：《光化五座坟西汉墓》，《考古学报》1976年第2期。
⑦ 郭勇：《山西省右玉县出土的西汉铜器》，《文物》1963年第11期。
⑧ 郑州市博物馆：《郑州新通桥汉代画象空心砖墓》，《文物》1972年第10期。
⑨ 咸阳市文管会、咸阳市博物馆：《咸阳市空心砖汉墓清理简报》，《考古》1982年第3期。
⑩ 南阳地区文物队、南阳博物馆：《唐河汉郁平大尹冯君孺人画象石墓》，《考古学报》1980年第2期。
⑪ 郝万章：《扶沟吴桥村发现汉代画像砖》，《中原文物》1984年第3期。

西汉时期的金银错车饰[①]、洛阳西郊西汉墓的陶井模型[②]。根据这些资料可以得出这样的结论：本期龙的最大特点是整个体形细长似蛇形，身尾不分，融为一体；整个龙的形象是由各种动物形象的某一部分组合而成，并相当忠实地保留了母体动物的那一部分形象的特点，可以认为是单纯的模仿；既写实，又有浪漫主义的特点，常常表现出一种奔腾之势。这些龙还可分为有翼无角和有角无翼两种。

（1）有角无翼的龙，可以长沙马王堆一号西汉早期墓出土的帛画上的龙为代表（图一，1）。这种龙，体长，身尾分界不明，近似蛇形，身上满布鱼鳞，身体中部有鳍；头较大，略似鳄鱼头部形状；有双耳、双角，角细长前端略带弧形；张口吐舌，腭部较长，上下腭等长，上下唇分别向上下翻卷；四条腿短粗，形同兽腿，足为鹰、

图一　各期龙形象演变（一）

1~3. 西汉（长沙马王堆1号墓帛画、洛阳卜千秋墓壁画、唐河郁平冯君孺人墓画像石）

4~7. 东汉（北京西郊"永元十七年"石阙、兰陵"元嘉元年"墓墓门中立柱、沂南北寨画像石墓画像、兰陵"元嘉元年"墓前室北中立柱画像石）

---

① 史树青：《我国古代的金错工艺》，《文物》1973年第6期，彩色图版。
② 中国科学院考古研究所洛阳发掘队：《洛阳西郊汉墓发掘报告》，《考古学报》1963年第2期，图版五。

有三爪；无翼；整个动态弯卷曲折，作奔腾状。

（2）有翼无角的龙，可以洛阳出土的西汉中期卜千秋壁画墓内壁画上的龙为代表（图一，2），这幅画是双龙，一大一小，小龙的形象不全，仅以大龙为代表。这种龙的整个身尾和马王堆一号墓帛画上的龙相似，仅背上的鳍分为两段，分别在身体的前后部位；头也略似鳄鱼头的形状，但更瘦长；有耳无角；张口吐舌，上下唇等长并分别往上下翻卷，在唇尖各有一根长须；兽腿兽足，腿短而较粗；身体紧接前腿之前处有双翼，翼的形状如鸟翅；整个动态也作奔腾状。

2. 结龙（交龙）

仅在西汉晚期时出现，数量极少，可以河南唐河出土的"始建国天凤五年（18年）"画像石墓中画像石上的结龙为代表[①]（图一，3）。这种龙的特点是腿、足、翼、鳍均无，除有角外，整个形状与蛇大体相同；角细长略带弧形；均为两条或两条以上的龙盘绕在一起，构成双龙或多龙相交的形式。

三、东 汉 时 期

1. 普通的龙

现所能见到的资料有：河南南阳东汉早期画像石墓的画像石[②]、北京西郊出土的东汉"永元十七年（105年）"的石墓阙[③]、山东兰陵东汉元嘉元年（151年）画像石墓的画像石[④]、河南襄城东汉永建七年（132年）墓的画像石[⑤]、湖北汉川东汉中后期墓的铜镜[⑥]、山东临沂东汉晚期画像石墓的画像石[⑦]、安徽亳州董园村二号东汉晚期墓的石刻画像[⑧]、安徽定远东汉晚期画像石墓的画像石[⑨]、河南新密东汉晚期画像石墓的画像石[⑩]、

[①] 南阳地区文物队、南阳博物馆：《唐河汉郁平大尹冯君孺人画象石墓》，《考古学报》1980年第2期。

[②] 南阳博物馆：《河南南阳英庄汉画像石墓》，《中原文物》1983年第3期。

[③] 北京市文物工作队：《北京西郊发现汉代石阙清理简报》，《文物》1964年第11期。

[④] 山东省博物馆、苍山县文化馆：《山东苍山元嘉元年画象石墓》，《考古》1975年第2期。方鹏钧、张勋燎在《山东苍山元嘉元年画象石题记的时代和有关问题的讨论》（《考古》1980年第3期）一文中认为此墓画像石和题记的年代应为东汉元嘉元年而不是刘宋元嘉元年。

[⑤] 河南省文化局文物工作队：《河南襄城茨汉沟画象石墓》，《考古学报》1964年第1期。

[⑥] 汉川县文化馆：《汉川南河汉墓清理简报》，《江汉考古》1984年第4期。

[⑦] 南京博物院、山东省文物管理处：《沂南古画像石墓发掘报告》，文化部文化管理局，1956年，图版38。

[⑧] 安徽省亳县博物馆：《亳县曹操宗族墓葬》，《文物》1978年第8期。

[⑨] 安徽省文物管理委员会：《定远县坝王庄古画象石墓》，《文物》1959年第12期。

[⑩] 安金槐、王与刚：《密县打虎亭汉代画象石墓和壁画墓》，《文物》1972年第10期。

重庆合川东汉画像石墓的画像石[①]、陕西米脂东汉画像石墓的画像石[②]、贵州清镇平坝东汉墓的铜瓶[③]、云南昭通东汉墓的花纹砖[④]、浙江海宁东汉画像石墓的画像石[⑤]、山东济宁东汉画像石墓的画像石[⑥]、江苏高淳东汉画像砖墓的画像砖[⑦]、河南南阳东汉画像石墓的画像石[⑧]、河南方城东汉画像石墓的画像石[⑨]、四川宜宾东汉崖墓的画像石棺[⑩]。根据这些资料，可以得出这样的结论：本期龙的最大特点是身躯变得粗壮，与当时流行的白虎无异，身和尾有明显区别，也就是说龙的总体形象以虎为主，其他动物形象为辅；就连造型动态也是模仿虎的姿势，显得稳重沉着，与前期那种奔腾之势决然不同；头部大体同前期；都有角，但到东汉晚期时，角的下半部开始分叉，出现几个凸起的棱，顶端向前卷曲，由近似牛角逐渐开始向近似鹿角的方向转变；都有翼。在这种龙之间仍有一些差异。

普通的龙可以北京西郊出土的东汉"永元十七年（105年）"的石墓阙上的龙为代表（图一，4），此龙身躯如虎，身尾分明，兽腿兽足；由于石刻的手法简练，未刻画细部，身上有无鳞甲尚不清楚；有双翼，形如鸟翅；头部同于前期；龙的动态平稳，造型沉着有力。普通的龙中也有的形象较为特殊，如山东沂南东汉晚期画像石墓中的龙（图一，6），其总体形象仍与本期其他的龙相同，较特殊的是，它的身、腿、尾上，甚至翼上都有鳍，鳍为一个个分散而凸起的尖棱，排列有序，前腿、翼、尾都不在正常的位置上。此为本期仅见的一例。

2. 结龙（交龙）

数量较前期增加，现所能见到的资料有：山东兰陵东汉元嘉元年（151年）画

---

① 重庆市博物馆、合川县文化馆：《合川东汉画象石墓》，《文物》1977年第2期。
② 陕西省博物馆、陕西省文管会写作小组：《米脂东汉画象石墓发掘简报》，《文物》1972年第3期。
③ 贵州省博物馆：《贵州清镇平坝汉墓发掘报告》，《考古学报》1959年第1期。
④ 孙太初：《两年来云南古遗址及墓葬的发现与清理》，《文物参考资料》1955年第6期。
⑤ 嘉兴地区文管会、海宁县博物馆：《浙江海宁东汉画像石墓发掘简报》，《文物》1983年第5期。
⑥ 济宁县文化馆：《山东济宁县发现一组汉画像石》，《文物》1983年第5期。
⑦ 镇江博物馆：《江苏省高淳县东汉画像砖墓》，《文物》1983年第4期。
⑧ 南阳地区文物工作队、南阳县文化馆：《河南南阳县英庄汉画像石墓》，《文物》1984年第3期。
⑨ 南阳地区文物工作队、方城县文化馆：《河南方城县城关镇汉画像石墓》，《文物》1984年第3期。
⑩ 宜宾县文化馆：《四川宜宾县崖塞画像石棺》，《文物》1982年第7期。

像石墓中的画像石①、河南南阳东汉早期画像石墓的画像石②、四川长宁东汉崖墓墓门上的画像石③、山东嘉祥东汉画像石墓的画像石④。龙的形象仍与前期同，只是在东汉晚期龙的盘绕方式更多样化，出现了四条龙相互盘绕的。山东兰陵东汉元嘉元年墓的画像石上的结龙可为代表（图一，5、7），此墓出土两种结龙：一为双龙交互盘绕，方式同前期，只是由一对交叉的环形发展为三对交叉的环形；二为四龙交互盘绕，其方式无规律。

四、东汉末年至东晋时期

本期始结龙均已消失，只有普通的龙一种。现所能见到的资料有：四川芦山东汉建安十六年（221年）王晖墓的石棺⑤、浙江海宁东汉晚期至三国时期画像石墓的画像石⑥、安徽芜湖魏晋时期小砖墓的花纹砖⑦、南京西晋永宁二年（302年）小砖墓的花纹砖⑧、南京西晋永嘉二年（308年）小砖墓的花纹砖⑨、南京东晋永和四年（348年）小砖墓的花纹砖⑩、北京顺义西晋墓的铜盆⑪、云南昭通东晋太元十□年（385～395年）壁画墓的壁画⑫、江苏镇江东晋隆安二年（398年）画像砖墓的画像砖⑬。根据这些资料，可以得出这样的结论：本期正处于一个过渡阶段，大体上保留了东汉时期龙的特点，如身尾分明，体似白虎；这时的龙角顶端一律向前卷曲，身体四肢变得细长；造型风格上也与前期稳重沉着的动态相反，而是动态起伏较大，线条流畅如行云流水。在细部

---

① 山东省博物馆、苍山县文化馆：《山东苍山元嘉元年画象石墓》，《考古》1975年第2期。方鹏钧、张勋燎在《山东苍山元嘉元年画象石题记的时代和有关问题的讨论》（《考古》1980年第3期）一文中认为此墓画像石和题记的年代应为东汉元嘉元年而不是刘宋元嘉元年。
② 河南省文化局文物工作队：《河南南阳杨官寺汉画象石墓发掘报告》，《考古学报》1963年第1期。
③ 四川大学考古专业七八级实习队、长宁县文化馆：《四川长宁"七个洞"东汉纪年画像崖墓》，《考古与文物》1985年第5期。
④ 济宁地区文物组、嘉祥县文管所：《山东嘉祥宋山1980年出土的汉画像石》，《文物》1982年第5期。
⑤ 闻宥：《四川汉代画象选集》，群联出版社，1955年。
⑥ 岳凤霞、刘兴珍：《浙江海宁长安镇画像石》，《文物》1984年第3期。
⑦ 王步艺：《芜湖赭山古墓清理简报》，《文物参考资料》1956年第12期。
⑧ 南京市文物保管委员会：《南京板桥镇石闸湖晋墓清理简报》，《文物》1965年第6期。
⑨ 南京市文物保管委员会：《南京迈皋桥西晋墓清理》，《考古》1966年第4期。
⑩ 李蔚然：《南京六朝墓葬》，《文物》1959年第4期。
⑪ 北京市文物工作队：《北京市顺义县大营村西晋墓葬发掘简报》，《文物》1983年第10期。
⑫ 云南省文物工作队：《云南省昭通后海子东晋壁画墓清理简报》，《文物》1963年第12期。
⑬ 镇江市博物馆：《镇江东晋画像砖墓》，《文物》1973年第4期。

形象上仍有一些差异，大多数的龙有翼、鹰爪，少数的龙无翼、兽爪。

有翼、鹰爪的龙，可以江苏镇江东晋隆安二年（398年）画像石墓的画像砖上的龙为代表（图二，1）。此龙形象刻画简练，基本无细部，身尾分明，体似虎；身、颈、四肢细长，兽腿鹰爪；张口无舌，上下唇分别向上下弯曲，角顶端向前卷；有双翼，但很小；动态起伏大，身体和四肢基本上弯卷成了一圆形，颈部也弯卷曲折，为前期所不见。无翼、兽足的龙，以安徽芜湖魏晋时期小砖墓中花纹砖上的龙为代表（图二，2）。此龙形象大体同前，不同之处在于无翼、兽足。

前期形象的龙，在本期也有少数的残存。

图二　各期龙形象演变（二）
1、2. 东汉末年至东晋（镇江隆安二年墓画像砖、芜湖魏晋小砖墓画像砖）　3、4. 南北朝至隋（北魏神龟三年元晖墓志盖、武汉岳家嘴隋墓画像砖）　5、6. 唐宋（唐代龙纹镜、宋《营造法式》插图）

五、南北朝至隋时期

现所能见到的资料有：北魏神龟三年（520年）元晖墓墓志[①]、甘肃敦煌北魏时

---

① 武伯纶：《西安碑林述略——为碑林拓片在日本展出而作》，《文物》1965年第9期。

期的壁画[1]、河北磁县东魏茹茹公主壁画墓的壁画[2]、福建闽侯南朝砖墓的花纹砖[3]、河南邓州南朝彩色画像砖墓的彩绘画像砖[4]、山西太原北齐娄叡墓的壁画[5]、北周天和七年（572年）匹娄欢墓的石棺[6]、吉林集安五盔坟四号墓和五号墓北朝末期壁画墓的壁画[7]、武汉岳家嘴隋代砖墓的画像砖[8]、陕西三原隋开皇二年（582年）李和墓的石棺[9]、安徽合肥隋开皇六年（586年）墓的花纹砖[10]、陕西咸阳隋代独孤罗墓的墓志[11]、湖南长沙隋墓的铜镜[12]。这一时期的龙总体形象仍同前期，身尾分明，体似虎；不同于前期的是，翼已变成细长的飘带形（前期的那种翼也同时存在），四肢上出现兽毛飘起，颈和背上出现焰环，上唇比下唇长；动态大体同前期。也有少数的龙与前期全同。

北魏神龟三年元晖墓的墓志盖上的龙可以作为本期的代表（图二，3）。此龙的身体似虎，身尾分明，身体和四肢较细长；闭口，上下唇分别向上下卷曲，上唇比下唇长；角下半部有三个凸起的棱，角顶端向上卷曲；翼由三根细长的飘带组成；四肢上有很长的兽毛飘起，足为三鹰爪；颈和背上都有焰环。有也个别的龙形象不同，如武汉岳家嘴隋墓中画像砖上的龙（图二，4），无翼、角甚小。

六、唐 宋 时 期

现所能见到的资料有：陕西乾县唐代乾陵石刻的线刻画[13]、河北正定出土唐代王元逵墓的墓志顶盖的线刻画[14]、湖南长沙陈家大山唐代小砖墓的花纹砖[15]、唐代越瓷

---

[1] 许良工编：《敦煌图案选》，万叶书店，1953年，第1、41页。
[2] 汤池：《东魏茹茹公主墓壁画试探》，《文物》1984年第4期。
[3] 福建省博物馆：《福建闽侯南屿南朝墓》，《考古》1980年第1期。
[4] 河南省文化局文物工作队编：《河南邓县彩色画像砖》，上海人民美术出版社，1963年。
[5] 山西省考古研究所、太原市文物管理委员会：《太原市北齐娄叡墓发掘简报》，《文物》1983年第10期。
[6] 武伯伦：《西安碑林述略——为碑林拓片在日本展出而作》，《文物》1965年第9期，图版二。
[7] 李殿福：《集安高句丽墓研究》，《考古学报》1980年第2期。
[8] 武汉市文物管理处：《武汉市东湖岳家嘴隋墓发掘简报》，《考古》1983年第9期。
[9] 陕西省文物管理委员会：《陕西省三原县双盛村隋李和墓清理简报》，《文物》1966年第1期。
[10] 安徽省展览、博物馆：《合肥西郊隋墓》，《考古》1976年第2期。
[11] 夏鼐：《咸阳底张湾隋墓出土的东罗马金币》，《考古学报》1959年第3期，图版二。
[12] 湖南省博物馆：《长沙两晋南朝隋墓发掘报告》，《考古学报》1959年第3期。
[13] 杨正兴：《乾陵石刻中的线刻画》，《考古与文物》1983年第1期。
[14] 刘友恒、樊子林、程纪中：《唐成德军节度使王元逵墓清理简报》，《考古与文物》1983年第1期。
[15] 周世荣：《长沙陈家大山战国、西汉、唐、宋墓清理》，《考古》1959年第4期。

的一些残瓷片[①]、一些唐代铜镜的纹饰[②]、甘肃敦煌的唐代壁画[③]、四川成都前蜀永陵（王建墓）的石棺台和玉带[④]、四川成都后蜀孟知祥墓的墓志[⑤]、河南洛阳后梁石彦辞墓的墓志[⑥]、四川乐山五代墓的陶棺[⑦]、江苏江宁南唐李昪墓的壁画[⑧]、辽宁鞍山辽代画像石墓的画像石[⑨]、江苏江阴北宋"瑞昌县君"孙四娘子墓的木雕[⑩]、四川荣昌宋墓的石刻画像[⑪]、四川广元宋墓的石刻[⑫]、重庆沙坪坝井口宋墓的石刻[⑬]、浙江杭州五代吴越时期墓的瓷器[⑭]、宋代《营造法式》[⑮]。本期龙的主要特点是，恢复到了蛇体，身尾不分，融为一体（唐代仍有个别的龙身尾分明），身体显得粗壮丰满；整个龙的形象也恢复到由各种动物的某部分形象组合而成；动态起伏较大，后肢常和尾部相交盘绕，这在以前是绝无所见的。龙的头部变得圆而丰满，大多数的脑后有较长的鬣，显然是吸收了狮子头部的形象；上唇很长，顶端呈尖状，下唇短而不再下卷，宋代以后又出现上唇缩短，两旁有两根长须伸出的；角在唐代时出现了很长的分叉，酷似鹿角，在五代时增多，宋代时已基本上都似鹿角了；翼全部都为一根或两根飘带；足为鹰爪，一般为三爪，宋代时又出现四爪的；五代时尾部也出现鳍，宋代时始在尾端上又出现一圈鳍。从造型风格上看，虽然龙的各部分形象仍源于一些动物的某部分形象，但是已脱离了早期的那种单纯的模仿，而是经过了人们有意识地加工变形，从而更能在形象上体现人们对于这种神物所赋予的宗教观念。自唐宋以后，龙的形象就再也没有发生过较大变化了。

唐代龙的具体形象，以一面唐代龙纹镜上的龙为代表（图二，5）。此龙基本为蛇体，身尾大致一体，但还可以分为两部分，有一种过渡性质；背上有鳍，排列整齐，

---

① 陈之佛、吴山编：《中国图案参考资料》，人民美术出版社，1953年，第210、255页。
② 西北历史博物馆编：《古代装饰花纹选集》，西北人民出版社，1953年，第52、61页，陈之佛、吴山编：《中国图案参考资料》，人民美术出版社，1953年，第209、210页。
③ 许良丁编：《敦煌图案选》，万叶书店，1953年，第5、42页。
④ 冯汉骥：《前蜀王建墓发掘报告》，文物出版社，1964年，图版四九～图版五一。
⑤ 成都市文物管理处：《后蜀孟知祥墓与福庆长公主墓志铭》，《文物》1982年第3期。
⑥ 西北历史博物馆编：《古代装饰花纹选集》，西北人民出版社，1953年，第74页。
⑦ 沈仲常、李显文：《四川乐山出土的五代陶棺》，《文物》1983年第2期。
⑧ 南京博物院：《南唐二陵发掘报告》，文物出版社，1957年，图版121。
⑨ 鞍山市文化局、辽宁省博物馆：《辽宁鞍山市汪家峪辽画象石墓》，《考古》1981年第3期。
⑩ 苏州博物馆、江阴县文化馆：《江阴北宋"瑞昌县君"孙四娘子墓》，《文物》1982年第12期。
⑪ 四川省博物馆、荣昌县文化馆：《四川荣昌县沙坝子宋墓》，《文物》1984年第7期。
⑫ 四川省博物馆、广元县文管所：《四川广元石刻宋墓清理简报》，《文物》1982年第6期。
⑬ 重庆市博物馆历史组：《重庆井口宋墓清理简报》，《文物》1961年第11期。
⑭ 浙江省文物管理委员会：《杭州、临安五代墓中的天文图和秘色瓷》，《考古》1975年第3期。
⑮ （宋）李诫：《营造法式（三）》卷二十九，商务印书馆，1933年，第148～150页。

形状如火焰,似从前期的焰环发展而来,身上和下腹的鳞有明显的不同;头部圆而丰满,脑后多长鬣,上下唇不再外卷;角的中部有较长的分叉,已酷似鹿角;翼为两根细长的飘带;腿上部为兽腿,下部为三鹰爪;后肢和尾部相交盘绕。宋代龙的具体形象,以宋代《营造法式》中所绘的龙为代表(图二,6)。此龙的形象大体同前,仅有一些小的差异。这时龙的身尾已完全融为一体,尾端出现一圈鳍,上唇两侧有两根长长的须,角已完全似鹿角,足为四鹰爪。唐宋时期,有的龙形象简练概括,无细部刻画。

各个时期对龙的塑造,都要受到当时社会所流行的思想观念、审美意识的影响。例如,先秦时期的龙,均无翅膀,而西汉以后的龙却大部分都有翅膀,这种转变大概是在战国晚期开始到西汉前期完成的,显然与当时盛行的升仙思想有密切的关系。再则,从汉晋到唐宋时期,龙的形象在演变过程中,明显地受到了佛教艺术的影响。例如,敦煌北魏壁画上的龙(图三,1),其动态虽在奔腾,却给人以一种安详、宁静的感觉,这种造型显然来源于同时代佛教艺术中的飞天。在南北朝时,龙的颈上和背上出现了"焰环"(图二,3、4),可以看出它的造型是受了佛顶上"火聚光顶"(为五佛顶之一)这类佛教艺术装饰的影响。到唐宋时期,这种影响更加明显,这时期龙的头部造型,就吸收了狮子的形象,头圆而丰满,脑后披鬣,鼻子也近似狮鼻(图二,5、6)。江苏江宁南唐李升墓中壁画上的龙(图三,2),不但头部像狮子,就连整个身体也有点近似于狮子。狮子的形象,是在佛教和佛教艺术传入中国后,在东汉后期开始出现的,到西晋时较为流行,南北朝以后广为盛行。《景德传灯录》记载,释迦佛生时,一手指天,另一手指地,作狮子吼,云:"天上天下,唯我独尊"[①]。在《大智度论》中更把佛说成是人中狮子。龙吸收狮子的形象,可能主要是为了言其神威,增加它的神通。在唐宋以后龙的图案中,有这样一个特点,就是龙常和珠联系在一起,几乎成

图三 龙形象中所见佛教艺术影响
1. 敦煌北魏壁画 2. 江宁南唐李升墓壁画

[①] (北宋)道原著,顾宏义译注:《景德传灯录译注(一)》,上海书店出版社,2010年,第10页。

为一个不可分割的整体。有人认为它源于东汉时期盛行的龙戏璧、穿璧、衔璧之类的图案。在佛教中，有一种宝珠，又叫摩尼珠、如意珠。《大智度论》卷五十九："有人言，此宝珠从龙王脑中出。人得此珠，毒不能害，入火不能烧，有如是等功德。"[1]《往生论》注下说："……此珠多在大海中，大龙王以为首饰。"[2] 唐宋以后龙戏珠图案的出现，应和佛教有一定的关系。

七、龙在墓葬中的性质与作用

据古文献记载，龙可分为各种类型，如《广雅》"有鳞曰蛟龙，有翼曰应龙，有角曰虬龙，无角曰螭龙"[3]，《周易·乾卦》"飞龙在天"[4]，《方言》"龙未升天曰蟠龙"[5]，《淮南子》："土龙致雨"[6]，《汉武帝内传》："王母乘紫云之辇，驾九色之斑龙"[7]，《礼记·曲礼》"左青龙而右白虎"[8]。这些龙的性质和作用也是不完全相同的，如龙可以作为水畜而兴云致雨，又可以作为飞畜而为神仙或升天的人乘骑，也可以作为"四灵"之一而成为吉祥的象征，还可以作为"四神"之一而镇守一方。汉代以后，龙又成了帝王的象征，皇帝被称为"真龙天子"。宋代以前，龙经常和云联系在一起，而宋代以后龙却又常常被火焰簇拥，与火发生了较密切的关系。可见，龙的性质和作用是相当复杂的。在这里仅就龙在古代墓葬中的性质和作用作初步的论述。

我们纵观从西汉至唐宋时期出现在墓葬中壁画、帛画、空心砖、画像石、画像砖、石棺、花纹砖、墓志和随葬品上的龙，就其性质和作用而言，可以分为两大类：一是作为能上天入海的神兽，引导墓主或墓主的灵魂升天，达到仙境；二是作为镇守四方的"四神"之一，在墓葬中驱邪除魔，保卫墓主和他的灵魂。大体上可以说，龙的这两种性质和作用，在各个时期都存在。

古代的人们，很早就认为龙是可以上天的，如《周易·乾卦》说"飞龙在天"。从战国时起，人们就认为在成仙升天时可以乘龙、驾龙，如屈原在《九歌·大司命》中说"乘龙兮辚辚，高驰兮冲天"，在《远游》中讲"驾八龙之蜿蜿兮，载云旗之委蛇"[9]。

---

[1] 〔印度〕龙树造，(后秦) 鸠摩罗什译：《大智度论》，上海古籍出版社，1991年，第392页。
[2] (魏) 昙鸾大师注：《往生论注》，三重净宗学会，2002年，第125页。
[3] (东汉) 张揖：《广雅》(丛书集成初编)，商务印书馆，1936年，第134、135页。
[4] 黄寿祺、张善文：《周易译注》，上海古籍出版社，2004年，第4页。
[5] (汉) 杨雄记，(晋) 郭璞注：《方言》，商务印书馆，1936年，第114页。
[6] (汉) 高诱注：《淮南子注》，上海书店出版社，1986年，第60页。
[7] (宋) 李昉等编：《太平广记》第1册，中华书局，1986年，第14页。
[8] (清) 孙希旦撰，沈啸寰、王星贤点校：《十三经清人注疏·礼记集解》上册，中华书局，1989年，第84页。
[9] (宋) 洪兴祖：《楚辞补注》，中华书局，1983年，第42、46页。

帛画：帛画在当时被称为"画幡""旌幡""非衣"，就目前的资料看，它主要流行在西汉时期。《续汉书·礼仪志》说：汉代皇帝出殡时，有画幡在灵车前先导，其"大驾，太仆御。'方相氏'黄金四目，蒙熊皮，玄衣朱裳，执戈扬楯，立乘四马先驱。旐之制，长三仞，十有二游，曳地，画日月、升龙"[1]。可见画幡的性质和所画的内容，都是表示要引导死者升天。我们再以长沙马王堆一号墓出土的帛画实物为例[2]。这幅画自上而下分为三部分，分别描写天上、死者即将升天和死者生前在人间的情况。天上这一部分，有日、月、升龙等，在二、三部分，由双龙盘绕而构成一幅画面，龙的头部向着天上，身边云层缭绕，龙正在做欲奔腾上天状。整个龙的外形，再加上龙头上的鸟、蝙蝠等构成一个壶的形状，与传说中的"蓬莱仙境"为壶形恰好相吻合，其引导死者升天的用意是很明显的。

壁画：现能见到的表现升天内容的壁画也主要在汉代，现以洛阳出土的西汉中期卜千秋壁画墓为例[3]。此墓中一幅具有升天思想的壁画是被安排在墓室的顶脊上。这幅画所在位置、壁画的外形和它的内容都和画幡有相似之处，应视为画幡的一种变体，两者的性质、作用是同样的。这幅画的内容也是体现了希望墓主升天的思想，画面上除了天上的日、月和神话传说中的人类始祖——伏羲、女娲之外，还有虎、雀、蛇和龙等动物，浮云簇拥着这些动物，奔腾欲飞，向天国驰去。《淮南子·览冥训》在描写升天时说："乘雷车，服驾应龙，骖青虬，援绝瑞，席萝图，黄云络，前白螭，后奔蛇，浮游逍遥，道鬼神，登九天，朝帝于灵门。"[4]可见龙在此也是作为护送墓主升天的。

空心砖、画像石、画像砖、花纹砖各自流行的时代不同。在这些砖、石上，常常可见到龙或龙和虎、龙和朱雀一起出现。墓砖、石上的画像，一般地讲，都是以一匹砖或石为基本单位组成一幅画面，其内容要受到很大的限制，因而常以简化的形式出现。这样，有时画面所要表达的主题思想也是不十分明确的。但可以认为，在这些砖、石画像中，有一部分龙的作用是护送墓主或墓主的灵魂升天的。

石棺：表现升天思想的石棺画像，从汉代以后历代皆有，可以陕西三原隋开皇二年（582年）李和墓内石棺线刻画像上的龙为代表[5]。此棺的四周分别为前面朱雀、后面玄武、左面青龙、右面白虎，其中青龙画面的右边有四人并排站立，形象类似唐陵前的中郎将，大概是墓主生前属吏，画面中心部位是青龙，一人骑在龙背上，应为墓主人形象，怪兽匍匐其下，在上有飞天簇拥，周围饰以流云、莲花。这种场面与前所述贾谊在《惜誓》中描绘的四神护送人们升天的情景相符，体现了墓主希望升天的愿望。

---

[1] （宋）范晔撰，（唐）李贤等注：《后汉书》，中华书局，1965年，第3144、3145页。
[2] 吴作人：《谈马王堆西汉帛画后——画笔随录》，《文物》1972年第9期，图版一、图版四。
[3] 洛阳博物馆：《洛阳西汉卜千秋壁画墓发掘简报》，《文物》1977年第6期。
[4] （汉）高诱注：《淮南子注》，上海书店出版社，1986年，第95页。
[5] 陕西省文物管理委员会：《陕西省三原县双盛村隋李和墓清理简报》，《文物》1966年第1期。

再谈谈在墓中起驱邪除魔、保卫墓主或墓主灵魂的作用这类龙。这类的龙在墓葬中通常是作为四神之一的"青龙"出现的,在墓内的空心砖、壁画、画像石、画像砖、花纹砖、石棺、墓志上都可见到,从西汉起一直盛行。根据文献记载,以青龙、白虎、朱雀、玄武为"四神"的观念出现还要早,如《礼记·曲礼》在谈到行军阵法时说:"前朱雀而玄武,左青龙而白虎。"其注讲:"如鸟之翔,如蛇之毒,龙腾虎奋,无能敌此四物。"① 可见四神的观念最迟在战国时也已出现,并且是作为勇猛和武力的象征。到汉代,它又明显地受到了五行学说的影响,四神成了各自镇守一方的神兽,如西汉成书的《淮南子·天文训》记载:"东方木也,……其兽苍龙";"南方火也,……其兽朱雀";"中央土也,……其兽黄龙";"西方金也,……其兽白虎";"北方水也;……其兽玄武"②。汉代四神各自的作用似乎也出现了一些差异,如新莽时期的"四神镜"上的铭文中,就这样描述了它们的不同作用:"青龙白虎掌四方,朱雀玄武顺阴阳。"此外,《论衡·解除篇》也讲道:"宅中主神有十二焉,青龙、白虎列十二位。龙虎猛神,天之正鬼也,飞尸流凶,不敢妄集,犹主人猛勇,奸客不敢窥也。"③ 可见在四神之中,青龙、白虎更猛勇,偏重于起震慑邪魔、保卫主人的作用。在墓葬中起镇墓作用的青龙,有时是四神一起出现,有时是青龙、白虎两种,有时更只有青龙一种单独出现,但无论怎样出现,它在墓葬中所处位置都是有一定规律的。我们纵观西汉至唐宋时期的墓葬,就会发现这类青龙大都在墓室的内壁、后室的门、墓道入口处两侧、墓门外两侧等位置上,并且都是头部朝着墓门的外方。可见,其起震慑邪魔、保卫墓主或墓主灵魂的作用是非常明显的。

在西汉晚期至东汉晚期的墓葬中,还流行另一种类型的龙——结龙。关于它的性质和在墓葬中所起的作用,可以从山东兰陵元嘉元年(151年)画像石墓的画像石题记中得到一些启示④。在题记中有这样一段文字:"中直(?)柱,只(双)结龙,主守中霤辟邪灾(殃)。"此墓室内同时也出土结龙的画像,显然这种结龙仍是起震慑邪魔、保卫墓主或墓主灵魂作用的。再则,这些结龙盘绕的方式很奇特,并且和同时代墓葬中某些小砖、画像砖、石刻上的符号盘绕的方式很接近⑤。这种结龙和符号流行的时代,

---

① (清)阮元校刻:《十三经注疏》,中华书局,1980年,第1250页。
② (汉)高诱注:《淮南子注》,上海书店出版社,1986年,第37页。
③ (东汉)王充著,陈蒲清点校:《论衡》,岳麓书社,1991年,第389页。
④ 山东省博物馆、苍山县文化馆:《山东苍山元嘉元年画象石墓》,《考古》1975年第2期。方鹏钧、张勋燎在《山东苍山元嘉元年画象石题记的时代和有关问题的讨论》(《考古》1980年第3期)一文中认为此墓画像石和题记的年代应为东汉元嘉元年而不是刘宋元嘉元年。
⑤ 江西省博物馆:《江西南昌市南郊汉六朝墓清理简报》,《考古》1966年第3期,图四,2、3。四川大学考古专业七八级实习队、长宁县文化馆:《四川长宁"七个洞"东汉纪年画像崖墓》,《考古与文物》1985年第5期,图一;图四,1、5。闻宥:《四川汉代画象选集》,群联出版社,1955年,第58、81图。

正好是谶纬之学盛行和民间道教开始兴起的时代，它们与图谶和符箓之间可能存在某种联系。

除了前述的两类龙之外，在西汉晚期至东汉晚期的墓葬中，还常可见双龙或龙虎衔璧、穿璧、戏璧之类的画像。这类画像的意义，目前也得不到合理、满意的解释，有待于今后进一步探讨。

附记：该文原为1982年完成的大学本科毕业论文。本文在撰写过程中，曾得到张勋燎先生的指导，在这里特表谢意。

[原载《四川大学学报》（哲学社会科学版）1986年第1期]

泸县宋代装饰石室墓研究
——以石刻图像为中心

　　四川盆地及黔北地区这一区域在两宋时期，尤其是南宋时期装饰石室墓十分流行。据不完全统计，两宋时期在这一区域现已发现清理的石室墓在200座以上。这些石室墓虽然大小规模不一，但绝大部分墓内都雕刻图像或仿木结构建筑装饰等，具有很高的艺术价值和历史文化价值，也是研究这一区域乃至中国两宋时期社会与历史的珍贵实物资料。

　　在这一区域内，从宜宾至重庆主城区这一段的长江沿岸地区，是两宋石室墓分布最为密集的区域之一。近年来，仅在长江北岸的泸县境内发现的石室墓就数以百计。2002年，四川省文物考古研究所、成都市文物考古研究所、泸州市博物馆和泸县文物管理所等单位对其中的6座石室墓进行了发掘清理，同时还征集了154幅图像石刻，并于2004年出版了《泸县宋墓》[①]一书，使我们能够对泸县境内的宋代石室墓有比较深入的了解。

　　本文即以公布刊布的这批资料为基础，以石刻图像为中心对泸县宋代装饰石室墓进行初步研究。

一、相关研究回顾

　　四川盆地及黔北地区宋代装饰石室墓的考古工作开展得很早，早在20世纪30年代就有报道[②]。20世纪40年代，中国营造学社对四川宜宾周围的南宋装饰石室墓进行了发掘测绘[③]。20世纪50年代以后，随着中国考古事业的迅猛发展，在这一区域内陆

---

　　① 四川省文物考古研究所、成都市文物考古研究所、泸州市博物馆、泸县文物管理所：《泸县宋墓》，文物出版社，2004年。
　　② 余逊、容媛：《四川南溪发现宋梁古冢》，《燕京学报》1931年第9期。
　　③ 王世襄：《四川南溪李庄宋墓》，《中国营造学社汇刊》第7卷第1期，1944年；莫宗江：《宜宾旧州坝白塔宋墓》，《中国营造学社汇刊》第7卷第1期，1944年；刘致平：《乾道辛卯墓》，《中国营造学社汇刊》第8卷第2期，1945年。

续发现了大量宋代石室墓,其中重要者有贵州遵义杨粲墓[①]、四川广元杜光世夫妇合葬墓[②]、彭山虞公著夫妇合葬墓[③]、华蓥安丙家族墓[④],重庆沙坪坝井口宋墓[⑤]等。

在这一区域装饰石室墓发现之初,相关研究即已开始。1944年,王世襄在《四川南溪李庄宋墓》一文中介绍四川南溪县李庄发现的宋代装饰石室墓的同时,也简单论及"启门图"石刻图像的题材内容、装饰载体、流行时段等[⑥]。20世纪50年代以来,随着这一区域石室墓新材料的不断发现,相关研究逐渐增多、研究涉及的范围越来越广,大体可分为以下诸方面。

(一)区域宋墓研究

1. 综合性研究

20世纪80年代,徐苹芳对全国宋代墓葬进行了分区研究,并对各区域宋墓的特点进行了概括性论述。他将四川(包括重庆)和贵州北部划为同一区域,并对这一区域的石室墓装饰特点进行了简单归纳总结[⑦]。

其后也有部分综合性研究或著作涉及宋代墓葬的分区[⑧]。

2015年,吴敬对两宋时期南方墓葬进行了全面研究,认为根据墓葬的区域性特征可以分为长江上游、长江中下游和闽赣三大区,这种区域性特征的形成主要是基于自然地理、社会经济、区域交流和宗教势力等作用[⑨]。

此外,有不少学者根据现在的行政区划划分,对本行政区内的宋代墓葬进行了研究。

1959年,王家祐对当时四川地区已发现数量不多的宋代墓葬的形制结构、建筑特点、石刻图像题材与所在位置、随葬品等进行了简单的分析概括[⑩]。

---

① 《遵义杨粲墓发掘报告》编写组:《〈遵义杨粲墓发掘报告〉摘要》,《贵州田野考古四十年》,贵州民族出版社,1993年,第356页。

② 四川省博物馆、广元县文管所:《四川广元石刻宋墓清理简报》,《文物》1982年第6期。

③ 四川省文物管理委员会、彭山县文化馆:《南宋虞公著夫妇合葬墓》,《考古学报》1985年第3期。

④ 四川省文物考古研究院、广安市文物管理所、华蓥市文物管理所:《华蓥安丙墓》,文物出版社,2008年。

⑤ 重庆市博物馆历史组:《重庆井口宋墓清理简报》,《文物》1961年第11期。

⑥ 王世襄:《四川南溪李庄宋墓》,《中国营造学社汇刊》第7卷第1期,1944年。

⑦ 徐苹芳:《宋代墓葬和窖藏的发掘》,《新中国的考古发现和研究》,文物出版社,1984年,第597页。

⑧ 秦大树:《宋元明考古》,文物出版社,2004年。

⑨ 吴敬:《南方地区宋代墓葬研究》,社会科学文献出版社,2015年。

⑩ 王家祐:《四川宋墓札记》,《考古》1959年第8期。

1979年起，文物编辑委员会等相继编辑出版了《文物考古工作三十年（1949—1979）》[①]、《文物考古工作十年（1979—1989）》[②]、《新中国考古五十年》（1999年）[③]、《中国考古60年（1949—2009）》[④]，此外也有各省研究者分别对本地区不同阶段的文物工作和考古发现进行一些简单的总结性认识，其中都有川、渝、黔三地宋代墓葬的概述。

1995年，陈云洪从墓葬形制、分期分区、墓葬特征等方面对四川地区宋墓进行了研究[⑤]。1999年，陈云洪根据新出土材料在前文基础上进一步完善了墓葬分类，将石室墓分为双室券顶墓、单室券顶墓、双室平顶墓、单室平顶墓、藻井顶双室墓、藻井顶单室墓六型，并根据墓葬形制特征和随葬品发展演变将四川地区宋墓分为两期：第一期为北宋英宗治平年间至南宋孝宗淳熙年间；第二期为南宋孝宗淳熙年间至南宋末年，但该文中没有涉及石刻图像的研究[⑥]。2011年，陈云洪再次对四川地区宋墓进行分期研究，根据墓葬形制、随葬品变化，再结合钱币、买地券、墓志铭等纪年文字材料将四川宋墓分为四期：第一期为北宋早期；第二期为北宋中期；第三期为北宋晚期；第四期为南宋时期，可分两段，前段为南宋早期，后段为南宋中晚期[⑦]。

2008年，周必素对黔北地区宋代石室墓进行了综合研究，内容涉及墓葬建筑用材、形制结构、规模、石刻图像、葬具、随葬品、墓葬年代、墓葬分布规律等方面，并与周边地区同时期墓葬进行了横向比对[⑧]。

2010年，胡松鹤对四川地区宋代的装饰石室墓、砖室墓和崖墓的类型、等级、分期、分区、墓内装饰空间、装饰题材和区域间比较等进行了讨论[⑨]。

2014年，杨菊对川渝地区长江沿岸地区至黔北地区的宋元明时期的石室墓类型、分期、分区等进行了全面梳理，初步建构起川渝黔地区石室墓的考古学时空框架[⑩]。

2016年，黄文姣对四川、重庆和贵州北部的装饰石室墓进行了综合研究，内容涉及墓葬类型、分期、分区、墓葬形制与石刻图像的关系、墓内图像的空间关系、墓葬等级、雕刻工艺与工匠制度、丧葬习俗等[⑪]。

---

① 文物编辑委员会编：《文物考古工作三十年（1949—1979）》，文物出版社，1979年。
② 文物编辑委员会编：《文物考古工作十年（1979—1989）》，文物出版社，1991年。
③ 文物出版社编：《新中国考古五十年》，文物出版社，1999年。
④ 国家文物局主编：《中国考古60年（1949—2009）》，文物出版社，2009年。
⑤ 陈云洪：《四川宋墓初探》，《成都文物》1995年第4期。
⑥ 陈云洪：《试论四川宋墓》，《四川文物》1999年第3期。
⑦ 陈云洪：《四川地区宋代墓葬研究》，《南方民族考古》（第七辑），科学出版社，2011年，第279~304页。
⑧ 周必素：《贵州遵义的宋代石室墓》，《江汉考古》2008年第4期。
⑨ 胡松鹤：《四川地区宋代墓葬装饰研究》，四川大学硕士学位论文，2010年。
⑩ 杨菊：《川东南渝西黔北宋元明石室墓研究》，四川大学硕士学位论文，2014年。
⑪ 黄文姣：《西南地区宋代画像石室墓的初步研究》，四川大学硕士学位论文，2016年。

2. 专题研究

1999 年，张合荣对黔北装饰石室墓中存在的道教因素，从不同方面和角度进行了讨论①。

2013 年，龚扬民、白彬提出贵州遵义南宋杨粲墓中的墓主像遗存与道教相关，应是早期天师道解注代人方术与秦汉以来流行的建生墓习俗相结合的产物②。

（二）泸县装饰石室墓研究

《泸县宋墓》一书出版后，引起学术界和社会各界广泛关注，有关研究很多，但主要集中在图像内容和造型艺术等方面。

1. 图像内容

2005 年，王家祐认为泸县宋代石室墓中的朱雀图像在造型方面与大鹏金翅鸟有渊源，是佛教典故普及的典范，或与中亚火鸟太阳崇拜或火舟有关③。

2008 年，邹西丹对泸县宋墓石刻图像中武士图像进行分类，并对其雕刻技法、艺术风格、渊源、文化特色等进行讨论④。

2013 年，苏欣、刘振宇对泸县宋墓出土的"玄武"石刻图像（2001SQM1：13）重新考证，将其定名为"龟游莲叶"石刻，认为其有延年益寿、得道成仙的寓意，并对"男侍执椅"石刻图像中椅子的作用及必要性进行了考证⑤。

2013 年，谢盈盈对泸县宋代装饰石室墓中的四神图像及其表现特点等进行了论述⑥。

2. 造型艺术

多从艺术审美角度进行分析，少数为综合性⑦，更多是专题性讨论，涉及线条艺术表现、艺术的意境、艺术形式、艺术造型、雕刻背景留白的审美内涵等方面。

2007 年，李雅梅等从造型方式与视觉表现手法两方面对泸县南宋墓葬石刻"椅子"造型进行分析，用艺术的眼光来看待这些石刻，认为石刻艺术家在南宋就懂得用二维平面塑造立体视觉效果⑧。其后李雅梅等对南宋时期泸县墓葬花鸟兽石刻及其象征意

---

① 张合荣：《略论黔北宋墓的道教雕刻》，《贵州民族研究》1999 年第 1 期。
② 龚扬民、白彬：《贵州遵义南宋杨粲墓道教因素试析》，《四川文物》2013 年第 4 期。
③ 王家祐：《泸县宋墓"朱雀"初释》，《四川文物》2005 年第 2 期。
④ 邹西丹：《泸州宋代武士石刻》，《四川文物》2008 年第 2 期。
⑤ 苏欣、刘振宇：《泸州宋墓石刻小议》，《四川文物》2013 年第 4 期。
⑥ 谢盈盈：《南宋川南墓葬中的四神图像研究》，重庆大学硕士学位论文，2013 年。
⑦ 张春新：《南宋川南墓葬石刻艺术》，重庆大学出版社，2011 年；肖卫东：《泸县宋代墓葬石刻艺术》，四川民族出版社，2016 年。
⑧ 李雅梅、张春新、吴中福：《川南泸县南宋墓葬石刻"椅子"造型》，《西南大学学报》（社会科学版）2007 年第 5 期。

进行了阐释[1]。

朱晓丽[2]、屈婷[3]、冯东东[4]、孙垂利[5]、谢玉莹[6]等也先后对泸县宋墓石刻进行过探讨。

3. 其他研究

2014年，刘复生对泸县这一区域内的宋墓墓主的来源进行了分析[7]。

2010年，龙红、王玲娟对南宋时期川南墓葬石刻所表现出来的文化价值做了专题讨论，认为其充分显示出"两宋"尤其是南宋时代的民俗信仰与宗教传统发展状态，可称之为宋代社会发展的一部内容丰富、情节鲜活的"百科全书"[8]。

综上所述，可知前人对宋代墓葬的分区研究和对这一区域内宋代墓葬的考古学研究做了大量工作，为本研究奠定了较为坚实的基础。但是，这些研究都是对一个较大的区域空间内的宏观研究，而缺乏针对某一较小区域内宋代装饰石室墓的深入研究。《泸县宋墓》出版后，虽有大量围绕这一报告发表的资料进行讨论、研究，但主要集中在艺术形式方面，缺乏考古学的专门研究。因此，本文主要是对泸县地区的宋代装饰石室墓进行考古学研究。

二、墓葬的布局、结构与类型

虽经考古发掘的装饰石室墓仅有6座，但从报告中透露的有关信息可以得知至少有8座同类墓葬的分布情况[9]。这8座装饰石室墓都是两墓并列的合葬墓，可以分为同

---

[1] 李雅梅、张春福、吴中福：《浅谈南宋时期川南泸县墓葬花鸟兽石刻》，《西南大学学报》（社会科学版）2008年第2期；李雅梅、张春新：《川南泸县南宋墓葬鸟兽石刻的象征意义》，《文艺研究》2009年第1期。

[2] 朱晓丽、张春新：《泸县宋墓武士石刻的意境美》，《文艺研究》2009年第8期；朱晓丽、张春新：《川南泸县宋墓石刻图像的"框形结构"》，《西南大学学报》（社会科学版）2010年第1期；朱晓丽、张春新：《泸县宋墓石刻武士像背景"留白"的审美内涵分析》，《重庆大学学报》（社会科学版）2010年第3期。

[3] 屈婷、张春新：《泸县南宋墓葬石刻"勾栏"造型的形式美》，《艺术教育》2013年第6期。

[4] 冯东东：《四川南部南宋墓葬二度空间的石刻造型艺术研究》，重庆大学硕士学位论文，2009年。

[5] 孙垂利：《南宋时期泸州墓葬植物花卉石刻造型研究》，《兰台世界》2015年第6期。

[6] 谢玉莹：《泸县宋墓石刻线条之艺术美》，《艺术品鉴》2015年第2期。

[7] 刘复生：《"泸县宋墓"墓主寻踪—从晋到宋：川南社会与民族关系的变化》，《四川大学学报》（哲学社会科学版）2014年第6期。

[8] 龙红、王玲娟：《论南宋时期川南墓葬石刻艺术的历史文化价值》，《中国文化研究》2010年第1期。

[9] 还可知青龙镇四号墓、喻寺镇二号墓的分布信息。参见四川省文物考古研究所、成都市文物考古研究所、泸州市博物馆、泸县文物管理所：《泸县宋墓》，文物出版社，2004年，第38、53页。

坟异圹（青龙镇1、2、3号墓与未发掘的4号墓，喻寺镇1号墓与未发掘的2号墓）和同坟同圹（奇峰镇1、2号墓）两类。墓圹都是竖穴，从地面垂直向下挖掘至岩层内，再在基岩上用石材砌筑墓室。这样就可使墓葬的地基十分坚固。由于其竖穴墓圹都较浅，因此墓室都仅是部分位于地下，部分在地面以上，然后再垒土为坟丘将其覆盖。墓地的大小规模不详，但有的一墓地内的墓葬数量在6座以上[①]。

这些墓葬都由墓道、墓门、甬道、墓室等构成。在墓道的底部开有排水沟，在墓门外两侧有用石材砌的八字墙。墓门普遍宽大是这批墓的一个显著特点，如最大的喻寺镇1号墓的墓门高达2.52、宽1.76米，而最小的奇峰镇1号墓的墓门高度有1.78、宽1.29米。门楣为一块大型的整石，长度多在2米以上，高度一般也在1米以上，最矮的也有0.8米左右，上部呈半圆形或凸字形。墓门并没有门扇等装置，而是直接在墓门外用宽于墓门的大型条石层层垒砌封门。墓门内侧即为甬道，其高度和宽度都与墓门相同，长度在0.48～0.53米。

墓葬间的规模虽有一定差异，但总体上讲规模都不大，属于中小型墓。例如，规模较大的青龙镇1号墓属于中型墓，整个墓室内长3.56、宽1.74、最高3.51米。再如，规模较小的奇峰镇2号墓属于小型墓，整个墓室内长2.92、宽1.25、最高2.58米。

《泸县宋墓》的编撰者认为这6座墓都是单室墓[②]。笔者认为，这6座墓根据墓室平面和空间（尤其是墓顶结构）的分割情况，可分为双室墓和单室墓两种类型。

双室墓：有5座，均为前后双室墓。根据前室顶部结构的差异还可分为藻井人字坡顶和盝顶两种。其墓葬平面布局的主要特点是前室面积很大，几近方形，空间也高，占据了墓内的大部分空间，而后室面积小，空间也相对较矮。现以青龙镇1号墓为例，这是一座藻井人字坡顶的墓，墓室如果除去甬道的长度，其前后室的长度为3.17米，其中前室长2.66、后室仅长0.51米，后室的长度不到前室长度的1/5。前室四隅都有宽大的壁柱，将前室的空间范围清晰地界定出来。与此相应，顶部也由一个独立而完整的三层方形藻井叠涩而成，其上的顶盖为两面坡屋脊，最高处达3.51米。这种宽大而高敞的前室，应该是象征着地面宅院建筑的厅堂。后室空间狭小，对应的顶部为三角形的半藻井，也明显低于前室的顶部，最高仅为2.42米，应该是象征着卧室（图一）。

单室墓：仅奇峰镇2号墓1座。如果除去甬道的长度，其墓室部分约长2.45米，相对应的也只有一个顶部，为盝顶形，最高2.58米（图二）。

---

① 四川省文物考古研究所、成都市文物考古研究所、泸州市博物馆、泸县文物管理所：《泸县宋墓》，文物出版社，2004年，第53页。

② 四川省文物考古研究所、成都市文物考古研究所、泸州市博物馆、泸县文物管理所：《泸县宋墓》，文物出版社，2004年，第5页。

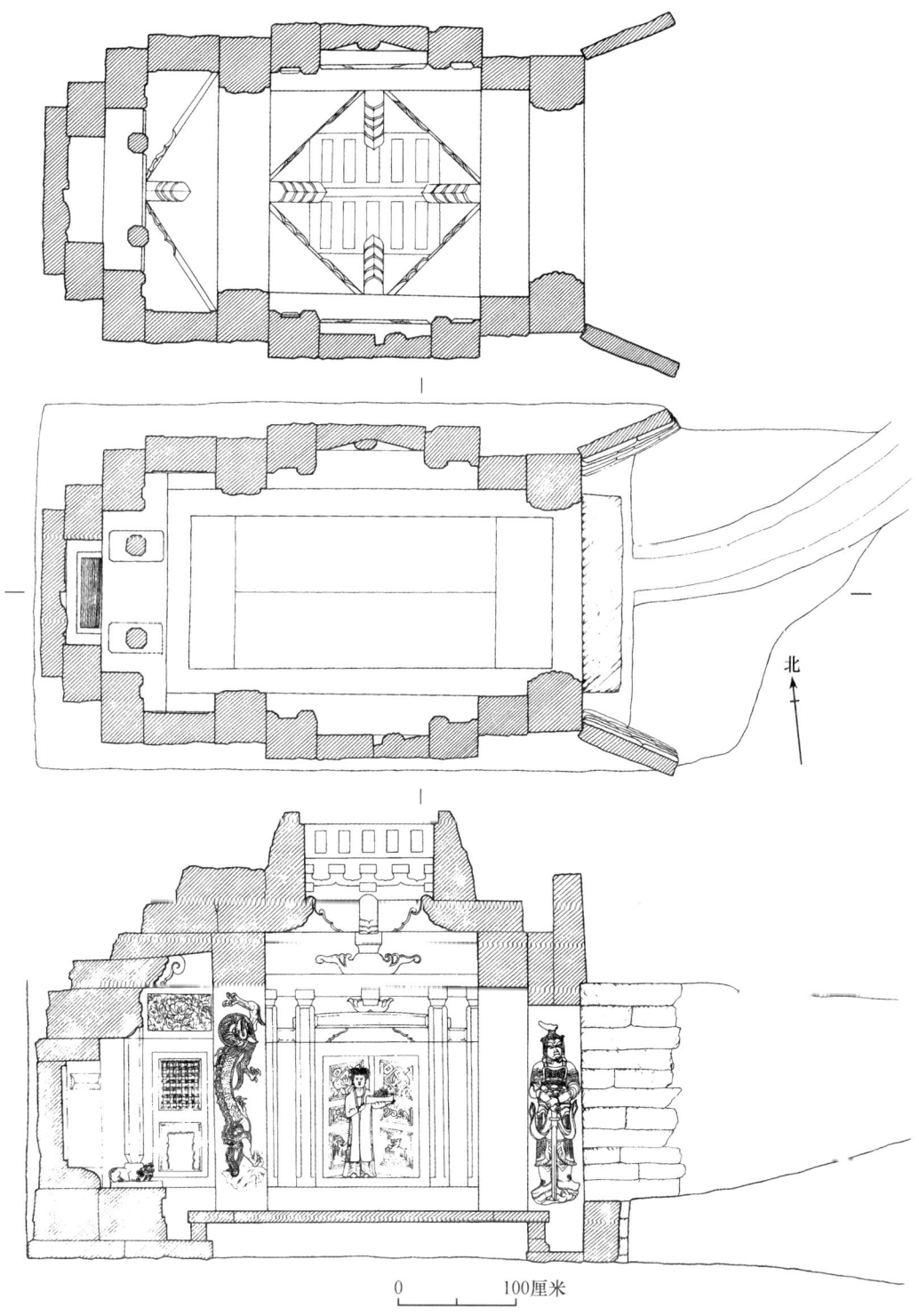

泸县宋代装饰石室墓研究——以石刻图像为中心 409

图一 青龙镇 1 号墓平面、仰视、剖视图
（根据四川省文物考古研究所、成都市文物考古研究所、泸州市博物馆、泸县文物管理所：
《泸县宋墓》，文物出版社，2004 年，图二、图三、图四加工合成）

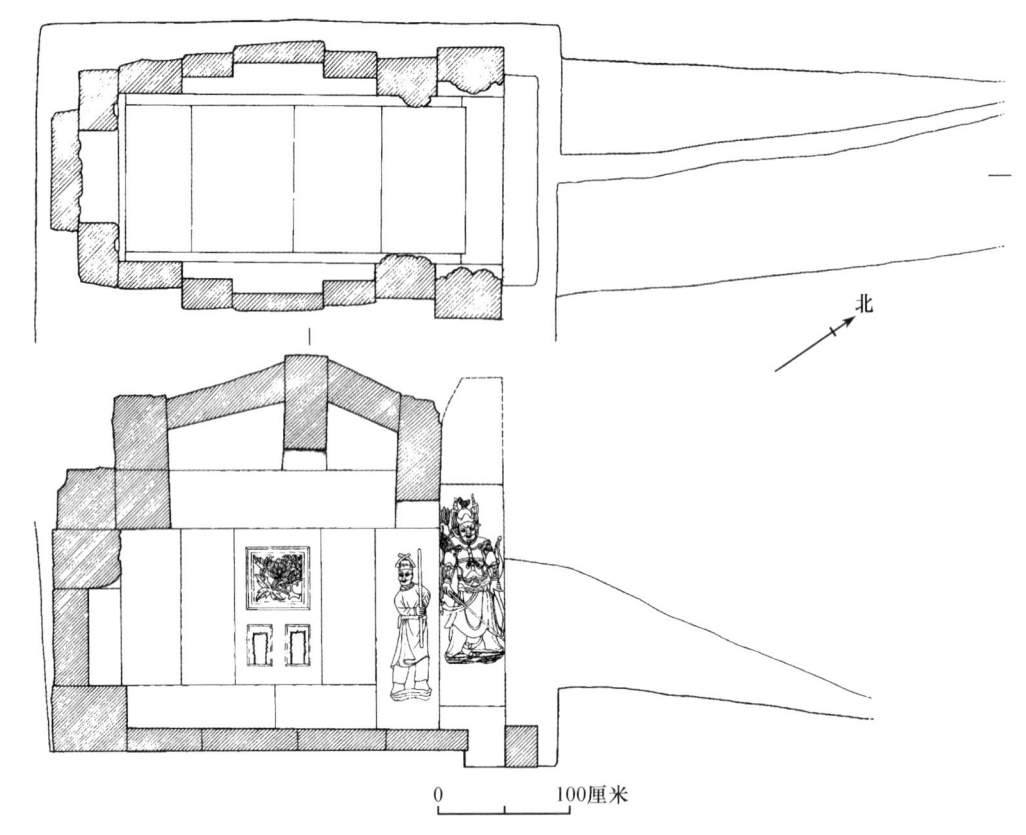

图二　奇峰镇 2 号墓平面、剖视图

（根据四川省文物考古研究所、成都市文物考古研究所、泸州市博物馆、泸县文物管理所：《泸县宋墓》，文物出版社，2004 年，图六六、图七八加工合成）

这 6 座墓内的附属设施都有棺台和壁龛，此外一座墓还有腰坑。

棺台：都较大而低矮，占据了整个墓室地面的绝大部分空间，有部分棺台在前部还雕刻有两个力士托台。例如，青龙镇 1 号墓的棺台从前室一直延伸到后室，虽然双墓室全长 3.56、宽 1.74 米，棺台却长达 3.13、宽 1.28、高 0.25 米，明显低于壁基。

壁龛：6 座墓都有后壁壁龛，其中 5 座还设置两侧壁龛。例如，在此前的许多考古简报或报告也都将这类称为壁龛。实际上这些被称为壁龛的地方严格地说都不能认定为壁龛，而只是一种象征性的门道。

腰坑：仅见于奇峰镇 1 号墓。位于棺台前部的石板下，长 0.81、宽 0.56、深 0.27 米。坑内无任何遗物。

三、石刻图像内容分类

这 6 座墓葬出土有图像的石刻 85 件，另外在县内征集的墓葬图像石刻 154 件，共计 239 件。以图像的画面为基本单位，根据其题材内容大体可分为武士、四神、门、门与人物、交椅与其他物象、帷幔与侍仆人物、单独仆吏人物、乐舞表演人物、故事性人物、飞天、力士、凤鸟、狮子、花卉植物、日月、卷云纹等类。

应该指出，这只是大致的分类，实际上有的一件石刻图像上有两个或两个以上的不同物象，或者有的是包含不同类别的题材内容。

1. 武士

共42件。站立于卷云或平台上，还有个别站立于狮背上。《泸县宋墓》根据头帽和性别将其分为三型。本文沿用这一分法，并将其中35件分为三型。

A型 29件。男性，头戴兜鍪或冠，身披甲胄，手持兵器。笔者根据手持兵器种类的差异还可分为三亚型。

Aa型 18件。持剑。有杵剑、举剑、斜握剑等。还有个别的同时提着小鬼。如青龙镇1号墓右侧武士（图三，1）。

Ab型 8件。持斧。有举斧和垂握两种姿势。如奇峰镇1号墓右侧武士（图三，2）。

Ac型 3件。持弓箭。还有个别的同时提着小鬼。如青龙镇3号墓左侧武士（图三，3）。

B型 2件。男性，头戴交脚幞头，身着铠甲，穿罩袍服，手持骨朵。如牛滩镇滩上村2号墓标本NTTM2∶2（图三，4）。

C型 4件。女性。头戴兜鍪，身着铠甲，手持兵器。如牛滩镇滩上村3号墓标本NTTM3∶1（图三，5）。

2. 四神

共46件。即青龙、白虎、朱雀、玄武。除去其中有3件四神以暗喻的方式表现之外，还有43件。

（1）青龙

19件。其中15件根据青龙与其他物象的组合可分四型。

A型 7件。单龙脚踏云纹，头向火焰宝珠，或爪握宝珠。如牛滩镇滩上村2号墓标本NTTM2∶9，就是头向火焰宝珠（图四，2）。

B型 5件。单龙头向火焰宝珠，或爪握宝珠。如青龙镇2号墓出土青龙石刻，青龙头向火焰宝珠（图四，3）。

C型 2件。单龙奔腾。如青龙镇1号墓出土石刻（图四，4）。

D型 1件。双龙与火焰宝珠。见石桥镇新屋嘴村1号墓标本SQM1∶5（图四，1）。

（2）白虎

16件。其中12件根据与其他物象的组合可分四型。

A型 2件。白虎脚踏云纹，头向火焰宝珠。如喻寺镇1号墓出土白虎石刻（图五，1）。

B型 3件。白虎脚踏云纹，头向花卉。如青龙镇1号墓出土白虎石刻（图五，4）。

图三　武士图像

1. Aa 型（青龙镇 1 号墓右侧） 2. Ab 型（奇峰镇 1 号墓右侧） 3. Ac 型（青龙镇 3 号墓左侧）
4. B 型（滩上村 NTTM2∶2） 5. C 型（滩上村 NTTM3∶1）

（根据四川省文物考古研究所、成都市文物考古研究所、泸州市博物馆、泸县文物管理所：
《泸县宋墓》，文物出版社，2004 年，图一五、图七四、图四二、图一〇六、图一〇七修改合成）

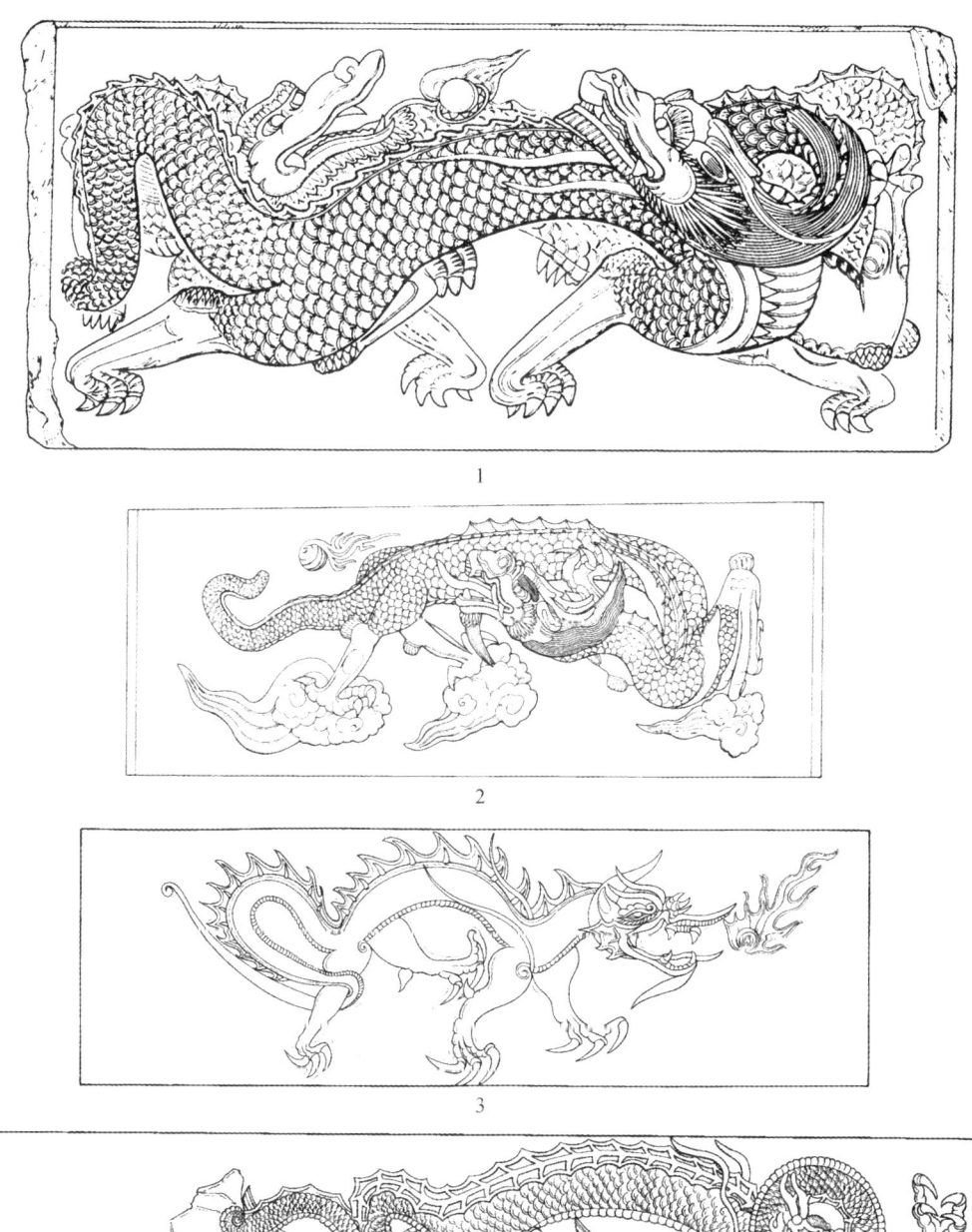

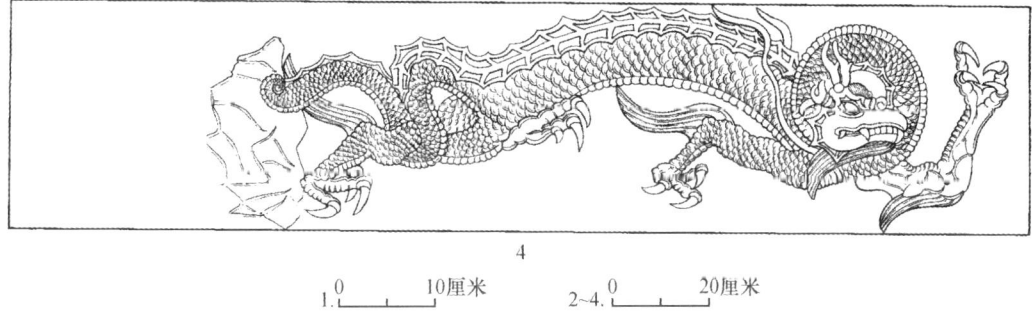

图四 青龙图像

1. D 型（新屋嘴村 SQM1∶5） 2. A 型（滩上村 NTTM2∶9） 3. B 型（青龙镇 2 号墓左侧）
4. C 型（青龙镇 1 号墓左侧）（根据四川省文物考古研究所、成都市文物考古研究所、泸州市博物馆、泸县文物管理所：《泸县宋墓》，文物出版社，2004 年，图一一一、图一一八、图三一、图一七修改合成）

图五　白虎图像

1. A 型（喻寺镇 1 号墓右侧）　2. C 型（滩上村 NTTM4：6）
3. D 型（青龙镇 2 号墓右侧）　4. B 型（青龙镇 1 号墓右侧）

（根据四川省文物考古研究所、成都市文物考古研究所、泸州市博物馆、泸县文物管理所：《泸县宋墓》，文物出版社，2004 年，图六三、图一二三、图三二、图一八修改合成）

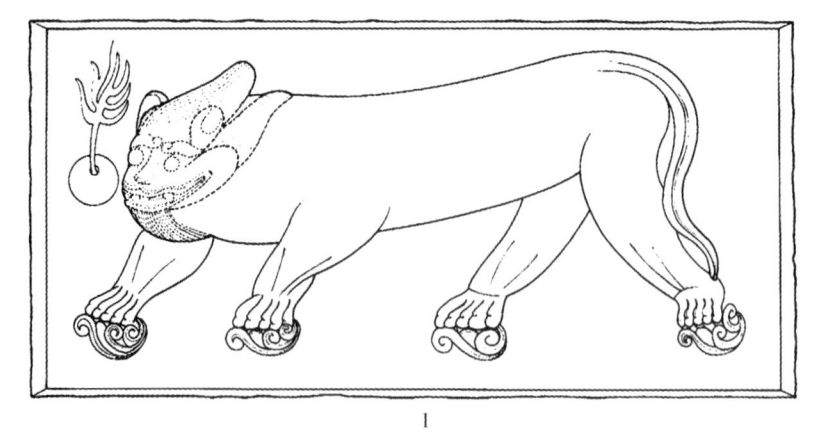

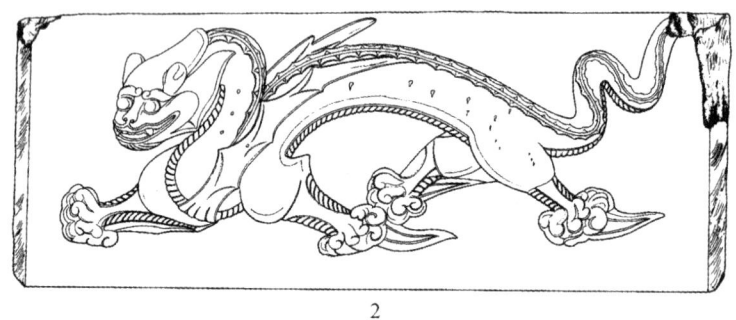

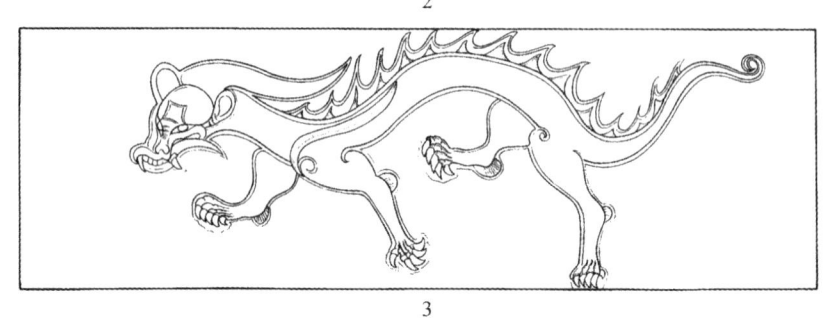

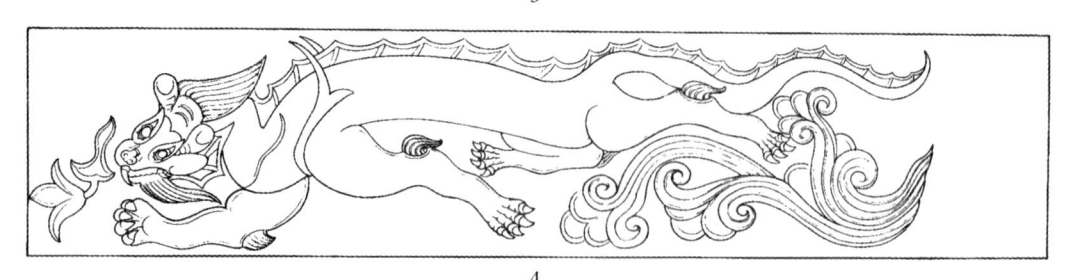

C 型　5 件。白虎脚踏云纹。如牛滩镇滩上村 4 号墓标本 NTTM4：6（图五，2）。
D 型　2 件。白虎奔腾。如青龙镇 2 号墓出土白虎石刻（图五，3）。

（3）朱雀

4 件。根据与其他物象的组合可分二型。

A 型　3 件。朱雀脚踏云纹。如牛滩镇滩上村 2 号墓标本 NTTM2：11（图六，2）。
B 型　1 件。朱雀脚下无云纹。如石桥镇新屋嘴村 2 号墓标本 SQM2：24（图六，1）。

（4）玄武

4 件。其中 3 件有线图的都是玄武站立在云纹之上。如牛滩镇滩上村 2 号墓标本 NTTM2：12（图六，3）。

3. 门

单纯的门共 30 件。另外还有 15 件是门与人物一起出现的图像（见后"门与人物"）。根据门的数量多少可分为双扇门和单扇门。双扇门都是双门紧闭，有的门还刻门轴，门上方有横楣石，两侧有门柱。应该指出，单扇门在墓内都是成双地出现，其所在位置不但是对称的，与门上雕刻的内容也有联系。

这些门无论是双扇还是单扇，绝大部分的门上都有雕刻装饰，内容十分丰富。根据图像内容和组合差异可分为六型。

A 型　2 件。上部格眼内为仙境人物故事类，下部障水板内则为由禽兽植物花卉构成的胜景。可确定的有牛滩镇滩上村 2 号墓标本 NTTM2：6（图七，1）、标本 NTTM2：5（图七，2）。

B 型　15 件。上部为折枝花卉，下部为瑞兽或由禽兽植物花卉构成的胜景。如牛滩镇滩上村 1 号墓标本 NTTM1：4，上部格眼内为折枝芙蓉，中部腰华板内无图案，下部障水板内为瑞鹿（图八，1）。又如福集镇针织厂 1 号墓标本 FJZM1：2，这是带门轴的双扇门，装饰有上下四格，其左扇门的格眼内为折枝荷莲，腰华板内为单枝莲花，其下的格眼内为单狮戏球，最下的两个障水板内均为翼鹿衔瑞草（图七，5）。

C 型　2 件。上下均为瑞兽，仅中部腰华板内为连枝植物花卉。如福集镇龙兴村 2 号墓标本 FJLM2：3，上部格眼内为双凤，中部腰华板内为卷草纹，下部障水板内为翼鹿衔瑞草（图七，3）。

D 型　1 件。上下均为花卉图案。如青龙镇 1 号墓后壁门，上部格眼内为折枝菊花，下部障水板内为变形花卉图案（图七，4）。

E 型　5 件。上部为花卉，下部为几何类图案。如奇峰镇 2 号墓左侧壁龛单扇门的上部格眼内为折枝牡丹，下部障水板内为壸门图案（图八，2）。

F 型　5 件。上下主体都为几何类图案装饰，有的仅中部腰华板为植物纹。如青龙镇 2 号墓前室右侧壁双扇门（图九）。

此外，有的门上无图案，如奇峰镇 1 号墓。

图六 朱雀、玄武图像

1. B 型朱雀（新屋嘴村 SQM2∶24） 2. A 型朱雀（滩上村 NTTM2∶11） 3. 玄武（滩上村 NTTM2∶12）

（根据四川省文物考古研究所、成都市文物考古研究所、泸州市博物馆、泸县文物管理所：《泸县宋墓》，
文物出版社，2004 年，图一三五、图一三一、图一三六修改合成）

泸县宋代装饰石室墓研究——以石刻图像为中心　　417

图七　门图像
1、2. A 型（滩上村 NTTM2∶6、滩上村 NTTM2∶5）　3. C 型（龙兴村 FJLM2∶3）
4. D 型（青龙镇 1 号墓后壁门）　5. B 型（针织厂 FJZM1∶2）
（根据四川省文物考古研究所、成都市文物考古研究所、泸州市博物馆、泸县文物管理所：
《泸县宋墓》，文物出版社，2004 年，图一七五、图一七六、图一八三、图一一、图一八六修改合成）

图八　门图像

1. B 型（滩上村 NTTM1∶4）　2. E 型（奇峰镇 2 号墓左侧壁龛单扇门）

（根据四川省文物考古研究所、成都市文物考古研究所、泸州市博物馆、泸县文物管理所：《泸县宋墓》，文物出版社，2004 年，图一七八、图八〇修改合成）

4. 门与人物

共 15 件。这类图像最基本的构成元素是门和一站立人物。根据门扇的数量、开闭情况可分四型。

A 型　10 件。双扇门一扇半开，另一扇关闭。根据人物动态差异可分二亚型。

Aa 型　3 件。半开门与探身人物图。如青龙镇 3 号墓后壁龛石刻（图一〇，1）。

Ab 型　7 件。半开门与持物人物图。如青龙镇 1 号墓后壁龛石刻（图一〇，2）。

B 型　1 件。双扇门均为半开，有一手持托盘的站立人物。如青龙镇 1 号墓左侧壁龛石刻（图一一，1）。

C 型　1 件。双扇门均为关闭，有一持物站立人物。如福集镇针织厂 1 号墓标本 FJZM1∶9（图一一，2）。

图九 F型门图像（青龙镇2号墓前室右侧壁双扇门）
（根据四川省文物考古研究所、成都市文物考古研究所、泸州市博物馆、泸县文物管理所：
《泸县宋墓》，文物出版社，2004年，图二五修改）

  D型 3件。单扇门与持物站立人物。如福集镇龙兴村1号墓标本FJLM1∶2（图一一，3）。

5. 交椅与其他物象

  共9件。这类图像的最基本元素是交椅。此外，有的图像中还有屏风、站立人物、放满食物的桌子等。根据交椅与其他物象的组合可分为二型。

  A型 8件。交椅人物图。根据有无食品桌可分二亚型。

  Aa型 6件。交椅屏风侍仆人物图。人物身份为侍仆，一人或两人站立在交椅旁。如奇峰镇2号墓后壁龛石刻中即为一女性（图一二，3），又如牛滩镇滩上村2号墓标本NTTM2∶8即为两男性分别捧承放官帽的盘和持瓶（图一二，2）。

1

2

0　　20厘米

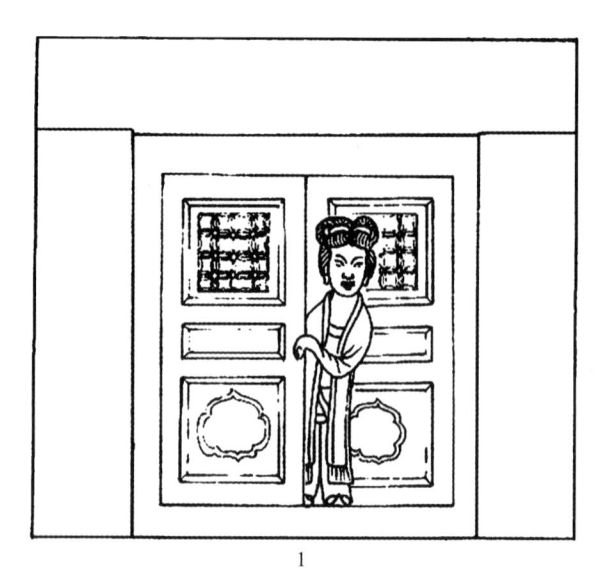

图一〇　门与人物图像

1. Aa 型（青龙镇 3 号墓后壁龛石刻）　2. Ab 型（青龙镇 1 号墓后壁龛石刻）

（根据四川省文物考古研究所、成都市文物考古研究所、泸州市博物馆、泸县文物管理所：《泸县宋墓》，文物出版社，2004 年，图三七、图一一修改合成）

图一一 门与人物图像
1. B 型（青龙镇 1 号墓左侧壁龛石刻） 2. C 型（针织厂 FJZM1∶9） 3. D 型（龙兴村 FJLM1∶2）
（根据四川省文物考古研究所、成都市文物考古研究所、泸州市博物馆、泸县文物管理所：
《泸县宋墓》，文物出版社，2004 年，图九、图一六五、图一五六修改合成）

图一二　交椅

1. Ab 型（新屋嘴村 SQM2：18）　2、3. Aa 型（滩上村 NTTM2：8、奇峰镇 2 号墓后壁龛石刻）
4. B 型（奇峰镇 1 号墓后壁龛石刻）

（根据四川省文物考古研究所、成都市文物考古研究所、泸州市博物馆、泸县文物管理所：
《泸县宋墓》，文物出版社，2004 年，图一五三、图一六三、图八二、图七二修改合成）

　　Ab 型　2 件。交椅餐桌人物图。人物身份为侍仆，一人持物站立在交椅或桌旁。如石桥镇新屋嘴村 2 号墓出土标本 SQM2：18（图一二，1）。

　　B 型　1 件。交椅屏风图。如奇峰镇 1 号墓后壁龛石刻（图一二，4）。

6. 帷幔与侍仆人物

　　共 2 件。这类图像的特点是一女性侍仆类人物双手捧物站立于一小凳（小方台）

上，背后为一面帷幔。如福集镇针织厂 2 号墓标本 FJZM2∶9（图一三）。

7. 单独仆吏人物

共 6 件。这类图像的基本特点是单独的人物，手中持物。根据人物身份差异可分二型。

A 型　4 件。侍仆人物。有男女人物。如奇峰镇 1 号墓出土石刻，左侧壁的女性人物双手捧盒，右侧壁的女性人物双手捧梳妆架，两人都脚踏卷云（图一四，1、2）。这型图像实际上应该是将门与侍仆人物类图像中的门和侍仆人物分开来表现的。

B 型　2 件。侍吏人物。均为男性。如奇峰镇 2 号墓出土侍吏人物石刻，左侧壁的持棍（图一四，3），右侧壁的双手持笏板（图一四，4）。

8. 乐舞表演人物

共 12 件。根据内容差异可分为三型。

A 型　6 件。舞蹈戏曲表演人物。根据表演形式的差异还可分为二亚型。

Aa 型　5 件。舞蹈人物。均为采莲舞。有的画面为一组人物，仅见于石桥镇新屋嘴村 2 号墓标本 SQM2∶4 的下部图像，有六名女性，或肩扛或双手持带杆莲花（图一五，1）。其他均为单人的采莲人物，站在很大的荷叶上，手持莲花荷叶道具，如石桥镇新屋嘴村 2 号墓标本 SQM1∶4（图一五，2）。

图一三　帷幔与侍仆人物图像（针织厂 FJZM2∶9）

（根据四川省文物考古研究所、成都市文物考古研究所、泸州市博物馆、泸县文物管理所：《泸县宋墓》，文物出版社，2004 年，图一六一修改）

图一四 单独仆吏人物图像

1、2. A型（奇峰镇1号墓左侧、奇峰镇1号墓右侧） 3、4. B型（奇峰镇2号墓左侧、奇峰镇2号墓右侧）
（根据四川省文物考古研究所、成都市文物考古研究所、泸州市博物馆、泸县文物管理所：
《泸县宋墓》，文物出版社，2004年，图七五、图七六、图八五、图八六修改合成）

图一五　乐舞表演人物 Aa 型图像
1. 新屋嘴村 SQM2：4　2. 新屋嘴村 SQM1：4
（根据四川省文物考古研究所、成都市文物考古研究所、泸州市博物馆、泸县文物管理所：
《泸县宋墓》，文物出版社，2004年，图一四八、图一四七修改合成）

Ab 型　1件。戏剧人物。仅见于石桥镇新屋嘴村1号墓标本SQM1：22，为一男一女两人物在勾栏舞台表演的情景（图一六，1）。这应该是一种早期的戏剧形式，但表演的具体内容不详。

B 型　4件。器乐演奏人物。根据人物造型差异与是否手持物品，还可分为二亚型。

Ba 型　2件。器乐演奏。乐器种类有打击、拍击、吹奏等不同乐器。有的是二乐伎一组出现在一个画面，如石桥镇新屋嘴村1号墓标本SQM1：15，一人持拍板，另一人吹横笛（图一七，1）。

Bb 型　2件。乐官。可能为乐舞伎人的领班。如石桥镇新屋嘴村2号墓标本SQM2：7（图一七，2）。

C 型　2件。器乐伴奏舞蹈人物。如石桥镇新屋嘴村1号墓标本SQM1：24，图像表现的是完整的勾栏乐舞场面，内有六人，中间的二人对舞，两侧的四人用乐器伴奏（图一六，2）。

9. 故事性人物

仅1件。为石桥镇新屋嘴村1号墓标本SQM1：6，表现的是山峦之中一人物持扇骑虎，对面山上有三虎正下山，另有一人在山峦背后眺望（图一八）。这应是一种具有情节的故事，但具体表现内容和历史背景不详。

1

2

0 20厘米

图一六 乐舞表演人物图像（一）
1. Ab 型（新屋嘴村 SQM1：22） 2. C 型（新屋嘴村 SQM1：24）
（根据四川省文物考古研究所、成都市文物考古研究所、泸州市博物馆、泸县文物管理所：
《泸县宋墓》，文物出版社，2004 年，图一四九、图一四二修改合成）

10. 飞天

共 8 件。根据飞天人物的数量多少可分为二型。

A 型 6 件。单人飞天。根据飞天人物有无与其他图案组合可分为二亚型。

Aa 型 4 件。单纯的飞天。如牛滩镇玉峰村施大坡 1 号墓标本 NTYM1：6，一飞天手持莲花，裙下还有少量飘逸的忍冬类植物（图一九，2）。

图一七　乐舞表演人物图像（二）
1. Ba 型（新屋嘴村 SQM1∶15）　2. Bb 型（新屋嘴村 SQM2∶7）
（根据四川省文物考古研究所、成都市文物考古研究所、泸州市博物馆、泸县文物管理所：
《泸县宋墓》，文物出版社，2004年，图一四一、图一五〇修改合成）

图一八　故事性人物图像（新屋嘴村 SQM1∶6）
（根据四川省文物考古研究所、成都市文物考古研究所、泸州市博物馆、泸县文物管理所：
《泸县宋墓》，文物出版社，2004年，图一七四修改）

Ab 型　2 件。飞天与花卉、禽兽等。如石桥镇新屋嘴村 1 号墓标本 SQM1：12，飞天位于画面中间，右手托一匹大荷叶，荷叶上站立一展翅欲飞的大雁。飞天的左右两侧分别是牡丹和水仙花卉（图一九，3）。又如同墓标本 SQM1：13，也是飞天位于画面中间，双手托一匹大荷叶，荷叶上有一只乌龟。飞天的左右两侧分别是芙蓉之类的花卉簇拥（图一九，4）。

B 型　2 件。双人飞天。如石桥镇新屋嘴村 1 号墓标本 SQM1：26，两飞天一正一反位于画面两侧，共持一璧形圆盘，盘内满刻卷云纹，其间还有一只飞翔的金乌和一只奔跑的玉兔（图一九，1）。

图一九　飞天图像
1. B 型（新屋嘴村 SQM1：26）　2. Aa 型（玉峰村 NTYM1：6）
3、4. Ab 型（新屋嘴村 SQM1：12、新屋嘴村 SQM1：13）
（根据四川省文物考古研究所、成都市文物考古研究所、泸州市博物馆、泸县文物管理所：《泸县宋墓》，文物出版社，2004 年，图一七三、图一六九、图一三三、图一三八修改合成）

11. 力士

共 2 件。都是托顶棺台的武士形象力士，位于棺台前端。有全身的，如青龙镇 1 号墓棺台（图二〇）。也有半身的，如喻寺镇 1 号墓棺台。

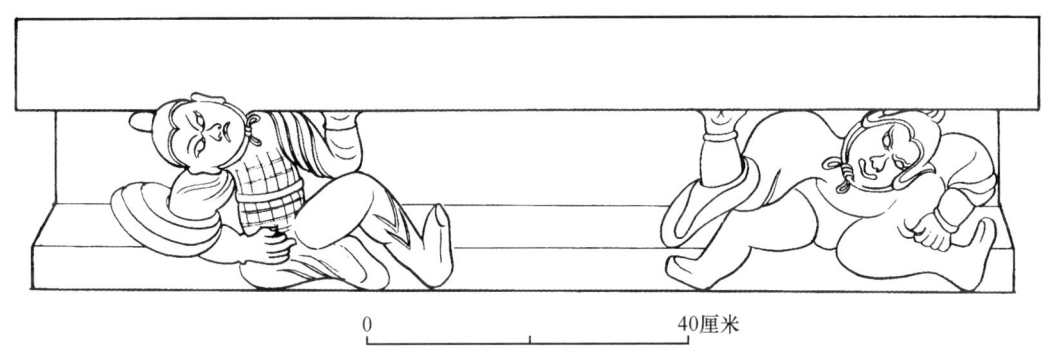

图二〇　力士图像（青龙镇 1 号墓）

（根据四川省文物考古研究所、成都市文物考古研究所、泸州市博物馆、泸县文物管理所：《泸县宋墓》，文物出版社，2004 年，图一六修改）

12. 凤鸟

共 2 件。石桥镇新屋嘴村 2 号墓标本 SQM2∶24，该石材正面为朱雀，底面为双凤鸟一正一反环绕一绣球（图二一）。

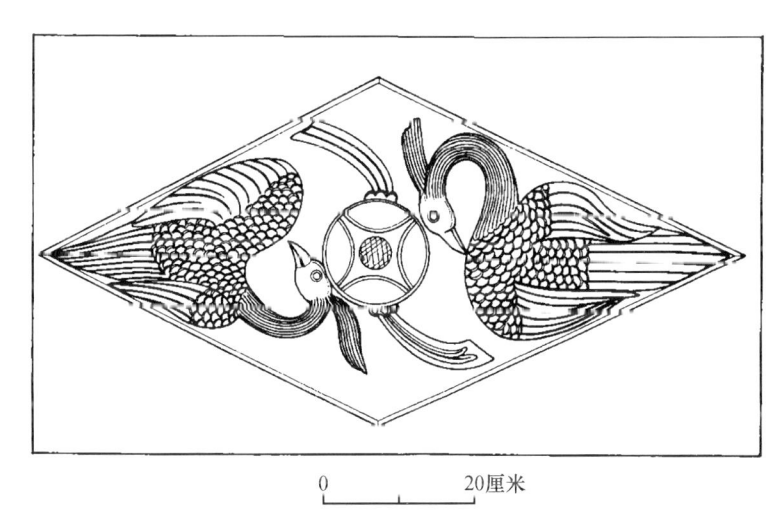

图二一　凤鸟图像（新屋嘴村 SQM2∶24）

（根据四川省文物考古研究所、成都市文物考古研究所、泸州市博物馆、泸县文物管理所：《泸县宋墓》，文物出版社，2004 年，图一三五修改）

13. 狮子

共 2 件。见于青龙镇 1 号墓后室的一对柱础（图二二）。

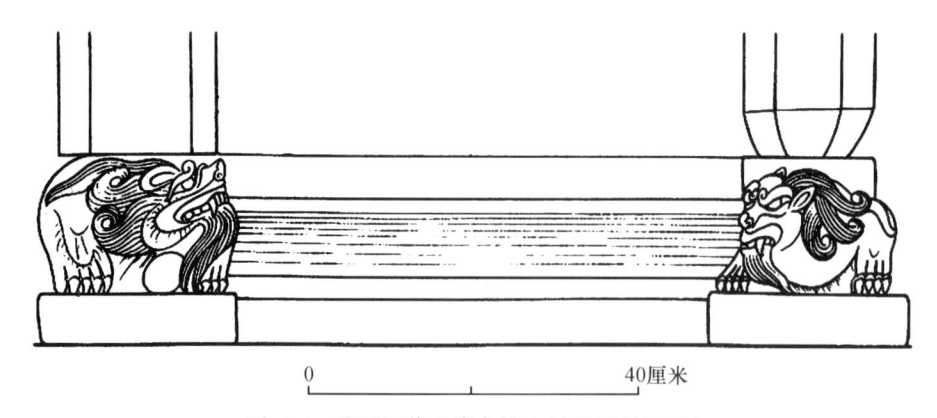

图二二　狮子图像（青龙镇 1 号墓后室柱础）
（根据四川省文物考古研究所、成都市文物考古研究所、泸州市博物馆、泸县文物管理所：
《泸县宋墓》，文物出版社，2004 年，图七修改）

14. 花卉植物

共 12 件。另有 2 件在花卉的中间还有飞天（见前"飞天"）。主要位于门上方的横梁、过梁、门额等位置，个别的位于后龛的下檐。这些花卉植物应该都是作为建筑上的装饰。花卉的种类有荷莲、折枝牡丹、缠枝牡丹、菊花、芙蓉、卷草纹，以及不能确定种类的花卉。如青龙镇 2 号墓左侧壁龛上方门额的缠枝牡丹图像（图二三），以及喻寺镇 1 号墓横梁上的折枝牡丹和卷草纹图像（图二四）。

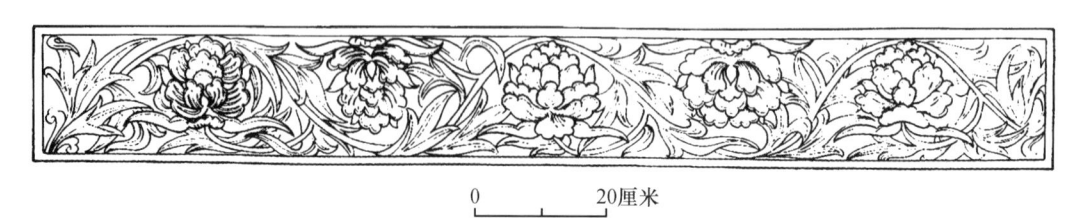

图二三　花卉植物图像（青龙镇 2 号墓左侧壁龛上方门额石刻）
（根据四川省文物考古研究所、成都市文物考古研究所、泸州市博物馆、泸县文物管理所：
《泸县宋墓》，文物出版社，2004 年，图二四修改）

15. 日、月

（1）单纯的日图像，1 件。见于青龙镇 3 号墓前室藻井顶端，还有芒纹（图二五）。

（2）日月合体图像，1 件。石桥镇新屋嘴村 1 号墓标本 SQM1：26，两飞天共持一璧形圆盘，盘内满刻卷云纹，其间还有一只飞翔的金乌和一只奔跑的玉兔（图一九，1）。这是日月合体的象征性图案。

16. 卷云纹

共 3 件。均见于奇峰镇 1 号墓前室顶部。在盝顶两对称斜坡石内面各刻一个菱形框，框内有卷云纹。在盝顶的封顶石板内面也有卷云纹（图二六）。

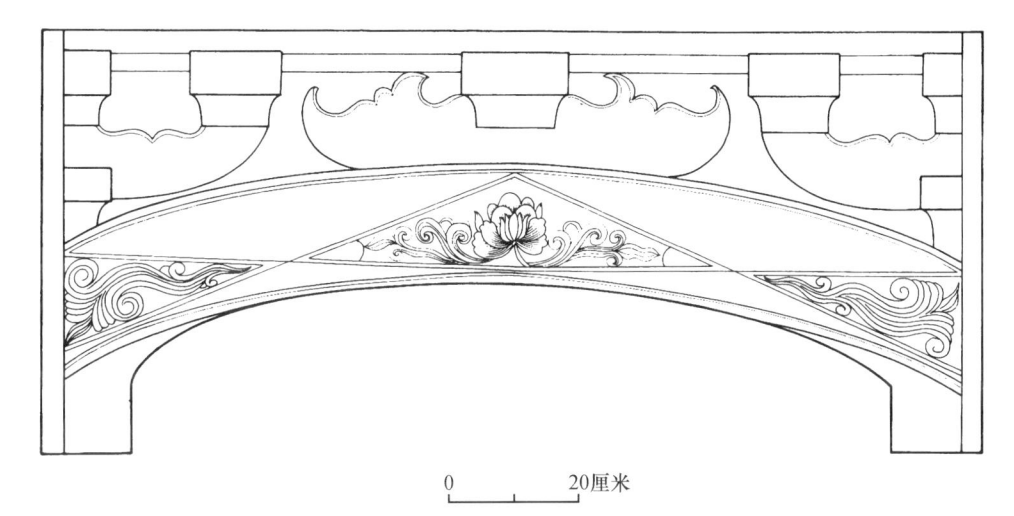

图二四 花卉植物图像(喻寺镇 1 号墓横梁石刻)
(根据四川省文物考古研究所、成都市文物考古研究所、泸州市博物馆、泸县文物管理所:
《泸县宋墓》,文物出版社,2004 年,图五四修改)

图二五 日图像(青龙镇 3 号墓前室藻井顶端石刻)　图二六 卷云纹图像(奇峰镇 1 号墓前室顶部)
(采自四川省文物考古研究所、成都市文物考古研究所、(采自四川省文物考古研究所、成都市文物考古研究所、
泸州市博物馆、泸县文物管理所:《泸县宋墓》,文物出　泸州市博物馆、泸县文物管理所:《泸县宋墓》,文物出
版社,2004 年,彩版一二,1)　　　　　　　　　　　版社,2004 年,彩版二一,2)

四、石刻图像基本组合与布局

(一)发掘墓葬的石刻图像组合与布局

在《泸县宋墓》中有 6 座墓是经考古发掘的,墓内的石刻图像保存完好,既可了解其组合情况,又可了解其布局情况,这是赖以分析的基本资料和我们进行分析的起点。这 6 座墓都有一个共同特点,即墓葬结构大体是模仿地面木结构建筑的形式,因此在墓内壁面有各种木结构建筑装饰。其石刻图像也是在这种背景下展开的。

该 6 座墓的石刻图像组合如下。

青龙镇 1 号墓内的石刻图像有两武士、青龙、白虎、两 Ab 型半开门与持物女侍、B 型双半开门与持物女侍、两单扇门、两狮形柱础、折枝菊花、折枝莲花、卷草纹、两抬棺床力士等，共 15 幅石刻图像，位于 13 块刻石上。另外，还有 2 件狮形柱础，基本属于立雕的建筑构件。

青龙镇 2 号墓内的石刻图像有两武士、青龙、白虎、两缠枝牡丹、两双扇门、折枝荷莲、折枝花卉、两单扇门、半开双扇门与捧印男侍等，共 13 幅石刻图像，位于 13 块刻石上。

青龙镇 3 号墓内的石刻图像有两武士、青龙、白虎、四单扇门、捧盒女侍、持扇女侍、半开门与探身女性、菱形框内牡丹、太阳等，共 13 幅，位于 13 块刻石上。

喻寺镇 1 号墓（南宋中期，1176 年）内的石刻图像有两武士、青龙、白虎、五菱形框内折枝牡丹卷草纹、半开双扇门与持物男侍、半开双扇门与交手男侍、半开双扇门与捧印男侍、双菱形纹等，共 13 幅，位于 13 块刻石上。

奇峰镇 1 号墓内的石刻图像有两武士、两双扇门、持物女侍、持梳妆架女侍、交椅与屏风、两菱形框卷云纹、卷云纹等，共 10 幅，位于 10 块刻石上。

奇峰镇 2 号墓（南宋中期，1186 年）内的石刻图像有两武士、持棍男吏、持笏板男吏、两单扇门、交椅屏风女侍等，共 7 幅，位于 7 块刻石上。

可以看出这 6 座墓的石刻图像组合存在较多的相似性，如都有两武士，都有双扇门或单扇门，都有侍仆或侍吏人物等。但是，也存在着一定的差异，大体可分为两组。

第一组为青龙镇 1、2、3 号墓和喻寺镇 1 号墓。这 4 座墓的规模相对较大，属于中型墓，石刻图像的题材和数量相对较多。其图像中都有两武士、青龙、白虎；都有双扇或单扇的门；在双扇门前大多有一持物侍仆或一探身女性，形成固定组合；都有花卉植物图案。

第二组为奇峰镇 1、2 号墓。这两座墓的规模较小，属于小型墓，石刻图像的题材和数量相对较少。但是都有两武士；都有双扇门或单扇门，都有持物女侍仆或持物男侍吏，但是这些侍人并未与门出现在同一图像内；都有交椅屏风。

这 6 座墓的石刻图像布局有较强的规律性和共性。武士都是两人分别位于墓门内的甬道两侧壁。青龙、白虎也是两图相对，或位于前室两壁柱之间的壁龛上方或下方，或位于壁柱上，其中青龙位于左侧壁，白虎位于右侧壁。双扇门与人物组合图像或者是两图相对位于前室两侧的壁龛内，或者是位于后室内壁的壁龛内，不过后室内壁的双扇门都有一扇半开的，探身人物也都出现在内壁。无人物出现的双扇门都是两图相对位于前室侧壁的中部，而无人物出现的单扇门则是两图相对位于后室或前室的侧壁。单独的侍仆人物也是两人相对出现在后室两侧壁上或出现在单室墓的墓室两侧前壁柱上。交椅类图像都出现在内壁。绘画性的花卉图像基本都是两图相对位于前室两侧壁石刻门上方的建筑门额上，或者位于后室两侧壁石刻门上方的建筑过梁上。图案性的植物花卉纹样主要出现在后龛下的台阶正面，或者位于前室顶部的横梁和过梁上。狮形柱础位于后室后龛前的立雕石柱下方。力士位于棺床前端。

（二）征集石刻图像的组合与布局

除了上述考古发掘出土的石刻图像之外，在泸县还有大量征集来的石刻图像。这些石刻图像的墓葬单位是清楚的，因此也可大体了解或部分了解这些墓葬石刻图像的组合关系。此外，参照上述考古出土的6座墓内石刻图像布局，也根据这些刻石自身的形状和建筑装饰特点，还可对这些征集的石刻图像在墓内的布局情况尝试着进行复原。

1. 石桥镇新屋嘴村1号墓

出自该墓的石刻图像组合有两A型武士、双龙戏珠（青龙）、骑虎人物故事图（持扇骑虎人物与三虎下山和远眺人物）、四单人采莲舞女伎、两二人奏乐（分别为用齐鼓和扁鼓、拍板和横笛演奏）、六人器乐（齐鼓、扁鼓、拍板、横笛）演奏与舞蹈表演、二人勾栏乐舞表演、水仙牡丹簇拥手持荷叶大雁（朱雀？）的飞天、牡丹簇拥手持荷叶乌龟（玄武？）的飞天、手托圆轮（内周饰卷云、一飞鸟和一玉兔相对，应象征日月）的两飞天、正面为菱形框内两凤鸟图像和底面缠枝菊花图像、交椅餐桌与持长柄扇女侍等，共18幅图像，位于17块刻石上。另外该墓还有7件刻石，未见到具体的图像。下面是对已确知的该墓石刻图像的布局推测复原。

（1）甬道（门柱内侧）两侧壁：两武士。

（2）墓室两侧壁：二人用齐鼓、扁鼓演奏与二人用拍板、横笛演奏等两图相对；四块单人采莲舞女伎图像两两相对；带翼二龙戏珠图与骑虎人物故事图相对（两石均长0.92、高0.44米）。该墓可能为前后双室墓，而这8块石刻图像可能分别分布于前、后室内的两侧壁上。

（3）后壁：交椅餐桌（放满食品）与一持长柄扇女侍图应位于壁龛内。

（4）墓室顶部：有6幅。①水仙牡丹簇拥一手持荷叶中有大雁（朱雀？）的飞天图与牡丹簇拥双手持荷叶中有乌龟（玄武？）的飞天图（两石均宽2.03、高0.78米）等两图相对应，都应该位于墓室两侧的过梁上。勾栏（桥上）六人器乐演奏和二人舞蹈图与勾栏（桥上）一男一女表演图（均宽1.63、高0.78米）等两图相对，都应该位于墓室的横梁上。这4件石刻可能构成前室顶部最下层过梁和横梁的四方。②两飞天共托一圆轮图位于横梁弧形底面，这可能是后室内壁的横梁。③该石有两幅画面，正面为双线菱形框内两凤鸟和底面为缠枝菊花，也应为墓室顶部梁的构件。

在未见到图像的7件刻石中，有牡丹、芙蓉等2件花卉石刻图像原是位于墓室侧壁的[①]，其他 5 件无法归入该墓的布局中进行复原。

2. 石桥镇新屋嘴村2号墓

出自该墓的石刻图像组合有两 A 型武士（站立狮子背上，一双手杖剑、一单手握剑）、青龙、白虎、展翅朱雀图、玄武图（无图）、菱形框内双凤戏球图、荷莲、花卉、六人采莲舞图、两花卉大雁图、六人器乐演奏图、两单人乐官（领舞人）、两女侍图（无图）、两单扇门（一扇无图）、相对两飞天（一飞天双手合十、一飞天双手展开）、交椅餐桌与女侍图（桌上放满食品，女侍手持注子）等，共 21 幅图像，位于 16 块刻石上。另外还有 2 件近立雕的狮形柱础（无图）。下面是对该墓石刻图像的布局推测复原。

（1）甬道（门柱内侧）两侧壁：两武士。

（2）墓室两侧壁：带翼青龙和火焰宝珠与无翼白虎等两图相对；上为花卉大雁图与下为六人器乐演奏图，上为一束荷莲一断折枝花卉与下为六人采莲舞图等两刻石上的六福图相对；两块单人乐官（领舞人）图相对；两女侍图相对；两单扇门相对。从这么多幅石刻图像的情况分析，该墓至少是前后双室墓，并有可能还是前中后三室墓。

（3）后室：二狮形柱础应该是位于后室的壁龛前，为近立雕的立柱柱础。

（4）后壁：交椅餐桌与持莲花注子女侍图应位于壁龛内。

（5）墓室顶部：正面为展翅朱雀图，底部为菱形框内双凤戏球图（为一块刻石上两幅图，两端均已残），可能应位于前室横梁上，在另一相对的前室另一横梁上可能原应有玄武图。两飞天相对图根据石桥镇新嘴屋村 1 号墓的飞天图所在位置判断，推测该石刻图像也有可能位于墓壁一侧的过梁上，在另一侧相对位置原应该还有一幅类似的石刻图像。但是也不排除飞天图位于墓室侧壁的可能性。

另还有 6 件刻石，其中有双狮、狮座、花卉等石刻图像等，由于无图而无法归入该墓的布局中进行复原。

3. 福集镇针织厂1号墓

出自该墓的石刻图像组合有 5 件 A 型武士（均站立于卷云上，两人双手杖斧、一人单手下握斧，另有 2 件无图）、青龙（带翼龙与火焰宝珠）、白虎（带翼虎与火焰宝珠）、紧闭双扇门与肩扛交椅男侍、双扇门与侍仆（无图）、2 件带轴单门、交椅屏风男侍图（一男侍站立交椅旁）等，共 12 幅图像，分布在 12 块刻石上。下面是对该墓石刻图像的布局推测复原。

（1）甬道（门柱内侧）两侧壁：两 A 型武士。

（2）墓室两侧壁：青龙、白虎两图相对位于两侧壁。双扇门与肩扛交椅男侍图及双扇门与侍仆图应相对位于墓壁两侧。

（3）前后室之间：该墓还有一对上下带轴单扇门，高达 2.26 米，因此排除是该墓

[①] 这一信息是承蒙这批石刻的征集者泸县文物管理所前所长卢大贵先生告知的。

前门的可能性。由于在考古发掘的墓葬中尚未发现这种带轴的门，其所在位置难以确定，但推测这种门有可能位于前后室之间，可以开闭。

（4）后壁：交椅屏风男侍图应位于后壁龛内。

该墓有5件武士，大小规格基本相同，除了前述墓门甬道侧壁的两武士之外，另还有三武士，较为特殊。推测其中两武士可能原位于前后室之间的门附近，另一武士的位置无法推测，但也不排除是将其他墓的武士像错放入该墓的可能。

4. 福集镇针织厂2号墓

出自该墓的石刻图像组合有4件A型武士（均站立卷云上，双手握斧，另有2件无图）、带翼青龙、白虎、带轴双扇门、两帷幔女侍图（画框内满饰半开帷帐前站立一女侍）等，共10幅图像，分布在10块刻石上。推测该墓可能尚缺1幅后壁的石刻图像。下面是对该墓石刻图像的布局推测复原。

（1）甬道（门柱内侧）两侧壁：两武士。

（2）墓室两侧壁：青龙、白虎两图相对位于两侧壁。两块同类帷幔侍女图应相对位于两侧壁。

（3）前后室之间：该墓也有一对上下带轴单扇门，高达2.26米，关于它们的所处位置，应都与福集镇针织厂1号墓的情况相同。

（4）后壁：推测后壁的壁龛内原应该有一幅图像。

该墓有4件武士，大小、规格基本相近。关于它们的所处位置，应都与福集镇针织厂1号墓的情况相同。

5. 福集镇龙兴村1号墓

出自该墓的石刻图像组合有两单扇门、单扇门与双手持带柄方镜女侍、单扇门与女侍（无图）、半开门与门内探身女侍（双扇门一扇半开）等，共5幅图像，分布在5块刻石上。下面是对该墓石刻图像的布局推测复原。

（1）甬道（门柱内侧）两侧壁：可能原应有两武士。

（2）墓室两侧壁：单扇门前持镜女侍图与单扇门前女侍图相对；两个同类单扇门相对。

（3）后壁：半开门与探身女侍图应位于壁龛内。

6. 福集镇龙兴村2号墓

出自该墓的石刻图像组合有两单扇门、单扇门前单手持《礼记全》站立男侍、单扇门与双手交握站立男侍、半开门与门内探身女侍（双扇门一扇半开）等，共5幅图像，分布在5块刻石上。下面是对该墓石刻图像的布局推测复原。

（1）甬道（门柱内侧）两侧壁：可能原应有两武士。

（2）墓室侧壁：单扇门前持书站立男侍图与单扇门前交手站立男侍图相对；两个同类单扇门相对。

（3）后壁：半开门与探身女侍图应位于壁龛内。

7. 牛滩镇滩上村1号墓

出自该墓的石刻图像组合有两C型女武士（均站立云纹台上，持骨朵、持竹节鞭）、青龙（踏云）、白虎（带翼踏云）、朱雀、玄武、两单扇门、交椅屏风两女侍（交椅两侧各站一捧物女侍）等，共9幅图像，分布在9块刻石上。另有基本为立雕的狮形柱础2件。下面是对该墓石刻图像的布局推测复原。

（1）甬道（门柱内侧）两侧壁：两女武士。

（2）墓室侧壁：青龙图与白虎图相对应，青龙图在左侧壁，白虎图在右侧壁。两单扇门分别位于两侧壁并相对应。

（3）后室：狮形柱础位于后壁龛的前面。

（4）后壁：交椅屏风两女侍图位于壁龛内。

（5）墓室顶部：朱雀图和玄武图相对位于两横梁上。

8. 牛滩镇滩上村2号墓

出自该墓的石刻图像组合有两B型武士（戴交脚幞头，均站立于卷云或两卷云台上，双手合持骨朵）、青龙（踏云与火焰宝珠）、白虎（踏云与火焰宝珠）、朱雀（展翅踏云）、玄武（踏云）、屏风交椅两男侍（一人持瓶、一人捧放官帽托盘）。另有两扇单门，其中一扇的格眼内图像为天上云间一男吏遇仙女和蟾蜍，障水板内图像为林间两小鸟、两小鹿；另一扇的格眼内图像为天上云间四男童与桂树和玉兔捣药，障水板内图像为牡丹和平台上两小鹿吃草。共9幅图像，分布在9块刻石上。下面是对该墓石刻图像的布局推测复原。

（1）甬道（门柱内侧）两侧壁：两武士。

（2）墓室侧壁：青龙图与白虎图相对应，青龙图在左侧壁，白虎图在右侧壁。两单扇门分别位于两侧壁并相对应。

（3）墓室顶部：朱雀图和玄武图相对位于两横梁上。

（4）后壁：屏风交椅两男侍图应位于壁龛内。

9. 牛滩镇滩上村3号墓

出自该墓的石刻图像组合有两C型女武士（头戴兜鍪，均站立于云纹台上，一手下握剑）、青龙（踏云与火焰宝珠）、白虎（无图）、朱雀、玄武、单扇门、交椅屏风两女侍等，共8幅图像，分布在8块刻石上。另有基本为立雕的狮形柱础2件。该墓至少还缺1件单扇门。下面是对该墓石刻图像的布局推测复原。

（1）甬道（门柱内侧）两侧壁：两女武士。

（2）墓室侧壁：青龙图与白虎图相对应，青龙图在左侧壁，白虎图在右侧壁。两单扇门分别位于两侧壁并相对应。

（3）后室：狮形柱础位于后壁龛的前面。

（4）墓室顶部：朱雀图和玄武图相对位于两横梁上。

（5）后壁：屏风交椅两女侍图应位于壁龛内。

10. 牛滩镇滩上村4号墓

出自该墓的石刻图像组合有两武士（站立台上双手杵剑，一件无图）、青龙（踏云与火焰宝珠）、白虎（踏云）、两单扇门（无图）等，共6幅图像，分布在6块刻石上。该墓至少还缺1件后壁的石刻图像。下面是对该墓石刻图像的布局推测复原。

（1）甬道（门柱内侧）两侧壁：两武士。

（2）墓室侧壁：青龙图与白虎图相对应，青龙图在左侧壁，白虎图在右侧壁。两单扇门分别位于两侧壁并相对应。

（3）后壁：可能原壁龛内应有图像。

11. 牛滩镇滩上村5号墓

出自该墓的石刻图像组合有两武士（踏云双手握剑，一件无图）、青龙（带翼踏云与火焰宝珠）、白虎（带翼踏云）、两单扇门（无图）、交椅屏风女侍（交椅两侧各站一女侍）等，共7幅图像，分布在7块刻石上。下面是对该墓石刻图像的布局推测复原。

（1）甬道（门柱内侧）两侧壁：两武士。

（2）墓室侧壁：青龙图与白虎图相对应，青龙图在左侧壁，白虎图在右侧壁。两单扇门分别位于两侧壁并相对应。

（3）后壁：屏风交椅两女侍图应位于壁龛内。

12. 牛滩镇玉峰村施大坡1号墓

出自该墓的石刻图像组合有两A型武士（一站立台上手扶箭杆，一件无图）、青龙、白虎（带翼踏云）、两带轴门（无图）、两单人飞天等，共8幅图像，分布在8块刻石上。另外有3件刻石内容不详。下面是对该墓石刻图像的布局推测复原。

（1）甬道（门柱内侧）两侧壁：两武士。

（2）墓室侧壁：青龙图与白虎图相对应，青龙图应在左侧壁，白虎图在右侧壁。两门分别位于两侧壁并相对应。

（3）墓室侧壁或顶部梁上：一飞天手持瑞草与卷草图。一飞天手持莲花与卷草图。

（4）后壁龛：不知原后壁是否有图像。

另有3件石刻图像无法推测其位置。

13. 牛滩镇玉峰村施大坡2号墓（南宋晚期）

出自该墓的石刻图像组合有两A型武士（踏云双手杵剑）、青龙（无图）、白虎（无图）、带轴门（无图）、两单人飞天（装饰缠枝卷草）等，共7幅图像，分布在7块刻石上。该墓的石刻图像至少还应缺1块，也可能缺2块。下面是对该墓石刻图像的布局推测复原。

（1）甬道（门柱内侧）两侧壁：两武士。

（2）墓室侧壁：青龙图与白虎图相对应，青龙图应在左侧壁，白虎图在右侧壁。应为两带轴门分别位于相对应的两侧壁，现缺一门。

（3）墓室侧壁或顶部梁上：两块同类飞天图相对应。

（4）后壁龛：不知原后壁是否有图像。

上述13座墓，虽然有者明显可看出可能缺少了某些石刻图像，但仍可看出其内容组合方面存在一些相似性，同时也与经考古发掘6座墓出土的石刻图像组合存在着相似性。例如，这13座墓也基本都有两武士图像，都有单扇门或双扇门，基本都有侍仆人物等。此外，出现青龙白虎图像的比例明显高于考古发掘的6座墓。但是，这13座墓的组合也存在着一定的差异，大体可分为六组。

第一组为石桥镇1、2号墓，图像数量特多，现存21~25幅。石刻图像组合有常见的两武士、四神（青龙、白虎、朱雀、玄武）、单独女侍、单扇门、交椅餐桌与女侍图，还有较为特殊的各种器乐演奏与舞蹈表演人物、骑虎人物图、飞天、花卉植物、双凤戏球、飞禽动物、狮形柱础等。

第二组为福集镇针织厂1、2号墓，图像数量较多，现存10~12幅。石刻图像组合有两武士、青龙白虎、门前侍仆图或帷幔女侍图、两带轴双扇门、交椅屏风侍仆图等。

第三组牛滩镇滩上村1、2、3号墓，石刻图像数量较多，现存9幅。石刻图像组合有两男武士或女武士、青龙、白虎、朱雀、玄武、两单扇门、交椅屏风两女侍或男侍等，有的墓还有近立雕狮形柱础。

第四组有牛滩镇玉峰村施大坡1、2号墓，石刻图像数量较多，现存8~11幅。石刻图像组合有两武士、青龙白虎、两带轴门、两单人飞天等，1号墓还有3件内容不详。

第五组有牛滩镇滩上村4、5号墓，石刻图像数量较少，现存7幅。石刻图像组合有两武士、青龙白虎（踏云）、两单扇门、交椅屏风二女侍等。

第六组为福集镇龙兴村1、2号墓，图像数量少，现存5幅，石刻图像组合有两单扇门、门前侍仆、半开门与探身女侍等。

五、石刻图像的艺术表现与制作者

（一）艺术表现

1. 雕刻技法

（1）建筑装饰：以剔地平面浅浮雕、高浮雕为主，局部半立雕。

（2）石刻图像：主要为高浮雕、减地浅浮雕、隐地平面浅浮雕、阴线刻，有的局部有半立雕或透雕。狮形柱础则以近立雕的形式表现。

（3）武士、侍仆、侍吏、力士：都是以高浮雕为主，而武士穿着的甲胄服饰表面则以浅浮雕为主（图二七）。

泸县宋代装饰石室墓研究——以石刻图像为中心　439

0　　20厘米

图二七　滩上村 2 号墓武士平、剖面图（滩上村 M2∶2）
（采自四川省文物考古研究所、成都市文物考古研究所、泸州市博物馆、
泸县文物管理所：《泸县宋墓》，文物出版社，2004 年，图一〇六）

（4）青龙、白虎：表现技法多样，多为弧面浮雕的形式，但有隐地弧面浅浮雕（青龙镇1号墓），以及隐地平面浅浮雕加局部阴线刻（青龙镇2、3号墓），有的火焰宝珠为阴线刻表现（青龙镇2号墓的青龙）（图二八）。新屋嘴村1号墓青龙为艺术精品，其为两条龙，一条为主体，用弧面高浮雕结合弧面浅浮雕来表现，另一条龙则是基本均以平面浅浮雕来表现，表现力十分丰富。滩上村2号墓的青龙多为高浮雕，局部透雕（图二九）。

图二八　青龙镇2号墓青龙平、剖面图
（采自四川省文物考古研究所、成都市文物考古研究所、泸州市博物馆、泸县文物管理所：《泸县宋墓》，文物出版社，2004年，图三一）

（5）飞天：表现技法多样，有高浮雕（石桥镇新屋嘴村1、2号墓）、有减地浅浮雕（石桥镇新屋嘴村1号墓），还有隐地平面浅浮雕（牛滩镇玉峰施大坡1、2号墓）。

（6）门：其门上的图像主要为隐地浅浮雕来表现。

（7）花卉植物：隐地弧面浅浮雕和隐地平面浅浮雕结合（青龙镇1号墓、喻寺镇1号墓）。

（8）卷云纹：阴线刻（奇峰镇1号墓、喻寺镇1号墓顶部）。

2. 艺术形式

这些石刻图像的艺术形式主要以单体的雕刻为主，如武士、青龙、白虎、朱雀、

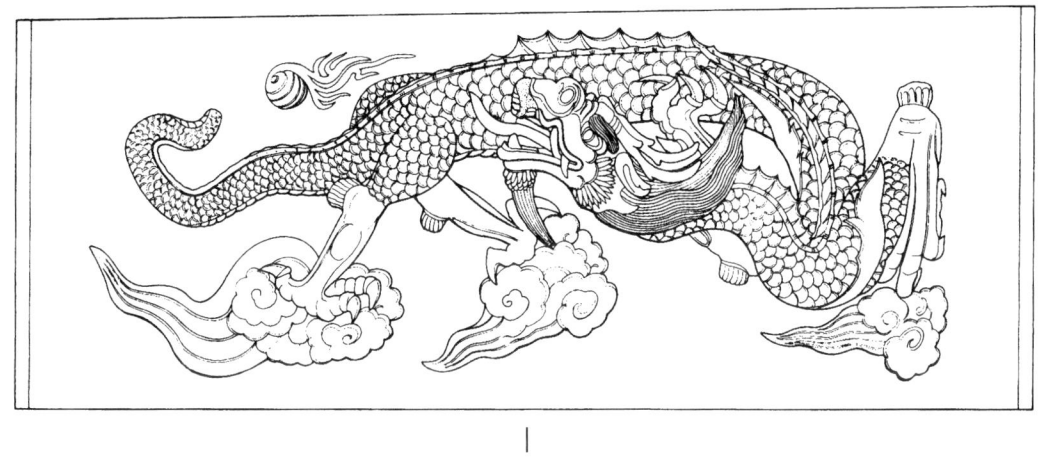

图二九　滩上村 2 号墓青龙平、剖面图（滩上村 M2∶9）
（采自四川省文物考古研究所、成都市文物考古研究所、泸州市博物馆、
泸县文物管理所：《泸县宋墓》，文物出版社，2004 年，图——八）

玄武，以及单独的侍者、侍吏、乐舞人物等都属于这种形式。

其次还有一种是半绘画、半雕刻的艺术形式，其画面的构图明显有绘画的意蕴，但表现仍是采用的雕刻手法，属于这类的图像有故事性骑虎人物图、多人的乐舞人物图、半开门与人物图、交椅屏风人物图、飞天、门上的画面式装饰等。

此外，还有少量的基本属于图案装饰，如在门楣上和梁上的各种花卉植物纹样，并多放在菱形、三角形和方形框内。

3. 表现多层含义

这些石刻图像从形象上看都具有确定性，但是有的图像从含义上看具有多重性或者不确定性。例如，在石桥镇新屋嘴村 1 号墓内没有发现明确的四神图像，但是在墓内的横梁上有两幅飞天图，每幅图中各有一飞天，其手上均托一张较大的荷叶，一幅的荷叶上有一只展翅欲飞的鸟，另一幅的荷叶上有一只爬行的龟。《泸州宋墓》的编写者将这只鸟直接称为"朱雀"[①]，而这只龟虽未直接称为"玄武"，但将该图放在"玄武

---

① 四川省文物考古研究所、成都市文物考古研究所、泸州市博物馆、泸县文物管理所：《泸县宋墓》，文物出版社，2004 年，第 130 页。

类中加以叙述[①]。该墓内还有一幅身体相互缠绕的双龙图像。这幅双龙图与其他泸县宋墓中出现的青龙图差别很大，而且这种形象也不符合汉代以来作为方位神的青龙形象，不过《泸县宋墓》编写者仍将这幅图像放在"青龙"类中加以叙述[②]。笔者认为，将这三幅图中出现的动物视为四神中的朱雀、玄武和青龙是很有道理的，不过该墓中尚缺少白虎的形象。通过仔细地甄别该墓中出土的其他石刻图像，可以发现一幅与虎有关的图像，即骑虎人物图。画面右边占据很大位置的是一人骑一虎，背景山峦重叠，在左边有三虎下山，在左上角还有一人在山石背后眺望。从画面内容看去可能表现的是历史人物或典故，但具体内容不详。这一石刻图像的石料规格为宽0.98、高0.44、厚0.11米，画面宽0.92、高0.44米。双龙石刻图像的石料宽0.96、高0.44、厚0.11米，画面宽0.92、高0.44米。从这两幅图的石料和画面的规格基本一致的情况观察，应该是对称地位于墓室两侧壁。根据泸县宋墓内容相同、相近的图像呈对称分布的特点，推测这两图的内容在当时也被视为具有相关性。这四幅图像中的龙、虎图像位于墓室两侧壁，而鸟、龟图像位于墓室顶部的两横梁，正好位于墓室四方，也与新屋嘴村2号墓，滩上村1、2、3号墓中四神的布局位置相同。因此，可以认为新屋嘴村1号墓内的这四幅图像也是隐喻四神。

（二）制作者

这些石刻艺术的制作者应该都是专业的石刻工匠。他们的活动方式应该是由数名工匠组成一个团队，这些团体的构成可能主要是师傅带徒弟的形式。通过仔细地观察辨认，可以发现在泸州市发现的这20多座墓葬的石刻图像中，表现形式和艺术风格等方面存在着一定的差别。例如，在《泸县宋墓》有图版的17座墓的32件武士图像中，根据表现形式和艺术风格的差异大体可以分为青龙镇组、奇峰镇1号墓组、奇峰镇2号墓组、石桥镇新屋嘴村1号墓组、石桥镇新屋嘴村2号墓组、牛滩镇滩上村组、牛滩镇玉峰施大坡组、福集镇针织厂组、喻寺镇南坳村组9组。又如，在有图版的10座墓的11件青龙图像中，青龙镇组、石桥镇新屋嘴村1号墓组、石桥镇新屋嘴村2号墓组、牛滩镇滩上村组、福集镇针织厂组、潮河镇组6组。这些应该是出自不同的工匠团队之手。因此，可以断定在当时的泸县范围内存在着不同的工匠团队从事石室墓的建造和石刻艺术的创作。一般而言，同一墓地内不同墓葬的石刻图像表现形式和艺术风格都比较统一，应该是出自同一工匠团队的制作。但是也有例外，如石桥镇新屋嘴

---

① 四川省文物考古研究所、成都市文物考古研究所、泸州市博物馆、泸县文物管理所：《泸县宋墓》，文物出版社，2004年，第133页。

② 四川省文物考古研究所、成都市文物考古研究所、泸州市博物馆、泸县文物管理所：《泸县宋墓》，文物出版社，2004年，第116页。

村1、2号墓的武士、龙等图像，奇峰镇1、2号墓的武士图像，其表现形式和艺术风格都存在明显差异，这应该是出自不同工匠团队的制作。

从这些石刻艺术的形式、内容方面可以看出，他们从事的艺术创作活动具有开放性，因此在泸县境内出现的宋代石刻艺术，无论是内容还是形式风格方面，相互之间都存在着较为密切的交流。

六、石刻图像内容反映的信仰与审美风尚

（一）体现"谓死如生"观念

汉代以来，中国古代的墓葬营建总的趋势是模仿生人的地面建筑，即对待死者的态度如同其生前。在宋代的墓葬中，石室墓的营建更是精心仿制地面宅院建筑的基本形式。考古发掘的这6座泸县宋代装饰石室墓，都是模仿的地面木结构建筑，在墓室的两侧壁雕刻出装饰性的木结构建筑立柱、门楣、门扇，在墓室顶部还有木结构建筑的过梁、横梁、斗拱、藻井等。部分墓的墓室两侧壁的门为双扇或单扇，更是象征宅院幽深，房屋相连。营建为一种与墓主生前身份相匹配的死后生活居住场所。有的墓内的这种门前扇或附近的壁面，还雕刻站立的男、女侍仆，他们手上拿着生活用具或者是印信等物品，都是为了在另一个世界中侍奉墓主的。

（二）中国传统信仰与道教信仰

（1）驱鬼信仰：驱鬼镇墓，保护墓主不受魑魅魍魉的侵扰，这是一种十分古老的信仰，但历代的墓葬具体表现不同。唐代以来，人们常在墓葬内放置武士俑等用以镇墓。而在这批墓葬内，在墓壁上基本都雕刻武士，其站立门内两侧，形象高大，都是身穿甲胄戎装，手持兵器，有个别的武士手上还提着小鬼，驱鬼镇墓的意味十分明显。

（2）四神中的青龙白虎图像也是这批墓葬中十分常见的石刻内容，有的墓葬（如滩上村1、2、3号墓）中更是青龙、白虎、朱雀、玄武四种图像齐备地出现在墓葬内。四神是中国古代人们认为的方位神，主要象征东、西、南、北四方。此外，它们还可以象征武力、猛勇，如《礼记·曲礼上》卷三孔颖达疏曰："如鸟之翔，如蛇之毒，龙腾虎奋，无能敌此四物。"[①] 因此，四神在墓中的出现，也应该主要是起镇墓作用，即镇守四方，驱邪除鬼，保卫墓主和他的灵魂。但是在四神之中，它们各自的作用还有所不同，青龙、白虎似乎更偏重武力、勇猛，从而辟邪，而朱雀、玄武则更偏重于顺阴阳以辟不祥。东汉王充在《论衡·解除篇》中曰："宅中主神有十二焉，青龙白虎，列十二位；龙虎猛神，天之正鬼也。飞尸流凶，不敢安集；犹主人猛勇，奸客不敢窥

---

① （清）阮元校刻：《十三经注疏》，中华书局，1980年，第1250页。

也。"① 在汉镜上也可见到"左龙右虎辟不佯，朱鸟玄武顺阴阳"②，或"左龙右虎掌四方，朱雀玄武顺阴阳"③的铭文。汉代以来，四神的形象就常出现在墓葬内，同样也是常以简略的形式出现，即仅有青龙、白虎。这批墓葬中四神的出现应该也是这种传统观念与信仰的延续，其作用仍是镇墓驱鬼。

（3）升仙：在泸县宋墓中，"门与人物图"的数量较多，有15件，而且这些画面构成呈多样化，可分为四型。除了Aa型图像之外，其他的各型这种图像中的人物都手持各种不同的物品，其双扇门或一扇关闭一扇半开，或两扇半开，或两扇都关闭。从人物的装束看其身份应是侍仆之类，所持物品也基本都是家内生活用品或印信等，他们出现在墓内都应是侍奉墓主的。而Aa型图像的画面为双扇门，其中一扇紧闭一扇半开，一女性站在半开的门内向外探身。有这种图像的墓葬有青龙镇3号墓，福集镇龙兴村1、2号墓，其中根据青龙镇3号墓的出土情况可知这种图像应该是位于墓室内壁中央，居于醒目位置。这种图像与其他"门与人物图"最大的差异是图中的人物手上不持任何物品，站在半开门内向外探身；其次是双扇门有一扇关闭一扇半开。从其装束观察，这位女性人物与其他女性侍仆穿着的世俗服装并没有太大差异，但是为什么要半掩半开门，站在门内探身向外，似乎随时准备收身关上门，其含义令人费解。这种图像在宋代墓葬中常见，宿白将其称为"妇人启门"图，但是并未就图像的含义进行具体讨论。笔者认为，这种图像的构成与东汉时期的"仙人半开门"图中最简单的一种构成是相同的，两者的含义也应是相同的。笔者曾撰文对这种"仙人半开门"图像进行讨论，指出这种图像反映了东汉时期人们想象中的一种新的升仙方式④。当然，两者也存在某些差异，这主要体现在汉代的启门人多为仙人的装束穿着，而泸县宋墓的启门人则为世俗人物的装束穿着。

（4）仙境图：在泸县宋墓中，除了半开门与探身人物图之外，没有直接表现仙境和墓主升仙的独立画面，但是在墓壁上雕刻的仿木结构门上的装饰图像中，表现的是仙境或与仙境相关的内容。例如，本文根据门上的装饰图像内容和组合差异大致可分为六型，其中有三型都有仙境或相关内容。

A型有2件，出土于牛滩镇滩上村2号墓。其中一件为标本NTTM2：6（图七，1），上部格眼内的图中有一男一女在游云之上，中间还有一蟾蜍，似乎与月宫有关，其具体内容虽不详，但应是表现天上仙境，下部障水板内表现的是仙禽翼兽和植物构成的仙境，与上图呼应。另一件为标本NTTM2：5（图七，2），上部格眼内为四童男

---

① 国学整理社：《诸子集成》，中华书局，1954年，第7册，第245页。
② 湖南省博物馆编：《湖南出土铜镜图录》，文物出版社，1960年，图60。
③ 洛阳博物馆：《洛阳出土铜镜》，文物出版社，1988年，图29，图版说明第5页。
④ 罗二虎：《东汉墓"仙人半开门"图像解析》，《考古》2014年第9期。

站在云层之上摘取桂树上的桂花，旁边还有玉兔捣药，似乎也与月宫有关。下部障水板内表现的也是由翼兽、奔兔和花卉构成的仙境，与上图呼应。

B型有15件。其上部格眼内为各种折枝花卉图，下部障水板内为翼兽衔瑞草，可能象征仙境内的景象。如牛滩镇滩上村1号墓标本NTTM1：4（图八，1）、福集镇针织厂1号墓标本FJZM1：2（图七，5）。

C型有2件。其上下均为瑞禽翼兽，仅中部腰华板内为连枝植物花卉。如福集镇龙兴村2号墓标本FJLM2：3（图七，3）。

当然，这些门上的图像有可能就是宋代现实生活中地面宅院建筑内门的真实写照，但是选择这些内容的图像放置在墓内，本身可能就隐含着祈望墓主死后进入仙境的愿望。

暗喻仙境的图像：有两类，一类是在墓门附近的武士图像中，有许多武士的脚下都是踏云。在许多四神图中，青龙、白虎、朱雀、玄武也都是位于卷云之上。这些都应该是十分隐晦地暗喻这些物象应是在天上仙境之中。另一类是位于墓顶不同部位的日、月、云等图像，如青龙镇3号墓前室藻井顶端的太阳（图二五），石桥镇新屋嘴村1号墓标本SQM1：26的日月合体图像（图一九，1），奇峰镇1号墓前室顶部的卷云纹图像等，这些图像可能都隐喻墓室即位于天上仙境，或者表达了墓主人祈求进入仙境的愿望。

（三）佛教信仰

在泸县宋墓内表现与佛教信仰相关，或者说与佛教艺术相关的图像内容不多，主要仅见于新屋嘴村1、2号墓，玉峰村施大坡1、2号墓这4座墓内，都是与飞天有关的图像。佛教艺术中的飞天表现的是佛教中天国净土世界的天人，因此通过这些图像可以推测墓主可能信仰佛教。在施大坡1、2号墓内都各有两块对称的飞天，其中1号墓的还于持瑞草。新屋嘴村2号墓内有一块飞天图像，内有两飞天，其中一飞天双手合十。新屋嘴村1号墓内有三块飞天图像，其中有两块为对称的，都是一飞天居中，两侧花卉簇拥，飞天手持一大荷叶，荷叶上分别为一鸟和一龟，如前所述这可能是暗喻四神中的朱雀、玄武。该墓内的另一块飞天图内为两飞天共托一璧形圆轮，轮内有金乌、玉兔和卷云纹，这圆轮应该表现的是中国传统信仰中的日月神。新屋嘴村1号墓的这三幅飞天图像表达的内容都应该是佛教信仰和传统信仰结合的产物。因此，对于墓主信仰佛教的程度也不可做过高的估计。

（四）审美风尚

泸州宋代石室墓内的装饰题材可以笼统地归为两大类：一类为宅院建筑与家居生活用品；另一类为人物神灵。前者中无论是斗拱梁柱，还是建筑装饰，或是门屏桌椅、镜盘瓶钵等，无一不是力图模仿再现宋代现实生活的真实。后者中的人物大体可分侍仆侍吏、伎乐人物、武士、仙境人物、飞天五类，其装束服饰也都是再现宋代现实生活中人们的装束服饰，即使是飞天这种佛教天国净土中的天人，除了很长的飘带曼舞之外，也都基本是人间装束。因此可以认为这些石刻图像制作者主要是基于对现实生活的观察来创作的。

从人物造型特征观察，无论是男性还是女性，其脸部都比较圆润、丰满，这也许可以反映出当时人们的审美取向。

这些石刻图像主要体现的审美风尚和氛围是一种家庭式的温馨、恬静，是一种世俗性的风貌。

七、墓葬体现的性别差异

泸县宋墓基本都是两墓合葬，共用一个封土堆，因此一般认为这是一种夫妻合葬墓，夫妻各葬一墓内。但是由于这批墓葬都已被盗，墓葬内既没有墓主的遗骨，也基本没有随葬品出土，除了个别的墓根据出土墓志可以判断墓主性别之外，绝大部分墓葬的墓主性别不详。

因此，根据现有的材料，要判定这些墓葬的墓主性别可能主要还是要通过石刻图像的内容。笔者在石刻图像内容中寻找能够判定性别的有以下四项标准。

（1）侍仆的性别：如果墓内侍仆图像中出现男性侍仆，那么基本可以判定墓主应为男性。但是出现的都是女性侍仆，则不能完全判定其墓主性别，还要根据其他图像的内容来判定。

（2）侍仆手上所持之物：如果侍仆手上捧的是印信或注子等，那么可以肯定该墓墓主为男性。如果侍仆手持镜、梳妆架或持扇之类，其墓主很可能是女性。

（3）侍吏：有侍吏出现的墓葬，其墓主应该是男性。

（4）武士的性别：如果墓内武士的形象为女性，那么该墓的墓主应该能肯定是女性，但如果武士的形象为男性，那么不能以此来判断墓主的性别，还是要根据其他图像内容来判断。

根据这些标准，我们通过图像内容大体可以判明墓主性别的依次有以下 14 座墓葬：青龙镇 1 号墓为女性、2 号墓为男性，喻寺镇 1 号墓为男性，奇峰镇 1 号墓为女性、2 号墓为男性，石桥镇新屋嘴村 1 号墓为女性、2 号墓为男性，福集镇针织厂 1 号墓为男性、2 号墓为女性，福集镇龙兴村 1 号墓为女性、2 号墓为男性，牛滩镇滩上村 1 号墓为女性、2 号墓为男性、3 号墓为女性。

在以上墓葬中，喻寺镇 1 号墓和奇峰镇 2 号墓出土墓志，由此也可以确定墓主为男性，与我们根据图像内容做出的判断相符。在这 14 座墓葬中，凡是两墓合葬的，如青龙镇1、2号墓及奇峰镇1、2号墓等都是合葬同一封土堆内，因此这种一男一女两墓合葬的应该都是夫妻合葬。

下面我们来看看这种夫妻合葬墓反映出的相关信息。

首先，在泸县地区的宋代装饰石室墓中普遍流行夫妻合葬，但这种合葬是异穴同圹同坟。从墓葬的大小规模、形制结构方面观察，男性墓与女性墓之间基本上没有差异。其次，在墓内石刻图像的数量和布局方面，男性墓与女性墓之间也基本相同，没有体现出差异。在墓葬的营造方面能体现出性别差异的主要还是在人物图像的表现方面，而这种差别无论是武士的性别、侍仆的性别和所持之物，还是侍吏的出现与否，实际上都反映出宋代社会对于男女性生前社会角色的一种认同，也反映出人们认为这种生前的性别社会角色差异将在另一个世界中延续下去。

也有学者从不同的角度对四川地区宋代墓葬中反映的夫妻合葬习俗和女性地位问题进行过研究，如朱章义在《四川宋代合葬墓的两个问题》一文中，根据合葬墓的结构和随葬品来考证两宋时期妇女的地位，提出合葬流行的原因，主要是因为宋代妇女在南宋理宗之前地位较高，其次是与当时婚姻观念中注重表现夫妻恩爱密切相关，再则是封建迷信思想，盼望在阴间或来世过美好生活[1]。朱文的结论与笔者的分析结果是吻合的。

八、结　语

本文以石刻图像为中心，主要根据《泸县宋墓》的材料对四川泸县宋代装饰石室墓进行初步研究。研究除了涉及墓葬的布局、结构与类型之外，还重点讨论了泸县宋代装饰石室墓内石刻图像的内容分类、各类石刻图像在墓内的组合与布局、石刻图像的艺术表现、石刻图像的制作者、石刻图像内容体现的信仰与审美差异，以及主要根据墓葬内的石刻图像体现出的性别差异来判断墓主性别等。应该指出，这是首次对南方地区某一小区域的宋代装饰石室墓进行深入的综合研究，研究涉及的内容更多是属于对这些墓葬材料的基础性研究，而与中原北方等其他地区宋代装饰墓，或是四川盆地与黔北地区内的其他小区域宋代装饰石室墓的横向比较研究并没有展开，因此这是需要在今后进一步加强的。

［原载四川大学博物馆、四川大学考古学系、成都文物考古研究院编：《南方民族考古》（第十七辑），科学出版社，2018年，第228~273页］

---

[1] 朱章义：《四川宋代合葬墓的两个问题》，《成都文物》1992年第3期。

后　　记

　　本论文集整理、编辑的原则是尽量保持发表时的论文原貌，不做调整。但是，由于汇编的22篇论文是1986年以来在不同的期刊和论文集中公开发表的，原文中的古文献引用、注释格式和某些文字表达习惯等都不尽相同，早期发表的少数论文中插图的印刷质量也存在问题。因此，在这次整理、编辑过程中，对全书中历年政府颁布的各级行政区划已改动的地名做了相应的调整，对地名和墓葬名表达方式、注释的格式等进行了统一，对少量的插图进行了替换、重新描绘和补充，对极个别文字表达进行了调整，此外还增添完善了古文献出版信息或统一了古文献出版信息的格式。

　　本书能够顺利出版，得到了四川大学考古文博学院（历史文化学院）和考古系各级领导的关心、支持和多方帮助。也分别征得吴闽莹、宋丹两位博士的许可，将我们合作发表的论文收录在本论文集中。在论文集的资料收集、整理过程中，得到了四川大学考古文博学院2020级博士研究生唐俊的帮助。在出版校对过程中，得到了成都文物考古研究院吴闽莹博士、四川大学考古文博学院2019级博士研究生田蕊、2020级博士研究生唐俊的帮助。在出版过程中，也得到了科学出版社领导的关心和支持，以及本书责任编辑柴丽丽女士的帮助。在这里特表示衷心的感谢！

罗二虎
2024年4月8日于四川成都